本书为国家社科基金重大招标项目"防范系统性和区域性金融风险研究——基于金融适度分权的视角"（13&ZD030）的最终成果，同时受到西南财经大学一流学科项目"经济结构转型中金融风险与金融安全研究"、四川省社会科学高水平研究团队"四川金融安全研究团队"、教育部基地重大项目"我国金融安全影响机制研究（17JJD790024）"资助。

防范系统性和区域性金融风险研究

——基于金融适度分权的视角

刘锡良　董青马　等著

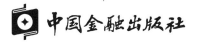

中国金融出版社

责任编辑：王效端　王　君
责任校对：李俊英
责任印制：张也男

图书在版编目（CIP）数据

防范系统性和区域性金融风险研究（Fangfan Xitongxing he Quyuxing Jinrong Fengxian Yanjiu）：基于金融适度分权的视角/刘锡良，董青马等著 . —北京：中国金融出版社，2018.7

ISBN 978 - 7 - 5049 - 9582 - 7

Ⅰ . ①防… 　Ⅱ . ①刘…②董… 　Ⅲ . ①金融风险防范—研究—中国
Ⅳ . ①F832.1

中国版本图书馆 CIP 数据核字（2018）第 104887 号

出版
发行　**中国金融出版社**

社址　北京市丰台区益泽路 2 号
市场开发部　（010）63266347，63805472，63439533（传真）
网 上 书 店　http://www.chinafph.com
　　　　　　（010）63286832，63365686（传真）
读者服务部　（010）66070833，62568380
邮编　100071
经销　新华书店
印刷　保利达印务有限公司
尺寸　185 毫米×260 毫米
印张　30.75
字数　688 千
版次　2018 年 7 月第 1 版
印次　2018 年 7 月第 1 次印刷
定价　98.00 元
ISBN 978 - 7 - 5049 - 9582 - 7
如出现印装错误本社负责调换　联系电话（010）63263947

课题组主要成员

首 席 专 家：刘锡良

子课题负责人：董青马　王　擎　洪　正　苗文龙　聂富强

主 要 成 员：谭余夏　刘　雷　王锦阳　莫建明　刘　轶
　　　　　　　刘　倩　汪　航　周彬蕊　文书洋　戴丹苗

前　言

本书为刘锡良教授主持的国家社科基金重大招标项目"防范系统性和区域性金融风险研究——基于金融适度分权的视角"（13&ZD030）的最终研究成果。自项目申请以来，课题组进行了广泛的、多层次的国内外学术交流，与世界银行、国际货币基金组织（IMF）、"一行三会"等建立了长期的合作关系，并赴美国和北京、上海、深圳等地进行调研考察，取得了丰富的第一手资料，主要研究成果呈现于本书之中。该项目历经四年，后次贷危机时期全球金融宏观审慎管理框架的演进、系统性与区域性风险的生成也为我们的研究提供了丰富素材并赋予了崭新的时代意义。

本项目以西南财经大学中国金融研究中心为依托，联合各方面的力量，组成一流研究团队，共同完成课题的研究。本课题由刘锡良教授主持并提出研究的基本思路与框架体系，并与董青马副教授一起对全书进行了修改总纂和主要观点的提炼。子课题负责人为董青马副教授、王擎教授、洪正教授、苗文龙教授、聂富强教授。主要研究人员包括莫建明副教授、刘轶副教授以及王锦阳、谭余夏、刘雷、刘倩、汪航、周彬蕊、文书洋、戴丹苗等。

在课题研究与设计过程中，审计署金融司原司长吕劲松，武汉大学经管学院叶永刚教授，四川大学经济学院李天德教授，西南财经大学刘晓辉教授、倪克勤教授、蔡春教授、彭克强副教授，中国人民银行研究局贾彦东研究员对课题的设计思路提出了许多有益的建议，西南财经大学中国金融研究中心办公室的同志及其他老师也对课题的顺利进行提供了诸多帮助。在此，表示诚挚感谢。

系统性与区域性风险、金融安全一直以来是我们研究团队关注的焦点问题。早在2000年，我们开始从微观、中观、宏观、对外四个层面对中国经济转轨时期金融安全问题进行研究；2006年，我们以个体风险、系统性风险与金融安全之间的逻辑关系作为分析的起点，围绕一个中心（以金融机构尤其是银行作为研究核心）、两个视角（金融经济学与金融政治经济学视角）、三个层次（国家安全、经济安全、金融安全）来展开进行研究。本书研究则为以前基础的延续，从金融分权的视角出发分析我国系统性、区域性风险的生成机制、监督管理制度设计等。在未来，我们将继续植根于中国经济结构转型的内生逻辑，从经济与金融互动关系来进一步研究系统性与区域性风险问题。本课题的研究也仅代表了我们团队的一个尝试，恳请学界各位同仁和专家不吝赐教。

刘锡良

2017 年 12 月 3 日

摘　　要

从经济周期的角度看，历次经济危机都是新一轮经济结构调整的起点。2008 年爆发的国际金融危机使世界经济陷入了第二次世界大战后历史上持续时间最长、波及范围最广、衰退程度最深的一次经济下行周期。面临这一严峻形势，新一轮世界经济结构调整由此展开，全球政治经济金融格局不断变革，也给金融安全带来了新的挑战。历史上爆发的金融危机结束后，平均四年就能完成经济结构的调整与复苏。但遗憾的是，2008 年爆发的世界金融危机当前仍未有走出的迹象，经济结构调整也远未结束，其核心原因在于：第一，此次危机爆发后，全球依托政府力量，采用极度宽松的货币与财政政策，经济结构调整中的各种矛盾得以缓解，但也致使经济结构调整速度不断放慢，并造成了过度金融化等一系列新的金融安全问题；第二，这次危机面对的经济体量大，经济结构远比过去复杂，致使金融安全问题也变得更为复杂多变。2017 年 4 月，习近平总书记明确指出："维护金融安全，是关系我国经济社会发展全局的一件带有战略性、根本性的大事。要把防控金融风险放到更加重要的位置，牢牢守住不发生系统性风险底线，采取一系列措施加强金融监管，防范和化解金融风险，维护金融安全和稳定。"

在中国迅速崛起的道路上，金融危机成为难以完全避免的大概率事件（刘锡良，2012）。第一，2011 年以来，我国经济运行面临增长速度长期下降、经济结构调整出现阵痛、经济增长模式开始变化、前期刺激政策不可持续的巨大挑战，经济运行中蕴含的系统性风险隐患愈发凸显。第二，宽松货币政策与金融创新、影子银行体系的兴起引发过度金融化的忧虑，并对金融安全带来致命挑战：一是监管机制不能主动适应不断的创新和发展，如金融混业发展、货币市场基金的兴起与套利、影子银行体系的发展、互联网金融的超常规发展，导致监管套利、资金空转、金融脱离实体经济等问题的爆发；二是危机救助与长期宽松货币政策等引发过度金融化的忧虑，金融与实体经济杠杆率不断攀升，使金融体系变得更为脆弱，这也是近年股市、债市、外汇市场、大宗商品市场不断产生危机的根本原因；三是我国经济体系波动更易受到投资波动和地方政府行为的影响，金融机构行为模式更为趋同，金融体系存在更强的内在顺周期性。第三，中国经济金融的崛起，必将打破原有世界经济金融格局，世界利益将重新分割，中国崛起过程中的各种利益摩擦将导致金融安全问题难以避免。国外经济体的经济金融结构调整政策也必然对我国金融安全带来溢出效应和新的风险隐患。第四，现实中金融风险往往是区域性的，很多系统性的金融危机都是由区域性危机演化而成，特别是在经济空间较大的国家，金融风险往往首先表现为区域性风险。在我国财政分权而金融分权模糊的特殊制度下，地方政府在金融争夺、融资扩张、区域金融发展过程中，产生了区域性的金融风险，尤其是在金融监管集权的背景下，地方政府行为表现出更加重视经济增长而忽视了金融安全，埋下了金融安全隐患。

历史上，金融危机的爆发往往会引发对金融制度的反思和一系列的金融监管改革。2008 年的国际金融危机使防范系统性风险再次引发关注，并就金融创新、房贷市场发展和金融监管等一系列话题展开了深入的讨论和研究。我国与发达国家在财政金融体制及其历史沿革、经济发展方式及阶段、经济体量、文化背景等各方面均存在显著的差异，而现有文献往往未能深入结合我国自身特点研究我国的系统性风险。这些差异的存在促使我们进一步思考，我国系统性风险产生机制机理是否与其他国家存在差异？在此基础上，我们如何根据自身特点建立适合我国实际情况的系统性风险防范体系和危机救助体系？我国金融监管体制如何改革？近年来，我国一些地区出现了不同程度的金融风险积聚和传染，并对当地经济产生了显著的负面冲击，此类区域性金融风险同样需要引起我们的重视。因此，有必要在总结国外有关防范系统性风险经验前提下，从自身实际情况出发研究系统性和区域性风险。在我国金融制度设计中，中央政府掌握着大多数的金融资源，但随着社会主义市场经济的发展，市场主体对金融资源的争夺愈发激烈。金融权力在政府与市场之间分配、在中央与地方之间分配、在中央各部委之间的分配逐步产生摩擦，并对我国金融风险产生显著的影响。本课题拟结合我国特殊的财政金融体系，从金融分权视角出发，研究我国系统性、区域性风险的生成、传染机制以及区域性风险与系统性风险相互转换，研究设计出我国系统性、区域性风险防范以及相应危机救助体系，并在此基础上提出我国金融监管改革的相关建议，为我国金融安全网的构建与优化提供理论支撑。

在金融适度分权的视角下，研究我国区域性金融风险的生成机制及区域性金融风险向系统性金融风险演进的路径，并在此基础上探索最优金融权力配置，统一金融监管权责，建立有效的金融监管框架和具备理论基础的危机救助体系，对防范我国区域性、系统性金融风险，促进经济平稳健康发展具有重要的现实意义。第一，弄清我国区域性金融风险的生成机制、区域性金融风险向系统性金融风险演化的路径，进而据此设计科学的方法，对我国的区域性及系统性风险进行识别、评估、测度，并设计有效的风险预警系统。第二，洞察金融分权在我国区域性及系统性金融风险形成过程中的作用机制，并据此更加合理地配置金融权力，设计有效的金融监管框架，从经济金融制度层面防范区域性、系统性风险，并进一步地为我国金融改革提供理论参考。第三，根据我国区域性、系统性金融风险生成机制的特征，在理论分析的基础上构建全面、有效的危机救助体系。

本课题基于金融适度分权基本视角，循着"提出问题—理论基础—理论解释—对策研究"的基本逻辑展开。

第一章提出本课题研究的问题。首先，我国系统性、区域性金融风险的生成及演化具有特殊性，特别是金融分权制度在我国系统性、区域性金融风险的生成中扮演着重要角色，因而我国系统性、区域性金融风险的防范及危机救助机制也需要根据这一特殊性而做出相应的特殊安排。其次，在相关文献的回顾过程中发现现有文献在两个方面存在缺陷：一是大多文献注意到了财政分权、治理机制等制度性背景，但是缺乏从金融分权的角度分析我国系统性、区域性金融风险的生成机制，也很少从这个角度来设计系统性、区域性金融风险防范及危机救助的制度设计，而这恰恰是特别重要的。二是对区域性金融风险的生成和防范的关注不够，现实中往往是区域性风险演化为系统性风险或多区域的风险同时爆发，引发系统性风险。

第二章研究了金融分权的理论框架，作为本课题的理论基础，为后续的理论解释和对策研究提供理论铺垫。首先，对金融分权及金融适度分权的内涵进行界定，在此基础上，分别讨论了中央各部门之间的金融权力配置即横向金融分权和中央与地方之间的金融权力配置即纵向分权。至此，我们为金融权力在各相关主体之间的分配提供了参考依据。

第三章至第五章为区域性、系统性金融风险的生成机理及二者之间演化的理论解释。第三章从我国地方政府行为的视角研究我国区域性金融风险的生成机制。区域性风险的生成有导致风险生成的一般性因素，但通过观察我国经济金融的实际运行，发现我国区域性金融风险的生成具有特殊性，即我国地方政府的行为是导致区域性金融风险生成的重要力量。本章首先建立基于地方政府行为研究区域性金融风险生成机制的基本分析框架，即地方政府在官员晋升与GDP考核、财政分权、中央与地方金融显性集权隐性分权的激励与约束集合作用下，必然有重视经济增长而相对忽视金融效率与安全的行为选择。其次，从经济对金融的反馈以及金融自身两个层面具体讨论地方政府行为导致区域性金融风险生成的机制。

第四章研究了我国系统性金融风险的生成机制。从经济新常态与经济下行、房地产价格泡沫、影子银行体系、地方政府性债务和人民币国际化与国际资本流动等中国未来一段时间内系统性风险可能的五个来源渠道阐述了中国系统性风险的生成机理。经济新常态与经济下行、房地产价格泡沫、影子银行体系、地方政府性债务等四个中国系统性风险的可能来源渠道是以国内视角来进行分析的：前三个部分主要着眼于国民经济的私人部门，"地方政府性债务"部分主要着眼于国民经济的公共部门。人民币国际化与国际资本流动是以国际的视角来进行分析的，即主要着眼于国民经济的对外部门。显然，中国系统性风险这五个可能的来源渠道并不是相互独立的，它们可能存在一定的相互作用。同时，这五个可能的来源渠道对中国系统性风险生成的贡献可能随着时间的不同而发生改变。

第五章分析了区域性金融风险向系统性风险演化的路径。本章在借鉴国际经验的基础上，对我国区域性风险传染路径进行深入的探索，并对区域性风险升级为系统性风险机制以及我国区域性风险向系统性风险转变的可行性问题进行探讨。首先，我们分析了区域性风险的传染渠道，根据我国银行主导型金融结构的特点，对现有文献针对于我国的区域性风险传染情况进行大致总结，并归为流动性冲击、资产负债表关联、跨区域投资、政治影响、影子银行五条不同渠道，对此分别进行阐述；其次，我们分析了区域性风险向系统性风险的演化条件，归纳区域性风险向系统性风险转化的因素；再次，我们对区域性风险向系统性风险演化进行定量分析；最后，对本章进行总结。

第六章至第九章为防范系统性、区域性金融风险的对策研究。第六章对我国系统性金融风险进行测度。本章介绍了 Copula 相依结构理论，在此基础上构建系统性金融风险贡献测度的理论模型，以此为依据对中国上市商业银行的系统性金融风险贡献进行测度，最后根据测度结果对中国银行业系统性金融风险进行宏观审慎分析。

系统性、区域性金融风险的防范包括微观主体自身约束、行业协会管理及外部监管等组成的一个完整体系，本课题主要从外部监管的角度来防范系统性、区域性金融风险。第七章侧重建立监管组织框架来防范系统性、区域性金融风险。监管的独立性、金融业务准入等是关系金融稳定的重要因素，因此，本章首先分别阐述金融监管组织结构对监管独立性、金融业务准入等方面的作用机制。与政府监管互补的是市场因素对金融机构的约束，接着以存款人约束为例阐述金融监管结构与市场约束的关系。最后结合案例来说明区域性金融风险的防范机制。

第八章阐述宏观审慎监管工具防范系统性风险的作用机制并对其实施效果进行检验。其中重点关注了资本监管工具，首先从时间维度对逆周期资本缓冲的作用机制及其实践效果进行研究，然后基于截面维度阐述了资本监管工具的作用机制并对其实践效果进行了检验。

第九章为我国金融危机救助的机制设计。本章首先从我国相关制度安排的实际出发，从理论层面阐述我国金融分权制度安排在危机救助中的作用机制。基于这一基本理论分析，分别设计我国全国性危机与区域性危机的救助机制。

本书的主要结论如下：

1. 全面识别和判断了我国现阶段的系统性、区域性金融风险。经历了三十多年的持续高增长，我国经济现阶段进入中高速增长"新常态"，过去高速增长过程中积累的经济金融矛盾很可能"水落石出"。加上受次贷危机和欧洲债务危机的影响，世界经济复苏缓慢，我国经济金融面临的国际环境不容乐观。总体而言，可能激化国内的风险因素，也会产生新的风险，因此如何全面及时地识别、判断风险以防患于未然是我们首先面临的问题。我们利用 Copula 相依结构理论来扩展现有的系统性风险测度 CoVaR 方法，以得到适用于不同类型常参数和时变参数 Copula 相依结构函数的动态系统性风险测度。显然，该动态系统性金融风险测度方法在金融风险管理和宏观审慎监管领域具有广泛的应用价值：它不仅能够以股市交易数据为基础实时测度出所有上市金融机构（银行、证券、保险等）的系统性金融风险动态，而且能够广泛应用于测度不同金融机构、不同金融市场间、不同行业之间的动态风险溢出；同时，它还能用于系统性金融风险的宏观审慎分析和宏观审慎监管等领域。利用该扩展的系统性风险与系统性风险贡献测度方法，我们实证测度了中国 14 家上市商业银行的动态系统性金融风险与系统性金融风险贡献，并进行了相应的宏观审慎分析。我们发现，这 14 家上市商业银行在 2008 年国际金融危机和 2013 年 6 月中国"钱荒"等典型系统性金融风险事件期间的系统性金融风险贡献要明显高于其他样本期间。中国银行业的动态系统性金融风险在 2008—2013 年期间的动态演化过程呈现 U 形特征。同时，该研究发现，这 14 家中国上市商业银行系统性金融风险贡献的年度动态排序结果具有高度的稳定性。银行在险价值、资产规模、期限错配、不良贷款率和 GDP 增速是影响中国上市商业银行系统性金融风险贡献的主要因素。

2. 梳理我国区域性金融风险和系统性风险的生成机制及二者之间的演化机理，特别是认清其在我国的特殊性，有助于政府从国家整体战略安排上防范系统性、区域性金融风险，维护金融安全。

（1）区域性金融风险生成机制。在我国特殊的政治经济制度安排下，地方政府行为是我国区域性金融风险生成的重要驱动因素。我国的区域性金融风险主要集中于银行与非正规金融领域。银行风险具有较长的潜伏期，而且，在我国，政府是银行的实质担保人。因此，到目前为止，我国银行倒闭现象很少，而风险更多地表现为不良贷款上升、银行利润下滑，进而引起的经济衰退等。相对而言，非正规金融的风险暴露时滞较短。从制度根源来看，我国地方官员以 GDP 为主要内容的考核机制及地方政府财权明确而金融权责模糊的制度背景驱使地方政府重视经济增长而相对忽视金融安全，过度利用金融资源以换取短期内经济的快速增长，并因此留下了金融风险隐患。对区域性金融风险生成机制的研究贡献在于：第一，以分析地方官员考核及中央与地方财政金融制度安排、激励理论视角下的地方政府行为选择为基本分析框架，并在此基础上分别从经济对金融的反馈、金融本身两个角度对地方政府行为导致区域性金融风险生成进行具体分析，构建地方政府行为与区域性金融风险生成的一般分析框架。第二，实证发现，在经济竞赛中，地方政府对地方政府债务增长及房地产价格上涨具有显著的正向作用。第三，我们建立银行经济学模型表明地方政府对地方性银行类金融机构的干预往往是其风险生成来源。第四，地方政府重视发展而疏于监管是非正规金融产生风险的重要原因之一。

（2）系统性金融风险生成机制。从经济新常态与经济下行、房地产价格泡沫、影子银行体系、地方政府性债务和人民币国际化与国际资本流动等中国未来一段时间内系统性风险可能的五个来源渠道阐述了中国系统性风险的生成机理。前三个部分主要着眼于国内视角的私人部门，地方政府性债务部分主要着眼于国内视角的公共部门。人民币国际化与国际资本流动是以国际的视角来进行分析的，即主要着眼于国民经济的对外部门。此外，通过构建 DSGE 模型发现，由二元信贷结构导致的我国独特的金融加速器效应，使得"小冲击、大波动"将可能成为我国下一阶段经济总体波动特征之一，单个冲击引爆系统性风险的概率正在上升。

3. 金融始终蕴含着风险，但是部分风险是由于制度缺陷等因素导致金融交易中的风险收益原则遭到破坏而形成的，这类风险是可以尽量规避的。过度的金融集权或者过度的金融分权都不利于金融资源的有效配置以及金融体系的稳定。

（1）在中央层面的横向金融分权上，机构的设置不当不利于金融管理的有效实施和金融稳定，研究发现：第一，政府当局和专业金融监管机构不同的问责机制导致了两者不同的激励，借此说明了专业监管机构设立的必要性。第二，不同的金融监管组织结构在控制力和信息上各有优劣。层级结构能够使得各个机构的行为更加协调，但政府损失了对较低层级的控制力；多边结构虽有利于深层信息的揭示和政府的控制，但在各个机构的协调上存在不足；统一结构会损失信息方面的深度，但政府的控制力和各个任务间的协调性更突出。第三，从根本上讲，金融监管机构的组织结构设置都是为服务金融体系发展和经济发展的需要。现实上，各个国家根据自己的资源禀赋、社会环境、文化特质和政治制度框架等"国家禀赋"特征动态选择。

（2）在金融纵向分权方面，研究发现，地方状态信息是促使中央政府选择金融分权的因素。现实中，各个地方间的状态不仅在同一时点存在差异，而且同一个地方在不同时点上其状态也具有时变性，中央政府及时、准确地甄别这些信息存在着巨大成本，因而下放对地方状态信息依赖度高的政策性金融权力不失为一种最优的选择。然而，地方政府的道德风险以及地方政府间的"以邻为壑"则使得中央政府偏向于金融集权的模式。总而言之，中央不得不根据国家具体的经济金融环境，在这两类因素上作出权衡，选择最佳的金融管理模式。另外，我们认为在金融分权的情境下，政策性金融权力的下放并不是一个绝对的放与不放的问题，而是一个金融适度分权问题，即合理地将一系列的政策性金融权力配置给中央与地方政府，寻求最优金融分权结构，守住不发生区域性、系统性金融风险的底线。譬如，对地方信息依赖大且金融外部性小的政策决策权应下放给地方政府，如地方性金融机构的监管、救助；而对于外部性大且具有系统性影响的政策则应集中于中央，如货币的发行、跨区域银行的监管、系统性重要机构的监管等。这样不仅能充分发挥中央金融管理部门的指导、协调和监督作用，维护金融业改革发展战略，而且可以引导和调动地方政府的积极性，发挥好地方政府的作用，强化地方政府的金融监管意识和责任。

4. 金融风险防范以及健康的金融体系是我国经济持续健康前进的基础。

（1）基于区域性风险传染演化防范的视角，研究发现，我国区域性风险传染的渠道主要分为真正的传染、跨区域投资、资产负债表关联、政治影响四条传染渠道，而区域性风险是否会演变为系统性风险，风险的传染途径只是其充分条件，要想真正转化为系统性风险还取决于风险爆发源区域的重要性地位、风险爆发源区域与相关区域的网络关联程度以及受冲击区域的自身风险抵抗能力大小。我国区域性网络形成了南部以广东为中心，北部以北京、辽宁为中心，东部以江苏、上海、浙江、山东为中心，中部以河南为中心，西南部以四川为中心的网络结构特征，且每个子区域中心省份都是全国排名前十的系统重要性区域。而我国西部如青海、新疆、西藏等省份由于经济较为落后、单一，是典型的区域性风险较为集中且风险吸收效应较强的省份。值得注意的是，广东、江苏、山东、四川、河南这五个省份由于既是区域网络中心和风险传染效应较强的省份又是区域性风险相当集中易风险暴露的省份，一旦这五个省份区域性风险爆发，极易升级演化为范围更广的系统性风险。

（2）基于系统性风险防范视角，借助世界银行的调研数据，对金融监管组织结构与金融稳定间的关系分析后发现：第一，政府减少监管机构主管的任职期限，或者采用无固定任职期限的聘任方式；中央银行涉足金融监管的程度越深，金融监管机构的独立性越强。第二，对银行业务的限制并不会受到金融监管模式的影响；中央银行涉足金融监管的程度越深，其对银行参与证券活动的限制就越严格，但在房地产和保险活动上并没有类似的发现。金融监管机构集中度越高，对金融集团化的限制就越严格，尤其是银行拥有非金融公司和非银行金融公司拥有银行；央行涉足银行监管会显著地削弱了对银行持有非金融公司的限制。第三，金融监管机构越集中，对银行持续经营期间的资本要求越严格，并且从整体上来说资本管制也越严格，但对初始资本的要求没有显著的影响，而银行业实际资本充足率越低；央行涉足金融监管程度越深，整体上对资本要求就越宽松，但银行业实际的资本充足率反而更高；中央银行兼顾银行监管时，其对银行存续期间的资本要求相对宽松，而对初始资本要求更严格，但从整体看来资本要求是相对宽松的。第四，FAC通过资本要求对银行的不良率产生了影响；中央银行涉足银行监管会显著地增加银行不良率。第五，金融监管机构越集中，爆发银行危机的可能性越高，对银行活动的限制能够减小危机爆发的可能性，并且随着金融监管机构的越集中，业务准入限制对缓解银行危机的效果越明显；中央银行涉足金融监管程度与银行危机间无显著的关系。接着，以存款人约束为例考察了官方金融监管结构对市场约束的影响。研究发现：第一，存款人确实会通过存款选择途径和存款利率途径来约束银行的风险行为。第二，金融监管机构越集中，存款人出于对监管质量的担心，加强了对银行资本充足率和盈利能力的约束，不过危机期间约束反而削弱。第三，央行涉足金融监管削弱了存款人对银行不良率的敏感性，并且涉足金融监管部门越多，这种削弱越强。第四，金融监管结构安排对存款人约束的影响因银行规模而异。集中的金融监管削弱了存款人对小银行不良率的敏感度；央行涉足金融监管的程度越深，存款人对小银行资本充足率和流动性的约束越强，而对大银行不良率的约束则越削弱。

5. 不合理的危机救助机制将导致巨大的财政金融风险和社会稳定风险。信息不对称条件下，当危机发生时，银行和地方政府都试图将危机救助成本转移到中央政府，理论模型建立了危机前期政府市场化操作框架（如央行释放流动性、引导市场自救等）和危机后期纳入传染风险的政府救助框架，并针对地方政府道德风险模拟了地方政府产生救助偏见的过程。

（1）全国性危机爆发时，政府救助无论采用市场化操作还是采用非市场化操作，集权相对于分权都明显利大于弊。首先，由于声誉机制不健全，给予地方政府一定监督权的条件并不成熟；其次，由于全国性银行的监管都由中央直属监管机构负责，地方政府识别问题银行类型和识别问题银行自救能力提升空间的优势不能发挥，且难以很好地帮助中央政府控制实际救助成本；最后，地方政府对于全国性银行的监督技术有限，还极有可能被俘获（例如历史上四大国有银行不良资产剥离时，就出现过地方政府虚报、谎报不良的情况）。

（2）区域性危机爆发时，地方政府不可避免成为政府救助主体之一，使得救助机制更倾向于分权决策，如何防范地方政府在危机救助中的道德风险成为重点关注问题之一。首先，在危机显露出传染风险之前的政府市场化救助操作时间窗口内，应加强地方政府声誉机制的建设。其次，信息不对称导致地方政府和问题银行形成利益共同体的可能性存在。若能增加地方政府危机救助的职责和成本分担，可能会激励地方政府控制实际救助成本。再次，地方政府对于区域性银行的监督技术有待提高，如通过建立分层存款保险制度、明确省级政府的监管范围、提前明确省级地方政府的救助义务，并配套建立危机救助时期的发债机制和担保机制，进一步完善地方资产管理公司职责等。最后，通过监督机构防范地方政府道德风险的前提是建立防范合谋机制，以杜绝地方政府俘获监督机构。

（3）实证研究，首先，找到了银行在危机前逆向选择的证据，实际的危机救助中至少可以从银行逆向选择角度评估问题银行的成本分担。追责可以在危机过去后，且以罚金的形式执行要好于薪酬追回。其次，将地方政府逆向选择分为区域内私人收益增加和努力程度考核失灵，实证结果表明银行仅考虑了前者（提升了基础设施建设和房地产行业的实际利率）而忽略了后者（未对区域内信贷环境下降引起足够重视）。本书提出应引入全国性银行的授权监督者，抑制地方政府逆向选择，建立良性的区域信贷环境竞争激励，并要求地方政府积极承担起金融分权中的危机救助职责。

本书的创新点体现在以下方面：

1. 在我国财政分权的背景下，分析金融分权对我国区域性金融风险及系统性风险生成的作用机制。首先，梳理我国金融分权发展历程，将之放在我国经济发展历程的背景下，洞察我国金融分权发展历程的内在逻辑一致性。其次，现阶段，在财政分权的背景下，国家激励地方政府积极推进辖区经济发展，各地方政府上演晋升锦标赛，在这种情况下，各地方政府争夺金融资源，干预地方金融，使得地方金融违背市场规律，偏离效率原则，从而逐步积累了大量风险。

2. 理论探索区域性金融风险向系统性风险演进的路径。现有文献涉及区域性金融风险向系统性风险的演进大多是文字性描述，来源于直观感受或经验观察，缺乏说服力。本课题拟理论探索区域性金融风险向系统性风险演进的路径，对这一过程进行严谨的逻辑刻画，进而为建设有效的风险防范制度与风险管理体系提供指导。

3. 从金融分权的视角探索我国防范区域性、系统性风险的制度设计。运用合同理论与激励理论探索最优金融权力配置，建立权责统一的分层金融监管体系。我国区域金融风险的生成很大部分源于地方政府行为，包括行政行为和经济行为。一是地方政府作为投融资主体，利用融资平台筹集大量资金投资于没有还款来源或者资金回流缓慢的项目，这部分融资大多来源于银行，部分来自影子银行体系，给区域金融安全埋下巨大隐患。二是源于地方政府土地财政导致的部分区域性房地产泡沫，很大一部分银行贷款集中在房地产业，银行资产面临巨大风险。三是地方政府干预下的过剩产业融资，过剩产业利润低下，产品过剩，当产品价格下降或者产品滞销时，银行不良资产会大幅上升。四是地方政府滥办金融，债务链条断裂的风险较大。基于此，根据适度分权理论，金融权力也应该下放，更重要的是权责二者的统一，从而约束地方政府行为，激励地方政府承担相应的风险防范责任。

4. 以福利损失最小为目标选择危机救助时机、救助对象、救助主体以及风险分担主体与分担方式。通过梳理我国金融体系运行机理，以降低总体福利损失并平衡各主体的风险分担为原则，探讨危机救助时机、救助对象、救助主体、风险转移与风险的国际分担等问题，为危机救助提供具有理论依据的操作指南，避免就事论事的应急研究方法。

5. 在研究方法上进行革新。以金融适度分权理论为基础，综合运用金融合同理论、金融行为理论、金融风险和监管理论，建立金融部门资产负债表模型、金融网络模型、冲击传染 Copula - GARCH 模型、基于区域金融权重的 GVAR 模型等，对区域性向系统性风险演化原理进行深入研究。同时，在实证研究方法上，收集整理改革开放以来我国金融分权化各阶段中央关于金融机构、市场、监管等方面改革政策以及地方发展金融措施的详尽资料，在此基础上广泛使用动态估计、数值模拟等数理、计量方法，对金融分权下区域性风险演化机理进行实证研究；并且纳入案例分析法，基于区域和机构类型双重标准在全国范围内选择有代表性的地区展开实地调研和问卷调查，了解金融办和区域金融中心发展状况，对典型风险案例和金融改革创新试验进行分析，以获取区域性风险影响关系的第一手资料。通过案例分析总结金融分权视角下地方金融管理体制构建的一般原则和思路，并与理论分析结论相对照。

本书下一步的研究方向如下：

1. 对金融分权理论进一步深入研究，根据分权治理理论系统深入阐述金融适度分权理论，并将之嵌入存款保险制度理论、最后贷款人理论、金融审慎监管理论体系当中，对现有的金融风险防范理论进行大胆革新，从金融风险的根源上进行求解。

2. 我国现有的金融安全网——金融审慎监管和最后贷款人，都是"大一统"式的风险防范之法，不但没有充分发挥地方政府防范风险的积极性，而且使地方政府滋生道德风险，将地方经济风险转嫁到金融体系和中央救助上，因此还需深入研究如何大胆革新现有的金融安全网理论，使地方政府承担应有的责任，分享应有的权限。

3. 加强金融市场分层理论研究，真正发挥各层面市场对强势主体的风险防范作用。根据经济主体行为范围扩展规律，从熟人圈层到关系市场再到诚信市场，提出金融市场分层理论，试图改变现有的公司、政府金融市场融资模式——要么上全国市场、要么审批不过，让企业首先在本地金融市场上市发行股票、债券等融资工具，经过一定期限的检验后，如果满足条件再过渡到上一层面的金融市场进行融资，最后才到全国市场进行融资。这种模式，一是可以缓解企业的资金压力，保障企业持续经营；二是首先利用当地熟人社会对企业进行检验，避免一上市就套现的道德风险；三是较长融资周期，鼓励企业长期经营，而不是短期套现行为；四是逐步过渡到全国层面，降低了全国的金融风险水平；五是金融市场分层理论和金融适度分权理论紧密结合，构造一个比较完美的市场—监管理论体系。

4. 进一步深入阐述区域性金融风险产生机理和演化机制。现有研究文献主要集中在系统性风险方面，而对区域性风险很少涉及，理论不成体系，这与我国现实的风险状况不符。对区域性风险的产生机制，包括地方政府债务扩张、房地产泡沫、民间借贷链条断裂、地方金融信贷风险等的研究还需加强，并相应分析区域性风险向系统性风险演化的理论逻辑和传染效应。

5. 加强实证检验。在理论分析之外，应对各个经济主体具体效用函数进行探究。虽然纯粹的经济分析框架有利于建立政策分析的参照系，但是研究问题不同、相关参数设定不同，可能导致分析结果的变化。加强相应指标影响效力的实证研究，有利于寻找运行机制下的关键核心因素。

关键词：金融分权　系统性风险　区域性风险

目　　录

1 导　　论

1.1　研究背景

20 世纪以来，国际及国内面临金融危机冲击的频率越来越高。据国际货币基金组织统计，自 20 世纪 70 年代以来，全球共发生了大大小小的金融危机 212 起，发生金融危机的频率远远高于以前。原因何在？究其根源在于所有遭受危机的国家均在政策方面存在严重缺陷，并引致了重大的经济结构性缺陷与金融体系的脆弱性。

将大萧条时期的危机和近代的金融危机做一个对比，可以发现一个值得注意的现象：在大萧条时期，实施的是金本位制度，货币供给缺乏弹性，危机发生之后主要由市场力量让市场强制出清，政府在这一过程中的作用力量有限；而近代危机发生于纸币本位制，货币供给具有充分的弹性，因而政府可以通过增加货币供给的方式缓解危机。这种通过足够的货币量缓解通货紧缩、厘清债权债务关系的货币化危机处理方式避免了市场化危机处理方式导致的大量企业破产倒闭，大量工人失业，以及大量的资源浪费，甚至可能由此引起的战争。

与此同时，货币化的危机处理方式也给经济金融结构的调整带来了巨大的隐患。市场化的危机处理通过大量企业的破产倒闭强制性地实现经济结构和产业结构的调整，而主要依靠政府力量处理危机的方式只是缓和存在的结构矛盾，并没有消除，或者说该种方式需要政府在后续情况缓和后继续出台相关的政策进行结构调整。但这种后续的结构调整可能非常困难，并且累积的结构性矛盾也可能促发更大的危机，这是因为大萧条时期经济结构相对简单，结构调整的空间范围相对较小，全球经济体量也较小，少量的技术进步或新兴产业的出现，就可能完成结构调整，带动整个经济走出危机阴影，实现经济复苏。而现代危机面对的结构调整特点则表现为经济体量大，必须依靠大量的新技术或新兴产业才能带动传统产业转型。但大量的新技术或者新兴产业可遇而不可求，因此，政府起着主导作用的危机处理方式把应该被市场淘汰的企业存留了下来，市场出清困难，经济本身的病症短时间内难以消除，只是暂时缓和了危机的爆发，并没有消除风险隐患，甚至暂时延缓的政策可能成为触发更大危机的导火索。

尽管存在这样的隐患，但是现代政府在危机处理中对市场的介入越来越强，并且在非危机期间也往往会出台政策干预经济的运行，以避免市场化调整给庞大复杂的经济带来断崖式的停滞。不过，这给现代政府履行金融监管职能带来了挑战。在经济结构调整或者转型过程中，政府通常会改变以往利率控制、信贷配给、资本账户管制、金融进入限制、资本市场管制等金融手段的着力点，支持新偏好的产业发展，这不仅会影响到产出和就业在各产业间的空间分布结构，同时也伴随着巨大的金融结构、金融功能以及金融风险的变化。因此，政府需要合理构建金融监管制度，设置金融风险防控机制，为经济结构和产业结构的转型提供稳定的环境。

政府几乎无法准确地预测到金融危机爆发的时机和可能引爆危机的事件，但可以通过识别和处理不稳定的根源来防止危机的爆发。为此，每一次危机的爆发都伴随着金融监管的变革与金融体制的完善，譬如此次席卷全球的金融危机。当前，由美国次贷危机引发的国际金融危机已过十年，世界经济深陷泥潭至今复苏缓慢，而且其中还夹杂着很多不稳定因素，给原本不景气的复苏增添了更多不确定性，甚至可能会酝酿出一场新的危机。在世界经济的主要引擎中，欧洲最先遭受危机传染，先后经历了主权债务危机、难民危机、英国脱欧、意大利公投等政治经济困境，号称银行体系最坚挺的德国也出现了德意志银行困境，众多因素的共同作用使得欧洲经济至今前景堪忧。日本经济自危机后经历了安倍经济学的前两支箭，即扩张的财政货币政策，但收效甚微，而经济结构调整的政策迟迟未见落地，其经济复苏也是步履蹒跚。新兴市场经济体作为全球经济复苏的主要推动力量，其经济增长也一再放缓，甚至可能发生主要由新兴市场经济体引发的"温和的全球衰退"。而作为危机的肇事者，美国在危机爆发后经济复苏也举步维艰。总之，危机后经济复苏总体呈现"太慢、太脆弱、太不均衡"的特征。面对这一经济史上最缓慢的经济复苏，更让人不安的是，全球范围内似乎都陷入束手无策的尴尬境地。危机爆发后，世界各国都推出了前所未有的超常规"救市"政策，暂时阻止了危机的进一步恶化。但是，这些政策措施并没有从根本上治愈得病的经济体系，相反，超常规的财政货币政策作用于原本不健康的经济体而产生了很多新的棘手问题，比如流动性泛滥与通货紧缩共存、全球范围内普遍的高杠杆、局部资产价格膨胀等问题。

同样，在这一轮国际金融危机中，我国也被波及。如今我国经济发展进入新常态，高增长的时代结束了，经济结构、产业结构正经历着巨大而深刻的变化。同时，金融业的创新和国际化的程度不断推进，金融发展明显加快，金融机构体系多样化，产品结构体系复杂化，交易体系信息化，金融市场开放化。但监管部门建设多维度、多层次现代金融市场的理念、方法和经验尚显不足。在这一背景下，区域性、系统性风险不断积聚，并逐步暴露了出来，如"保守有余，前瞻不足"、资源错配、寻租盛行、风险集聚等。近年来金融体系更是出现了一些令人担忧的现象：一是各地区可利用的金融资源（主要是资本）差异巨大，并成为地区间经济差距的主要因素；二是虽然资本对经济增长的贡献高达94%，但是工业资本的边际产出快速下降，从2003年的0.61降到了2012年的0.28，并且全要素贡献转为负值；三是为促进地方经济发展，缓解中小企业融资困难，各地大力兴办各种交易场所、小贷公司等地方金融机构，但由于监管缺失和监管容忍，这些地方金融业态发展混乱，"资金断裂，老板跑路"的现象频发。正是在这样的背景下，中央政府开始意识到在各地经济金融差距较大的情境下，"一刀切""齐步走""不承认差别或忽视差别"将导致"苦乐不均""事倍功半"的苦果。因此，近年来出台了一系列的政策，旨在通过"界定中央与地方金融监管职责和风险处置责任""完善地方政府金融管理体制，强化地方政府对地方中小金融机构的风险处置责任"，强化监管，守住不发生区域性、系统性金融风险的底线。

总体而言，金融危机一次又一次地不期而至及本次危机特别艰难的复苏，不由地让我们更加关注相关政府在金融危机中的作用以及政府在金融监管中的角色定位问题。在这样的背景下，有必要对系统性和区域性金融风险防范展开深入的研究，分清政府在金融风险中的角色定位、行动范围、权责界限，并完善金融监管架构，以便守住不发生区域性、系统性金融风险的底线，维护金融体系的稳定。

1.2　选题意义

风险是金融的固有属性，我们并不试图去消除风险。同样的，要想阻止系统性风险的办法也许是有的，但一味地阻止系统性风险也许并不是最优的选择，比如恢复到金本位制，甚或退回到自给自足的封闭经济中，关键是要避免不必要的系统性风险。回顾金融危机史，尽管每次危机之后都会出现相关理论或模型，它们能够完美地解释危机却又无法阻止下一次危机的发生，但是，我们至少致力于同样的错误少出现或不再出现。从这个意义上讲，结合当前特殊的国际国内背景，本课题的研究具有以下几个方面的理论意义和现实意义。

1. 有助于全面识别和判断我国现阶段的系统性、区域性金融风险。经历了三十多年的持续高增长，我国经济现阶段进入中高速增长"新常态"，过去高速增长过程中积累的经济金融矛盾很可能"水落石出"。加上受次贷危机和欧洲债务危机的影响，世界经济复苏缓慢，我国经济金融面临的国际环境不容乐观。总体而言，可能激化国内的风险因素，也会产生新的风险，因此如何全面及时地识别、判断风险以防患于未然是我们首先面临的问题。

2. 金融安全是国家安全的重要组成部分。弄清我国区域性金融风险和系统性风险的生成机制及二者之间的演化机理，特别是认清其在我国的特殊性，有助于政府从国家整体战略安排上防范系统性、区域性金融风险，维护金融安全。研究风险的成因是为了更好地防范风险，摸清风险生成、风险累积、风险传染的演进过程，捕捉风险触发事件，这样才能有效地对风险进行监测和预警，有助于政府在风险防范和化解过程中有的放矢。

3. 金融始终蕴含着风险，但是部分风险是由于制度缺陷等因素导致金融交易中的风险收益原则遭到破坏而形成的，这类风险是可以尽量规避的。本书的研究有助于政府在国家经济金融安全的框架下，制定相关政策，优化金融监管、财政金融分权等相关制度设计，以从根源上防范部分金融风险的生成、提升危机管理的水平。

4. 系统性、区域性金融风险的防范以及健康的金融体系是我国经济持续健康前进的基础。我国作为最大的发展中国家，尽管经济总量巨大，但是人均水平还较低，当前经济发展进入关键时期，关系到能否迈过"中等收入陷阱"进入发达国家行列。金融安全与健康无疑在其中起着核心作用。

5. 进一步丰富系统性、区域性金融风险的理论研究。20 世纪 80 年代以来，世界上爆发了多次金融危机，同时我国启动改革开放进入了经济转型期，自此，我国学术界对金融安全做了大量研究，形成了较多有益的成果。但是囿于观察窗口、案例样本等许多条件的限制，现有研究仍有很多不如意之处。突出表现在两个方面：一是从研究视角来看，大多文献对我国相关问题的研究注意到了财政分权、官员治理机制等制度性背景，但是缺乏从我国金融分权的角度分析我国系统性、区域性金融风险的生成机制，也很少从这个角度来设计系统性、区域性金融风险防范体系及危机救助制度，而这恰恰是特别重要的。二是从研究内容来看，现有文献对区域性金融风险的生成和防范关注不够，而现实中往往是区域性风险演化为系统性风险或多区域的风险同时引爆系统性风险。本课题在金融分权的视角下，结合我国官员治理体制、财政分权等制度性背景，分析我国区域性、系统性金融风险的生成及二者之间的演化机制，在此基础上，从金融适度分权的角度设计我国系统性、区域性金融风险的防范体系及危机救助机制，为中国金融安全体系的构建及优化提供理论支撑。

1.3　关键概念界定

1.3.1　金融分权的界定

（一）金融分权的概念界定

分权这一概念最早被用于政治学文献中。最初的分权理论是关于国家权力的规范配置及制度约束的。洛克在《政府论》中构建了分权学说的最初形态，其内容实质上是国家立法权与行政权的分立。在此基础上，孟德斯鸠在《论法的精神》中最初确立了近代分权学说，其主要思想是国家"立法权、司法权、行政权"的分配与制衡安排，即三权分立学说。孟德斯鸠的思想最先在美国开花结果，在最初的实践中，以汉密尔顿为代表的联邦党人与以杰斐逊为代表的民主派出现了主张的分歧，其争执的焦点是怎样避免政府实施暴政。争论最终以双方的相互妥协而告终，并因此建立起了横向与纵向双重分权，即联邦和各个州的权力机构内部分别实行横向分权，换而言之，就是在联邦和州政府下面分设多个部门，而联邦政府和州政府之间实行纵向分权。这一分权实践后来被其他国家模仿，其核心主张在其他领域也得到广泛运用。

分权这一概念运用到其他学科，在其含义上也产生了新的侧重点。经济学中的分权主要涉及资源配置或组织决策的权力分配问题。《新帕尔格雷夫经济学大辞典》认为主要是由于经济主体对信息的掌握程度不同而产生了分权的必要，进而分权自然牵涉出委托代理问题。分权思想在经济学中的运用也是广泛的，微观企业管理当中决策权力的分配方案影响着企业效率的改进，因而出现了不同的企业组织框架的区别。另一明显的体现是公共财政金融制度安排当中权力的分配问题，比如中央与地方之间的财政分权制度在很多国家存在，当然其中也掺杂着政治学中行政分权思想的成分。

金融分权这一提法在较多文献中已有涉及，但对其明确的定义不多，也没有达成较一致的观点。Qian 和 Roland（1998）讨论了联邦制政府中中央与地方的货币发行权分配问题。王安（2013）、董雨翀和万方（2015）将金融分权指标设定为地方对信贷资源的控制力。殷剑峰（2013）没有明确给出金融分权的界定，但从其内容看，主要论述了中央与地方以及中央各部委之间的金融权力分配两个维度，而其权力内容主要涉及金融监管权和金融资源控制权。崔兵（2014）从两个维度来界定金融分权，即政府与市场在金融资源配置中的权力划分以及中央与地方对金融管理权的划分。傅勇和李良松（2015）笼统地将政府拥有的对金融资源，尤其是信贷资源分配的一定控制力归为金融权力，而金融分权表现为政府在这些权力中的地位不同。他们进一步将金融分权划分为两个层次：一是政府和市场在金融资源配置和货币信用创造中的作用边界划分，如利率汇率决定权、信贷分配权等；二是政府不同部门、中央与地方政府在金融资源配置和货币信用创造中的作用划分，如信贷分配权、货币发行权、基础货币管理权、货币政策决定权等。王俊和洪正（2016）从中央与地方的金融监管权力划分以及政府与市场在金融资源配置中发挥作用的范围与方式划分两个方面来界定金融分权的内涵，他们还从地方金融发展权、地方金融监管权、市场金融参与权几个方面来进一步界定金融分权概念的外延。何德旭和苗文龙（2016）认为金融分权指中央与地方在金融资源控制和监管权上的划分，包括金融发展权（即发展金融机构、市场和基础设施的权力）、金融控制权（包括所有权控制、经营控制和人事控制）和金融监管权（包括市场准入、日常监管和救助）。

综合上述相关文献对金融分权概念的界定，可以看出金融分权概念经历了一个不断丰富和发展的演进过程。根据各自关注的问题不同，对金融分权的界定也不完全相同，对分权维度和金融权力内容的关注都不够全面。从分权的维度来看，最初关注的是中央与地方的分权，后来涉及金融监管框架时增加了中央各部委之间的分权。其实关于政府与市场在金融资源配置中的角色划分在金融市场化、金融发展理论的国内外相关文献中就早已有较多论述，国外文献如麦金农和肖（1973）、麦金农（1988，1989，1993，1996，1997）和国内文献如张杰（2011b，2012）、易纲（1996）、樊纲（2002）、黄达（2009）等。

从金融权力的内涵来看，从政府与市场在金融资源配置过程中的角色、货币发行权逐步扩展到近年来关注的金融监管权、金融控制权等方面。其中让人感觉不够明朗的是文献中对金融发展权的界定，相关文献基本都将金融机构、金融市场的发展界定为金融发展权，而根据相关文献对金融监管权和金融控制权的界定，金融机构、金融市场的设立审批属于监管权的范畴，而涉及对金融机构的参股、控股内容则属于金融控制权的范畴。

根据本书的理解并吸收相关文献的观点，我们认为金融权力是能够对金融资源配置产生重要影响的力量，主要包括货币政策执行权、金融监管权、金融控制权三个方面，而金融分权即将金融权力在政府与市场之间分配、在中央与地方之间分配、在中央各部委之间分配。

表 1 - 1　　　　　　　　　　　　　　金融权力的分类

货币政策执行权	金融监管权	金融控制权
货币发行权、利率调控权、汇率调控权等	市场准入、日常监管、风险处置、救助等	所有权控制、人事控制、经营控制等

资料来源：作者整理。

（二）改革开放以来我国金融分权的发端

改革开放以来我国金融分权之所以能够发生，首先源于金融体系功能的确立和转变（殷剑峰，2013）。改革开放前，与计划经济体制相适应，我国总体上实行"统收统支"的资金配置体制，通过"大财政、小银行"体系具体实施。其中，财政体系担当了分配资源的核心功能，财政拨款是基本建设投资资金的唯一配置手段，而银行信贷资金只能用于国有企业的流动性资金，金融体系没有发挥其本质功能。改革开放后，渐进的经济体制改革路径是通过建立混合所有制作为过渡以实现从计划经济向市场经济的过渡，出发点就是在原国有经济和集体经济的旁边扶植起非公经济。这一计划的实施首先从家庭联产承包责任制开始，部分生产资料转而由个体持有。伴随着经济体制改革的推进，经济活动的中心逐步从公共部门转向私人部门，收入分配格局逐渐由政府向企业和居民倾斜，财富从集中于政府逐步转向藏汇于民间（易纲，2003）。此时与计划经济相比产生了巨大转变，即之前财政条线几乎是所有资源配置的手段，而此时财政条线所掌控的资源已经大大缩减，继而需要金融手段集聚个体财富来撬动实体经济资源的配置，因此，金融的作用逐步回归。

具体而言，两个标志性事件确立和加强了金融体系的功能，进而改变了"大财政、小银行"的体制：一个是 1979 年国务院批准的"拨改贷"试点，即允许建设银行试点将财政用于基本建设的拨款转为贷款。国务院随后又决定，从 1981 年起，凡是实行独立核算、有还款能力的企业，进行基本建设所需的投资，除尽量利用企业自有资金外，一律改为银行贷款。另一个是 1979 年 10 月邓小平关于把财政拨款制度改为银行信贷制度，把银行作为经济发展、革新技术的杠杆的讲话，这使得计划经济时代只发放短期信贷的银行机构开始转向了长期的固定资产投资信贷业务。

在银行信贷资金取代了财政资金成为固定资产投资的主要资金来源之后，地方政府就有了"套取"银行信贷的动机。同时，我国的经济改革主要依靠政府力量的推动，地方政府充当了兼具政治可靠性和改革主动性的"第一行动集团"的角色（杨瑞龙，1998；沈尤佳，2013）。为了调动地方政府的积极性，中央政府将原来高度集中于手中的资源逐步向地方政府部分放权。两个方面的共同作用推动了我国金融分权的发端。

1.3.2　系统性风险的界定

目前，关于系统性风险的定义有上百种，对此还没有达成共识。纵观各种说法，之间的区别主要源于各自的侧重点不同。有的学者关注系统性风险的传染性，比如 Schoenmaker（1996）认为传染风险即为银行的系统性风险，Kaufman 等（2003）认为银行体系内的风险传染为系统性风险。有的定义强调系统性风险的破坏力，比如 IMF

（2009）、FSB 等（2011）、刘春航和朱元倩（2011）将系统性风险界定为由金融体系损失导致金融服务紊乱并对实体经济产生严重负面影响的风险。Eijffinger（2012）指出系统性风险的概念在于传染效应和对实体经济的负面冲击，系统性风险能够导致信心丧失和金融体系及其组成部分的功能不确定性上升。部分学者侧重于系统性风险所涉及的金融范围，比如马里奥·J. 列托（2013）将系统性风险定义为金融体系发生广泛危机的风险，欧洲中央银行（ECB）（2009）将其描述为许多系统重要性金融中介和市场遭受不利影响的系统性事件。还有学者从生成机制的角度来定义，如 Allen 等（2010）将系统性风险定义为众多金融机构由于共同冲击或外部冲击，并通过传染而导致金融机构倒闭的情形。

我们将系统性风险这一概念界定如下：源于金融体系共同风险暴露的积累或金融关联促成的风险强传染性，系统性事件的发生触发整体金融体系或其重要组成部分的金融功能受到极大破坏、进而引起实体经济遭受巨大损失的情形。我们可以从以下几个方面进一步理解。

第一，系统性风险的来源之一是金融体系共同风险暴露的积累。金融体系的共同风险暴露源于金融活动的趋同性，比如众多金融机构的信贷均较大比例地投向了某个风险行业或某个地区、众多金融机构持有相同金融产品或风险关联性强的相似金融产品等。当相关行业不景气或区域经济下行、相关金融产品泡沫累积时，众多金融机构的资产质量下降，风险上升。特别是在系统性事件的触发下，大量金融机构面临困境，破产倒闭潮可能发生。同时，由经济周期而引发的金融体系顺周期性等情况导致的冲击也对金融体系造成普遍趋同的影响。

第二，系统性风险的另一来源是金融关联促成的风险强传染性。由于金融机构之间的业务往来，包括调剂流动性的银行间市场，以及支付清算系统、证券结算系统等组成了一个金融关联集合，形成了整个金融体系的复杂头寸网络。在系统性事件的触发下，金融风险通过复杂头寸网络在金融体系内迅速蔓延，进而引发整体金融体系或其重要组成部分的金融功能受到破坏，并进一步引起实体经济的衰退。

第三，系统性风险往往是在系统性事件等触发因素的作用下而爆发的。系统性事件较常见的是系统重要性金融机构的倒闭，也可能是某个金融产品的挤兑，甚至谣言的传播、某个政治人物的讲话、战争、自然灾害等也可能引发系统性风险的爆发。

1.3.3　区域性风险的界定

国际上涉及区域性风险的研究（Galesi 和 Sgherri，2009；Kenourgios 和 Dimitriou，2015；Kim 等，2004；Seno – Alday，2015；Garcia – Herrero 和 Wooldridge，2007）大多针对较大的地理片区（如东亚、西欧、拉美）或某一贸易联盟（经合组织、欧盟），其中的"区域"是相对于全球而言，或称为"国际区域性风险""全球区域性风险"。国内的研究（邹积尧和隋英鹏，2000；王维安和贺聪，2005；宋凌峰和叶永刚，2011；刘海二和苗文龙，2014；张晓明和于新林，2013 等）大多将我国看成一个整体，而"区域"一般指国内的城市、省级行政区或更大区域（如东部、中部、西部）的地理范围。

　　同时，国内大多相关文献从宏观、中观和微观的划分视角来定义区域性风险，将其定义为不同于宏观金融风险和微观金融风险的中观层面金融风险。然而这种划分是模糊的，虽然区域性风险区别于个体风险和总体风险，但是定义为介于之间的"中观"层面并没有抓住区域性风险的本质。从本质上看，区域性风险更接近于总体风险，更算是系统性风险（李文丰和尹久，2015），只是范围大小的区别。从国内学者对区域性风险的定义来看，有的定义接近于系统性风险的特征。如刘仁伍（2001）、赵振宗（2008）、郑凯华（2014）认为区域性金融风险主要是由个别或部分金融机构的微观金融风险在区域内传播、扩散构成，或者其他经济联系密切的区域金融风险向本区域扩散引起的关联性金融风险，或者可能是由宏观金融风险在本区域传播引起。而孙颖（2007）的定义更接近于微观金融风险或其简单加总，认为区域金融风险是指一个经济区内的经济运行过程中，经济主体在金融活动中受损失的不确定性和可能性，或者说经济主体在金融活动中预期收益和实际收益出现偏差的概率。在这方面我们赞同李文丰和尹久（2015）的观点，我们认为区域性风险具有较多系统性风险的特征，而与系统性风险的区别主要在于影响范围方面。

　　根据我们的理解并吸收相关文献的观点，我们将区域性风险界定为"区域系统性风险"：在一定的地理范围（如某个城市、省级行政区、东中西三个大区等）内，由于区域内金融体系的共同风险暴露、区域内金融关联进而风险的强传染性，在触发因素的作用下，区域金融体系整体或其部分的正常运行困难，并导致区域内实体经济重大损失的情形。我们从以下几个方面进一步理解。

　　与系统性风险比较，"区域性"的体现之一：区域间的经济金融差异明显，进而区域间金融风险差异明显。一方面，我国区域金融发展不平衡明显（刘仁伍，2003；周立，2004；李敬等，2007；郑长德，2007；周丽丽等，2014），包括省际金融发展差异（李敬等，2007），并有进一步扩大差异的趋势。具体体现在区域金融规模、区域金融结构、区域金融基础设施等多个方面。另一方面，区域间经济发展水平明显不平衡，具体体现在经济规模、经济增长速度、产业结构等方面。金融与经济的关系密切，是经济的核心。从这个角度看，金融风险的生成直接源于二者之间的矛盾，比如经济基本面的下行，产业结构的调整期、金融脱离了实体经济等方面。因此，区域间的经济金融差异导致了区域金融风险的差异。

　　与系统性风险比较，"区域性"的体现之二：政府行为使得金融活动进而金融风险的生成具有明显的区域特征。不论是计划经济时期还是改革开放以来，各级政府在经济发展过程中扮演着重要角色。特别是，改革开放以来我国对地方官员的考核转变为以经济增长为主要内容，促使地方官员"为增长而竞争"（张军，2007等）。同时，金融作为一种重要的经济资源，地方政府行为成为金融资源配置的重要力量，因而也直接关系着金融风险的生成。尽管各地方政府的行为主体即地方官员的行为目标和方式是类似的，但是个体之间的能力、认知等方面的差异决定了它们具体行为的选择存在差异，因而行为效果也存在差异。此外，各地方经济金融的发展水平不同、经济金融结构不同，地方自然资源禀赋不同、自然条件不同，地方文化存在差异等，因而地方政府行为作用下形成的金融风险也具有明显的区域差异。

1.4　文献评述

1.4.1　系统性风险的成因

弄清系统性风险的生成机理是理解和防范系统性风险的基础。2008 年的国际金融危机再次触发了全球金融监管反思浪潮，系统性风险受到理论界和监管当局的广泛关注，学者们也对系统性金融风险的生成机理进行了相应的探索。国内外相关文献一般性地从几个方面来论述系统性风险的生成。

一是金融的顺周期性。金融的顺周期性主要是基于金融与经济关系视角的观察，特别是本次金融危机之后，学术界对顺周期性在系统性风险生成中的作用机制给予了极大的关注。经济运行具有周期性，而且金融与经济存在正反馈机制。当经济处于上行期时，金融扩张也很快，往往会过度发展，甚至形成金融脱离实体经济而空转的局面。当经济周期进入衰退期，银行体系内的不良贷款激增，出现"经济衰退—信贷紧缩—不良贷款激增"的陷阱。基于这一视角，Bernanke 和 Lown（1991）、Furlong（1992）、Peek 和 Rosengren（1995）与 Ito 和 Nagataki Sasaki（1998）、Peek Rosengren（1995）分别对美国和日本的银行信贷与经济周期之间的关系进行研究；Fama（1986）、Wilson（1997）与 Ferri、Liu 和 Majnoni（2000）、Reisen（2000）分别从贷款违约率和评级机构行为等角度对顺周期行为进行研究。国内学者董青马（2008）、马勇（2011）等文献也从这一角度进行了相关研究。此外，基于金融与经济的关系视角，孙天琦（2009）、陆挺（2009）、刘诗白（2010）、苗文龙和冯涛（2010）等认为过度金融化导致了系统性金融风险。

二是投资者的心理因素。Diamond 和 Dybvig（1983）、Allen 和 Carletti（2006）的研究表明，存款者预期的逆转会导致银行挤兑。金德尔伯格（Kindleberger C.，1994）认为，大部分金融市场在大部分时间内是理性的，但金融市场偶尔的非理性行为导致了金融危机的爆发。Yorulmazer（2003）探讨了存款人的"羊群效应"问题，并得出信息、存款保险及内部人与银行挤兑严重性的关系。希勒（2009）等学者强调，信心的丧失将最终演绎成典型的系统性金融危机"自我实现的预言"。Shleifer 和 Vishny（1992）、Fostel 和 Geanakoplos（2008）分析了乐观者和悲观者的财富变化对杠杆周期的影响。金德尔伯格（2014）、斯瓦卢普（2014）、莱因哈特和罗格夫（2015）将人性归结为危机的驱动因素。斯瓦卢普认为人们的乐观、自大、贪婪、恐惧、屈服等市场情绪伴随着一次又一次的泡沫产生与破灭。莱因哈特和罗格夫认为一再发生的金融危机根源于人们"这次不一样"的病症，也就是说，不管是监管者还是投机者，人们总是过于乐观，认为现在的环境与之前不一样，而贪婪与破坏性的原动力最终总会以破坏性的结局收场。

三是信息不对称。信息在金融活动中的作用至关重要，因而也成为系统性风险生成的重要因素之一。信息不对称往往与有限理性因素共同发生作用，正是因为信息不对称或不完全才产生了金融主体的预期和有限理性行为，并最终导致挤兑之类的合成谬误。Diamond 和 Dybvig（1983）、Postlewaite 和 Vives（1987）等文献认为，银行与储户之间的信息不对称使得银行可能遭受无效率挤兑，进而产生系统性金融风险。Chari 和 Jagannathan（1988）、Gorton（1985）进一步考虑了投资的风险因素，提出更加符合现实的银行挤兑模型。Mishkin F.（1996，2000）从逆向选择、道德风险两个角度分析了银行系统不稳定以及系统性风险的生成机理。Caufman G.（1996）认为道德风险和过度投资交织在一起导致了系统性风险。

四是资产价格波动引起的系统性风险。Allen 和 Gale（2000）将信贷可得性的突然改变和资产价格波动联系起来，认为信贷可得性出乎意料的改变可能会引发资产价格的崩溃和危机。Goetzvon Peter（2003）将银行和资产价格纳入到一个简单的宏观经济学模型中，研究了大范围的违约如何影响银行体系，认为信用、资产价格和贷款损失之间的相互作用对于金融不稳定的发生具有解释力。Danielsson 和 Zigrand（2008）建立了多资产价格均衡模型，发现资产价格波动是引发金融系统性风险的重要原因。张晓朴（2010）论述了资产价格波动导致系统性风险生成的过程："冲击—资产价格下跌—资产价值缩水—金融机构抛售资产—资产价格下跌——"这是一个恶性循环。而资产的现金定价原理决定了流动性困境是导致资产价格下跌的根本原因（Allen 和 Gale，2008）。

五是过度债务导致的系统性风险生成。较早的文献费雪（Irving Fisher，1933）、明斯基（Hyman Minsky，1975）等认为过度负债、过度投资等因素引起了经济的过度波动，进而加剧了债务危机风险。莱因哈特和罗格夫（2015）通过回顾近 800 年的金融危机史发现，政府、银行、企业或消费者在繁荣时期的过度负债会造成很大的系统性风险。近期较多相关文献关注了中国的债务风险。Tao（2015）指出，快速增长的地方政府融资平台债务引发了对银行资产质量的担忧，更广泛地说，引发了对中国的中期金融稳定和主权风险的担忧。Naughton（2009）、Ma（2013）、Wong（2013）、ADB（2014）、IMF（2014）、Ma 等（2015）、Tsai（2015）等文献认为，我国地方政府债务的总体规模及其增长速度有可能引发宏观经济风险。

此外，有学者从其他角度对系统性金融风险的传导机制进行研究，如 Chakravorti（1996）、Kwan 和 Eisenbeis（1997）、Achrya 等（2002）、Boss 等（2002）、Korinek（2008）、Espinosa 等（2012）等从银行资产结构的角度研究了系统性金融风险的传导机制。还有学者从金融自由化（Kaminsky 和 Reinhart，2000；Kunt 等，2002）、银行监管（Gordy 和 Howells，2006）、国际收支失衡（Kaminsky 和 Reinhart，2000）和软约束（Corsetti 等，1999）等角度展开研究。

我国正处于经济体制转轨时期，在财政金融制度安排以及官员考核制度等方面具有特殊性，因而对我国的系统性风险成因的研究往往关注其中的特殊性。国内学者更多侧重于从预算软约束、地方政府行为等方面入手来研究系统性风险的生成机理。

科尔奈（Kornai，1980）在研究转型经济时提出了预算软约束概念，至此之后，软预算约束被广泛地用来解释转型经济中政府与企业、中央政府与地方政府的关系，其中心就是关于银行信贷等金融资源的配置和利用。在软预算约束下，金融资源的配置往往违背了金融运营原则，金融资源低效利用较多，进而伴随着金融风险的生成。黄海州、许成钢（1999）研究了预算软约束与银行业危机的关系，认为预算软约束不仅影响了金融市场的效率，而且扭曲了市场信息并形成一种传导机制，导致银行间市场面临逆向选择问题，进而可能造成银行的挤兑风潮和银行间贷款市场的崩溃。江其务（1999）分析了中国转型时期金融风险的形成，认为转轨时期中国金融风险是以制度性风险为主导，以股市风险、增量风险、国际风险和国有经济风险为重点的特殊风险群体。

预算软约束与政府行为密切相关，特别是在我国地方官员以地区生产总值为主要内容的考核制度下（周黎安，2004、2007；张军，2007），地方政府行为更与金融资源配置进而金融风险的生成、积累密切相关。刘锡良（2004）认为，转型背景下，很多金融风险都与政府有直接和间接的关系，特别是地方政府行为是导致金融风险扩散的重要原因，同时政府又以多种方式和手段维护金融的安全，但金融机构和金融市场所构成的微观金融，是金融体系安全的重要基础。金融机构和金融市场的成熟程度、企业状况和信用制度是决定微观金融安全的主要因素。江曙霞等（2006）认为，从2003年开始，中国经济发生局部过热，银行信贷扩张是这次地方政府主导型投资过热的重要支撑和扩张加速器，归根到底是软预算约束机制导致银行信贷系统性风险开始积聚，并通过建立软预算约束模型，解释银行系统性风险的生成逻辑。

软预算约束下的地方政府及企业行为导致的结果是银行信贷的高度集中、银行信贷期限错配、银行信贷资产质量低下等问题。江曙霞等（2006）认为国有银行普遍存在信贷的高集中度现象，一个典型的方面是信贷资金投向的行业集中，比如钢铁等传统工业、房地产业、地方政府主导的基础设施建设项目。在宏观经济形势下行期，一方面，钢铁等过剩产能问题突出，部分房地产业库存积压，其直接后果就是威胁着银行信贷资产的安全问题；另一方面，地方政府主导的基础设施项目往往周期较长，与之相关的银行信贷期限错配严重，银行流动性风险积聚。过度的信贷对象趋同和行业集中、银行"羊群效应"势必导致银行潜在的系统性风险上升。

此外，人们还在开放经济冲击（范小云，2002）、汇率风险（葛志强等，2011）、信贷周期（李麟、索彦峰，2009）、金融脆弱性（董小君、李宇航，2006）、风险传染（汤凌霄，2003；马君潞、范小云、曹元涛，2007）等方面进行探索解释。

1.4.2　系统性风险的防范

关于系统性风险防范的研究主要集中在风险测度、风险防范措施等方面。

（一）关于系统性风险测度的研究

系统性金融风险的识别和测度是系统性风险防范的基础。根据风险监测可以实施相应的预防性措施，针对危机事件及时地实施救助措施，有利于金融风险事件的事后分析。2008年国际金融危机爆发后，系统性风险防范又一次受到极大的关注，量化和监测系统性金融风险及金融机构的系统性金融风险贡献等问题也自然成为热点问题之一，产生了大量相关研究文献。Bisias 等（2012）综述了 31 种系统性金融风险的测度方法。根据我们掌握的国内外相关文献，我们认为，系统性金融风险的测度与评估主要有以下几种方法。

一是指标法，最具代表性的是巴塞尔银行监管委员会于 2011 年在《全球系统重要性银行：评估方法与附加资本吸收能力要求》中提出的方法，通过跨境业务程度、资产规模、关联性、可替代性以及复杂性等 5 个综合指标来识别和评价银行等金融机构的系统性风险及其系统重要性程度，进而确定全球系统重要性银行。国内文献刘春航和朱元倩（2011）、高国华（2013）、陈雨露和马勇（2013）等文献针对中国金融体系和宏观经济特征构造了中国的系统性风险度量框架或指标体系。

二是网络分析法，是基于金融机构间资产与负债的风险敞口等数据运用网络模型来测度和评估系统性金融风险的研究方法。Allen 和 Gale（2000）、Gai 等（2011）分别从网络结构与网络结点的角度分析了网络的稳定性。其实金融系统存在不同类型的网络，国内外文献主要从银行系统（如马君潞等，2007；范小云等，2012；Nier，2007；Mistrulli，2011；隋聪等，2014）、支付结算系统（如贾彦东，2011；童牧和何奕，2012）、金融市场（如李建军和薛莹，2014）和宏观经济部门（如，宫晓琳和卞江，2010；Castren 和 Kavonius，2009）等层面进行了相关研究。

三是结构模型法，是基于严格的理论假设和翔实的微观基础建立相应的结构模型来测度和评估系统性金融风险的方法。具有代表性的该类研究主要有 Segoviano 和 Goodhart（2009）等学者提出的危机联合概率模型（JPOD）、Gray 等（2007）在资产负债表分析中引入期权定价理论形成的分析公司违约风险的新方法，即或有权益分析（Contingent Claims Analysis，CCA）方法以及 Gray 和 Jobst（2010；2013）等学者发展的系统性或有权益分析方法（SCCA）。国内学者朱元倩和苗雨峰（2012）等对危机联合概率模型进行了详细介绍。巴曙松等（2013）对系统性或有权益分析方法（SCCA）进行了详细的介绍，并分析了其优点及局限性。吴恒煜等（2013）利用该方法研究了金融危机后中国银行业的系统性金融风险。

四是简约模型法，是主要基于金融市场公开数据建立简式模型（Reduced – form Model）来测度和评估金融机构系统性金融风险的方法。基于简式模型法的系统性金融风险测度方法主要有条件在险价值（CoVaR）、边际预期损失（MES）、系统性金融风险指数 SRISK 和困境保费（DIP）等。Huang 等（2009）、Duffie（2009）等讨论了这种方法的优点。

上述各种方法各有其优点和不足。正如 Bisias 等（2012）学者所言，系统性金融风险及其系统性金融风险贡献的测度和评估还处在探索阶段，尚需进一步完善和发展。它们不仅需要得到经济金融及统计等相关理论的验证，也需要宏观审慎监管等实践的检验和反馈。

（二）关于系统性风险预警的研究

系统性风险预警或危机预警并不能准确预测风险爆发的准确时间，而是分析一个经济体是否产生了一个或多个严重金融危机发生前的典型症状（莱因哈特和罗格夫，

2015）。Kaminsky、Lizondo 和 Reinhart（1998）创建了信号分析法（KLR）来分析货币危机的影响因素，后来经过 Kaminsky 的完善，使其成为早期较流行的预警模型。后来 Berg 和 Pattillo（1999）、Berg 等（2004）、Bussiere 和 Mulder（2000）、Bussiere 和 Fratzscher（2006）、Bussiere（2007）等也讨论了货币危机风险的预警指标。

银行危机的预警方面，Demirguc-Kunt 和 Detragiache（1998，1999）运用多元 Logit 模型进行银行危机预测。此外，Eichengreen 和 Rose（1998），Goldstein、Kaminsky 和 Reinhart（2000），Gaytan 和 Johnson（2002），Davis 和 Karim（2008）也讨论了银行危机风险的预警指标。Manasse 等（2003）设计了债务危机风险的预警指标。Kaminsky 和 Reinhart（1999）对 KLR 进行了修正和扩展，并在货币危机的基础上进一步考虑了银行业危机的预警指标，Goldstein、Kaminsky 和 Reinhart（2000）也设计了货币和银行"孪生危机"的预警指标。

（三）防范系统性风险的工具

较早的研究主要关注于微观审慎的监管。以巴塞尔协议为主的监管规则在一次又一次的危机事件之后也逐步地得到修正和补充。美国次贷危机集中反映了之前以巴塞尔资本协议为主的微观审慎监管体系存在巨大漏洞，简单讲就是微观审慎的加总并不一定得到宏观审慎的结果。特别是金融的顺周期性作用于微观个体并叠加形成巨大泡沫，最终以危机方式表现出来。因此，宏观审慎管理在危机之后得到了广泛的关注。

宏观审慎管理是运用宏观审慎工具以防范系统性风险（FSB 等，2011）。IMF（2011）定义宏观审慎工具专门为减少时间或者横截面维度的系统性风险或者明确针对系统性风险的工具。Balogh（2012）认为宏观审慎政策工具可以被广泛地定义为一系列监视、防范和处置系统性风险的措施，同时其也可降低系统性风险成本。Peter Balogh（2012）认为国际上还没有达成共识对一系列必要和充足的指标来监测整个金融体系。但大部分文献的主要贡献在于促进和标准化。宏观审慎工具必须具备高质量的数据，识别、测度、监测和预测系统性风险的指标或者数量方法，降低宏观审慎风险的工具。宏观审慎工具的目标是一致的，就是降低系统性风险和在系统性危机过程中的成本。

许多学者从不同角度对宏观审慎管理工具进行了分类。如 Stijn 和 Swati R.（2012）从宏观审慎管理的作用对象出发，把宏观审慎管理工具分为针对借款者、解决机构资产问题、解决金融机构流动性问题和解决银行缓冲问题四个方面的类别。C. Lim 等（2011）从信贷相关类、流动性相关类、资本相关类三个方面对之进行分类。还有学者从系统性风险生成机制出发，将宏观审慎工具分为应对来自过度信贷扩张的工具、应对来自放大机制的工具、减少结构性脆弱性和限制溢出的工具。FSB 等（2011）按照时间维度和截面维度对宏观审慎工具进行了阐述。IMF、FSB 和 BIS（2011）把宏观审慎管理工具分为专属类和校准类两类工具。专属类工具是特意为防范系统性风险而出台的政策工具，校准类工具则是原本已经作为微观审慎工具在使用，但修正后可用于防范系统性风险。其中专属类工具包括逆周期资本缓冲、对非核心存款征税、调整特定部分风险权重、系统重要性资本附加、对未通过中央对手方清算交易提出更高资本要求；校准类工具包括动态拨备、存贷比限制、贷款价值比、债务收入比、对业务范围限制、货币错配或敞口限制、信贷规模或增速限制。

系统性风险生成的重要原因之一就是经济金融的顺周期性，这也是微观审慎管理不能兼顾的方面。因此，逆周期监管是宏观审慎管理的重要着眼点之一。FSB（2009）认为防范顺周期的主要策略是：（1）在《巴塞尔协议Ⅲ》框架中增加风险覆盖；（2）在跨期、质量、一致性和透明度方面增强资本监管基础；（3）抑制资本监管要求的顺周期性，推进银行在好时期增加资本缓冲；（4）在银行体系中增加简单、无风险加权基础的杠杆率监管。大量文献对宏观审慎管理工具的有效性进行了实证检验，并对逆周期资本缓冲的关注相对较多。刘志洋（2013）利用模型研究了逆周期调控对银行风险资产配置的影响，认为监管当局可以根据经济状况通过提高风险权重的方式进行逆周期调节。C. Lim 等（2011）通过跨国回归分析发现，逆周期资本要求、贷款价值限制和债务收入比限制、信贷或信贷规模限制、准备金要求和动态贷款损失准备能够抑制顺周期性。Thierry Tressel 和 Zhang（2016）研究发现，实施逆周期资本缓冲等影响银行资本成本的工具能够降低信贷增长或房价上升。Christoph Basten 和 Cathérine Koch（2015）发现逆周期资本改变了抵押贷款供给的结构，资本限制和抵押贷款专业银行相对其他竞争对手而言提高了抵押贷款的价格，逆周期资本缓冲已经促使抵押贷款从弹性小的银行转向弹性更大的银行。Drehmann 和 Gambacorta（2012）模拟发现逆周期资本缓冲能够降低信贷增长。曹森（2014）通过模型分析认为留存资本缓冲和逆周期资本缓冲能够抑制信贷顺周期性。朱太辉（2012）主要是针对信贷内生性扩张对逆周期资本缓冲监管效力的影响进行了理论分析，认为逆周期资本缓冲对于抑制信贷供给效果会由于经济体信贷扩张而削弱。Fonseca 和 Gonzalez（2010）、柯孔林等（2012）、蒋海等（2012）、党宇峰等（2012）发现资本缓冲具有逆周期性。Q. Farooq Akram（2014）实证结果认为，《巴塞尔协议Ⅲ》提出的增加资本要求对房价和信贷有显著的影响。文献的结论并不统一。邹传伟（2013）认为逆周期资本缓冲对不同驱动因素所导致的信贷顺周期的效果是存在差异的，应对价格驱动信贷顺周期性效果并不明显。Stijn Claessens 等（2014）研究发现，限制信贷增长和外币借款的政策在减少，银行资产增长方面是有效的，缓冲类的政策对资产增长则效果不明显，也没有证据表明宏观审慎管理工具的有效性与周期的强度有关（Intensity of the Cycle）。Ayuso 等（2004）、Coffinet 等（2011）文献发现银行资本缓冲和经济周期存在负向变动关系。

此外，张敏锋（2014）采用 DSGE 模型检验认为贷款价值比能够达到逆周期调节的要求。Jonathan D. Ostry 等（2012）研究认为，资本管制和各种审慎政策可以帮助减少外部负债结构以及高风险外币借款的程度。

国内大量文献讨论了逆周期资本缓冲计提机制，并且主要聚焦于信贷余额/GDP 指标在我国的适用性。李文泓和罗猛（2011）、杨柳等（2012）、田宝和周荣（2010）等研究认为信贷/GDP 指标在我国能够反映系统风险的累积程度和经济的周期性波动，是一个较好的计提指标。然而，结论并不是一致的。聂召（2013）认为信贷/GDP 在我国并不太适合作为逆周期资本缓冲比率计提的触发变量，而采用信贷/M2 缺口的季度数据更好。李育峰（2015）认为信贷/GDP 指标在逆周期资本缓冲释放过程中失效。陈忠阳和刘志洋（2014）、胡建华（2013）等学者则认为信贷/GDP 指标并不完全适合我国的实际情况。

文献认为，宏观审慎管理政策的实施可能出现跨部门替代，比如信贷供给会从银行转向非银行体系，特别是在跨部门时尤为明显。Janko Cizel 等（2016）认为跨部门替代可能会带来新的系统性风险。研究宏观审慎措施实施后，投资基金和资本市场债务发行增长说明了这些措施效果被银行体系外的新形式的信贷增长所抵消。当信贷泡沫从银行转移到金融市场，家庭或者企业继续积累债务，宏观经济脆弱性继续上升会导致危机。

从空间维度来看，系统性风险的发生往往是个别系统重要性金融机构出现困境，其强负外部性引发系统性风险。因此，系统重要性金融机构的识别并监管是系统性风险防范的重要内容之一。较多文献讨论了系统重要性金融机构的界定，归纳起来主要表现在机构的规模、关联度、违约概率、可替代性等方面。如 Nikola Tarashev 等（2010）发现规模、违约概率和风险暴露能够显著提高银行的系统重要性；肖振宇（2011）从银行规模、关联度和可替代性三方面对中国的系统重要性银行进行界定；徐超（2013）阐述了"大而不倒"危机管理。对系统重要性金融机构的监管主要是增加其资本比例以提高其风险吸收能力，本质上是要使其负外部性内部化，因而资本附加的提取依据往往是机构的关联度、规模等指标。如 Jorge A. Chan - Lau（2010）认为金融系统之间的关联性是系统性风险的主要来源，根据金融机构之间相互关联增加资本监管。Céline Gauthier 等（2012）考察了宏观审慎资本要求，即要求每家银行持有与其对整个风险贡献相对应的资本。这些资本要求迫使银行负的外部性内部化。潘凌遥等（2015）考虑额外的资本对溢出风险的吸收作用，并据此确定系统重要性银行附加资本的计提比例。何德旭和钟震（2013）建议，在防范系统重要性机构风险过程中，不仅仅需要防止机构过大，也要防止其过于复杂和关联度过高所带来的风险。

（四）防范系统性风险的金融监管框架安排研究

文献大量地针对资本充足率、业务准入门槛、流动性比率等具体监管工具展开了研究，而对金融监管组织结构的关注甚少[①]。但是，随着金融市场日趋复杂化和全球化，金融体系变得更易动荡，金融危机频发，金融监管安排成为反思金融危机的焦点（Masciandaro 和 Quintyn，2009），优化金融监管结构成为各国提高金融稳定的努力方向之一（Masciandaro 等，2013；Masciandaro 和 Quintyn，2015）。事实表明，金融监管结构安排并不是一件行政上的小事，其对于金融监管的效率有非常大的影响（Carmichael 等，2004），典型的例子便是 FAS 与英格兰银行协调的失败导致了英国北岩银行危机（Buiter，2008；Turner，2009）。

关于金融监管结构的理论研究主要集中在两个方面。其一是金融监管机构的结构安排，即金融监管应集中于一个超级监管机构，还是由多个独立、平行的监管机构共同合作完成。文献首先对银证保三个传统金融形态实行分别监管还是统一监管进行了讨论

---

① 可能的原因是监管结构安排长期以来在经济学家的意识里是一个政治领域的事务，受政治家们左右，而对其关注较少。

（Wall 和 Eisenbeis，1999；郑振龙、张雯，2001；吴风云、赵静梅，2002；Kremers 等，2003；Carmichael 等，2004；Demaestri 和 Guerrero，2005；Pellegrina 和 Masciandaro，2007；Herring 和 Carmassi，2008；Masciandaro 和 Quintyn，2009；Garicano 和 Lastra，2010）。正如 Masciandaro（2007，2009）所说，每一种金融监管安排都有各自的利弊，仅仅通过利弊分析不足以判断孰优孰劣，这些研究并没有得出一个一致的结论。①

　　金融体系处于一个演变过程中，根据不同金融体系的特征安排相应的监管结构可能具有更好的效果（Kremers 等，2003；Carmichael 等，2004；Milo，2007）。关于金融监管结构的经典理论有机构型监管、功能型监管和目标型监管（项卫星和李宏瑾，2004）。机构型监管是针对分业经营的金融体系而言，此时各金融机构间分工明确、界限清晰，因而可根据金融机构类别而设立监管机构。随着金融集团的出现，各金融机构的界限变得模糊，机构型监管不能有效地识别混业经营企业的风险（Jackson 和 Half，2002）。因而，基于 Merton 和 Bodie（1993，1995）的金融功能观提出了功能型金融监管的思想。此外，金融产品创新使得业务间的界限也变得模糊，使得无论是机构型监管还是功能型监管都存在监管盲区的可能。因此，一些学者提出基于金融监管目标的目标型监管。譬如，将金融监管划分为保持个体金融机构稳健的微观审慎监管、保持金融稳定的宏观审慎结构监管以及保护消费者的商业行为监管，并分别设立监管机构（Herring 和 Carmassi，2008）。三种理论上的监管模式从不同的视角对金融体系进行了剖析，从而提出如何设置金融监管结构。

　　从实践来看，Masciandaro（2006）、Masciandaro 和 Quintyn（2009）的研究发现，整体上金融监管存在着明显的集中监管趋势，其中，高收入国家的集中度一直高于中低收入国家，而中低收入的国家之间没有太大的差别。在高收入国家中，欧盟成员国是一个特殊群体，其在 1999 年的金融监管集中水平相较于其他非欧盟高收入国家来说偏低，但到了 2010 年，欧盟则高于其他非欧盟高收入国家。

　　关于金融监管结构的第二个方面的理论研究是对央行监管角色的关注。历史上关于央行专注于执行货币政策还是需要兼顾金融监管的问题一直争论不休。很多学者对此进行了利弊分析（Peek 等，1999；Ferguson，2000；De Luna - Martinez 和 Rose，2003；Arnone 和 Gambini，2007；Blinder，2010；Pellegrina 等，2014；Masciandaro 和 Quintyn，2015），但并没有一致的结论。

　　实际上，中央银行是否涉足金融监管并不是一个简单的监管结构安排的利弊问题，其更多地涉及央行货币政策在追求物价稳定的同时能否控制资产价格和信贷的波动以稳定金融的问题，即金融监管与货币政策的兼容性问题。持肯定观点者认为通过监管获取的微观信息有助于央行实施准确的货币政策，并且央行最后贷款人的职能也需要掌握机构的偿付能力和流动性状况，因此央行应负责金融监管。基于该思想，Repullo（2000）借鉴不完全合约理论分析认为，央行应负责应对银行小流动性冲击，并且银行审慎监督

---

　　①　统一监管的优越性主要体现在有利于发挥不同监管职能和监管技术之间的协同效用、提高解决问题的及时性和准确性、实现监管的连续性等。多边监管的优越性主要体现在监管的专业化、金融业务之间的"防火墙"等方面。

职责应落在央行头上，因为小冲击比大冲击更加频繁。Ponce 和 Rennert（2015）进一步地在区分了系统性银行与非系统性银行后认为，央行不但应该在正常时期给面临小流动性冲击的非系统性银行提供紧急流动性支持，而且在危机期间还应扩大支持力度。

持否定观点者认为两者应该分别由不同的监管机构实施，因为利率政策在调控杠杆高企、过度风险承担、资产价格偏离基础等问题上是一个糟糕的政策工具，即使能起到些许的作用，也是以产出作为代价（Blanchard 等，2010）。同时，只要独立的货币政策能够控制住通胀，保持总体物价稳定，那么投资者和金融机构对未来经济的担忧便会降低，促使金融稳定；反之，如果物价过度波动，那么金融体系也将不稳定（Borio 等，2002）。

后一种观点被大多数的国家所采纳。不过，很多国家仍让央行承担着整体金融稳定的职责（Oosterloo 和 Haan，2004）。只是在这种情况下，央行失去了主动实施"前瞻性"货币政策阻止资产价格泡沫的动力，中央实质上充当的仅是"最后贷款人"的职能，即流动性提供者，或者说危机管理者的角色。尽管这一金融监管安排使得中央银行在金融稳定方面的作为有限[1]，但得益于全球近 20 多年的经济"大缓和"，系统性的金融危机少有发生（Masciandaro 和 Quintyn，2009；Blinder，2010；Eichengreen 和 Dincer，2011）。

然而，次贷危机后人们发现物价稳定并不能保证金融的稳定（Blanchard 等，2010；Bean，2011；Goodhart，2011），个体金融机构的稳定也不能保证整体金融的稳定[2]（Crockett，2000；Borio，2003；Blanchard 等，2010），并且当今银行对银行间批发市场的依赖加剧了其对短期利率的敏感性（Farhi 和 Tirole，2009），在危机期间，银行甚至会囤积流动性而不愿意在银行间市场交易，并可能导致银行间市场流动性枯竭（Allen 等，2009）。这些事实强化了央行应对金融系统冲击的责任。在货币政策专注于物价调控，微观审慎局限于个体金融机构稳定的情境下，承担整体金融稳定的央行必须寻求新的工具来保证金融的稳定。正是在这样的背景下，宏观审慎监管在危机后得以兴起。

针对央行的监管角色，一些实证文献提供了积极的证据。Goodhart 和 Schoenmaker（1995）用统计分析的方法对比发现，将货币政策与金融监管合并的国家在统计上呈现出更少的银行失败案例。Doumpos 等（2015）的研究发现，央行涉足金融监管越深，银行越稳健，同时能缓解金融危机对银行稳健性产生的负面影响，并且央行越独立，效果越显著。然而，Barth 等（2002）发现央行涉足银行监管的国家其银行不良率上升约 4%。此外，Barth 等（2003）、Gaganis 等（2013）从通胀率、银行效率等角度对央行涉足监管职能持否定态度。

在实践方面，根据世界银行最新的调研结果，1999 年共有 28 个国家的央行不涉足金融监管，其中高收入国家 15 个，中等收入国家 9 个，低收入国家 4 个；而到了 2010

---

① 譬如 Oosterloo 等（2007）通过对 1996—2005 年各国央行发布的金融稳定报告（FRS）分析发现，报告指标平均只涵盖了 IMF 建议的 33%，并且提供的信息与银行系统稳定不相关。

② 现行的金融监管（审慎监管）仅仅局限于个体金融机构和市场，忽视了它们的宏观经济意义，即忽视了金融中介在经济中的核心作用（Blanchard 等，2010）。

年共有 38 个国家，其中，高收入国家 20 个，中等收入国家 12 个，低收入国家 6 个。根据 Masciandaro（2006）、Masciandaro 和 Quintyn（2009）的研究，1999—2010 年，低收入国家央行对金融监管的参与度没有明显变化，而高收入国家央行的金融监管参与度在逐渐减弱，但整个期间，低收入国家央行的金融监管参与度要明显高于高收入国家。

1.4.3　区域性风险的成因与防范

国际上涉及区域性风险的研究（Galesi 和 Sgherri，2009；Kenourgios 和 Dimitriou，2015；Kim 等，2004；Seno-Alday，2015；Garcia-Herrero 和 Wooldridge，2007）大多针对较大的地理片区（如东亚、西欧、拉美）或某一贸易联盟（经合组织、欧盟），其中的"区域"是相对于全球而言，或称为"国际区域性风险""全球区域性风险"。而对这些原本范围较大的区域而言，区域性风险就是其总体风险，具有系统性风险的特征，只是相对而言的范围大小区别。因此，就国外文献的区域性风险而言，其成因几乎等同于系统性风险的成因，故专门研究区域性金融风险成因的国外文献很少。

国内的研究关注我国区域间的经济金融差异进而区域间金融风险的明显差异，因此大多国内文献将我国看成一个整体，而"区域"一般指国内的某个城市、省级行政区或更大区域（如东部、中部、西部）的地理范围。

国内关于区域性金融风险成因的论述较多，简述如下。

1. 从经济对金融的反馈来看。由于地区产业结构不合理，并且过度融资，在市场不景气等因素冲击下，产业资金链可能断裂（杨亚军，2015）。在地方政府的引导或干预下，国有企业获得了大量银行信贷资金，这样的交易行为往往会脱离效率与安全原则，增大了风险（高园和张磊，2003）。特别是在地方政府追求经济增长速度的背景下，地方政府主导的盲目投资、重复建设较多，最终项目资金难以回收，风险积压于商业银行（张书成，1997；高园和张磊，2003）。在早期企业改制过程中，企业的逃废债行为也形成了较大规模的商业银行不良资产（张书成，1997；巴曙松等，2005）。

2. 从财政与金融的关系来看。在地方财政能力有限的压力下，地方政府利用金融信贷来代行财政功能，一旦地方财力不足，相关金融资产成为不良资产，财政风险转化为金融风险（张书成，1997；杨亚军，2015）。财政与金融最直接的关联体现为地方政府债务的累积。文献将地方政府债务增长的原因归结为分税制改革之后地方政府财权与事权的不匹配（刘尚希，2013）。如各级政府对教科文卫、社会保障等社会性支出严重欠账，各级政府通过银行资金来填补财政缺口，而这实质是"拆东墙补西墙"的权宜之计，最终承担后果的是银行机构（中国人民银行泰州市中心支行课题组，2004）。Xu 和 Zhang（2014）、Grewal（2015）等国外文献的研究也认为分税制改革之后地方政府的财权与事权的不匹配导致了地方政府债务的增加。

时红秀（2007，2010）研究发现，地方政府债务累积并不能完全由财权重心上移、事权重心下移的财政制度安排所解释。刘煜辉（2010）也发现，地方政府债务累积并不仅是地方财政收入不够，而地方政府面临的激励机制可能才是更重要的原因。周雪光（2005）、陈本凤（2006）、Guo（2009）、吕健（2014）论述了我国特殊政治激励下地方政府之间政绩竞赛导致了地方政府债务增加的逻辑。Ong（2014）、Zhou 等（2015）、Wu 等（2016）认为中国地方政府主导的城市化超出了与西方国家相比而言的正常过程，其中的资本过度积累导致了地方政府债务的累积，存在发生债务危机的可能。Chien（2012）、Xu 和 Zhang（2014）、Grewal（2015）、Wu 等（2016）等指出了我国地方政府债务增长带来的财政风险和金融风险。

在中央政府对地方政府直接借债进行限制的约束下，地方政府纷纷通过设立地方政府融资平台的变通方式来举债（陈雨露和郭庆旺，2013；时红秀，2010d；Tao，2015）。由于中央政府的隐性担保使得地方政府信用看似良好，加上地方政府自身调动金融资源的权力，在与银行的关系中，政府平台变为主动、占上风的一方（魏加宁，2010），大量投资项目的资金来源存在违规操作现象，而且只讲速度不讲效率（魏加宁，2010；张艳花，2010；张国云，2011）。但是其中却蕴含着明显的风险隐患，如大量投资项目的资金来源存在违规操作现象（魏加宁，2010；张艳花，2010；张国云，2011）；部分地方投融资平台公司成立之初的股本并没有到位，主营业务不明显，没有充足的固定资产，因而存在较高的偿付风险（刘煜辉、张榉成，2010），特别是部分中西部省份（Tao，2015）；融资平台公司的财务信息不透明，银行对贷出资金的风险评估及后续监管存在困难（沈明高和彭程，2010）；融资平台的大多投资项目周期较长，"长贷短存"的期限错配问题增加了银行体系的流动性风险（肖耿等，2009）等。

财政与金融还存在间接关联，比如地方政府为了获取土地出让收入，大力促进资金密集型的房地产业发展，导致房价膨胀（Xu，2011；Wu 等，2014、2015；刘民权和孙波，2009；陈超等，2011；中国经济增长前沿课题组，2011；邵新建等，2012；宫汝凯，2012、2015）。当然朱英姿（2013）、钱先航等（2011）也从官员晋升压力的角度解释地方政府力促房价上涨的动机。地方政府力推地方房地产业发展的重要结果便是引导了大量信贷资源流向房地产业（Yu H.，2010；杨帆和卢周来，2010；钱先航等，2011），比如在少数地区甚至出现以财政为房地产商贷款提供担保的现象（杨帆等，2010）。叶光亮等（2011）实证发现，地方官员与城商行贷款向房地产等行业倾斜有关。另外，Yu H.（2011）、Ren 等（2012）、Wu 等（2012）、Wang 和 Zhang（2013）、王锦阳和刘锡良（2013）等文献已证实我国部分地区或城市的房地产业存在明显的泡沫成分，泡沫破灭的风险同时也是地方金融面临的巨大风险。

3. 从金融体系自身的角度来看。金融市场不健全，较典型的是证券市场的内幕交易、发布虚假信息等违纪违法现象，这可能会引起证券市场的震荡，并可能进一步影响地区经济安全（杨亚军，2015）。金融机构公司治理结构不完善、内控制度缺陷是区域性金融风险的原因之一（任蕾，2006；李嘉晓等，2006；于尚艳，2008）。金融机构自身的运营与管理方面的缺陷也是区域性金融风险的重要成因（邹积尧、隋英鹏，2000）。比如金融机构信贷投资集中度较高（周意珍、余子华，2007），在逐利动机驱使下，甚至违反国家信贷政策，向国家限控行业企业提供贷款，向不符合条件的房地产商或购房者提供信贷（杨亚军，2015）。部分文献将金融机构较差的资产质量状况视为是区域性风险的成因（白俊伟、刘晓人，2000；于尚艳，2008；杨亚军，2015），其实这应该就是风险本身，是风险的表现之一，而不是风险的成因。另外，信用体系建设不健全、国际资本流动等都是区域性金融风险的重要成因。

4. 宏观经济金融运行环境对地方经济金融的影响。姜建华和秦志宏（1999）、任蕾（2006）认为区域间差异性的经济金融实际与我国无差异的宏观调控政策是区域性金融风险的成因。在经济高速增长的阶段，大量不合理的金融交易被掩盖，当经济增速稍微下降，原有的深层次矛盾逐步暴露（何德旭，2015；杨亚军，2015）。金融法制环境的不完善，特别是部分金融产品或相关金融机构的法律法规建设落后，导致部分金融交易合规性监管不足，形成潜在风险。比如，近年来信托产品的发展及银行投资信托产品的相关法律法规不健全，形成了较多潜在风险（杨亚军，2015）。

5. 地方政府行为的影响。一方面，地方政府干预地方金融资源配置，扭曲了金融运营原则进而埋下了区域性金融风险（姜建华和秦志宏，1999；李嘉晓等，2006；于尚艳，2008；张翼，2010；张健华，2013；刘海二和苗文龙，2014；赵振宗，2014）。早期地方政府通过直接行政干预、影响银行决策、逃废银行债务等方式争夺国有银行信贷资源，其结果是各地方分支机构形成了大量不良资产（巴曙松等，2005）。在分税制改革之后，由于地方财权与事权不匹配，金融资源成为地方财政部分替代（周立，2003），促使了地方政府对当地银行信贷的干预（张军和金煜，2005）。王俊和洪正（2015）论述了地方政府的金融竞争与区域性金融风险的逻辑关系。卜建明（2013）罗列了地方政府干预地方金融的手段：持有地方法人金融机构的股权；利用地方财政性存款、财政性资金补贴、重大项目金融服务等政府资源对金融机构进行"诱导性"干预；选择性执法等。

另一方面，地方政府不恰当地办金融、重视发展而疏于监管等导致了区域性金融风险的生成。中国人民银行泰州市中心支行课题组（2004）、陈雨露和郭庆旺（2013）列举了地方政府通过自办金融直接或间接地将地方财政风险、地方金融不良资产转嫁给中央政府的方法。钟海英（2013）、卜建明（2013）、子腾（2014）等论述了地方政府重视发展而疏于监管甚至干预资金流向导致的地方金融风险。

1.4.4 对现有相关文献的总体评述

目前研究的不足之处主要表现为：一是研究的视野相对狭窄。对中国系统性风险、区域性风险相关问题的研究大多局限于金融领域本身，基于我国特殊的转型环境、财政金融制度、官员治理制度，特别是其中包含的政府分权治理思想的系统研究较少。二是现有的针对系统性、区域性风险的理论解释缺乏普适性。具体而言，主要体现为关于系统性、区域性金融风险生成机制的微观基础研究较为薄弱，缺乏从微观行为到宏观结果的统一分析框架，更没有对此建立系统化模型进行分析。三是关于我国系统性、区域性金融风险防范的政策操作缺乏系统的理论支撑，措施比较零散和随意。对系统性、区域性金融风险防范的研究要基于我国系统性、区域性风险的生成机制以及风险扩散机制，结合我国特殊的转型经济环境及政府治理制度等约束条件，系统地建立从微观自律与监管、行业自律与监管到宏观审慎管理的系统性、区域性风险防范框架。四是关于金融危机管理的研究还处于比较宽泛而不深入的阶段，对我国系统性、区域性风险的监测、预警及危机救助实践的指导意义不强。

1.5　研究思路

本课题基于金融适度分权这一基本视角，循着"提出问题—理论基础—理论解释—对策研究"的基本逻辑展开，主要研究框架如图 1 - 1 所示。

第一章提出本课题研究的问题。首先，几个方面的背景使得本课题的研究主题呼之而出：其一，从国际范围来看，世界范围内的金融危机频发，特别是本轮国际金融危机已过去近十年却至今仍然复苏缓慢，因而系统性、区域性风险的防范成为普遍关注的课题。其二，从国内环境来看，我国现阶段的经济金融特征决定了我国的区域性、系统性风险更加容易爆发，而且爆发后的影响更大。特别地，除了一些共性因素之外，我国系统性、区域性金融风险的生成及演化具有特殊性，特别是金融分权制度在我国系统性、区域性金融风险的生成中扮演着重要角色，因而我国系统性、区域性金融风险的防范及危机救助机制也需要根据这一特殊性而做出相应的特殊安排。其次，在相关文献的回顾过程中发现现有文献在几个方面的缺陷使得本文研究主题的确定水到渠成。特别表现在两个方面：一是大多文献注意到了财政分权、治理机制等制度性背景，但是缺乏从金融分权的角度分析我国系统性、区域性金融风险的生成机制，也很少从这个角度来设计系统性、区域性金融风险防范及危机救助的制度设计，而这恰恰是特别重要的。二是对区域性金融风险的生成和防范的关注不够，而现实中往往是区域性风险演化为系统性风险或多区域的风险同时引爆系统性风险。

第二章研究了金融分权的理论框架，作为本课题的理论基础，为后续的理论解释和对策研究提供理论铺垫。首先对金融分权及金融适度分权的内涵进行界定，在此基础上，分别讨论了中央各部门之间的金融权力配置即横向金融分权和中央与地方之间的金融权力配置即纵向分权。至此，我们为金融权力在各相关主体之间的分配提供了参考依据。

第三章至第五章为区域性、系统性金融风险的生成机理及二者之间演化的理论解释。第三章从我国地方政府行为的视角研究我国区域性金融风险的生成机制。区域性金融风险的生成是导致风险生成的一般性因素，但通过观察我国经济金融的实际运行，发现我国区域性金融风险的生成具有特殊性，即我国地方政府的行为是导致区域性金融风险生成的重要力量。本章首先建立基于地方政府行为研究区域性金融风险生成机制的基本分析框架，即地方政府在官员晋升与 GDP 考核、财政分权、中央与地方金融显性集权隐性分权的激励与约束集合作用下，必然有重视经济增长而相对忽视金融效率与安全的行为选择。其次，从经济对金融的反馈以及金融自身两个层面具体讨论地方政府行为导致区域性金融风险生成的机制。

第四章研究了我国系统性金融风险的生成机制。从经济新常态与经济下行、房地产价格泡沫、影子银行体系、地方政府性债务和人民币国际化与国际资本流动等中国未来

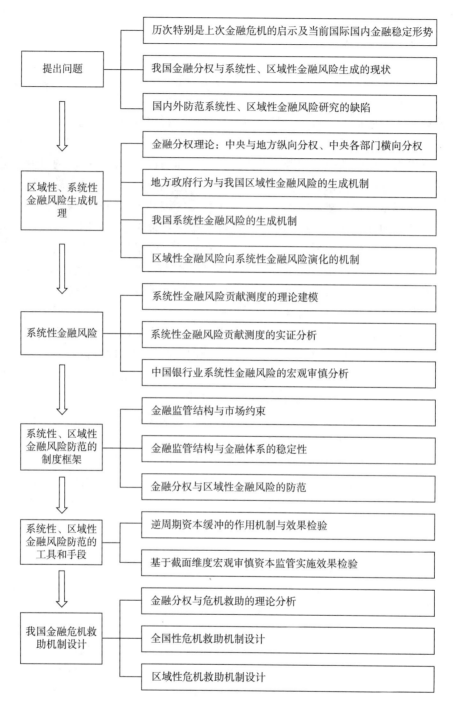

图1-1　本书研究框架

一段时间内系统性风险可能的五个来源渠道阐述了中国系统性风险的生成机理。经济新常态与经济下行、房地产价格泡沫、影子银行体系、地方政府性债务等四个中国系统性风险的可能来源渠道是以国内视角来进行分析的：前三个部分主要着眼于国民经济的私人部门，地方政府性债务部分主要着眼于国民经济的公共部门。人民币国际化与国际资本流动是以国际的视角来进行分析的，即主要着眼于国民经济的对外部门。显然，中国系统性风险这五个可能的来源渠道并不是相互独立的，它们可能存在一定的相互作用。同时，这五个可能的来源渠道对中国系统性风险生成的贡献可能随着时间的不同而发生改变。

第五章分析了区域性金融风险向系统性风险演化的路径。本章在借鉴国际经验的基础上，对我国区域性风险传染路径进行深入的探索，并对区域性风险升级为系统性风险机制以及我国区域性风险向系统性风险转变的可行性问题进行探讨。首先，我们分析了区域性风险的传染渠道，根据我国银行主导型金融结构的特点，对现有文献针对于我国的区域性风险传染情况进行大致总结，并归为流动性冲击、资产负债表关联、跨区域投资、政治影响、影子银行五条不同渠道，对此分别进行阐述；其次，我们分析了区域性风险向系统性风险的演化条件，归纳区域性风险向系统性风险转化的因素；再次，我们对区域性风险向系统性风险演化进行定量分析；最后，对本章进行总结。

第六章至第九章为防范系统性、区域性金融风险的对策研究。第六章对我国系统性金融风险进行测度。本章首先介绍 Copula 相依结构理论，在此基础上构建系统性金融风险贡献测度的理论模型，以此为依据对中国上市商业银行的系统性金融风险贡献进行测度，最后根据测度结果对中国银行业系统性金融风险进行宏观审慎分析。

系统性、区域性金融风险的防范包括微观主体自身约束、行业协会管理及外部监管等组成的一个完整体系，本书主要从外部监管的角度来防范系统性、区域性金融风险。第七章侧重建立监管组织框架来防范系统性、区域性金融风险。监管的独立性、金融业务准入等是关系金融稳定的重要因素，因而，本章首先研究了金融监管组织结构对监管独立性、金融业务准入等方面的影响。与政府监管互补的是市场参与者对金融机构的约束，因而本章接着以存款人约束为例阐述金融监管结构与市场约束的关系。最后，结合案例来说明了区域性金融风险的防范架构。

第八章阐述宏观审慎监管工具防范系统性风险的作用机制并对其实施效果进行检验。其中重点关注了资本监管工具，首先从时间维度对逆周期资本缓冲的作用机制及其实践效果进行研究，然后基于截面维度阐述了资本监管工具的作用机制并对其实践效果进行了检验。

第九章为我国金融危机救助的机制设计。本章首先从我国相关制度安排的实际出发，从理论层面阐述我国金融分权制度安排在危机救助中的作用机制。基于这一基本理论分析，分别设计我国全国性危机与区域性危机的救助机制。

1.6　研究的不足之处

世界各国系统性、区域性风险的成因及演化机制有基于金融本身特点的一般性因素，也有基于各国金融体系特征及影响其金融资源配置的制度安排等方面的特殊性因素。本课题在观察我国金融资源配置特殊性的基础上，从金融适度分权的视角研究我国系统性、区域性金融风险的防范机制。尽管本课题做了很大努力，克服了一些难题，但仍然只是一个尝试，仅反映了我们对此问题的思考与探索，研究中还存在许多有待进一步思索的问题。

第一，系统性、区域性风险属于病理经济学的研究范畴，而且金融分权也包含几个维度的意义，因而很难实现研究范式的统一。我们的分析尽量实现了逻辑与分析范式、生成演化机理与政策制定的统一，但在模型的一般化与统一化方面还明显不足，从微观机制到宏观的系统性、区域性金融风险生成机理方面还需要进一步研究。源于数据原因，课题没有对区域性金融风险进行评估，只是根据统计资料做了描述性统计，从直觉上给出了我国存在区域性金融风险隐患的事实。

第二，本课题侧重于以金融机构为节点研究系统性风险的形成，相应的防范及救助机制设计也以金融机构为主要对象，对金融市场系统性风险生成机理的研究较弱，如资产价格、汇率、利率的异常波动，资本账户开放顺序，金融产品定价权，衍生品风险等。后续将致力于把金融机构与金融市场综合考虑来研究系统性、区域性金融风险的生成与防范机制。

2 金融适度分权的理论框架

当今之世,"市场存在缺陷,政府应干预经济"的金融监管理念已深入人心。政府应围绕着经济金融发展的内在要求合理构建金融监管体系,使其既能助推金融市场体系发挥作用,又能有效地控制和防范可能出现的金融风险。回顾世界各国的金融监管制度,可以发现一些很有意思的现象:(1)在中央政府横向金融分权方面。集权式监管(统一监管)和分权式监管(多边监管)并存,一些小国家趋向于采用集权式的监管架构,例如新加坡,当然也有一些大国也采用了这一模式,譬如德国和英国①。另外一些大国采用了分权式的监管模式,譬如中国和美国。(2)在中央政府和地方政府的纵向金融分权方面。纵向的金融分权通常在大国和一些联邦国家或者联盟中存在,譬如中国、美国、欧盟。不过它们有着不同的变迁模式:以美国、欧盟为代表的模式是从权力分散到渐进集权的一个过程,而以中国为代表的模式是从权力集中到渐进分权的一个过程。这促使我们产生了政府在金融监管职能上是应集权还是分权的疑问。

通常来讲,权力结构问题不应该是"要集权还是要分权",而应是"哪些权该集,哪些权该分";权力结构不应是简单的"集权—分权"二元化问题,而应该是"适度分权"问题。因此,本章主要关注金融权利在政府内部的一个适度划分问题,重点对政府内部横向金融适度分权和纵向适度分权进行了理论探讨。章节结构安排如下:第一节对金融权利、金融分权进行了界定,并对政府内部分权的相关文献进行简单的梳理;第二节对中央政府层面金融监管机构设立逻辑、组织结构问题进行了理论分析;第三节分析了借鉴委托代理思想,基于中央政府视角,从信息成本、道德风险以及金融外部性三个方面研究中央政府对地方政府如何在金融管理上进行授权的问题;第四节对本章进行了简单的总结。

2.1 引言

2.1.1 金融权利的概念

在分析金融权利的内涵之前,有必要对与金融权利紧密关联的概念,金融资源的内涵进行剖析。在不同学者的研究中,对金融资源的界定存在很大的差异。相对广义的界定中,白钦先(2001)认为"金融资源是具有数量累积和功能累积的、特殊的、内在

---

① 英国从 1997 年开始实施统一金融监管,德国是从 2002 年开始。不过,次贷危机后,英国将金融服务局进行了拆分,有分权监管的意味。

于经济的社会资源；是一种集自然资源与社会资源属性为一体的对经济发展具有战略意义的资源"，包括了处于基础性核心的货币或者资金，中间层次的金融组织体系[①]和金融工具资源，以及整体功能型高层次金融资源[②]。崔满红（2002）将金融资源划分为四个层次，即最基础的货币资源，对货币资源进行再开发后形成的资本资源，金融法规、金融组织体系、金融政策以及金融文化、金融职业道德等体制资源，股票、债券、支票等商品资源。曾康霖（2005）认为金融资源是能够带来增值的经济发展要素，包括了资金的货币和能够流通的证券，社会成员之间以及社会成员与政府之间可被接受的信用。在一些文献中，金融资源的概念采用了较为狭隘的定义，仅指金融机构存款、贷款、保险费、证券市场筹资额等中的一项（王纪全、张晓燕、刘全胜，2007；万良勇、魏明海，2009；刘小玄、周晓艳，2011；战明华，2015）。

金融资源是金融权利的对象，因而金融权利同金融资源一样也有广义和狭义之分。从广义上说，金融权利不仅仅包括了金融监管、金融干预等政策性金融权利，即对体制资源的一种权力[③]，还包括了对货币资金、金融工具（或者称为商品资源）的占有权而带来的处置权、收益权等诸多的经营（商业）性金融权利；崔兵（2014）就采用了这种金融权利的定义。何德旭、苗文龙（2016）对金融权利采用了类似的界定，他们认为金融权利指金融资源控制权和监管权，包括了金融发展权（即发展金融机构、市场和基础设施的权利）、金融控制权（包括所有权控制、经营控制和人事控制）和金融监管权（包括市场准入、日常监管和救助）；金融发展权和金融监管权就是政策性金融权利的一部分，而金融控制权则是经营性权利的一部分。在具体的一些研究和实证中，金融权利往往特指某一项权利，譬如，Qian 和 Roland（1998）在联邦制下研究财政和货币金融的集（分）权问题时，将金融权利局限在货币权利上；董雨翀、万方（2015）和何德旭、苗文龙（2016）仅限于信贷贷款；王俊、洪正（2016）限于金融监管权利。

另外，在西方市场经济发达国家中，市场在金融资源的配置中起着主导的作用，政府与市场的边界比较明确，政府在金融体系中更多地专注于通过金融监管间接地干预金融资源的配置，而通过对利率、汇率、信贷分配等管制工具直接干预金融资源的配置较少。因此，国外关于金融权利的概念更接近于政策性金融权力[④]。

2.1.2　金融适度分权的内涵

分权与集权是一组相对的概念，是国家权力结构的两种极端的形式，而适度分权则介于两个极端之间。正如王绍光（1997）所提出的那样，对权力结构问题的提法不应

---

① 金融组织体系包括了各种金融机构，以及相应的金融法律法规。
② 这类资源指货币资金运动与金融体系各组成部分之间相互作用、相互影响的结果。
③ 从某种程度上讲，这种权利也可称之为义务，政府提供的一种公共服务。
④ 从某种程度上说，如果政府作用的范围包含了对金融资源的直接占有和配置，那么金融权利不可避免地涉及"利益"，因此我们用了"金融权利"来界定；当政府仅仅作为"守夜人"，对市场失灵进行调节和干预，这时用"金融权力"可能更为合适，更能体现政府因公共利益而动用行政权力干预金融运行，促进金融资源优化配置和金融稳定的出发点。

该是"要集权还是要分权",而应是"哪些权该集,哪些权该分";权力结构不应是简单的"集权—分权"二元化问题,而应该是"适度分权"问题。[1] 当今是分权的时代,一国分权改革涉及经济、金融、行政、财政等诸多方面。其中,与金融分权紧密关联的是财政分权,因为金融和财政都是可以推动经济增长的要素,并且在一定情况下"金融—财政"会产生联动[2](董雨翀、万方,2015;何德旭、苗文龙,2016)。所以在界定金融分权的内涵之前,有必要首先梳理一下财政分权的内涵和思想。

财政分权是指中央政府与地方政府之间就财政收支达成的一系列制度安排,包括了各自的税收权、支出责任范围、预算支出规模等。财政分权的思想是源于"社会分工"的"事权与财权匹配",但在各国的实践中,为什么要进行财政分权的出发点不尽相同,有些是出于为低成本提供公共服务,有些旨在挣脱治理无效、经济的不稳定和低经济增长,有些是经济体制转型的直接结果,有些源于民主的压力(张文春、王薇、李洋,2008)。最早理论贡献源于 Tiebout(1956)发表的《地方支持纯理论》,其从人们可以自由迁徙、"用脚投票"的假设出发,讨论了地方政府在提供公共服务和税收安排上的组合。后来经过 Musgrave(1959)、Oates(1969,1972,1999)等经济学家的进一步发展,形成了早期的财政分权理论——财政联邦主义。早期财政联邦制的思想尽管涉及经济增长,但主要还是局限在公共财政内,更没涉及地方政府的激励模式问题(张军,2008)。第二代财政分权理论的思想更多地将财政分权与地方政府的激励、经济增长和经济转型联系起来,这方面的文献颇多,譬如 Qian 和 Weingast(1997)、Qian 和 Roland(1998)、周黎安(2007)等[3]。

相对于政治和财政分权,金融分权的问题更加复杂,因为金融通过媒介资源服务实体经济(李扬,2014),金融权利安排不仅会影响金融资源的效率,还会影响到其他资源的效率。通常,一国需要在提高金融效率与防范和化解金融风险之间寻求将金融权利优化配置的路径。然而,现实中的决策者往往偏向于某一个方面而忽视了另一方面,导致金融抑制或者金融危机频发。譬如,在计划经济下,重稳定而轻效率,导致金融功能单一,效率十分低下,而在一些转型国家的市场化改革中却发生了相反的情况,尽管其金融效率得到了大幅的提升,但由于金融监管体制的不健全和监管的缺失,以及职责分工的不明晰等问题,使得金融体系极度不稳定,金融风险加剧[4]。

广义上说,金融分权就是政府与市场,中央政府与地方政府,以及中央政府各部门和市场各个金融主体,就金融的发展、金融监管、金融控制等金融权利进行划分,确定

---

[1]　历史经验表明,过度的集权是不可持续的、不可取的,会导致效率损失,譬如苏联模式和我国计划经济时代。同样,分权也存在下限,过度的分权会导致种种危机(王绍光,1997)。

[2]　董雨翀、万方(2015)发现提高地方财政权力会使得金融分权的负面经济影响加大,但金融分权本身对经济发展呈正向的推动作用。何德旭、苗文龙(2016)认为财政与金融是地方经济增长资金工具,能够相互转化,因此财政分权制度必然影响金融分权制度,同时实证发现两者确实存在联动效应和空间效应。

[3]　张军(2008)对中国财政分权与经济增长的问题颇为详尽的分析。

[4]　造成金融风险加剧的原因在于经济和财政分权,而在金融分权模糊的背景下,地方政府由于财政和晋升激励,竞争金融资源,干预金融运行,将财政风险转为金融风险,进而倒逼中央政府和中央金融监管当局承担金融风险。

各自在金融领域的活动范围，明晰各自的权利与责任的顶层设计活动。各个主体间权利的划分如图 2 - 1 所示。通过图 2 - 1 可知，金融分权具有层次性。第一层次是政府与市场（市场主体）之间金融权利的划分[①]。这是金融分权问题中最为核心和基础的划分，因为它不仅实质上决定着市场能够发挥多大作用的上限，而且还决定着政府的作用边界[②]。通常政府与市场间金融权利的划分更多的是所有权和产权意义上的，国家和多种经济主体成分间关于产权的界限问题，主要涉及关于经营性权利和政策性金融权利的划分。理论上来说，经营性的金融权利应该划归于市场，或者市场性主体，而政策性金融权利则应划归到政府。但现实中，政府和市场之间的

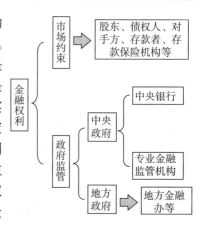

图 2 - 1　金融权利配置示意图

有效边界不仅随着经济发展而持续变迁，而且也随不同国家和经济体的资源禀赋、社会环境、文化特质和政治制度框架等"国家禀赋"特征而呈现出显著差异（马勇、陈雨露，2014）。在实际操作中，政府除了将政策性的金融权利掌握在手外，还将很大一部分的经营性金融权利从市场或者市场主体手中攫取过来，因为金融资源不仅是支持经济发展的重要生产要素，也是政府为了实现特殊目标和调控宏观经济金融的重要工具[③]。

　　第二层次金融分权是在第一层次的基础之上进行的，包括了市场内部和政府内部两个方面。一方面是经营性权利在各个市场以及主体间的配置，主要是金融资源所有权的进一步细化和金融市场的建立。通过明晰的所有权制度和建立完善的金融市场[④]，促使大量"死"的资产顺利转化成为"活"的资本，促进经济增长。另一方面是政策性金融权利在政府内各主体（中央政府、地方政府以及专业的金融监管机构）之间的配置。一般来说，在金融市场自由化程度较高的发达市场经济国家，金融资源配置都是由市场主体自主决定，政府很少干预，所以，金融分权主要涉及的是政府内部的金融监管权力。这是学术界关注的焦点，在最早的文献里，"金融分权"特指货币金融权利，即发行货币的权利（Qian 和 Roland，1998）[⑤]；后续的相关研究中，大部分关注于金融监管权力的划分问题，譬如 Wall 和 Eisenbeis（1999），郑振龙、张雯（2001），吴风云、赵静梅（2002），Pellegrina 和 Masciandaro（2007），Herring 和 Carmassi（2008），王俊、

---

　　①　这与通常讨论的金融资源配置问题一致：作为金融资源配置的手段的政府与市场，在金融资源配置中的作用和边界问题。

　　②　第一层次金融权利的划分决定了政府各部门、中央与地方的作用范围。譬如，在市场经济条件下，信贷分配权利完全由市场决定，政府不加干预，这就不存在政府内部对信贷分配上的权限划分，而在计划经济条件下，信贷配置权利为政府所掌握，这时就需要考虑其在政府内如何有效、合理的配置。

　　③　这一情况在发展中国家和采取渐进式市场化改革的国家中普遍存在。譬如，张杰（2005，2007）在分析我国金融改革中，强调了政府介入金融在起着至关重要的作用。

　　④　这同时也暗含了市场化的金融主体建设的内容，也就是通常所说的公司治理机制的设计，包括股东、高管、债权人以及利益相关者之间的权利与责任的界定。

　　⑤　Qian 和 Roland（1998）从理论上考察了财政和货币金融的集权和分权的四种组合的优劣问题。

洪正（2016）等。

2.1.3　中央层面金融分权的相关文献

在中央政府横向金融分权中又可以分为两个方面：一个是关于金融权利是应集中于一个超级监管机构，还是多个独立、平行的监管机构，即统一监管还是多边监管的问题①；另一个则是关于中央银行在金融监管中的角色问题，尤其是在银行审慎监管中起的作用。

（一）统一监管和多边监管

对于传统三个金融部门是统一监管还是多边监管的问题，很多学者从不同的视角对其进行了利弊的考察（Wall 和 Eisenbeis，1999；郑振龙、张雯，2001；吴风云、赵静梅，2002；Kremers 等，2003；Carmichael 等，2004；Demaestri 和 Guerrero，2005；Pellegrina 和 Masciandaro，2007；Herring 和 Carmassi，2008；Masciandaro 和 Quintyn，2009；Garicano 和 Lastra，2010），我们将相关的结果总结在了表 2-1 中。正如 Masciandaro（2007，2009）所说，每一种金融监管安排都有各自的利弊，仅仅通过利弊分析不足以判断孰优孰劣，这些研究并没有得出一个一致的结论。

表 2-1　　　　　　　　　　　　　统一监管和多边监管

利弊	统一监管	多边监管
优势	（1）获得监管的"规模经济"和"范围经济"； （2）避免监管的冲突、疏漏以及重叠，强化监管者的责任心； （3）在不同监管职能和监管技术间建立协同效应； （4）实现监管政策的连续性； （5）更有效的信息沟通，提高解决危机的及时性、准确性； （6）便于国际合作和协调。	（1）监管机构相互竞争，从多角度、多层次提供全面、真实、有效的信息； （2）筑起不同金融业务间的"防火墙"，防止非系统性风险传递、扩散； （3）提供专业化、高质量的监管； （4）有利于金融创新。
劣势	（1）监管目标之间存在冲突； （2）监管手段选择上存在冲突； （3）权力集中易导致官僚主义、形式主义以及"监管捕获"； （4）"圣诞树效应"，即机构权力存在内生、无限增加的趋势； （5）监管刚性，不利于金融创新。	（1）当出现危机时，各机构间相互推诿； （2）监管重叠，监管疏漏； （3）监管机构间缺乏合作与沟通，或协调沟通成本巨大； （4）监管竞争导致监管松弛； （5）政策不连续。

资料来源：根据以往文献整理而来。

已有不少研究者试图从金融发展基础上来研究金融监管安排（Kremers 等，2003；

---

① 多边监管是指不同的金融机构（金融功能或监管目标）由不同的监管机构监管，而统一监管则由一个监管机构负责。实践中有些国家将部分的机构合并监管，在实证分析时会考虑到这种情况，但在做一般理论分析时通常只考虑两个极端。另外，很多文献提及了"多头监管"，其是指一个金融机构被多个监管机构监管。

Carmichael 等，2004；Milo，2007）。基于对金融体系的不同认识，有三个经典的理论被提了出来：基于金融机构观点的机构型监管、基于金融功能观点的功能型监管和基于金融监管目标的目标型监管（项卫星、李宏瑾，2004）。在分业经营的情况下，各金融机构间分工明确、界限清晰，因而可根据金融机构类别而设立监管机构；这也是当今大多数国家所采用的机构型监管模式。不过，随着金融集团①的出现，各金融机构的界限变得模糊，使得机构型监管不能有效地识别混业经营企业的风险，进而不能对其实施及时、有效的监督，保证个体金融机构的稳健经营（Jackson 和 Half，2002）。因此，Merton 和 Bodie（1993，1995）基于金融功能观点提出了功能型金融监管的思想，他们认为金融功能比金融机构更稳定，并且金融机构的形式从属于金融功能，因此功能型监管更稳定、更有效。但是，功能型监管本质上是针对混业经营下的业务型监管②，在面对不止从事一项金融业务的金融机构时，其无法对金融机构的整体管理水平、风险水平、清偿能力等情况有一个清晰完整的认识。此外，金融产品创新③使得业务间的界限也变得模糊，使得无论是机构型监管还是功能型监管都存在监管缺失的可能。因此，一些学者提出基于金融监管目标的目标型监管。譬如，将金融监管划分为保持个体金融机构稳健的微观审慎监管、保持金融稳定的宏观审慎结构监管以及保护消费者的商业行为监管，并分别设立监管机构④（Herring 和 Carmassi，2008）。

上述三种理论的监管模式从不同的视角对金融体系进行了剖析，从而提出如何设置金融监管结构。尽管功能型监管和目标型监管相比机构监管存在一些优势，但是它们仍在监管具体安排上会涉及设立一个监管机构还是多个监管机构的问题，因为各个功能或者各个目标同样可能存在冲突，需要考虑是应该将其赋予一个监管机构还是多个独立的监管机构。

（二）中央银行是否兼顾金融监管

历史上很长一段时期，央行被赋予了同时稳定物价和金融市场职能。不过，随着央行获得更多货币政策独立性，相关规制央行的法律也更注重强化央行独立的稳定物价职能，而审慎监管则开始被赋予了专门的监管机构。然而，对于央行是否涉足金融监管的问题始终存在争议，很多学者对该问题进行了利弊分析（Peek 等，1999；Ferguson，2000；De Luna - Martinez 和 Rose，2003；Arnone 和 Gambini，2007；Blinder，2010；Pellegrina 等，2014；Masciandaro 和 Quintyn，2015），但并没有一致的结论，如表 2 - 2 所示。

---

① 金融集团是指通过具有独立法人资质的子公司同时经营多项金融业务的集团。虽然各子公司看似经营相对单一的金融业务，但实际上，从集团整体来看是一个集团企业在同时经营着不同特定风险的业务。

② 典型的金融功能型监管便是分别设立监管机构对支付业务、存款业务、证券业务、保险业务等实施监管。

③ 譬如，传统银行产品的证券化。这种复杂捆绑、重新打包金融产品的方式削弱了传统债务、贷款的区别，使产品间的界限模糊。

④ 按照金融监管目标设立监管机构的模式也称为"矩阵式"监管（Goodhart 等，1998）。另外，一个特殊的目标型监管便是"双峰"监管，它把金融监管简单地划分为审慎监管和商业行为监管。

表 2－2 央行涉足金融监管的利弊

好处	坏处
（1）规模经济； （2）信息优势，金融监督与货币政策能信息互补； （3）有助于央行及时了解金融体系运行状况，在危机时实施更有效的危机管理； （4）央行人员具有专业优势。	（1）目标利益冲突，金融监管削弱了央行执行货币政策的专注度，增加了监管行为的不确定性； （2）央行权力膨胀； （3）审慎监管易出问题，损害央行声誉，削弱货币政策可信度； （4）流动性职能和审慎监管归属于央行可能导致金融机构道德风险增加； （5）单一机构易被金融机构"捕获"。

资料来源：根据文献资料整理而来。

实际上，中央银行是否涉足金融监管并不是一个简单的监管结构安排的利弊问题，其更多地涉及央行货币政策在追求物价稳定的同时能否控制资产价格和信贷的波动以稳定金融的问题，即金融监管与货币政策的兼容性问题①。

持肯定观点者认为微观信息有助于央行实施更准确的货币政策，并且央行"最后贷款人"的职能也需要知道偿付能力和流动性状况，因此央行应负责金融监管。基于该思想，Repullo（2000）借鉴不完全合约理论分析认为，央行应负责应对银行小流动性冲击，并且银行审慎监督职责应落在央行头上，因为小冲击比大冲击更加频繁。② Ponce 和 Rennert（2015）进一步地在区分了系统性银行与非系统性银行后认为，央行不但应该在正常时期给面临小流动性冲击的非系统性银行提供紧急流动性支持，而且在危机期间还应扩大支持力度。然而，他们的分析都没有考虑银行间市场。实际上，在一定利率水平下，该市场能够调节银行间的流动性，对冲异质性银行冲击，即银行间市场的存在使得不需要央行对小的个别银行流动性冲击实施直接干预。持否定观点者认为两者应该分别由不同的监管机构实施，因为利率政策在调控杠杆高企、过度风险承担、资产价格偏离基础等问题上是一个糟糕的政策工具，即使能起到些许的作用，也是以产出作为代价（Blanchard 等，2010）。同时，只要独立的货币政策能够控制住通胀，保持总体物价稳定，那么投资者和金融机构对未来经济的担忧便会降低，促使金融稳定；反之，如果物价过度波动，那么金融体系也将不稳定（Borio 等，2002）。

后一种观点被大多数的国家所采纳。不过，很多国家仍让央行承担着整体金融稳定的职责（Oosterloo 和 Haan，2004）。只是在这种情况下，央行失去了主动实施"前瞻性"货币政策阻止资产价格泡沫的动力，中央银行实质上充当的仅是"最后贷款人"的职能，即流动性提供者，或者说危机管理者的角色。尽管这一金融监管安排使得中央

① 这是一个古老的话题，甚至在宏观审慎与微观审慎监管被正式区别对待前就已存在（Masciandaro 和 Quintyn，2015）。

② Kahn 和 Santos（2005，2006）认为，Repullo（2000）不同监管者间分享审慎监管信息的假设是不现实的。在放松该假设后认为，在设计银行监管权力安排时应当考虑监管者信息分享的激励，存款保险公司应该得到银行的监管权或者能够在保险覆盖范围上拥有裁决权。

银行在金融稳定方面的作为有限①，但得益于全球近 20 多年的经济"大缓和"，系统性的金融危机少有发生（Masciandaro 和 Quintyn，2009；Blinder，2010；Eichengreen 和 Dincer，2011）。

然而，次贷危机后人们发现物价稳定并不能保证金融的稳定（Blanchard 等，2010；Bean，2011；Goodhart，2011），个体金融机构的稳定也不能保证整体金融的稳定②（Crockett，2000；Borio，2003；Blanchard 等，2010），并且当今银行对银行间批发市场的依赖加剧了其对短期利率的敏感性（Farhi 和 Tirole，2009），在危机期间，银行甚至会囤积流动性而不愿意在银行间市场交易，并可能导致银行间市场流动性枯竭（Allen 等，2009）。这些事实强化了央行应对金融系统冲击的责任。在货币政策专注于物价调控、微观审慎局限于个体金融机构稳定的情境下，承担整体金融稳定的央行必须寻求新的工具来保证金融的稳定。正是在这样的背景下，宏观审慎监管在危机后得以兴起。但当前学术界对宏观审慎管理工具的研究与开发还是一项未完成的工作，央行涉足金融监管的界限问题仍没有达成一致③（Blinder，2010），如图 2-2 所示。总而言之，央行是否涉足金融监管的问题还有诸多方面有待深入研究④。

注：资料来源于 Blinder（2010）。

图 2-2　央行涉足金融监管的界限

2.1.4　中央政府与地方政府金融分权的相关文献

目前，研究中央与地方金融集权与分权⑤的相关文献可分为两类：一类是基于制度视角的定性分析，另一类是基于委托代理的理论分析。

Coase（1960）把产权和交易费用引入不同制度的比较分析，从而开启了新制度经

---

①　譬如 Oosterloo 等（2007）通过对 1996—2005 年各国央行发布的金融稳定报告（FRS）分析发现，报告指标平均只涵盖了 IMF 建议的 33%，并且提供的信息与银行系统稳定不相关。

②　现行的金融监管（审慎监管）仅仅局限于个体金融机构和市场，忽视了它们的宏观经济意义，即忽视了金融中介在经济中的核心作用（Blanchard 等，2010）。

③　对于央行是否负责资产泡沫问题（金融稳定），一方认为我们应区分信贷诱致型泡沫与股权泡沫，央行应动用非利率管制工具来控制信贷诱致型资产泡沫，比如房地产泡沫；另一方则认为金融不稳定不利于央行实施货币政策，故而央行应全权负责金融稳定，包括股权泡沫（Blinder，2010）。

④　一个需要注意的问题是，现代金融危机虽然防控的重点还是在银行体系，但宏观审慎监管不仅仅局限于银行体系，有时甚至还涉及房地产业。

⑤　金融分权实际上具有层次性，大致可划分为两个层次的分权：第一个层次是政府与市场，金融权利可简单分为经营性和政策性两类；第二个层次是在前一个划分基础上市场与政府各自内部的进一步划分。前一个层次的划分已有不少的研究，譬如 Dewatripont 和 Maskin（1995）、张杰（2011）。本书关注的是第二个层次中政府内部的划分，目前国内学术界对财政分权研究较多，如严冀、陆铭（2003），张晏、龚六堂（2006），王永钦等（2007）等，而对金融政策性权利在政府内部划分的研究较少。

济学的大门，其核心思想是，假如自愿谈判能实现，并且交易费用为零，那么何种制度便无关紧要，只要产权明晰，社会最优目标便能够实现①。然而，现实中自愿谈判并不是帕累托的充分条件，进而导致交易费用的存在，而这正是不同制度存在的原因（张五常，2008）。受新制度经济学的影响，学者们从制度边界视角对金融管理集权与分权模式进行比较时，很自然地从不同制度安排的"收益—成本"两方面进行分析。这方面文献颇多，但结论大同小异。譬如，张雪兰、何德旭（2011）认为，无论何种金融管理模式，地方政府对金融资源配置都存在着显性或隐性的干预。地方政府介入金融资源配置能完善地方金融，促进地方经济发展，降低中央直接调控成本，但也存在着削弱货币政策效果，影响金融稳定和市场效率的隐忧。再譬如，崔兵（2014）认为不同的金融分权模式都具有"比较优势"，并不存在唯一最优的分权模式。不同模式绩效相比较的关键是该模式与金融需求和制度环境的适应性效率以及金融需求和制度变化后，模式调整的转化成本。另外，蓝虹、穆争（2014）提出了"双层权责制衡"构想，但其仅仅从经验的视角进行设计，并未提升到理论的高度，没有给出金融管理体制安排的理论机理。

另一类关于中央与地方金融集权与分权的分析则借鉴了委托代理理论，其博弈树如图 2-3 所示。其关注代理人最优的努力水平，主要研究在不对称信息条件下，委托人如何克服代理人的道德风险，激励出代理人最优的努力水平，使得自己效用最大化。其思路是：用逆推归纳的思想，求解动态博弈的子博弈纳什均衡，也就是依次使中央政府提供的分权合约 $\{x(q_j), j=1,2,3\cdots\}$ 满足地方政府的激励约束（中央政府提议的努力水平正是地方政府想要付出的水平）、地方政府的参与约束以及满足中央政府效用最大化约束。② 一般性的经典理论研究是 Aghion 和 Tirole（1997）做出的，他们认为分权有利于调动代理人的参与和获取相关信息的积极性，但这是以损失委托人的控制力为代价的，所以，对代理人重要而对委托人相对不重要的决策权更可能下放。国内已有学者将这一思路用于研究中央与地方的边界问题，譬如，皮建才（2008）在前述理论分析中引入中央政府对地方政府的外部性和地方政府对中央政府的外部性，从经济效率视角分析认为，集权会损害地方政府的积极性，分权会提高地方政府的积极性，而中央采用集权还是分权的选择需要考虑中央和地方政府相互之间的外部性以及中央政府的效用函数形式。而汤柳（2011）则借助该模型分析了中央与地方金融管理权的界限问题，指出问题实质是寻找最优分权结构以提高经济效率。③

另外，现实中很多委托人并不能通过工资等状态依存的转移支付来激励代理人的

---

① 只要产权明晰，产权的初始配置与最终帕累托结果无关。

② （1）一般来说满足了地方政府的激励约束，那么参与约束自动满足。（2）中央政府集权也可能是该博弈的子博弈纳什均衡，但我们感兴趣的是分权为子博弈纳什均衡的情况。

③ 另外，已有文献针对中央与地方关于公共事务的垂直管理与属地管理进行了理论上的探讨。譬如，王赛德、潘瑞娇（2010）认为中央和地方政府之间存在目标差异、信息不对称、任务的多样性和冲突等矛盾，进而社会发展的任务应归属于中央（设立垂直化管理机构）而不是地方政府。尹振东（2011）对比了垂直管理和属地管理在环境污染、安全事故等问题上的优劣，认为垂直管理能够减弱地方政府的干扰，但当任务的绩效难以考核时，垂直管理不仅不能改善"坏项目"通过状况，而且还挫伤了地方政府的积极性。

努力，同时代理人的最优努力水平也存在着测度上的困难，求解努力水平没有意义。基于这个思想，国外分权理论的另一思路认为，在不完全条件下对授权的分析应着重与满足激励相容条件合约的性质，关注如何设计出满足激励条件的授权机制，如区间授权机制、随机机制等（Holmstrom，1977；Melumad 和 Shibano，1991；Alonso 和 Matouschek，2008）。这一思路相对于前一思路有以下优势：（1）不考虑委托人状态依存的转移支付问题，在经济、财政分权的背景下，这一假设可能更加符合我国金融集权与分权问题的现实基础；（2）避免了书写完全合约问题，现实中的努力与结果存在错综复杂的关系，很难完全合约化。然而，目前尚无研究者将这一分析思路用于金融管理制度的研究中。

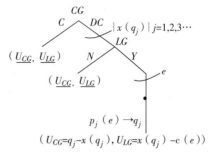

注：这是一个不完全信息（e 不可观察）下的动态博弈，包含中央政府（CG）的集（分）权选择（C，DC），地方政府（LG）的参与约束（N，Y），以及地方政府的最优努力（e）三个子博弈。其中，$\{x(q_j)\}|j=1,2,3\cdots$ 是指中央给出的分权合约，$\underline{U_{CG}}$、$\underline{U_{LG}}$ 分别是中央与地方政府的保留效用，$c(e)$ 是指地方政府努力 e 的成本函数，$p_j(e)$ 是指地方政府在努力程度为 e 时得到 q_j 结果的概率。

图 2 - 3　金融集（分）权博弈树

2.2　中央各机构的横向金融分权

中央政府在金融监管机构设置中，需要考虑各个监管任务之间的配合和冲突，以及其他影响的因素，并按照它们之间的内在联系和重要影响因素进行机构设置。这一设置问题可分为两个方面：一是组织结构问题，即中央政府将不同的金融监管任务分配给具有专业技能优势的代理机构，稳定金融体系与繁荣金融市场。这暗含了为了实现对金融体系实施有效的监管需要两个方面的决策：一方面是对于每一个监管任务，都必须明晰由谁来负责；另一方面是不同监管任务的分配与协调。二是金融监管目标分解，也就是基于某个视角，解析金融体系和金融功能，分割成若干个金融监管任务。本质上讲，就是金融监管架构应与金融发展和金融结构相契合。

针对中央政府在横向金融分权中的问题，譬如政府将金融监管权力划分给专业的金融监管机构的原因是什么，如何选择不同的金融监管机构的组织结构，接下来，本节对上述问题进行一个简单的理论分析，从监管主体（政府和专业金融监管机构）和监管客体（金融体系）两个方面出发，提出了中央政府金融监管架构选择的理论分析框架。在第一小节到第三小节，从监管主体的视角，依从一个渐进的逻辑，对金融监管架构问题进行理论分析。首先分析了政府参与到金融监管的必要性，然后从效用函数出发分析了政府单独设立专业金融监管机构的逻辑，接着基于委托代理理论，考察了金融监管架构的选择问题。在第四小节，基于金融监管客体的角度，从金融结构和金融功能出发，分析了金融发展对金融监管架构选择的影响。

2.2.1　政府参与金融监管的必要性

为什么需要政府参与到金融监管中一直是金融监管理论领域的基本命题之一。不同流派的理论基础和政策主张见仁见智，接下来结合已有的流派理论，对政府提供金融监管的必要性进行阐述，为后文分析政府设立金融监管机构和选择金融监管结构提供铺垫。

从主流的经济学分析范式看，政府参与金融监管是由于市场失灵的客观存在。根据新古典经济学理论，金融市场参与者理性，金融体系可由价格机制和竞争机制推动并有效地、稳定地运行，因此金融监管的目标就在于排除干扰市场机制发挥作用的因素，减少监管或者不予监管。但这种基于理性人和市场有效的假设推导出的结论存在许多的缺陷：（1）现实中并不存在完全理性人，市场参与者往往是有限理性的。典型例子便是银行挤兑时恐慌情绪的蔓延。（2）金融市场存在失灵。自然垄断、信息不对称以及金融外部性等失灵情况降低了金融市场效率，减少了社会福利，增加了金融的不稳定性。（3）金融脆弱说。市场参与者和金融机构以自利为基准的行为会导致金融体系内在不稳定。（4）市场参与者对金融机构的监督能力有限。金融机构往往高杠杆运作，而利益相关的债权人、存款人等由于能力有限，很难对金融机构实施及时的监督和惩罚。因此，基于上述的市场失灵，需要政府出面，干预金融运行，维护金融稳定。

法经济学的分析也为理解金融监管必要性提供了一种解释。Becker（1968）把边沁的执法思想用经济学方法进行论述，得出当法律得到最优的设计时，由法院来执行是最好的制度。因此，金融的运行不需要"监管者"，只需要法庭执行设计好的法律。上述的推导暗含着"法律完备"的假设，这与阿罗—德布鲁纯证券构想思想类似。但现实中法律是不完备的，并且执法也是有成本的，法庭执法不可能达到最优，故而应当引入监管机构的主动式执法，改进法律效果，即将事前预防性的监管机构的主动执法与事后惩罚性的法庭的被动式执法有机配合，弥补现实中法律的不完备。

另外，从政治经济学视角的分析也为金融监管必要性提供了独特的见解。政府掠夺学说认为政府推行的任何监管都是由政府和政治家自身利益驱动的，为了使自身政治收益和经济收益达到最大化，而不是为了控制金融市场的失灵，防范金融风险。利益集团说指出金融集团为了维护自身的利益，需要金融监管来构筑行业的壁垒，因此利益集团通过游说等手段推动政府实施监管，这也就是通常所说的"监管捕获"和"寻租"理论。

总的来说，金融市场和法律的不完备以及市场失灵使得单纯依靠市场机制来维护金融运行和稳定变得不可取，因而尽管政府并不是完全以社会福利最大化为准绳监管，其面临着公共利益和私人利益的取舍，但金融市场仍需要政府介入，以保障金融的稳定。

2.2.2　专业金融监管机构设立的逻辑

为什么政府在获得金融监管权力后还需要设立专业监管机构来制定政策并实施，而不是亲自为之？现有研究给出了以下几种理论解释：（1）劳动分工。基于分工理论[①]，政府应当在组织内对职责进行科学的分工，明确各个政府机构的权力与责任，确保政府组织效率。基于劳动分工的理论分析主张"分工—协调"的政府机构架构。对于专业金融监管机构的设置[②]，一些学者也采用这一思想来研究。（2）技术准则（technical criteria）。根据公共事务所需要的技术技能将职能分配给不同的专业机构；将新任务授权给与完成新任务所需技术相似的现存专业机构（Ting，2002）。（3）"分权独立"理念。专业的监管机构应当是"并非由人民选举产生，也不受政府控制"，即相对于政府机构，其有更强的独立性（杨光，2014）。监管机构的独立性有利于其在专业基础上作出更好的监管决策，保证金融政策连续性，避免短视行为，实现长期目标。该思想也得到了国际货币基金组织的认可，其督促各国在金融改革中确立独立金融监管机构。

从本质上讲，专业监管机构的设置问题是一个委托代理问题，仅从劳动分工、技术层面以及监管连续性等方面进行分析颇为局限。因此，接下来结合 Alesina 和 Tabellini（2007，2008）关于政府机构的理论研究，从激励视角，基于政府和专业金融监管机构的效用函数差异，来说明中央政府设立专业金融监管机构的逻辑，拓展政府设置专业监管机构问题的研究[③]。

（一）政府和专业监管机构的效用函数

对于一项监督任务，其结果 y 被政策实施者的努力和能力两项指标决定，即

$$y = \theta + e \tag{2-1}$$

式中，θ 代表政策制定者的能力，服从 $\theta \sim N(\bar{\theta}, \sigma_\theta^2)$ 的随机分布；e 代表任务执行者的努力。这里我们简单地假设两个指标独立可加，实际上现实中存在这样的情景，能力越强，其付出的努力反而越小，在想要的预期结果一定时，这两者可以相互替代。一个极其简化的情景就是 $y = \theta \times e$，这种情况下努力和能力可以完全替代。

执行任务的努力是有成本的，假设成本是努力水平的凹函数，即成本随着努力增加而递增，并且递增的速度随着努力增加而增加，即 $c = C(e), C'(e) > 0, C''(e) > 0$。用 $R(e)$ 表示任务的回报，那么最终的效用函数可表示为

$$R(e) - C(e) \tag{2-2}$$

将任务分配给政府或者专业金融监管机构，式（2-2）中的成本函数不变，有差异的是收益表达。收益差异源自于两者间的目标差异，这也是现实中众多专业政府代理机构出现的原因。通常情况下，政府的目标是完成公共事务，赢得大部分选民的支持，以获得持续执政机会[④]。通常，政策实施结果必须超过一个阈值才能使得民众满意，获

---

① 该理论认为专业分工能够提高劳动的生产效率。

② 现实中，金融监管机构不能简单地理解为相关监管政策的执行者，而政府是政策制定者。很多的金融监管机构所做的工作远远超出了政策执行者的范围。

③ 实际上，政府作为委托人可以通过薪酬等形式对专业监管机构予以激励和控制。这是下一节的主要议题，本节将主要关注于政府和专业机构第三方对其监管激励，以说明政府设置专业监管机构的逻辑。

④ 即使在某些国家并没有采用多党轮流竞选当政，为了赢得大众的支持，执政党在施政的过程中也必须代表大多数民众的利益和偏好。

得大部分民众的支持。假设该门槛值为 W，政府任务的收益 $R^P(e)$ 则可表达为

$$R^P(e) = \beta P(u \geq W) = \beta[1 - P(u < W)] \qquad (2-3)$$

式中，β 代表单位支持概率对政府的价值；当面临多项任务时，其还可以被当做权重，值越大代表完成该项任务对政府赢得继续执政的贡献越大。u 是指代表性选举人的效用，为简化分析，后文分析中假设选举人的效用同政策结果呈线性关系，即 $u = y$。

与政府不同，专业金融监管机构往往是非选举产生的，承担某项具体的任务，因而其目标与政府存在很大的不同。在以往经典的关于监管机构"自利"的研究中，监管机构"自利"的典型表现就是声誉机制，即监管者将自身的利益定位于声誉，追求自身声誉的最大化（Boot 和 Thakor，1993）。在现实中，很多金融监管机构员工的工资都是相对固定的，因此研究工资以外的激励对深入理解监管机构的行为有很重要的意义。众所周知，金融业是一个技术性要求很强的人才密集行业，因而对金融监管者能力的要求也非常高。正因为监管机构承担着一些技术性很强的工作，监管机构往往受到同业专家的监督，这些专家的评估和认可对监管机构的存续有决定性的影响。另外，专业监管机构的员工往往在职一段时间后会选择跳到非监管部门工作，并且享有更好的待遇；这一现象可以理解为专业监管机构的能力得到了同业专家或者市场的认可。因此，可以将以往的声誉机制具体化为监管部门面临着赢得同业专家或者市场认可的激励，因为他们的认同不但有利于监管机构继续履行其职能，还有利于机构的员工未来获得更好的就业机会[①]，这对于代理机构的高层尤其如此。因此，对于专业监管机构来说，其关注的是自身能力能否被外在同业专家或者市场所观察，故其收益可表达为

$$R^A(e) = \alpha E(E(\theta|x)) \qquad (2-4)$$

式中，α 代表代理机构能力的市场价值；x 代表对代理人政策结果的度量[②]。通常情况下，现实中政策结果往往很难直接量化，x 代表对政策结果的一个相对的度量，倘若政策结果能直接观察并量化，则 $x = y$。除非特别地说明，本书都认为政策结果可以直接度量。条件期望 $E(\theta|x)$ 代表当观察到了政策结果时，对政策制定者能力的推断。

通过上述分析可见，在不考虑专业监管机构的薪酬合约时，其面临着与政府不一样的激励机制，接下来本书将基于此来说明政府为什么设立专业监管机构。

（二）专业金融监管机构设立：监管任务的复杂性

假设政府不授权给专业监管机构，而是直接负责政策的制定和实施。其平均能力对于公众来说是已知的，并且公众对其努力水平也有一个预期，即

$$W = \overline{\theta} + e^e \qquad (2-5)$$

政府在其能力被揭示前可以选择努力水平，并且大众对其努力预期为给定。那么政府效

---

① 这可以这么理解：专业机构的员工，特别是高层，将来可能在私人部门寻求职位，如果向市场展示了更强的能力水平，其将获得更好的工资水平。当然，机构也有向市场揭示能力以获得自豪感和自我满足的激励存在，这可归结于使命感。

② 很多时候，我们可以将 x 理解为机构的目标，譬如对于银行微观审慎监管者来说，其采用的具体监管手段的结果往往不能直接度量，但银行是否稳健则可以通过不良率、利润波动等指标直接观察到。一般情况下，对机构的目标的衡量会在事先确定，不能事后随意地更改该评价方式。

用函数就变为

$$U_P = \max_e R^P(e) - C(e)$$

$$= \max_e \beta[1 - P(u < W)] - C(e)$$

$$= \max_e \beta[1 - P(\theta + e < \bar{\theta} + e^e)] - C(e) \qquad (2-6)$$

对式（2-6）求一阶导，有

$$\frac{\beta}{\sqrt{2\pi}\sigma_\theta} = C'(e^P) \qquad (2-7)$$

通过式（2-7）就可得出均衡时政府的最优的努力水平 e^P。从式（2-7）中可见，政府最优的努力水平同能力的波动和参数 β 相关，即政府会在能够使其获得更多选民支持的任务上投入更多的努力，同时越复杂的任务投入的努力越少①。

对于专业监管机构而言，假定事先约定的衡量方式满足 $x = y$，公众对于其努力水平也有一个预期 e^e，式（2-4）则可被改写为

$$R^A(e) = \alpha E(y - e^e) = \alpha E(\theta + e - e^e) \qquad (2-8)$$

将式（2-8）代入式（2-2），然后求导，就很容易计算出均衡时代理机构的努力水平 e^A：

$$\alpha = C'(e^A) \qquad (2-9)$$

从式（2-9）可见，代理机构均衡努力水平同能力的市场价值参数 α 有关，参数值越大，努力水平越高。

通过前面的分析可知，政府和专业机构的责任机制不一样，前者直接对选举人负责，后者需要向市场展示自己的能力。正是因为这种责任机制的差异导致两者的效用函数不同，进而对同一项任务的努力程度也不一样，如式（2-7）和式（2-9）所示。通常，人人都可做的简单任务不可能与能力的不确定联系紧密；当任务的困难度增加时，任务所要求的才能更具不确定性，σ_θ^2 将取更大的值②。这对于政府来说并不是一件好事，这会降低其努力水平，但对于机构来说则不然，因为其有向市场揭示自身能力的激励，因此对于越难的任务其越愿意向市场传递自身能力的信号。

为了更直观地说明政府不适合将复杂的任务留给自己，在式（2-1）中加入噪音 ε，即

$$y = \theta + \varepsilon + e \qquad (2-10)$$

式中，$\varepsilon \sim N(0, \sigma_\varepsilon^2)$，独立于随机变量 θ。

代理机构的收益函数变为

$$R^A(e) = \alpha E(y - e^e)$$

$$= \alpha E(\theta + \varepsilon + e - e^e)$$

$$= \alpha\bar{\theta} + \frac{\alpha\sigma_\theta^2}{\sigma_\theta^2 + \sigma_\varepsilon^2} E(\theta + \varepsilon + e - e^e - \bar{\theta}) \qquad (2-11)$$

---

① 这里存在这样的假设：越复杂的任务，能力的揭示越难。

② 通常复杂的任务是一个多维的任务，需要很强的能力水平。

其中，式子 $\dfrac{\sigma_\theta^2}{\sigma_\theta^2 + \sigma_\varepsilon^2}$ 代表了对机构能力的信号提取，当能力越不确定的时候，政策结果所能揭示的能力越真实。最终均衡时的努力水平可表达为

$$\frac{\alpha\, \sigma_\theta^2}{\sigma_\theta^2 + \sigma_\varepsilon^2} = C'(e^A) \tag{2-12}$$

对于政府而言，其收益 $R^P(e)$ 可表达为

$$R^P(e) = \beta[1 - P(\theta + \varepsilon + e < \overline{\theta} + e^e)] - C(e) \tag{2-13}$$

对式（2-13）求导，有

$$\frac{\beta}{\sqrt{2\pi(\sigma_\theta^2 + \sigma_\varepsilon^2)}} = C'(e^P) \tag{2-14}$$

从式（2-12）和式（2-14）可知，噪音无论对代理机构还是政府都会削弱努力的激励，但是能力不确定性增加了代理机构的努力激励，削弱了政府的努力激励。能力不确定性增加使得政策结果能够更好地反映出机构的能力水平，机构将更加努力以提高其在外部观察者心中的预期能力水平。另外，对于复杂性的任务结果的评估往往需要专门的技术，选举人往往不具备这些评估的技术，而同业的专家则具有相应的能力和技术，能够对专业机构的表现给予专业的评估。上述分析为政府为什么设立专业的金融监管机构负责异常复杂的金融业监管提供了理论基础。

（三）专业金融监管机构设立：时间不一致性

政府在政策上的时间不一致性一直为学术界所诟病，那么设立专业的监管机构能够克服或者缓解这一问题吗？接下来，为分析这一问题，将任务拓展到多任务情境。不失一般性假设有两个任务 1 和 2，它们的结果满足（2-1）式，即 $y_i = \theta_i + e_i$，$i = 1,2$。若两个任务由一个机构同时承担，那么能力一样，但机构在两个任务上投入的努力不同。假设努力在两项任务之间可完全替代①，那么努力的成本为

$$c = C(e_1 + e_2) \tag{2-15}$$

公众对于两个任务结果的偏好不确定，有 λ 的概率公众偏好于任务 1 的结果，$1 - \lambda$ 概率更看重任务 2 的结果。通常政府能够根据公众偏好在不同的任务间投入不同的努力，即式（2-7）中的参数 β 与概率 λ 正相关。但专业监管机构在获得授权时，该概率是未知的，能够确定的只是对每一个任务的绩效评估方式，即只能根据以往确定一个机构的绩效评估权重比例 δ：

$$x = \delta \times y_1 + (1 - \delta) \times y_2 \tag{2-16}$$

这暗含着应该给予哪一项任务更多的关注事前往往不确定，即式（2-16）中对两项任务的权重 δ 可能并不等于事后公众偏好概率参数 λ，即事前确定的绩效考核方式并不一定是社会福利最优的②，也就是对机构表现的衡量不依存于事后公共的偏好。这样机构的收益函数变为

① 在机构资源（特别是人力资源）一定的情况下，机构面对着多的任务约束，机构首先会着力解决最重要的任务。

② 如果对机构表现的评估也根据公众的偏好，即 $\delta = \lambda$，那么机构同政府将没有差异。

$$R^A(e) = \alpha E(y - e^e)$$
$$= \alpha E[\theta + \delta(e_1 - e_1^e) + (1 - \delta)(e_2 - e_2^e)] \tag{2-17}$$

结合式（2-15）和式（2-17），求一阶导，可得

$$\alpha\delta = C'(e_1^A) \tag{2-18}$$

$$\alpha(1 - \delta) = C'(e_2^A) \tag{2-19}$$

由式（2-18）、式（2-19）可知，各个任务最优的努力水平同事前约定的权重参数 δ 以及能力市场价值参数 α 有关。对机构主要任务的界定会影响机构均衡时努力水平投向，倘若 $\delta > 0.5$，则机构会将更多的精力和资源投入到任务1中，反之则更多地投入给任务2。当 $\delta \neq \lambda$ 时，均衡的努力投入并没有契合公众的偏好，这给专业机构能够克服政策的时间不一致性提供解释。

2.2.3　金融监管组织结构选择：基于委托代理理论的分析

前面通过分析设立专业金融监管机构的必要性，我们知道政府不应该把所有的金融权力都集于自身，其应该把金融管理任务分配给专业的金融监管机构，也就是说政府应该适度下放金融权力。在下放权力的过程中，一个新的问题浮现，即金融监管机构的组织结构问题。通常，监管架构涉及两个方面的问题：一是厘清各项监管任务；另一个是对于每一项监管任务必须指定一个机构负责，并且每一个负责机构指定一个责任机构，可以是委托人自己，也可以是其中一个代理机构。本节将在简化的两任务情景下探讨监管组织结构的第二个方面，第一个方面的问题将在下一节结合金融发展阐述。

政府在决定授权给专业金融监管机构时，面临着委托代理问题，监管机构在委托代理关系中属于占有信息优势的一方，在缺乏有效的监督和激励机制的情况下，监管者可能产生懈怠，甚至是渎职的行为。同时，政府对监管者的监控能力也因信息不对称所造成的道德风险和逆向选择问题而受到了限制。因此，政府作为委托人，在将不同的金融监管任务分配给具有专业技能优势和信息优势的机构代理人时，应合理设置监管组织结构，提高监管效率，最终稳定金融市场。为了简化分析，我们假设金融监管可分解为两个任务（s_1 和 s_2），考虑三种不同的结构安排，如图2-4所示。第一种是将两个任务同时授权给两个独立的代理机构，即结构 a；第二种是将两个任务授权给两个代理机构，但将其中一个机构隶属于另一个机构，委托人只与上一级的机构缔结合约，即结构 b；第三种是将两个任务同时授权给一个代理机构，即结构 c。

这里，我们不考虑代理机构的能力问题，任务结果被政策承担机构的努力所决定，$y_i = \mu(e_i) + \varepsilon_i, \varepsilon_i \sim N(0, \sigma_\varepsilon^2), i = 1, 2$，$\sigma_\varepsilon^2$ 代表了影响任务结果的其他因素，代表了任务的困难程度和不确定性。为了简化分析，我们对 $\mu(e_i)$ 采取线性相依的设定，即 $\mu(e_i) = b_i e_i$。委托人根据任务的结果对代理机构给予"支付"，合同表达为 $\omega(x_i) = f_i + \beta_i y_i$，$f_i$ 代表固定支付部分，$\beta_i y_i$ 代表根据代理机构表现而支付的"绩效工资"[①]。假

---

① 这里的绩效工资不仅仅指货币意义上的绩效奖励，还泛指委托人对代理机构良好表现给予的精神鼓励和更宽的决策权力空间。

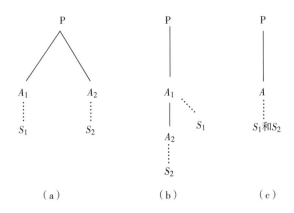

图 2-4 金融监管组织结构简图

设代理机构是风险厌恶的，效用函数采用指数的形式，即

$$u(\omega) = - \exp^{-r\omega} \qquad (2-20)$$

式中，r 代表代理机构的风险厌恶系数。根据 Holmstrom 和 Milgrom（1991）的处理，代理机构的效用函数（1）可以等价地表达为

$$u(CE) = E[- exp^{-r(f_i + \beta_i(\mu(e_i) + \varepsilon_i))}]$$

$$= f_i + \beta_i \mu(e_i) - \frac{1}{2} r \beta_i^2 \sigma_\varepsilon^2 \qquad (2-21)$$

（一）多代理机构（多边结构）

通常，政府自然地可以同时将任务分配给两个代理机构，并分别与其签署任务合约。这也是在实践中采用最多的一种监管架构，也被称为机构型监管。

1. 基准模型。不失一般性，首先单独考察一个任务的情景。对代理人来说，其效用函数取决于任务的结果以及支付，即 $U_P = U(y, \omega)$。为了简化分析，假设委托人是风险中性的[①]，即

$$U_P = E(y - \omega) = b_i e_i - \omega = b_i e_i - f_i - \beta_i b_i e_i \qquad (2-22)$$

对代理人机构来说，其效用函数由收益和努力成本所决定。不失一般性，将两者简单地处理为一个线性关系，即

$$U_A = U(\omega, e) = u(\omega) - c(e) \qquad (2-23)$$

式中，$u'(\omega) > 0, u''(\omega) < 0, c'(e) > 0, c''(e) > 0$。为了简化分析，假设 $c(e) = \frac{1}{2} e^2$。结合式（2-21），代理机构等价效用可表示为

$$U_A = f_i + \beta_i b_i e_i - \frac{1}{2} r \beta_i^2 \sigma_\varepsilon^2 - \frac{1}{2} e^2 \qquad (2-24)$$

在信息不对称的环境中，委托人决定支付合约（f_i, β_i），代理机构选择自身效用最

---

① 中央政府作为委托人，金融监管只是其负责的众多社会公共事业中的一小部分，将其设定为风险中性能够抓住其花最小成本稳定金融体系的思想。

大化的努力水平 e^*。政府授权问题转化为下列的优化问题：

$$\max_{(f_i, \beta_i)} b_i e_i - f_i - \beta_i b_i e_i \qquad (2-25)$$

$$\text{s. t} \quad f_i + \beta_i b_i e_i - \frac{1}{2} r \beta_i^2 \sigma_\varepsilon^2 - \frac{1}{2} e^2 \geqslant \underline{U_A} = 0 \qquad (2-26)$$

$$e \in \arg\max_e f_i + \beta_i b_i e_i - \frac{1}{2} r \beta_i^2 \sigma_\varepsilon^2 - \frac{1}{2} e^2 \qquad (2-27)$$

式（2-26）便是委托代理模型中的参与约束，式（2-27）为合约必须满足的激励相容条件。为了简化计算，对式（2-27）采用一阶条件来代替[1]（Holmstrom, 1979），可得到最优努力水平满足的条件：

$$e^* = \beta_i b_i \qquad (2-28)$$

把式（2-28）和式（2-26）代入到式（2-25）中，并对 β_i 求导，可得

$$\beta_i = \frac{b_i^2}{b_i^2 + r \sigma_{\varepsilon_i}^2} \qquad (2-29)$$

式（2-29）表明，委托人对代理机构的激励强度 β_i，与代理机构的努力边际收益 b_i 呈正相关，与代理机构的风险厌恶程度 r 和任务的不确定性 σ_ε^2 呈负相关。将式（2-28）和式（2-29）代入式（2-26）可得支付中的固定部分：

$$f_i = \frac{1}{2} \frac{b_i^4 (r \sigma_{\varepsilon_i}^2 - b_i^2)}{(b_i^2 + r \sigma_{\varepsilon_i}^2)^2} \qquad (2-30)$$

固定收入部分并不是关注的焦点，本书关注的是政府对代理机构的激励强度 β_i 和代理机构的最优努力水平 e^*，因此在后文的分析中重点关注后两者间的关系。

2. 结果的不确定性。当委托人能够对两项任务的结果独立地精准衡量时，政府可以按照式（2-29）和式（2-30）分别与两个代理机构签订合约，激励各个机构实施最优的努力，达到监管目标。然而，政府在现实中往往对专业性要求极强的监管任务结果无法直接地衡量。因而政府只能通过其他方式进行间接的衡量，也就是说代理机构的努力信号只能够通过其他指标给予间接的度量。从政府的视角来讲，任务最终结果的不确定性分为两个方面：一是任务本身的不确定性，即 σ_ε^2；二是结果衡量的不确定性，即 σ_ψ^2，其值越大表明委托人越难对任务结果进行精准的衡量。假设两个方面的不确定性相互独立，那么间接衡量的结果 Ψ_i 有 $\Psi_i = b_i e_i + \varepsilon_i + \psi_i, i = 1, 2$，即总的不确定性服从 $N(0, \sigma_\varepsilon^2 + \sigma_\psi^2)$ 的分布[2]。这时，最终的努力水平和激励强度变为

$$e^* = \frac{b_i^3}{b_i^2 + r(\sigma_\varepsilon^2 + \sigma_\psi^2)} \qquad (2-31)$$

$$\beta_i = \frac{b_i^2}{b_i^2 + r(\sigma_\varepsilon^2 + \sigma_\psi^2)} \qquad (2-32)$$

---

① 采用一阶条件得到的是一个必要条件，这种方法可能使得最终得到的解的范围扩大。

② 有时，很难直接将任务的不确定性和最终结果衡量的不确定区分开来，因此可以采用另外的一种表达方式，即 $\Psi_i = b_i e_i + \psi_i, \text{Gov}(\psi_i, \varepsilon_i) = \rho \sigma_\varepsilon \sigma_\psi > 0$。通常，有 $\sigma_\varepsilon^2 < \sigma_\psi^2$，那么同样也能得到类似于式（2-30）和式（2-31）的结果。

可见，对最终结果衡量的不确定性不仅减少了代理机构努力水平，还削弱了委托人提供的激励强度。当 $\sigma_\psi^2 \to +\infty$ 时，β 和 e^* 都趋向于 0，表明对于结果越难衡量的任务，政府趋向于不提供激励给监管机构，而监管机构趋向于不努力[①]。这为现实中常常见到专业金融监管机构实施固定薪酬的制度和监管机构的监管效率低下提供了解释。

　　3. 政府的控制力。在前面的分析中暗含着这样的假设：两个任务相互独立。现实中，两个任务往往为一个共同目标服务，那么不可避免地，两个任务在政府的心中会有所侧重。假设对于最终结果委托人对任务 1 和任务 2 有以下的侧重：

$$x = \delta \times y_1 + (1 - \delta) \times y_2 \tag{2-33}$$

类似于前面的推导，最终我们能得到任务 1 和任务 2 最终的合约解为

$$(e_1^*, \beta_1) = \left(\frac{\delta^3 b_1^3}{\delta^2 b_1^2 + r \sigma_{\varepsilon_1}^2}, \frac{\delta^2 b_1^3}{\delta^2 b_1^2 + r \sigma_{\varepsilon_1}^2} \right) \tag{2-34}$$

$$(e_2^*, \beta_2) = \left(\frac{(1 - \delta)^3 b_2^3}{(1 - \delta)^2 b_2^2 + r \sigma_{\varepsilon_2}^2}, \frac{(1 - \delta)^2 b_2^3}{(1 - \delta)^2 b_2^2 + r \sigma_{\varepsilon_2}^2} \right) \tag{2-35}$$

　　式（2-34）和式（2-35）表明，代理机构的努力水平和激励强度随着委托人在两个任务中的侧重不同而不同；政府越在意的任务，其给予的激励强度越大，代理机构也越努力。因此，在对多边监管的结构中，中央政府能够根据需要对不同的任务进行权衡和侧重，但这并没有推翻在第二节中得出的专业的金融监管机构能够克服政府的"不一致"问题。因为，这里的分析表明当政府作为委托代理人时，其对于专业金融机构并没有丧失完全的控制力，政府在与代理机构签订合约时，能够对各个任务的激励根据历史经验进行必要的设定，控制代理机构的努力，但在监管机构具有一定独立性的情况下，政府是不能随意更改合约的，尤其是合约不能再协商的情况下，因此，专业监管机构还是能够克服一定的政府政策的"时间不一致"问题。

　　式（2-33）只表达两个任务同时为一个目标服务的情景，其也内含着两个任务相互独立。实际上政府在一个目标下分割任务时，不可能将任务分割的完全独立，一些任务的完成可能有助于其他任务的实施。假设任务 2 的完成有利于任务 1 的实施，即 $y_1 = b_1 e_1 + \varepsilon_1 + \mu(b_2 e_2 + \varepsilon_2)$，那么政府对任务 2 的授权问题转化为下列的优化问题：

$$\max_{(f_1, \beta_1)} b_1 e_1 + \mu b_2 e_2 - f_1 - \beta_1 (b_1 e_1 + \mu b_2 e_2) \tag{2-36}$$

$$\text{s.t} \quad f_1 + \beta_1 (b_1 e_1 + \mu b_2 e_2) - \frac{1}{2} r \beta_1^2 \sigma_{\varepsilon_1}^2 - \frac{1}{2} r \mu^2 \beta_1^2 \sigma_{\varepsilon_2}^2 - \frac{1}{2} e^2 \geqslant \underline{U_A} = 0 \tag{2-37}$$

$$e \in \arg\max_e f_1 + \beta_1 (b_1 e_1 + \mu b_2 e_2) - \frac{1}{2} r \beta_1^2 \sigma_{\varepsilon_1}^2 - \frac{1}{2} r \mu^2 \beta_1^2 \sigma_{\varepsilon_2}^2 - \frac{1}{2} e^2 \tag{2-38}$$

求解上述的优化问题，可得

$$e_1^* = \beta_1 b_1 \tag{2-39}$$

---

　　① 基于政府提供的激励，监管机构的努力水平为零。但正如本章第二节所分析的，监管机构面临着声誉机制和同业专家的约束，因此现实中监管机构的努力水平不必然为零。

$$\beta_1 = \frac{b_1^2}{b_1^2 + r(\sigma_{\varepsilon_1}^2 + \mu^2 \sigma_{\varepsilon_2}^2)} \qquad (2-40)$$

从式（2-39）和式（2-40）的结果上看，如果政府能够确定任务2对任务1的边际影响参数 μ，那么其就可以对负责任务1的机构进行精准激励。不过，从结果上发现，不论任务1对任务2的影响是正（$\mu > 0$）或是负（$\mu < 0$），政府对任务1的激励强度 β_1 都被削弱了，最终机构2的努力也减少了。另外，通常任务间的影响很难直接衡量，现实中一旦出现问题，往往是两个机构相互推诿，而政府也很难从技术上进行准确的界定。因此，只要政府在分割任务时不能使任务完全独立，那么受到其他任务影响的任务始终会存在激励不足或者激励过度的情况；与此同时，任务间的不独立也会使得任务间出现重叠，增加政府的成本①。

除了任务间的相互影响外，还有非常棘手的问题就是政府分割出来的任务的完备性问题。如果政府不能保证任务分割的完备性，那么就会有任务没有被机构实施，最终目标的实现就存在问题。现实中的监管真空便是很好的例证。值得一提的是，任务的分割与政府对金融基础的认识紧密相关，本书将在下一节对此进行深入剖析。

（二）代理机构间的隶属模式（层级结构）

政府部门间的隶属模式是现实中常见的一种行政结构。这种层级结构即是委托人首先与其中一个关键的代理机构签署合约，再授权让其与其他的机构订立契约。不失一般性，假设机构1得到委托人的授权，那么机构1在同机构2签订合约时，是以机构1的效用最大化为出发点。具体的时间轴为：首先委托人与代理机构1签订合约，然后机构1选择自己的努力水平，接着机构1同机构2签订合约，机构2在合约条件下选择自己的努力水平。在这一过程中，机构1面临着两个方面的道德风险问题，一是机构2的努力水平不可观测，二是委托人观测不到机构1的努力水平；同时，机构1的道德风险问题强化了机构2的道德风险问题。

在委托人能够对任务结果区分时，其对机构1的支付合约（f_1, β_1, κ_1）应该满足：

$$\omega_1 = f_1 + \beta_1 y_1 + \kappa_1 y_2 \qquad (2-41)$$

即委托人在考虑给机构1的支付时会考虑任务2的结果。同样，机构1在与机构2签订合约时也会考虑任务1的结果。

$$\omega_2 = f_2 + \beta_2 y_2 + \kappa_2 y_1 \qquad (2-42)$$

采用逆向推导的方法，对于代理机构2来说，机构1对其的授权问题可表达为

$$\max_{(f_2, \beta_2, \kappa_2)} \omega_1 - \omega_2 - \frac{1}{2} e_1^2 \qquad (2-43)$$

$$\text{s.t} \quad \omega_2 - \frac{1}{2} e_2^2 \geqslant \underline{U_2} = 0 \qquad (2-44)$$

$$e_2 \in \arg\max_e \omega_2 - \frac{1}{2} e_2^2 \qquad (2-45)$$

---

① 一个必须考虑的问题便是代理机构间的"串谋"问题，即代理机构通常可能达成某种货币性的或者非货币性的补偿协议，组成一致行为的联盟，损害委托人的利益。不过，金融监管机构并不是一个盈利的机构，自然地机构间很难达成某种补偿协议。因此，本书的分析中，不考虑代理机构间的串谋问题。

由式（2-41）、式（2-42）可知，支付的等价表达式可表示为

$$CE(\omega_2) = E u_2(\omega) = f_2 + \beta_2 b_2 e_2 + \kappa_2 b_1 e_1 - \frac{1}{2} r \beta_2^2 \sigma_2^2 - \frac{1}{2} r \kappa_2^2 \sigma_1^2 \quad (2-46)$$

$$CE(\omega_1 - \omega_2) = E u_1 [f_1 - f_2 + (b_1 e_1 + \varepsilon_1)(\beta_1 - \kappa_2) + (b_2 e_2 + \varepsilon_2)(\kappa_1 - \beta_2)]$$

$$= f_1 - f_2 + b_1 e_1 (\beta_1 - \kappa_2) + b_2 e_2 (\kappa_1 - \beta_2) - \frac{1}{2} r (\beta_1 - \kappa_2)^2 \sigma_1^2$$

$$- \frac{1}{2} r (\kappa_1 - \beta_2)^2 \sigma_2^2 \quad (2-47)$$

将式（2-46）代入机构 2 的激励约束式（2-45）中，并对努力水平求导，可得

$$e_2^* = \beta_2 b_2 \quad (2-48)$$

将式（2-44）、式（2-46）、式（2-47）、式（2-48）代入式（2-43）中，可得

$$f_1 + \beta_2^2 b_2^2 + \kappa_2 b_1 e_1 - \frac{1}{2} r \beta_2^2 \sigma_2^2 - \frac{1}{2} r \kappa_2^2 \sigma_1^2 - \frac{1}{2} e_2^2 + b_1 e_1 (\beta_1 - \kappa_2)$$

$$+ \beta_2 b_2^2 (\kappa_1 - \beta_2) - \frac{1}{2} r (\beta_1 - \kappa_2)^2 \sigma_1^2 - \frac{1}{2} r (\kappa_1 - \beta_2)^2 \sigma_2^2 - \frac{1}{2} e_1^2 \quad (2-49)$$

对式（2-49）关于 β_2、κ_2 求导，可得

$$\beta_2 = \frac{b_2^2 + r \sigma_2^2}{b_2^2 + 2r \sigma_2^2} \kappa_1 \quad (2-50)$$

$$\kappa_2 = \frac{1}{2} \beta_1 \quad (2-51)$$

式（2-50）表明，机构 1 对机构 2 在任务 2 上的激励强度 β_2 同三个因素有关：一是委托人在任务 2 上对机构 1 的激励强度 κ_1；二是机构 2 在任务 2 上的边际努力收益；三是任务 2 的不确定性 σ_2^2。总的来说，激励强度同 σ_2^2 负相关，而同 κ_1 和 b_2 正相关。结合式（2-50）和式（2-51）可知，机构 1 对机构 2 的激励同委托人对机构 1 的激励紧密相关，如果委托人不对机构 1 在任务 2 上进行激励，即 $\kappa_1 = 0$，那么机构 2 也不会对其进行激励。

政府对机构 1 的合约问题，则可表达为

$$\max_{(f_1, \beta_1, \kappa_1)} y - \omega_1 \quad (2-52)$$

$$\text{s. t} \quad \omega_1 - \omega_2 - \frac{1}{2} e_1^2 \geq \underline{U_2} = 0 \quad (2-53)$$

$$e_1 \in \arg \max_e \omega_1 - \omega_2 - \frac{1}{2} e_1^2 \quad (2-54)$$

式（2-53）是机构 1 的激励约束，对努力水平求导，可得

$$e_1^* = \beta_1 b_1 \quad (2-55)$$

将式（2-41）、式（2-48）、式（2-49）、式（2-50）、式（2-51）、式（2-53）、式（2-55）代入式（2-52），并对 β_1、κ_1 求导，得

$$\beta_1 = \frac{b_1^2}{b_1^2 + \frac{1}{2}r\sigma_1^2} \tag{2-56}$$

$$\kappa_1 = \frac{\dfrac{b_2^2}{h}}{b_2^2 + r\sigma_2^2 + r\sigma_2^2\left(\dfrac{1-h}{h}\right)^2} \tag{2-57}$$

式中，$h = \dfrac{b_2^2 + r\sigma_2^2}{b_2^2 + 2r\sigma_2^2}$。将多代理机构假设下求出努力水平式（2-29）与式（2-55）的结果进行对比，则有

$$\Delta(e_2^*) = \frac{b_2^3}{b_2^2 + r\sigma_2^2 + r\sigma_2^2\left(\dfrac{1-h}{h}\right)^2} - \frac{b_2^3}{b_2^2 + r\sigma_2^2} \tag{2-58}$$

显然 $\Delta(e_2^*) < 0$，说明相对于政府直接控制机构 2 时，其在层级机构下的努力水平明显地减少了。这是因为政府放弃了对机构 2 的直接控制，因此对机构 2 的激励反映了机构 1 的目标和偏好，而不直接反映政府的。可见，政府放弃对机构 2 的直接控制会导致机构在任务 2 中的努力水平下降。

机构 1 的努力水平变化为

$$\Delta(e_1^*) = \frac{b_1^3}{b_1^2 + \frac{1}{2}r\sigma_1^2} - \frac{b_1^3}{b_1^2 + r\sigma_1^2} \tag{2-59}$$

从式（2-59）可知，机构 1 在层级结构中的努力水平相对于多边结构下，有明显的增加。这是因为由机构 1 负责完成的任务 1 的结果会被机构 2 当做其努力的信号，两个机构是利益的共同体，任务 1 结果的补偿会被机构 2 共享。

上述的分析中假定了政府能够区分任务 1 和任务 2 的结果，并根据结果对机构 1 进行激励。现实中，政府往往对不直接负责的任务结果不能加以区分，而是根据总的结果来激励代理机构 1。一个例子便是如式（2-33）所示的，两个任务为同一个目标服务，那么政府给予机构 1 的报酬为

$$\omega_1 = f_1 + \beta_1 x = f_1 + \beta_1 y_1 + \beta_1 y_2 \tag{2-60}$$

重复上述的求解过程，可得

$$e_2^* = \beta_2 b_2 \tag{2-61}$$

$$\beta_2 = h\beta_1 \tag{2-62}$$

$$\kappa_2 = \frac{1}{2}\beta_1 \tag{2-63}$$

$$e_1^* = \beta_1 b_1 \tag{2-64}$$

$$\beta_1 = \frac{b_1^2 + h b_2^2}{b_1^2 + h^2 b_2^2 + \frac{1}{2}r\sigma_1^2 + \left[h^2 + (1-h)^2\right]r\sigma_2^2} \tag{2-65}$$

式中，$h = \dfrac{b_2^2 + r\sigma_2^2}{b_2^2 + 2r\sigma_2^2}$。上述结果显示，政府对两个任务总的结果进行激励会使得两个机构的合约联系更加密切；它们的激励纠缠在一起，好像两个机构同时在负责两个任务似的。尽管在模型的最初设定中，代理机构的努力以及成本是相互独立的，但结果显示机构 1 的边际努力收益 b_1 影响机构 2 的激励（β_2, e_2^*），同时机构 2 的 b_2 也影响到了机构 1 的激励（β_1, e_1^*）。

上述分析可以发现，政府放弃对机构 2 的直接控制，可使得机构 1 在任务的过程中更加努力，并使得两个机构在任务上的协同能力更强，尤其是当两个任务间存在协同时。这也是为什么现实中很多学者建议中央银行作为一个超级监管者，除了负责货币政策外，还要兼顾金融监管。不过，这里机构 1 对机构 2 的控制同样面临着结果的不确定的影响，该模式并不能解决这一问题，并且政府放弃对机构 2 的直接控制将会导致其相应的信息损失。但对于任务完备性的问题，政府确实可以将目标赋予一个机构，但机构有没有能力对目标进行完备性的分割依然是一个问题。

（三）超级监管者模式（统一结构）

比层级结构更加激进的一种结构模式便是统一结构，或者叫单一结构；这种结构指一家代理机构同时负责两个任务，其本质与委托代理问题中的多任务情景相似。当政府能够对每一项任务分别激励时，结果与多边结构的分析雷同，这里不再赘述。注意到现实中单一监管结构的努力或者注意力是有限的，这里我们将着重考虑这一因素的影响。不失一般性，假设代理机构在两个任务上的努力投入满足：

$$e_1 + e_2 = 1 \qquad (2-66)$$

当政府能够分别对任务进行激励时，有

$$\omega = f + \beta_1 y_1 + \beta_2 y_2 \qquad (2-67)$$

激励合约 (f, β_1, β_2) 为下列方程的解：

$$\max_{(f,\beta_1,\kappa_1)} y - \omega \qquad (2-68)$$

$$\text{s.t} \quad \omega - \frac{1}{2} e_1^2 - \frac{1}{2}(1 - e_1)^2 \geqslant \underline{U_2} = 0 \qquad (2-69)$$

$$e \in \arg\max_e \omega - \frac{1}{2} e_1^2 - \frac{1}{2}(1 - e_1)^2 \qquad (2-70)$$

将报酬等价 $CE(\omega) = f + \beta_1 b_1 e_1 + \beta_2 b_2 e_2 - \frac{1}{2} r\beta_1^2 \sigma_1^2 - \frac{1}{2} r\beta_2^2 \sigma_2^2$ 和式（2-66）代入式（2-69），有

$$e_1^* = \frac{1 + \beta_1 b_1 - \beta_2 b_2}{2} \qquad (2-71)$$

$$e_2^* = \frac{1 + \beta_2 b_2 - \beta_1 b_1}{2} \qquad (2-72)$$

通过式（2-71）和式（2-72）可见，机构对两个任务努力的投入同两个任务的边际努力收益以及委托人的激励强度有关。

由参与约束式（2-71）可得到固定收入的表达，一同将式（2-71）和式（2-72）

代入式（2-68），有

$$L(\beta_1,\beta_2) = b_1 e_1 + b_2 (1 - e_1) + \beta_1 b_1 e_1 + \beta_2 b_2 (1 - e_1) - \frac{1}{2} r \beta_1^2 \sigma_1^2 - \frac{1}{2} r \beta_2^2 \sigma_2^2$$
$$- \frac{1}{2} e_1^2 - \frac{1}{2} (1 - e_1)^2 - \beta_1 b_1 e_1 - \beta_2 b_2 (1 - e_1)$$

对函数关于 β_1 和 β_2 求导，有

$$\beta_1 = \frac{b_1^2 - b_1 b_2 + \beta_2 b_1 b_2}{b_1^2 + 2r \sigma_1^2} \tag{2-73}$$

$$\beta_2 = \frac{b_2^2 - b_1 b_2 + \beta_1 b_1 b_2}{b_2^2 + 2r \sigma_2^2} \tag{2-74}$$

联合求解式（2-73）、式（2-74）可得

$$\beta_1 = \frac{b_1^2 - \dfrac{b_1 b_2 (b_1 b_2 + 2r \sigma_2^2)}{b_2^2 + 2r \sigma_2^2}}{b_1^2 + 2r \sigma_1^2 - \dfrac{b_1^2 b_2^2}{b_2^2 + 2r \sigma_2^2}} \tag{2-75}$$

$$\beta_2 = \frac{b_2^2 - \dfrac{b_1 b_2 (b_1 b_2 + 2r \sigma_1^2)}{b_1^2 + 2r \sigma_1^2}}{b_2^2 + 2r \sigma_2^2 - \dfrac{b_1^2 b_2^2}{b_1^2 + 2r \sigma_1^2}} \tag{2-76}$$

由式（2-75）、式（2-76）可知，政府对两项任务的激励必须同时考虑 b_1、b_2、σ_1^2、σ_2^2，这对于政府来说基本是很难办到的，而由式（2-71）和式（2-72）可看到，机构在两项任务上的努力不仅与 b_1、b_2 相关，还与 β_1、β_1 相关，因此政府很难在统一的监管结构中对各个任务进行分别的激励。若委托人无法分别对任务进行激励，而是对整个结果 $x = y_1 + y_2$ 进行激励，有

$$e_1^* = \frac{1 + \beta_1 (b_1 - b_2)}{2} \tag{2-77}$$

$$e_2^* = \frac{1 + \beta_1 (b_2 - b_1)}{2} \tag{2-78}$$

将式（2-77）、式（2-78）、式（2-69）代入式（2-68），有

$$\beta_1 = \frac{(b_1 - b_2)^2}{(b_1 - b_2)^2 + 2r (\sigma_1^2 + \sigma_2^2)} \tag{2-79}$$

从式（2-79）可知，当政府不能对任务进行分别激励时，政府激励强度与两项任务努力的绝对边际收益差呈正相关关系，而机构在两项任务中的努力会此消彼长。即使政府不能很好地衡量努力的绝对边际收益差，任一的激励强度也会导致机构内部对容易出成果的任务给予更多的努力，但这不可避免地会导致一些复杂的任务得不到充分的重视，使得有效监管不足。

2.2.4　金融监管组织结构与金融发展

前美联储主席伯南克曾经指出，"金融监管框架必须及时做出调整，以适应金融现

代化的趋势……从而保障金融体系的稳健"。金融监管的对象是金融机构和金融市场，因此，金融监管结构的选择必须回到金融本身上来，并应随着金融发展而动态地调整。

首先，值得注意的是，在不同金融监管理念下，金融监管与金融发展的关系存在差异。在完全"自由经济"理念的主导下，经济可以通过完善的市场机制而自动实现经济资源的优化配置。因此，对于金融体系，政府通常只需要提供一个公平的竞争环境，充当"无形之手"，不应直接干预金融的运行，故而政府金融监管结构的设计相对简单，往往不需要设立专业的金融监管机构。"政府控制"是与"自由经济"理念相对的另一种理念。在这一理念下，金融被政府严格控制，一切金融活动都是在政府严格的管控下，包括金融资源的配置，此时，政府充当了"掠夺之手"。在这一理念下通常有一个"大统一"的监管者对整个金融体系进行监控，以稳定金融。本节所强调的金融监管理念介于前两者之间，是现代金融监管制度所推崇的一种理念，即金融监管制度应适应金融发展和金融市场的要求，既能反映或助推金融市场功能发挥作用，又能有效地控制和防范金融风险，即政府充当"援助之手"[①]。

金融监管结构作为金融监管制度的重要方面，也应以金融基础为轴心，适应动态的金融发展，即金融监管主体的设置应随着金融监管客体的变迁而变化。不同金融发展阶段面临着不同的金融风险结构，这对以金融风险监控为主要目的的金融监管提出了挑战：不同的金融风险结构会演化出不同的监管要求和监管目标，为此，金融监管的结构也应相应地做出调整以适应金融发展带来的金融风险和监管任务的变化，形成相应的金融监管制度与分工结构（张立洲，2002），否则不适应形势的金融监管架构不仅无法有效防控金融风险，还可能成为滋生金融风险的土壤（饶波、郑联盛、何德旭，2009）。

回顾各国金融发展的历史，可大致将金融业的发展划分为三个主要的阶段：第一个阶段是20世纪30年代以前的自然混业阶段，第二个阶段是20世纪30年代到90年代的严格分业阶段，第三个阶段是20世纪90年代至今的突破分业限制的创新混业阶段。[②]本节接下来将结合金融发展演进的三个主要历史阶段，从金融结构和金融功能出发，对金融监管结构与金融发展的关系展开研究。

在分析之前，有必要对金融结构和金融功能进行简单界定和层级划分。金融结构和金融功能是当今学术界从量性和质性上衡量一国金融发展状况的两个主要视角，前者基于金融体系中金融工具、金融机构等要素间的相对比例结构特征和演进来衡量一国金融发展水平和趋势，后者是从金融各要素与经济各要素之间的关系来观察金融发展问题（孙伍琴，2003；白钦先、谭庆华，2006）。金融结构的划分可依据戈德史密斯的《金融结构与金融发展》一书，其将金融结构分为了渐趋宏观的三个层次：（1）第一个层

---

① 在早期的金融发展中，"自由经济"主义和"国家干预"主义交替成为金融监管界的主流理念，但随着20世纪80年代以来"新古典主义"和"新凯恩斯主义"的不断融合，"市场存在缺陷，政府应干预经济"的理念得到了认同。现在金融监管主要分歧体现在政府干预的范围、方式以及干预的有效性等方面，即干预程度上存在分歧。

② 严格来说混业—分业—再混业的发展演进是英美等国家金融业的发展路径，德国长期是混业发展道路，不过其金融监管制度的演进和英美国家是一致的。

次是金融工具结构，不同类型、不同期限的金融工具在整个金融资产中的比例；（2）第二个层次是金融中介结构，各个金融机构在整个金融体系中的比重；（3）第三个层次是金融与经济的比重，即用金融资产占整个 GDP 的比值来衡量金融在整个经济体系中的重要性。金融功能同样也具有层次性，白钦先和谭庆华（2006）对金融功能做了仔细的划分，包括了四个具有递进关系的层次：基础功能（服务功能和中介功能）、核心功能（资源配置）、扩展功能（经济调节和风险规避）、衍生功能（风险交易、信息传递等）。

（一）金融发展雏形阶段的金融监管安排

在金融发展的雏形阶段，金融只具有最基本功能，即服务功能，指为经济运行提供支付结算以及为财富储存提供便利。随着商业的发展，产生了资金富余者与赤字者融通资金的需求，金融基础功能中的中介功能开始发挥作用。不过，在金融发展的早期阶段，中介功能依旧依附于实际商业经济发展的需要。这一阶段，金融在经济体系中的体量相对较小，金融机构相对单一（譬如我国的钱庄、票号，国外的兑换所、金匠铺等），经营的金融业务种类和范围也相对较小。因此，金融业处于一种完全放任的自由发展状态，政府没有对其进行直接干预，也没有设立专门的金融监管机构实施监管。

但随着商品经济的发展，贸易范围跨出了地区和国家的边界，以往数量众多的各个私人机构发行纸币和票据的金融业态给经济金融的发展带来了混乱，也制约了商品经济的发展。① 同时，小银行不受约束的纸币发行存在过度发行而不能兑换的危机。为此，政府将纸币发行权收归中央，并纷纷成立了中央银行②，赋予其垄断性的货币发行权力。这将金融推进到了一个新的层次，中央银行在金融运行中起着重要的作用，是现代监管的雏形。不过，上述举措并没有消除货币不稳定问题，银行挤兑现象时有发生，因此作为货币管理者，中央银行逐渐开始发挥"信用"担保人的作用，为银行在特殊状态下提供必要的资金支持和信用保证，承担最后贷款人的职责。中央银行成立后往往也同时成为金融领域主要的监管者，但这一时期的中央银行因能获得铸币税和便利地募集财政资金而受到政府频繁的直接干预，同时其在金融监管方面还是主要专注于货币发行和防止银行挤提，对金融机构的日常经营行为干预较少。③

资本市场融资作为与银行直接融资互补的另一种融资方式，也在漫长的商品经济发展过程中逐渐发展起来。股权融资的渊源可以追溯到 17 世纪的荷兰东印度公司，该公司最早开始公开发行可转让的股票，募集基金并取得了永久的法人资格。随后，股份公司以及证券交易所在欧洲蓬勃发展，但其在金融体系中的比重仍旧非常小。在早期，证券从业环境非常宽松，政府零星地参与到证券市场的监管之中，但并没有成立专门的证

---

① 亚当·斯密基于"真实票据"理论认为银行业不应受到管制，而亨利·桑顿则指出以真实票据原则发行银行券也存在发行过度的危险，银行业应该受到监管。

② 各国中央银行的成立初衷各不相同，但随着金融的发展，垄断货币的发行、代理国库以及管理整个国家银行体系成为其主要的职责。

③ 在古典经济学盛行的这一阶段，中央银行制度获得发展的另外一个原因是古典经济学认为货币是"中性"的，不对实际的经济产生影响。

券监管机构。譬如，1720 年英国政府直接颁布了《泡沫法》，禁止在未经授权下，成立像公司实体那样份额可转移和让渡的联合体①。这一时期，政府主要针对股份公司的设立进行管制，通常公司的设立必须得到议会或国王的授权。之所以如此，一是因为这一时期证券市场发行的股票规模相对较小，没有复杂的金融衍生品；二是因为能够发行股票的公司都是政府特许的，通常是协助政府开拓海外贸易或者融资的私人机构，往往有政府信用在做背书。总体上讲，政府没有对证券业进行严格的限制，证券业处于自由发展之中。

（二）金融严格混业阶段的金融监管结构

20 世纪以前，非银行金融业务发展缓慢，但进入 20 世纪以后，新兴的储贷机构、投资银行等金融业态迅速发展起来，证券业务在金融体系中的比重大大提高，金融体系的功能也渐趋完善。在没有政府严格的监管下，证券业务和传统银行业务相互渗透混合，金融业呈现出自然混业状态。但银行从事的证券投资业务具有较高的投机性和风险，最终在 30 年代的"大萧条"时期，风险集中爆发，众多的银行破产，金融体系几近崩溃。这促使人们反思自由竞争下的金融体系，寄希望有一种新的制度来保障银行和金融体系安全与稳健。为此，美国在 1933 年通过了《格拉斯—斯蒂格尔法》，实施严格的银证分离经营制度，禁止商业银行从事投资银行业务，也禁止投资银行从事商业银行业务。法案在不同的金融机构之间建立起了天然的"隔离墙"，阻断风险的传染，开启了现代金融分业经营的序幕。金融监管架构在这一时期也严格根据金融业务（金融机构）来分别设立，金融监管职责开始有专业的监管机构履行，金融监管结构从一元监管走向多元、多边监管的时代，而监管的主要内容变为了对金融机构具体经营行为的直接干预，以便限制金融业的自由竞争，稳定金融体系。同时，凯恩斯主义开始盛行，中央银行也开始专注于调控货币政策以服务宏观经济目标，剥离了金融监管职责。

在严格的分业管制架构下，金融业蓬勃发展，在经济中的地位日益变得举足轻重，金融对整个社会资源的配置趋于主导地位，进而使得通过金融手段调节经济变得直接且有效。从 20 世纪 30 年代到 90 年代，政府通过金融体系的传导，实施货币政策、财政政策、汇率政策、产业倾斜政策，以实现调节经济的目的，并取得了丰硕的成果，经济的货币化和金融化水平不断提高。但严格的分业监管促使金融机构开始寻求金融创新，突破分业的限制。这种金融创新使得传统金融机构的业务遭到侵蚀，使得金融机构仅仅依靠提高服务质量已不能改变金融产业竞争力下降的事实。作为一种"应激"反应，传统金融部门也开始拓展新的业务，突破监管限制，提高竞争力（尹龙，2005）。这一创新趋势在 20 世纪 70 年代布雷顿森林体系崩溃后因汇率、利率等价格体系的波动得以强化，新型金融工具、金融机构和金融市场纷纷出现，整个金融体系日益复杂化。譬如，随着风险的加剧，人们变得厌恶风险，期货期权市场得以发展起来。金融体系的功能进一步完善，金融的经济调节和风险管理功能得到了越来越广泛的应用。同时，得益于经济的"大缓和"，金融监管领域的关注重点从"金融安全"转变为了"金融效率"。

---

① 证券投机诱致的"南海泡沫"是该法案颁布的一个重要原因。

以"金融抑制"和"金融深化"为代表的自由主义得以复兴，主张政府应该放弃严格且广泛的金融管制，提高金融体系的效率，促进金融业的发展，并且指出政府以及监管部门的能力非常有限，不能总是代表着全民利益行事。上述原因使得金融监管开始调整，放松了对金融机构的监管约束，金融分业限制逐渐被打破，促使政府开始调整严格的分业型机构监管。

（三）金融创新混业阶段的金融监管架构

20 世纪 90 年代以后，金融体系发生了巨大的变化，包括：（1）金融机构通过金融控股公司、金融集团等模式向着业务综合化方向发展。（2）经济的全球化以及通信技术的发展，全球金融市场加速整合，跨国金融整合使得金融交易的复杂程度和不可控性大大提高。（3）金融体系从银行主导向金融市场主导加速转变①。（4）金融体系的风险管理、风险交易等衍生功能显现，金融工具日益复杂化。总体上讲，高层次的金融功能开始发挥作用，金融在经济金融活动中占据着主导，金融工具变得复杂难懂，金融风险在各个金融机构、金融市场间交织。在这一背景下，以往多边分业监管模式向着统一的功能型监管和目标型监管方向逐渐调整，以追求及时、全面地对金融机构、金融市场的整体风险进行有效的控制。大多数国家对自己的金融监管结构进行了调整，包括：（1）顺应金融体系混业的趋势，加强了不同金融监管机构、不同国家监管机构间的协调；（2）一些国家开始合并银行、证券和保险的监管机构，采用统一的金融监管模式，譬如英国。

在这一轮的金融监管架构的调整中，两个新监管视角被学术界所强调，一个是功能，一个是目标。功能指的是金融功能，通常金融功能使金融机构更稳定，但金融功能难以直观地量化，并且金融功能也在不断的演进，有时一种功能的出现往往是已有功能的进阶，所以功能型监管思想虽然被提了出来，但很少直接应用在实践中。另一个目标型监管被凸显出来是由于 1997 年英国的金融监管改革和美国次贷危机后颁布的《现代化金融监管架构蓝皮书》，不过目标监管理念一直存在，在早期金融监管的目标在于货币发行和银行挤兑，随后变为金融机构的审慎经营，至今金融监管目标为市场稳定、金融机构审慎、消费者和投资者保护。值得注意的是，监管目标变迁并不是以新目标取代原目标，而是随着金融发展，对原有目标的不断完善和补充。故金融监管目标包含了多重维度：（1）从金融机构的横向比较看，审慎监管涉及银行、证券、保险等不同的金融机构；（2）从宏观和微观来看，监管目标既包括了金融机构的微观审慎监管，也包括了金融体系的宏观审慎监管；（3）金融监管不仅仅涉及金融体系的稳定问题，还涉及消费者、投资者的保护问题。可见，金融监管目标是纵横交织的，故当今很多国家的金融监管体系异常复杂，并不能简单地用单一金融监管机构予以解决。迄今为止，金融监管结构的调整还在进行，对如何将功能监管和目标监管融入现存监管体系中尚处于开放性的探讨阶段。

---

① 这是储蓄向投资转换的两种方式，前者为以银行为中介动员和转移金融资源，后者为以金融市场为依托来聚集和配置金融资源。

此外，金融发展并不是单方向影响金融监管，金融监管的约束往往也会同时反作用于金融发展，形塑金融结构。长期以来，金融监管始终落后于金融创新和金融发展，因此金融监管结构应反映金融结构的逻辑是现实存在的。不过，在以政府为主导的金融市场体系中，也可以看到强力的政府金融监管可以形塑金融市场。不过，总的来讲，金融监管架构应该适应金融结构和金融功能的变迁，不断调整以适应金融体系的发展。

2.3　中央与地方的纵向金融分权

回顾我国金融领域 30 多年的改革，可以发现改革主线是沿着强化宏观调控的思路行事，而较少考虑如何调动下层的积极性[①]。这反映着改革意味着权力的集中，而不是分散。从新结构经济学视角来看，这种集权式的金融模式有利于调集有限的金融资源，发展缺乏比较优势的重工业，实现赶超发达国家的战略（林毅夫，2002，2005）；同时，以政府"隐性担保"的方式保障了金融体系的稳定。在一定时期里，这种模式支持并推动了我国经济的发展（谈儒勇，1999；王志强、孙刚，2003；范学俊，2006；陈邦强、傅蕴英、张宗益，2007），但随着经济市场化改革的深入，其诸多的弊端开始显现，如"保守有余，前瞻不足"[②]（丁骋骋，2010），资源错配、寻租盛行、风险集聚（戴金平、张成祥，2014）等。近年来，更是出现了一些令人担忧的现象：一是各地区可利用的金融资源（主要是资本）差异巨大，并成为地区间经济差距的主要因素（万广华、陆铭、陈钊，2005；傅晓霞、吴利学，2006；朱承亮，2014）；二是虽然资本对经济增长的贡献高达 94%，但是工业资本的边际产出快速下降，从 2003 年的 0.61 降到了 2012 年的 0.28，并且全要素贡献转为负值（江飞涛、武鹏、李晓萍，2014）；三是为促进地方经济发展，缓解中小企业融资困难，各地大力兴办各种交易场所、小贷公司等地方金融机构，但由于监管缺失和监管容忍，这些地方金融业态发展混乱，"资金链断裂，老板跑路"的现象频发。

正是在这样的背景下，中央政府开始意识到在各地经济金融差距较大的情境下，集权后的"一刀切""齐步走""不承认差别或忽视差别"将导致"苦乐不均""事倍功半"的苦果（曾康霖，2008）。因此，近年来出台了一系列的政策[③]，旨在通过"界定中央和地方金融监管职责和风险处置责任""完善地方政府金融管理体制，强化地方政府对地方中小金融机构的风险处置责任"，强化监管，守住不发生区域性、系统性金融

[①]　改革开放以来，中央也有向地方政府进行金融分权方面的尝试，如 20 世纪 80 年代初的信贷计划下放、信托投资公司准入及监管权力的下放等。但结果是"一放就乱"，最终不得不重新收回下放的权力。

[②]　这里指金融机构的改革滞后于企业的改革，金融市场的改革滞后于金融机构的改革，金融监管体制的改革滞后于金融市场的改革。

[③]　这些政策包括：在"十二五"规划中首次提出"完善地方政府金融管理体制，强化地方政府对地方中小金融机构的风险处置责任"；2011 年国务院颁布的《关于清理整顿各类交易场所　切实防范金融风险的决定》明确地方政府在整顿清理交易场所中的主导性角色；2012 年国务院批准《浙江省温州市金融综合改革试验区总体方案》强调了强化和落实地方政府处置金融风险和维护地方金融稳定的责任；2013 年《中共中央关于全面深化改革若干重大问题的决定》中第一次明确要求"界定中央和地方金融监管职责和风险处置责任"。

风险的底线。然而，这些政策只是大政方针，并没有给出具体的政策操作安排。之所以如此，除了没有历史经验可循、只能"摸着石头过河"外，另一个重要的原因是学术界目前对如何设计金融管理体制的研究存在不足，仍停留在经验分析上，少有理论支持。

行政序列中的中央政府和地方政府在权能定位、利益取向、行为逻辑等方面存在着很大的差异（李怀、邓稻，2013），因而两者是不同的行为主体。它们在金融管理权上的"争夺"可以理解为时间上继起的两个博弈，前一个是制定规则的博弈（集权与分权模式选择的博弈），后一个则是按照前面制定的规则运行的博弈。本书的着眼点在前一个博弈中中央政府的策略选择问题，即中央政府在考虑到规则执行中地方政府的道德风险以及金融外部性时，自己在制定规则博弈中应该如何决策的问题。[①] 基本思想如下：众所周知，高质量的信息对于金融管理当局实施恰当的金融政策非常关键。及时、可靠的信息不但有利于日常政策操作，而且能够使金融管理机构及时发现金融危机隐患，作出恰当的干预决策，防止危机的发生或蔓延。但信息的获取并非是毫无成本的，越是及时、准确的信息所花费的成本就越高，尤其是对时变信息的获取更是如此。地方政府在地方信息甄别方面相对于中央政府是有比较优势的，因此，地方政府似乎应得到中央政府的全权授权来管理地方金融事务。但是这不可避免地会产生道德风险问题（Mookhejee，2006），原因有二：一是相对于中央政府来说，由于政府权力多级委托下的信息不对称对政府职责的削弱，地方政府更容易被利益集团"游说""示威"（李怀、邓稻，2013），产生诸如监管捕获、监管容忍等道德风险；二是在面对多重任务、多重激励[②]的情境下，地方政府出于对自身利益的考虑，会在不同的任务职责上做出权衡，这可能导致其金融决策与中央的偏好不一致。另外，由于金融外部性的存在，金融权力集权与分权的权衡并非仅仅局限于中央政府与一个地方政府之间，还涉及不同地方政府，譬如，为追求本地区的利益，地方政府可能存在过度风险，使得区域性金融风险演化成全国性的系统性金融风险成为可能。[③] 总而言之，中央政府在选择金融管理模式时必须在信息成本、道德风险以及金融外部性上做权衡。

接下来，借鉴引言中提及的 Holmstrom（1977）、Melumad 和 Shibano（1991）、Alonso 和 Matouschek（2008）等人的委托代理建模思想，基于中央政府视角，研究金融管理的分权问题。

2.3.1　模型的基本设定

政策性金融权力一般涉及金融发展权（发展金融基础设施、提供良好法律环境等，

---

① 　实际上，在一些情境下，激励相容问题与博弈问题可相互转化，因此，中央政府的策略（集权或分权）选择博弈问题也可理解为考虑到地方政府道德风险情境下，中央给地方政府的激励合约问题。后文将等同对待，不作区分。

② 　譬如，地方政府承担着发展地方经济、计划生育、教育医疗文化、社会稳定等多重任务，同时也面对着晋升激励（周黎安，2004，2007）、财政激励等诸多激励，而这些任务和激励往往存在一定的冲突。

③ 　这与经典委托代理理论中的多个代理人问题相似，但略有不同。委托代理理论关注多个代理人之间的串谋，而这里我们关注的是代理人（地方政府）间的"以邻为壑"。

也可称为义务）和金融监管权（市场准入、日常监管和救助等）①。通常，政府掌控政策性金融权力后不仅需要在金融运行效率与金融稳定间寻求有效的平衡，而且还需要同时权衡其他目标②，譬如工业的赶超、经济的发展等。尽管随着一国金融市场化进程的推进和对经营性金融权利管制的放松，政府在金融运行效率等目标上的责任被削弱，其更多地承担着稳定金融的"守夜人"职能③，但是政府仍需要在其他目标与金融稳定间进行权衡，选择偏好的金融风险水平④；并且这种权衡会因为各级政府在权能定位、利益取向、行为逻辑等方面存在差异而存在不同，进而选择的金融风险承担水平也将不同⑤。

接下来我们构建一个分析框架，来探讨政府内部如何授权以实现金融管理职责⑥。假设金融体系的风险水平为 $q \in R$，q 越大代表金融体系的风险越大⑦；金融体系的风险能够被政府使用政策工具所操控。另外，政府不能无节制地让金融体系承担风险，原则上其应依据当地的经济状态来调控风险。我们定义未来的每一种可能情形为自然的一个状态，即一个状态代表自然在未来的一个情景，并且是外生、给定的⑧，标记为 θ。不失一般性，假定 $\theta \in [0,1]$，该值越大代表经济金融环境越好，金融体系能够承受的风险越大。虽然中央政府⑨常是一国法定的金融管理者，对一国的金融发展和稳定负有直接责任，但经济金融系统是一个复杂的大系统，且地方政府不可避免地会介入当地金融的运行。为便于分析，我们用 P 代表中央，A 代表地方政府，并且有 N 个地方，地方 i 的当地政府记为 A_i，自然状态为 θ_i。接下来给出一些后文将用到的设定。

---

① 在国有金融机构占大头的政府主导型金融体系中，金融控制权（金融机构所有权、人事权等）也是政策性金融权力的一部分。

② 譬如，在计划经济体制下，为了追求金融稳定，调集金融资源发展重工业，政府会对金融体系实施严格的管制，但这是以金融运行效率的损失为代价的。

③ 在新古典经济学所倡导的阿罗—德布鲁范式下，即市场化的竞争市场中，市场是高效率的，资源配置可以借助"看不见的手"自动达到帕累托最优（王学龙，2006）。也就是说，市场为金融效率负责，政府在该金融体系中，更多地为机构提供公平、公正的制度环境以及在市场失灵时维护金融的稳定。

④ 这意味着偏好风险水平内涵有金融效率等目标的考虑。这样的设定避免了在效用函数中加入过多的权衡因素，简化了模型，使得我们能够专注于在信息不对称的环境中，分析政府金融管理的内部授权问题。

⑤ 金融资源是经济增长的主要动力之一，政府为了实现经济的增长，可能鼓励，甚至是放任金融机构过度发展，或者涉足高风险的业务，以获取增长所需的金融资源。这一情况在地方政府面临经济增长激励和权责不对称时更甚，进而极易引发区域性金融风险。譬如，在我国经济和财政分权的背景下，地方政府在发展地方经济的过程中往往面临着财政的约束，其有内生的动力干预金融和竞争金融资源（何德旭、苗文龙，2016）。

⑥ 在联邦主义国家，譬如美国、英国等，地方政府由地方选举产生，中央政府对地方经济金融发展以及行政上的约束力非常有限；而在政治集权的国家中，地方官员主要由中央政府任命，中央政府对地方拥有较强的约束力。本文的讨论适用于后一种情况。

⑦ 可理解为全国（或地方）金融系统整体的风险状况或者金融稳定指标。如针对某项具体的金融管理权限的研究，譬如银行的监管，q 可理解为各地银行的贷款组合风险。

⑧ 现实中，经济金融状态会受到政府金融管理的影响，即金融状态变得糟糕可能是政府政策造成的。但本文假设状态是外生给定的，主要基于以下考虑：(1) 在政府制定和实施相应金融管理政策之前，经济金融的状态是无法改变的，是给定的；(2) 在市场主导型的经济金融体系中，政府充当"守夜人"，只在市场失灵时给予适度的干预；(3) 政府的金融管理可能是决定经济金融状态的一个重要因素，但在市场主导型的金融体系中，其不是，也不应该是决定性的因素。

⑨ 为了简化分析，本书的中央政府指广义的中央政府，包括中央部门及其派出机构。

（一）信息

信息是决定金融分权与否的关键因素之一。在信息对称的情景下，中央能够甄别出地方政府是否存在道德风险行为，在不考虑金融的外部性时，金融监管的集权或者分权无差异[①]；当考虑到金融外部性时，集权可能更优，因中央具有一国的经济金融信息，能够克服地方金融的外部性。在信息不对称的情况下，如果中央能够对各地方的状态信息完全甄别，那么其就可对各地区实施状态依存的最优金融政策，但获取地方信息的成本可能非常高昂，尤其是对地方时变状态信息的获取。因此，中央需要在信息的甄别成本和地方政府可能存在的道德风险之间做出权衡。在后文的分析中，我们假设中央知道地方状态概率函数 $f(\theta_i)$ 及相应的累积分布 $F(\theta_i)$，但对于具体的地方经济金融形势并不知情。

（二）偏好

决定金融分权的另一个关键的因素就是中央和地方政府的目标偏好的差异[②]。针对某一个特定的状态，如果中央和地方的偏好是一致的，即不存在地方政府道德风险，那么信息和金融的外部性成为金融集权或分权的决定性因素；倘若不考虑金融外部性，那么信息将起决定性作用，这时分权优于集权。实际上，中央和地方政府都有各自不同的偏好，对最优偏好的偏离会影响各自的效用。假设中央与地方的偏好为 $q_P(\theta)$ 和 $q_A(\theta)$，效用函数皆为纽曼—摩根斯坦型；不失一般性，我们都采用二次型，即 $U_P(q, \theta) = -\rho(\theta)(q - q_P(\theta))^2$ 和 $U_A(q, \theta) = -\gamma(\theta)(q - q_A(\theta))^2$，其中 $\rho(\theta)$、$\gamma(\theta)$ 可理解为风险厌恶程度，即中央或地方对金融体系风险的容忍度；为了便于分析，两个参数的取值都为 1[③]。

（三）差异

根据需要，本书采用了三种不同的方式来度量中央与地方偏好的差异。（1）水平差异。给定一个地方的状态 θ_i，中央与地方偏好水平差异为 $b(\theta_i)$，$b(\theta_i) = q_{A_i}(\theta_i) - q_P(\theta_i)$。（2）后向差异。当地方的状态为 θ_i，中央持有地方状态劣于 θ_i 的信念时，地方政府的偏好与中央政府偏好的差异记为：$T(\theta_i) = F(\theta_i)\{q_{A_i}(\theta_i) - E[q_P zz \leqslant \theta_i]\}$，其中 $F(\theta_i)$ 是地方状态比 θ_i 小的累积分布。（3）前向差异。给定地方状态 θ_i，地方政府的偏好与中央持有地方状态优于 θ_i 信念时的偏好差异，即 $S(\theta_i) = (1 -$

---

① 信息对称时，中央可以根据地方政府的努力水平 e 来设计分权合约，使得最终结果（q_j）满足中央政府的效用最大化。

② （1）除非特别地说明，否则本书中涉及中央政府的偏好时都假设中央政府是"友善"的政府，即其偏好的金融风险水平与经济金融的最优承担水平一致。对于"非友善"的情景可以在本书的基础上进行拓展。（2）尽管我们在政府的效用函数中没有直接地包含金融效率，但我们引入的目标偏好风险水平其内涵有金融效率。也就是说，该风险水平是政府在权衡了自身金融效率、金融稳定以及经济发展等方面责任后，最偏好、最理想选择的一个风险水平。

③ 这里需作几点说明：（1）基于序数效用理论，这里的效用非正并不影响中央（地方）政府的偏好，也不干扰我们的分析和结论。（2）二次型函数表明偏好是单峰且对称的。现实中可能存在非对称的情况，只要对 $\rho(\theta)$、$\gamma(\theta)$ 做分段调整就可以将本书的分析拓展。（3）本书欲做一般性的分析，故对于 $q_P(\theta)$ 和 $q_{A_i}(\theta_i)$ 具体的函数形式没有设定。在后文例子中，为了分析方便，我们简单地设定为线性相依函数。

$F(\theta_i))\{q_{A_i}(\theta_i) - E[q_P(z)|z \geqslant \theta_i]\}$。

（四）社会福利

为了便于对不同金融管理模式的比较，我们引入一个经济金融的"自然"风险作为标准。所谓自然风险，是指对于特定的状态，经济金融系统都有一个自然的最优金融风险水平使得社会福利最大，记为 $q_N(\theta)$。我们引入自然风险的另一个原因在于在本书的设定下，直接计算福利存在技术上的困难。为了便于计算，我们引入二次型的损失函数来计算不同金融分权模式的福利损失。当实际金融风险等于自然风险时，社会福利最大；否则，将产生 $\Delta W_i = \delta(q - q_{N_i}(\theta_i))^2$ 的福利损失（δ 为常系数）[①]。

2.3.2　金融集权模式：全国单一政策和地方差异政策

金融管理集权模式下，中央对全国金融稳定直接负责。中央可根据全国经济金融状态或地方状态作出最优的金融风险控制决策，这时中央有两种不同的政策选择：全国单一政策和差异地方政策。

（一）全国单一政策

在金融集权管理模式下，中央政府不能够甄别出地方自然状态，但中央政府可根据全国形势和数据判断出全国整体的状态 $\bar{\theta}$，对应的风险偏好为 $q_P(\bar{\theta})$。为分析简单起见，假设 $\bar{\theta} = \dfrac{1}{N}\sum_{i=1}^{N}\theta_i$，即中央政府所甄别出的状态代表了各地方平均的状态。

假设地方政府是一个"友善型"政府（Benevolent Government），其最优偏好等于地方自然水平，即 $q_{A_i}(\theta_i) = q_{N_i}(\theta_i)$。给定各地方的状态 $\theta_i, i = 1,2,\cdots,N$，中央与地方政府偏好差异记为 $b(\theta_i) = q_{A_i}(\theta_i) - q_P(\bar{\theta})$，对应社会福利损失为 $\Delta W_i = \delta b(\theta_i)^2$。此时 $b(\theta_i)$ 存在三种可能，即 $b(\theta_i) > 0, b(\theta_i) = 0, b(\theta_i) < 0$，如图 2-5 左图所示[②]。当 $b(\theta_i) = 0$ 时，$q_P(\bar{\theta}) = q_{A_i}(\theta_i) = q_{N_i}(\theta_i)$，$U_A(q_{A_i}(\theta_i),\theta_i) = U_A(q_P(\bar{\theta}),\theta_i)$，中央全国单一政策能够得到贯彻；中央政策与地方自然状态风险一致，地方无福利损失。当 $b(\theta_i) > 0$ 时，地方政府（自然）偏好高于中央实施的风险水平，地方的金融体系处于抑制之中，此时 $U_A(q_{A_i}(\theta_i),\theta_i) > U_A(q_P(\bar{\theta}),\theta_i)$；强制实施中央政府的单一政策会产生 $\sum_{n(\theta_i > \bar{\theta})} \delta b(\theta_i)^2$ 的社会福利损失，其中 $n(\theta_i > \bar{\theta})$ 表示状态好于平均水平的地方。$b(\theta_i) < 0$，此时中央的金融风险控制政策对地方来说过于激进；强制实施中央政策会产生 $\sum_{n(\theta_i < \bar{\theta})} \delta b(\theta_i)^2$ 的社会福利损失，$n(\theta_i > \bar{\theta})$ 表示状态差于平均的地方。则中央全国单一政策产生的总福利损失为

[①] 损失函数采用二次型表明无论对自然水平的偏离是正或是负都会产生福利损失，即损失函数是对称的。为了行文表述方便，我们定义两个偏离：$\varphi_P(\theta_i) = q_P(\theta_i) - q_{N_i}(\theta_i)$，$\varphi_A(\theta_i) = q_A(\theta_i) - q_{N_i}(\theta_i)$，则相应的福利损失为 $\varphi_P(\theta_i)$ 与 $\varphi_A(\theta_i)$ 的函数。

[②] 图 2-5 左图中直线从零点处出发是为了便于作图，不影响分析和结论。

$$\Delta W = \sum_{n(\theta_i > \bar{\theta})} \delta b(\theta_i)^2 + \sum_{n(\theta_i < \bar{\theta})} \delta b(\theta_i)^2 \qquad (2-80)$$

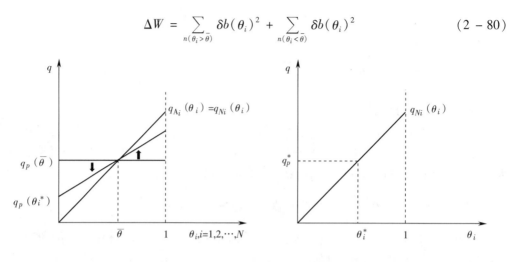

图 2 - 5　单一政策和地方差异政策

由式（2 - 80）可知，中央政策的效果取决于各地方之间状态的异质性。当各地方的状态同质 $\theta_1 = \theta_2 = \cdots = \theta_N$，则全国单一政策能使各地福利达到最大化。随着各地方 θ_i 之间差异扩大，单一政策产生的社会福利损失 ΔW 越大。如果各地的状态对称分布，那么总体上一部分地方的金融体系被抑制，另一部分则承担了过度的风险，此消彼长，整体的风险可能在可控的范围内，但实质上，这种整体风险的可控是以巨大社会福利损失为代价的。

现实中，地方政府在金融集权管理模式下存在对金融活动的隐性干预。譬如地方官员为实现经济增长和晋升，其会干预城商行的信贷投放，对易出政绩的企业给予"特惠金融"待遇（钱先航等，2011；李维安、钱先航，2012）。金融集权模式下，过度风险的地区并不会主动地降低金融风险水平，而存在金融抑制的地方存在提高金融风险水平的冲动（这种提高对于该地区来说无可厚非），进而整体上的金融体系存在过度金融风险。这些过度金融风险的累积可能造成区域性金融风险，甚至演化成系统性的金融风险。而在集权的背景下，中央政府将不得为此兜底，出手救助。在一个重复动态不完全信息博弈的框架下，我们会发现地方政府会产生中央政府"隐性担保"的预期，所有的地方政府都可能采取更为激进的隐性干预，让中央政府"买单"，而中央政府对此的反应则是制定更加严格的单一抑制政策，使得一国处于高度的金融抑制和监管中。这为罗纳德·麦金农和爱德华·肖的信息不透明的发展中国家的金融抑制提供了一个解释。

（二）差异地方政策

当中央政府能够甄别出地方的自然状态时，中央就可以实施有差别的政策，如果满足 $q_P(\theta_i) = q_{N_i}(\theta_i)$，则各地的风险能被中央控制在自然水平。不过政策仍会造成社会福利的损失，因为中央差异化的政策是有状态甄别成本的，而成本的支付来自纳税人。事实上，中央状态甄别的成本可能非常高，因为不仅在某一个时点上，各地间经济金融状态存在差异，而且同一个地方在不同时点上，其状态也具有时变性。所以，中央实施精准的有差别性的金融风险控制政策是成本高昂且不可行的。

假设中央能够甄别出地方状态分布，成本为 C_i，状态的概率函数 $f(\theta_i)$，相应的累积分布为 $F(\theta_i)$。中央可根据对地方状态的预期作出一个单一决策，$q_P^* = E(q_P(\theta_i))$；其对应的等价状态为 θ_i^*，如图 2-5 右图所示。中央对地方采用这个单一政策将产生的预期福利损失为

$$\Delta \omega_{P_i} = \int_0^1 \delta (q_P(\theta_i^*) - q_{N_i}(\theta_i))^2 \mathrm{d} F(\theta_i) + C_i = \int_0^1 \delta (\varphi_P^*(\theta_i))^2 \mathrm{d} F(\theta_i) + C_i$$

$$(2-81)$$

由式（2-81）可知，福利损失同 $q_{N_i}(\theta_i)$、C_i、$F(\theta_i)$ 有关。如果地方自然风险水平的状态敏感性越低，地方状态的时变性越小，甄别分布成本越低，则预期福利损失越小。这非常类似于中央在全国采取的单一政策的情景；不同的是一个针对各个地方采用单一政策，一个针对地方不同状态采取单一政策。

这种差异政策相对于单一全国政策在一定程度上考虑了各个地方状态的异质性，直觉上是可以改善福利的。为了便于比较，将式（2-80）表示为 $\Delta W = \sum_{i=1}^{N} \Delta w_i$，那么各地方的福利损失则可表示为

$$\Delta w_i = \int_0^1 \delta (q_P(\overline{\theta}) - q_{N_i}(\theta_i))^2 \mathrm{d} F(\theta_i) \qquad (2-82)$$

由式（2-81）和式（2-82）可知，差异性政策优于全国单一政策需满足条件：$|q_P(\theta_i^*) - q_{N_i}(\theta_i)| < |q_P(\overline{\theta}) - q_{N_i}(\theta_i)|$，并且实施 $q_P(\theta_i^*)$ 所带来的福利改善必须覆盖甄别成本 C_i。当各地方的状态异质性越大，分布甄别成本越低，则差异化的政策越能改善福利。

实际上，状态分布甄别成本可能比相应的福利改善要大很多。这为为什么转型期的国家往往实施"一刀切"的政策，或者简单采用"区域差异"[①] 政策提供了一个解释。这一政策往往又进一步地加剧了地区间金融发展的不平衡（崔光庆、王景武，2006），使得中央的政策执行不力，不能有效调控经济金融，进而引发区域性，甚至系统性金融危机。另外，中央政府实施地方差异政策同样也面临着地方政府的隐性干预。正是由于在集权模式下，地方政府始终存在隐性的干预以及获取信息成本的存在，中央向地方政府的放权似乎才是一个增进整体社会福利的最佳选择。

2.3.3 信息不对称下金融分权

中央政府如何决定下放金融权力呢？由上文分析可知，中央政府会在信息与道德风险之间做出权衡。为了便于分析，假定中央政府的风险偏好同地方的自然风险一致，即 $q_P(\theta_i) = q_{N_i}(\theta_i)$。在不考虑金融外部性的情况下，接下来我们考察中央政府与一个地方政府之间的金融分权合约问题。

---

① 简单地将一国分为两个，或若干个区域而对各区域采用有差别的政策。

一般来说，中央政府可以采用两种不同的方式进行分权：（1）完全放权，将地方金融风险决策权完全下放给地方政府，但中央保留事后调整的权力；（2）适度分权，中央给地方提供一个金融风险决策合约 $X(\theta_i):\theta_i \to q$，合约相当于状态到风险决策的映射，规定了地方政府可自由裁决的范围。这两种方式主要的区别在于：前者能充分利用地方政府信息优势，通过事后调整来解决中央与地方目标偏好不一致的问题；而后者事前就将一些极端的不一致情形排除在外。两种方式各有利弊，但事后调整成本可能非常巨大，同时事后调整也给地方政府预留了巨大的"倒逼"中央的操作空间。因此，我们更偏向于第二种适度的分权方式。

（一）分权条件以及分权的价值

分权时，中央政府效用最大化问题可表示为

$$\max_{X(\theta_i)} E_{\theta_i} \big[U_P(X(\theta_i),\theta_i) \big] \tag{2-83}$$

$$\text{s. t } U_A(X(\theta_i),\theta_i) \geq U_A(X(\theta'_i),\theta_i) \tag{2-84}$$

式（2-84）代表地方政府的激励约束[①]。满足激励相容的合约 $X(\theta_i)$ 应在满足中央政府效用最大化的同时也满足地方政府效用的最大化。也就是说，中央给地方政府的合约 $X(\theta_i)$ 应满足：

$$X(\theta_i) \in X_D(\theta_i), X_D(\theta_i) = \arg \max U_A(q_A(\theta_i),\theta_i) \tag{2-85}$$

即合约应满足地方政府效用最大化的上界。

由于中央只知道地方状态的分布，故而我们假设中央有两种不同的信念：如果中央政府认为实际状态劣于 θ_i 时，其偏好决策为 $E[q_P(z)|z \leq \theta_i]$；如果中央政府认为实际状态优于 θ_i 时，其偏好决策为 $E[q_P(z)|z \geq \theta_i]$。显然真实的自然 $q_{N_i}(\theta_i)$ 位于两线之间，如图2-6所示[②]。

那么何时分权能提高中央政府的效用呢？根据 Alonso 和 Matouschek（2008）的分析，分权条件为：

如果对 $\theta_i \in [0,1]$，有 $E[q_P(z)|z \leq \theta_i] <$ $q_A(\theta_i) < E[q_P(z)|z \geq \theta_i]$，则分权对于中央是有利的。即当 $T(\theta_i) > 0$ 且 $S(\theta_i) < 0$ 时，分权有价值。

如何理解呢？举一个特殊状态的例子。中央政府在只知道状态分布的情况下，能够作出的最优的决策 q_P^* 一定在 $E[q_P(z)|z \leq \theta_i]$ 与

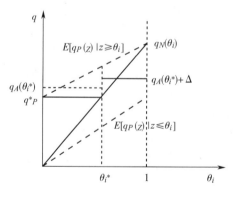

图2-6　分权条件

①　（1）这里我们认为地方政府的参与约束自动满足。（2）本书并没有考虑地方政府的差异性问题，即逆向选择问题。现实中各地方政府可能存在差异，因此"友善"的地方政府可能会发送自己的信号以获得更多的自由决策空间，这是模型扩展的一个有意思的方向。（3）满足激励相容条件的合约 $X(\theta_i)$ 应满足的数学条件详见附录1。

②　在图2-6中，为便于直观理解，将中央两种偏好描画为直线，实际上只有当状态分布为均匀分布时，两种偏好才是直线，一般情境下为曲线。

$E[q_P(z)|z \geqslant \theta_i]$ 两 条 曲 线 之 间。如 果 有 $E[q_P(z)|z \leqslant \theta_i^*]$ < $q_A(\theta_i^*)$ < $E[q_P(z)|z \geqslant \theta_i^*]$，那么分权有价值。假设 $q_A(\theta_i^*) > q_P^*$，定义 $\Delta = q_A(\theta_i^*) - q_P^*$。中央自己不直接实施 q_P^*，而是授权地方政府在 $q_A(\theta_i^*) - \Delta = q_P^*$ 与 $q_A(\theta_i^*) + \Delta$ 两者之间选择。面对着两个可选项，如果 $\theta_i \leqslant \theta_i^*$，地方政府实施 q_P^*；反之，实施 $q_A(\theta_i^*) + \Delta$。如图 2 - 6 所示，显然当 $\theta_i > \theta_i^*$ 时，$q_A(\theta_i^*) + \Delta$ 更加接近于 $q_P(\theta_i)$，比直接实施 q_P^* 能提高中央政府的效用[1]。而当 $q_A(\theta_i^*) < q_P^*$ 时，分析与前面类似。在一般情景下，即 $\theta_i \neq \theta_i^*$ 时，中央政府将不得不根据自己的信念做选择，此时只要上述分权条件得到满足，则分权就能提高中央政府的效用。

中央分权前后效用的改变记为：$V = E_{\theta_i}[U_P(X_D(\theta_i), \theta_i)] - E_{\theta_i}[U_P(q_P^*, \theta_i)]$，则有

$$V = \max_{X(\theta_i) \in X_D(\theta_i)} - (q_P^* - X(1))^2 + 2\int_0^1 T(\theta_i) \mathrm{d}X(\theta_i) \qquad (2 - 86)$$

或者

$$V = \max_{X(\theta_i) \in X_D(\theta_i)} - (q_P^* - X(0))^2 - 2\int_0^1 S(\theta_i) \mathrm{d}X(\theta_i) \qquad (2 - 87)$$

由式（2 - 86）、式（2 - 87）可见[2]，中央政府的分权意愿取决于 $T(\theta_i)$ 或 $S(\theta_i)$。显然，当 $T(\theta_i) < 0$ 或 $S(\theta_i) > 0$ 时，则一定有 $V < 0$，中央政府将选择集权。因此，如果对 $\theta_i \in [0,1]$，有 $E[q_P(z)|z \leqslant \theta_i] < q_A(\theta_i) < E[q_P(z)|z \geqslant \theta_i]$，即 $T(\theta_i) > 0$ 且 $S(\theta_i) < 0$ 时，则 $V > 0$，中央政府应选择分权给地方政府。相对于中央直接对地方实施单一的政策 q_P^*，分权合约能够使福利得到 δV 的改善。那么，分权时，地方的福利损失可表示为

$$\Delta \omega_{Ai} = \Delta \omega_{pi} - \delta V = \int_0^1 \delta (\varphi_P^*(\theta_i))^2 \mathrm{d}F(\theta_i) + C_i - \delta V \qquad (2 - 88)$$

只要有 $V > 0$，则 $\Delta W \geqslant \sum_{i=1}^N \Delta \omega_{Pi} + C_i > \sum_{i=1}^N \Delta \omega_{Ai}$，那么中央下放金融管理权将是有价值的。

给定地方状态分布，V 的值同 $T(\theta_i)$ 或 $S(\theta_i)$ 相关，而 $T(\theta_i)$ 或 $S(\theta_i)$ 又同中央的授权合约 $X(\theta_i)$ 以及地方政府的 $q_A(\theta_i)$ 相关，所以，我们接下来将着重分析地方政府 $q_A(\theta_i)$ 与中央的激励合约 $X(\theta_i)$。

（二）区间授权

前面的分析表明，信息成本的存在使得中央能够容忍地方政府一定的道德风险，即在不能够甄别出具体的地方状态时，中央对地方政府偏离自然风险水平有一定的容忍度。但对于一些极端的偏离，中央政府可事前就在合约中给予限制，缩减地方政府的自由裁量权。地方政府对地方自然风险水平的偏离我们记为 $\varphi_A(\theta_i)$，其可正可负。因中

---

[1]　根据前文的设定，当 $\theta_i > \theta_i^*$ 时，有 $q_P(\theta_i) > q_P(\theta_i^*)$。

[2]　公式的详细证明见附录 2。

央最优偏好与地方自然风险一致，故 $\varphi_A(\theta_i)$ 也度量了地方政府与中央的不一致性。

当 $\varphi_A(\theta_i) = 0$ 时，地方政府同中央政府的偏好一致，皆等于自然水平。分权模式下，地方政府有权力且愿意调控风险，直至 $q_{A_i}(\theta_i) = q_{N_i}(\theta_i)$。此时地方福利达到最大化，$\Delta\omega_A = 0$；分权对中央政府的价值为 $V = \int_0^1 (\varphi_P^*(\theta_i))^2 \mathrm{d}F(\theta_i) + C_i/\delta$。这与中央能够甄别出各个地方的状态并分别实施风险控制政策时的金融集权模式等价；不同的是，分权模式节省了中央信息甄别成本，提高了整体的社会福利。

当 $\varphi_A(\theta_i) > 0$ 时，地方政府的偏好对状态的敏感度比中央政府大，其趋于实施激进的风险政策，容忍更大的金融风险。可能的原因是，虽然金融体系存在脆弱性，并且发生危机的成本巨大，但是金融资源是经济增长的动力之一，特别是在政治集权、财政分权的背景下，面对经济增长、晋升激励的地方政府可能以过度金融风险为代价换取经济的增长和仕途的上升（周黎安，2007）。那么，现在是否还要分权呢？显然，这时 $T(\theta_i) > 0$ 一定成立；对于 $S(\theta_i)$，只要 $q_{A_i}(\theta_i) < E[q_P(z)|z \geq \theta_i]$，则 $S(\theta_i) < 0$，那么分权的条件仍然满足。但如果 $S(\theta_i)$ 有一部分区段为正，如图 2-7 左图所示，在区间 $[\theta_i^r, 1]$ 上，$S(\theta_i) > 0$，那么中央还要分权吗？显然，如果中央在设计合约 $X(\theta_i)$ 时，限制地方政府在 $[\theta_i^r, 1]$ 上的决策权，那么，分权仍有价值。

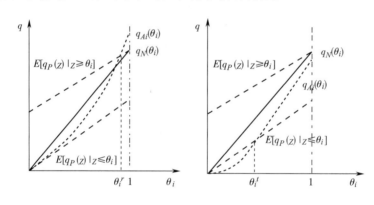

图 2-7 区间授权

当 $\varphi_A(\theta_i) < 0$ 时，地方政府偏好的状态敏感度比中央小，地方政府趋于实施"金融抑制"的政策。这可能是由于政府缺乏金融人才，对发展金融、发展经济缺乏信心所致。显然，这时 $S(\theta_i) < 0$ 一定成立；如果对任意 $\theta_i \in [0,1]$，有 $T(\theta_i) > 0$，则分权仍有价值。但对于某些状态，如图 2-7 右图所示，在区间 $[0, \theta_i^t]$，有 $q_{A_i}(\theta_i) < E[q_P(z)|z \leq \theta_i]$，即 $T(\theta_i) < 0$，说明在此区间上的授权无价值。因此，中央在设计合约 $X(\theta_i)$ 时，应限制地方政府在 $[0, \theta_i^t]$ 区间的决策权。

2.3.4 进一步的分析

通过前面分析，我们可以看到中央政府相对地方政府的信息劣势促使中央将金融管理权力下放，但地方政府的道德风险会影响到分权的效果，因此，中央政府会在地方政府的信息与道德风险上做出权衡。中央对地方的状态愈发的不确定，则地方政府可以偏离的空间越大，中央越能容忍地方政府与自己偏好的不一致。但如果地方政府对中央目标风险偏离过大，那么中央可通过合约 $X(\theta_i)$ 来限制地方政府在某区间状态上的决策权。前面的这些结论是在不考虑金融外部性条件下得出的，与现实有所出入。接下来，我们将引入金融外部性来进一步探讨金融分权的问题。

（一）金融的外部性

如果我们所推导的分权条件满足，且各地方政府都以地方自然水平为最优偏好，那么整体的金融风险水平是否是最优的呢？答案是否定的。实际上，前面的分析中存在着这样的假设：各地方之间不存在金融外部性，当各地方的金融风险达到了最佳水平时，社会的整体福利也最大化了。在这样的假设下，我们可以对各地的福利损失简单加总。然而，当地方政府各自追求地方福利最大化，其他地方的福利不被纳入其考量的范围时，就可能存在着类似"集体理性与个体理性"的冲突。如果一个地方政策的外部性为正，那么就存在着政策实施不足的风险；如果一个地方政策的外部性为负，那么就存在着过度的风险。因此，在考虑福利损失加总时必须考虑到这种外部性。

当我们将外部性纳入考虑范围时，福利损失函数变为

$$\Delta W_i = \delta\big(q_{A_i}(\theta_i) - q_{N_i}(\theta_i) + \eta \sum_{j=1,j\neq i}^{N} q_{N_j}(\theta_j)\big)^2 \qquad (2-89)$$

式中，η 代表其他地方对当地 A_i 的总外部性，可正可负。我们讨论最简单的情况，假设地方政府都是善意，则 $q_{A_i}(\theta_i) = q_{N_i}(\theta_i)$。从式（2-89）中可知，这时仍有福利损失 $\delta\eta^2\big(\sum_{j=1,j\neq i}^{N} q_{N_j}(\theta_j)\big)^2$，无论 η 的正负。假设所有地方都是同质的，则整体福利最大化时，有 $q_{A_i}(\theta_i) = q_{N_i}(\theta_i)[1 - \eta(N-1)]$，即存在正的外部性时 $\eta > 0$，最佳的金融风险水平应比自然风险水平小，反之则大。

对于这种"囚徒困境"式冲突的处理，金融管理的集权模式相比分权具有优势。中央政府具有很强的行政控制和协调适应能力，在处理与协调各个地方冲突上具有比较优势。金融分权时，需要权衡金融外部性对总福利产生的影响，如果各地方政府之间能如国家间一样进行政策协调，那么金融外部性也能在分权模式下得到很好的处理。然而，当面对的外部性很大（η 取较大值），或者外部难以界定和度量时，各地方政府的协商机制可能不起作用（特别是 N 越大，协商机制越复杂，达成协议越困难）。因此，对于能够产生较大外部性的金融管理权收归中央可能是最优的选择。

（二）金融风险的传染

有关金融外部性很重要的一个方面就是金融风险的传染性。在考虑金融管理权限下放时，这一独特属性应纳入金融分权考量的范围内。金融风险的传染包括两类：一类是纯恐慌性的传染，另一类是关联传染。

各地方之间的金融机构没有关联，金融风险的传染渠道也存在，即通过"恐慌情绪"传播（Diamond 和 Dybvig，1983）。当一个地方的金融机构破产倒闭时，其他地方的投资者可能对本地类似的金融机构产生相同的预期，进而导致其他地方的金融体系出

现危机。这种悲观预期即使在金融机构运营良好的情景下也有可能产生，并且在金融状况非常相似的各地间更易发生。在金融分权的模式下，各地可能采用相同的金融政策，地方之间的金融结构、资产结构、风险暴露头寸等都非常相似，这为恐慌的传播提供了基础。

实际上，各地的金融机构或多或少地存在着联系，如资产负债表联系、投资关联等。地区间债权债务关系给金融风险的传染提供了渠道（Allen 和 Gale，2000）。虽然金融机构间跨地区间的资产负债关联可以提高自身抗风险冲击能力（$\eta > 0$），但这也使得金融体系变得脆弱，金融风险极易通过这些关联传导出去（$\eta < 0$）。特别是在面对共同的冲击时，这种关联使得整体金融体系的脆弱性增加。

上述两种可能的跨区域风险传染途径使得区域性金融风险很容易传染到其他的地区，引发系统性的金融危机。对于第一种风险传染情况的处理相对简单，金融分权时，各地方可以协商相应减少各地的风险水平。但对于第二种情况的处理则非常棘手，因为它同时存在着截然相反的效应。在金融分权的情况下，因与其他地区的关联提高本地金融体系抗击本地风险的能力，各地都有过度风险的趋向；然而一旦地域风险转化成系统性风险或者出现共同冲击（如国际金融危机的冲击），不仅这种相互减缓区域风险的机制会消失，而且还会加剧危机的传染与爆发。在金融分权的模式下，地方政府应对这类外部性的能力非常有限；而集权性的中央政府则具有优势。因此，发生系统性的危机时，中央集权式的金融管理模式可能更有效。总而言之，在设计分权合约时，中央必须考虑金融的外部性，安排好危机处置机制。

（三）一个简单的例子

假设状态为 $[0,1]$ 之间的均匀分布，则 $f(\theta) = 1$，$F(\theta) = \theta$。为了便于计算，地方自然风险水平设定为 $q_N(\theta) = \theta$，而中央与地方分别为 $q_P(\theta) = \beta\theta$ 和 $q_A(\theta) = \alpha\theta$，那么各自的效用函数可表达为 $U_P(q,\theta) = -(q - \beta\theta)^2$ 和 $U_A(q,\theta) = -(q - \alpha\theta)^2$。同时，考虑状态分布一致，也有相同的自然风险水平的两个地区 1 和地区 2。

在集权的情景下，无论是单一的全国政策还是差异的政策，都将有 $\Delta W = \left(\dfrac{\beta}{2} - \theta_1\right)^2 + \left(\dfrac{\beta}{2} - \theta_2\right)^2$ 的损失（假设 $\delta = 1$）。但一般情况下，各地的状态的分布存在差异，差异性的政策将优于单一的全国政策，譬如，如果 $\theta_1 \in [0, 0.5]$ 而 $\theta_2 \in [0.5, 1]$，显然差异性的政策将使中央对两地区状态的判断更接近于真实值。另外，这里并没有考虑到地方政府的隐性干预：在 $\alpha < \beta < 1$ 和 $\alpha > \beta > 1$ 时，中央将面对地方政府非常严重的隐性干预问题，而 $\beta < \alpha < 1$ 和 $\beta > \alpha > 1$ 时，地方政府的隐性干预虽不利于中央，但能够减少垄断政策造成的损失。

在分权情景下，有 $\underline{q} = E[q_P(z) | z \leq \theta] = \dfrac{\beta}{2}\theta$，而 $\overline{q} = E[q_P(z) | z \geq \theta] = \dfrac{\beta}{2}\theta + \dfrac{\beta}{2}$。假设中央为"友善"的，则 $\beta = 1$，$\underline{q} = \dfrac{1}{2}\theta$，$\overline{q} = \dfrac{1}{2}\theta + \dfrac{1}{2}$，如图 2-8 所示。如果 $\alpha > 1$，譬如直线 $q_{A2}(\theta) = \alpha_2\theta$，显然按照前面的分析，区间 $[\theta^r, 1]$ 上地方政府的偏好会大于 $\overline{q}$，超过了中央的容忍范围，所以在合约中不存在对地方政府的限制时，应满足

条件 $\dfrac{1}{2} < \alpha < 1$。根据前面的分权合约价值公式，

我们有 $V = -\left(\dfrac{1}{2} - \alpha\right)^2 + 2\displaystyle\int_0^1 \theta\left(\alpha\theta - \dfrac{1}{2}\theta\right)\mathrm{d}\alpha\theta = -\dfrac{1}{3}$

$\alpha^2 + \dfrac{2}{3}\alpha - \dfrac{1}{4}$，如果合约有价值那么 $V > 0$，即

$\dfrac{1}{2} < \alpha < \dfrac{3}{2}$。所以，中央不对合约进行区间限制

时，当 $\dfrac{1}{2} < \alpha < 1$ 时，分权是有利的；另外如果中

央能够识别出地方超出自己容忍度的敏感区间，且

能像附录 1 所表示的那样给一个确定的行为目标，

那么对 α 不存在上限，但仍需满足 $\dfrac{1}{2} < \alpha$。

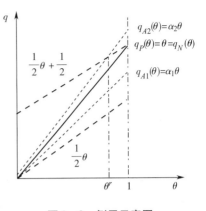

图 2-8 例子示意图

另外，上述的分析并没有考虑到金融的外部性。一旦金融外部性造成的损失超过了分权所带来的福利改善，那么金融集权优于金融分权。

2.4 主要结论

过度的金融集权或者过度的金融分权都不利于金融资源的有效配置以及金融体系的稳定。因此，金融权利应当在不同的主体之间适度地划分，包括政府与市场、市场中的各个金融主体以及政府中的各个部门、各级政府之间。

本章对政策性金融权力在政府内部的横向和纵向划分进行了简单的理论分析。在中央层面的横向金融分权上，机构的设置不当不利于金融管理的有效实施和金融稳定，研究发现：（1）政府当局和专业金融监管机构不同的问责机制导致了两者不同的激励，借此说明了专业监管机构设立的必要性。（2）不同的金融监管组织结构在控制力和信息上各有优劣。层级结构能够使得各个机构的行为更加协调，但政府损失了对较低层级的控制力；多边结构虽有利于深层信息的揭示和政府的控制，但在各个机构的协调上存在不足；统一结构会损失信息方面的深度，但政府的控制力和各个任务间的协调性更突出。（3）从根本上讲，金融监管机构的组织结构设置都是为服务金融体系发展和经济发展的需要。现实中，各个国家根据自己的资源禀赋、社会环境、文化特质和政治制度框架等"国家禀赋"特征动态选择。

在金融纵向分权方面，借鉴国外相关分权理论，粗略探讨了中央如何权衡信息、道德风险以及金融外部性之间的矛盾而设计出激励相容的金融管理制度的问题。研究发现，地方状态信息是促使中央政府选择金融分权的因素。现实中，各个地方间的状态不仅在同一时点存在差异，而且同一个地方在不同时点上其状态也具有时变性，中央政府及时、准确地甄别这些信息存在着巨大成本，因而下放对地方状态信息依赖度高的政策性金融权力不失为一种最优的选择。然而，地方政府的道德风险以及地方政府间的"以

邻为壑"则使得中央政府偏向于金融集权的模式。总而言之，中央不得不根据国家具体的经济金融环境，在这两类因素上做出权衡，选择最佳的金融管理模式。另外，我们认为在金融分权的情境下，政策性金融权力的下放并不是一个绝对的"放"与"不放"的问题，而是一个金融适度分权问题，即合理地将一系列的政策性金融权力配置给中央与地方政府，寻求最优金融分权结构，守住不发生区域性、系统性金融风险的底线。譬如，对地方信息依赖大且金融外部性小的政策决策权应下放给地方政府，如地方性金融机构的监管、救助；而对于外部性大且具有系统性影响的政策则应集中于中央，如货币的发行、跨区域银行的监管、系统性重要机构的监管等。这样不仅能充分发挥中央金融管理部门的指导、协调和监督作用，维护金融业改革发展战略，而且可以引导和调动地方政府的积极性，发挥好地方政府的作用，强化地方政府金融监管意识和责任。

附录 1

激励合约 $X(\theta_i)$ 应满足以下条件（Melumad 和 Shibano，1991）：

（a）$X(\theta_i)$ 单调递增；

（b）当 $X(\theta_i)$ 严格单调递增且连续时，有 $X(\theta_i) = q_{A_i}(\theta_i)$；

（c）当 $X(\theta_i)$ 在 $\hat{\theta}_i$ 不连续时，则在这个跳跃点必须满足：$U_A(X^-(\theta_i),\hat{\theta}_i) = U_A(X^+(\theta_i),\hat{\theta}_i)$；当 $\theta_i \in \left[\max(0,\theta_{iA}(X^-(\hat{\theta}_i))),\hat{\theta}_i\right]$ 时，$X(\theta_i) = X^-(\theta_i)$；当 $\theta_i \in \left[\hat{\theta}_i,\min(1,\theta_{iA}(X^+(\hat{\theta}_i)))\right]$ 时，$X(\theta_i) = X^+(\theta_i)$；$X(\hat{\theta}_i) \in (X^-(\theta_i),X^+(\theta_i))$。其中 $X^-(\hat{\theta}_i) = \lim\limits_{\theta_i \to \hat{\theta}_i^-} X(\theta_i)$，$X^+(\hat{\theta}_i) = \lim\limits_{\theta_i \to \hat{\theta}_i^+} X(\theta_i)$。

满足这些条件的合约 $X(\theta_i)$ 可微可导。

附录 2

证明：参照 Alonso 和 Matouschek（2008）的工作，我们给出更详细的证明。由附录 1 知 $X(\theta_i)$ 有单调、有界，且其可微可导。

将效用函数代入 $V = E_{\theta_i}[U_P(X_D(\theta_i),\theta_i)] - E_{\theta_i}[U_P(q^*,\theta_i)]$，有

$$V = \int_0^1 \left[(q_P^* - q_P(\theta_i))^2 - (X(\theta_i) - q_P(\theta_i))^2\right]dF(\theta_i)$$

$$= \int_0^1 \left[(q_P^*)^2 - 2q_P^* q_P(\theta_i) - X(\theta_i)^2 + 2X(\theta_i)q_P(\theta_i)\right]dF(\theta_i)$$

$$= (q_P^*)^2 - 2q_P^* \int_0^1 q_P(\theta_i)dF(\theta_i) - \int_0^1 X(\theta_i)^2 dF(\theta_i) + \int_0^1 2X(\theta_i)q_P(\theta_i)dF(\theta_i)$$

式中，$\int_0^1 q_P(\theta_i)dF(\theta_i) = q_P^*$。

$$\int_0^1 X(\theta_i)q_P(\theta_i)dF(\theta_i) = X(\theta_i)q_P(\theta_i)F(\theta_i)\Big|_0^1 - \int_0^1 F(\theta_i)dX(\theta_i)q_P(\theta_i)$$

$$= q_P(1)X(1) - \int_0^1 F(\theta_i)X(\theta_i)dq_P(\theta_i) - \int_0^1 F(\theta_i)q_P(\theta_i)dX(\theta_i)$$

$$= q_P(1)X(1) - \int_0^1 F(\theta_i)X(\theta_i)\mathrm{d}\,q_P(\theta_i) - \int_0^1 \big[\int_0^{\theta_i} F(\nu)\mathrm{d}\,q_P(\nu)$$

$$+ \int_0^{\theta_i} q_P(\nu)\mathrm{d}F(\nu)\big]\mathrm{d}X(\theta_i)$$

$$= q_P(1)X(1) - \int_0^1 F(\theta_i)X(\theta_i)\mathrm{d}\,q_P(\theta_i) - \int_0^{\theta_i} F(\nu)\mathrm{d}\,q_P(\nu)X(\theta_i)\ \big|_0^1$$

$$+ \int_0^1 X(\theta_i)F(\theta_i)\mathrm{d}\,q_P(\theta_i) - \int_0^1\big[\int_0^{\theta_i} q_P(\nu)\mathrm{d}F(\nu)\big]\mathrm{d}X(\theta_i)$$

$$= q_P(1)X(1) - \int_0^1 X(1)F(\nu)\mathrm{d}\,q_P(\nu) - \int_0^1\big[\int_0^{\theta_i} q_P(\nu)\mathrm{d}F(\nu)\big]\mathrm{d}X(\theta_i)$$

$$= X(1)\big[q_P(1) - \int_0^1 F(\nu)\mathrm{d}\,q_P(\nu)\big] - \int_0^1\big[\int_0^{\theta_i} q_P(\nu)\mathrm{d}F(\nu)\big]\mathrm{d}X(\theta_i)$$

$$= X(1)\int_0^1 q_P(\theta_i)\mathrm{d}F(\theta_i) - \int_0^1\big[\int_0^{\theta_i} q_P(\nu)\mathrm{d}F(\nu)\big]\mathrm{d}X(\theta_i)$$

$$= X(1)q_P^* - \int_0^1\big[\int_0^{\theta_i} q_P(\nu)\mathrm{d}F(\nu)\big]\mathrm{d}X(\theta_i)$$

又,$\int_0^1 X(\theta_i)^2\mathrm{d}F(\theta_i) = X(\theta_i)^2 F(\theta_i)\ \big|_0^1 - \int_0^1 2X(\theta_i)F(\theta_i)\mathrm{d}X(\theta_i)$

$$= X(1)^2 - \int_0^1 2\,q_A(\theta_i)F(\theta_i)\mathrm{d}X(\theta_i)$$

所以,$V = -(q_P^*)^2 + 2X(1)q_P^* - X(1)^2 + \int_0^1 2\,q_A(\theta_i)F(\theta_i)\mathrm{d}X(\theta_i)$

$$+ \int_0^1\big[\int_0^{\theta_i} q_P(\nu)\mathrm{d}F(\nu)\big]\mathrm{d}X(\theta_i)$$

$$V = -(q_P^* - X(1))^2 + 2\int_0^1 T(\theta_i)\mathrm{d}X(\theta_i)\ \text{得证}.$$

专题 1　我国金融分权的历程

改革开放 30 多年来,金融领域渐进式的市场化改革使得无论是中央政府还是地方政府,其所享有的金融权力内涵都处于持续的变迁之中,并且其范围要远远大于发达国家的政府。总体上讲,我国经历的是一个集权到适度分权的过程。在梳理我国政府内部各个层级金融权力历史变迁之前,有必要对我国金融市场化改革历程进行简单梳理。

一、金融的市场化

新中国成立后,我国为了调集资金支持重工业的发展,实施了高度集中的计划经济金融。金融机构或被并入中国人民银行,或隶属于财政部,中国人民银行既是全国的金融管理中心,又从事具体的信贷业务,便形成了为赶超战略服务的"大一统"的金融体制(林毅夫、李志赟,2005)。后来随着社会主义市场经济改革方向的确定,我国开始借鉴西方国家的经验,结合我国的实情构建中国的特色金融体系,将金融经营性的权力向市场进行了下放。

首先，就是以银行为主的金融机构的设立，表1-1给出了一些重要金融机构设立的时间。1979年，在第一书记座谈会上，邓小平提出"要把银行真正办成银行"，从此拉开了我国金融机构建设的序幕。从中国农业银行设立开始，政府出面分离中央银行的商业银行业务，成立了几家全国性的国有独资专业银行，分别独立负责对外汇、工商、农业等业务的金融支持。对于我国银行机构的建设可分为三个阶段：第一个阶段是1979年到1992年，从中央银行分离商业银行业务成立四大国有专业银行，同时规范发展城市信用联社和开办邮政储蓄业务，完成了中央银行的职能转变和银行机构商业化运行的基础。第二个阶段从1992年到2010年①，为国家专业银行向着以营利为目的的商业银行转型的时期，对国有专业银行进行了"政策性"业务的剥离，并注资进行股份制改造和上市；同时对农村、城市信用合作社也进行了向商业银行化的改制。第三个阶段是2010年至今，随着互联网、移动互联技术的发展，P2P、第三方支付等互联网金融蓬勃发展②，同时民营银行获批组建。这一时期经营银行类业务的金融机构出现多元化趋势，更多的民营资本开始进入银行业。

表1-1　　　　　　　　　　　我国金融机构成立时间表

	时间	事件
银行	1979年3月	中国农业银行成立，打破了"大一统"的金融格局，开国家专业银行的先例
	1979年3月	中国银行从人民银行分离，统一管理全国外汇业务
	1984年1月	中国工商银行成立
	1985年7月	城市信用合作社管理规定出台，随后城市信用合作社大规模发展
	1986年4月	邮政部门开办邮政储蓄业务
	1986年7月	交通银行成立，开我国股份制银行先河
	1987年4月	招商银行成立，是我国第一家企业法人持股的股份制银行
	1992年8月	光大银行成立，并于1997年完成股份制改造，成为我国第一家引入国际金融组织持股的国有控股银行
	1994年	三大政策性银行成立
	1995年	城市信用合作社开始改制为城市合作银行，随后这类银行统一更名为城市商业银行
	1996年1月	民生银行成立，是我国第一家主要由民营企业投资的全国性股份银行
	1996年8月	农村信用社脱离与农业银行的隶属关系
	2001年11月	农村信用社开始改制为农村商业银行
	2005年12月	平遥县小额贷款有限公司成立
	2006年7月	首家农村互助小额信贷组织成立
	2006年12月	中国邮政储蓄银行成立
	2015年	5家民营银行（前海微众银行、天津金城银行、温州民商银行、浙江网商银行、上海华瑞银行）获得银监会批准筹建
证券	1983年7月	深圳市宝安县联合投资公司向社会公开发行股票
	1985年11月	深圳特区证券公司成立，为全国第一家专业的证券公司
	1991年8月	珠信基金设立，标志着投资基金的产生
	1995年	中国国际金融有限公司成立，是我国最早的合资证券公司
	2003年12月	货币市场基金获准试点成立
	2004年3月	QFII基金入市

---

① 2010年7月，农业银行先后在上交所和港交所上市，标志着国有商业银行股份制改革圆满"收官"。

② 2013年，互联网金融的发展远超各方预期，因此有人将该年称为我国"互联网金融元年"。

续表

	时间	事件
保险	1980 年	中国人民保险公司开始逐步恢复保险业务
	1999 年	中国再保险公司、中国人寿保险公司、光大永明等中外合资寿险公司成立
其他金融机构	1979 年 10 月	中国国际信托公司成立，标志着中国信托业恢复
	1999 年	我国四大资产管理公司成立
	2003 年 12 月	中央汇金公司成立，为国有独立投资公司
	2004 年 8 月	上海通用汽车金融公司成立
	2010 年	首批 3 家消费金融公司获准筹建
	2013 年	互联网金融蓬勃发展，该年被称为我国"互联网金融元年"

资料来源：吴晓灵（2008），李扬、王国刚、刘煜辉（2013）以及自网络搜索而来。

证券、保险等金融机构相对于银行机构的发展较为滞后。虽然早在 1983 年就有公司公开发行股票，但直到 1991 年我国才成立两大证券交易所，其后证券、基金、资产管理公司才陆续成立。保险业虽然在 1980年就已恢复，但直到 1999 年保险公司才开始公司化的运行，且保险业在我国的发展相对缓慢。信托业虽然在我国开始得很早，但一直以来存在业务、资金投向等诸多问题，先后经历了五次大的整顿。

其次，是金融市场和相应法律制度的完善。随着市场化改革的深入，金融机构拥有了自主经营的能力，为了便于风险分担和直接筹集资金，我国建立了相关的外汇市场、债券市场、股票市场、银行间市场等市场体系。总体来说，在整个 20 世纪 80 年代，市场因缺乏相应的自主主体，而发展迟缓。虽然外汇、国债市场很早就开始恢复，但其一直处于政府的宏观直接控制；这两个市场产生的目的与其说为市场化的运作，不如说是政府为了控制外汇和筹集财政资金。到了 90 年代，随着企业、金融机构等主体的自主能力增强，股票、债券、基金、期货、银行间市场等发展起来，外汇与国债的市场化运作也得到了强化。市场体系的建立为金融功能的发挥提供了场所，也为政府从直接控制转变为间接的控制提供了可能。

随着金融机构、金融市场的建立和完善，相应的法律法规也陆续颁布实施。金融法律是为了规范金融机构、金融市场、金融监管者以及金融参与者的行为，明确各自在金融关系中的权责利，降低信息的不对称和交易成本，促进金融体系健康有序运行而颁布实施的"正式规则"。从表 1-2 可知，在20 世纪 90 年代，我国相继出台了规范企业、银行、券商以及监管者等金融主体行为的基本金融法律制度，在一定程度上促进了金融功能的发挥。但我们同时应该看到，这些法律是在我国经济金融体制转轨过程中制定的，随着改革日益深入，现行的金融法律制度安排已难以适应变化。

表 1-2　　　　　我国金融市场与金融法律的构建

	时间	事件
金融市场	1981 年 1 月	国债开始发行，标志着债券市场的解冻
	1986 年 9 月	上海试办股票公开柜台交易，标志着股票流通市场开始恢复
	1990 年 10 月	郑州粮食批发市场建立，期货市场进入初始发展阶段
	1990 年 11 月	上海证券交易所成立；次年，深交所成立。标志着我国资本市场初步形成
	1994 年 4 月	中国外汇交易中心成立，其为全国统一的外汇市场，同时也是全国银行间同业拆借中心
	1997 年 6 月	银行间债券市场成立，商业银行推出上交所、深交所债券市场，形成两市分离的债券市场

续表

	时间	事件
金融法律	1987 年 3 月	《企业债券管理暂行条例》发布，为我国第一部债券管理法
	1995 年 3 月	《中国人民银行法》颁布，确立了中国人民银行的央行地位；2004 年修订
	1995 年 7 月	《商业银行法》实施，同年《票据法》《保险法》实施
	1990 年 7 月	《证券法》正式实施，2004 年、2005 年分别对其进行了修订
	2001 年 10 月	《信托法》实施
	2004 年 6 月	《证券投资基金法》颁布实施
	2007 年 3 月	《期货交易管理条例》颁布，期货市场进入规范繁荣阶段

资料来源：李杨、王国刚、刘煜辉（2013）。

二、金融分权之控制权、发展权历史变迁

改革开放 30 多年来，我国政府内部的金融权力经历了"分权—集权—隐性分权"三个阶段。若将金融权利分为金融发展权、金融控制权、金融监管权，容易发现，地方政府进入隐性分权时期后，拥有一定的金融发展权和金融控制权，但是并没有承担与之相对应的危机救助义务。

金融分权对经济运行效率和风险变化具有举足轻重的影响。当前的中国金融体系经历了不同群体长期的利益博弈和妥协，围绕着金融分权的利益博弈可以勾勒出中国金融制度变迁的基本线索。中央政府、监管机构、地方政府三者间的金融分权主要涉及金融监管权；中央与地方政府两者间的金融分权，主要涉及金融控制权与金融发展权。下文对相关的金融分权历史变迁进行梳理。

（一）金融分权之金融控制权

金融控制权是指中央政府和地方政府在金融资源上的所有权控制和人事权控制。Yingyi 和 Roland（1998）认为，货币集权和财政分权在一起可以硬化地方预算约束，有助于降低通货膨胀，而在财政分权和货币分权下地方政府竞争将会产生过高的通货膨胀。在金融控制权上，当地方政府拥有一定的信贷决策权、人事控制权、资产所有权等权利时，由于与地方金融控制权相对应的地方政府危机救助义务没有落实，地方政府将表现为不顾银行合法权益，削弱对银行债权的保护。历史上，在 1997 年之前，由于分税制改革导致地方财政收入比重下降，地方政府纷纷通过直接干预辖区内银行经营，争夺国有银行信贷资金。1998 年，银行体系实施垂直化管理改革，地方政府不得不放弃直接行政干预的手段，转为协助、纵容、默许本辖区企业逃废银行贷款来争夺金融资源（巴曙松等，2005）。虽然现阶段该行为有所减少，但仍存在某些隐性干预行为。钱先航等（2011）研究表明，地方政府竞争导致的晋升压力增强会通过增加城商行的房地产贷款、降低拨备覆盖率、提高集中度等途径形成不良贷款。

表 1 - 3　　　　　　　　　　金融控制分权历史变迁

中央政府	地方政府
1949—1978 年：金融权力高度集中于中央	
人民银行接管官僚资本银行，建立分支机构。信贷资金"统贷统存"，中国人民银行总行掌握管理分配权，各级银行存款全部上缴总行，贷款也由总行统一平衡制定指标。	"大跃进"时期，经济管理权曾一度下放，人民银行实行"存贷下放，计划包干，差额管理，统一调度"的管理办法，划分了中央和地方两级信贷管理体制。"差额包干"意味着多存多贷，地方虚报存款，浮夸风严重，导致信贷失控。但总体上地方政府的金融权力很少。

续表

中央政府	地方政府
1979—1993 年：中央逐步给地方让渡金融资源分配权	
人民银行、"专业"银行实行总行和地方政府双重领导。1981—1983 年，人民银行开始实施"统一计划、分级管理、存贷挂钩、差额包干"的信贷资金管理办法。1984 年，实行"统一计划、划分资金、实贷实存、相互融通"的信贷资金管理办法，进一步放权给地方。1984—1993 年，信贷资金分配实行"条块结合"。1988 年，信贷失控再次导致经济过热，人民银行开始对各专业银行实行"贷款限额"。	将贷款的实贷权下放到二级分行，增强了市级人民银行调控资金的能力。存款方面，当地人民银行有权安排使用地方财政和机关团体新增存款的一部分。此外，地方人民银行分支行还有一定的专项贷款权。1986 年以后，人民银行和各专业银行分支行拥有一定资金权，为地方政府信贷干预提供了便利。
1994—2002 年：中央收回地方金融资源分配权	
1998 年，银行体系实施垂直化管理改革。中央政府上收地方人民银行放权权和国有银行分支机构信贷审批权等，使银行体系独立性大为增强。纷纷设立股份制商业银行，合并重组城市信用社为城市商业银行。颁布《中国人民银行法》《商业银行法》，成立证监会、保监会和银监会，确立"分业经营，分业监管"格局，加强中央对金融体制的领导。	1994—1997 年，银行系统在"条块管理、以块为主"的管理方式下，地方政府对辖区内银行拥有人事任命权，从而可以直接干预国有银行贷款的数量和方向。1998 年，银行体系实施垂直化管理改革后，地方政府不得不放弃直接行政干预的手段，进而转化为协助、纵容、默许本辖区企业逃废银行贷款来争夺金融资源。此外，城市商业银行的迅速发展，为地方政府提供了一定的金融资源。
2003 年至今：地方进入隐性分权时代	
由中国人民银行、中国证监会和国家发展改革委分管的非金融企业债大肆发展，中央规范地方政府举债制度和金融机构监管套利。2015 年，银监会实行监管架构改革，将有限的机构和人员编制向前台监管部门倾斜。通过对内设机构重新进行职责划分和编制调整，同时精简下放行政权力，强化事中事后监管，强化监管主业。	表外信贷业务大肆发展，如委托贷款、银信合作、信贷理财产品等。股份制商业银行快速发展同业业务。地方政府积极控股城市商业银行，利用城市商业银行资金作为国有银行的替代补充。受到地方政府控制的城市商业银行、农村商业银行、农村信用社等在表外进行金融创新。

（二）金融分权之金融发展权

金融发展权是指地方发展金融机构、市场和基础设施的权利。我国地方政府在金融发展权上的竞争，直接表现为地方性金融机构急剧膨胀、地方性金融市场不断形成、地方政府融资平台数量及地方政府债务的迅速扩张。陈抗等（2002）认为，在我国分税制改革强化了地方政府对金融部门的干预。此外，中央各部委对金融监管权的争夺，也给地方政府浑水摸鱼、大肆举债提供了机会。如央行的中期票据、发展改革委的企业债以及证监会的公司债在属性上并无太大差异，但三者间的竞争导致我国非金融企业债在短短十年间翻了几十倍，而其中地方融资平台的"城投债"是最大的获利者。

表 1 - 4　　　　　　　　　　　　　金融发展分权历史变迁

金融机构	金融市场	地方政府
1979—1993 年：中央逐步给地方让渡金融资源分配权		
逐渐建立信用合作社、证券公司、信托投资公司和金融租赁公司等金融机构，且与地方政府关系密切。	各省份纷纷建立不同形式的同业拆借市场（除西藏）。通过设立地方性的证券中心为地方性股票、债券和基金等交易提供便利。	地方政府积极介入地方性金融机构，地方性资金拆借中心和证券交易中心为地方政府支配金融资源提供便利。
1994—2002 年：中央收回地方金融资源分配权		
1998 年，合并重组城市信用社为城市商业银行。民间金融逐步发展。	1996 年，建立同业拆借市场；1997 年，规范证券投资基金，关闭 41 家非法场外交易中心。规范股票和债券发行，加强资本市场发行管理，降低地方政府对资本市场的影响力。	城市商业银行的迅速发展，为地方政府提供了一定的金融资源。
2003 年至今：地方进入隐性分权时代		
地方政府积极控股城商行，替代补充国有银行资金。受到地方政府控制的区域性商业银行等在表外进行金融创新。民间资本获批发起设立中小型银行，增加竞争性金融供给。包括小贷公司在内的各类地方非银行金融机构野蛮生长。	丰富金融市场层次和产品，健全多层次资本市场体系，鼓励金融创新。地方政府大力兴办各种交易场所。	通过融资平台公司、土地财政等获取金融资源。金融办负责辖区内金融管理，推动地方非银行机构发展。次贷危机中，由于中央采取极度宽松的货币政策，地方融资平台数量、融资规模激增，中央政府越来越难以约束地方金融权利扩张。

3 区域性金融风险的生成机制：
基于地方政府行为的视角

现实中金融风险往往是区域性的，很多系统性的金融危机都是由区域性危机演化而成，特别是在经济空间较大的国家，金融风险往往首先表现为区域性风险。在我国政治集权、财政分权而金融分权模糊的特殊制度下，地方政府在金融争夺、融资扩张、区域金融发展过程中，产生了区域性的金融风险，尤其是在金融监管集权的背景下，地方政府更加重视经济增长而忽视了金融安全，埋下了金融安全隐患。

为此本章基于地方政府的视角，着重研究了我国特殊制度下区域性金融风险的成因。章节安排如下：在第3.2节建立我国地方政府行为导致区域性金融风险生成的基本分析框架。第3.3 ~ 3.4节从第一个层面（经济对金融反馈的角度）解剖区域性金融风险的生成机制；具体地，第3.3节实证分析经济竞赛下地方政府扩张投资、干预动员金融资源进而导致地方政府债务累积的经验证据；第3.4节实证分析经济竞赛下地方政府土地财政政策及干预动员金融资源促使房屋价格上涨的经验证据。第3.5 ~ 3.6节从第二个层面（金融自身的角度）阐述区域性金融风险的生成机制；第3.5节以地方性银行类金融机构为例，在银行经济学的框架下，推演地方政府干预导致金融机构风险累积并传染风险的机制；第3.6节对地方政府行为与地方非正规金融的膨胀及其风险进行详细分析。第3.7节总结了本章的研究结论。

3.1 引言

金融风险的爆发经常发生在局部区域，而且系统性风险的爆发往往也是区域性风险的扩散、传染而成。近年来，我国区域性金融风险受到格外关注，党的十八届三中全会《中共中央关于全面深化改革若干重大问题的决定》明确提出"防范区域性、系统性风险"。我国的区域性金融风险有多种表现形式，有曾经爆发过的，也有至今还处于潜伏期的，比如地方政府债务、房地产膨胀等。在经济增速从高速进入中高速常态的大环境下，潜在金融风险爆发的可能性增大。风险原本是金融固有的属性，但是我国区域性金融风险的形成有一般性的因素，更有多方面因素源自于我国特有的制度背景。因此，在控制当前潜在金融风险不再爆发的同时，有必要弄清区域性金融风险的生成机制，优化相关制度设计，以更加有效地防范类似区域性金融风险的再次积聚，实现经济与金融的良性发展。

国际上现有涉及区域性风险的研究（Galesi 和 Sgherri，2009；Kenourgios 和 Dimitriou，2015；Kim 等，2004；Seno – Alday，2015；Garcia – Herrero 和 Wooldridge，2007）

大多针对较大的地理片区（如东亚、西欧、拉美）或某一贸易联盟（经合组织、欧盟），其中的"区域"是相对于全球而言，或称为"国际区域性风险""全球区域性风险"。而对这些原本范围较大的区域而言，区域性风险就是其总体风险，具有系统性风险的特征，只是相对而言的范围大小区别。因此，就国外文献的区域性风险而言，其成因几乎等同于系统性风险的成因，故专门研究区域性金融风险成因的国外文献很少。

国内的研究关注我国区域间的经济金融差异进而区域间金融风险的明显差异，因此大多国内文献将我国看成一个整体，而"区域"一般指国内的某个城市、省级行政区或更大区域（如东部、中部、西部）的地理范围。目前，关于区域性金融风险成因的论述较多，文献观点大致可以归纳为金融外部环境、金融机构本身、金融市场及金融法制环境几个方面的因素。

金融外部环境方面：（1）来自实体经济的影响可能导致区域性金融风险。一方面，由于区域内实体经济的产业结构不合理，并且过度融资，在市场不景气等因素冲击下，产业资金链可能断裂（杨亚军，2015）。特别是在地方政府追求经济增长速度的动机下，其主导的盲目投资、重复建设较多，最终项目资金难以回收，风险积压于商业银行（高磊和张园，2013）。另一方面，在早期企业改制过程中，企业的逃废债行为也形成了较大规模的商业银行不良资产（巴曙松等，2005）。（2）地方政府对地方金融的干预及地方财政风险对金融的转嫁。张书成和章蔚安认为在地方财政能力有限的约束下，地方政府利用金融机构信贷资金代行财政功能，一旦地方财力不足，相关金融资产成为不良资产，财政风险转嫁形成金融风险（张书成和章蔚安，1997）。刘锡良和孙磊（2004）、吕祥勃和李源源（2010）认为，在利益的驱使下，地方政府对金融活动的干预会增加区域性金融风险。（3）来自宏观经济方面的影响与区域性金融风险的生成。一方面，从宏观调控政策来看，姜建华、任蕾等认为区域间差异性的经济金融实际与我国无差异的宏观调控政策是区域性金融风险的成因（姜建华和秦志宏，1999；任蕾，2006）。另一方面，宏观经济形势的波动可能导致区域性金融风险的生成。在经济高速增长阶段，大量不合理的金融交易能够被掩盖，但是在经济增速下滑期间，原有的深层次矛盾便逐步暴露，此时局部性风险容易爆发（何德旭，2015）。

金融机构自身方面：（1）任蕾（2006）、李嘉晓等（2006）、于尚艳（2008）等认为，金融机构公司治理结构不完善、内控制度缺陷是区域性金融风险的成因之一。（2）邹积尧和隋英鹏（2000）认为，金融机构自身的运营与管理方面的缺陷也是区域性金融风险的重要成因。比如，金融机构信贷投资集中度较高（周意珍和余子华，2007），在逐利动机驱使下，甚至违反国家信贷政策，向国家限控行业企业提供贷款，向不符合条件的房地产商或购房者提供信贷（杨亚军，2015）。部分文献将金融机构较差的资产质量状况视为区域性风险的成因（白俊伟和刘晓人，2000；于尚艳，2008），其实这本身就是风险的表现之一，而不是风险的成因。

金融市场及金融法制环境方面：（1）金融市场不健全可能导致区域性金融风险，较典型的是证券市场的内幕交易、发布虚假信息等违纪违法现象，这可能会引起证券市场的震荡，并可能进一步影响地区经济安全；另外国际资本流动，特别是沿海发达地区的"热钱"流动等，可能会将境外风险带入国内（杨亚军，2015）。（2）金融法制环境不完善可能导致区域性金融风险（张书成和章蔚安，1997）。比如，近年来信托产品的发展及银行投资信托产品的相关法律法规不健全，形成了较多潜在风险（杨亚军，2015）。

综上文献可见，现有相关研究的解释力度还不够，在研究方法、研究内容和研究视角上都急需拓展。在方法上，现有相关研究大多对区域性金融风险的成因进行定性描述，缺乏针对我国区域性金融风险生成机制的逻辑推理与实证研究。在内容方面，大多关于区域性金融风险成因的论述比较松散，来源于直觉或经验观察，缺乏一个分析框架，因而相应的理论解释也缺乏普适性。在视角方面，现有较多文献也涉及了我国转型期特殊的制度背景，但几乎都局限于从官员晋升考核、财政分权等制度背景研究地方政府行为及其正面或负面效应，对区域性金融风险的解释则显得捉襟见肘。明显地，我国地方金融权责制度安排是理解我国区域性金融风险生成机制的重要视角。

其实，在我国经济转轨过程中，地方政府充当了"第一行动集团"的角色，成就了30多年持续高增长的"奇迹"。但同时也留下了多方面的负面影响，比如地方政府直接或间接控制金融资源的配置扭曲了金融运营原则、过度利用金融资源等，导致了大量金融风险的累积。因此，本章聚焦于与地方政府行为相关的区域性金融风险，将区域性金融风险界定为：在以省级行政区划为边界的地理范围内，众多金融机构存在共同风险暴露，且由于金融机构之间的复杂网络关联而使得区域内整体金融脆弱性增强，极易在触发因素的作用下爆发区域性金融危机的状态。其中，共同风险暴露是我国现阶段区域性金融风险的主要表现，也是区域性金融风险爆发的基础。

3.2　地方政府行为与我国区域性风险生成：初步探索

我国的区域性金融风险有多种表现形式，有已经显性化的温州民间借贷膨胀及企业主"跑路潮"、鄂尔多斯和陕西神木的房地产泡沫破灭引发的金融混乱、成都担保公司倒闭潮、云南"泛亚"集资乱象等，还有部分区域性风险仍处于潜伏期，如地方政府债务累积、房地产业持续膨胀等隐含的风险。地方政府债务本来是一个全国性问题，因为各个地方均存在。但由于其规模大小、期限匹配、资金去向等方面均由地方政府决定，因而由于地方差异的存在使其中蕴含的风险也具有区域特征，地方政府债务蕴含的金融风险是一种区域性风险。现阶段，我国经济进入中高速增长的常态，过去高速增长过程中累积的金融风险更容易暴露出来。如上所述，我国区域性风险的来源多样，其成因也是多方面的。但是洞察其中的细节不难发现，地方政府行为是其中的重要驱动因素之一。特别在我国转型期特殊的官员晋升考核制度、财政金融制度安排下，地方政府理性行为的选择本身就暗含了对金融资源利用效率和风险的不够重视，特别表现在地方政府债务的累积、地方房地产膨胀、非正规金融混乱等方面。

3.2.1　地方政府行为与区域性风险生成：典型事实

（一）地方政府行为、地方政府债务累积与区域性金融风险

1. 地方政府行为与地方政府债务累积。地方政府推动地方经济发展的热情促使了地方政府债务的增长。实现经济增长的快速通道就是造出投入大、规模大和难度大的"资源密集型"工程，而这类工程往往需要政府力量才能实现，这就需要地方政府大量的投资。在财政收入有限的约束下，地方政府突破预算的最好办法就是借债。我国2005年以来地方政府债务的快速增长正是地方政府在此动机下形成的。特别在2008年次贷危机之后，为了应对危机给我国带来的经济下行压力，中央政府启动了财政刺激计划，进而，地方政府展开了基础设施、市政建设等方面的投资竞争，最终落实的投资远远超出了中央政府最初拟定的投资计划。

地方政府在地方政府债务增长中发挥着重要作用：其一，地方政府专门设立地方政府融资平台公司，为地方投资建设融资。其二，地方政府通过多种方式动员金融资源。一方面，地方政府直接或间接干预其拥有实际控股权的地方性金融机构，动员其信贷资金流向地方政府相关借债部门、融资平台公司及其他相关企业。另一方面，对于全国性金融机构，地方政府通过邀请地方分支机构负责人参加座谈会、利用地方财政存款或大型金融服务项目等资源作为筹码、提供隐性担保等方式，动员其金融资源流向地方政府相关借债部门及融资平台公司。

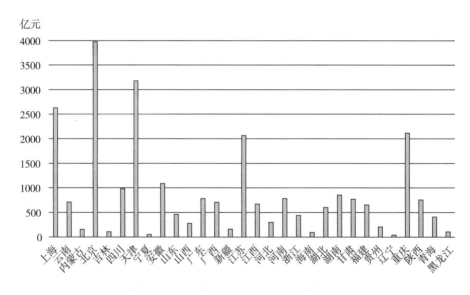

数据来源：Wind资讯。

图3-1　2006—2014年各省级政府融资平台发行的城投债总额情况

特别地，自2008年以来，为了应对次贷危机的影响，我国加大了政府投资的力度，在政策上对地方政府投资和地方政府借债给予了鼓励。这直接导致了之后几年间地方政

府债务的快速累积。在这之后，国务院及相关部委又多次下发了规范地方政府借债及地方政府债务清理的政策法规文件，地方政府债务逐步得到了控制，但是仍然存在较大的潜在风险隐患。

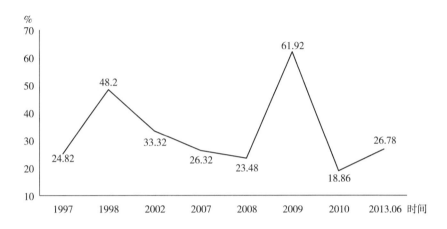

图 3 - 2　1997 年以来我国地方政府债务余额增长情况

2. 地方政府债务增长与财政风险。政府债务存在一个理论上的安全临界值，目前国际上比较权威的是《欧洲经济与货币联盟条约》（《马斯特里赫特条约》）对欧元区成员国的相关要求：一是政府财政赤字占国内生产总值的比率在 3% 以内；二是政府债务占国内生产总值的比率在 60% 以内。上述两个规定分别从流量和存量两个角度对政府债务进行了约束。

我国审计署分别于 2010 年和 2013 年组织了地方政府债务审计，审计结果分别为《全国地方政府性债务审计结果》（审计署审计结果公告 2011 年第 35 号）和《全国政府性债务审计结果》（2013 年 12 月 30 日公告）。但是《欧洲经济与货币联盟条约》针对的是国家主权债务，其中的"债务"是地方政府和中央政府的债务之和，其中的"国内生产总值"为全国经济增长总量。因此，为了用《欧洲经济与货币联盟条约》中的临界值来评价我国地方政府债务的风险状况，我们借鉴刘蓉和黄洪（2012）的做法，以地方政府财政收入占全国财政中收入的比例为依据，将相应比例的 GDP 视为地方政府的 GDP。

根据 2010 年和 2013 年的两次审计结果，计算得到了《马斯特里赫特条约》的两个相关衡量标准指标。结果显示，从 2009 年至 2013 年，我国地方政府债务余额与地方 GDP 的比值均在参考临界值 60% 以下。而每年的地方政府债务增加额与地方 GDP 的比值均在参考临界值 3% 的两倍以上。可见，地方政府债务余额总量仍在可控范围之内，而地方政府债务的增长速度较快，按这速度增长，地方政府债务余额也会超过 60% 的国际警戒标准。因此，地方政府存在潜在的债务风险。

表 3 - 1 近年来我国地方政府债务余额状况 单位：亿元、%

时间	地方债务余额	地方 GDP	地方债务余额/地方 GDP	地方政府债务增加额/地方 GDP
2009	90169.03	198031.43	45.53	—
2010	107174.91	247218.84	43.35	6.88
2011	135865.63	294552.02	46.13	9.74
2012	158858.32	319283.17	49.75	7.20
2013.06	178908.66	370853.65	48.24	5.41

资料来源：2010 年底的地方政府债务余额数据来源于《全国地方政府性债务审计结果》（审计署审计结果公告 2011 年第 35 号），2012 年底和 2013 年 6 月底的地方政府债务余额数据来源于《全国政府性债务审计结果》（2013 年 12 月 30 日公告）。2009 年底的地方政府债务余额根据 2010 年底的地方政府债务余额及其增长率计算得来：107174.91/1.1886 = 90169.03 亿元，其中，2010 年地方政府债务余额增长率为 18.86%，数据来源于《全国地方政府性债务审计结果》。2011 年底的数据是估算得来：将 2010—2013 年 6 月底的地方政府债务余额增长率平均成年化增长率为 26.77%，并根据 2010 年底的地方政府债务余额数据，得到 2011 年底的地方政府债务余额为 107174.91 × 1.2677 = 135865.32 亿元。地方 GDP 的计算方法借鉴刘蓉、黄洪（2012）的做法，其中的 2009—2013 年的全国公共财政收入、中央财政收入、地方财政收入及 GDP 总额数据来源于 2010—2014 年的各年《中国统计年鉴》，2009—2013 年的地方土地出让收入数据来源于 2010—2014 年的各年《中国国土资源年鉴》。

3. 地方政府债务增长蕴含的区域性金融风险。尽管相对于我国经济规模而言，我国地方政府债务规模还处于警戒线以内，但是快速的债务增长会给银行等金融机构带来很大风险隐患。根据审计署的两次政府债务审计结果，2010 年底，我国地方政府债务资金的 79.01% 来源于银行贷款。地方政府债务隐藏的金融风险受到各方关注之后，国务院专门下发了相关通知[①]对银行向地方政府放贷作出了规定。在此之后，地方政府借债部分转向了其他方式，其中包括信托融资、融资租赁，还包括其他影子银行渠道。但是，截至 2013 年 6 月底，地方政府债务余额中的 56.56% 仍是来源于银行贷款。

表 3 - 2 近年地方政府债务资金来源情况 单位：亿元、%

年份	2010		2013	
债权人类别	债务合计	所占比重	债务合计	所占比重
银行贷款	84679.99	79.01	101187.39	56.56
信托融资	—	—	14252.23	7.97
融资租赁	—	—	2318.94	1.30
发行债券	7567.31	7.06	18456.91	10.32
其他	14927.61	13.93	42693.19	23.86
合计	107174.91	100.00	178908.66	100.00

资料来源：2010 年底的数据来源于《全国地方政府性债务审计结果》，2013 年 6 月底的数据来源于《全国政府性债务审计结果》。

① 《国务院关于加强地方政府融资平台公司管理有关问题的通知》（国发〔2010〕19 号）。

银行资产负债表的特性决定了其较强的脆弱性。一方面，银行负债方主要是流动性要求较高的短期存款，这就决定了银行资产方要以现金、短期贷款、同业贷款或流动性较好的证券等为主。地方政府债务大多期限较长，是银行资产与负债两方流动性错配的主要来源。根据《全国地方政府性债务审计结果》显示，2010 年底的地方政府债务余额中，偿还期在三年以上的占 46.97%，其中五年及以上的占 30.21%。即便在国务院相关政策下发两年之后，根据《全国政府性债务审计结果》显示，2013 年 6 月底的地方政府债务余额中，偿还期限在五年及以上的仍然占比 18.76%。

另一方面，银行贷款的信用风险也是银行资产负债表脆弱性的重要来源之一。地方政府借债资金很大一部分用于没有收益的公益性项目，对应的银行贷款很难按时偿还，给银行埋下了巨大的风险隐患。根据两次审计结果数据显示，整体上已经出现一定比率的逾期债务①，而且局部区域的债务偿还压力更大。截至 2010 年底，全国有 32 个市县级政府的借新还旧率超过 20%；有 27 个市县级政府逾期债务率超过了 10%。《全国政府性债务审计结果》显示，截至 2012 年底，有 2 个省级、60 个市县级政府负有偿还责任债务的借新还旧率超过 20%，而且，债务偿还困难的大多是地方政府融资平台公司。②

特别地，地方政府债务中存在部分非政府直接债务，其中部分能够观察到的，也在统计范围之类，比如地方政府负有担保责任的债务。另外，还有些债务的隐蔽性强，不利于地方政府的管理及对其风险性的判断和化解，其中的风险更需要特别关注。比如地方困难国有企业对地方政府的债务转嫁，供给侧改革过程中部分地方国有企业需要关闭，进而产生的职工安置、再就业等将会产生费用，其中部分可能转嫁给地方政府。

总体而言，一方面，自美国次贷危机之后我国实施扩张性政策以来，我国地方政府债务快速增长，尽管相对于我国经济规模而言，我国地方政府债务的总体规模仍在可控范围之内，但是较高的增长速度使其逐步临近警戒线。另一方面，地方政府负有担保责任的债务、地方国有企业转嫁而来的债务等隐性债务的风险也不容忽视。结合这两方面因素，地方政府债务的快速累积总体上给我国金融机构，特别是银行类金融机构带来较大的风险隐患，金融风险明显。从局部区域来看，部分地方政府债务增长的风险隐患更大，区域性金融风险明显。

（二）地方政府行为、房地产膨胀与区域性金融风险

1. 地方政府行为与房地产膨胀。在晋升激励下，为了发展地方经济，地方政府特别热衷于地方房地产业的发展。一方面，房地产是土地财政的主要来源，地方政府低价购买居民用地，高价转让给房地产商，赚取大量差价。土地财政收入成为地方政府财政

---

① 《全国地方政府性债务审计结果》显示，截至 2010 年底，政府负有担保责任的或有债务的逾期债务率为 2.23%，政府可能承担一定救助责任的其他相关债务的逾期债务率为 1.28%。根据《全国政府性债务审计结果》显示，截至 2012 年底，全国政府负有偿还责任的逾期债务率为 5.38%。

② 2010 年底，有 358 家融资平台公司通过借新还旧方式偿还政府负有担保责任的债务和其他相关债务 1059.71 亿元，借新还旧率平均为 55.20%；有 148 家融资平台公司存在逾期债务 80.04 亿元，逾期债务率平均为 16.26%。

收入的重要组成部分，而且由于其属于预算外财政收入，地方政府对其的使用具有较大灵活性，大多投向了有利于短期内实现经济增长的基础设施、市政建设等方面。从图3-3中可见，2001—2013年，部分省、自治区、直辖市的土地出让收入与预算内财政收入之间的比值较大，浙江省的土地出让收入总额几乎与预算内财政收入总额持平。

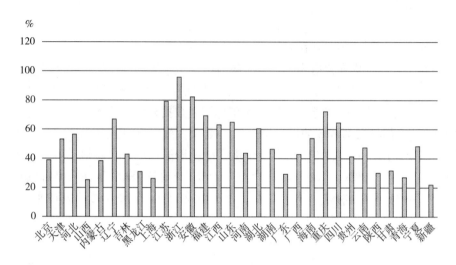

资料来源：2002—2014年各年《中国统计年鉴》《中国国土与资源年鉴》。

图3-3　2001—2013年各省份土地出让收入之和与预算内财政收入之和的比值

在土地财政的驱使下，地方政府有激励拉动房地产市场的发展，房屋市场的繁荣也会增加对土地的需求，而且较高的房价会促进地价的上升，房价与地价处于一个螺旋上升的过程当中。如图3-4所示，从2001年到2013年的13年间，各省份的土地出让收入均提高了很多倍，部分城市提高了100倍左右，而宁夏最高达到200倍。

另一方面，房地产业发展对经济增长具有巨大的拉动作用。房地产本身的增长是经济增长的重要组成部分；同时，房地产的发展能够带动其上下游多个产业的发展。此外，房地产相关的其他税收收入也是地方政府预算内财政收入的重要组成部分。

在追求政绩和财政收入的利益驱动下，地方政府通过多途径促进地方房地产业的发展。其一，利用行政权力廉价征地，保证土地的大量供应。其二，引导房地产行业预期，推动银行等金融机构向房地产开发商和购房者大量提供信贷资金。其三，规划新城新区，引导大规模的房地产开发。其四，出台相关政策，促进地方房地产业发展，而对中央政府的房地产调控政策更是选择性执行。

2. 房地产价格高企，存在泡沫。自住房改革以来，我国房地产业持续迅猛发展，在改善居民居住条件、促进经济增长之外，其长期过快发展也埋下了较大的风险隐患，特别是某些局部区域，与房地产相关的金融风险逐年积累，值得关注，更有局部地区已经爆发过与房地产相关的风险事件，如鄂尔多斯、陕西神木等。

根据相关统计资料计算，2000年后的几年间，我国整体房价增长平缓，基本在5%以内；2004年则大幅攀升，达到17.76%，大大高于同期GDP增长率（10.1%）；之后

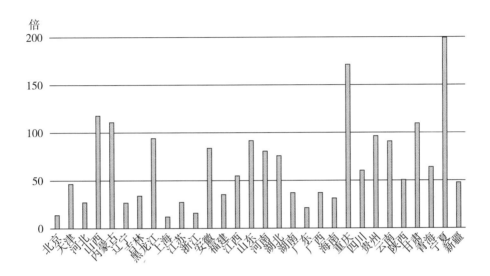

资料来源：2002—2014 年各年《中国国土与资源年鉴》。

图 3 - 4　2001—2013 年各省份土地出让收入增长倍数

大多年份保持高增长率，其中，2009 年达到 23.18%，而 2014 年经济刺激后也在 2016 年达到 10.05% 的水平；同时，房价波动幅度也较大，还出现过负增长的年份，比如 2008 年和 2014 年，房价增长率分别为 - 1.66% 和 - 0.2%。

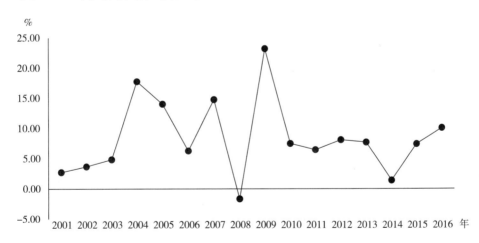

数据来源：《中国统计年鉴》。

图 3 - 5　2001 年以来全国商品房平均销售价格增长率

　　那么，我国的房价到底有多高，房价是否合理？现有文献中的衡量标准有根据不同角度设计的多种指标，其中房价收入比是最重要、最常用的衡量指标之一。世界银行曾经对 96 个国家和地区的房价收入比进行过统计和分析。① 一般而言，在发达国家，房价收入比超过 6 就可视为泡沫区。

由于我国统计制度的不完善，对商品住宅的相关统计口径也与欧美国家存在差异，因而欧美国家的相关标准不太适合我国实际。易居房地产研究院根据我国实际，认为房价收入比的合理区间应该在 6～7 之间。

根据相关统计资料，1998 年至 2003 年，国内房价收入比走势稳定维持在 6.6～6.9 区间，2004 年后一路快升，飙升至 2007 年的 8.0，随后受经济环境影响跌至 2008 年的 6.9，2009 年至今由 8.1 的高位逐步回落。

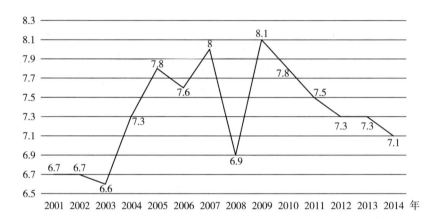

注：数据来源于上海易居房地产研究院。其中，将城镇家庭户均面积设为 100 平方米（与全国城镇家庭平均住房面积相近），每户家庭人数设定为 2.9。

图 3－6　2001 年以来全国商品住宅房价收入比

我国 35 个大中城市②房价收入比均值测算数据显示，2001 年至 2003 年，35 个大中城市房价收入比维持在一个较为低位的水平；自 2004 年开始大幅度攀升，在 2010 年飙升至最高点 9.2；随后由于房地产市场调控作用的显现，35 个大中城市房价收入比有所回落，但依旧处于一个较高的水平，且依旧高于全国总体房价收入比，如图 3－7 所示。

从上述各指标可以看出，我国房产市场已经积累了一定泡沫，价格偏离了其长期均衡值。在房地产泡沫规模上，如果按照通行的房价收入比指标（发展中国家为 4～6 倍），到 2007 年时中国房地产市场的泡沫规模约为 1/3。并且，1/3 只是平均水平，所有一线城市及很多二线城市的泡沫都要高出这个平均水平。

---

①　世界银行 1998 年对 96 个国家和地区的统计资料显示，家庭收入在 999 美元以下（最低收入户）的国家（地区），房价收入比平均数为 13.2；家庭收入在 3000～3999 美元（中等收入户）的国家（地区），房价收入比平均数为 9；家庭收入在 10000 美元以上（高等收入户）的国家（地区），房价收入比平均数为 5.6。各国（地区）房价收入比的数值是高度离散的，这 96 个国家和地区最高的为 30，最低的为 0.8，平均值为 8.4，中位数为 6.4。

②　35 个大中城市指北京、天津、石家庄、太原、呼和浩特、沈阳、大连、长春、哈尔滨、上海、南京、杭州、宁波、合肥、福州、厦门、南昌、济南、青岛、郑州、武汉、长沙、广州、深圳、南宁、海口、重庆、成都、贵阳、昆明、西安、兰州、西宁、银川、乌鲁木齐。

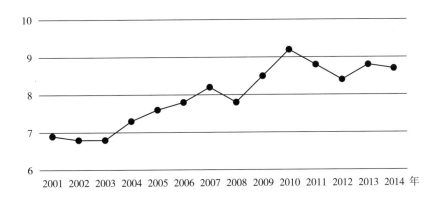

注：数据来源于上海易居房地产研究院。

图 3 - 7 2001 年以来全国 35 个大中城市商品住宅房价收入比

从区域来看，房价涨幅在区域间的差异也较大。从 2008 年至 2013 年各省份的商品房屋销售价格平均增长率来看，只有北京、天津、辽宁三个省市的平均增长率在 10% 以内，大多在 10% ~20% 之间，特别是上海的商品房屋售价平均增长率为 20.07% ，福建为 21.29% ，江西为 28.72% 。

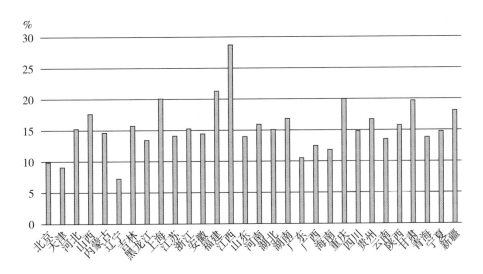

数据来源：2009—2014 年各年《中国房地产金融年鉴》。

图 3 - 8 2008—2013 年房屋平均销售价格年均增长率

3. 房地产过剩明显。另外一个考察房地产过度发展的指标是空置率。根据相关统计资料可见，2008 年以来，我国大部分省份都有较高的房地产空置面积增长率。在 30 个省份中，只有北京的房屋空置面积增长平缓，平均为 5.88% ，其次是上海，平均增长率为 11.92% ，新疆的平均增长率为 17.56% ；黑龙江、吉林、宁夏、内蒙古、辽宁、广东、重庆、浙江、四川 9 个省份介于 20% ~30% 之间；福建、江苏、甘肃、陕西、山东五省的增长率介于 30% ~40% 之间；山西、江西、天津三省的增长率在 40% ~50% ；

安徽、河北、湖北三省的增长率在 50% ~60% ；青海和湖南的增长率分别为 73.95% 和 77.95% ；河南和广西分别为 83.88% 和 85.56% ；贵州、云南超过了 100% ，分别为 104.05% 和 147.83% ，海南更是高达 344.77% 。再仔细分析发现，大多省份近年来的空置率增长较快，说明库存风险在逐步加大。海南 2011—2013 年三年的增长率分别为 146.66% 、133.27% 、100.47% ，云南 2011—2013 年三年的增长率分别为 52.34% 、53.07% 、128.23% 。其他很多省份也有过很高的年增长率，如内蒙古、河北等。

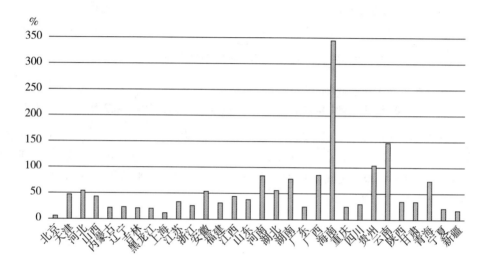

数据来源：2009—2014 年各年《中国房地产金融年鉴》。

图 3 - 9　2008—2013 年房屋空置面积年平均增长率

4. 房地产贷款金额大、比重高、增速快。房地产是资金密集型产业，其中吸纳了大量资金。截至 2014 年末，主要金融机构（含外资，下同）房地产贷款余额为 14.6 万亿元，占各项贷款余额的 21% ；全年新增房地产贷款 2.3 万亿元，新增贷款额占各项贷款新增额的 28.1% ；同时，个人住房贷款增速高位趋稳，年末个人住房贷款余额 9.0 万亿元，同比增长 21.0% 。而且，近年来，部分房地产开发企业资金链较紧，因而采用银行贷款之外的高成本融资现象普遍，存在的风险隐患更大。

部分地区一段时间内的房地产贷款增速很高，其中潜藏的风险也很明显。2009 年，黑龙江省的银行贷款中，中长期贷款增幅明显高于短期贷款，其中房地产行业贷款比上年末增加 280.9 亿元，增长率高达 85.5% ，成为增长最快的行业。2010 年末，黑龙江全省金融机构房地产贷款余额为 913.5 亿元，比上年末增加 304.5 亿元，增长 50% ，高于全部贷款增速 29.7 个百分点。2013 年末，黑龙江全省房地产贷款余额 1937.18 亿元，比上年增加 401.06 亿元，房地产贷款余额及新增额占全部贷款及新增额的 16.44% 和 26.63% 。

5. 房地产价格下降引发金融风险。首先是房地产开发贷款到期偿付风险，特别是前期高价购地、销售策略又未能及时调整的部分中小开发商在销售资金回笼不畅、银行信贷受阻的情形下，通过信托、私募甚至民间借贷等高成本渠道借入资金，导致财务状况进一步恶化。其次是房地产价格快速下跌将加大以房产、土地为第二还款来源的各类信贷资产的风险，包括个人住房按揭贷款和政府融资平台贷款。除此之外，房地产对上下游产业和实体经济的风险传递效应明显。如 2011 年 9 月末，浙江省全省建筑业不良贷款余额达 14.7 亿元，比年初增加 2.8 亿元，其中第三季度新增 2.5 亿元。房价下降的情况偶有出现。2014 年 12 月，在 70 个大中城市中，新建商品住宅价格环比下降的城市有 66 个，比 1 月增加 60 个；二手住宅价格环比下降的城市有 60 个，比 1 月增加 47 个。

6. 房屋空置增长隐藏着金融风险。房屋空置就是还没有卖出去，这就意味着房地产开发商的相关支出包括土地购买、建造材料以及建筑工人工资等都还没有回笼。其中，除了开发商少量的自有资金投入之外，土地购买、建造材料购置还有部分或全部建筑工人工资支付均来源于银行贷款。当房屋空置面积越来越大，空置时间越长，房地产开发的相关银行贷款本息就不能按时支付，给银行埋下巨大的信用风险和流动性风险，并可能因此在银行间传染，进而引发金融动荡。

（三）地方政府行为、非正规金融膨胀与区域性金融风险

1. 地方政府行为与非正规金融膨胀。近年来，地方非正规金融机构发展迅速，相关业务增长较快。2009 年末，全国共有融资性担保公司 3670 家，2010 年末增至 6030 家，增长率为 64.6%；2011 年末增至 8402 家，增长率为 39.3%。2012 年末，全国共有小额贷款公司 5267 家，到 2015 年底，已经增至 8980 家。此外，P2P 网络贷款平台公司、典当公司等发展也很迅猛。①

地方政府行为在非正规金融发展中起着重要作用。其一，地方政府具有大多非正规金融机构的审批权，地方政府宽松的审批要求是非正规金融机构膨胀的重要原因之一。其二，从非正规金融的资金供给与资金需求两方面来看，地方政府主导地方金融资源配置也是非正规金融发展的重要原因之一。一方面，在地方政府的动员与干预下，正规金融资源大多流向了地方政府融资平台、国有企业、房地产等领域。中小企业在正规金融中的信贷份额被挤占，因而只好将信贷来源转向小贷公司等非正规金融。另一方面，由于正规金融准入限制，居民闲散资金很难通过正规金融渠道分享近年来房地产业等领域的高收益，只能寻求正规金融体系之外的渠道来实现，因而，大量资金涌入了非正规金融。

2. 非正规金融膨胀与区域性金融风险。我国开展融资活动的非金融机构〔包括小额贷款公司、典当行、融资性担保公司、私募股权基金、农村（民）资金互助组织和各种民间借贷组织等〕发展迅速，民间投融资活动也日渐活跃。一方面，它们有力地支持了小微企业、"三农"发展和经济结构调整。但是，另一方面，一些机构内控薄弱，短期逐利倾向明显，加上相应监管不足，导致非法集资、高利贷和诈骗等事件常有发生，扰乱正常的金融秩序，其资金来源和业务运作与正规金融体系之间盘根错节，一旦出现资金链断裂等风险，其中的风险还有可能向正规金融体系传递，引起突发性和区域性

---

① 关于非正规金融的发展及其现状详见第 6 章。

事件。

在非正规金融机构快速发展的同时，地区之间经营状况差异较大，局部区域的相关风险频发。2012 年，浙江省融资性担保机构共发生担保代偿 18.09 亿元，比上年增长184.87%，并有担保公司因代偿损失大而申请退牌。2013 年，代偿风险进一步加大，年末担保代偿率为 2.68%，上升了 1.52 个百分点。四川省过去几年中的融资性担保公司风险事件频出，以 2014 年、2015 年最为突出。2014 年末，四川担保行业代偿率为3.27%，较 2013 年末的 0.66% 上升约 5 倍。行业利润、机构数量、资产总额、杠杆率同比均出现下滑。小额贷款公司的经营状况差异也较大。据浙江省统计，2013 年末，浙江省部分小额贷款公司不良率较高，而且机构资产质量真实性较差，部分小额贷款公司存在不良贷款少报现象，小额贷款公司实际不良贷款率可能还要高于名义数据。此外，P2P 网络贷款平台公司截至 2016 年 2 月已经累积出现问题公司 1425 家。

3.2.2　地方政府重经济增长轻金融安全的制度根源

从地方政府债务累积、房地产膨胀、非正规金融等方面，可见地方政府过度追求经济增长而相对忽视金融安全的行为取向，而这又是其在一定制度背景下作出的选择。

（一）地方政府行为的激励与约束：制度背景

1. 晋升激励与地区生产总值考核：确立增长目标。中国的地方官员处于一场以经济增长为主要考核指标的晋升锦标赛当中（周黎安，2007），力争仕途进步的地方官员自然地将经济增长作为任期内的首要目标。其一，改革开放以来，全党工作重心从阶级斗争转向经济建设，经济改革和发展成为各级党委和政府的头等大事，经济绩效也成为对干部政绩考核的主要指标。其二，作为政治上中央集权的国家，我国建立了自上而下的官员考核体系。1984 年，中央决定将干部管理权限适当下放，省级政府拥有对地市级政府官员任命的权限，为省级政府向下级政府下达任务以发动经济竞赛提供了条件。同时，中国从计划经济时代就已显出端倪的 M 形经济结构使得各个省份（包括省以下的区域经济）的经济绩效具有相当程度的可比性（Qian 和 Xu，1993）。其三，在中国目前的行政体制下，地方政府不仅拥有行政权力，而且拥有一些重要经济资源的控制权，通过行政审批、土地征用、贷款担保、各项政策优惠等方式对地方经济发展具有巨大的影响力和控制力。

2. 财政分权：硬化地方政府预算约束。在计划经济时代，财政收支是资金配置的主要手段，与之相适应，我国实行了"统收统支"的财政体制。在这种体制下，各级政府的财政收支活动都需要得到中央政府的批准，地方政府财政收支的自主性很小。1978 年之后，我国相继实施了"分灶吃饭"改革和"分税制"改革，将中央和地方的财政关系向着财政分权的方向进行了调整。特别地，1994 年的分税制改革形成了我国目前的财政管理体制基本构架，对地方政府的行为及中国经济产生了极其深远的影响。分税制最重要的特征就是在国家和各级政府之间合理划分事权，结合税种的特点，划分中央与地方税收管理权限及相应的税收收入，并辅之以转移支付制度。

分税制改革最直接的结果之一就是提高了中央政府的财政收入，增强了中央政府的宏观调控能力。但同时，分税制改革将财权上移，而事权下移，导致了地方政府特别是基层地方政府的财权与事权不匹配，从而对地方政府行为产生了显著的影响。

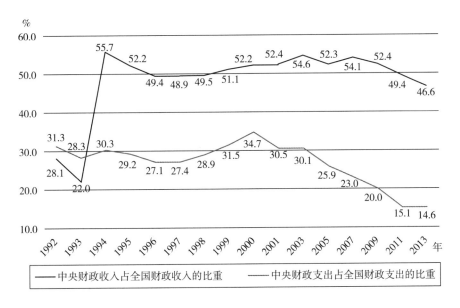

数据来源：2014 年《中国财政年鉴》。

图 3 - 10　分税制改革前后中央财政收入所占比重与中央财政支出所占比重

第一，由于缺乏稳定的财力保障，地方政府开始谋求更多的预算外收入，其中典型的就是"土地财政"，个别发达省份的土地出让收入几乎与地方预算内财政收入持平，导致了我国房价的连连上涨与房地产业结构性过剩，也因此留下了较大的区域性甚至系统性金融风险。

第二，地方财力受到约束，加上我国以地区生产总值为主要考核内容的晋升制度等背景下，地方政府将财政负担转嫁到金融身上，因而导致了地方政府之间通过多种形式争夺金融资源，过度利用金融资源，留下了很大的区域性金融风险隐患。

此外，在财权与事权不匹配的格局下，特别是中西部地区的部分基层地方政府财政困难，因而导致我国部分地区的基础教育、医疗卫生等基本公共服务水平低下等问题。

（二）地方政府重增长轻金融：激励机制分析

在发展地方经济的过程中，地方政府总体上表现出过度重视经济增长而相对忽视金融安全与效率的行为取向。而这是地方政府在自身的激励与约束集合下的理性选择。

1. 地方政府重经济增长轻金融安全的基础：基于金融与经济关系的分析

从金融与经济的关系来看，根据经典理论，金融与经济是相互促进、相互补充的，而金融对经济的作用也是多维度、多功能的。马克思认为货币与信用分别作用于经济中的流通领域、生产领域及消费领域，并能促进资本积累与扩大再生产。[①] 熊彼特认为信

---

① 马克思. 资本论第 3 卷（下）[M]. 郭大力、王亚南译. 上海：上海三联书店，2009.

贷对于实现创新是至关重要的，进而促进了现代工业体系的建立。① 卡梅伦（Carmon）认为金融创新是技术创新所必需的。莫顿和博迪（2000）将金融在经济中的作用归结为提供价格信息、管理风险、支付清算、解决激励问题、储备资源与分割所有权、跨时空配置资源六个方面的功能。曾康霖（2002）从金融工具、金融借贷、金融商品、金融价格、金融媒介、金融保障、金融资本、金融政策、金融文化、金融实力十个方面总结金融作用于经济的方式。②

短期内金融与经济之间存在替代的可能。金融作用于经济的方式也可能是简单的、粗放的。在这种情况下，虽然能在短期内拉动经济增长，但金融资源的利用却是低效的，不利于经济的长期可持续增长，甚至因此形成金融风险。

根据马克思虚拟资本与实体资本的关系及产业资本循环理论，金融资本家为产业资本家提供资金，产业资本家通过完成资本循环过程（G—W…P…W'—G'）实现价值增值（ΔG），金融资本家从中分享产业资本家实现的价值增值，二者均能获利。同时，从国民经济核算来看，价值增值（ΔG）的实现也是经济增长的实现。但如果这一产业资本循环遇到挫折，最终出现 $G' \leq G$ 的情况，金融资本家就会因为不能回收其资金和利息而遭受损失。

在如上资本循环过程中，扩张利用金融资源以添补短期内的经济增长是可以实现的。通过信贷将金融资本转化为产业资本，扩大产业资本规模，并投入产业资本循环过程。一个完整的产业资本循环周期往往要经历一段较长的时间，在以年度为核算时间单位的会计制度下，每年通过资本循环实现的价值增值都会增加，表现为国民经济核算中的经济增长，而那些较差的、不能最终实现价值增值的项目也往往能在一定年限内贡献经济增长，其 $G' \leq G$ 的结果往往在后期才会表现出来。因此，在一段时间内，信贷扩张能够促进大量投资，并在短期内实现经济高速增长，但若是粗放的投资，价值增值往往难以实现，可能的金融风险在后期逐步显露。

2. 地方政府重经济增长轻金融安全的努力偏向：激励机制分析

金融是经济发展中的重要资源，地方政府在发展地方经济的过程中，逐渐建立和完善了地方金融体系，具备了主导地方金融资源配置的权力或能力，也因此衍生出了管理地方金融的职责。但是在我国以 GDP 考核为主的地方官员晋升体制下，金融运行状况被置之于外，地方金融资源利用的权责利时空分离，因而地方政府往往存在重增长轻金融的努力偏向。

我国特殊的经济分权与官员激励考核制度实质上形成了中央政府与地方政府的委托代理关系。地方政府作为中央政府的代理人管理地方经济社会事务，中央政府根据地方

① 转引自汉达. 货币经济学［M］. 北京：中国人民大学出版社，2005.
② 曾康霖（2002）将金融作用于经济总结为：金融工具作用于商品流通和价值的实现；金融借贷作用于生产的推动和生产规模的扩大；金融商品作用于人们的资产选择和增值；金融价格（含利率和通胀）作用于财富在各阶层之间的分配；金融媒介作用于资产的分配和重组；金融保障作用于社会秩序的正常运行和社会稳定；金融资本作用于经济组织改革和更新；金融政策作用于宏观调控；金融文化作用于生存生活环境和人的素质；金融实力作用于经济安全和国家安全。

政府的业绩而给予其职位晋升的回报。在短期内可能实现拆金融而添补经济增长的情况下，本书引用博尔顿和德瓦特里庞简化的模型①来分析我国中央政府的机制设计与地方政府的行为选择。

（1）模型假设。在中央政府与地方政府的委托代理框架下，中央政府委托地方政府发展地方经济与管理地方金融两项职能。假设地方政府在经济增长方面付出的努力量化为 a_g，在地方金融管理方面付出的努力量化为 a_f。假定地方政府在两项任务上的绩效都可以量化，都是关于相应努力程度的函数，且含有随机部分。地方政府两项任务的绩效 $x_i(i = g,f)$ 具有相同的函数形式：$x_i = a_i + \varepsilon_i(i = g,f)$，随机部分 $\varepsilon_i \sim N(0,\sigma_i^2)$，二者相互独立，即 $\sigma_{gf} = 0$。

地方政府具有常数的绝对风险厌恶系数，其偏好由如下效用函数表示：$u(S,a) = -e^{-\eta[S-\phi(a_g,a_f)]}$，其中，$\eta$ 是绝对风险厌恶系数（$\eta = -u''/u'$）；$\phi(a_g,a_f)$ 为地方政府选择付出努力为 (a_g,a_f) 水平的成本；S 为中央政府根据绩效给予地方政府的回报。地方政府的成本函数形式为：$\phi(a_g,a_f) = \frac{1}{2}(c_g a_g^2 + c_f a_f^2) + \rho a_g a_f, 0 \le \rho \le \sqrt{c_g c_f}$，其中，$\rho \ge 0$，表示地方政府提高在某一方面的努力就会增加在另一项任务上努力的边际成本。

中央政府是风险中性的，并向地方政府提供一个线性激励制度。假设两项任务的绩效都是可观察的，中央政府根据地方政府绩效对地方政府提供激励：$S = \alpha + \beta_g x_g + \beta_f x_f$。中央政府的目标为 $\max E(x_g + x_f - S)$。

（2）模型求解。地方政府的确定性等价报酬为：$S(\hat{a}_i) = \alpha + \beta_g a_g + \beta_f a_f - \frac{1}{2}(c_g a_g^2 + c_f a_f^2) - \rho a_g a_f - \frac{\eta}{2}(\beta_g \sigma_g^2 + \beta_f \sigma_f^2)$②，因此，地方政府的问题为：$\max\limits_{a_g,a_f} S(\hat{a}_i) = \alpha + \beta_g a_g + \beta_f a_f - \frac{1}{2}(c_g a_g^2 + c_f a_f^2) - \rho a_g a_f - \frac{\eta}{2}(\beta_g \sigma_g^2 + \beta_f \sigma_f^2)$，其一阶条件为：$\beta_g = c_g a_g + \rho a_f, \beta_f = c_f a_f + \rho a_g$。进一步可得地方政府问题的唯一解为

$$a_g = \frac{\beta_g c_g - \rho \beta_f}{c_g c_f - \rho^2}, a_f = \frac{\beta_f c_f - \rho \beta_g}{c_g c_f - \rho^2} \qquad (3-1)$$

中央政府的问题为

---

① 这一模型的原模型是 Holmstrom 和 Milgrom 建立的一个多任务委托代理模型，模型探索了多任务背景下的最优委托代理机制设计（参见：HOLMSTROM, B; MILGROM, P. Multitask Principal - Agent Analyses: Incentive Contracts, Asset Ownership, and Job Design. Journal of Law, Economics & Organization. 7, 2, 24, Sept. 2, 1991.）。后来博尔顿和德瓦特里庞在他们的《金融合同理论》一书中简化了这一模型，介绍了原模型的主要思想。

② 地方政府付出努力后得到的中央政府给予的回报，其确定性等价报酬 $u(CE) = E[-e^{-\eta[S-\phi(a_g,a_f)]}]$，由于 $S - \phi(a_g,a_f) = \alpha + \beta_g a_g + \beta_g \varepsilon_g + \beta_f a_f + \beta_f \varepsilon_f - \frac{1}{2}(c_g a_g^2 + c_f a_f^2) - \rho a_g a_f$，所以 $u(CE) = [-e^{-\eta[\alpha+\beta_g a_g+\beta_f a_f-\frac{1}{2}(c_g a_g^2+c_f a_f^2)-\rho a_g a_f]}]e^{[-\eta[\beta_g \varepsilon_g+\beta_f \varepsilon_f]]}$。又当随机变量 $\varepsilon \sim N(0,\sigma^2)$ 时，对任意 γ 有 $E(e^{\gamma\varepsilon}) = e^{\frac{1}{2}\gamma^2\sigma^2}$，于是 $u(CE) = [-e^{-\eta[\alpha+\beta_g a_g+\beta_f a_f-\frac{1}{2}(c_g a_g^2+c_f a_f^2)-\rho a_g a_f-\frac{\eta}{2}(\beta_g \sigma_g^2+\beta_f \sigma_f^2)]}]$。因此，地方政府的确定性等价报酬为：$S(\hat{a}_i) = \alpha + \beta_g a_g + \beta_f a_f - \frac{1}{2}(c_g a_g^2 + c_f a_f^2) - \rho a_g a_f - \frac{\eta}{2}(\beta_g \sigma_g^2 + \beta_f \sigma_f^2)$。

$$\max_{\alpha,\beta_g,\beta_f} E(x_g + x_f - S)$$

$$\text{s. t. } a_g = \frac{\beta_g c_f - \rho\beta_f}{c_g c_f - \rho^2}, a_f = \frac{\beta_f c_g - \rho\beta_g}{c_g c_f - \rho^2}(\text{激励相容约束})$$

$$\alpha + \beta_g a_g + \beta_f a_f - \frac{1}{2}(c_g a_g^2 + c_f a_f^2) - \rho a_g a_f - \frac{\eta}{2}(\beta_g \sigma_g^2 + \beta_f \sigma_f^2) \geqslant \bar{S}(\text{参与约束})$$

进一步地，中央政府问题的解为[①]

$$\beta_g^* = \frac{1 + (c_f - \rho)\eta\sigma_f^2}{1 + \eta(c_g\sigma_g^2 + c_f\sigma_f^2) + \eta^2\sigma_g^2\sigma_f^2(c_g c_f - \rho^2)}$$

$$\beta_f^* = \frac{1 + (c_g - \rho)\eta\sigma_g^2}{1 + \eta(c_g\sigma_g^2 + c_f\sigma_f^2) + \eta^2\sigma_g^2\sigma_f^2(c_g c_f - \rho^2)} \qquad (3-2)$$

（3）模型解读。第一，由式（3-1）可知，a_g 与 β_g 正相关，与 β_f 负相关。也就是说，在中央政府对地方政府的激励制度中，给予经济增长的权重越大，地方政府在经济增长方面的努力越多；给予地方金融管理绩效的权重越小，地方政府在经济增长方面的努力越多。同样的，a_f 与 β_f 正相关，与 β_g 负相关，即在中央政府对地方政府的激励制度中，给予地方金融管理绩效的权重越大，地方政府在地方金融管理方面的努力越多；给予经济增长的权重越小，地方政府在地方金融管理方面的努力越多。

自改革开放以来，我国将工作重心转移到经济建设上，逐步形成了以经济增长绩效为主要考核指标的官员晋升激励机制，其中的实质是 β_g^* 很高，而 β_f^* 几乎为零。在这样的激励制度下，必然的结果是有很大的 a_g，而 a_f 很小，甚至可能为负（当 $\beta_f c_g < \rho\beta_g$ 时）。因而不难理解我国 30 多年高速增长的过程中伴随着的粗放型金融资源利用模式及地方金融资源的透支利用现象。

第二，在式（3-2）中，如果 σ_f^2 越大，那么 β_f^* 越小。这是最优制度设计的要求，与我国的实际对应。当地方政府在金融方面努力的绩效难以量化，或者可观察性较低时，那么对地方政府的金融管理绩效应该给予较少的激励。当前，我国对地方官员的考核主要以 GDP 增长为标准，而几乎不关注对地方经济发展具有重要作用的金融运行效率与安全。我们认为，中央政府对地方金融的这种态度并不是因为地方金融运行状况不能观察，或者难以量化，而是与我国实行的赶超战略紧密联系。一方面，我国经济处于赶超阶段，其中主要的特征就是金融补贴经济，金融的低效在这一阶段是必要的。另一方面，我国曾经是典型的短缺经济，物质及基础设施整体上匮乏，在这样的背景下，大多投资都能获得较好的回报，整体上的金融风险较小，这也是我国过去几十年的经济发展中整体金融风险可控的原因之一。但是经过几十年的经济增长，这种粗放的投资拉动

---

① 在最优点，参与约束为紧约束，所以替换掉 α、a_g、a_f 得到无约束问题为：$\max_{\beta_g,\beta_f}\left(\frac{\beta_g c_f - \rho\beta_f + \beta_f c_g - \rho\beta_g}{c_g c_f - \rho^2}\right) - \frac{\eta}{2}(\beta_g\sigma_g^2 + \beta_f\sigma_f^2) - \frac{1}{2}c_g\left(\frac{\beta_g c_f - \rho\beta_f}{c_g c_f - \rho^2}\right)^2 - \frac{1}{2}c_f\left(\frac{\beta_f c_g - \rho\beta_g}{c_g c_f - \rho^2}\right)^2 - \rho\left(\frac{\beta_g c_f - \rho\beta_f}{c_g c_f - \rho^2}\right)\left(\frac{\beta_f c_g - \rho\beta_g}{c_g c_f - \rho^2}\right)$ 此问题的一阶条件为：$\beta_g = \frac{c_2 - \rho - \rho\beta_f}{c_2 + \eta\sigma_g^2(c_g c_f - \rho^2)}, \beta_f = \frac{c_g - \rho - \rho\beta_g}{c_g + \eta\sigma_f^2(c_g c_f - \rho^2)}$，进一步可得到其解。

模式已经不可持续，所蕴含的金融风险越来越大。

3.3 经济竞赛、金融支持与地方政府债务增长：经验证据

接下来的两节内容将从第一个层面，即从经济对金融反馈的视角，剖析地方政府行为导致区域性金融风险生成的机制。正如上一节所阐述的，近年来，我国地方政府债务快速增长并累积，其特殊的投资去向导致部分债务按期偿还存在困难，在部分地区尤为突出。同时，地方政府债务资金大多来源于金融机构，地方政府债务按期偿还困难导致众多金融机构共同风险暴露，区域内整体金融脆弱性增强。因此，本章从地方政府行为的角度剖析地方政府债务累积的机制，并提供经验证据。

3.3.1 问题提出及文献综述

地方政府债务的累积至少会产生两方面相互联系的风险，其一是公共财政风险，其二是金融风险，主要是银行体系的风险。Wu 等（2016）指出，我国地方政府融资平台一直靠土地出让收入支撑，房地产市场的不确定性使得土地收入不稳定，导致地方政府债务风险也迫在眉睫。Grewal（2015）认为我国地方政府的借贷规模已经达到较高水平，这影响了中国地方公共财政可持续性和银行体系的稳定。Chien（2012）分析指出，地方政府债务增长增加了银行借贷风险。Xu 和 Zhang（2014）认为我国地方政府债务风险主要在于短期债务和基础设施长期投资的期限错配，期限错配可能导致短期还款困难。特别是我国近年来以地方政府融资平台为主形成的地方债务存在很大的风险隐患。由于中央政府的隐性担保使得地方政府信用看似良好，加上地方政府自身调动金融资源的权力，在与银行的关系中，政府平台变为主动、占上风的一方（魏加宁，2010），大量投资项目的资金来源存在违规操作现象，而且只讲速度不讲效率（魏加宁，2010；张艳花，2010；张国云，2011）。其中蕴含的风险来自以下几个方面：一是部分地方投融资平台公司成立之初的股本并没有到位，主营业务不明显，没有充足的固定资产，因而存在较高的偿付风险（刘煜辉和张榉成，2010），特别是部分中西部省份（Tao，2015）；二是融资平台公司的财务信息不透明，银行对贷出资金的风险评估及后续监管存在困难（沈明高和彭程，2010）；三是由于融资平台的大多投资项目周期较长，"长贷短存"的期限错配问题增加了银行体系的流动性风险（肖耿等，2009）。

从我国实际情况来看，尽管当前我国地方政府债务规模总体上仍可控，[①] 但是我国地方政府债务近年来的快速增长及其特殊的债权债务关系留下了较大的金融风险隐患，在部分区域尤为突出。地方政府债务其实有一个适度的规模、适当的增长速度。但是，为什么我国地方政府债务近年来增长较快呢？其背后是否存在深层次的制度根源？

国内相关文献主要从财政分权制度和地方官员晋升激励制度两个视角对其进行解

---

① 据《地方政府债务审计公报 2013》，2013 年，我国总体债务率为 39.43%，小于《马斯特里赫特条约》中 60% 的警戒线。

释。分税制改革之后确立的财政分权制度对地方政府的行为产生了深远影响，比如地方财权与事权的不匹配导致了地方政府被动负债的增加。在财政分权背景下，各级政府对教科文卫、社会保障等社会性支出严重欠账，各级政府纷纷将目光转向了当地银行部门，通过银行调剂资金解决社会支出不足的难题。政府经常采取"银行贷款、财政贴息"的办法来解决当务之急。一些本应是财政拨款的单位，如各类学校，也常通过向银行借款的方法来发展教育事业，形成较大的债务负担。地方政府通过银行贷款来填补财政缺口的做法实质是"拆东墙补西墙"的权宜之计，最终承担后果的是银行机构（人民银行泰州市中心支行课题组，2004）。Xu和Zhang（2014）、Grewal（2015）等国外文献的研究也认为分税制改革之后地方政府的财权与事权的不匹配导致了地方政府债务的增加。

当然，财政分权制度并不是地方政府过多依赖金融资源的根本原因。在晋升激励下，地方政府为了发展经济、实现短期内快速经济增长、做出政绩的最好办法就是增加投资、多做"资源密集型"工程、扩大支出（Guo，2009）。除了一些公共品的供给之外，地方政府还大量投资基础设施建设、城市建设等项目。从理论上讲，地方政府发展经济的投资欲望是无限的，对投资资金的需求远大于财政力所能及的范围。在财政能力有限的情况下，借债成为地方筹集投资资金的主要来源（周雪光，2005）。时红秀（2007，2010）研究发现，地方政府债务累积并不能完全由财权重心上移、事权重心下移的财政制度安排所解释，地方政府债务资金并不是用于日常开支，而是更多地用于与"招商引资"等相关活动的支出。刘煜辉（2010）也发现，"四万亿"刺激计划中的保障性住房规划实际完成不足30%，可见，地方政府债务累积并不仅是地方财政收入不够，而地方政府面临的激励机制可能才是更重要的原因。

吕健（2014）指出，是我国特殊政治激励下地方政府之间的政绩竞赛导致了地方政府债务的增加。陈本凤（2006）认为干部的任命、任期制度缺陷促使了地方官员的目标短期化，忽视了政府负债和过度使用财政资金的长期后果。在晋升激励下，地方官员快速实现地方经济增长的重要途径就是增加基础设施投资、加强城市建设等。Ong（2014）、Zhou等（2015）、Wu等（2016）认为中国地方政府主导的城市化超出了与西方国家相比而言的正常过程，其中的资本过度积累导致了地方政府债务的累积，存在发生债务危机的可能。

正是在晋升激励下，地方政府债务逐渐由过去的维持财政支付的被动负债到近年来增加地方基础设施投资的主动负债。在财政约束下，同时国家严格限制了地方政府的直接举债行为，因此越来越多的地方政府采用变通方式来举债，政府部门设立了各类投资融资平台公司（陈雨露和郭庆旺，2013）。地方政府融资出现"政府—地方政府融资平台—银行或资本市场等"的模式（时红秀，2010d）。特别在我国为了应对次贷危机的影响而实施的财政刺激计划之后（Tao，2015）。地方政府融资平台受到了中央政府和相关部门的肯定，[①] 并得到了前所未有的发展。

---

① 2009年初，中国人民银行与中国银行业监督管理委员会联合发布《关于进一步加强信贷结构调整促进国民经济平稳较快发展的指导意见》，提出"支持有条件的地方政府组建投融资平台，发行企业债、中期票据等融资工具，拓宽中央政府投资项目的配套资金融资渠道"。

综上所述，地方政府债务，特别是近年来的快速增长，并不是根源于财政跨期平滑的需要、财政分权导致财权与事权不匹配，也不是 2008 年国际金融危机后宏观经济政策的结果，而是我国晋升激励与考核制度下地方政府经济竞赛的行为表现。另外，现有文献很少关注地方政府动员甚至控制地方金融资源对地方政府债务增长的关系。地方政府对地方金融资源的动员或控制是地方政府融资便利的重要方面，因而也是地方政府债务增长的推动力量之一。因此，本节从晋升激励及政绩考核制度下的地方经济竞赛以及地方金融资源状况两个视角来解释我国近年来地方政府债务的快速增长。

3.3.2　理论假说

（一）地方经济竞赛与地方政府债务增长

世界上大多国家的地方政府之间都存在竞争，西方国家的地方官员由选民选举产生，选民的满意度是其行为目标，因而学者们称其为自下而上的"标杆竞争"。与之不同的是，中国的地方官员升迁是在政治集权制度下的任命机制，因而，国内地方政府之间实际上存在着自上而下式的"标杆竞争"（Caldeira）。作为中央政府的代理人，地方政府的目标函数是中央政府及上级政府的满意度。改革开放以来，伴随着全党将工作重心转移到经济建设上来，官员考核也摒弃了过去一味强调政治挂帅的制度，更加强调对地方官员经济绩效的考核。因此，地方官员的晋升竞争实质上演变为一场经济竞赛。

地方政府发展经济可以通过市场力量，也可以通过政府力量。但是市场力量往往见效慢，为了在任期内快速见效的增长绩效，地方政府往往亲自参与经济建设，而且往往使用资源密集型的政绩工程来发出信号，这类项目大多规模大、难度大、投入大。受到财力约束的地方政府只好借债，因此导致地方政府债务的增加。根据以上分析，我们提出如下假说。

假说 1：地方政府在经济竞赛中的努力程度越高，所需要的地方政府支出越多，地方政府因此借债越多。

（二）地方金融资源与地方政府债务增长

在计划经济时期，资金调拨按中央计划执行。伴随着 1979 年"拨改贷"政策的实施，银行信贷成为地方经济发展的重要资源，特别在财政能力有限的约束下，金融资源成为地方政府突破财政约束的重要资金来源。

改革开放初期，地方政府获取金融资源的方式是争夺国有银行信贷，但是产生了很多问题，因而，中央决定改革国有银行组织形式，增强对地方政府的独立性。同时，地方金融机构也逐步建立。特别是在党的十四届三中全会之后，在中央和地方两方面的作用下，地方金融体系得到了发展，并逐步完善。作为经济发展的重要资源，地方政府都纷纷建立地方性金融机构，大多地方性金融机构从一开始建立，就由地方财政直接控股或联合地方国有企业间接控股。因此，地方对部分金融资源具备控制权，成为地方政府发展地方经济的重要资源库。

另外，尽管国有银行和全国性股份制商业银行本身并不被地方政府控制，但是，地方政府一方面仍然可以通过提供担保、或者土地抵押等方式，通过一般市场化的方式利用地方金融资源；另一方面利用掌握的资源如财政存款、财政性资金补贴、重大项目金融服务等对金融机构进行"诱导性"干预等。此外，地方政府对金融机构地方分支机构的领导提供政治或经济方面的激励，组织相关的座谈会，动员这些金融机构支持政府发展战略。

因此，总体而言，地方金融资源越丰富，越有利于地方经济发展，地方政府所能干预和动员的金融资源也越多。根据上述分析，我们提出如下假说。

假说2：地方金融资源发展程度越高，地方政府能够控制和动员的金融资源越多，因而地方政府借债更便利，最终形成的地方政府债务越多。

3.3.3　实证研究设计

（一）模型设定

本节的研究样本为省级层面的面板数据，因此，我们基本计量模型设定如下：

$$debt_{it} = \alpha + \beta_1 dfjz_{it} + \beta_2 jrzy_{it} + \gamma X_{it} + \varepsilon_{it} \qquad (3-3)$$

式中，i 代表省、自治区、直辖市，t 代表年份；$debt$ 表示地方政府债务变量；$dfjz$ 表示地方政府竞争的相关代理变量；$jrzy$ 表示地方的金融资源状况；ε_{it} 表示随机扰动项。

（二）变量定义与度量

1. 地方政府债务指标设计。实证中的地方政府债务采用各省份本级地方政府下属投融资平台公司每年发行的城投债规模。之所以这样选择，基于以下几个方面的原因：一是地方政府债务的详细数据不可得；二是城投债数据具有代表性，钟辉勇和陆铭（2015）利用城投债数据做了相关研究；三是根据本书对"区域"的定义，本书选取省级政府所属投融资平台公司发行的债务，不包括省会城市、地级城市或县级城市所属投融资平台公司所发行的城投债。

2. 地方政府竞争指标设计

（1）地方政府预算内财政支出与地方 GDP 的比值。这一指标可以反映地方政府对地方经济的参与程度，或者地方政府对地方经济资源的控制能力（朱英姿，2013）。

（2）地方外商直接投资总额的对数。吸收更多外商直接投资一直是各级政府在经济竞赛中促进经济发展的主要手段之一，因而外商直接投资总额是地方政府在经济竞赛中努力程度的较好代理变量。王文剑等（2007）、杨晓丽和许垒（2011）发现了政府竞争与外商直接投资增长的正相关关系。张晏（2007）发现地方之间差别性的政策是外商直接投资在中国不同区域差异性分布的重要原因之一。

3. 地方金融资源状况

（1）地方各项银行贷款总额与地方 GDP 的比值。地方各项贷款总额代表了地方金融资源情况，根据前文的分析，地方金融资源量越大，地方政府所能控制和动员的金融资源越多，地方政府借债越便利，因此，预期 β_2 的符号显著为正。

（2）地方各项银行存款总额与地方 GDP 的比值。为了反映指标选取的合理性与模型的稳定性，本书将地方各项银行存款总额与地方 GDP 的比值替代地方各项银行贷款总额与地方 GDP 的比值进行了验证。

4. 控制变量。在控制变量方面，地方政府土地资源作为地方政府借债的重要抵押物，而且，地方政府土地出让收入也是地方政府偿债的重要资金来源，因而，地方土地出让收入越多，其借债能力越强，所借债务越多。同时，地方政府土地出让收入是地方财政来源的重要组成部分，也是地方政府用于市政基础设施建设的重要资金来源，因而，从这个意义上说，地方土地出让收入越多，地方政府所需借债越少。综上两方面的分析，我们预期地方土地出让收入对地方政府债务量的影响可能是正向的，也可能是负向的。

根据杨灿明和孙群力（2008）等研究，政府规模会受该地区贸易开放所带来的外部风险影响，因而贸易越开放，政府支出规模会增大。本书采用地方进出口贸易总额作为地方经济开放程度，以此来验证贸易开放程度对于地方政府借债的影响。在地方城市化进程快速发展阶段，地方政府借债可能需要越多，本书采用城镇人口占比表示地方城市化水平。地方经济状况，一般地方经济状况对地方政府债务的影响具有一定滞后期，从政府决策到执行决策并成功发行债务需要较长的时间才能完成，所以本书的相关控制变量用滞后两期的地方失业率作为地方经济运行状况的代理指标。

（三）数据说明

本文所使用的城投债数据，来自 Wind 数据库。根据本书的研究问题，选用省级层面的平台公司所发行的债务总额。土地出让价格（或收入）根据各地方每年土地出让收入除以各地方土地出让面积得来，数据来源于各年《中国国土资源年鉴》。GDP 数据、预算内财政支出、进出口总额数据来源于各年《中国统计年鉴》，其中《中国统计年鉴》上的进出口总额用美元表示，本书取历年人民币对美元汇率的均值，将进出口总额换算为人民币表示的量。各地外商直接投资数据来源于 2007—2014 年各年各地区统计年鉴，本文同样取历年人民币对美元汇率的均值，将外商直接投资换算为人民币表示。各地存款、贷款总额来源于 2007—2014 年各年《中国金融年鉴》。

表 3-3　　　　　　　　　　　　描述性统计

变量	变量描述	Obs	Mean	Std. Dev.	min	max
lndebt	地方政府债务的对数	177	3.84	1.25	0.91	6.76
fis _ gdp	地方预算内财政支出/GDP	229	0.19	0.09	0.07	0.61
lnfdi	地方 FDI 的对数	229	5.58	1.42	1.70	9.51
loangdp	地方各项贷款总额/GDP	229	1.08	0.40	0.56	2.58
despositegdp	地方各项存款总额/GDP	229	1.57	0.72	0.81	4.74
lnland _ rev ~ e	地方土地出让收入的对数	229	6.08	1.14	1.19	8.71
lnimport _ ex	地方进出口总额的对数	229	7.67	1.60	3.69	11.12
unemploy	地方失业率	229	3.57	0.64	1.21	5.1
ratio _ city	地方城镇人口占比	229	51.77	14.57	29.89	89.6

3.3.4　实证结果及分析

（一）基本回归结果及分析

为了验证假说1，我们引入地方政府竞争能力的代理变量，实证结果如表3-4中方程（1）和方程（2）所示。方程（1）和方程（2）都采用固定效应模型，二者的唯一区别在于，方程（1）用的是地方预算内财政支出占当年 GDP 比例作为地方政府经济竞赛竞争力的代理变量，方程（2）用的是地方当年实际利用外商直接投资（取自然对数）作为地方政府经济竞赛竞争力的代理变量。从实证结果来看，从方程（1）可知，用地方政府预算内财政支出占 GDP 比值作为代理变量，在 1% 的显著性水平下，地方政府竞争力对地方政府债务增加具有正向促进作用。从方程（2）可知，用地方所用外商直接投资作为代理变量，其统计显著性不足，经济意义明显，地方政府竞争力对地方政府债务增加具有正向促进作用。

表 3 - 4　　　　　　　　　　　　　　全样本实证结果

	(1)	(2)	(3)	(4)	(5)	(6)	(7)	(8)
	假说1		假说2		综合1	综合2	综合3	综合4
fis _ gdp	17.496***				13.102***	12.431***		
	(4.471)				(4.605)	(4.707)		
lnfdi		0.308					0.434*	0.279
		(0.259)					(0.244)	(0.244)
loangdp			3.369***		2.519***		3.559***	
			(0.862)		(0.888)		(0.861)	
despositegdp				2.203***		1.613***		2.184***
				(0.548)		(0.579)		(0.547)
lnland _ revenue	-0.294	-0.198	-0.488**	-0.463**	-0.474**	-0.449**	-0.467**	-0.437**
	(0.190)	(0.202)	(0.201)	(0.198)	(0.195)	(0.193)	(0.200)	(0.199)
lnimport _ ex	0.358	0.360	0.816***	0.630**	0.651**	0.513*	0.699**	0.540*
	(0.288)	(0.315)	(0.302)	(0.289)	(0.298)	(0.285)	(0.306)	(0.299)
L2. unemploy	-0.766*	-0.832*	-0.371	-0.268	-0.405	-0.342	-0.247	-0.213
	(0.439)	(0.467)	(0.458)	(0.463)	(0.444)	(0.452)	(0.459)	(0.465)
ratio _ city	0.162***	0.211***	0.187***	0.218***	0.149***	0.175***	0.165***	0.206***
	(0.046)	(0.047)	(0.044)	(0.043)	(0.045)	(0.045)	(0.046)	(0.045)
_ cons	-6.448**	-7.753**	-11.844***	-12.408***	-10.182***	-10.543***	-13.095***	-12.995***
	(2.747)	(2.965)	(3.005)	(3.041)	(2.972)	(3.046)	(3.059)	(3.080)
N	147.000	147.000	147.000	147.000	147.000	147.000	147.000	147.000
r2 _ a	0.518	0.459	0.518	0.522	0.547	0.546	0.527	0.523

注：（1）括号内是标准误。（2）***、**、*分别为双尾检验在 1%、5%、10% 以内的显著性水平上显著。

　　为了验证假说2，我们分别用银行各项存款与地方GDP的比值和银行各项贷款与地方GDP的比值作为地方金融资源丰富程度的代理变量，实证结果如表3-4中方程（3）和方程（4）所示。从两个方程的实证结果来看，两种代理变量在统计上和经济意义上均是显著的，即在1%的显著性水平下，地方丰富的金融资源对地方政府债务增加具有正向促进作用。

　　同时考虑地方政府竞争力和地方金融资源状况两方面的因素，实证结果如表3-4中方程（5）至方程（8）所示。

（二）稳健性检验

　　为了确保实证模型是稳健的，我们将原样本分拆为东部及东北三省、中西部两个分样本进行实证检验。东部及东北省份分样本的实证结果如表3-5所示，其中以地方实际利用外商直接投资额（取自然对数）作为地方政府竞争力的代理变量在分样本中的统计显著性不佳，而其他关注变量在统计意义和经济意义上均是显著的。

表3-5　　　　　　　　　　　　东部（包括东北三省）样本

	（1）	（2）	（3）	（4）	（5）	（6）	（7）	（8）
	假说1		假说2		综合1	综合2	综合3	综合4
fis _ gdp	60.938 ***				46.053 ***	50.864 ***		
	(14.213)				(14.871)	(15.366)		
lnfdi		0.924					0.561	0.682
		(0.564)					(0.519)	(0.536)
loangdp			4.669 ***		3.049 **		4.389 ***	
			(1.249)		(1.262)		(1.274)	
depositegdp				2.144 ***		1.150		1.989 ***
				(0.727)		(0.726)		(0.733)
lnimport _ ex	−0.803	0.001	1.152 *	0.613	−0.002	−0.475	0.887	0.330
	(0.663)	(0.728)	(0.662)	(0.662)	(0.714)	(0.685)	(0.705)	(0.694)
lnland _ revenue	−0.296	0.178	−0.497	−0.297	−0.600 **	−0.453	−0.428	−0.228
	(0.266)	(0.285)	(0.305)	(0.304)	(0.283)	(0.280)	(0.311)	(0.307)
L2. unemploy	−0.351	−0.691	−0.236	−0.236	−0.063	−0.096	−0.164	−0.148
	(0.537)	(0.610)	(0.568)	(0.607)	(0.525)	(0.553)	(0.571)	(0.607)
ratio _ city	0.003	0.092	0.058	0.114 *	−0.003	0.024	0.052	0.102 *
	(0.061)	(0.064)	(0.059)	(0.060)	(0.058)	(0.061)	(0.059)	(0.060)
_ cons	5.533	−6.557	−12.076 **	−10.142 *	−2.038	0.690	−13.102 **	−11.537 **
	(5.335)	(5.756)	(5.452)	(5.635)	(5.970)	(6.076)	(5.524)	(5.705)
N	65.000	65.000	65.000	65.000	65.000	65.000	65.000	65.000
r2 _ a	0.362	0.160	0.316	0.251	0.421	0.382	0.318	0.261

注：（1）括号内是标准误。（2）***、**、*分别为双尾检验在1%、5%、10%以内的显著性水平上显著。

中西部省份分样本的稳健性检验结果如表 3 - 6 所示，从实证结果可见，其中以地方实际利用外商直接投资额（取自然对数）作为地方政府竞争力的代理变量在分样本中的统计显著性与经济显著性均不佳，而其他关注变量统计意义和经济意义上均是比较显著的。

表 3 - 6　　　　　　　　　　　中西部省份样本实证结果

	(1)	(2)	(3)	(4)	(5)	(6)	(7)	(8)
	假说 1		假说 2		综合 1	综合 2	综合 3	综合 4
fis _ gdp	10. 355 **				8. 110	6. 424		
	(4. 498)				(4. 855)	(5. 141)		
lnfdi		- 0. 096					0. 061	- 0. 063
		(0. 276)					(0. 282)	(0. 265)
loangdp			2. 293 *		1. 495		2. 369 *	
			(1. 164)		(1. 243)		(1. 226)	
depositegdp				2. 212 **		1. 568		2. 201 **
				(0. 894)		(1. 028)		(0. 902)
lnimport _ ex	0. 155	0. 171	0. 311	0. 223	0. 258	0. 205	0. 304	0. 236
	(0. 322)	(0. 341)	(0. 336)	(0. 322)	(0. 332)	(0. 321)	(0. 340)	(0. 328)
lnland _ revenue	- 0. 671 **	- 0. 709 **	- 0. 746 ***	- 0. 689 **	- 0. 709 ***	- 0. 676 **	- 0. 739 ***	- 0. 698 **
	(0. 263)	(0. 277)	(0. 267)	(0. 261)	(0. 264)	(0. 260)	(0. 271)	(0. 266)
L2. unemploy	- 0. 125	- 0. 051	0. 294	0. 303	0. 112	0. 151	0. 311	0. 295
	(0. 699)	(0. 728)	(0. 726)	(0. 708)	(0. 724)	(0. 715)	(0. 736)	(0. 714)
ratio _ city	0. 345 ***	0. 419 ***	0. 375 ***	0. 369 ***	0. 336 ***	0. 341 ***	0. 369 ***	0. 374 ***
	(0. 071)	(0. 072)	(0. 069)	(0. 067)	(0. 072)	(0. 071)	(0. 075)	(0. 072)
_ cons	- 10. 681 **	- 11. 050 **	- 13. 956 ***	- 14. 304 ***	- 12. 590 ***	- 13. 079 ***	- 14. 142 ***	- 14. 190 ***
	(4. 065)	(4. 252)	(4. 336)	(4. 224)	(4. 350)	(4. 317)	(4. 455)	(4. 284)
N	82. 000	82. 000	82. 000	82. 000	82. 000	82. 000	82. 000	82. 000
r2 _ a	0. 671	0. 642	0. 663	0. 675	0. 673	0. 678	0. 658	0. 669

注：(1) 括号内是标准误。(2) *** 、 ** 、 * 分别为双尾检验在 1% 、 5% 、 10% 以内的显著性水平上显著。

现有较多文献将地方实际利用外商直接投资额作为地方政府在经济竞赛中努力程度的代理指标，他们认为地方政府为了地方经济增长，通过给予相应的税收优惠、土地供给优惠、提供宽松的环保政策，进而大力招商引资。这一逻辑存在的潜在假设是外商资本根据地方优惠政策选择投资落户地方，因此地方政府在经济竞赛中给出的条件越优惠，吸收的外商直接投资越多。其实，外商资本在选择投资落户地方时，不仅仅考虑的是地方政府给予的优惠政策，而且会考察地方的其他方面，比如交通运输条件、相关产业在地方的发展程度、地方人才市场状况等，这些方面也会影响到企业的生产成本、销售成本，最终影响企业的利润。因此，仅仅从地方政府政策来考虑地方实际利用外商直接投资，进而将外商直接投资额作为衡量地方政府竞争力或努力程度的代理指标会存在一定偏差。

另外，从稳健性检验中还能观察到地方政府债务的区域差异。比较而言，地方政府竞争对地方政府债务的促进作用在东部及东北省份比中西部省份更强。而地方金融资源的不同代理变量在两个样本中的作用强度出现了差异。地方各项银行贷款与地方 GDP 的比值对地方政府债务增长的正向促进作用在东部及东北省份明显强于中西部省份，而地方各项存款与地方 GDP 的比值对地方政府债务增长的影响强度在东部及东北省份与中西部省份两个样本之间却不存在这种显著差异。这很可能隐含了地方之间金融资源争夺的现象，即中西部省份的金融资源往东部及东北省份有净流出。其实，存款一定程度上反映了地方可利用的金融资源，而贷款一定程度上反映了地方实际利用的金融资源，二者之间的差异反映了地方之间金融资源的流动。

3.4 经济竞赛下的土地财政、金融支持与房价上涨：经验证据

本节继续从第一个层面，即从经济对金融反馈的视角，剖析地方政府行为导致区域性金融风险生成的机制。正如第二节所述，近十多年来，房地产业成为大多地方经济发展的支柱产业之一，其中吸纳了大量金融资源，是金融机构的主要债务主体之一。现阶段，我国房地产价格高企、部分地区泡沫明显，同时房屋过剩、库存量很大等问题在部分地区也比较突出。正因为如此，房地产业的相关债务偿还能力存在很大的不确定性，众多金融机构面临很大的共同风险敞口，埋下了区域性金融风险隐患。本节从地方政府行为的角度剖析大量金融资源流入及房地产业膨胀的机制，并提供经验证据。

3.4.1 问题提出及文献综述

作为资金密集型行业，房地产市场聚集了大量金融资源，房地产泡沫的生成催生了巨大的金融风险隐患。其一，处于高位的房价会推高相应的楼盘土地价格，当房地产市场不景气、房屋销售价格下跌，或房屋不能及时售出时，房地产开发商购置土地等前期投入不能或不能及时回笼，房地产商无法按时偿还银行贷款，银行信用风险或流动性风险上升。其二，存在很大部分的银行信贷以房产、土地为第二还款来源，包括个人住房按揭贷款、政府融资平台贷款、工业企业贷款等，当房地产市场不景气、房屋销售价格下跌导致房产及土地价值下跌时，这些相关银行信贷资金回笼受阻，银行风险进一步加重。其三，房地产市场的风险对其上下游产业和实体经济的风险传递效应也很明显。此外，近年来，不论是房地产开发商，还是房地产相关投资者，都有部分资金来源于信托、私募甚至民间借贷等高成本渠道，房地产市场不景气更容易导致这些金融业态的风险爆发。

正如第二节的分析，我国房地产业经过多年的高速增长，不论从房屋价格或房屋存量来看，房地产泡沫都很明显，隐藏着较大的金融风险，部分区域的风险更大。部分文献对我国房地产泡沫进行了测度，Yu H.（2011）对我国房地产泡沫的测度发现，我国

房地产泡沫主要集中在东部大城市，如北京、上海、深圳、杭州和宁波等自 2005 年以来房地产泡沫一直相对较大。Ren 等（2012）、Wu 等（2012）、Wang 和 Zhang（2013）、王锦阳和刘锡良（2013）等文献也测度了我国部分地区或城市的房地产泡沫，表明我国部分地区一段时期内存在明显的房地产泡沫成分。房地产作为资金密集型产业，其泡沫的生成吸收了大量金融资源，其中主要以银行信贷形式存在。因而房地产泡沫隐藏的泡沫破灭可能意味着巨大金融风险的存在。

现有较多文献关注了地方政府土地财政策略和房价上涨的关系，普遍认为土地一级出让市场上的招、拍、挂机制使得地价和房价紧密地联系在一起，地方政府为了从土地出让中获取更多的收入，有激励抬高房价。刘民权等（2009）指出，地方政府批租商业用地的财政利益推动了地价、房价的持续上升。为增加其土地收益，地方政府不仅有激励在土地供给侧极力抬升地价，还有动力在房产需求侧积极推涨房价。邵新建等（2012）发现，地方政府对城市土地市场的垄断正是泡沫的主要硬核之一。通过投资者的预期成本效应，由竞价市场产生的高地价信号将立即拉高当期房价。陈超等（2011）建立理论模型阐述了房价上涨的制度逻辑，一方面地方政府土地出让和开发商的垄断造成房价过高；另一方面地方政府投资又依赖于土地出让收入。地方政府的利益是地价和房价上涨的根本原因，开发商垄断是高地价和高房价的直接原因。中国经济增长前沿课题组（2011）认为，21 世纪以来的城市化进程促使了土地要素的价值重估，直接成就了政府的"土地财政"，而土地的供给特性和跨期分配效应导致了房地产价格上升过快。杨帆和卢周来（2010）认为，真正左右我国房地产价格的是地方政府，中央政府出台的土地、信贷、税收以及增加经适房供应等政策都被地方政府策略性化解。而这根源于地方政府追求地方财政收入最大化的动机。但是也有学者对此持有不同的观点，况伟大和李涛（2012）认为，房价并非由地价和土地出让方式所决定，而主要是由供求关系决定的。

部分文献关注土地财政背后的制度性因素，认为分税制改革以来的财政不平衡导致了地方政府对土地财政的追求，进而促进了房地产价格的上涨。宫汝凯（2012）的实证结果显示，土地财政规模对中国城镇房价水平具有显著的正向影响，且随着财政分权度的扩大，正向影响被强化。宫汝凯（2015）再次证实了土地财政与房价水平的正向关系，并进一步指出，地方政府面临的财政不平衡是房价上涨背后的制度性因素。

针对地方政府追求土地财政的现象，黄少安等（2012）证实，政府财政收入在长期内满足"租税等价"，在短期内存在"租税替代"关系。而由于房地产相关的租金收入大部分归地方政府所有，而且"地租"属于地方预算收入，因而促使地方政府片面发展房地产，推高地价和房价。

部分学者更进一步挖掘房价上涨背后的制度性因素，论证地方官员的考核与升迁制度与房价上涨的内在关联。朱英姿（2013）认为，地方官员以 GDP 增长为核心的考核机制导致地方政府有干预房地产市场的激励，而地方政府对于经济资源的控制为这种干预创造了条件。黄少安等（2012）指出，官员政绩考核体系不合理导致地方政府行为的短期化，而地方政府地租收入的一次性和短期性促使了地方政府片面发展房地产。

部分文献关注了信贷及货币政策与房价上涨的关系。平新乔（2004）发现，政府支持的银行信贷对房地产投资、房价及土地价格上涨、房屋销量都具有正向推动作用。在少数地区，甚至出现以财政为房地产商贷款提供担保现象（杨帆等，2010）。叶光亮等（2011）实证发现，地方购房者的贷款决策对中央利率调控有明显反应。钱先航等（2011）发现，地方官员的晋升压力会导致城商行贷款向房地产等行业倾斜。Yu H.（2010）发现，中国的房地产抵押贷款等金融政策对房价有正向影响。侯成琪和龚六堂（2014）指出，货币政策冲击是决定我国住房价格波动的关键因素。但是，也有文献得出了不同的结论。赵胜民等（2011）认为，无论是在同期还是中长期，金融信贷对我国房地产价格影响有限，房地产价格变动更多来自房地产的自身冲击。

此外，部分文献从房地产属性及投资者行为视角解释房价上涨，其中也掺杂有地方政府行为的影子。杨赞等（2014）分析了住房的消费和投资的双重属性，从住房的使用成本与住房投资的机会成本视角分析住房价格。李仲飞等（2015）通过数值模拟发现市场中基本面分析者的预期不影响房价动态系统的稳定性，技术分析者与开发商的预期则导致房价波动，进而影响房价动态系统的稳定性。刘民权等（2009）指出，地方政府有动力在房产需求侧积极推涨房价，正如尹中立（2010）所述，地方政府可以通过操纵媒体，甚至房地产统计数据来引导人们对于房地产价格走势的预期，从而影响房地产价格。邵新建等（2012）发现，地方政府对城市土地市场的垄断促使地价上涨，通过投资者的预期成本效应，由竞价市场产生的高地价信号将立即拉高当期房价。赵胜民等（2011）认为，房价单边升值预期及投机行为是促进房价的重要力量。

综上相关文献，对房价上涨的解释主要集中于地方政府的土地财政，分税制改革后的财权事权不匹配、地方官员考核与升迁制度不合理等是其背后的制度性因素，而金融信贷是房价上涨的重要推动力之一。此外，文献也从投机者行为、房屋供求等角度进行了解释。但是其中仍有不足，比如，地方政府在晋升激励下促进了房价上涨，但是其中的作用机制或其行为的传导过程并不清楚；金融信贷对房价上涨的作用机制也不清楚，房地产信贷是市场本身的力量，还是地方政府力量在其中起到了助推作用？本节研究我国地方政府行为在房价上涨中的作用机制。我们发现，我国地方官员的考核与升迁机制引发了地方经济竞赛，在我国特殊的财政制度及地方金融权责安排下，地方政府通过多种方式动员金融资源支持房地产业，一方面助推地方土地财政收入，另一方面促进地方房地产及相关产业经济增长，而结果是房地产价格节节高升。

3.4.2 理论假说

（一）地方官员晋升竞争与房价上涨

我国地方政府官员处于一场以 GDP 为主要考核内容的晋升竞赛之中，为了地方经济增长，地方政府具有发展房地产的激励。其一，房地产业发展对 GDP 增长具有巨大的拉动作用。房地产本身的增长是经济增长的重要组成部分；同时，房地产的发展能够带动其上下游多个产业的发展，据测算，房地产投资拉动着上下游 50 多个产业发展，拉动率为 1:2.86，对国民经济影响力达到 30%。其二，房地产是土地财政赚钱的关键领域，而且土地财政属于地方预算外收入，其使用更灵活（下面部分对此进行详细阐述）。其三，房地产相关税收也是地方预算内财政收入的重要组成部分，主要包括房产税、契税、土地增值税、耕地占用税、城镇土地使用税等。就拿上述五种税收（"五税"）来说，2000年，全国"五税"收入占地方本级预算内收入的比重只有7%，此后十多年中，只有2001年、2011年和2015年是下降的，其余年份都是上升的，2014年这一比值达到最高，为18.2%。

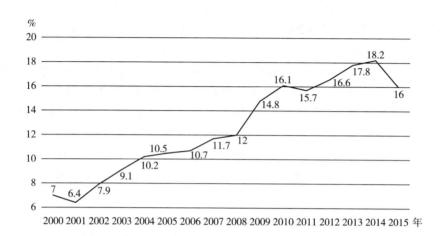

图3-11　房地产"五税"收入占地方本级预算内财政收入比重

根据以上分析，我们作如下假说。

假说1：地方政府在晋升竞争中的努力程度越高，干预房地产发展的程度就越深，房地产价格也会越高。

（二）地方政府土地财政政策与房价上涨

土地出让收入和土地相关税收收入成为中国地方政府的主要财政收入来源，这种类型的地方政府财政收入策略通常统称"土地财政"（Wu等，2015）。土地本来由国家唯一拥有所有权，但现行制度规定由地方政府代行城市土地所有权，而且自1994年之后，土地使用权的出让收入归地方政府支配和使用。早期由于土地需求较小，土地出让收入也较少。1998年，实行全面住房改革，取消福利分房制度。住房市场化大大提高了对土地使用权的需求，但一开始仍未引起价格的大幅上升。2002年，土地出让实行招、拍、挂机制，土地出让价格快速上涨，土地出让收入大幅增加。2001年，全国土地出让金占地方财税总收入的比重才14.2%，但自实行招、拍、挂机制之后的两年内大幅上涨至35.5%，此后一直在30%左右徘徊。

由于土地出让收入属于地方政府的预算外收入，因而对其使用比较灵活。在地方政府经济竞赛的背景下，地方土地财政收入往往成为地方政府基础设施建设和其他发展支出的重要来源，主要投向具有短期经济效益、有利于传递地方政府政绩信号的大项目。正因为如此，地方政府有激励抬高土地出让价格，增加土地出让收入。为了获取更多的土地财政收入，地方政府有激励提高房价，因为这样将抬高后续土地的出让价格；而土

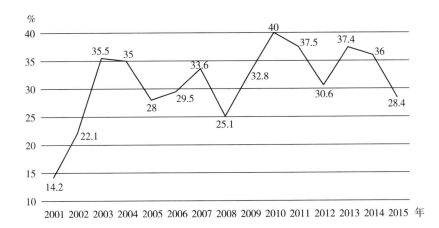

资料来源：易居房地产研究院。

图 3 - 12 全国土地出让金占地方财税总收入的比重

地价格的上涨也会进一步促进房价的上涨，二者处于一个相互影响、螺旋上升的过程中。根据如上分析，我们做出如下假说。

假说 2：土地财政规模（土地出让价格或土地出让收入）越大，房地产价格越高。

（三）地方金融资源与房价上涨

房地产行业属于资金密集型行业，金融尤其是银行信贷对房地产行业的发展起着重要作用。近年来，我国房地产相关的银行贷款余额情况如表 3 - 7 所示。因而一个地方的金融资源状况是其房地产业发展的重要条件，特别地，地方政府在增长目标的驱使下，为了发展房地产业，会通过多种途径引导信贷资源流向房地产业。一是对于地方政府具有控制力的地方性金融机构而言，地方政府可以影响甚至控制管理层决策，因而也就能够要求地方金融机构执行地方政府的房地产信贷政策。二是针对全国性商业银行，地方政府虽然不能直接控制其地方分支机构的经营决策，但也通过提供担保或隐性担保，对金融机构地方分支机构的领导提供政治或经济方面的激励，利用掌握的资源如财政存款、财政性资金补贴、重大项目金融服务等对金融机构进行"诱导性"干预，变相影响其房地产信贷政策。杨帆等（2010）发现，在少数地区，出现以财政为房地产商贷款提供担保现象。三是出台地方房地产信贷相关政策，甚至规避中央的房地产调控政策，促进房地产发展。中央曾多次出台政策以调控房地产市场，如提高开发商自有资金比例、提高贷款利息以及提高第二套及以上购房贷款门槛等政策。然而，部分城市如上海、北京、杭州总会出台相应的应对政策，如降低土地出让金首付比例；放宽住房公积金贷款上限；开放住房公积金异地贷款等。叶光亮等（2011）实证发现，地方购房者的贷款决策对中央银行利率调控有明显反应。我们还发现首付比例政策并没有得到地方银行的严格实施。首付比例等相关政策的实施需加大对地方执行部门监管的力度。基于以上分析，我们提出如下假说。

假说 3：地方聚集的金融资源越丰富，房价越高。

表 3 - 7		近年来房地产贷款余额变化情况			单位：万亿元
时间	金融机构人民币各项贷款余额	房地产贷款余额	房产开发贷款余额	地产开发贷款余额	个人购房贷款余额
2012 年底	62.99	12.11	3	0.86	8.1
2013 年底	71.9	14.61	3.52	1.07	9.8
2014 年 9 月底	79.58	16.74	4.18	1.21	11.12
2015 年 6 月底	88.79	19.3	4.88	1.54	12.64

数据来源：中国人民银行。

3.4.3　实证研究设计

（一）模型设定

考虑到地方政府竞争、土地财政及地方金融资源与房价的关系，将实证模型设定为

$$hp_{it} = \alpha + \beta_1 dfjz_{it} + \beta_2 jrzy_{it} + \beta_3 tdcz_{it} + \gamma X_{ix} + \varepsilon_{it} \qquad (3-4)$$

式中，i 代表省、自治区、直辖市；t 代表年份；hp 表示房屋价格的变量；$dfjz$ 表示地方政府竞争的变量；$tdcz$ 表示土地财政的变量；X 表示控制变量；ε_{it} 表示随机扰动项。

（二）变量定义与度量

1. 地方政府竞争指标设计。本书选取两个指标来度量地方政府竞争的努力程度：一是地方外商直接投资额。选择这一指标的理由见上一节的相关阐述。二是地方预算内财政支出占地区生产总值的比例。这一指标衡量地方政府对于经济资源的控制力（朱英姿，2013），地方政府对地方经济资源的控制力越高，其干预经济的能力越强，地方竞争能力越强。

2. 地方金融资源指标设计。本书用银行各项存款总额与地方地区生产总值的比值来表示地方金融资源的丰富程度。

3. 土地财政指标设计。用两个指标来表示：一是土地出让收入，即地方通过协议、招标、拍卖、挂牌四种方式出让土地的收入总额，并取自然对数。二是土地出让价格，具体地，用地方通过协议、招标、拍卖、挂牌出让土地的收入总额除以这四种方式出让土地的总面积，并取自然对数。

4. 控制变量说明。为了确保实证结论的稳健性，本文控制了反映地方经济景气程度的失业率，由年末登记失业人数/就业人数 + 年末登记失业人数得到；房屋建造成本采用竣工房屋造价来表示；反映地方经济开放程度的指标，由地方进出口总额与地方GDP 的比值表示；反映地方公共设施水平的指标，由城市铺装道路面积以及地方年末城镇人口数量表示。

（三）数据说明

我们使用的数据是中国2001—2013 年的分省份面板数据。房屋价格采用各省份商品房平均销售价格，房屋建造成本采用竣工房屋价格，数据均来源于历年《中国房地产年鉴》。测算土地出让价格的基础数据，包括各省份通过协议、招标、拍卖、挂牌四种

方式出让土地的收入和出让面积，数据均来源于历年《中国国土资源年鉴》。各省、自治区、直辖市的银行各项存款总额数据来自历年《中国金融年鉴》。其他各项指标的数据来源于历年《中国统计年鉴》。

表 3 - 8　　　　　　　　　　　　　描述性统计

变量	变量描述	Obs	Mean	Std. Dev.	min	max
lnhouseprice	地方商品房屋销售价格	390	8.02	0.58	6.87	9.82
lnfdi	地方 FDI 的对数	390	4.78	1.63	0.51	7.72
fisiex/gdp	地方预算内财政支出/GDP	390	0.18	0.08	0.07	0.61
deposite/gdp	地方各项存款/GDP	390	1.50	0.64	0.81	4.74
lnlandprice	地方土地出让价格的对数	390	5.94	0.98	2.94	9.13
lnlandreve	地方土地出让收入的对数	390	5.22	1.67	0	8.71
unempolyment	地方失业率	390	3.67	0.68	1.20	6.50
lncosthouse	地方竣工商品房屋造价的对数	390	7.34	0.41	6.46	8.47
imexgdp	地方进出口总额/GDP	390	0.33	0.41	0.03	1.79
lnarearoad	地方城市铺装道路面积的对数	390	9.22	0.89	6.40	11.22
lncityrenkou	地方城市年末人口数量的对数	390	7.36	0.76	5.08	8.88

3.4.4　实证结果及分析

（一）基本回归结果及分析

为了验证假说1，我们引入地方政府竞争能力的代理变量，实证结果如表3-9中方程（1）和方程（2）所示。方程（1）和方程（2）都采用固定效应模型，二者的唯一区别在于，方程（1）用的是地方当年实际利用外商直接投资（取自然对数）作为地方政府经济竞赛竞争力的代理变量，方程（2）用的是地方预算内财政支出占当年GDP比例作为地方政府经济竞赛竞争力的代理变量。从实证结果来看，从方程（1）可知，用地方实际利用外商直接投资额作为代理变量，在5%的显著性水平下，地方政府竞争对房屋价格上涨具有正向促进作用。从方程（2）可知，用地方政府预算内财政支出占GDP比值作为代理变量，在1%的显著性水平下，地方政府竞争对房屋价格上涨具有正向促进作用。

表 3 - 9　　　　　　　　　　　　　全样本回归结构

	(1)	(2)	(3)	(4)	(5)	(6)	(7)	(8)	(9)
	假说1		假说2		假说3	综合1	综合2	综合3	综合4
lnfdi	0.040 **					0.026		0.032 *	
	(0.018)					(0.016)		(0.017)	
Fisex/gdp		0.744 ***					0.079		−0.181
		(0.284)					(0.266)		(0.282)

	(1)	(2)	(3)	(4)	(5)	(6)	(7)	(8)	(9)
	假说1		假说2	假说3		综合1	综合2	综合3	综合4
deposi/gdp			0.425 ***			0.278 ***	0.265 ***	0.365 ***	0.373 ***
			(0.061)			(0.060)	(0.063)	(0.060)	(0.063)
landprice				0.145 ***		0.117 ***	0.121 ***		
				(0.015)		(0.016)	(0.016)		
landrevenu					0.088 ***			0.067 ***	0.072 ***
					(0.014)			(0.014)	(0.014)
unempoly	-0.077 ***	-0.070 ***	-0.077 ***	-0.077 ***	-0.084 ***	-0.080 ***	-0.078 ***	-0.087 ***	-0.086 ***
	(0.023)	(0.023)	(0.021)	(0.020)	(0.022)	(0.020)	(0.020)	(0.021)	(0.021)
costhous	0.855 ***	0.809 ***	0.749 ***	0.712 ***	0.729 ***	0.644 ***	0.652 ***	0.634 ***	0.659 ***
	(0.053)	(0.058)	(0.052)	(0.050)	(0.055)	(0.051)	(0.053)	(0.055)	(0.056)
imexgdp	0.114	0.129 *	0.107	0.105	0.110	0.084	0.095	0.082	0.094
	(0.076)	(0.075)	(0.071)	(0.068)	(0.072)	(0.066)	(0.066)	(0.069)	(0.069)
lnarearoad	0.017	0.048	0.131 ***	0.027	-0.067	0.070	0.084 *	0.013	0.028
	(0.049)	(0.047)	(0.046)	(0.043)	(0.048)	(0.044)	(0.044)	(0.049)	(0.049)
cityrenkou	0.601 ***	0.632 ***	0.488 ***	0.408 ***	0.550 ***	0.324 ***	0.349 ***	0.404 ***	0.433 ***
	(0.091)	(0.089)	(0.087)	(0.083)	(0.086)	(0.083)	(0.083)	(0.085)	(0.084)
_cons	-2.790 ***	-2.948 ***	-2.672 ***	-1.074 **	-0.953 *	-0.713	-0.993 **	-0.491	-0.881
	(0.496)	(0.453)	(0.416)	(0.454)	(0.559)	(0.481)	(0.454)	(0.563)	(0.535)
N	390.000	390.000	390.000	390.000	390.000	390.000	390.000	390.000	390.000
r2_a	0.892	0.892	0.904	0.912	0.901	0.917	0.917	0.911	0.910

注：（1）括号内是标准误。（2）***、**、*分别为双尾检验在1%、5%、10%以内的显著性水平上显著。

为了验证假说2，我们用银行各项存款与地方地区生产总值的比值作为地方金融资源丰富程度的代理变量，实证结果如表3-9中方程（3）所示。从实证结果来看，在1%的显著性水平下，地方丰富的金融资源对地方房屋价格上涨具有正向促进作用。

为了验证假说3，我们分别用地方土地出让收入和土地出让价格作为地方土地财政的代理变量，实证结果如表3-9中方程（4）和方程（5）所示。实证结果显示，在两个方程中，用地方土地出让收入和土地出让价格衡量的地方土地财政均在1%的显著性水平下对地方房屋价格上涨具有正向促进作用。

为了进一步验证三个假说，我们将三方面的关注因素共同进行检验，实证结果如表3-9中方程（6）至方程（9）所示。实证结果显示，除地方政府竞争能力因素的显著性欠佳之外，地方金融资源、土地财政因素均具有很好的经济显著性和统计显著性。对控制变量而言，在四个方程中，地方失业率水平均在1%的显著性水平下对房屋价格具有负面影响，竣工房屋建造成本均在1%的显著性水平下对房屋价格具有正向影响，城镇人口均在 1% 的显著性水平下对房屋价格具有正向促进作用。

（二）稳健性检验

为了检验模型的稳健性，我们将样本分成东部省份和中西部省份两个子样本进行检验[①]。检验结果分别如表 3-10、表 3-11 所示。从东部省份样本实证结果来看，模型整体显著性较好。关注变量中，除了以地方实际所用外商直接投资额表示的地方政府竞争力指标显著性不理想外，由地方预算内财政支出占地区生产总值比例所表示的地方政府竞争力、地方金融资源指标、地方土地财政指标的统计显著性和经济意义均是和总体样本实证结果一致。在中西部省份样本的实证结果中，模型整体显著性较好。关注变量中，除了地方金融资源指标的显著性和经济意义不理想外，其余的地方政府竞争力指标、地方土地财政指标的显著性和经济意义均与原样本实证结果一致。总体而言，模型是稳健的。

表 3-10　东部省份实证结果

	(1)	(2)	(3)	(4)	(5)	(6)	(7)	(8)	(9)
	假说1		假说2	假说3		综合1	综合2	综合3	综合4
lnfdi	0.056					0.041		0.032	
	(0.056)					(0.039)		(0.045)	
fisex/gdp		4.133 ***					1.840 ***		2.019 ***
		(0.727)					(0.599)		(0.703)
depos/gdp			0.656 ***			0.373 ***	0.300 ***	0.589 ***	0.502 ***
			(0.089)			(0.083)	(0.083)	(0.087)	(0.089)
landprice				0.269 ***		0.211 ***	0.197 ***		
				(0.027)		(0.028)	(0.027)		
landrevenu					0.135 ***			0.097 ***	0.080 ***
					(0.028)			(0.025)	(0.025)
unempoly	- 0.044	- 0.016	- 0.061 **	- 0.029	- 0.052 *	- 0.038	- 0.026	- 0.061 **	- 0.045 *
	(0.034)	(0.031)	(0.028)	(0.025)	(0.031)	(0.024)	(0.023)	(0.027)	(0.027)
costhouse	0.800 ***	0.620 ***	0.595 ***	0.352 ***	0.535 ***	0.304 ***	0.281 ***	0.395 ***	0.376 ***
	(0.102)	(0.096)	(0.089)	(0.088)	(0.110)	(0.084)	(0.080)	(0.098)	(0.094)
imexgdp	0.145	0.153 *	0.114	0.116 *	0.136	0.093	0.106 *	0.098	0.111
	(0.093)	(0.082)	(0.078)	(0.069)	(0.085)	(0.065)	(0.062)	(0.074)	(0.071)
arearoad	- 0.022	0.012	0.126 *	0.161 ***	- 0.074	0.204 ***	0.194 ***	0.071	0.075
	(0.073)	(0.066)	(0.065)	(0.058)	(0.069)	(0.055)	(0.053)	(0.063)	(0.061)
cityrenkou	1.090 ***	1.011 ***	0.881 ***	0.608 ***	1.005 ***	0.519 ***	0.561 ***	0.759 ***	0.782 ***
	(0.164)	(0.136)	(0.131)	(0.124)	(0.141)	(0.124)	(0.112)	(0.136)	(0.122)
_cons	- 6.051 ***	- 4.734 ***	- 5.067 ***	- 2.169 ***	- 3.328 ***	- 2.031 ***	- 1.918 ***	- 2.753 ***	- 2.716 ***
	(0.857)	(0.749)	(0.670)	(0.710)	(0.965)	(0.707)	(0.653)	(0.860)	(0.810)
N	143.000	143.000	143.000	143.000	143.000	143.000	143.000	143.000	143.000
r2 _a	0.873	0.898	0.910	0.930	0.892	0.939	0.942	0.920	0.924

注：（1）括号内是标准误。（2） *** 、 ** 、 * 分别为双尾检验在 1%、5%、10% 以内的显著性水平上显著。

———————

① 因为本书样本量有限，为防止样本太小导致的实证缺陷，本书将中西部省份放在一起作为一个子样本进行稳健性检验。

表 3 – 11　　　　　　　　　　　中西部省份实证结果

	(1)	(2)	(3)	(4)	(5)	(6)	(7)	(8)	(9)
	假说1		假说2	假说3		综合1	综合2	综合3	综合4
lnfdi	0.059 ***					0.056 ***		0.061 ***	
	(0.015)					(0.015)		(0.014)	
fisex/gdp		0.532 **					0.488 *		0.343
		(0.239)					(0.270)		(0.265)
depos/gdp			0.053			0.014	– 0.049	– 0.020	– 0.058
			(0.067)			(0.066)	(0.076)	(0.063)	(0.073)
landprice				0.047 ***		0.042 **	0.042 **		
				(0.017)		(0.017)	(0.018)		
landreven					0.064 ***			0.066 ***	0.061 ***
					(0.013)			(0.013)	(0.014)
unempoly	– 0.080 ***	– 0.066 **	– 0.077 ***	– 0.090 ***	– 0.085 ***	– 0.091 ***	– 0.078 ***	– 0.088 ***	– 0.078 ***
	(0.029)	(0.030)	(0.030)	(0.030)	(0.028)	(0.029)	(0.030)	(0.027)	(0.029)
costhouse	0.874 ***	0.832 ***	0.871 ***	0.859 ***	0.823 ***	0.847 ***	0.827 ***	0.814 ***	0.807 ***
	(0.050)	(0.057)	(0.055)	(0.052)	(0.051)	(0.053)	(0.057)	(0.052)	(0.055)
imexgdp	0.072	0.277	0.228	0.136	0.139	– 0.007	0.191	– 0.030	0.176
	(0.208)	(0.209)	(0.210)	(0.210)	(0.201)	(0.208)	(0.212)	(0.198)	(0.203)
lnarearoad	0.232 ***	0.315 ***	0.316 ***	0.244 ***	0.156 **	0.180 ***	0.250 ***	0.067	0.159 **
	(0.057)	(0.055)	(0.056)	(0.059)	(0.061)	(0.062)	(0.061)	(0.064)	(0.063)
cityrenkou	– 0.219 **	– 0.188 *	– 0.175 *	– 0.162 *	– 0.187 **	– 0.217 **	– 0.174 *	– 0.241 ***	– 0.190 **
	(0.096)	(0.098)	(0.099)	(0.096)	(0.093)	(0.096)	(0.097)	(0.092)	(0.094)
_cons	1.049 **	0.428	0.140	0.637	1.819 ***	1.506 ***	0.846 *	2.868 ***	1.911 ***
	(0.489)	(0.457)	(0.440)	(0.473)	(0.546)	(0.516)	(0.486)	(0.582)	(0.551)
N	247.000	247.000	247.000	247.000	247.000	247.000	247.000	247.000	247.000
r2 _a	0.942	0.939	0.938	0.940	0.944	0.943	0.940	0.947	0.944

注：（1）括号内是标准误。（2）***、**、*分别为双尾检验在1%、5%、10%以内的显著性水平上显著。

3.5　地方政府干预与金融机构风险：以地方性商业银行为例

接下来的两节将从第二个层面，即从金融自身的视角，剖析地方政府行为导致金融资源配置失当、金融发展与监管不匹配，进而埋下区域性金融风险隐患的机制。正如第三节、第四节的剖析和实证发现，在以经济增长为主要考核内容的晋升激励制度下，地方政府处心积虑地引导大量金融资源流入地方政府融资平台公司、房地产业等地方政府偏好的领域，其中金融运营原则的扭曲导致金融资源配置失当，金融机构风险暴露，区域性金融风险累积。由于地方政府作用于其不具有控制权的全国性金融机构与其拥有一定控制权的地方性机构的机制具有差异，因此，本节以地方性银行类金融机构为例，在银行经济学的框架下，推演地方政府干预导致金融机构风险累积及传染的机制。

3.5.1　问题提出及文献综述

正如前面两节的实证研究所发现的一样，地方政府为了发展地方经济，直接或间接地动员以银行为主的金融资源投入地方政府偏好的有利于短期经济增长的领域。具体而言，一方面，地方政府干预其具有实际控股权的地方性商业银行，引导其贷款更多流向地方政府相关部门、政府融资平台公司及房地产业；另一方面，即便其地方政府不具有实际控制力的全国性银行，地方政府也通过各种方式促使其贷款更多流向这几个领域，比如提供担保或隐性担保，邀请国有金融机构地方负责人参加地方政府相关座谈会以变相分配任务等。地方政府的这种直接或间接干预扭曲了银行经营原则，其中的风险逐步形成并积累，最终可能引发区域性或系统性金融风险。

在前面两节的基础上，本节以地方政府干预其具有实际控股权的地方性银行类金融机构为例，在银行经济学的框架下，研究地方政府为了自身利益而干预银行经营的作用机制，地方政府的干预行为可能会使银行股东及存款者利益遭受损失，并导致银行风险积累甚至通过银行间市场向其他银行传染风险。

模型大意如下，银行股份由政府股和私人股两部分组成，且政府股拥有实际控制权。政府股与私人股从银行获取的收益来源不完全相同，私人股只能从银行股息中根据权益份额获取收益，因而私人股只关注银行经营产生的经济收益。而政府股一方面在银行股息中根据权益份额获得收益，而且是公共收益；另一方面，政府股背后的政治家还能通过控制银行经营谋取自身的政治利益。因此政府股不仅仅关注银行经营产生的正常收益，还更多关注控制银行经营所能带来的政治利益，因而一家银行中的政府股与私人股之间存在利益冲突。由于政治家谋取政治利益所依赖的贷款项目往往是效益较差的项目，即期望收益较低的项目，我们将银行对这类项目的贷款与银行的一般性贷款分别定义为银行的风险资产与安全资产。对拥有控制权的政府股来讲，如果投资风险资产所能获得的政治利益加上根据股份能从这类风险资产投资中获取的期望收益之和大于投资安全资产时根据股份能获得的收益，那么，拥有控制权的政府股将决定投资风险资产。然而，这样的投资会产生两方面的影响：一是损害了私人股的利益，因为对私人股而言，银行投资安全资产时按股份份额所能获得的收益大于投资风险资产时按股份份额所能获得的期望收益；二是因为风险资产回收失败的可能增加了银行的信用风险，因而也有可能损害存款人的利益。

此外，若银行由于风险累积并最终破产，还会通过银行间市场向其在银行间市场有业务关联的银行传染风险。在银行间市场没有开放的自给自足经济中，单家银行只能通过对自身长期资产与短期资产的比例进行配置来满足存款者的流动性需求。而在银行间市场开放的条件下，有负向流动性需求联系的两家银行可以通过交换部分存款来提供流动性互保，从而在满足存款者流动性需求的情况下达到帕累托最优资产配置，即与中央计划者所能达到的配置一致。但是这一利益的取得是有代价的，因为此时可能遭受其他银行的破产通过银行间市场的传导而带来的损失，甚至有可能导致破产。

与本书密切相关的首先是政治家通过政府所有制银行谋取政治利益的相关文献。大量文献研究表明，政治因素在政府所有制银行的贷款决定方面起着重要作用（Sapienza，2004；Dinc，2005；Khwaja 和 Mian，2006；Micco 等，2007；Claessens 等，2008；Cole，2009；Carvalho，2014）。政治家用政府所有银行的贷款去影响公司的实际行为，目的是对其支持者提供就业、补贴和其他福利，并由此从支持者那里获取私利。比如政治家通过向相关公司提供优惠的贷款，同时要求这些公司增加雇员，因而整体就业水平提高，而政治家因此获得更多的政治赞助或更多的选举支持（Shleifer 和 Vishny，1994；Gupta，2005；Carvalho，2014）。通过为政治家提供一个实现这种利益交换的机制，政府控制银行的贷款能够对实际经济决策产生更大的政治影响（Shleifer 和 Vishny，1994）。一方面对非金融公司私有化的研究文献也证实了政治家重视控制公司实际决策并且用所有权选择来达到这一目的的观点（Dinc 和 Gupta，2011）。La Porta 等（2002）的讨论表明，拥有银行所有权使得政治家通过融资支持而对项目拥有更广的控制权。当然，政治家可能选择其他政策工具来影响私人公司从而获取私利，比如税收优惠。但是，比较而言，银行贷款的一个优点就是能解决承诺问题，政治家给予私有企业一个在未来一定年限内的税收优惠承诺也许是不足为信的，然而，通过提供优惠的贷款来实现利益转移是更加可信的（Carvalho，2014）。另外，如果选民不清楚与政府贷款有关的成本，那么政治家更偏好于利用政府贷款来影响公司决策并获取个人私利（Coate 和 Morris，1995；Alesina 等，2000）。部分文献还对政府所有制银行贷款的政治因素影响带来的效率损失进行了估计，据 Claessens 等（2008）估计，在选举周期内每年会因为这样的寻租而导致 0.2% 的 GDP 损失。Cole（2009）用印度的数据表明，选举影响了贷款的偿还，而且选举年的信贷繁荣并不明显地影响农业产出。

另一方面的相关文献是关于私有化对银行绩效影响的研究。Bonin（2005a，2005b）研究了捷克和波兰的渐进私有化过程，它们的银行私有化主要经历了两个阶段，政府在第一阶段私有化之后仍保持较高比例的所有权，而第二阶段私有化之后降低甚至完全放弃了所有权，实证发现，第二阶段的私有化显著提高了银行效率。Beck T. 等（2005）比较巴西和尼日利亚的私有化改革，结论也是支持减少甚至取消政府干预。Otchere（2005）研究发现，政府保留过多所有权导致了银行私有化后并没有明显提高银行效率。Clarke 和 Cull（2005）的研究认为，政府完全放弃对（私有化后）银行的控制是通过私有化提高银行经营效率的重要条件之一。就中国的情况而言，Ferri Giovanni（2009）用中国 20 个不同省级地区的城市商业银行为样本，发现由国有企业控制的银行绩效较差。Jia（2009）提供证据表明，在中国，与股份制银行相比，国有银行的借贷行为更不谨慎，文章认为，对股东和存款者的责任使得股份制银行比国有银行有更好的激励去审慎行事，而银行改革促进了国有银行的借贷行为更加审慎。Berger 等（2009）发现中国原四大国有银行的部分私有化增加了银行绩效，少量外部投资的引进对银行绩效有明显影响。但是也有研究对这一现象的原因进行了其他方面的解释，Berger 等

（2005）用阿根廷的数据验证表明，经历私有化的银行在事前绩效很差，私有化之后绩效显著提高，这也有可能是因为私有化过程中将不良资产剥离而只留下了优质资产给银行的缘故。

与本节的模型密切相关的文献主要有以下几篇。Diamond 和 Dibvig（1983）的模型解释了单个银行挤兑现象。Allen 和 Gale（2000）的文章考察了银行间市场应对银行流动性冲击的作用，具有负向流动性需求联系的银行之间可以通过交换存款而实现流动性互保。Allen 和 Gale（2005）讨论了银行投资者的问题。Sandro 和 Castiglionesi（2007）在银行间市场的框架下，讨论了银行资本与投资者道德风险的问题，当银行资本足够大时，银行投资者将不会发生道德风险行为，而当银行资本不足时，银行投资者可能会发生道德风险行为而投资风险资产，因而可能会损害存款人利益，并且道德风险行为产生的风险可能通过银行间市场传导至其他银行。

综上所述，现有大量文献研究了政府所有银行的效应，也有部分文献研究了银行私有化后的绩效表现，大多这类文献的关注对象主要是大部分资产被私有化从而控制权从政府转移到私人的这部分银行，而对政府仍然持有控制权，只是部分非控制性股权被私有化的这类银行研究很少，对这类银行的经营及其风险特征的经济学分析几乎是空白。本节试图对现有文献的这一缺陷进行弥补，研究政府仍然持有控制权且部分非控制性股权被私有化的银行经营及其风险特征。

3.5.2　基本模型

（一）模型基本假设

模型总共有三个时期，$t = 0,1,2$，合同在时期 0 签订，所有的消费发生在时期 1 和时期 2。在每期只有一种单一商品，该商品可以被用作消费或投资。

经济中有两个区域，分别记为 A 和 B，每个区域内有且仅有一家银行，每个区域内有一个连续的相同的存款者集合，将存款者多少的测度单位化为 1。每一个消费者（也是存款者）的禀赋为（1，0，0），即在时期 0 拥有 1 单位消费品，而在时期 1 与时期 2 没有任何消费品。存在两种消费者类型，但是在时期 0 不确定是哪一类，到了时期 1 才出现这两类型的区别。两种类型的消费者分别为前期消费者与后期消费者，前期消费者只在时期 1 消费，后期消费者只在时期 2 消费。消费者效用为

$$U(c_1,c_2) = \begin{cases} U(c_1) & \text{可能性为 } w^i \\ U(c_2) & \text{可能性为 } 1 - w^i \end{cases} \tag{3-5}$$

式中，c_t 表示在 t 期的消费，$t = 1$，2。$U(\cdot)$ 的定义域为非负水平的消费，是二阶连续可微、单调递增、严格凹的函数，且满足稻田条件。[①] 概率 w^i（$w < 1$）表示区域 i（$i = A,B$）的消费者成为前期消费者的概率，因而也是区域 i 的前期消费者比率；$1 - w^i$ 为区域 i 的后期消费者的比率；这儿 $w^i = w_H, w_L$，且 $w_H > w_L$。经济体存在两种等可能的状

---

① Diamond, Douglas, and Philip Dybvig, 1983, Bunk runs, deposit insurance and liquidity, Journal of Political Economy 91, 401 – 419.

态 S_1 和 S_2，流动性冲击的实现是状态依赖的，如表 3 - 12 所示，即在状态 S_1 时，A 区域的早期消费者比例为 w_H，后期消费者的比例为 $1 - w_H$，而 B 区域的早期消费者为 w_L，后期消费者的比例为 $1 - w_L$。每一区域在事前等可能地有高流动性偏好，流动性的不确定性在时期 1 被解决，即自然状态在时期 1 被揭示，从而让消费者知道自己是早期消费者还是晚期消费者。若将两个区域看成一个经济体，那么则不存在加总不确定，因为总体上的早期消费者比例为 $\gamma = \dfrac{1}{2} w_H + \dfrac{1}{2} w_L$。

表 3 - 12 区域流动性冲击

	区域 A	区域 B
状态 S_1	w_H	w_L
状态 S_2	w_L	w_H

经济中存在三类资产：其一为流动性的短期资产，在 t 期投资 1 单位的流动性短期资产将在 $t + 1$ 期回收 1 单位商品。其二为非流动性的安全资产，在时期 0 投资 1 单位安全资产将在时期 2 回收 $R(R > 1)$ 单位的商品。其三为非流动性的风险资产，在时期 0 投资 1 单位风险资产将有 η 的概率在时期 2 回收 $\lambda R(\lambda > 1)$ 单位的商品，将有 $1 - \eta$ 的概率在时期 2 不能回收任何商品。由于银行投资者与存款者之间存在信息不对称，在投资风险资产的情况下，存款者只能观察到收益中的 R 部分，因而如果投资风险资产获得了 λR 单位的收益，那么其中的 $(\lambda - 1)R$ 部分由银行投资者占有。假设 $\lambda \eta < 1$，因此风险规避或风险中性的投资者严格偏好于安全资产。进一步假设，流动性的短期资产和非流动性的安全资产总是可供投资的，而能够投资风险资产的机会仅以概率 p 出现。

每个区域有连续的相同的风险中性的银行投资者，将每个区域的所有投资者单位化为 1，投资者的禀赋为 $(e, 0, 0)$，即投资者在时期 0 有 e 单位的消费品，而在时期 1 与时期 2 无任何消费品。投资者的所有消费品要么用于消费，要么用于投资，即购买银行股份。如果投资者购买银行股份，则取得在时期 1 或时期 2 获得相应股息的权利。用 d_t 表示投资者在 t 期所得的股息，并假设银行股份投资者的效用函数为 $u(d_0, d_1, d_2) = Rd_0 + d_1 + d_2$，其中 $d_t \geqslant 0(t = 0, 1, 2)$。因为投资者将所有禀赋用于时期 0 消费能获得的效用为 Re，因此，他们每放弃时期 0 的 1 单位消费，则必须获得 R 单位的回报，否则他们将在时期 0 消费而不会投资。

假定每个区域的银行投资者由两部分组成，分别为拥有银行经营决策实际控制权的政府投资者（下文称政府股）和无控制权的私人投资者（下文称私人股），二者所占银行股份份额分别为 $m(\mu / (1 - \lambda \eta) < m \leqslant 1)$ [①] 和 $1 - m$。其中政府股除了与私人股一样根据股份获取股息之外，还可能在投资风险资产的情况下获得额外的政治利益。对银行投资者整体而言，若购买 e_0 单位的股份，那么时期 0 的消费量为 $d_0 = e - e_0$，同时能获

---

① 这里限定 m 的下界的依据是：对政府投资者来说，只有在一定资本水平范围内，投资风险资产的决策才是优于投资安全资产的，m 的范围就是避免对政府投资者来说，在任意资本水平 e 下选择风险资产都优于选择安全资产。这里 m 的下界要同时满足三个条件：$m\lambda\eta + \mu\eta < m, m\lambda\eta + \mu < m, \lambda\eta < 1$。

得的股息分别为 d_1、d_2。因此，对 $1-m$ 份额的私人投资者而言，他们在这整个周期内的效用总体为 $(1-m)[R(e-e_0)+d_1+d_2]$。只有在他们购买银行股份后的总效用大于等于在时期 0 立即消费的总效用的条件下，私人投资者才会购买银行股份，因此，对私人投资者而言，购买银行股份的参与约束为：$(1-m)[R(e-e_0)+d_1+d_2] \geq (1-m) R \cdot e$。特别的是，对政府投资者而言，他们的单位投资除了与私人投资者一样获得相应的股息收益之外，还能在投资风险资产的情况下，于第 2 期获取一个期望的额外政治利益 $E(l)$。因此，对 m 份额的政府投资者而言，他们在这整个周期内的效用为 $m[R(e-e_0)+d_1+d_2]+E(l)$。也只有在他们购买银行股份后的总效用大于等于在时期 0 立即消费的总效用的条件下，政府投资者才会购买银行股份，因而政府投资者的参与约束条件为

$$m[R(e-e_0)+d_1+d_2]+E(l) \geq mR \cdot e$$

假设政府投资者在银行投资风险资产的情况下所能获得的额外政治利益存在两种可能。

第一种情形：当银行政府投资者决定投资于风险资产，且风险资产获得成功时，那么每投资 1 单位风险资产，银行所有股东获得 $(\lambda-1)R$ 的额外收益，而此时政府股能因此获得私人收益 $\mu R(0 < \mu < 1-\lambda\eta)$；若风险资产失败，则获得的额外收益为 0。当与政府股的额外政治收益相关的群体能够观察政府股获取额外政治收益的成本时，这些相关的群体可能在政府股为获得额外政治收益而投资的风险资产获得成功，而不是失败时，才会帮助政府股额外政治利益的实现。在这种情况下，政府股投资风险资产的额外政治收益依赖于风险资产的成功才能实现。

第二种情形：当银行政府股决定投资于风险资产，且风险资产获得成功时，那么每投资 1 单位风险资产，银行所有股东获得 $(\lambda-1)R$ 的额外收益，不同的是，此时不论风险资产成功与否，政府股都能从每单位风险资产中获得额外的政治收益 $\mu R(0 < \mu < 1-\lambda\eta)$。当与政府股的额外政治收益相关的群体只关注自身利益，而不重视政府投资者为获取额外政治利益的成本，且政府投资者投资风险资产为这一群体带来利益时，这些相关的群体都会帮助政府投资者获取额外利益，因而此时政府股在银行投资风险资产的情况下能否获取额外政治收益并不依赖于风险资产的成功。

这里假设投资者风险中性且每期消费非负。投资者非负的消费假设加上投资者在时期 1 和时期 2 的收入为 0，这意味着投资者与银行存款者分担风险的唯一方式是通过投资于银行资本并获取状态依赖的分红。结果，当存在流动性冲击加总不确定时，最优风险分担合同允许在不同的状态下有不同的消费水平。

（二）银行帕累托最优的资产配置

在本文的经济体里，帕累托最优配置可以由计划者最大化消费者期望效用问题的解来刻画。计划者通过将两个区域作为一个整体来解决两个区域流动性需求不对称的问题。用 y、x 和 z 分别表示人均投入的短期资产、安全资产和风险资产。因为风险资产被安全资产占优，所以最优化要求 $z=0$。计划者的问题为

$$\max_{\{y,x,c_1,c_2\}} \gamma u(c_1) + (1-\gamma)u(c_2)$$

$$\text{s. t.} \quad x + y \leq 1, \gamma c_1 \leq y, (1 - \gamma)c_2 \leq Rx$$
$$x \geq 0, y \geq 0, c_1 \geq 0, c_2 \geq 0 \tag{3-6}$$

明显地，最优化要求可行性约束条件取等式，因此，问题可以写成：

$$\max_{y \in [0,1]} \gamma u\left(\frac{y}{\gamma}\right) + (1 - \gamma)u\left(\frac{1 - y}{1 - \gamma}R\right) \tag{3-7}$$

因为 u 是严格凹的，且满足稻田条件，那么问题式（3-7）存在唯一的内解。最优值 $y^* \in (0,1)$ 可从以下一阶条件中得到

$$u'\left(\frac{y^*}{\lambda}\right) = Ru'\left(\frac{1 - y^*}{1 - \gamma}\right) \tag{3-8}$$

一旦 y^* 由式（3-8）得到，可以通过可行性约束条件得到其他变量，即

$$c_1^* = \frac{y^*}{\gamma}, c_2^* = \frac{(1 - y^*)}{1 - \gamma}R, \text{且 } x^* = 1 - y^* \tag{3-9}$$

由式（3-7）和式（3-8）可知 $u'(c_2^*) = Ru'(c_2^*)$，这意味着 $u'(c_1^*) > u'(c_2^*)$ 且 $c_2^* > c_1^*$。因此，最优配置自动地满足了激励约束条件 $c_2 \geq c_1$，即后期消费者没有激励去伪装成早期消费者。定义最优配置为 $\delta(y^*, x^*, c_1^*, c_2^*)$，且最优配置下达到的期望效用为 U^*。

到目前为止，由风险中性投资者所有的资本没有起任何作用。事实上，风险中性投资者的资本配置是无关紧要的，因为在分析最优配置时，我们不用考虑道德风险和流动性需求的加总不确定性，他们可以将资本交给银行投资于安全资产，也可以在时期 0 用于消费。

3.5.3 自给自足经济中的利益冲突、银行资本与道德风险

这里的自给自足经济是指经济中两个区域的银行之间不存在银行间市场，因而银行的流动性需求完全由自己的资产配置来满足。根据上文对计划者问题的求解，银行最优配置只有在将两个区域的资源放在一个池子里面进行统一的配置，因而消除了加总不确定的条件下才能达到。下面，分析在自给自足的状态下，即单家银行面临加总不确定的情况下所能达到的配置情况。

具体假设如下：银行提供一个完全的合同，具体化每一单位存款中投资于短期资产和安全资产的比例，以及在 w^i 的情况下每一时刻 t 的所能提取的存款本息额。因此，合同可以写成 $\delta(x, y, c_1^L, c_2^L, c_1^H, c_2^H)$，其中 c_t^s 表示流动性冲击为 w_s $(s = L, H)$ 的情况下存款者在时刻 t 所能提取的数额。投资于非流动性资产的部分 x 能够被银行决策者挪用于投资风险资产，在这种情况下，如果风险资产成功，银行的支付为 c_2^s，否则支付为 0。

在模型中，道德风险不能通过合同解决，因为政府股之外的群体不能观察到银行投资风险资产给政府股带来的政治收益。同时，有限责任阻止了当长期投资收益为 0 时对银行的惩罚。因此，激励银行选择安全资产的唯一办法就是要求银行所有者投入足够多的资本。政府股实际控制决策权会产生两类道德风险问题：一是对存款者而言，投资风险资产可能的失败会导致后期消费者损失；二是对私人股而言，由于投资风险资产且成功时，政府股获得额外政治收益，而私人股则不会相应地获得更多的收益，而失败时，

私人股与政府股一样均不能获得任何股息收益。

（一）政府股无额外政治利益时的银行道德风险

在银行政府股投资者无法通过干预银行经营而获得额外政治收益的情况下，银行政府股的利益与其他私人股的利益一致。为了获取更多分红，银行可能冒险而将长期资产投资于风险资产，但是在一定量的资本投入时银行也会自动选择安全资产，因为此时投资风险资产且失败后对投资者的权益损失足够大。这里的实质问题是：银行资本满足什么条件才会使银行经营者选择将长期资产投资于安全资产，银行投资风险资产对存款人又有什么样的影响。

当资本水平为 e 并且存款中的 x 部分被指定为长期资产投资时，可供投资于长期资产的商品数量为 $x + e$，银行可以将这部分商品分别用于投资安全资产和风险资产，用 $(\hat{x}, \hat{z})$ 表示投资于安全资产和风险资产的数量。下面讨论使得银行决策者投资于安全资产所要求的最低资本水平。

一方面，如果银行将投资于长期资产的部分全部投资于安全资产，那么收益为 $R(x + e)$，此时银行整体利润为 $d_2^s = R(x + e) + (y - w_s c_1^s) - (1 - w_s) c_2^s$，记 $D = \frac{1}{2} d_2^L$ $+ \frac{1}{2} d_2^H$。由于银行股东收益必须满足风险中性投资者的参与约束，且投资者之间的竞争意味着均衡时约束式取等号，即 $D = \frac{1}{2} d_2^L + \frac{1}{2} d_2^H = R \cdot e$。此时银行政府股东的利润为 $m d_2^s = mR \cdot e$，私人股东的利润为 $(1 - m) d_2^s = mR \cdot e$。

另一方面，如果全部投资于风险资产，那么银行整体利润依赖于风险资产的收益，此时的银行股东整体利润为一个随机变量：

$$\overline{d}_2^s = \begin{cases} \lambda R(x + e) + (y - w_s c_1^s) - (1 - w_s) c_2^s & \eta \\ 0 & 1 - \eta \end{cases} \qquad (3-10)$$

记 $D_1 = E\left[\frac{1}{2} \overline{d}_2^L + \frac{1}{2} \overline{D}_2^H\right] = \eta\left[(\lambda - 1)R(x + e) + \frac{1}{2} \overline{d}_2^L + \frac{1}{2} \overline{d}\right] = \eta[\lambda R(x + e) - Rx]$，因此，银行经营者选择安全资产的条件是 $D \geqslant D_1$，即要求 $R \cdot e \geqslant \eta[\lambda R(x + e) - Rx]$，令 $R \cdot e = \eta[\eta R(x + e) - Rx]$，解得

$$e^* = \frac{\eta(\lambda - 1)}{1 - \lambda \eta} x \qquad (3-11)$$

从直觉来看，e^* 满足这样一个条件：银行每投资 1 单位安全资产能够获得 R 的收益，其中由存款者存款中抽取的 (x) 部分投资所产生的收益 Rx 须支付给存款者，而只有资本自身 (e) 的投资所产生的收益 $R \cdot e$ 归投资者所得。与之不同的是，在每投资 1 单位风险资产且成功时，获得的 λR 单位收益中也只有 Rx 部分须支付给存款者，剩下的部分 $(\lambda - 1)Rx + \lambda R \cdot e$ 由所有投资者所得。e^* 正是使银行投资者因为投资风险资产而得到的总收益与投资安全资产时所能得到的收益相等所要求的总体资本大小。

（二）政府股额外政治利益的第一种情形与道德风险

在政府投资者获取额外政治利益的第一种情形中，对银行股东整体的经济利润而

言，与之前不存在政府股额外政治收益时的利润一样，投资风险资产的利润仍然为一个随机变量，即式（3-10）所示。而不同的是，政府股此时能够在风险资产成功的前提下获得额外利益，即额外利益也为一随机变量：

$$\hat{l} = \begin{cases} \mu R(x+e) & \eta \\ 0 & 1-\eta \end{cases} \qquad (3-12)$$

因而，此时政府股的股息收入和额外政治收益之和为 $m\overline{d_2^s} + \overline{l}$，$E\lfloor m\overline{d_2^s} + \overline{l}\rfloor = m\eta\lfloor \lambda R(x+e) - Rx\rfloor + \eta\mu R(x+e)$。因此，要使银行决策者选择投资安全资产的条件为 $mR \cdot e \geq m\eta\lfloor \lambda R(x+e) - Rx\rfloor + \eta\mu R(x+e)$。令 $mR \cdot e = m\eta\lfloor \lambda R(x+e) - Rx\rfloor + \eta\mu R(x+e)$，解得

$$e_1 = \frac{\eta m(\lambda - 1) + \eta\mu}{m(1 - \lambda\eta) - \eta\mu}x \qquad (3-13)$$

和 e^* 给我们的直觉类似，银行每投资 1 单位安全资产能够获得 R 的收益，其中由存款者存款中抽取的（x）部分投资所产生的收益 Rx 须支付给存款者，而只有银行资本自身（e）的投资所产生的收益 $R \cdot e$ 归投资者所得。与之不同的是，在每投资 1 单位风险资产且成功时，获得的 λR 单位收益中也只有 Rx 部分须支付给存款者，剩下的部分 $(\lambda - 1)Rx + \lambda R \cdot e$ 由所有投资者所得，此时政府投资者除了按股份分享这部分收益之外，还能够获取额外政治收益 $\mu R(x+e)$，因而银行投资风险资产时政府股所能获得的期望收益为 $\mu\eta R(x+e) + m\eta\lfloor(\lambda - 1)Rx + \lambda R \cdot e\rfloor$。$e_1$ 正是使政府投资者因为投资风险资产而得到的总收益与投资安全资产时所能得到的收益相等所需的总体资本大小。

（三）政府股额外政治利益的第二种情形与道德风险

此时对银行所有股东的经济利润而言，与之前不存在控股股东私人收益时的利润一样，仍然为一随机变量，即式（3-10）。而不同的是，每投资 1 单位风险资产，不论成功还是失败，政府股都会获得额外政治利益 $l = \mu R$。与第一种情形的政治利益不同的是，此时的政治利益不再是一个随机变量。因而此时（投资长期资产为 $x+e$）政府股的股息收入和政治收益之和为 $m\overline{d_2^s} + l$，$E\lfloor m\overline{d_2^s}\rfloor + l = m\eta\lfloor \lambda R(x+e) - Rx\rfloor + \mu R(x+e)$。

因此，要使银行政府股选择投资安全资产的条件为 $mR \cdot e \geq m\eta\lfloor \lambda R(x+e) - Rx\rfloor + \mu R(x+e)$。

令 $mR \cdot e = m\eta\lfloor \lambda R(x+e) - Rx\rfloor + \mu R(x+e)$，解得

$$e_2 = \frac{\eta m(\lambda - 1) + \mu}{m(1 - \lambda\eta) - \mu}x \qquad (3-14)$$

和 e_1 给我们的直觉类似，银行每投资 1 单位安全资产能够获得 R 的收益，其中由存款者存款中抽取的（x）部分投资所产生的收益 Rx 须支付给存款者，而只有银行资本自身（e）的投资所产生的收益 $R \cdot e$ 归投资者所得。同样的，在每投资 1 单位风险资产且成功时，获得的 λR 单位收益中也只有 Rx 部分须支付给存款者，剩下的部分 $(\lambda - 1)Rx + \lambda R \cdot e$ 由所有投资者所得。与之前不同的是，在投资风险资产的情况下，无论风险资产的成功或失败，政府投资者都能从单位风险资产投资中获取政治收益 $\mu R(x+e)$，因而银行投资风险资产时政府股所能获得的期望收益为 $\mu R(x+e) + m\eta\lfloor(\lambda - 1)$

$Rx + \lambda R \cdot e$]。e_2 正是使政府投资者因为投资风险资产而得到的总收益与投资安全资产时所能得到的收益相等所需的总体资本大小。

讨论：（1）e^* 随 λ、η 的增加而递增[①]；e_1 随 λ、η 及 μ 的增加而递增[②]；e_2 随 λ、η 及 μ 的增加而递增[③]。

（2）在第一种情形与第二种情形下，e_1 与 e_2 均随 m 的增加而递减[④]。不难抓住其直观意义：在第一种情形下，拥有 m 部分股权的政府股因为投资每单位的风险资产而获得一定的期望额外收益，当 m 增大时，每单位政府股所对应的额外政治收益减小。而与之对应的每单位股权在投资安全资产的情况下所能获得的收益是一定的，因而，当 m 增大时，投资风险资产的收益与投资安全资产的收益持平，所需要的整体资本量减小。在第二种情形下，拥有 m 部分股权的政府股因为投资每单位的风险资产而获得确定的额外政治收益，当 m 增大时，每单位政府股所对应的政治收益减小。同样的，与之对应的每单位股权在投资安全资产的情况下所能获得的收益是一定的，因而，当 m 增大时，投资风险资产的收益达到与投资安全资产的收益持平，所需要的整体资本量减小。

（3）当 $m \to 1$ 时，$e_1 \to \dfrac{\eta(\lambda + \mu - 1)}{1 - \eta(\lambda + \mu)}x$，取极限值 $m = 1$ 时 $e_1 = \dfrac{\eta(\lambda + \mu - 1)}{1 - \eta(\lambda + \mu)}x$，此时的 e_1 相当于将 e^* 中的 λ 变为 $\lambda + \mu$。直观上看，当 $m = 1$ 时，银行所有股权为政府股权，此时的额外收益被所有股权分享，又因为额外收益是在风险资产成功的情况下才能获取，因而额外收益的获得相当于在原来没有额外政治利益情况下的收益基础上添加了单位风险资产成功时的收益，即之前为 1 单位长期风险资产投资且成功时获得 λR 单位收益，现在这一收益增加至 $(\lambda + \mu)R$。当 $m \to 1$ 时，$e_2 \to \dfrac{\eta(\lambda + \mu/\eta - 1)}{1 - \eta(\lambda + \mu/\eta)}x$，取极限值 $m = 1$ 时 $e_2 = \dfrac{\eta(\lambda + \mu/\eta - 1)}{1 - \eta(\lambda + \mu/\eta)}x$，此时的 e_2 相当于将 e^* 中的 λ 变为 $\lambda + \mu/\eta$。直观上看，当 $m = 1$ 时，银行所有股权为政府股权，此时的额外收益被所有股权分享，与第一种情形不同的是，此时的额外收益是在投资风险资产的情况下均能获取，而不论其项目的成功与失败。考虑投资风险资产原本的收益只有在风险资产成功的条件下才会实现，即以概率 η 使得 1 单位风险资产投资实现 λR 倍的收益，因而投资风险资产固定可得额外收益的获得相当于在原来没有私人利益情况下的收益基础上单位风险资产成功时添加了 μ/η 倍的收益，即之前为 1 单位长期风险资产投资且成功时获得 λR 单位收益，

---

① $(e^*)_\lambda = \dfrac{\eta - \eta^2}{(1 - \lambda\eta)^2} > 0, (e^*)_\eta = \dfrac{(\lambda - 1) + (\lambda^2 - \lambda)\eta}{(1 - \lambda\eta)^2} > 0$。

② $(e_1)_\lambda = \dfrac{\eta m^2(1 - \eta)}{[m(1 - \lambda\eta) - \mu\eta]^2} > 0, (e_1)_\eta = \dfrac{m^2(\lambda - 1) + \mu m}{[m(1 - \lambda\eta) - \mu\eta]^2} > 0, (e_1)_\mu = \dfrac{m\eta(1 - \eta)}{[m(1 - \lambda\eta) - \mu\eta]^2} > 0$。

③ $(e_2)_\lambda = \dfrac{m^2\eta(1 - \eta)}{[m(1 - \lambda\eta) - \mu]^2} > 0, (e_2)_\eta = \dfrac{m^2(\lambda - 1) + \mu m}{[m(1 - \lambda\eta) - \mu]^2} > 0, (e_2)_\mu = \dfrac{m(1 - \eta)}{[m(1 - \lambda\eta) - \mu]^2} > 0$。

④ $(e_1)_m = \dfrac{\mu\eta(\eta - 1)}{[m(1 - \lambda\eta) - \mu\eta]^2} < 0, (e_2)_m = \dfrac{\mu(\eta - 1)}{[m(1 - \lambda\eta) - \mu\eta]^2} < 0$。

现在这一收益增加至 $(\lambda + \mu/\eta)R$。

（4）不考虑 m 的变化，当 $0 < \eta < 1$ 时，$e_1 < e_2$；当 $\eta \rightarrow 1$ 时，$e_1 \rightarrow e_2$。其直觉如下：e_1 是在第一种情形下政府股选择投资风险资产与安全资产权衡的银行资本临界值，在第一种情形下，政府股的额外收益需要在风险资产投资成功时才能获取，在投资风险资产的条件下其发生的概率为 η。e_2 是在第二种情形下政府股选择投资风险资产与安全资产权衡的银行资本临界值，在第二种情形下，只要银行投资了风险资产，政府股便能获取额外收益，在投资风险资产的条件下其发生的概率为 1。因此，当 $0 < \eta < 1$ 时，第一种情形下单位政府股在投资风险资产时所能获取的期望政治收益小于第二种情形下所能获取的政治收益，η 越大，第一种情形所能获取的期望收益越大，越接近于第二种情形下的固定额外收益；当 η 取其极限值 1 时，政府股在第一种与第二种情形下获取相同的额外收益，此时临界值 $e_1 = e_2$。

（四）自给自足经济中的银行资产配置与福利分析

根据不同情形下银行政府股选择安全资产或风险资产投资的临界值，当政治利益为第一种情形时，只有在银行资本水平 $e \geq e_1$ 的条件下，自利的银行政府股东才会选择将长期资产投资于安全资产；而当银行资本水平 $e < e_1$ 时，政府股东选择将长期资产投资于风险资产，其中当 $e < e^*$ 时，投资的风险资产不会损害私人股东的利益，但当 $e^* < e < e_1$ 时，政府股东选择的风险资产将损害私人股东的利益。

具体地，当 $e^* < e < e_1$，且银行经营者选择投资风险资产时，每单位私人股东的损失为 $R \cdot e - (\lambda - 1)\eta R x - \lambda \eta R \cdot e = (1 - \lambda\eta)R \cdot e - (\lambda - 1)\eta R x$。$m$ 比例的政府股东因为选择风险资产而不是选择安全资产所得的额外收益为 $m\eta[\lambda R(x + e) - Rx] + \mu\eta R(x + e) - mR \cdot e$，将这一额外收益单位化得到 $\eta[\lambda R(x + e) - Rx] + \mu\eta R(x + e)/m - R \cdot e$。将额外收益减去损失并令其等于 0 可得 $e = \dfrac{2\eta(\lambda - 1) + \mu\eta/m}{2(1 - \lambda\eta) - \mu\eta/m}x$，当 $e_1 > e > \dfrac{2\eta(\lambda - 1) + \mu\eta/m}{2(1 - \lambda\eta) - \mu\eta/m}x$ 时，与选择安全资产相比，选择风险资产给每单位政府股带来的平均收益大于单位私人股因此遭受的额外损失，因此，此时选择风险资产投资对股东整体而言有福利改进。反之，当 $e^* < e < \dfrac{2\eta(\lambda - 1) + \mu\eta/m}{2(1 - \lambda\eta) - \mu\eta/m}x$ 时，与选择安全资产相比，选择风险资产给每单位政府股带来的平均收益小于单位私人股因此遭受的额外损失，因此，此时选择风险资产投资对股东整体而言有福利损失。

第二种情形与第一种情形类似，只是因为政府股东额外收益获取的条件不同，使得政府股选择风险资产与安全资产的临界值不同。当私人利益为第二种情形时，只有在银行资本水平 $e \geq e_2$ 的条件下，自利的银行政府股才会选择将长期资产投资于安全资产；而当银行资本水平 $e < e_2$ 时，政府股选择将长期资产投资于风险资产，其中当 $e < e^*$ 时，投资的风险资产不会损害私人股东的利益，但当 $e^* < e < e_2$ 时，政府股东选择的风险资产将损害私人股东的利益。

具体地，当 $e^* < e < e_2$，且银行政府股选择投资风险资产时，每单位私人股的损

失为 $R \cdot e - (\lambda - 1)\eta R x - \lambda \eta R \cdot e = (1 - \lambda \eta)R \cdot e - (\lambda - 1)\eta R x$。$m$ 比例的政府股因为选择风险资产而不是选择安全资产所得的额外收益为 $m\eta[\lambda R(x + e) - Rx] + \mu R(x + e) - mR \cdot e$，将这一额外收益单位化得到 $\eta[\lambda R(x + e) - Rx] + \mu R(x + e)/m - R \cdot e$。将额外收益减去损失并令其等于 0 可得 $e = \dfrac{2\eta(\lambda - 1) + \mu/m}{2(1 - \lambda \eta) - \mu/m}x$，当 $e_1 > e > \dfrac{2\eta(\lambda - 1) + \mu/m}{2(1 - \lambda \eta) - \mu/m}x$ 时，与选择安全资产相比，选择风险资产给每单位政府股带来的平均收益大于单位私人股因此遭受的额外损失，因此，此时选择风险资产投资对股东整体而言有福利改进。反之，当 $e^* < e < \dfrac{2\eta(\lambda - 1) + \mu/m}{2(1 - \lambda \eta) - \mu/m}x$ 时，与选择安全资产相比，选择风险资产给每单位政府股带来的平均收益小于单位私人股因此遭受的额外损失，因此，此时选择风险资产投资对股东整体而言有福利损失。

就资产配置对存款者的效用影响而言，考虑政府股东获得额外政治收益的第一种情形，对任意给定的银行资本水平 e，定义问题

$$\max_{x,y,e_0,\{c_t^s,d_t^s\}_{t=1,2}^{s=L,H}} \frac{1}{2}\left[W_H u(c_1^H) + (1 - w_H)u(c_2^H)\right] + \frac{1}{2}\left[w_L u(c_1^L) + (1 - w_L)u(c_2^L)\right]$$

$$\text{s. t.} \quad e \geq e_1$$

$$w_s c_1^s + d_1^s \leq y$$

$$(1 - w_s)c_2^s + d_2^s \leq \lambda R(x + e) + (y - w_s c_1^s - d_1^s)$$

$$\frac{1}{2}(d_1^H + d_2^H) + \frac{1}{2}(d_1^L + d_2^L) + E(l) \geq R \cdot e_0$$

$$y + x \leq 1 + e_0, e_0 \geq 0, e_0 \leq e$$

$$d_t^s \geq 0, c_t^s \geq 0, \text{其中}, s = L, H \text{且} t = 1, 2 \tag{3-15}$$

上面的问题是政府股东拥有第一种情形的额外政治收益，且 $e \geq e_1$ 时，银行政府投资者在愿意投资安全资产而不是风险资产的情况下最大化消费者期望效用，用 $\delta_1^{NG}(e)$ 表示上述问题的解，用 $U_1^{NR}(e)$ 表示解上述问题所能达到的期望效用水平。

当政府股东拥有第二种情形的额外收益时，银行的优化问题与问题式（3-15）类似，只是约束条件变为 $e \geq e_2$，记此问题的解为 $\delta_2^{NR}(e)$，相应的消费者期望效用水平为 $U_2^{NR}(e)$。

由于资本水平已经阻止了政府股的道德风险行为，即银行将长期资产全部投资于安全资产，此时银行将 1 单位的存款在长短期资产之间进行配置，并分别在时期 1 与时期 2 支付给消费者相应的消费品。而所有银行资本将全部投资于安全资产，只有这样才能满足投资者参与约束。因此，在不存在道德风险的条件下，银行在各种资本水平下通过资产配置能给消费者带来的期望效用是相等的，即 $U_1^{NR}(e) = U_2^{NR}(e)$。

现考虑在银行资本水平不足以阻止政府股投资风险资产的情况下，消费者所能达到的最高效用。当政府股东拥有第一种情形的额外政治收益，且 $e \leq e_1$ 时，银行的资产配置及相应的消费者期望效用可通过解如下问题而得。

$$\max_{x,y,e_0,\{c_t^s,d_t^s\}_{t=1,2}^{s=L,H}} \frac{1}{2}\big[W_H u(c_1^H) + (1-w_H)u(c_2^H)\big] + \frac{1}{2}\big[w_L u(c_1^L) + (1-w_L)u(c_2^L)\big]$$

$$\text{s.t.}\quad e \geqslant e_1$$

$$w_s c_1^s + d_1^s \leqslant y$$

$$(1-w_s)c_2^s + d_2^s \leqslant \lambda R(x+e) + (y - w_s c_1^s - d_1^s)$$

$$\frac{1}{2}(d_1^H + d_2^H) + \frac{1}{2}(d_1^L + d_2^L) + E(l) \geqslant R \cdot e_0$$

$$y + x \leqslant 1 + e_0, e_0 \geqslant 0, e_0 \leqslant e$$

$$d_t^s \geqslant 0, c_t^s \geqslant 0,\text{其中}, s = L,H \text{且} t = 1,2 \qquad (3-16)$$

注意到此时在每种状态下银行在时期 2 为消费者提供的消费是一个随机变量:

$$(\tilde{c_2^s})_1 = \begin{cases} \bar{c_2^s} & (1-p) + p\eta \\ 0 & p(1-\eta) \end{cases} \qquad (3-17)$$

这里 $\bar{c_2^s}$ 为上述问题的解。这里用 $U_1^R(e,p)$ 表示解上述问题所得到的期望效用。

当政府股东拥有第二种情形的额外政治收益,且 $e \leqslant e_2$ 时,银行的优化问题与问题式 (3-16) 类似,只是约束条件变为 $e \leqslant e_2$,此时在每种状态下银行在时期 2 为消费者提供的消费也是一个随机变量 $(\tilde{c_2^s})_2$。

3.5.4　银行间市场的流动性互保与风险传导

在由两个有负向相关流动性需求的区域组成的经济体中,如果没有银行股东道德风险问题,银行可以通过银行间市场达到最优配置 (Allen 和 Gale,2000)。两个区域的银行通过交换存款可以应对流动性冲击,当一个区域面临高的流动性需求时,它将收回它在另一银行的存款,并在后期另一银行需要时返还其存款。具体地,根据 Allen 和 Gale (2000),最优化的配置可以在一个分散化的银行体系中通过银行间市场来达成: (1) 在 0 时刻,每一银行向存款者和其他区域的银行提供一个合同 $\delta^* = (y^*, x^*, c_1^*, c_2^*)$。(2) 在 0 时刻,每一银行将消费者存入的每单位存款中的 $(w_H - \gamma)$ 部分存放于另一区域的银行,同时接收来自另一区域银行相同数量的存款。

在这样的安排下,某一区域的银行在时刻 1 时受到高流动性冲击,即 $w_i = w_H$,这一银行可以将它在另一区域银行的存款取回并加上自身的短期资产 x^* 用于支付此时的消费者的流动性需求,并将另一银行在时刻 0 存入的存款在时刻 2 返还。这里的银行间存款被用作应对流动性冲击的互保工具,在银行部门完全竞争的条件下,均衡结果为银行提供产生最优配置的合同,并因而最大化消费者的期望效用。

与 Allen 和 Gale (2000) 不同的是,Sandro Brusco 和 Fabio Castiglionesi (2008) 考虑了银行存在投资者的情况,银行投资者投入资本,在满足自身参与约束的条件下最大化消费者效用,此时的银行因为投资者利益诉求可能出现投资风险资产的道德风险。此时能够防止道德风险的唯一约束是银行资本,当银行资本足够大以阻止银行道德风险行为时,两个区域的银行也能通过银行间市场来对应各自面临的流动性需求不确定性,从而达到最优配置 δ^*。

根据本书的假设，当不考虑政府股东投资风险资产时的额外政治收益时，情景与 Sandro Brusco 和 Fabio Castiglionesi （2008） 一致。在这种情形下，如果资本水平 $e \geq e^*$，那么两个区域的银行可以通过银行间市场达成最优配置 $\delta^* = (y^*, x^*, c_1^*, c_2^*)$。此时银行没有激励将长期资产投向风险资产，同时投资于短期资产的银行间存款不会产生道德风险问题。

考虑银行政府股通过投资风险资产所获得的政治收益，此时由银行政府股决定投资于安全资产的资本要求提高了。在政府股获得额外收益的第一种情形下，如果 $e \geq e_1$，银行将投资于安全资产，此时两个区域的银行通过银行间市场的流动性互保能够达成最优配置 δ^*。在政府股获得额外收益的第二种情形下，如果 $e \geq e_2$，银行将投资于安全资产，此时两个区域的银行通过银行间市场的流动性互保能够达成最优配置 δ^*。

然而，当区域中的任意一家银行的资本不满足上述条件，因而无法阻止银行政府股东道德风险时，风险资产的投资使得这家银行存在一个正的破产概率，而另外一家银行因为这家银行的破产并通过银行间存款的传导而遭受损失甚至破产也存在一个正的概率。因此，某区域的银行在以下两种情况下会破产：第一，当风险资产出现且失败时，银行会破产，其发生的概率为 $(1 - \eta)p$。第二，当银行（B）有足够的长期资产，但在第二期另外一家（A）银行不能支付银行间存款，此时银行（B）的破产是由另外一家银行（A）破产传染的。一般而言，当 A 区域银行在时刻 1 遇到高的流动性冲击时，A 区域的银行才会欠 B 区域银行的存款，即 $w^A = w_H$ 时，发生的概率为 1/2。同时，A 区域银行破产的概率为 $(1 - \eta)p$，B 区域银行自身不破产的概率为 $1 - p(1 - \eta)$。因此，从 A 区域银行破产向 B 区域银行传染并导致 B 区域银行破产的概率为 $p(1 - \eta)[1 - p(1 - \eta)]/2$。

为了更好地理解，假设两个区域的银行向它们各自区域的存款者提供一个合同 $\delta = (y^g, x^g, c_1^g, c_2^g)$，并且与其他区域的银行之间有相互的银行间存款。为了达到互保，每一银行将 $(w_H - \gamma)c_1^g$ 部分的存款存放于其他银行，并且分别投资短期资产 $y^g = \gamma c_1^g$ 和长期资产 $x^g = (1 - \gamma)c_1^g$。

进一步假设，A 区域银行投资风险资产 x^g，B 区域银行投资安全资产，那么将会有：

（1）风险资产不会出现或者出现但成功，其概率为 $(1 - p) + p\eta$。在这两种情况下，A、B 区域的消费者均享有最优配置，B 区域银行所有股东获得零利润，且控股股东的额外收益也为 0。在风险资产出现且成功的情况下，A 区域银行的政府股东获得额外收益（两种情形的额外收益假设都一样），私人股东与政府股东均获得风险资产成功后的收益。当风险资产不会出现时，A 区域银行所有股东获得零利润，且政府股的额外收益也为 0。

（2）风险资产出现并失败的概率为 $p(1 - \eta)$，然而这只能在时刻 2 才能知道，两个区域的早期消费者在时刻 1 时已经获取了他们的最优配置。下面考虑 A 银行在时刻 2 时破产，那么会有以下情形。

情形一：如果 $w^A = w_L$，那么时刻 1 时 A 银行借款给 B 银行，且 B 银行于时刻 2 返还给银行 A。因为 A 银行投资于风险资产且在时刻 2 的回收为 0，那么 B 区域银行此时所返还的存款成为其唯一可供支付给存款者的来源。因此，A 区域后期消费者收到 $(w_H - \gamma)c_2/(1 - w_L)$，B 区域后期消费者收到最优配置所对应的消费品。A 区域银行的股东利润为 0，若政府股东有第一种情况下的政治收益，那么此时控股股东的政治收益为 0；若政府股东有第二种情况下的政治收益，那么此时控股股东的额外收益为 $\mu R x^g$。B 区域银行所有股东获得零利润，且政府股东的额外收益也为 0。这种情况下，B 区域银行没有被 A 区域银行的失败所传染。

情形二：如果 $w^A = w_H$，那么时刻 1 时 A 银行从 B 银行借款。然而在时刻 2，A 银行风险资产失败，因而不能偿还 B 银行的存款，因此 A 银行的破产将传导至 B 银行。B 银行的后期消费者收到 $(1 - \gamma)c_2/(1 - \omega_L)$，且 B 银行破产。

3.5.5 进一步讨论

本节所讨论的银行类金融机构股权安排是我国现阶段的一大特征，在模型中，我们讨论了地方政府干预地方性商业银行与否的决策依据是政治利益与相应政府股股权利益之和。而在我国实际情况中，地方政府的决策依据更多地倾向于其政治利益，而对股权利益的关心较少。因为随着地方官员的升迁，之前的相关行为的结果留给了下一任，即地方官员利用地方金融资源的权责时空不一致，从而导致更大的道德风险。

但是，从我国实际情况来看，目前为止，很少发生地方性商业银行破产倒闭的情况，更没有发生过银行破产导致风险传染的区域性或系统性金融危机。简单地讲，我们认为有以下几个方面的原因：一是由于地方政府控股，其中大多是国有资产，政企没有分开，当银行风险真正积累到一定程度时，政府会通过财政等方式补充资本金，事前化解风险。二是我国长期处于金融抑制状态，存贷差较高，银行因此获得大量利润，有助于不良资产的消化，风险得到控制。三是从我国经济发展过程来看，我国经济处于赶超阶段，特别是过去几十年，整体上还是短缺经济，社会需求量大，除了部分政策性贷款之外，大多投资往往能获得较好回报，也因此较少发生银行大量不良资产。但是这一形势在逐步转变，我国经济现阶段已经出现结构性过剩，在此基础上，仍然坚持过去粗放的投资方式可能会导致资本回报低，甚至不能回收本金，银行风险更容易累积。

3.6 地方政府干预、重发展轻监管与非正规金融风险

本节继续从第二个层面，即从金融自身的视角，剖析地方政府行为导致区域性金融风险生成的机制。作为金融资源的重要来源之一，地方政府往往乐于发展地方非正规金融。但是，由于地方政府偏重于审批，而相应的监管不足，留下了不容忽视的区域性金融风险隐患。

地方政府一方面干预、动员地方性金融机构和全国性金融机构地方分支机构，促使其资金更多地流向地方政府融资平台、房地产业等有利于地方短期经济增长的领域；另一方面，地方政府还大力发展地方非正规金融。其一，非正规金融也是重要的金融资源

来源，有利于中小企业融资；其二，在地方政府融资平台向银行等正规金融机构融资受阻的情况下，非正规金融机构也为其提供了大量的资金供给。在地方金融管理体制还不健全、地方政府没有真正履行地方非正规金融风险处置责任的情况下，地方政府在重视非正规金融发展的同时，疏于对其的日常监管，相关机构内部管理欠缺，违规经营、过度冒险甚至非法经营较多，导致非正规金融风险事件时有发生，部分地区的潜在风险隐患更不容忽视。与正规金融机构一样，地方政府对非正规金融的经营也存在着干预行为，也是其风险生成的重要原因之一。此外，非正规金融与正规金融体系在资金来源、业务运作方面联系紧密，一旦非正规金融风险爆发，风险可能向正规金融体系传递，引发区域性金融风险甚至系统性风险。

非正规金融的形式是多样的，近年来，我国开展融资活动的非正规金融机构包括小额贷款公司、典当行、融资性担保公司、私募股权基金、农村（民）资金互助组织和各种民间借贷组织等。民间借贷是其中最原始的方式，在我国自古以来就存在，那时的民间借贷主要是应对婚丧嫁娶等方面的资金应急，后来逐步发展到生产方面。文献对民间借贷有几方面的解释，Mckinnon（1973）从金融抑制的角度出发，提出部分居民和企业因无法达到正规金融系统要求的信用评估水平而转向民间融资。Stigliz 和 Weiss（1981）在信贷配给均衡的框架下进行研究，发现民间金融一定程度上填补了"信贷配给"后剩下的企业融资需求。林毅夫和孙希芳（2005）从信息经济学的角度，构建了一个包括不同信息结构的民间金融和正规金融部门的金融市场模型，从信息不对称、交易成本差异的角度解释了民间金融广泛存在的原因，认为民间金融是市场主体各自优化行为并相互影响而导致的市场分割的结果。Aleem（1990）认为，非正规金融市场的信息不对称和高风险导致了该市场的利率高涨。市场分割下产生的民间融资因为无法获取市场完全信息，高利率引致盲目投资积累系统性风险。

但是，仅从上述几个方面很难解释我国非正规金融近年来的快速发展，所以我们从地方政府行为的视角对其进行解释，并分析地方政府行为与非正规金融风险的生成。

3.6.1 几类非正规金融机构的发展及风险现状

（一）融资性担保公司的发展及其风险现状

截至 2010 年末，全国融资性担保法人机构共计 6030 家，在保余额为 11503 亿元，较上年末增长 64.6%，融资性担保 9948 亿元。2011 年末，全国融资性担保行业共有法人机构 8402 家，同比增长 39.3%，在保余额总计 19120 亿元，同比增长 39.1%，其中融资性担保 16547 亿元。截至 2012 年末，法人机构为 8590 家，同比增长 2.2%，在保余额 21704 亿元，同比增长 13.5%。截至 2013 年末，行业法人机构总计 8185 家，在保余额达 2.57 万亿元，同比增长 23.1%。

某些地区的融资性担保公司风险较大。以浙江省为例，2012 年以来，由于宏观经济增长放缓，企业贷款违约比例上升，银行对小微企业的放贷趋向谨慎，同时不断增加的担保代偿额也成为银行抬高门槛、减少合作的理由，部分银行机构合作意愿明显减弱。浙江省融资性担保公司业务大幅下降。2014 年，浙江省担保行业新增融资性担保业务 814 亿元,同比减少 12.96%;2014 年末,融资性担保业务余额 792 亿元,同比减少 12.65%。从机构数量来看,浙江省 2011 年有融资性担保公司 676 家,2012 年、2013 年、2014 年连续三年减少,分别为 589 家、558 家、495 家,同比分别减少 12.87%、5.26%、9.34%,其中部分融资性担保公司因为经营困难而退牌,也有部分因为清理整顿而关停。从具体风险来看,2012 年,融资性担保机构共发生担保代偿 18.09 亿元,比上年增长 184.87%,并有担保公司因代偿损失大而申请退牌。2013 年,代偿风险进一步加大,年末担保代偿率为 2.68%,上升了 1.52 个百分点。

另外,四川省过去几年中的融资性担保公司风险事件频出,以 2014 年、2015 年最为突出。从业务规模来看,由于少数融资担保公司因介入民间借贷与非法集资爆发风险事件,导致不少融资担保公司经营困难,业务萎缩,形象受损,银行与担保企业合作阻力加大。四川省金融办发布的数据显示,2014 年,四川省融资性担保机构累计担保金额 1578.83 亿元,同比减少 20.68%,其中融资性担保金额累计 1503.99 亿元,同比减少 21.04%;非融资性担保金额累计 72.34 亿元,同比减少 11.75%。年末在保余额 2122.55 亿元,同比减少 12.56%,其中融资性担保余额 2015.25 亿元,同比减少 13.82%。从风险指标来看,2014 年末,四川省担保行业代偿率为 3.27%,较 2013 年末的 0.66% 上升约 5 倍。行业利润、机构数量、资产总额、杠杆率同比均出现下滑。2014 年末,四川省融资担保收入同比减少 15%,净利润同比减少 23%,不良融资担保余额 9.24 亿元,代偿 54 亿元。截至 2015 年 3 月末,四川省不良担保余额 10.1 亿元,为 2014 年同期的 3 倍。

(二)小额贷款公司的发展及其风险现状

近年来,我国小额贷款公司发展迅速,2012 年 6 月底,全国共有 5267 家,到 2015 年底,全国增长至 8980 家,年平均增长率为 20.14%。从地方来看,截至 2015 年底,机构数量排前五位的分别是江苏、辽宁、河北、安徽、吉林,分别为 636 家、597 家、480 家、458 家、442 家。从增长率来看,排前五位的分别是西藏、青海、天津、海南、新疆,分别为 314.29%、85.71%、66.67%、65.31%、62.73%。各地区当中,在这期间,只有内蒙古自治区的小额贷款机构数量是负增长的,2012 年底有 436 家,而到 2015 年底,不但没有大幅增加,而且下降至 428 家,年均增长率为 -0.5%。

表 3-13　　　　　　　　近年来我国小额贷款公司机构数量变化情况

地区	全国	北京	天津	河北	山西	内蒙古	辽宁	吉林	黑龙江	上海	江苏
2012 年 6 月（家）	5267	39	33	290	232	436	349	219	194	75	430
2015 年底（家）	8980	85	110	480	327	428	597	442	261	121	636
年均增长率（%）	20.1	33.7	66.7	18.7	11.7	-0.5	20.3	29.1	9.9	17.5	13.7
地区	浙江	安徽	福建	江西	山东	河南	湖北	湖南	广东	广西	海南
2012 年 6 月（家）	209	424	48	155	218	193	121	67	188	138	14
2015 年底（家）	336	458	120	220	339	316	283	128	427	318	46
年均增长率（%）	17.4	2.3	42.9	12.0	15.9	18.2	38.3	26.0	36.3	37.3	65.3

续表

地区	重庆	四川	贵州	云南	西藏	陕西	甘肃	青海	宁夏	新疆	
2012 年 6 月（家）	146	142	164	251	1	166	129	19	90	87	
2015 年底（家）	253	352	289	390	12	272	350	76	160	278	
年均增长率（%）	20.9	42.3	21.8	15.8	314.3	18.2	48.9	85.7	22.2	62.7	

数据来源：中国人民银行。

从业务规模来看，近年来我国小额贷款公司贷款增长快，2012 年 6 月底，全国小额贷款公司贷款余额为 4892.59 亿元，到 2015 年底，贷款规模增至 9411.51 亿元，年均增长率 26.39%。从各地区来看，截至 2015 年底，贷款余额排前五位的省市是江苏、重庆、浙江、四川、广东，分别为 1060.75 亿元、842.34 亿元、791.63 亿元、663.22 亿元、640.21 亿元。从增长情况来看，增长最快的五个省（自治区、直辖市）是西藏、广西、甘肃、重庆、天津，年均增长率分别为 251.87%、147.60%、98.81%、76.98%、73.57%。同样，各地区当中，只有内蒙古自治区的贷款规模是收缩的，2012 年 6 月底为 348.35 亿元，2015 年底为 312.65 亿元，年均增长率为 -2.93%。

由于机构增长快，发展比较粗放，部分小额贷款公司经营业绩不好，风险明显，特别在部分地区的某些年份更是比较严重。据浙江省统计，2013 年末，浙江省部分小额贷款公司不良率较高，而且机构资产质量真实性较差，部分小额贷款公司存在不良贷款少报现象，小额贷款公司实际不良贷款率可能还要高于名义数据，小额贷款公司资产质量下行压力较大。

表 3 - 14　　　　近年来我国小额贷款公司贷款余额变化情况

地区	北京	天津	河北	山西	内蒙古	辽宁	吉林
2012 年 6 月（亿元）	46.06	37.94	170.34	138.35	348.35	157.58	41.03
2015 年底（亿元）	134.80	135.63	281.47	199.07	312.65	335.49	78.93
年均增长率（%）	55.05	73.57	18.64	12.54	-2.93	32.26	26.39
地区	上海	江苏	浙江	安徽	福建	江西	山东
2012 年 6 月（亿元）	124.94	969.13	626.85	287.68	122.79	156.09	267.19
2015 年底（亿元）	217.24	1060.75	791.63	424.75	300.30	263.94	481.62
年均增长率（%）	21.11	2.70	7.51	13.61	41.30	19.74	22.93
地区	湖北	湖南	广东	广西	海南	重庆	四川
2012 年 6 月（亿元）	97.34	46.42	206.91	67.71	14.40	228.01	215.90
2015 年底（亿元）	347.28	107.65	640.21	417.50	51.43	842.34	663.22
年均增长率（%）	73.36	37.69	59.83	147.60	73.47	76.98	59.20
地区	云南	西藏	陕西	甘肃	青海	宁夏	新疆
2012 年 6 月（亿元）	103.62	0.65	101.57	27.58	22.79	39.76	56.48
2015 年底（亿元）	189.79	6.38	245.28	122.96	48.67	77.58	198.97
年均增长率（%）	23.76	251.87	40.43	98.81	32.45	27.18	72.08

数据来源：中国人民银行。

（三）P2P 网络贷款公司的发展及其风险现状

近年来，我国 P2P 网络贷款平台公司发展迅速，截至 2016 年 2 月，全国正在运营的 P2P 网络贷款平台公司达 2519 家，贷款余额 5006.37 亿元。从公司类型来看，大多属民营系，占 92.19%，其余银行系、国资系、上市公司系、风投系各占 0.64%、2.74%、2.38%、2.98%。从各类型公司的贷款余额来看，银行系、国资系、上市公司系、风投系和民营系各占 10.10%、10.38%、22.76%、30.68%、52.48%。从区域来看，公司数量排前五位的省份依次是广东、山东、北京、浙江、上海，分别占比 18.30%、12.35%、11.95%、11.59%、8.46%。各地区贷款余额排前五位的省份依次是北京、广东、上海、浙江、江苏，分别占比 41.83%、19.51%、18.26%、7.89%、2.85%。

表 3 - 15　　　　　　截至 2016 年 2 月全国网络贷款平台公司总体情况

平台类型	运营平台数量（家）	当月问题平台（家）	累积问题平台（家）	贷款余额（亿元）	综合利率（%）
银行系	16	0	0	505.87	6.03
国资系	69	0	0	519.67	8.83
上市公司系	60	0	0	1139.67	9.7
风投系	75	0	0	1536.04	10.03
民营系	2323	74	1425	2627.56	13.18
总体	2519	74	1425	5006.37	11.86

数据来源：网贷之家网站。

截至 2016 年 2 月，共出现问题网络贷款平台公司 1425 家，且全为民营公司，其在 2016 年 2 月的综合利率为 13.81%，是所有种类公司中综合利率最高的。从各地区来看，累积出现问题平台公司数量排前五位的省份依次是山东、广东、浙江、上海、北京，分别占比 18.67%、16.91%、11.02%、8.14%、6.11%。

表 3 - 16　　　　　截至 2016 年 2 月网络贷款平台公司区域分布情况

地区	运营平台数量（家）	当月问题平台（家）	累积问题平台（家）	贷款余额（亿元）	综合利率（%）
全国	2519	74	1425	5006.37	11.86
北京	301	9	87	2094.22	10.83
上海	213	8	116	914.16	10.4
浙江	292	6	157	395.08	11.44
广东	461	13	241	976.56	11.89
山东	311	9	266	96.31	16.5
江苏	127	5	84	142.8	15.72
四川	83	1	45	54.66	13.18
湖北	83	5	50	51.1	16.31
其他	648	18	379	281.49	14.5

数据来源：网贷之家网站。

（四）典当业的发展及其风险现状

从机构数量来看，近年来典当公司增长较快，2011 年 6 月底，全国共有典当行 5238 家，到 2015 年 12 月底，全国共有典当行 8050 家。

典当业发展的区域差异较大，部分地区的风险隐患较重。2012 年末，浙江省共有 449 家典当企业，比上年末增加 68 家。截至 2013 年末，浙江省共有 483 家典当企业，比上年末增加 34 家。2012 年以来，受宏观经济环境影响，典当行业业务面临萎缩，盈利能力下降，亏损面扩大，逾期贷款有所增加。2013 年末，典当行业逾期贷款占全部典当贷款余额的比例较上年上升 1.53 个百分点，呈持续上升态势。

此外，还有信托公司、私募股权基金、农村（民）资金互助组织和各种民间借贷组织等在近年来发展迅速的同时，也时有风险事件发生，其中隐藏的潜在风险更加值得重视。

为什么近年来地方非正规金融机构发展很快？为什么风险事件频出？特别地，地方政府在其中起到了怎样的作用？本章后面部分将对这些问题进行分析，并给出一个相关案例分析。

3.6.2 地方政府发展非正规金融的动机

（一）非正规金融服务于地方经济

1. 非正规金融作为正规金融的补充，能够聚集民间资本，盘活民间资金存量，使民间资本更好地服务于地方实体经济。因而，地方有激励发展非正规金融。

2. 非正规金融对地方政府具有"输血"功能。受 2008 年美国次贷危机影响，国内启动了"四万亿"的政府投资，在此背景下，地方政府融资平台迅速崛起，主导了大量基础设施投资项目，而且向银行大量借贷，形成了较大规模的地方政府债务。然而，部分地方融资平台存在资本金出资不实、投资项目收益率过低等问题，相关风险逐步受到关注。因此，从 2010 年起，相关部门开始清理整顿商业银行对融资平台公司的贷款，导致融资平台公司从正规金融渠道获得的融资趋紧。为了防止在建项目沦为"烂尾"工程，从 2010 年起，地方政府融资平台公司的部分融资转向了非正规金融机构，以保证在建项目的后续资金供给。其中部分机构与银行合作，形成所谓的影子银行，也为地方政府平台公司的融资贡献了力量，这也是地方政府积极发展非正规金融机构的动力之一。

（二）地方金融权力为非正规金融发展创造了条件

2008 年以来，人民银行、银监会、发展改革委等部门逐步将小额贷款公司、融资性担保公司、典当业等非正规金融业态的审批权力及管理监督职责下移到省级政府。地方政府获得的金融审批及管理权限逐渐增多，参与金融监管的程度也日渐提升。特别是《国民经济和社会发展第十二个五年规划纲要》提出，应当"完善地方金融管理体制，强化地方政府对地方中小金融机构的风险处置责任"，地方政府参与金融管理的程度进一步提升。但实际上，地方政府却只重视了对相关金融机构的发展，而疏于相应的监管。

3.6.3 地方政府行为与地方非正规金融的风险生成

(一) 地方政府重发展轻监管与非正规金融的风险生成

地方非正规金融的风险生成来自多方面的因素，如金融机构自身的过度投机或过度逐利、宏观经济环境的变化等。此外，地方政府作为地方金融的管理部门，其重发展轻监管及干预行为也是地方非正规金融风险累积的重要原因之一。

地方政府审批相关金融机构较多，而对业务经营、资金使用合规性、风险控制等方面的日常监管不足，非正规金融机构隐藏的风险隐患较大。地方非正规金融机构的审批比较容易，进入门槛低，同时相关日常监管不足，导致非正规金融机构组织不完善，特别是缺乏完善的内部风险控制机制，风险管控手段参差不齐，有效抵御和疏散风险的能力明显不强；业务粗放且涉足高风险领域，风险隐患较大。具体而言，现阶段的小贷公司内部管理不够完善，小额贷款公司普遍重业务扩张、轻内部管理，存在内控制度不健全、各项内部管理制度执行不到位、人员素质有待提高等问题。典当企业大多存在组织架构不健全、缺乏优秀管理人员和专业技术人员等问题。多数融资性担保公司内部管理还处于"粗放型"阶段，公司治理结构和内部管理机制尚不完善、专业人员匮乏。从业务来看，经营随意性、投机性、逐利性突出，把大量资金投放到房地产及其他高风险产业行业。相关调查显示，2013 年，浙江省小额贷款公司贷款利率为 10%~15% 的占 13.2%，15%~20% 的占 77.4%，20%~25% 的占 9.4%。虽然小额贷款公司的放贷利率低于民间融资，但仍达到同期银行基准利率的 3~4 倍。一些机构将资金投向地方政府融资平台、房地产业、"两高一剩"等行业和领域。部分业务 (如担保) 采取刚性兑付政策掩盖债务问题，可能引发道德风险和逆向选择。更有一些机构违规经营现象较为突出，甚至参与非法骗贷、非法集资。

(二) 地方政府干预与非正规金融的风险生成

地方政府的干预导致非正规金融风险的增加。地方政府往往围绕着地方经济增长的目标而发展地方金融，而且地方政府并没有真正履行相关风险处置责任，因而对可能出现金融风险考虑较少。在发展相应金融机构的时候，地方政府一开始就直接通过财政注资或间接通过地方国有企业注资而掌控了部分机构的控制权，参与其经营管理。在地方因经济竞赛而盲目追求 GDP 增长的背景下，地方政府往往会直接干预相关机构的资金流向，通过选择性执法等手段，干扰金融机构的日常经营，导致金融机构的经营决策背离市场原则，埋下金融风险隐患 (钟海英，2013)。

(三) 非正规金融风险的传染

地方非正规金融机构之间及非正规金融机构与正规金融机构之间存在错综复杂的关系，局部的风险爆发容易通过业务联系向周围扩散，引发区域性金融风险。

1. 非正规金融风险可能波及正规金融体系，成为影响经济金融稳定的重要因素。由此，民间融资风险向正规金融体系的传递开始受到各界的广泛关注，学术界也对这一问题展开探讨，但研究仍处于起步阶段。刘亚军 (2012) 基于资金链运行机制的角度分析了鄂尔多斯小额贷款公司的风险传染，指出小额贷款公司的风险会通过信息传染渠道和信用传染渠道使风险范围扩大，影响到与其有业务关联的银行和企业，少数小额贷款公司的失败会像滚雪球一样越滚越大，直至酿成金融体系危机，出现金融恐慌。胡翠萍（2014）从民间金融风险传递的关键构成要素和民间金融风险传递的效应两个方面对民间金融风险传递的作用机理进行了分析。郑海涛（2014）认为，民间借贷风险向银行业等正规金融传递的主要途径包括两方面的借贷资金混合使用、正规金融机构的员工违规涉足民间借贷、参与民间借贷的企业资金链断裂、非正规金融开展"类银行"信贷业务等。

据浙江省相关统计资料报告，自2011年9月开始，受部分区域民间借贷危机、企业资金链断裂等多方面因素影响，浙江省银行业整体不良贷款有所反弹。

2. 非正规金融向实体经济传递风险。民间融资风险的扩散不仅对正规金融体系产生冲击，而且会严重影响地区实体经济的发展。由于民间融资大多流向中小企业，因此关于民间融资风险对实体经济影响的研究基本围绕中小企业展开。张乐才（2011）基于浙江省的案例，分析指出民间借贷资金与中小企业担保链链接，而且风险通过资产负债表渠道、投资渠道、信息渠道等形式向中小企业集群传染。吴宝（2012）通过构建"社会资本→融资网络结构→风险传染效应"的概念模型，指出融资关系链是企业之间风险传染的主要路径。由于企业间存在复杂的融资关系网络，其中一家企业出现困难，风险便通过担保链、股权链蔓延，可能酿成区域系统性风险（Battiston 等，2007 等）。王筱萍（2012）从制度和理论等方面解释了中小企业集群民间融资风险产生的原因，并运用无标度网络和信用组合风险模型对集群融资风险传染性的现状进行了分析。

3.6.4 案例分析：泛亚支付危机

泛亚全称为泛亚有色金属交易所，是经云南省政府审批并由云南省政府监管的专业有色金属现货交易所。它曾是全球最具规模的稀有金属现货投资及贸易平台，是我国最早由政府批准、监管的专业有色金属现货交易所。自2011年4月21日正式成立并开市以来，在泛亚上市的有色金属有铟、锗、镓、铋、钨等十多种，并在一段时间，泛亚成交的价格成为全球相关有色金属价格的标杆，在泛亚上市的部分战略金属已经取得了一定的国际话语权，曾为中国稀有金属产业的发展作出了巨大贡献。其中最典型的交易品种是铟，在一段时间内，在泛亚平台上成交的铟占据了全球铟交易量的90%以上，泛亚库存的铟最多时达到2000吨，相当于国内5年的产量总和，全球3年的产量总和。

但是，由于泛亚运营模式不合理，从2015年2月起，泛亚的受托业务日金宝兑付逐步出现困难，到9月，泛亚支付危机全面爆发。

（一）泛亚盈利模式

1. 日金宝的产生：泛亚交易规则的设计

泛亚一方面规定货物交割时实行全款全货制度，生产商在交货时要收到全部货款；另一方面，很多货物购买商其实是投机者，为了撬动更多投资，不愿意交付全额，因而泛亚规定投机商可以只付20%的定金，不需付全款，但是投机商必须每天支付现货买价千分之五的延期交割费。但是，由于没有货物全款，就没有实质上的货物交割，生产商的货物没办法实际交易。因此，泛亚提供了一款理财产品，即"日金宝"。这款理财产品收集的款项用于货物交割时支付给生产商，而货物由实际支付全款的日金宝购买者保管。其实质是投机商委托日金宝购买者代为支付货物全款，同时保管货物，而投机商支付的每日千分之五的延期交割费分为两部分，一部分为 3.75‰支付给日金宝投资者，作为投机者的委托费用，另外一部分 1.25‰为泛亚的管理费用。在这个过程中，因为合同在投机客手中，所有稀有金属价格涨跌的风险就完全由投机客承担，与受托方无关。只要投机客不提货就需要支付滞纳金，受托方则净赚，年化收益率就是 13.68%。

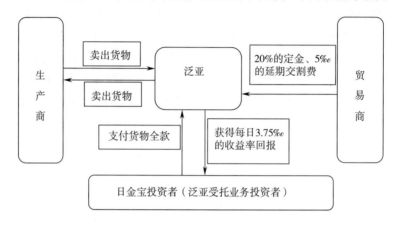

图 3 - 13　泛亚原本的运营模式

从上述收益模式可见，日金宝的确可以做到稳赚不赔。为了吸引投资者，泛亚还反复宣传该产品"保本保息，资金随进随出"。

2. 泛亚经营的扭曲

泛亚的经营存在一个逻辑陷阱。泛亚建立初期就打着响亮的旗号，即稳定国家战略稀有金属价格，避免被海外做空势力打压，进而避免我国的稀有金属以低价流落海外。为此，泛亚就要极力掌握稀有金属的定价权，通过人为操纵，使得那些稀有金属的价格持续上涨，制造稀有金属市场繁荣，我国的稀土资源得以保值增值的虚假效果。

泛亚如何才能达到这个目的呢？泛亚的办法是大量收购相关稀有金属，垄断相关稀有金属的市场供给，以此来控制相应稀有金属价格。而泛亚不断坐庄打压做空投机势力，让稀有金属价格持续上涨，又导致稀有金属的生产企业被虚假的需求刺激，持续扩大产能，造成严重供大于求的虚假繁荣。其中最典型的是泛亚引以为傲的拳头产品"铟"，泛亚曾经在四年内积累了 3600 吨铟，而中国每年对铟的需求量只有几十吨。在铟供应量严重超过需求的情况下，其真实市场价格自然有大幅下跌的压力，而泛亚却通过坐庄，强行把铟的价格持续抬高，以至于庄家必须以高于市价 70%的价格接受上亿元实物。

想要维持这样的虚假繁荣，就必须让泛亚的稀有金属没有真实交割。根据泛亚交易所的规定，个人买家只允许申请买方交割，而不能执行实物卖方交割，而许多稀有金属上市品种在泛亚交易所内只有一家生产企业具有卖方交割资质，而且泛亚早已和这家企

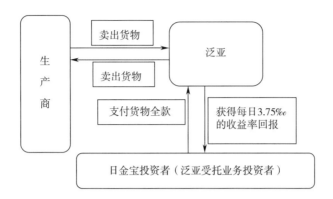

图 3 - 14　扭曲的泛亚经营模式

业私下串通好，不参与卖方交割，这样彻底阻止了投资者进行实物交割。这种情况下，所有持有卖单合同的投资者必须每日缴纳延期交割费给申请交割的买家。用今天的话说，这属于典型的"恶意做多"。如果这个卖单不平仓，不管市场价格如何波动，不断增加的延期交割费都会逐渐把本金侵蚀掉。由于这个被人为操控的市场只能单向做多，远远偏离了真实市场价格，久而久之，市场就没有什么人敢于持有空单，延期交割费的收入就越来越少。而日金宝的规模却不断扩大，原来设想中的收益模式已经无法维系下去。所以日金宝里的资金最后大部分没有拿去做受托方，而是拿去坐庄高价收购稀有金属。于是原本无风险的投资品种，就逐渐演变为必须依靠更多的后续资金才能维持下去的庞氏骗局。

（二）泛亚支付危机

由于泛亚人为操纵有色金属价格需要大量资金，而这个高价格远远背离了相应稀有金属的真实价值，想要维持就得需要大量的资金，显然这是不可能达到的。在这背后，日金宝的投资资金均投入库存稀有金属，而市场的虚假繁荣以及泛亚的人为操纵导致稀有金属的实际交易逐步减少，延期交割费用也逐步减少，日金宝的盈利模式因而也不可持续，因而出现兑付危机就是必然的事了。

为了避免日金宝出现兑付危机，维持稀有金属虚假繁荣，泛亚曾通过多种方式吸收资金，也曾试图从资本市场筹资以弥补窟窿。据网络报道，泛亚曾挪用 10 亿元资金收购一家上市公司，意图把泛亚资产打包装入香港地区上市公司，让香港地区股民接盘。

最终引起这个多米诺骨牌效应的是始于 2014 年下半年的 A 股牛市，由于 A 股持续走强，越来越多的资金从银行、P2P、信托、楼市等各处撤资以投资股市。相比于当时股市行情所潜藏的高收益率，日金宝 13.68% 的收益率吸引力逐渐不足。所以 2014 年底 A 股第一波牛市过后，由于投资者的集中赎回，泛亚的资金链逐步出现问题，不得不停止继续高价收储，导致其库存量最大的品种铟的价格迅速下跌。

由于交易所稀有金属价格的下跌，进一步引发了投资者的恐慌，担心价格暴跌会导致日金宝投资风险。加上 A 股持续走牛，导致日金宝出现了提现困难。从 2015 年 2 月开始，泛亚无法履行实时赎回，赎回时间变长；到 4 月，开始对大额赎回进行限制；再到后来，普通的小额赎回也变得困难……因为越是股市走牛，越多的投资者想要赎回日金宝，而日金宝越是无法按时赎回，就会引发更多不安的投资者加速赎回，从而导致日金宝的资金链彻底断裂。

7 月 15 日，泛亚有色交易所发布公告承认近日出现了资金赎回困难，在委托受托业务合同期限内，部分受托资金出现了集中赎回情况。

8 月 31 日，泛亚停止委托受托业务，并通过公告宣布日金宝投资者从单纯的财务投资者变成了泛亚高价囤积的现货持有人。也就是说，要钱没有，要稀有金属的货可以给你。但普通投资者不可能要那么多稀有金属，所以泛亚给出的解决办法就是让投资人签署 180 天、360 天的刚性兑付的 50 亿元回购协议，等到 9 月交易所使用新交易系统后，稀有金属产业仓单质押融资业务将通过泛融网来实现。

但其实这只是换汤不换药，稀有金属生产企业都在亏损，根本无力支撑那么高的利息。这实际上是用另一个庞氏骗局来圆眼下这个庞氏骗局，把更大的风险进一步延后罢了。

（三）地方政府在其中的作用

泛亚从繁荣发展到兑付危机，有泛亚自身的经营模式及道德风险问题，但也有其他方面在其中起着重要作用，除了相关银行、公众人物站台等外，地方政府在其中的角色也至关重要，主要表现在以下几个方面。

1. 地方政府批准其成立并专门成立相关监管委员会，对泛亚进行所谓的监管。① 一方面，地方政府批准成立，表明泛亚是合法合规的，因而减轻了投资者的戒备心；另一方面，一个省会城市政府，以红头文件形式为一家民营企业专门发布管理办法，这名为监管，其实质是为其站台撑腰。2012 年 4 月，云南省政府金融办还发函明确支持"泛亚"申报西部大开发税收优惠政策。泛亚自身更是主动对此进行宣传，提升自身在公众中的形象。泛亚曾在其官网上发布的公告里宣称，其自 2010 年经政府批准设立至今，一直在省委省政府、市委市政府的指导和监管下合法合规运营。

2. 地方官员捧场站台。在 2011 年 3 月 1 日昆明泛亚有色金属交易所举行揭牌开业仪式上，昆明市委副书记李邑飞、昆明市人大常委会副主任田翎、昆明市政协副主席傅汝林等出席。在 2011 年 4 月 21 日泛亚有色金属交易所"成立暨开市庆典"上，昆明市委书记仇和、国务院参事室参事、中国有色金属协会会长陈全训合力敲响开市第一锣。地方政府的批准设立说明了泛亚交易所的合法合规性，而地方各级领导多次在其相关场合到场捧场，更起到为泛亚打广告的作用。

3. 地方政府包庇推诿。2011 年以来，国务院发布多个通知，决定对各类交易场所进行清理整顿。2013 年 11 月，云南省证监局等部门对"泛亚"进行现场检查验收，但最后都不了了之。2015 年 7 月以来，全国各地投资者纷纷前往昆明维权报案，要求进行查处，但当地经侦支队有关负责人对维权者说，"泛亚"案件暂时不能受理。

① 据网上公开消息，2010 年，"泛亚"作为昆明市重点招商引资项目，由云南省政府批准设立。2010 年 12 月，昆明市政府以昆政发〔2010〕110 号文件印发《昆明泛亚有色金属交易所交易市场监督管理暂行办法》。

（四）简单评价

泛亚从成立到出现支付危机，共不到 5 年时间，之所以能在短时间内掀起如此巨大的波澜，地方政府公开站台撑腰，甚至不惜违反规定大开绿灯是重要原因之一。从中可见，一方面，地方政府为了政绩，增加地方财政收入，越过了政府行为边界；另一方面，地方政府超越了金融规律，盲目创新，形成风险隐患。近年不少地方政府官员缺乏基本金融知识，设立不少类似"互联网金融产业园"，扯着创新的大旗引入良莠不齐的类金融企业。

3.7 主要结论

通过上述分析，我们可以对我国区域性金融风险得到一基本认识：在我国特殊的政治经济制度安排下，地方政府行为是我国区域性金融风险生成的重要驱动因素。我国的区域性金融风险主要集中于银行与非正规金融领域。银行风险具有较长的潜伏期，而且，在我国，政府是银行的实质担保人。因此，到目前为止，我国银行倒闭现象很少，而风险更多地表现为不良贷款上升、银行利润下滑，进而引起的经济衰退等。相对而言，非正规金融的风险暴露时滞较短。从制度根源来看，我国地方官员以 GDP 为主要内容的考核机制及地方政府财权明确而金融权责模糊的制度背景驱使地方政府重视经济增长而相对忽视金融安全，过度利用金融资源以换取短期内经济的快速增长，并因此留下了金融风险隐患。

本章的主要贡献在于：第一，全文以分析地方官员考核及中央与地方财政金融制度安排、激励理论视角下的地方政府行为选择为基本分析框架，并在此基础上分别从经济对金融的反馈、金融本身两个角度对地方政府行为导致区域性金融风险生成进行具体分析，构建地方政府行为与区域性金融风险生成的一般分析框架。第二，实证发现，在经济竞赛中，地方政府对地方政府债务增长及房地产价格上涨具有显著的正向作用。第三，我们建立银行经济学模型表明地方政府对地方性银行类金融机构的干预往往是其风险生成来源。第四，地方政府重视发展而疏于监管是非正规金融产生风险的重要原因之一。限于各方面的局限，本章还存在明显不足：本章对我国现阶段的区域性金融风险现状只是做了描述性统计，这样只能为大家提供一个关于区域性金融风险的直观感受，但仍缺乏对不同区域金融风险大小的明确把握，后续研究争取能建立科学有效的评估体系对区域性金融风险进行评估。

4 系统性金融风险的生成机理

金融风险的生成机理在理解和防范系统性金融风险中居于重要地位。自系统性金融风险在此次国际金融危机触发的全球金融监管反思浪潮中得到理论界和监管当局的广泛关注之后，不少学者尝试对系统性金融风险的生成机理进行了相应的探索。原中国人民银行货币政策委员会委员李稻葵（2012）认为"中国最大的系统性风险在银行"。该部分我们尝试从经济新常态与经济下行、房地产价格泡沫、影子银行体系、地方政府性债务和人民币国际化与国际资本流动等中国未来一段时间内系统性风险可能的五个来源渠道阐述了中国系统性风险的生成机理。该部分的章节安排如下：第一节是关于系统性金融风险的生成机理的文献综述；第二至第六节分别从经济新常态与经济下行、房地产价格泡沫、影子银行体系、地方政府性债务和人民币国际化与国际资本流动等中国未来一段时间内系统性风险可能的五个来源渠道阐述了中国系统性金融风险的生成机理；第七节是主要结论。

4.1 引言

纵观国内外学者的相关研究，他们主要从如下三个角度来阐述和研究系统性金融风险的生成机理。

首先是"共同冲击—传染机制"的视角。董青马（2008）在总结国内外研究的基础上从该视角对系统性金融风险的生成机理进行了相应的梳理和总结。他在"宏观经济波动、经济周期与信贷膨胀""资产价格剧烈波动"和"存款保险与政府担保导致过度购买、消费膨胀与信贷扩张"等共同冲击类型的基础上，归纳了三类共同冲击作用于银行体系的机制：一是"内生金融周期模型"。由于金融周期与经济周期的同向变动，经济周期的衰退常常造成银行体系内不良贷款的激增，以致出现"经济衰退—信贷紧缩—不良贷款激增"的陷阱。与此同时，政府部门的不当金融与经济政策可能会进一步扩大经济周期，进而加剧经济衰退。二是"资产价格冲击模型"。资产价格波动通过财富效应、托宾 Q 效应以及资产负债表效应作用于国民经济运行，进而影响银行的经营活动。随着资产价格的波动，与银行贷款相关的抵押品价值也会波动，由此加剧银行体系的风险。三是"心理预期与羊群效应模型"。在上述三种共同冲击作用机制的基础上，他进一步梳理了资产负债表渠道、资产价格效应与流动性渠道、信息传染渠道等银行间系统性金融风险的传染机制。隋聪等（2014）指出，系统性金融风险包括"初始冲击"和"传染机制"两个关键部分。前者导致一个或者多个金融机构的违约；后者将初始冲击所导致的违约传染给其他金融机构，从而使风险不断扩大和蔓延。他们基于"初始冲击

—传染机制"的视角，建立了相应的度量银行间违约传染和银行系统金融风险的研究框架。肖斌卿等（2014）基于网络结构模型测度了中国银行业与房地产业间的传染性风险。他们认为，债务网络是传染性风险的主要诱因，在控制债务关系后，行业间传染性风险显著降低；同时，投资者行为会显著影响风险传染发生的概率；随着投资者与公司之间信息不对称程度的增强，负向的外部冲击导致传染性风险发生的概率将增大。邓晶等（2013）将风险传染机制归纳为直接关联传染机制与非关联传染机制两种。当银行间存在直接关联关系时，该关联关系解决银行间流动性转移的作用越有效，其造成银行风险传染的可能性也越大；银行间关联越强，对于单个银行来说其抵御流动性不足风险的能力就越强，但是对于整个系统来说这种较强的关联也导致风险更容易在系统中传染。当银行间不存在关联性时，银行之间风险传染来自信息传染和资产价格传染，信息交互行为可以导致风险传染在银行系统内部自我演化和蔓延，最终导致系统性风险发生；银行投资相同类型的资产时，如果其中一家银行破产导致其持有资产的价格出现大幅下降，将会影响其他持有相同类型资产银行的流动性，情况严重时可能导致其他银行破产，造成银行系统崩溃。诸多研究（Allen 和 Gale，2000；Allen 和 Babus，2009；Ho 等，2013）表明，现代金融体系由众多节点（如金融机构和金融子市场）和链接关系构成的金融网络，呈现网络化、复杂化和脆弱化的特征，金融主体之间既有直接的链接关系，如资产负债表联系、共同市场关联，也存在许多非直接的关联渠道，如持有相似的资产组合，拥有共同的存款人群和客户群体。

其次是"内生累积—传染扩散"的视角。张晓卜（2010）借鉴 Davis 和 Karim（2009）金融危机进程的相关研究成果，从系统性金融风险的累积、爆发、扩散三个关键阶段阐述了系统性金融风险内生的动态演化机制，并依次从资产负债表效应、盯市计价的交易计价规则、心理恐慌和信心崩溃等渠道阐述了系统性金融风险的扩散机制。系统性金融风险的冲击常常造成银行等金融机构的资产价值大幅度缩水，进而侵蚀银行等金融机构的资本和利润，甚至诱发其被迫进行资产甩卖，以致相应的资产价格进入相应的下跌循环；同时，银行等金融机构的正常融资渠道被切断和冻结，相应的金融机构随之陷入流动性危机或资不抵债的困境。在危机爆发时，虽然资产的市场价格已不能正确反映其真实价值，但金融机构仍需按照这严重低估的市场价格对其自身持有的资产进行估值，以致形成"资产价格下跌—资产价值缩水—金融机构抛售资产—资产价格下跌—……"的恶性循环，由此导致危机的进一步加深。投资者等市场参与者对金融机构和金融市场的信心常常会随着危机爆发而一落千丈。这将进一步加剧金融市场的流动性兑付压力和资产抛售行为。正如希勒（2009）等学者所言，信心的丧失将最终演绎成典型的系统性金融危机"自我实现的预言"。他指出，扩散机制是解释系统性金融风险从"小冲击"演变为"大危机"的核心所在。马勇（2011）从金融结构、金融合约性质和金融安全网悖论等金融"原罪"的视角阐述了系统性金融风险的内生性。他指出，金融系统的高杠杆特征和特殊功能决定了金融体系不仅会承袭实体经济的风险，而且会进一步放大源自于实体经济的风险。他认为，源自实体经济，并经金融杠杆放大的系统性金融风险的外在表现形式是金融体系过度的同周期性。金融合约的匿名性及其标的的虚拟性使得金融风险对市场供求关系的变动具有高度的敏感性，而且具有更强的负反馈效应，由此导致了其逐渐脱离实体经济而独立演化的机制；伴随着金融创新的不断深化，金融市场的信息处理失效和风险分布失衡等问题将会越来越严重。金融安全网的过度保护往往会诱发道德风险问题，导致系统性金融风险在整个金融体系长期不断累积，并以一种隐含的方式将相应的系统性金融风险集中地推迟到"将来"。他指出，金融资本和产业资本的互动过程是从财富创造与分配视角理解系统性金融风险的关键；系统性金融风险的累积过程往往表现为金融资本追逐产业资本的自我实现与自我扩张的过程。他认为，系统性金融风险的动态过程往往包含着如下两种类型的"合成谬误"：一是"个人理性"与"集体非理性"的"合成谬误"；二是"单个金融机构的稳健性"与"整个金融体系的不稳定性"的"合成谬误"，即单个金融机构常常忽视金融机构间的关联性，仅仅依据自己的状况来判断风险，从而使得看似单个稳健的金融机构加总之后的总体风险可能远远超过该金融体系所能承受的正常范围。肖崎（2010）从现代金融体系变革的视角阐述了系统性金融风险的积累和产生途径。他认为，系统性金融风险是内生于现代金融体系的；它在较长的时间内处于潜伏期，并最终以灾难性的系统性金融危机的形式释放出来。此次国际金融危机的爆发在一定程度上表明，系统性金融风险更多的是由金融体系内在的结构性变革产生的，而不仅仅是不可预见且难以控制的冲击金融体系的重大外在事件造成的。随着金融体系结构变革的推进，商业银行与金融市场之间的内在依赖性和关联性大大增强。商业银行不仅通过金融市场进行投资与外部融资，而且通过金融市场进行风险管理。同时，金融市场也需要商业银行等金融机构从事做市交易和提供流动性服务。正是这种内在的依赖性和关联性，使得金融市场参与者的集体行为和共同风险暴露经由金融资产价格等渠道对金融体系的稳定进而实体经济的波动产生影响。王晓枫等（2015）研究发现，银行同业间市场的风险具有扩散性特征，相对大银行，小银行更容易因系统性冲击而发生倒闭风险，并将风险传染给大银行。在其他因素不变的情况下，风险的单向与双向传染方式均表现出了风险的扩散性特征。

最后是"流动性周期"的视角。李佳（2013）根据流动性"创造—扩张—过剩—逆转—紧缩"的周期路径分析了系统性金融风险的形成、积累、爆发与传导。在流动性周期初始阶段的流动性创造阶段，金融资源的配置效率常常会因商业银行信贷和金融资产交易处在初期阶段而逐渐提高，相应的系统性金融风险的水平往往会逐渐降低。随着流动性不断扩张，金融体系的期限错配将逐步加深，杠杆率和资产价格开始上升，系统性金融风险随之逐渐形成。流动性过剩常常会随着金融体系的流动性供给超过流动性而逐渐出现。这时金融体系常常表现出杠杆率虚高、资产价格泡沫等现象，由此造成金融体系的系统性金融风险累积；如果资产价格泡沫过高和紧缩信号出现，投资者，尤其是具有高度同质性的机构投资者往往会采取"寻求安全和流动性"的个体理性行为，这将导致流动性过剩的链条发生骤然逆转，系统性金融风险随之爆发，金融危机的萌芽也将出现；随着流动性逆转为流动性紧缩，系统性金融风险开始在金融体系乃至实体经济内不断传导和扩散；一旦处置不当，金融危机就可能随之爆发。董青马（2008）认为，流动性风险在银行系统性金融风险的生成过程中占据核心地位：一是流动性转换是商业银行的基本功能之一。商业银行通过吸收存款和发放贷款履行流动性转换、信用转换和期限转换等基本功能。二是商业银行的信用风险、市场风险与操作风险等单个银行的风险最终都可以归因于银行的偿付问题，即流动性问题。三是商业银行在一定程度上集中了整个社会的所有流动性冲击。

与国内外学者"共同冲击—传染机制""内生累积—传染扩散"和"流动性周期"等三个视角不同，我们尝试从中国未来一段时间内系统性风险可能的来源渠道来阐述中国系统性风险的生成机理。原中国人民银行货币政策委员会委员李稻葵（2012）认为"中国最大的系统性风险在银行"[①]。因而，该部分主要从银行业的视角，从经济新常态与经济下行、房地产价格泡沫、影子银行体系、地方政府性债务和人民币国际化与国际资本流动等五个方面来分析和阐述中国系统性金融风险的生成机理。如果将整个经济分成"私人部门""公共部门"和"对外部门"等三个部门，那么前三个部分主要着眼于私人部门，"地方政府性债务"部分主要着眼于公共部门，"人民币国际化与国际资本流动"则着眼于对外部门。

4.2   经济新常态与经济下行

中国银行业在 2008 年国际金融危机之后经历了长期的刚性信贷扩张，呈现出"信贷高速扩张—风险资产累积—再融资—再扩张"的发展模式（潘功胜，2012）。据廖岷（2014）统计[②]，2008—2013 年，中国银行业的各项贷款余额平均增速远远超过同期的GDP 增长速度，高达 19%；相应的银行业资产与国民生产总值的比率持续增长至260%，在世界主要国家中仅次于英国；同时，中国银行业信贷的资金投向呈现长期化的趋势，相应的银行业存贷款平均期限差由 2006 年的 1.87 扩大到 2013 年的 2.87。

正如张茉楠（2014a）等学者所言，以"经济增长速度进入换挡期""经济结构调整面临阵痛期"和"前期刺激政策消化期"为特征的"三期"叠加是当前中国经济所面临的阶段性特征，而且可能是中国经济在未来一段较长的时间内需要面临的"新常态"。由表 4-1 可知，当前中国经济正在由过去持续的高速增长阶段向中高速增长阶段过渡，中国面临着经济持续下行的压力。如果经济持续下行超过一定的度，企业偿还银行的贷款能力就可能被削弱，由此造成商业银行不良贷款[③]的增加和资产质量的下降；伴随着银行不良贷款的增加和资产质量的下降，商业银行对企业的信贷投放能力将下降，由此导致企业投资的减少，进而经济的进一步下行。由此形成"经济下行—企业偿还贷款能力削弱—商业银行不良贷款增加和资产质量下降—商业银行信贷投放减少—企业投资减少—经济进一步下行"的恶性循环。

---

①   http://business.sohu.com/20120620/n346108654.shtml.
②   该数据根据上海银监局廖岷局长主持的题为《中国金融系统性风险与宏观审慎监管》课题相关成果发布的主题演讲，详见《21 世纪经济报道》，2014 年 9 月 15 日第 023 版。
③   1995 年中国人民银行制定的《贷款分类指导原则》按风险程度将商业银行的贷款分为正常、关注、次级、可疑与损失等五类，其中后三类被称为不良贷款。

表 4 - 1		2000—2015 年中国 GDP 增速一览表			单位:%
年份	GDP 增速	年份	GDP 增速	年份	GDP 增速
2000	8.43	2006	12.68	2012	7.65
2001	8.3	2007	14.16	2013	7.67
2002	9.08	2008	9.63	2014	7.4
2003	10.03	2009	9.21	2015	6.9
2004	10.09	2010	10.45	—	—
2005	11.31	2011	9.3	—	—

数据来源:中国宏观经济统计数据库。

在"三期叠加"为特征的经济新常态和经济持续下行的压力下,中国经济的不平衡性风险与脆弱性风险可能进一步凸显,相应地以"去杠杆""去泡沫"和"去产能"为特征的"去化"风险最为突出。2015 年 12 月召开的中央经济工作会议,将"去杠杆""去产能"和"去库存"等作为 2016 年经济工作"五大主要任务"的重要组成部分。根据 2014 年国际货币基金组织发布的《中国宏观经济发展和政策报告》,除房地产企业和建筑企业外,中国的私有企业从 2007 年开始一直在"去杠杆化",但与私有企业形成鲜明对比的是,国有企业的杠杆率呈现小幅上升。房地产企业和建筑企业(尤其是属于国有企业的房地产企业和建筑企业)的杠杆率得到较大幅度的提升。无论是国有企业,还是房地产企业和建筑企业,商业银行是其负债的主要最终来源。受地方 GDP 冲动和国际金融危机之后"四万亿"经济刺激计划等因素的影响,当前中国面临的过剩产能并不局限于钢铁、水泥、煤炭这样的传统制造业,诸如光伏、风电、造船以及部分基础设施领域均存在普遍的产能过剩。如果内外需持续萎缩、产能过剩加剧,未来企业盈利能力将会持续下降,企业就会不可避免地遭遇"去杠杆"的问题。这不是基于企业自身意愿的"去杠杆",而是由于企业盈利能力下降无法向银行还本付息的被动的"去杠杆",其背后则是很多企业被动违约的过程。与这"去化"风险相伴随的必然是中国银行业资产质量的下降和不良贷款的上升。

诸多研究表明,商业银行的资产质量与宏观经济周期具有较强的正向相关关系,往往呈现周期性波动。在经济上行阶段,商业银行的信贷规模往往呈现顺周期的扩张。在"涨潮效应"的作用下,商业银行和相应的贷款企业往往会选择性忽视风险,以致为经济下行阶段的商业银行资产质量下降埋下伏笔。在经济下行阶段,与商业银行信贷相关的资产价格,如房地产价格和土地价格,可能在"落潮效应"的作用下迅速从高位回落。这常常构成商业银行资产质量下降甚至恶化的导火索。权威人士 2016 年在《人民日报》题为《开局首季问大势——权威人士谈当前中国经济》刊文中明确指出,"我国经济运行不可能是 U 形,更不可能是 V 形,而是 L 形的走势""这个 L 形是一个阶段,不是一两年能过去的"[①]。

表 4 - 2 是中国 16 家上市商业银行 2008—2014 年的不良贷款率的变化情况。我们

---

① http://news.xinhuanet.com/politics/2016 - 05/09/c_128969382_5.htm.

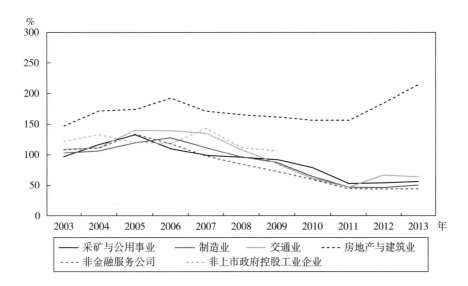

资料来源：2014 年国际货币基金组织发布的《中国宏观经济发展和政策报告》。

图 4 - 1　私有企业分行业的中位数杠杆率

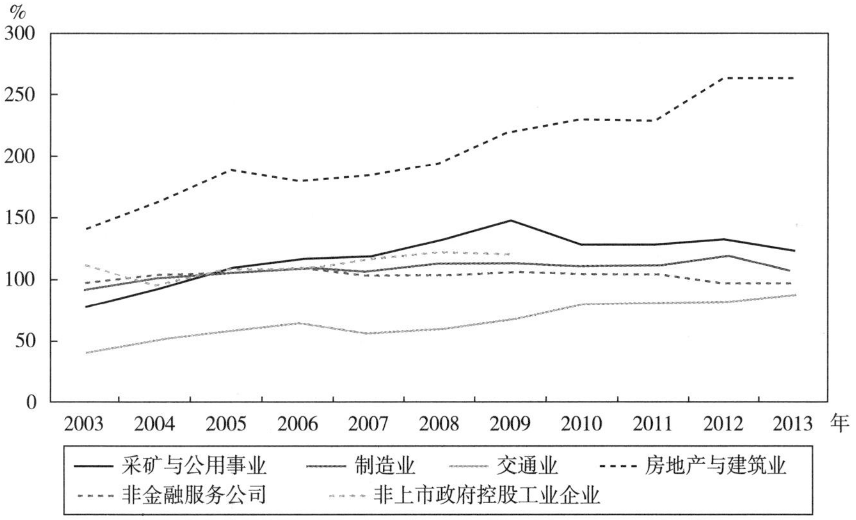

资料来源：2014 年国际货币基金组织发布的《中国宏观经济发展和政策报告》。

图 4 - 2　国有企业分行业的中位数杠杆率

可以看到，这 16 家上市商业银行的不良贷款率都存在不同程度的持续反弹和攀升。表 4 - 3 是 2015 年中国银行业总体和分机构类不良贷款率的变化情况。我们发现，无论是大型商业银行，还是股份制商业银行和城市商业银行，2015 年的不良贷款率都在 2014 年的基础上持续攀升。这表明中国银行业的资产质量正在持续下行。根据陆岷峰和陶瑞 (2014) 等学者的统计分析，中国银行业当前的资产质量下行主要表现如下：一是商业银行的不良贷款总余额仍在增加；二是商业银行总资产的增长速度放缓；三是不同商业银行的不良贷款上升程度存在较大差异。当前中国商业银行的不良贷款从分布结构看，主要集中暴露于部分行业和地区：从地区上看，新增不良贷款主要集中在中国东部沿海地区；从行业看，制造业、房地产业和批发零售业是中国新增不良贷款的主要来源。

表 4 - 2 　　　　　2008—2014 年中国 16 家上市商业银行不良贷款率一览表　　　　　单位:%

年份	2008	2009	2010	2011	2012	2013	2014
中国银行	2.65	1.52	1.1	1	0.95	0.96	1.18
工商银行	2.29	1.54	1.08	0.94	0.85	0.94	1.13
建设银行	2.21	1.5	1.14	1.09	0.99	0.99	1.19
农业银行	—	—	2.03	1.55	1.33	1.22	1.52
光大银行	—	—	0.75	0.64	0.74	0.86	1.19
平安银行	0.68	0.58	0.53	0.95	0.89	1.02	1.02
浦发银行	1.21	0.8	0.51	0.44	0.58	0.74	1.06
招商银行	1.11	0.82	0.68	0.56	0.61	0.83	1.11
民生银行	1.2	0.84	0.69	0.63	0.76	0.85	1.17
华夏银行	1.82	1.5	1.18	0.92	0.88	0.9	1.09
兴业银行	0.83	0.54	0.42	0.38	0.43	0.76	1.10
中信银行	1.36	0.95	0.67	0.6	0.74	1.03	1.3
交通银行	1.92	1.36	1.12	0.86	0.92	1.05	1.25
宁波银行	0.92	0.79	0.69	0.68	0.76	0.89	0.89
南京银行	1.64	1.22	0.97	0.78	0.83	0.89	0.94
北京银行	1.55	1.02	0.69	0.53	0.59	0.65	0.86

数据来源：CSMAR 数据库。

表 4 - 3 　　　　　2015 年中国银行业总体和分机构类不良贷款率的变化情况　　　　　单位:%

	第一季度	第二季度	第三季度	第四季度
商业银行总体	1.39	1.50	1.59	1.67
大型商业银行	1.38	1.48	1.54	1.66
股份制商业银行	1.25	1.35	1.49	1.53
城市商业银行	1.29	1.37	1.44	1.40
农村商业银行	2.03	2.20	2.35	2.48
外资银行	1.07	1.16	1.19	1.15

数据来源：中国银行业监督管理委员会发布的相关统计信息。

正如王勇（2014）等学者所言，在以"前期刺激政策消化期""经济结构调整阵痛期"和"增长速度换挡期"等"三期叠加"为特征的经济新常态和经济持续下行的情境下，不良贷款可能成为中国银行业系统性金融风险的"管涌"。一是在"三期"叠加和经济持续下行的压力下，房地产行业和地方债务平台的贷款风险与产能过剩行业的贷款风险可能轮番登场，使得商业银行的不良贷款不断承压。二是近年来中国银行业的非传统投融资模式不断增多，部分信贷资金通过同业等相关渠道流向了诸如产能严重过剩行业、地方投融资平台等难以获得信贷支持的高风险领域，呈现出"交易对手多元化""违规操作隐蔽化"和"风险特征复杂化"等特征。三是"倒贷"不良贷款的现象盛行。在经济下行阶段，企业因流动性问题无法按时偿还到期贷款或支付贷款利息，于是向第三方筹集资金偿还银行到期贷款或利息，并再次向银行申请贷款。在获得商业银行贷款的情况下，企业立即向第三方偿还"倒贷"的资金本息。由于"倒贷"中第三方往往是民间借贷或非银行金融机构，一旦"倒贷"的企业出现资金链中断，信用风险可能在非银行体系与银行体系之间交叉传染，由此导致银行业的不良贷款率急剧上升。一旦不良贷款超过商业银行自身可以承受的范围，出现流动性危机或违约危机，则极可能产生"多米诺骨牌效应"，引发中国银行业的系统性金融风险。

综上所述，以"三期叠加"为特征的经济新常态与经济下行的宏观经济环境对中国银行业系统性金融风险的潜在传递路径如图4-3所示。在以"前期刺激政策消化期""经济结构调整阵痛期"和"增长速度换挡期"等"三期叠加"为特征的经济新常态和经济持续下行的情境下，中国经济运行或许在一个较长的时间内呈现L形的走势。如果内外需持续萎缩、产能过剩加剧，企业的盈利能力必将持续下降，进而导致企业被动违约，不可避免地启动被迫"去杠杆"的进程。与这相伴随的必然是中国银行业资产质量的下降和不良贷款的上升。同时，由于商业银行基于"涨潮效应"作用在经济上行阶段选择性忽略风险往往会导致经济下行阶段"落潮效应"显现，即进一步加剧商业银行资产质量的下降和不良贷款的上升。一旦不良贷款超过商业银行自身可以承受的范围，出现流动性危机或违约危机，则极可能产生"多米诺骨牌效应"，引发中国银行业乃至整个金融业的系统性金融风险。

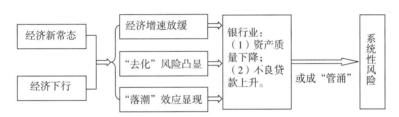

图4-3 "三期"叠加与经济下行对中国银行业系统性金融风险的潜在传递路径

4.3 房地产价格泡沫

上海银监局廖岷局长（2014）在题为《中国金融系统性风险与宏观审慎监管》的课题报告中指出，房地产是当前能够引发中国银行业系统性金融风险的重要行业隐患。当前，中国银行业房地产信贷呈现"高行业集中度""高商业地产占比"和"高一线城市占比"等特征。这在一定程度上集中体现了中国银行业房地产信贷在总量和结构等方面存在着诱发系统性金融风险的隐患和脆弱点。所谓的"高行业集中度"是指房地产贷款和房地产抵押贷款在中国银行业各项贷款中的比重高达约35%。就商业地产占比而言,商业地产贷款在中国银行业全部贷款中的比例高达12%。就一线城市占比而言,北京、上海、广州、深圳、天津、重庆等一线城市的房地产贷款在中国银行业全部房地产贷款中的比重高达29%。

在房地产价格上行或房地产价格合理反映基本面的情况下,中国房地产信贷指标的上述"三高"特征可能并不存在诱发中国银行业系统性金融风险的隐患。但一旦房地产价格持续偏离基本面,出现"房地产泡沫",那么房地产信贷在总量和结构上的上述"三高"特征将极有可能成为诱发中国银行业系统性金融风险的重要隐患。

4.3.1　房地产基本价值决定因素分析

关于房地产价格是否符合基本面,是否包含泡沫成分,我们借鉴 Campbell 和 Shiller(1987,1988)和 Costello 等(2011)等学者的研究成果,构建如下既包含房地产报酬率时变性,又包含房地产报酬率风险溢价因子的房地产基本价值模型。

假设真实房地产价格(P_t)由房地产基本价值(P_t^f)与泡沫成分(B_t)两部分构成:在不存在泡沫的情形下,即 $B_t = 0$,$P_t = P_t^f$;否则,$P_t = P_t^f + B_t$。家庭持有房地产的报酬主要来源于两部分:一是房地产价格的变化;二是房地产所提供的服务流。用公式表示如下:

$$\rho_t = [(P_{t+1} - P_t) + Q_t]/P_t,即 1 + \rho_t = (P_{t+1} + Q_t)/P_t \qquad (4-1)$$

式中,ρ_t 表示房地产在第 t 期的报酬率;P_t 和 P_{t+1} 分别表示第 t 期和第 $t+1$ 期的房地产价格;Q_t 表示房地产在第 t 期所提供的服务流。

经变形、推导和求解,我们能得到房地产的基本价值 P_t^f,如式(4-2)所示:

$$P_t^f = \exp\left[\frac{k-\theta}{1-\mu} + (e_2 - e_3) \cdot A \cdot (I - \mu A)^{-1} Z_t + q_{t-1}\right] \qquad (4-2)$$

式中,$k = -\ln\mu - (1-\mu)(\overline{q_t - p_{t+1}})$,$\mu = 1/[1 + \exp(\overline{q_t - p_{t+1}})]$,$(\overline{q_t - p_{t+1}})$ 是房地产所提供服务流与房地产价格比对数的样本均值;$r_t = \ln(1 + \rho_t)$ 表示房地产在 t 期的报酬率,显然当 ρ_t 较小时,$r_t \approx \rho_t$;σ 表示风险溢价因子,即房地产在第 t 期的报酬率 r_t,由时变的无风险利率 r_t^f 和风险溢价因子 σ 两部分构成,即 $r_t = r_t^f + \theta$;$e_2 = (0,1,0)$,$e_3 = (0,0,1)$;q_{t-1} 表示房地产在第 $t-1$ 期所提供的服务流 Q_{t-1} 的对数;$\pi_t = p_t - q_{t-1}$,即第 t 期的房地产价格与服务流比的对数;$Z_t = (\pi_t, \Delta q_{t-1}, r_{t-1}^f)'$;方阵 A 是无常数项 VaR 模型 $Z_t = AZ_{t-1} + \varepsilon_t$ 的估计系数矩阵;I 表示与方阵 A 维数相同的单位矩阵。

房地产所提供的服务流在现实生活中往往很难确切地观察到,房地产租金是它在现实生活中的一种表现形式。然而,由于在房地产市场上有相当比例属于自有住宅,因而往往缺乏能够反映房地产市场全貌的显性的连续房租数据序列,进而缺乏房地产价格租金比序列(梁云芳和高铁梅,2007)。我们借鉴 Black 等(2006)、Costello 等(2011)和王维(2009)等学者的做法,假设房地产提供的服务流 Q_t 是城镇人均可支配收入的固定比例,由此在实证分析中,我们可以将城镇人均可支配收入的对数作为 q_t 的代理变量,将房地产价格与城镇人均可支配收入比的对数作为 π_t 的代理变量。正如周京奎

（2006）等学者所言，随着房地产市场化程度的不断加深，房地产市场的购房资金绝大部分来自银行，因而可以在实证研究中将真实贷款利率作为房地产无风险报酬率 r_t^f 的代理变量。

基于数据可得性和房地产异质性等因素，我们选择北京、天津、上海和重庆四个直辖市住宅房地产市场的经验数据来研究这四个直辖市住宅房地产市场的住宅基本价值。这四个直辖市的住宅真实价格与基本价值的动态演化如图 4-4 所示。我们发现，如式（4-2）所示的房地产基本价值模型有效地捕捉了北京、天津、上海和重庆四个直辖市真实住宅价格的动态演化特征。这表明，"城镇人均可支配收入的持续增长"和"高通货膨胀率引致的低真实利率"是推动房地产基本价值持续上涨，进而真实房地产价格持续上涨的两个重要因素。

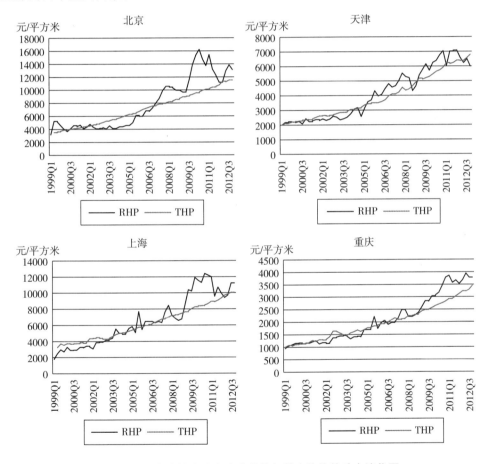

图 4-4 四个直辖市住宅真实价格与基本价值的动态演化图

4.3.2 房地产泡沫对中国银行业系统性金融风险的潜在传递路径

通过北京、天津、上海和重庆四个直辖市住宅房地产价格基本价值与泡沫成分的实证分析，我们可以得知，"城镇人均可支配收入的持续增长"和"高通货膨胀率引致的低真实利率"是推动房地产基本价值持续上涨，进而真实房地产价格持续上涨的两个重要因素。然而，在以"前期刺激政策消化期""经济结构调整阵痛期"和"经济增速换挡期"为特征的"三期"叠加和经济持续下行的背景下，支撑房地产基本价值进而房地产价格持续上涨的这两个因素都有可能发生逆转。

正如前文所述，权威人士在《人民日报》题为《开局首季问大势——权威人士谈当前中国经济》刊文中明确指出，"我国经济运行不可能是 U 形，更不可能是 V 形，而是 L 形的走势""这个 L 形是一个阶段，不是一两年能过去的"[①]。由表 4 - 4 可知，2013 年以来中国城镇人均可支配收入的增速如同经济增速一样进入相应的换挡期，由往年基本 10% 以上的增长率持续下降到 7% ~ 8% 的水平。表 4 - 5 是 2000—2015 年中国城镇居民消费价格指数的变化情况，这表明中国的通货膨胀从 2012 年以来正在下行。

表 4 - 4　　　　**2001—2015 年中国城镇居民人均可支配收入及其增速**　　　单位：元

年份	人均收入	增速	年份	人均收入	增速
2001	6859. 6	0. 09	2009	17174. 65	0. 08
2002	7702. 8	0. 12	2010	19109. 44	0. 11
2003	8472. 2	0. 10	2011	21809. 78	0. 13
2004	9421. 6	0. 11	2012	24564. 7	0. 12
2005	10493	0. 11	2013	26955. 1	0. 09
2006	11759. 5	0. 11	2014	28844	0. 07
2007	13785. 81	0. 16	2015	31195	0. 08
2008	15780. 76	0. 14			

数据来源：中国宏观经济统计数据库。

表 4 - 5　　　　　　**2000—2015 年中国城镇居民消费价格指数**

年份	CPI	年份	CPI	年份	CPI
2000	100. 8	2006	101. 5	2012	102. 68
2001	100. 7	2007	104. 5	2013	102. 6
2002	99	2008	105. 6	2014	102. 1
2003	100. 9	2009	99. 1	2015	101. 4
2004	103. 3	2010	103. 2		
2005	101. 6	2011	105. 3		

数据来源：中国宏观经济统计数据库。

基于稳增长、房地产"去库存"等诸多因素的考量，中国目前正在实施包含较低

[①]　http://news.xinhuanet.com/politics/2016 - 05/09/c_128969382_5.htm.

利率在内的宽松货币政策。根据中国人民银行最新公布的中国金融数据显示，2016 年 7 月，人民币贷款增加 4636 亿元；分部门看，住户部门贷款增加 4575 亿元，其中，短期贷款减少 197 亿元，中长期贷款增加 4773 亿元。我们不难发现，中国 7 月人民币新增贷款几乎全部来自房地产领域的贷款。2016 年 7 月底召开的中共中央政治局会议明确指出要"抑制资产泡沫"。随着经济环境的转变或者房地产调控政策的出台，目前中国正在实施的包含低利率在内的宽松货币政策的改变可能随时发生改变。同时，目前中国正在进行利率市场化改革的最后冲刺，中国长期以来因利率管制等因素造成的低利率时代正在悄然发生改变。

基于上述决定房地产基本价值的"城镇人均可支配收入""通货膨胀率"和"银行利率"等三个因素的判断，我们认为，在"三期"叠加和经济持续下行的背景下，当前中国至少在局部房地产市场上存在房地产基本价值逆转的风险，即至少在局部房地产市场存在房地产价格泡沫的风险。正如张茉楠（2014b）等学者所言，随着中国局部房地产市场房价的大幅下降及"房地产泡沫破灭论"和"房地产市场拐点论"的升温，中国局部房地产市场的脆弱性与波动性正在显现。

综上所述，房地产价格泡沫对中国银行业系统性金融风险的潜在传递路径如图 4 - 5 所示。"城镇人均可支配收入的持续增长"和"高通货膨胀率引致的低真实利率"是推动房地产基本价值持续上涨，进而真实房地产价格持续上涨的两个重要因素。在"三期"叠加和经济持续下行的情况下，受城镇人均可支配收入增长放缓、通货膨胀率下降和银行贷款利率上升等潜在因素的影响，当期中国至少在局部房地产市场存在房地产基本价值逆转的风险，换句话说，至少在局部房地产市场存在房地产价格泡沫破裂的风险。由于局部房地产市场的价格泡沫成分之间存在着广泛的溢出效应，因而，中国局部房地产市场的波动和脆弱性会从一个地方传导到另一个地方，从而触发中国房地产市场大面积的震荡。中国银行业房地产信贷呈现的"高行业集中度""高商业地产占比"和"高一线城市占比"等特征将使得中国房地产市场的震荡最终传导到中国银行体系内，导致中国银行业资产质量的下降，不良贷款率的上升。一旦不良贷款超过中国银行业的承受范围，则极有可能触发中国银行业的系统性金融风险。

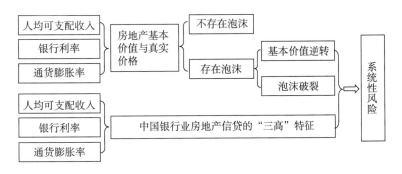

图 4 - 5　房地产价格泡沫对中国银行业系统性金融风险的潜在传递路径

4.4 影子银行体系

2007 年以来，以银行理财产品等为代表的中国影子银行体系呈现出蓬勃发展的态势。根据金融稳定理事会（FSB）2014 年发布的《2014 年全球影子银行监测报告》，中国影子银行体系的资产规模在 2013 年同比增长 37%，增速位居全球第二；就总额而言，中国影子银行体系约为 3 万亿美元，在全球排第三。正如陆晓明（2014）等学者所言，与美国、英国等国家成熟的影子银行体系不同，中国当前的影子银行体系还处在初级阶段，其参与主体主要有商业银行、信托公司、证券公司、担保公司、民间借贷机构、货币市场基金及企业部门等，其具体业务包括资产证券化、债券回购、银行理财、券商资管、信托融资、委托贷款、表外商业汇票和地下融资等。邵宇（2013a，2013b）等学者对中国影子银行体系的特点进行了总结：一是在发展上属于初级阶段，基本上是围绕替代信贷资产而展开；二是大多以商业银行为母体进行衍生，几乎所有的影子银行机构与业务模式都与商业银行存在着紧密的资金链联系；三是以商业银行资产表外化为核心，而不是资产证券化；四是信用中介的链条偏短，杠杆化程度偏低；五是当前中国金融创新比较活跃的领域。

正如肖崎（2012）等学者所言，伴随着中国影子银行体系的发展，中国商业银行的经营模式和风险管理模式正在发生改变：一是商业银行的经营模式由"发行—持有（Originate to Hold）"逐渐向"发行—分销（Originate to Distribute）"转变。在"发行—持有"的经营模式下，商业银行发放贷款，计入自身的资产负债表，并持有该贷款到期；而在"发行—分销"的经营模式下，商业银行通过理财产品、资产证券化等形式将相关贷款打包成理财产品或债券，并在市场上分销以回笼资金。二是商业银行融资模式的变化。商业银行主要依赖储蓄存款进行融资的模式逐渐向以资产证券化和货币市场基金为支撑的批发融资转变。三是由"内部化"风险管理模式向"市场化"风险管理模式转变。与"发放—持有"经营模式相对应的是"内部化"的风险管理模式，即商业银行发放贷款所伴随的风险主要由商业银行自身承担；与"发行—分销"经营模式相对应的是"市场化"的风险管理模式，即商业银行通过贷款打包销售、信贷资产证券化等方式将自身发放贷款的风险在市场上进行分散。

中国早在 2005 年就开始了信贷资产证券化的试点。由于受 2008 年国际金融危机的影响，中国信贷资产的证券化一度处于停滞状态。中国银行业监督管理委员会于 2014 年 11 月下发的《关于信贷资产证券化备案登记工作流程的通知》将信贷资产证券化业务由审批制改为业务备案制。截至 2014 年末，包含中信银行、招商银行等股份制商业银行和北京银行、南京银行等城市商业银行在内的 27 家银行获准开办资产证券化的资格。这表明中国信贷资产证券化业务备案制已经实质启动。显然，这将进一步推动中国影子银行体系的深化与发展。

4.4.1　影子银行体系的信用创造过程

与传统商业银行的信用中介模式不同[①]，影子银行体系需要经过一系列以批发融资和资产证券化为特征的信用中介链条才能实现"存款端"与"贷款端"的对接，以完成信用、期限和流动性转换等信用中介功能。根据 Pozsar 等（2010）、Adrian 和 Ashcraft（2012）、王达（2012）等学者的相关研究，影子银行体系的信用中介过程通常包含如下步骤：（1）专业贷款公司等影子银行部门发放贷款，如住房抵押贷款、汽车贷款等，商业银行发行的不以单纯持有为目的的相关贷款也包含在内。（2）信贷资产仓储行从专业贷款公司和商业银行等部门收购种类和期限不同的信贷合约。[②]（3）仓储行将自身持有的信贷合约打包出售给管理方成立的特殊目的的影子银行载体，相应的影子银行载体发行以此为抵押的资产支持的商业票据（Asset‐Backed Commercial Paper，ABCP），经投资银行等部门承销，完成信贷资产的第一级金融衍生。（4）ABCP 各类经纪交易商（Broker‐Dealers）将购入的 ABCP 重组打包向结构性投资载体或债券套利商发售相应的资产支持证券（Asset‐Backed Securities，ABS），并定期向相应的投资者支付利息，至此完成信贷资产的第二级金融衍生。（5）ABS 结构性投资载体等影子银行部门在购入期限不同的各类资产支持证券之后重新打包转售给 ABS 的各类经纪交易商。（6）ABS 的经纪交易商以此为基础向市场发行有担保的债务凭证（Collateralized Debt Obligation，CDO）。通常而言，这些有担保的债务抵押凭证主要由货币市场共同基金等机构投资者购买并持有。至此，信贷资产完成第三级金融衍生。（7）公众通过购买各类证券（含商业票据）或认领基金份额等方式为各类经纪交易商和货币市场共同基金等机构投资者提供资金支持，由此实现影子银行体系对传统商业银行储蓄资金的分流。显然，在上述信用中介过程中，最重要的三项制度分别是资产证券化将信贷资产转移到传统商业银行体系外、货币市场共同基金和各类证券对储蓄资金的分流、抵押和回购使得证券化产品成为一种准货币。[③]当然，这一信用中介过程只是影子银行体系信用创造过程的一个基本链条，而且不是所有的信用中介过程都包含上述七个步骤。同时，部分信用中介过程可能包含更多的步骤。影子银行体系的每一个信用中介过程总是以发放贷款开始，以批发融资结束，并且每一个影子银行机构或者活动只在单一信用中介过程中出现一次。通常而言，基础仓储贷款的质量越差，信贷中介链条就会越长。这意味着低质量长期贷款的影子银行信用中介过程可能包含上述所有七个甚至更多的步骤，而高质量短中期贷款的影子银行信用中介过程通常只需包含上述部分步骤。

关于影子银行信用创造机制的两种分析视角，即金融机构和金融产品的视角，我们

---

① 传统商业银行通过"吸收存款、发放并持有贷款"的经营模式将"信用转换、期限转换和流动性转换"功能集于一身，由此实现其信用中介功能。

② 有时，发放贷款的影子银行部门本身就是仓储行。

③ 与传统商业银行信用创造不同，影子银行体系并不直接创造传统狭义流动性的货币资产，而是创造广义流动性特征的各种证券化金融资产；这些证券化金融资产可以通过抵押和回购等方式变成现金，形成对资本市场或实体经济的需求，具有一定的货币属性。

更倾向于前者，主要理由如下：一是从金融机构的视角来分析影子银行体系的信用创造机制能够更好地体现其本质特征——没有传统商业银行以存款、贷款和结算为核心的业务组织形态，却以资产证券化等方式行使传统商业银行信用、期限和流动性转换功能；二是不存在区分金融资产或金融工具货币性难题，且理解相对简单；三是更容易将影子银行体系信用创造机制与传统商业银行信用创造机制纳入相对统一的分析框架。为了有效分析影子银行体系的信用创造过程，我们在借鉴 Gorton 和 Metrick（2009，2012）、李波和伍戈（2011）等学者的研究成果的基础上，先作如下假设：（1）影子银行机构所持有的自有抵押品和客户抵押品可以进行抵押融资和再抵押融资。（2）抵押融资和再抵押融资的资金全部留在影子银行体系中进行下一轮的融资活动。① （3）为了应付潜在的兑付行为和避免破产的压力，影子银行机构均会在每一次融资过程中留存一定的权益资金，相应的权益留存比率记为 γ，$0 < \gamma < 1$。这类似于传统商业银行的法定存款准备金率。② 但它不受金融监管当局等政府部门的监管，影子银行机构可以根据其自身的融资情况和市场行情自行决定；通常而言，该权益留存比率存在明显的横向异质性和纵向时变性③。（4）在抵押和再抵押融资过程中，受融资约束的限制，即能融到的资金数量往往低于相应的抵押品价值，这表明抵押和再抵押融资过程通常存在相应的抵押扣减率，记为 δ，$0 < \delta < 1$；所谓的抵押扣减率是指从抵押资产价值中提取的百分比例，反映了抵押资产与再抵押资产的风险大小，是影子银行体系融资双方博弈的结果；受抵押资产属性、市场行情和预期等因素的影响，抵押扣减率也同样呈现明显的横向异质性和纵向时变性。④

　　影子银行体系的信用创造过程就是前述影子银行单一信用中介链条不断重复的过程。出于简化分析和推理的需要，我们在上述假设的基础上进一步假设权益留存比率和抵押扣减率为常数⑤，由此，我们能得到影子银行体系如表 4-6 所示的信用创造过程。

---

① 为了简化分析，该研究没有考虑影子银行体系信用创造过程中的现金漏损问题。

② 近20年来，部分西方发达国家存在法定存款准备金制度趋于弱化的趋势，但在美国、日本、欧元区等诸多发达国家和发展中国家，法定存款准备金制度仍然是一项基本的货币制度；即便在法定存款准备金弱化的国家，受连续服务约束的影响，传统商业银行出于应付存款提取和支付清算的需要，往往会保留相对稳定比例的存款准备金。

③ 所谓的横向异质性是指同一时点上影子银行体系的不同信用创造媒介（如证券化资产）的权益留存比率和抵押扣减率可能是不同的；纵向时变性是指影子银行体系的同一信用创造媒介（如证券化资产）的权益留存比率和抵押扣减率在不同时点上可能是动态变化的。

④ Gorton 和 Metrick（2009）通过实证研究发现，银行间回购市场中的各类证券化资产的抵押扣减率在次贷危机前均为0，而在次贷危机和国际金融危机期间迅速上升和分化。其中，与次级贷款相关的证券化资产的抵押扣减率在国际金融危机爆发后迅速上升到100%；而整个银行间回购市场证券化资产的平均抵押扣减率在国际金融危机爆发后也高达40%多。

⑤ 在后续的分析过程，我们将放宽这一假定，分析权益留存比率和抵押扣减率横向异质性和纵向时变性对影子银行体系信用创造机制的影响。

表 4 – 6　　　　　　　　　　　　　影子银行体系的信用创造过程

层级	资产	负债	权益
1	ΔB	$\Delta B(1-\gamma)(1-\delta)$	$\Delta B(\gamma+\delta-\gamma\delta)$
2	$\Delta B(1-\gamma)(1-\delta)$	$\Delta B[(1-\gamma)(1-\delta)]^2$	$\Delta B(\gamma+\delta-\gamma\delta)(1-\gamma)(1-\delta)$
3	$\Delta B[(1-\gamma)(1-\delta)]^2$	$\Delta B[(1-\gamma)(1-\delta)]^3$	$\Delta B(\gamma+\delta-\gamma\delta)[(1-\gamma)(1-\delta)]^2$
…	…	…	…
n	$\Delta B[(1-\gamma)(1-\delta)]^{n-1}$	$\Delta B[(1-\gamma)(1-\delta)]^n$	$\Delta B(\gamma+\delta-\gamma\delta)[(1-\gamma)(1-\delta)]^{n-1}$
…	…	…	…
总额	$\dfrac{\Delta B}{(\gamma+\delta-\gamma\delta)}$	$\dfrac{\Delta B(1-\gamma)(1-\delta)}{(\gamma+\delta-\gamma\delta)}$	ΔB

根据表 4 – 6 我们可知，如果影子银行体系的初始信贷资金增加 ΔB，那么影子银行体系的资产总额经过影子银行体系 n 次信用中介过程后将增加到 $\Delta A = \Delta B \sum\limits_{i=1}^{n} [(1-\gamma)(1-\delta)]^{i-1} = \Delta B/(\gamma+\delta-\gamma\delta)$。这表明在上述假设条件下，影子银行体系的信用创造规模主要受到两个因素的影响：一是影子银行体系从传统商业银行分流的储蓄资金规模，这是影子银行体系购买初始信贷资产的基础。二是影子银行体系的信用创造乘数 $K(\gamma,\delta) = (1/\gamma+\delta-\gamma\delta)$，它主要受权益留存比例 γ 和抵押扣减率 δ 的影响。通常而言，受经济行情、市场波动、投资者情绪和融资双方博弈态势等因素的影响，影子银行体系的权益留存比率和抵押扣减率往往具有较大的波动性，且常常呈现同增同减的变化特征。在经济金融稳定和繁荣的阶段，影子银行体系的权益留存比率和抵押扣减率往往比较低。在低权益留存比率和低抵押扣减率的双重影响下，影子银行体系的信用创造乘数非常大。在经济金融震荡和衰退的阶段，权益留存比率和抵押扣减率通常迅速上升，并处于高位，由此导致影子银行的信用创造乘数非常小。

根据影子银行体系的信用创造乘数 $K(\gamma,\delta) = (1/\gamma+\delta-\gamma\delta)$，由此，我们可进行如下比较静态分析：

（1）$K_\gamma = -(1-\delta)/(\gamma+\delta-\gamma\delta)^2 < 0$，$K_\delta = -(1-\gamma)/(\gamma+\delta-\gamma\delta)^2 < 0$，这意味着影子银行体系的信用创造乘数分别是权益留存比率 γ 和抵押扣减率 δ 的递减函数，即它会随着权益留存比率和抵押扣减率的增加而减小，随着权益留存比率和抵押扣减率的减小而增加。

（2）$K_{\gamma\gamma} = 2(1-\delta)^2/(\gamma+\delta-\gamma\delta)^3 > 0$，$K_{\delta\delta} = 2(1-\gamma)^2/(\gamma+\delta-\gamma\delta)^3 > 0$，$K_{\gamma\delta} = K_{\delta\gamma} = (2-\delta-\gamma+\gamma\delta)/(\gamma+\delta-\gamma\delta)^3 > 0$，这意味着信用创造乘数 $K(\gamma,\delta)$ 的变化速率分别是权益留存比率 γ 和抵押扣减率 δ 的递增函数，即 $K(\gamma,\delta)$ 的变化速率会随着权益留存比率和抵押扣减率的增加而增加，随着权益留存比率和抵押扣减率的减小而减小。受经济行情、市场情绪等因素的影响，具有较大波动性且呈现同增同减变化特征的权益留存比率和抵押扣减率不仅使得影子银行信用创造乘数的变化非常迅速，而且使得影子银行信用创造乘数变化的振幅非常大。

4.4.2　影子银行体系对中国银行业系统性金融风险的潜在传递路径

通过影子银行体系信用创造机制的上述分析，我们可以得出，影子银行体系具有与传统商业银行相似但又存在显著差异的信用创造机制。而正是这些差异导致影子银行体系信用创造功能具有内在不稳定性，这主要体现在融资脆弱性、信用媒介信息敏感性和杠杆周期性三个方面。

（一）融资脆弱性

通过对比影子银行体系与传统商业银行两者的信用创造机制，我们发现，影子银行体系不仅面临着与传统商业银行相同的期限错配问题，而且还缺乏流动性支持：它既不受中央银行"最后贷款人"的流动性支持，也没有类似存款保险的相应机构提供信用保障。在经济金融震荡和衰退阶段，缺乏流动性支持的影子银行体系极容易发生自我实现的挤兑行为和流动性危机。正如 Adrian 等（2013）学者所言，由自我实现的挤兑行为所导致的影子银行体系的脆弱性非常类似于 19 世纪美联储和联邦存款保险制度建立前的传统商业银行。

与传统商业银行的信用中介模式不同，影子银行体系需要经过一系列信用中介链条才能实现"存款端"与"贷款端"的对接。在这一信用中介链条中，不同的影子银行机构行使不同的中介功能。正如王达（2012）等学者所说，虽然影子银行体系能够通过信用中介链条分散交易风险，但是其缺陷在于，如果某一环节出现问题，那么就可能导致整个影子银行体系的崩溃，进而诱发系统性金融危机。2008 年美国雷曼兄弟破产诱发的全球金融危机就是一个明显的例证。同时，通过这一信用中介链条系统，影子银行体系与传统商业银行有着千丝万缕的联系，从而进一步增强了整个金融体系的关联性和潜在的系统性风险（王兆星，2013d）。

与传统商业银行依靠储蓄存款进行融资不同，影子银行体系主要是通过商业票据和回购协议等金融工具进行批发融资。对机构投资者的高度依赖性是批发融资的一个显著特征。影子银行机构在市场流动性充裕时往往非常容易通过发行融资工具在货币市场和资本市场获得资金。在市场流动性趋紧时，由于缺乏金融安全网和相应的保险机制，具有高度同质性的机构投资者往往会纷纷抽逃资金。这将极易引发"羊群效应"，造成批发融资市场的信用冻结；由此，影子银行体系的资金来源随之枯竭。

（二）信用媒介信息敏感性

与传统商业银行信用创造的信用媒介是活期存款不同，影子银行体系信用创造的信用媒介主要表现为具有明显异质性特征的证券化资产，如商业票据、资产支持证券、债务抵押债券等。正如 Gorton 和 Metrick（2009，2012）等学者所言，这些证券化资产的信息敏感性具有区制转换的特征：在经济金融稳定和繁荣的阶段，这些证券化资产往往是信息不敏感的（Information Insensitivity）；而在经济金融震荡和衰退的阶段，这些信息不敏感的证券化产品就会转化成为信息敏感（Information Sensitivity）的证券化资产。

在经济金融稳定和繁荣的阶段，影子银行体系参与者的风险意识往往比较弱，他们常常忽略潜在的最坏状态（Gennaioli 等，2012，2013），由此导致了影子银行体系证券化资产的信息不敏感性。与正常状态相比，影子银行体系证券化资产的相关性在系统性风险状态下往往表现得更高。这意味着它们的相关性在正常状态下通常被低估，以致通过证券化资产等方式进行融资的影子银行机构没有持有足够的流动性和资本来应对潜在的危机和损失。证券化资产的异质性特征使得影子银行机构的筹资活动过度依赖外部机构信用评级。基于存在忽略风险等原因，信用评级机构在经济金融稳定和繁荣的阶段通常会对同等证券化资产作出相对乐观的信用评级。与此同时，影子银行体系的投资者往往会高估证券化资产的价值并过度投资。因而，影子银行机构、信用评级机构与证券化资产投资者三者综合作用的结果是，影子银行体系分流的储蓄资金，进而证券化资产规模在经济金融稳定和繁荣的阶段迅速扩张和积累。

证券化资产通常具有信息不透明特征（Dang 等，2009）。在经济金融稳定和繁荣的阶段，由于存在信息搜寻成本，投资者通常没有足够的动机去收集相关信息。一旦市场出现不利冲击，影子银行体系的参与者收集信息的动机就会迅速增强，由此导致在经济金融稳定和繁荣阶段信息不敏感的证券化资产迅速转化为信息敏感的证券化资产。投资者逐渐增强的信息搜寻动机往往会进一步恶化信息敏感的证券化资产其价格中所包含的不利信息。信用评级机构在信誉机制的作用下，通常会作出相对谨慎的评级报告。上述因素相互作用的最终结果是，随着经济金融的震荡和衰退，影子银行体系证券化资产的价格往往会迅速恶化，其资产规模随之锐减。

（三）杠杆周期性

与传统商业银行不同，影子银行机构常常面临着抵押品不足和抵押品流动性不够的融资约束，其融资约束的紧度取决于资产的潜在风险、流动性和抵押价值三个因素。在经济金融稳定和繁荣的阶段，抵押资产的潜在风险相对较小、流动性较大、资产价值高，影子银行机构面临的融资约束相对宽松，权益留存比率和抵押扣减率逐渐降低，直至处于低位，其信用创造的结果是影子银行体系杠杆率迅速扩张；在经济金融震荡和衰退的阶段，抵押资产的潜在风险增大，流动性降低，资产价值下降，影子银行机构面临的融资约束趋紧，权益留存比率和抵押扣减率也随之提高，影子银行体系信用创造功能缩减，甚至冻结，杠杆率随之锐减。这表明，影子银行体系杠杆率不仅具有与传统商业银行类似的顺周期特征，而且其杠杆周期的振幅远大于传统商业银行。[①]

在经济金融震荡与衰退的阶段，证券化资产的价格往往会下跌，在经济金融稳定和繁荣的阶段进行高杠杆操作的影子银行机构被迫启动去杠杆化过程。通常而言，去杠杆化操作通常可以通过两条途径来完成：一是出售资产来偿还债务和应对潜在的挤兑行为；二是通过吸收新的股权投资来扩充自有资本。如果影子银行机构抛售证券化资产，资产价格就会被进一步压低；一旦市场出现逆向选择，影子银行体系将会进入一个自我强化的资产价格下跌循环。如果影子银行机构通过提高资本金的方式去杠杆化，就可能造成市场流动性紧张，最终可能酝酿产生系统性金融危机。

通过上述分析，我们发现，由于融资脆弱性、信用媒介信息敏感性和杠杆周期性等

---

① 与影子银行体系不同，传统商业银行往往面临着法定存款准备金率和存贷比等监管约束。

原因，影子银行体系的信用创造机制具有内在的不稳定性，以致影子银行体系常常面临着流动性过剩与流动性逆转的风险。正如前文所述，当前中国的影子银行体系大多以商业银行为母体进行衍生，几乎所有的影子银行机构与业务模式都与商业银行存在着紧密的资金链联系。一旦影子银行体系发生流动性逆转，相应的流动性恐慌将极有可能在中国银行业扩散和传染，以致诱发中国银行业系统性金融风险。2013年6月的"钱荒"就是一个很好的例证。此次"钱荒"起源于中国部分商业银行的流动性紧张。它在短期内造成了中国货币市场利率的急剧上升，商业银行信贷收紧，货币市场基金出现挤兑，银行同业市场交易发生阻滞等混乱情境。袁增霆（2013）等学者认为，中国银行业此次"钱荒"的根源是中国银行业对非标债权类金融资产的运用与同业交易，而这些金融交易正属于影子银行的范畴。

综上所述，影子银行体系对中国银行业系统性金融风险的潜在传递路径如图4-6所示。伴随着中国影子银行体系的发展，中国商业银行的经营模式和风险管理模式正在发生改变：一是商业银行的经营模式由"发行—持有"逐渐向"发行—分销"转变。二是商业银行融资模式的变化。商业银行主要依赖储蓄存款进行融资的模式逐渐向以资产证券化和货币市场基金为支撑的批发融资转变。三是由"内部化"风险管理模式向"市场化"风险管理模式转变。近年来，中国信贷资产证券化正在提速，这将进一步推动中国影子银行体系的深化与发展。由于融资脆弱性、信用媒介信息敏感性和杠杆周期性等原因，影子银行体系的信用创造机制具有内在的不稳定性，以致影子银行体系常常面临着流动性过剩与流动性逆转的风险。当前中国的影子银行体系大多以商业银行为母体进行衍生，几乎所有的影子银行机构和业务模式都与商业银行存在着紧密的资金链联系。一旦影子银行体系发生流动性逆转，相应的流动性恐慌将极有可能在中国银行业扩散和传染，以致诱发中国银行业系统性金融风险。

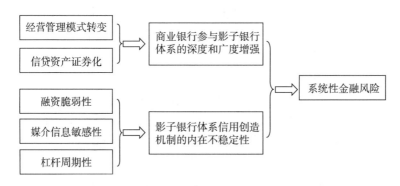

图4-6　影子银行体系对中国银行业系统性金融风险的潜在传递路径

4.5　地方政府性债务

2008年国际金融危机之后，基于"扩内需"和"保增长"的需要，中国地方政府的投融资平台的数量和融资规模快速崛起，相应的地方政府性债务急剧膨胀。根据国家审计署公布的系列报告中使用的定义，地方政府性债务可概括为地方政府（包括政府部门和机构）、融资平台公司、经费补助事业单位、公用事业单位和其他单位举借或用于续建以前开工项目所负有偿还责任的债务，因投放于如市政建设、科教文卫及保障性住房、农林水利建设等公益性项目所形成的债务，以及地方政府因提供担保和可能承担一定救助责任的债务，都统称为地方政府性债务①。简而言之，地方政府性债务包括三大类别：政府负有偿还责任的债务、政府负有担保责任的债务以及政府可能承担一定救助责任的债务。

4.5.1 地方政府性债务的现状分析

根据 2013 年底中国审计署公布的《全国政府性债务审计结果》显示，截至 2013 年 6 月底，地方政府"负有偿还责任""负有担保责任"和"可能承担一定救助责任"等三类债务分别为 108859.17 亿元、26655.77 亿元和 43393.72 亿元。从债务资金来源看，地方政府负有偿还责任债务的来源主要有银行贷款、建设—转移（BT）和发行债券，它们的占比依次为 50.76%、11.16% 和 10.71%。从偿债年度分布看，地方政府负有偿还责任的债务于 2015 年、2016 年和 2017 年到期需要偿还的债务分别为 18577.91 亿元、12608.53 亿元和 8477.55 亿元，分别占 17.06%、11.58% 和 7.79%；2018 年及以后需要偿还的债务为 20419.73 亿元，占 18.76%。根据 2013 年 6 月中国审计署公布的《36 个地方政府本级政府债务审计结果》，36 个地方政府截至 2012 年底的本级政府性债务余额为 38475.81 亿元，其中，"政府负有偿还责任""政府负有担保责任"和"政府可能承担一定救助责任的其他相关债务"等三类债务分别为 18437.10 亿元、9079.02 亿元和 10959.69 亿元，分别占比 47.92%、23.60% 和 28.48%。从举债主体看，36 个地方政府本级政府性债务的主要举债主体是地方政府部门与机构和融资平台公司，分别占 25.37% 和 45.67%。从债务资金来源看，这些地方政府债务资金的主要来源是银行贷款和发行债券，其占比依次为 78.07% 和 12.06%。

地方政府性债务具有如下三个特点：一是债务总量巨大，且呈现爆发式增长。2009 年 3 月 18 日，中国人民银行和银监会联合发布的《关于进一步加强信贷结构调整 促进国民经济平稳较快发展的指导意见》明确提出，"鼓励地方政府通过增加地方财政贴息、完善信贷奖补机制、设立合规的政府投融资平台等多种方式，吸引和鼓励银行业金融机构加大对中央投资项目的信贷支持力度。支持有条件的地方政府组建投融资平台，发行企业债、中期票据等融资工具，拓宽中央政府投资项目的配套资金融通渠道"②。自此，地方政府纷纷成立地方投融资平台。截至 2013 年 6 月 30 日，中国地方政府投融资平台数量达到 7170 家，融资债务余额达到 69704 亿元，占所有融资主体债务余额的 38.96%，是地方政府第一大举债主体。地方政府部门和机构、国有企业分别是地方政府第二大和第三大举债主体。

---

① 资料来源：国家审计署 2011 年第 35 号《全国地方政府性债务审计结果》。

② 资料来源：《关于进一步加强信贷结构调整 促进国民经济平稳较快发展的指导意见》（银发〔2009〕92 号）。

二是存在明显的期限错配。地方政府及其融资平台债务的平均期限通常是三年左右。虽然银行贷款一直都是地方政府性债务的主要融资来源，但随着政府监管政策的变化，地方政府性债务的融资渠道逐渐部分地从银行转向影子银行，例如向信托、证券、保险和其他金融机构融资，通过银子银行渠道进行融资的地方政府性债务在总的地方政府性债务余额的比例呈现一定程度的激增态势。从支出投向看，中国地方政府性债务资金大多投向基础设施领域，如市政建设、交通运输、科教文化和保障性住房等，占比高达80%以上。虽然从长期看该部分基础设施领域的资产能为政府形成相应的优良资产，有着长久的经营性收入，但其收益和回报往往比较低，其还款周期往往需要十年左右的时间。期限错配的另一方面是地方政府性债务到期偿还时间过于集中。从偿债年度分布看，地方政府负有偿还责任的债务于2015年、2016年、2017年和2018年到期需要偿还的债务分别占17.06%、11.58%、7.79%和18.76%。

三是对土地出让收入的依赖程度高。根据《全国政府性债务审计结果》披露，截至2012年底，在相关省、市、县三级政府负有偿还责任债务余额的93642.66亿元中，承诺以土地出让收入偿还的债务余额为34865.24亿元，占37.23%。

针对地方政府性债务可能诱发系统性风险的担忧，中央政府开始治理地方政府性债务：一是进行了两次全国地方政府债务审计，评估债务问题的严重程度；二是在公共服务领域推广政府和社会资本合作（Public – Private Partnership，PPP）；三是推出地方政府性债务置换计划。

4.5.2 地方政府性债务对中国银行业系统性金融风险的潜在传递路径

在中央政府的债务治理下，目前的地方政府性债务问题的化解主要依赖于如下四条途径来解决：一是依靠财政收入偿还地方政府性债务；二是依靠土地出让收入填补债务缺口；三是尝试通过PPP模式改变地方政府性债务的统计口径；四是通过地方政府性债务置换来缓解。正如前文所述，在以"前期刺激政策消化期""经济结构调整阵痛期"和"增长速度换挡期"等"三期叠加"为特征的经济新常态和经济持续下行的环境下，地方政府的财政收入增长明显放缓；同时，为了刺激经济、促进经济结构调整和转型升级，中央政府陆续实施了"营改增"等系列减税降费政策，这可能在短期内造成财政收入的减少。依靠土地出让收入填补债务缺口的方法显然是对土地出让收入高度依赖的地方政府性债务的重要解决途径之一。目前，中国城市的房价呈现明显的分化趋势，一线城市和部分二线城市房地产价格呈现较快的上涨趋势，这显然在一定程度上有利于这些城市地方政府性债务问题的化解。但我们应该注意到，一线城市和部分二线城市房地产价格呈现的较快上涨是没有相应的实体经济支撑的。但地处房地产市场分化另一侧的城市却仍然面临着较大的"去库存"压力，依靠土地出让收入填补地方政府债务缺口的途径对这部分城市而言可能在一定程度上行不通。

所谓的政府和社会资本合作（Public – Private Partnership，PPP）是指"政府部门和社会资本在基础设施及公共服务领域建立的一种长期合作关系，通常模式是由社会资本承担设计、建设、运营、维护基础设施的大部分工作，并通过'使用者付费'及必要的'政府付费'获得合理投资回报；政府部门负责基础设施及公共服务价格和质量监管，以保证公共利益最大化。"显然，PPP模式通过改变地方政府性债务的统计口径在一定时期和一定程度上化解了地方政府性债务问题。但我们认为，PPP模式下仍蕴含着较大的财政风险，即政府基于未来支出承诺形成的直接负债和由不确定性引致的或有债务。具体而言，这主要体现在如下三个方面：一是相对于公共主体融资成本而言，PPP项目往往会要求更高的投资回报率，PPP模式运用不当不仅不能减少政府直接债务负担，反而增加政府直接债务负担。虽然政府通过PPP模式可以将政府资产负债表的债务"出表"，但不可否认的是，这只是拉长了政府的债务期限，在一定程度上解决了地方政府性债务的期限错配问题，而其最终成本未必会降低。如果PPP模式不能提升项目效率和降低项目全生命周期成本，那么强行推进PPP模式还不如地方政府直接融资建设。二是在PPP模式下，政府可能需要承担在总债务规模中占较大比例的隐性债务和或有债务。PPP模式可能存在政府债务隐匿，导致地方政府盲目、无序上马PPP项目。现有政府债务统计方式在一定程度上促使地方政府通过设计特定PPP项目将债务转移出政府资产负债表的激励。在PPP实践中，"明股实贷"的现象非常普遍，基金、信托等机构往往提出政府在一定期限内进行项目回购的要求，而不是进行长期的风险共担。当基金、信托等机构资本抽身时，整个项目的风险完全由政府承担。一旦出现项目集中回购，该部分政府隐性债务和或有债务将急剧增加。三是PPP项目可能存在诸多推定的、道义上的或有债务和隐性债务。一旦风险发生或显性化，该部分推定的、道义上的或有债务和隐性债务将直接转化为政府支出责任和直接债务。在PPP模式中，部分地方政府可能采取降低标准、过度承诺、过度担保等机会主义将投资人引进来，以期PPP项目的尽快签约落地。如果这些或有债务没有事先评估的话，政府将陷入巨大的支付危机，引发中长期沉重的财务负担或债务风险。

地方政府债务置换就是地方政府通过发行低成本、长期限、标准化的地方债定向置换那些高成本、短期限、非标准化的存量地方政府性债务，使地方政府有较长期限的稳定资金来源。2014年，《国务院关于加强地方政府性债务管理的意见》指出，以长期限、标准化的地方债置换包括地方融资平台等在内的、地方政府负有偿还责任的存量债务，缓解政府债务集中还款的压力。同年，财政部分三批下达了总计3.2万亿元的地方债务置换额度，已全部顺利完成置换。2016年，地方政府债务置换进一步提速，截至4月末，地方政府债务置换的总规模已超过2万亿元。显然，地方政府性债务置换能够大大缓解地方财政的即期偿债压力，消除部分地方政府资金链断裂的风险。由于银行贷款是地方政府性债务的主要资金来源，我们应该看到，地方政府债务置换对商业银行产生的重要影响。一是银行资产收益率水平下降。虽然由于地方政府性债券风险权重为零，地方政府性债务置换可以降低商业银行风险资产，但由于置换债券利率与银行贷款利率之间存在明显的差距，银行资产收益水平因而下降。二是定向置换与不可流通性增加了银行潜在的经营风险。地方债务置换表面上是将不易流动的信贷资产转化为流动性较强的债券资产，但由于近两年地方债务密集发行，且规模较大，政府为了避免对整个债券市场的冲击，一方面规定置换地方融资平台的地方性政府债券只能采取定向承销的方式发行，另一方面不允许地方政府性债务置换的债券流通转让，以致该部分债券的流动性完全没有得到体现。虽然置换债券与地方政府一般债券同属地方政府性债务，但两者是分开管理的。在以"前期刺激政策消化期""经济结构调整阵痛期"和"增长速度换挡期"等"三期叠加"为特征的经济新常态和经济持续下行的情境下，如果地方政府收支压力较大，无力偿还全部债务，政府基于降低社会影响的考虑往往会选择优先偿还地方政府一般债券。因而，地方政府性债务置换的风险往往大于地方政府一般债券。三是地方政府债务置换可能加剧商业银行资产负债错配风险。通过地方政府性债务置换出去的贷款往往是当年或者到期久期较短的地方政府性债务，而地方政府债务置换债券的期限则往往是 3 年、5 年、7 年和 10 年。这往往会加剧商业银行资产负债期限错配风险。

综上所述，地方政府性债务对中国银行业系统性金融风险的潜在传递路径如图4-7所示。2008 年国际金融危机之后，基于"扩内需"和"保增长"的需要，中国地方政府的投融资平台的数量和融资规模快速崛起，相应的地方政府性债务急剧膨胀。这急剧膨胀的地方政府性债务具有如下三个特点：一是债务总量巨大，且呈现爆发式增长；二是存在明显的期限错配；三是对土地出让收入的依赖程度高。在以"前期刺激政策消化期""经济结构调整阵痛期"和"增长速度换挡期"等"三期叠加"为特征的经济新常态、经济持续下行和政府陆续实施的"营改增"等系列减税降费政策情境下，地方政府的财政收入增长明显放缓。针对地方政府性债务可能诱发系统性风险的担忧，中央政府开始通过在公共服务领域推广政府和社会资本合作（PPP）和推出地方政府性债务置换计划等途径和方法来治理地方政府性债务。由于存在"PPP 项目往往会要求更高的投资回报率""在 PPP 模式下，政府可能需要承担在总债务规模中占较大比例的隐性债务和或有债务"和"PPP 项目可能存在诸多推定的、道义上的或有债务和隐性债务"等原因，通过 PPP 模式来化解地方政府性债务可能仍蕴含着较大的财政风险，即政府基于未来支出承诺形成的直接负债和由不确定性引致的或有债务。同时，地方政府性债务置换对商业银行产生了重要影响：一是银行资产收益率水平下降；二是定向置换与不可

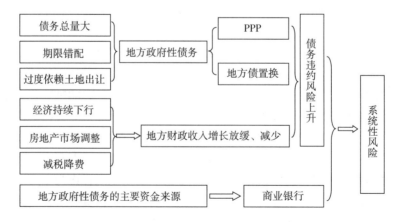

图4-7 地方政府性债务对中国银行业系统性金融风险的潜在传递路径

流通性增加了银行潜在的经营风险；三是地方政府债务置换可能加剧商业银行资产负债错配风险。由于商业银行作为地方政府性债务的主要融资来源，地方政府性债务的违约风险将会传递和汇集到商业银行，以致商业银行不良贷款率上升和资产质量下降。当商业银行的不良贷款率上升和资产质量下降超过了其所能承受的程度，将极有可能诱发中国银行业乃至金融业的系统性金融风险。

4.6 人民币国际化与国际资本流动

4.6.1 人民币国际化与国际资本流动的现状分析

近年来人民币国际化呈现快速发展的态势。中国人民大学 2016 年 7 月底发表的《人民币国际化报告 2016》显示，截至 2015 年底，综合反映人民币国际使用程度的人民币国际化指数（RMB Internationalization Index，RII）达到 3.6，5 年间增长逾十倍。其中，中国对外贸易以人民币结算的比例接近 30%，将全球贸易结算的人民币份额推高到 3.38%；人民币对外直接投资达到 7362 亿元，较上一年增长了 294.53%；国际信贷、国际债券和票据交易中的人民币份额也快速增长，使得国际金融交易的人民币份额跃升至 5.9%；中国人民银行签署的货币互换协议余额达 3.31 万亿元。

完善人民币汇率形成机制和推进资本项目可兑换是人民币国际化过程中不可回避的两个重要话题。为了增强人民币兑美元汇率中间价的市场化程度和基准性，中国人民银行决定完善人民币兑美元汇率中间价报价：自 2015 年 8 月 11 日起，做市商在每日银行间外汇市场开盘前，参考上日银行间外汇市场收盘汇率，综合考虑外汇供求情况以及国际主要货币汇率变化向中国外汇交易中心提供中间价报价。改革后，我国人民币兑美元汇率中间价形成机制分为"收盘汇率""一篮子货币汇率变化"两部分，前者主要反映市场的供求关系，后者反映人民币对一篮子货币汇率的稳定性。至此，人民币汇率已经逐步形成了以市场供求为基础、双向浮动、有弹性的汇率运行机制。图 4-8 是近年人民币兑美元汇率中间价的动态演化图。我们可以发现，"8·11 汇改"以来，人民币兑美元汇率经历了三轮较为明显的贬值。第一轮贬值期是 2015 年 8 月 11—13 日，人民币汇率中间价从 8 月 10 日的 6.1162 跌到 6.4010，累计跌近 3000 点。第二轮贬值期是 2016 年元旦前后，人民币兑美元中间价从 2015 年 12 月 17 日的 6.4713 到 2016 年 1 月 7 日的 6.5646，累计下调近 1000 点。第三轮贬值期从 2016 年 4 月到 7 月，受美联储加息预期升温与英国脱欧等一系列金融市场"黑天鹅"事件的影响，人民币兑美元汇率中间价从 2016 年 4 月 13 日的 6.4591 跌到 2016 年 7 月 19 日的 6.6971，导致人民币兑美元贬值近 2400 点。为了平息这三轮人民币沽空潮涌，中国人民银行消耗了逾千亿美元的外汇储备。图 4-9 是中国外汇储备在"8·11 汇改"前后的变化情况。

推进资本项目可兑换是中国推进人民币国际化进程而进行的另一项改革。中国在 1996 年实现经常项目可兑换后即开始稳步推进资本项目可兑换。2014 年，顺利推出沪港股票市场互联互通机制，便利境外机构在境内发行人民币债券，进一步简化资本项目

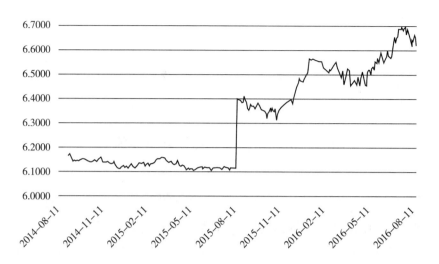

数据来源：国家外汇管理局。

图 4 - 8　人民币兑美元汇率中间价

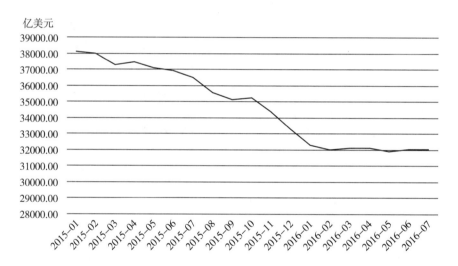

数据来源：中国人民银行。

图 4 - 9　中国外汇储备的变化情况

外汇管理。2015 年 12 月 1 日，国际货币基金组织（IMF）正式宣布将人民币纳入提别提款权（Special Drawing Right，SDR）货币篮子；新货币篮子确定的人民币权重10.92% 将于 2016 年 10 月 1 日生效。IMF 总裁拉加德在发布会上表示，"人民币进入SDR 将是中国经济融入全球金融体系的重要里程碑。"李克强总理在 2016 年 8 月 16 日的国务院常务会议上明确表示，深港通相关准备工作已经基本就绪，国务院已批准《深港通实施方案》。8 月 31 日，世界银行（国际复兴开发银行）首期特别提款权（SDR）计价债券在中国银行间债券市场成功发行，发行规模为 5 亿 SDR（约合人民币 46.6 亿元），期限为 3 年，结算货币为人民币。这表明，人民币资本项目可兑换正在继续稳步推进。

4.6.2 人民币国际化和国际资本流动对中国系统性金融风险的潜在传递路径

在过去一段相当长的时间内，中国拥有国际收支的双顺差，即出口大于进口，资本账户的流入大于流出。这意味着资本不断流入，储蓄不断积累，人民币面临着升值的压力。而自2012年之后，中国双顺差开始变成"一正一负"，即经常账户顺差，资本账户逆差。而资本账户逆差意味着中国发生了资本外流。国家外汇管理局统计，自2012年第二季度至2016年第二季度，中国已连续九个季度出现资本外流，并且这一状况仍将持续下去。资本外流和公开市场干预导致外汇储备缩水，目前中国的外汇储备已经缩水到8000亿美元左右。在此情况下，人民币升值预期发生逆转，人民币兑美元汇率中间价已经从6.1左右贬值到6.7左右。而资本外流与汇率贬值预期可能相互加强，贬值预期会导致更多的资本外流，资本外流在外汇市场会导致人民币抛售，这会加剧人民币贬值预期。这将在一定程度上增加中国经济的不确定性，影响中国经济的杠杆水平和资产价格泡沫程度。如果处置不当，将可能诱发中国的系统性金融风险。

随着我国资本项目的逐步开放，国际资本流动常常表现为国际借贷、证券投资、直接投资和国际游资等形式。国际借贷引致的国际资本流动可能会导致国内资金充裕。如果没有足够严格的金融监管，银行等金融机构就会盲目扩大银行信贷，加大银行体系的风险。一旦国际借贷资本发生逆转，这些国家往往会因流动性不足而陷入困境，进而危及包括银行业在内的整个金融体系的稳定。国际证券投资往往会加大国际资本流入国证券市场的价格波动，推高资产价格泡沫，从而影响金融市场的稳定。国际游资往往会在金融市场频繁流动、积聚和炒作；一旦投资国投资收益减少或者出现其他关系到资本安全的问题，游资流动方向会迅速发生逆转，立即撤出该国市场，从而对该国产生重大冲击。根据钟震（2015）等学者的研究，近年来我国国际资本流动规模上升且波动性增强，呈现出如下特点：一是在资金结构上，由经常项目和资本项目的"双顺差"转变为"经常项目顺差、资本项目逆差"；二是从资金流动方向上看，由单向流入转为双向波动流出；三是由结汇意愿稳定转为购汇意愿走强，资金配置由增持人民币资产转为增持外币资产和债务去杠杆化；四是外汇储备出现拐点，由高位持续增持转为持续缩水。

1999年，美国麻省理工学院教授克鲁格曼在蒙代尔—弗莱明模型的基础上，结合对亚洲金融危机的实证分析，提出了"不可能三角理论"（Impossible Triangle/Impossible Trinity Theory），即开放经济体的货币当局在货币政策独立性、固定汇率制度和资本完全自由流动等宏观金融政策目标中只能三者选其二。这个经典的"不可能三角理论"和德国、日本等国家货币国际化的历史经验表明，随着人民币国际化程度逐渐提高和资本项目的逐步开放，中国人民银行等货币当局必然面临着宏观金融政策调整以及引致的潜在宏观金融风险的严峻考验。中国人民大学2016年7月底发表的《人民币国际化报告2016》表明，"8·11汇改"之后，中国资本市场价格、杠杆率和跨境资本净流入之间的关系，由之前的单向驱动关系变为循环式的互动关系，短期资本流动冲击足以影响到资本市场的价格和杠杆水平。国内各个金融子市场之间、境内外金融市场之间的资产价格联动性和金融风险传染性明显提高，对跨境资本流动的冲击更加敏感。

伴随着人民币国际化进程的推进和中国资本账户的逐步开放，中国的外汇市场和资本市场将成为国外游资和投机资本主要冲击的目标。这将在一定程度上加剧中国跨境资本的流动。中国人民大学发布的《人民币国际化报告2016》指出，在美联储正式启动加息进程后，美元指数不断攀高，美元资产受到追捧，国际资本流动大规模调整，致使中国资本流出压力急剧提高。同时，量化宽松、低利率甚至负利率等非常规货币政策对中国国内实体经济和金融风险的溢出效应将进一步增强。与前述的汇率波动一样，这将在一定程度上增加中国经济的不确定性，影响中国经济的杠杆水平和资产价格泡沫程度。如果处置不当，将可能诱发中国的系统性金融风险。

综上所述，人民币国际化与国际资本流动对中国系统性金融风险的潜在传递路径如图4-10所示。完善人民币汇率形成机制和推进资本项目可兑换是人民币国际化过程中不可回避的两个重要话题。伴随着人民币国际化进程的推进和中国资本账户的逐步开放，中国的国际收支由原来的经常项目和资本项目"双顺差"转变为"经常项目顺差、资本项目逆差"。而资本项目逆差意味着中国发生了资本外流，人民币汇率由持续的升值压力转变为贬值预期。而资本外流与汇率贬值预期往往互为因果、相互推动，进而相互加强：贬值预期会导致更多的资本外流，资本外流在外汇市场会导致人民币抛售，这会加剧人民币贬值预期。这将在一定程度上增加中国经济的不确定性，影响中国经济的杠杆水平和资产价格泡沫程度。如果处置不当，将可能诱发中国的系统性金融风险。

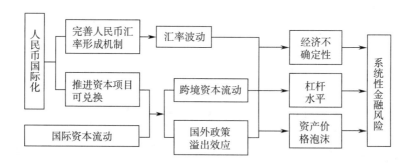

图4-10　人民币国际化和国际资本流动对中国系统性金融风险的潜在传递路径

4.7　我国系统性风险生成的特殊性——二元信贷结构下的 BGG 效应

金融加速器效应（Financial Accelerator Theory）是在 Bernanke、Gertler 和 Gilchrist（1996）中被正式提出来的，用来解释经济运行中存在的"小冲击、大波动"现象。从历史经验来看，经济运行中常存在微小的负面冲击（如实际利率小幅上涨）导致投资和产出大幅下降，例如 20 世纪 70 年代的石油价格冲击引发了严重的经济衰退。无论是从凯恩斯的"利率渠道"论、弗里德曼的"货币数量"论、莫迪利安尼的"财富效应"论还是极富思想贡献性的"泰勒规则"，都无法对此给出合理的解释。为此，Bernanke 等人通过引入不完全信息的信贷市场放松了 MM 定理的无金融摩擦条件，认为经济发生衰退时，企业净值下降，资产负债率提高，委托代理成本和外部融资溢价上升，投资和产出进一步下降，进而放大了初始冲击的效果。

从理论发展脉络上看，金融加速器效应可以说是对费雪"债务—通缩"循环理论和斯蒂格利茨信贷配给理论的传承和发扬，不仅理论框架简洁完美，而且对现实表现出较强的解释力，并得到广泛应用和进一步发展。Kiyotaki 和 Moore（1997）通过两部门动态模型考察了资产价格变化对企业净资产、融资能力、投资和产出的影响，认为净资产的冲击主要是通过企业的资产和负债来进行传导，如果冲击的效果是持续的，那么资产价格以及净资产在冲击发生的当期也会被放大。Bernanke、Gertler 和 Gilchrist（1999）将不完全信息的信贷市场纳入动态新凯恩斯主义模型，创新性地提出一个包含金融加速器效应的一般均衡框架，正式建立了金融加速器效应模型，该模型后被称为 BGG 模型。Hall 和 Simon（2001）基于 BGG 模型考察了 20 世纪 80 年代后期和 90 年代早期的英国经济，结果显示 BGG 模型能够较好地解释那段经济下行时期企业投资和财务状况的关系和波动。Ichiro Fukunaga（2002）运用日本数据校准了包含金融加速器效应的随机动态一般均衡模型，结果发现金融加速器效应能够较好地解释日本 20 世纪 80 年代后期开始的经济衰退中企业投资的大幅波动。其他在 BGG 模型基础上建立 DSGE 模型的学者也有很多，如 Gertler 等（2007）、Christensen 等（2008），他们分别研究了各国经济中的金融加速器效应机制，这里不再详述。也有部分学者证明了我国也存在金融加速器效应，如崔光灿（2006）、赵振全等（2007）、袁申国和刘兰凤（2009）、袁申国等（2011）、汪川等（2011）、郑重（2011）、王立勇等（2012）、张良贵等（2014）……

从金融加速器效应的原理来看，我国金融加速器效应理应比国外更加显著。一是我国企业融资结构以间接融资为主，与发达国家相比，股权融资占比相对较低。2002—2013 年，我国非金融企业股票融资 3.3 万亿元，不足社会融资总量的 3%。二是我国企业信息披露质量不高，存在大量的披露不真实、不充分、不及时等现象，借贷双方信息不对称程度更加严重。然而，从已有文献来看，我国金融加速器效应远不如国外，直接体现在金融加速器效应模型的关键参数外部融资溢价对资产负债率的弹性上。BGG 模型估计得到美国市场上外部融资溢价对资产负债率的弹性系数约为 0.05；Christensen 等（2008）估计该参数值为 0.042；Bernanke 等（1999）设定该参数为 0.05；Meier 和 Muller（2006）估计该参数为 0.067；日本学者 Fukunaga（2002）和 Hitoshi 等（2005）估计出日本的该参数值分别为 0.05 和 0.038。国内学者对我国该参数的估计远低于 0.05，如刘斌（2008）估计出我国外部融资风险溢价对资产权益率的弹性仅为 0.0088（假设稳态时厂商内部融资所占比例为 0.2）；袁申国等（2011）在开放经济模型下估计该参数值为0.01（假设稳态时企业资产权益率为0.42）；王立勇等（2012）估计了不同黏性条件下的金融加速器效应，发现在黏性价格、黏性信息和混合黏性条件下，我国该参数的取值分别为0.0218、0.0265和0.0231（假设稳态时企业资产权益率为0.42）；余雪飞等（2013）估计该参数值为0.0267（假设稳态时企业资产权益率为0.479）。从产出波动的角度来看，国内金融加速器效应显著低于国外，虽随着稳态负债率上升有所提高，但仍非常微弱。

为检验我国金融加速器效应的变化趋势，该部分在DSGE研究范式下，利用2002年第一季度至2014年第四季度的宏观季度数据和Bayes估计方法，对我国金融加速器效应进行分析，并提出"两阶段二元金融加速器效应假说"。研究发现：（1）2002—2008年，金融加速器效应在中国并不显著，主要源于国家信用对公部门的隐性担保，降低了经济总体外部融资风险溢价对资产权益率的敏感性。（2）2009年之后金融加速器效应明显上升，一方面，金融市场化改革加速，国家信用隐性担保逐步降低，使得我国金融加速器效应提升（外部融资溢价对资产负债率的弹性上升约93%）；另一方面，我国总体资产负债率大幅攀升，信贷市场相对之前更加看重企业的财务指标，也使得金融加速器效应被动提升（外部融资溢价对资产负债率的弹性上升约62%）。目前，经济步入新常态，"三期叠加"效应逐步显现，金融加速器效应逐步增强，"小冲击、大波动"将可能成为我国下一阶段经济总体波动特征之一。

4.7.1　资产负债率及我国宏观经济运行特征事实

数据考察区间为2002年至2014年，选择这一时间段的主要原因是2002年是一轮经济周期的开始，产能缺口扭转了持续扩大的态势；2002年也是我国金融市场化改革的重要关口，明确了国有银行改革方向是按现代金融企业的属性进行股份制改造，银行经营自主权逐步提高。图4-11至图4-15显示了2002年第一季度以来我国实际经济运行以及部分金融变量的波动情况，总量数据均取对数并去除趋势。由于经济增长的投资驱动模式，实际GDP的变动与投资的变动几乎完全同步，贷款和居民消费与前两者的变动也呈现较强的正相关性，而社会融资规模的变动较大，与总量数据的变动之间相关性也比较弱。

由于金融加速器效应假设企业财务状况对经济会产生影响，我们来看一下2002年以来我国资产负债率的情况（见图4-16）。由于中小企业的财务数据较难收集，这里我们只展示了国有及国有控股企业和上市公司的资产负债率数据。从图4-16中可见，上市公司的资产负债率在2002年以来经历了显著的攀升，2009年"四万亿元"救市政策出台以后，平均负债率从之前的52%显著提升到58%。国有及国有控股企业的负债率始终高于上市公司，2004年对四大国有商业银行进行第二次不良资产剥离以后，二者基本保持同步的走势。

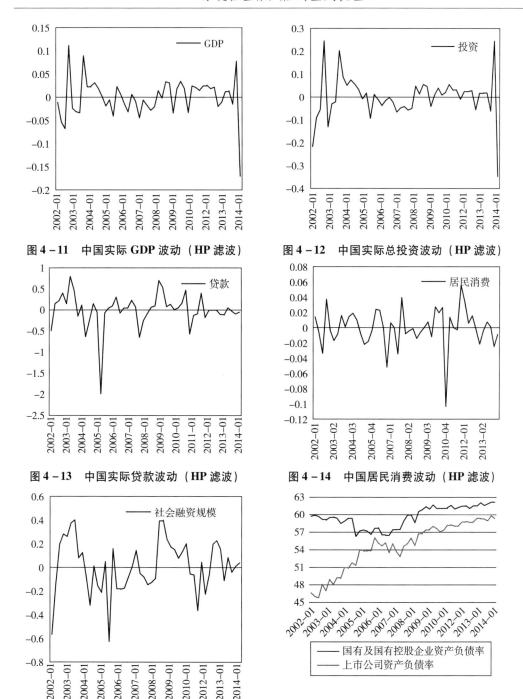

图 4 - 11　中国实际 GDP 波动（HP 滤波）

图 4 - 12　中国实际总投资波动（HP 滤波）

图 4 - 13　中国实际贷款波动（HP 滤波）

图 4 - 14　中国居民消费波动（HP 滤波）

图 4 - 15　中国社会融资规模波动（HP 滤波）

图 4 - 16　中国资产负债率①

---

① 国有及国有控股企业资产负债率数据来源于中经网统计数据库；上市公司负债率数据来源于 Wind 数据库（一级行业剔除金融业）。

4.7.2　理论分析

模型建立在动态随机一般均衡的分析框架上，这是当前国际主流的货币政策评估模型。模型为封闭经济模型，包含家庭部门、企业部门、政府部门等三大类经济主体。假设家庭部门和企业部门分别是同质的（后文将讨论放宽企业部门同质性假设），其中，企业部门由批发商、零售商和资本品生产商构成，政府部门则包括财政和中央银行。由于 DSGE 模型是从分析微观经济主体的最优行为决策出发，通过适当的加总技术得到宏观经济总量的行为方程，并据此进行分析，可以很好地避免 Lucas 批判（1976）。基本模型如下：

（一）家庭

假设经济中存在无限期生存的同质居民个体，连续均匀分布在 [0，1] 之间，代表性家庭 i 选取序列 $\{c_t^i, d_{t+1}^i, h_t^i\}_{t=0}^{\infty}$ 来最大化无限贴现的效用函数。具体如下：

$$\max_{\{c_t^i, d_{t+1}^i, h_t^i\}} E_0 \sum_{t=0}^{\infty} \beta^t (\ln c_t^i + \tau h_t^i) \tag{4-3}$$

$$\text{s. t.}\quad c_t^i + d_{t+1}^i = W_t h_t^i + R_t d_t^i + \xi_t^i - T_t^i \tag{4-4}$$

式中，假设 h_0 是不可分的劳动，$\dfrac{h_t^i}{h_0}$ 为选择提供劳动的特定居民的概率，无论居民在 t 期是否被选中去工作，保险系统都会支付给每个居民第 t 期的劳动收入，劳动系数 τ 满足 $\tau = \dfrac{A\ln(1-h_0)}{h_0}$；$d_t^i$ 是家庭 i 在 t 期借给金融中介的存款，R_t 是金融中介支付的实际利率；ξ_t^i 表示第 t 期零售商支付给家庭 i 的超额利润，假设家庭同比例持有零售商的股权，零售商的价格加成为 X_t，因此零售商由于定价能力而产生的总超额利润 $\xi_t = \dfrac{X_t-1}{X_t}$；$T_t^i$ 是政府部门对家庭 i 征收的税收。

加总的家庭部门一阶条件为

$$\frac{1}{C_t} = \beta E \frac{R_{t+1}}{C_{t+1}} \tag{4-5}$$

$$\frac{W_t}{C_t} + \tau = 0$$

（二）批发商

批发商每期末购买资本为下期生产做准备。假设企业自有资本为 N_t，单位资本价格为 P_{t-1}^k，则企业的借款额 B_t 为

$$B_t = P_{t-1}^k K_t - N_t \tag{4-6}$$

为使市场均衡，家庭的存款应等于企业的借款，即

$$D_t = B_t \tag{4-7}$$

批发商的生产函数为

$$Y_t = A_t K_t^{\alpha} H_t^{(1-\alpha)} \tag{4-8}$$

式中，Y_t 是中间产品的产量；K_t 是 $t-1$ 期末购买的资本；H_t 是居民的劳动投入；A_t 是外生的技术冲击。服从带稳态的一阶自回归分布：

$$\log A_t = (1 - \rho_A)\log \bar{A} + \rho_A \log A_{t-1}\varepsilon_{At} \qquad (4-9)$$

其中，$\rho_A \in (-1,1)$，$\varepsilon_{At} \sim N(0,\sigma_A^2)$

批发商的目标函数如下：

$$\max_{\{K_t,H_t\}} \prod_t = \frac{Y_t}{X_t} - R_t^k P_{t-1}^k K_t + (1-\delta)P_t^k K_t - W_t H_t \qquad (4-10)$$

式中，X_t 为零售商对产品的价格加成，$\dfrac{Y_t}{X_t}$ 即为批发商的总产出；R_t^k 为 t 期资本投入的实际收益率；δ 为资本折旧率；$W_t H_t$ 为支付给居民的工资。

将生产函数代入上式分别对 K_t、H_t 求导，可得以下一阶条件：

$$R_t^k = \frac{\alpha\dfrac{Y_t}{X_t K_t} + (1-\delta)P_t^k}{P_{t-1}^k} \qquad (4-11)$$

$$(1-\alpha)\frac{Y_t}{H_t X_t} = W_t \qquad (4-12)$$

其中，式（4-11）绘制了投资的需求曲线，R_t^k 与 K_t 的函数关系刻画出资本需求与投资规模反向变动，反映边际收益递减。

投资的供给曲线由 BGG 模型给出。传统的 MM 定理（Modigliani 和 Miller，1958）认为，厂商的投资决策与融资决策无关，因此传统经济模型很少涉及融资结构对实体经济的影响。而 Bernanke、Gertler 和 Gilchrist（1999）详细分析了借款者的财务状况对其融资成本以及对投资和经济的影响，他们沿用 Townsend（1979）的分析方法，将不完全信息下的债务契约安排引入动态宏观经济模型，发现由于逆向选择和道德风险的存在，银行针对不同的借款者会视其财务状况进行选择并制定不同的贷款利率水平，即借款者的外部融资成本与内部融资成本之间存在一定的外部融资风险溢价（External Finance Premium）。这种外部融资风险溢价在经济的不同阶段表现出不同的特征，从而对投资和经济产生影响。

假设单个项目的产出受随机因素 ω 影响 [ω 服从独立同分布（i.i.d），且均值为 1]。金融中介需要花费成本去审计项目的真实产出，若项目违约，则银行获取该项目扣除审计成本后的剩余价值。Bernanke、Gertler 和 Gilchrist（1999）通过给定审计费用率、项目随机因子的概率分布以及项目的预期生命周期，在银行获取要求回报的约束条件下最大化企业收益，发现最优贷款合同所隐含的外部融资溢价 $s(\cdot)$ 与企业的资产负债率正相关[①]，即

$$E_t(R_t^k) = s\left(\frac{N_t}{P_{t-1}^k K_t}\right)R_t \qquad (4-13)$$

---

① 详细推导过程见 Bernanke、Gertler 和 Gilchrist（1999）附录 A，或 Gertler 等（2007）附录。

其中，$N_t \leqslant P_{t-1}^k K_t$，$s'(\cdot) < 0$，$s(1) = 1$。可以看出，若批发商购买资本所需要的资金完全从内部融资，即 $N_t = P_{t-1}^k K_t$，那么外部融资成本 R_t^k 等于内部融资成本 R_t；若批发商购买资本所需要的资金不完全从内部融资，即 $N_t < P_{t-1}^k K_t$，那么随着外部融资比例的增加，外部融资成本 R_t^k 与内部融资成本 R_t 的差异将增大，也就是说外部融资风险溢价将增加，因此融资结构将对融资成本及投资产生影响。反之，从商业银行角度来看，商业银行提供贷款时，贷款利率与借款者财务状况密切相关，借款者资产负债率越低，贷款利率越优惠，因此，式（4-13）被称作投资的资金供给曲线。

式（4-13）是金融加速器效应中最重要方程之一，其中的待估参数 v，代表在稳态值附近外部融资风险溢价对资产权益率的弹性系数[①]。该参数能够衡量一个经济体货币政策资产负债表传导渠道的重要程度，v 值较大代表作用力明显的货币政策资产负债表传导渠道，v 值较小代表作用力有限的货币政策资产负债表传导渠道，在极端情况 v 值为 0 则代表该经济体中货币政策资产负债表传导渠道并不存在。

BGG 模型估计得到美国市场上外部融资风险溢价对资产权益率的弹性系数约为 0.05[②]，主要依赖以下五点假设：（1）假设风险溢价 $R_t^k - R_t = 0.02$，该数据通过计算美国 6 个月国库券收益和基本借贷利率的差额的历史数据得到；（2）假设资本总需求与企业自有资本之比为 2，即资产负债率为 0.5；（3）假设企业每期破产的比例为 0.03（分布函数）；（4）假设企业每期破产的概率为 0.0272（密度函数），且单个项目的随机因子服从均值为 0、方差为 0.28 的对数正态分布；（5）审查破产企业所耗费的成本占贷款总额的比例为 0.12。最终得到外部融资风险溢价 $s(\cdot)$ 相对于资产权益率 $\frac{N}{P^k K}$ 的曲线如图 4-17 所示。

由图 4-17 可见，由于外部融资风险溢价相对于资产权益率曲线本身具有凸向原点的特性，随着稳态资产权益率的下降，外部融资风险溢价对资产权益率的弹性也会变大，即资产负债率越高，金融加速器效应本身会变得越明显。

令 γ 为项目每期的生存概率，则批发商的净财富 N_t 与扣除利息成本后的企业留存收益有关，具体表达式如下：

$$N_{t+1} = \gamma \left[R_t^k P_{t-1}^k K_t - E_{t-1} R_t s\left(\frac{N_t}{P_{t-1}^k K_t} \right) (P_{t-1}^k K_t - N_t) \right] + \varphi N_t \qquad (4-14)$$

其中，φN_t 为企业家对企业自有资本的增补，假设它与前一期净财富成一定比例。明显地，设定合理参数情况下，企业所有者权益将成为 N_t 的主要变化来源。更进一步，所有者权益对非预期的资产价格变动非常敏感，特别是当企业存在杠杆时。

企业家的消费等于消亡企业的留存收益，即

---

① 式（4-13）在稳态值附近对其进行对数线性化后的动态方程为 $0 \approx \tilde{R}_T^K - \tilde{r}_T + v(\tilde{N}_t - \tilde{P}_{t-1}^k - \tilde{K}_t)$。

② Christensen 等（2008）假设稳态时企业资产权益率为 0.5，估计该参数值为 0.042；Meier 和 Muller（2006）估计该参数为 0.067，但统计上不显著。Fukunaga（2002）和 Hitoshi 等（2005）估计出日本的该参数值分别为 0.05 和 0.038。

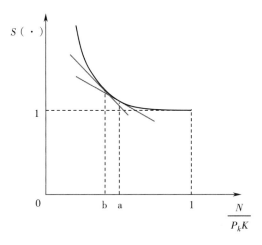

图 4 – 17 美国市场的外部融资风险溢价与资产权益率

$$C_t^e = (1 - \gamma) \left[R_t^k P_{t-1}^k K_t - E_{t-1} R_t s \left(\frac{N_t}{P_{t-1}^k K_t} \right) (P_{t-1}^k K_t - N_t) \right] \qquad (4-15)$$

（三）资本品生产商

参照 Greenwood 等（1988）的做法，假设资本品生产商从零售商那里购买最终产品用作投资 I_t，其产出为 $Z_t I_t$（Z_t 为投资冲击），$\frac{\chi}{2} \left(\frac{I_t}{K_t} - \delta \right)^2 K_t$ 为资本的调整成本。资本品生产商的目标函数为

$$\max_{\{I_t\}} E_t \left[P_t^k Z_t I_t - I_t - \frac{\chi}{2} \left(\frac{I_t}{K_t} - \delta \right)^2 K_t \right] \qquad (4-16)$$

投资冲击 Z_t 服从一阶自回归过程，即

$$\log Z_t = \rho_Z \log Z_{t-1} + \varepsilon_{Zt} \qquad (4-17)$$

其中，$\rho_Z \in (-1, 1)$，$\varepsilon_{Zt} \sim N(0, \sigma_Z^2)$

资本品生产商目标函数的一阶条件为

$$E_t \left[P_t^k Z_t - 1 - \chi \left(\frac{I_t}{K_t} - \delta \right) \right] = 0 \qquad (4-18)$$

式（4-18）表明，资本的边际调整成本可以影响资本价格，进而影响企业的净值（Kiyotaki 和 Moore，1997）。

资本存量的累积过程表示为

$$K_{t+1} = Z_t I_t + (1 - \delta) K_t \qquad (4-19)$$

（四）零售商

假设存在零售商的连续统，且每个零售商包装出一种特有的最终产品。在第 t 期，将最终产品（$Y_t^j, j \in [0, 1]$）全部加总后得到可供消费的产品为 Y_t，即 $Y_t = \left[\int_0^1 Y_t^{\frac{\psi-1}{\psi}} dj \right]^{\frac{\psi}{\psi-1}}$，其中，$\psi > 1$，为生产替代弹性。最终产品可用于家庭消费、企业家消费、投资和政府消费，即

$$Y_t = C_t + C_t^e + I_t + G_t \qquad (4-20)$$

假设，在时期 t 零售商作出生产决策时需遵循 Calvo 规则（1983），企业 j 有概率 $0 < 1 - \theta < 1$ 收到信号可选择第 t 期的最优价格 P_t^{*j}；剩余 θ 比例的企业价格维持在上一期水平上。因此，一旦 t 期价格确定后，有 θ 的概率持续到 $t+1$ 期，有 θ^2 的概率持续到 $t+2$ 期……价格保持不变的期限 $l = \dfrac{1}{1-\theta}$。零售商 j 制定价格 P_t^{*j} 的最优化问题为

$$\max_{\{P_t^{*j}\}} E_t \left[\sum_{t=0}^{\infty} (\beta\theta)^l \frac{(\overline{\pi}^l P_t^{*j} - P_{t+l}/X_{t+l}) Y_{t+l}^j}{P_{t+l}} \right] \qquad (4-21)$$

$$\text{s. t.} \quad Y_{t+l}^j = \left(\frac{P_t^{*j}}{P_{t+l}} \right)^{-\psi} Y_{t+l} \qquad (4-22)$$

式中，β^l 为将第 $t+l$ 期折现到第 t 期的折现因子；θ^l 为从第 t 期到第 $t+l$ 期价格不变的概率；$\overline{\pi}$ 为稳态时的通货膨胀率；P_{t+l}/X_{t+l} 为第 $t+l$ 期中间产品的价格；Y_{t+l}^j 为企业 j 在第 $t+l$ 期的产量；$(\overline{\pi}^l P_t^{*j} - P_{t+l}/X_{t+l}) Y_{t+l}^j$ 为第 $t+l$ 期企业 j 的名义利润，除以当期的价格指数 P_{t+l} 即为当期的实际利润。

上述优化问题的一阶条件为

$$P_t^{*j} = \frac{\psi}{\psi-1} \frac{E_t \sum_{l=0}^{\infty} (\beta\theta)^l Y_{t+l}^j / X_{t+l}}{E_t \sum_{l=0}^{\infty} (\beta\theta)^l Y_{t+l}^j \overline{\pi}^l / P_{t+l}} \qquad (4-23)$$

由于最终产品定价规则为

$$P_t^{1-\psi} = \theta(\overline{\pi} P_{t-1})^{1-\psi} + (1-\theta) P_t^{*1-\psi} \qquad (4-24)$$

由此可推导出下述菲利普斯曲线：

$$\widetilde{\pi}_t = \beta E_t \widetilde{\pi}_{t+1} - \frac{(1-\beta\theta)(1-\theta)}{\theta} \widetilde{X}_t \qquad (4-25)$$

（五）政府和中央银行

政府通过税收来保持预算平衡，即

$$G_t = T_t \qquad (4-26)$$

假设政府的支出由下面的方程确定：

$$\log G_t = (1-\rho_G)\log \overline{G} + \rho_G \log G_{t-1} + \varepsilon_{Gt} \qquad (4-27)$$

其中，$\overline{G}$ 是稳态时的政府支出，$\rho_G \in (-1,1)$，$\varepsilon_{Gt} \sim N(0, \sigma_G^2)$。

中央银行采用货币政策规则来实现货币政策目标，假设中央银行的货币政策规则采用如下 Taylor 规则形式：

$$\log\left(\frac{R_t}{R} \right) = \rho_T \log\left(\frac{R_{t-1}}{R} \right) + \rho_Y \log\left(\frac{Y_{t-1}}{Y} \right) + \rho_\pi \log\left(\frac{\pi_{t-1}}{\pi} \right) + \varepsilon_{Rt} \qquad (4-28)$$

其中，$\overline{R}$、$\overline{Y}$、$\overline{\pi}-1$ 分别为稳态时的实际利率、产出及通货膨胀率。$\rho_R \in (-1,1)$，$\rho_Y \in (-1,1)$，$\rho_\pi \in (-1,1)$，$\varepsilon_{Rt} \sim N(0, \sigma_R^2)$。可以看出，中央银行在调整利率时不仅要考虑通货膨胀率和总产出的变化，同时为了避免利率大幅波动对经济的负面影响，中央银行还要考虑利率的平滑（Smoothing），使得利率的调整具有一定惯性。

（六）竞争性均衡系统

给定初始值，经济的竞争性均衡系统由一组市场价格向量 $\{P_t^k, R_t, R_t^k, W_t, X_t\}_{t=0}^{\infty}$、资源分配向量 $\{Y_t, C_t, C_t^e, I_t, G_t, N_t, D_t, K_t, H_t, P_t^*\}_{t=0}^{\infty}$ 和各类经济冲击组成（见附录 A），并满足以下条件：给定市场价格向量和货币政策向量，家庭通过选择 $\{C_t, D_{t+1}, H_t\}_{t=0}^{\infty}$，实现效用最大化；批发商通过选择 $\{K_t, H_t\}_{t=0}^{\infty}$ 实现利润最大化，生产中间产品 $\{Y_t/X_t\}_{t=0}^{\infty}$，实现自有财富累积 $\{N_t\}_{t=0}^{\infty}$ 并进行企业家消费 $\{C_t^e\}_{t=0}^{\infty}$；资本品生产商购买投资品 $\{I_t\}_{t=0}^{\infty}$ 进行资本生产，其产品 $\{K_t\}_{t=0}^{\infty}$ 服从资本累积方程；零售商选择 $\{P_t^*\}_{t=0}^{\infty}$ 实现价格黏性下的最优定价决策，得到最终产品 $\{Y_t\}_{t=0}^{\infty}$；政府根据预算决策方程选择政府消费 $\{G_t\}_{t=0}^{\infty}$ 和制定货币政策规则。在上述竞争性均衡的经济系统中，产品市场、劳动力市场、资本市场和信贷市场均出清。

4.7.3　参数假设和参数估计

由于外部融资风险溢价曲线本身凸向原点的特性，随着稳态资产权益率的下降，外部融资风险溢价对资产权益率的弹性也会变大，即资产负债率越高金融加速器效应本身会变得越明显。那么，次贷危机以后我国资产负债率攀升至一个新台阶，我国金融加速器效应是如何变化的呢？扣除经济长期高负债运行造成信贷市场更看重企业财务指标的因素，我国金融加速器效应是否有所改变？如果有改变，又是什么原因造成的，未来我国金融加速器效应又将如何演变？

为解决上述问题，我们区分两个经济的稳态值区间和三种情况：2002 年第一季度至 2008 年第四季度（低负债率期），2009 年第一季度至 2014 年第四季度（高负债率期），和稳态状况与第一时期完全相同（包括资产权益率及外部融资风险升水系数）的第二时期。通过对金融加速器效应模型在上述稳态值附近进行对数线性化[①]，得到动态模型，然后根据现实中可观察到的数据，通过 Bayes 估计技术确定模型动态的参数，观察外部融资风险溢价对企业财务状况的弹性系数值是否能解答我们的疑问。

（一）参数设定

标准参数值设置如下：为使稳态时季度无风险利率 $\bar{R}$ 达到 1.0070（换算成年化利率约为 2.8%，由 1 年期国债收益率测算得出），则季度折现因子 β 取 0.9930；假设企业预期存货期限为 36 年，设企业季度存活率[②]$\gamma = 0.9728$；为使稳态时季度资本收益率 $\bar{R^k}$ 在两期分别达到 1.0285 和 1.0358（换算成年化利率约为 11.4% 和 14.3%，由沪深 300 上市公司平均 ROE 测算得出，剔除 2009 年第一季度异常值），设稳态时的外部融资风险溢价 $s(\cdot)$ 分别等于 1.0214 和 1.0286；资本产出弹性 α 综合考虑中国劳动密集型产业比重

---

　　① 利用法则 $Z_t = \bar{Z}e^{\tilde{Z}_t}$ 在稳态附近对模型进行对数线性化，可以得到模型的动态方程。动态方程包含两部分，一部分是各经济主体的行为方程和其他恒等式，另一部分是外生变量的动态方程，外生变量的变化均由一阶自回归 AR（1）来刻画（见附录 C、附录 D）。

　　② 该参数取值参考了如下文献：Bernanke、Gertler 和 Gilchrist（1999），Fukunaga（2002），Gertler 等（2007），崔光灿（2006），袁申国等（2011）。

较大的特点，将其设为 0.35；季度的资本折旧率 δ 参照张军、章元（2003）的设定，取值 0.02，即年度折旧率为 8%；参照 McCandless（2008）的设定，设 $\tau = -2.5805$；假设零售商品对批发商品的价格比 $\overline{X} = 1.1$；稳态时，政府支出占总产出的比率 $G/\overline{Y}$ 由经价格调整后的季度数据计算均值得出，取值为 0.14；假设稳态时资本存量与企业净值的比例 $\overline{K}/\overline{N}$ 为 2 和 2.5（该数据背后的含义是企业负债率从 50% 攀升至 60%）。

表 4 - 7　　　　　　　　　　　　　　　模型的标准参数

标准参数	取值	标准参数	取值	
β	0.993	$\dfrac{\overline{G}}{\overline{Y}}$	0.14	
γ	0.9728			
α	0.35	$s(\cdot)$	第一期	1.0214
δ	0.02		第二期	1.0286
τ	- 2.5805	$\dfrac{\overline{K}}{\overline{N}}$	第一期	2
$\overline{X}$	1.1		第二期	2.5

（二）参数校准

为了避免随机奇异性问题（Stochastic Singularity），模型中选择的可观测变量数应不超过外部冲击数。模型中的外部冲击主要包括 4 项，分别是技术冲击 ε_{At}、投资冲击 ε_{Zt}、财政政策冲击 ε_{Gt} 和货币政策冲击 ε_{Rt}，所有冲击均为均值为 0 的符合独立同分布（i. i. d）的随机变量。模型中选择的可观测变量分别是我国的 GDP、消费、投资和扣除股票融资额的社会融资总量（以下简称社会融资总量）。数据来源于 Wind 数据库，为季度数据，样本区间为 2002 年第一季度至 2014 年第四季度。由于模型建立在封闭经济基础上，因此以 GDP 剔除净出口来代替模型中的总产出。对于产出、消费、投资和社会融资总量等名义变量值，均采用 GDP 平减指数（以 2005 年为基期）进行折实得到相应的实际值，并运用 X - 12 的方法对实际值进行季节性调整以消除季节性因素。此外，为保证数据的平稳性，我们对数据采用 HP 滤波剔除趋势项。

我们采用 Dynare 4.4.3 软件对模型的参数进行估计。模型中待估计的参数、其先验分布及 Bayes 估计结果见表 4 - 8 和表 4 - 9，所有估计值都是通过 Metropolis - Hastings 算法模拟 3000 次得到。表 4 - 8 给出了行为参数的先验分布、事后估计均值以及事后估计区间，表 4 - 9 给出了外部冲击方差的先验分布、事后估计均值以及事后估计区间。

表 4 - 8　　　　　　　　　行为参数的先验分布以及事后分布估计结果

参数	先验分布	2002—2008 年		2009—2014 年（稳态负债率不变）		2009—2014 年（稳态负债率上升）	
		事后均值	事后区间	事后均值	事后区间	事后均值	事后区间
υ	B（0.05，0.02）	0.0058	[0.0022, 0.0090]	0.0112	[0.0050, 0.0189]	0.0148	[0.0107, 0.0185]
θ	B（0.75，0.1）	0.7500	[0.6654, 0.8221]	0.7513	[0.6546, 0.8251]	0.7462	[0.6712, 0.8317]
ρ_R	B（0.7，0.2）	0.1671	[0.0347, 0.3152]	0.2006	[0.0503, 0.3879]	0.2067	[0.0473, 0.3718]

续表

参数	先验分布	2002—2008 年		2009—2014 年 （稳态负债率不变）		2009—2014 年 （稳态负债率上升）	
		事后均值	事后区间	事后均值	事后区间	事后均值	事后区间
ρ_Y	G (0.5, 0.2)	0.3134	[0.1385, 0.4704]	0.3355	[0.1410, 0.5328]	0.3355	[0.1536, 0.5476]
ρ_π	G (1.5, 0.2)	1.7554	[1.4787, 2.0530]	1.6952	[1.4115, 1.9804]	1.7187	[1.3316, 2.0866]
ρ_A	B (0.7, 0.2)	0.6456	[0.4139, 0.8564]	0.6235	[0.3992, 0.8805]	0.7142	[0.4924, 0.9277]
ρ_Z	B (0.7, 0.2)	0.9973	[0.9942, 0.9998]	0.9934	[0.9861, 0.9994]	0.9929	[0.9861, 0.9989]
ρ_G	B (0.7, 0.2)	0.4505	[0.1793, 0.7319]	0.3784	[0.0620, 0.7063]	0.4483	[0.0992, 0.7702]

注：$B(\rho,\sigma)$、$G(\rho,\sigma)$ 分布表示均值为 ρ、方差为 σ 的 β 分布和 Γ 分布。

表 4 – 9   **外部冲击方差的先验分布以及事后估计结果**

参数	先验分布	2002—2008 年		2009—2014 年 （稳态负债率不变）		2009—2014 年 （稳态负债率上升）	
		事后均值	事后区间	事后均值	事后均值	事后区间	事后均值
σ_R	I (0.013, ∞)	0.0861	[0.0697, 0.1070]	0.0861	[0.0684, 0.1094]	0.1075	[0.0781, 0.1394]
σ_A	I (0.009, ∞)	0.1489	[0.0884, 0.2117]	0.1460	[0.0785, 0.2110]	0.1503	[0.0798, 0.2214]
σ_Z	I (0.017, ∞)	0.1609	[0.1276, 0.1896]	0.1059	[0.0815, 0.1353]	0.1216	[0.0933, 0.1487]
σ_G	I (0.007, ∞)	0.1870	[0.1499, 0.2292]	0.2597	[0.1974, 0.3323]	0.2752	[0.2117, 0.3466]

注：$I(\rho,\sigma)$ 表示均值为 ρ、方差为 σ 的逆 Γ 分布。

从上述估计结果我们可以看到：金融加速器效应的关键参数 υ 的均值由 0.0058 上升至 0.0148，事后区间也明显上升。其中，若假设稳态资产负债率没有上升，则参数 υ 的均值由 0.0058 上升至 0.0112，上升幅度为 93%；而由于稳态资产负债率上升导致信贷合同更加注重企业财务指标效应，这部分因素使参数 υ 的均值由 0.0112 上升至 0.0148，上升幅度为 62%。总体看来，我国金融加速器效应有所增强，但变化有限，远不及发达经济体 0.05 左右的水平，这背后隐含着我国货币政策的资产负债表传导渠道仍然不通畅。细分来看，次贷危机以后，随着我国总体资产负债率区间上浮，金融加速器效应增强了约 62%，但还有更大部分的上升幅度没有得到很好的解释。那么这部分金融加速器效应的增强是什么原因导致的，未来金融加速器效应又是怎样的变化趋势？我们将在后文进行探析。

4.7.4 模型的解释力分析

（一）模拟分析

为验证模型的现实解释力，我们首先对模型进行了模拟，并对模拟数据与现实数据之间的波动情况进行了分析。

表 4 – 10　　　　　　　　　实际经济与模拟经济的周期性特征

时期	变量	实际经济		模拟经济		模拟经济的K–P方差比（%）
		标准差	相对于产出的标准差	标准差	相对于产出的标准差	
时期一	产出	0.039	1	0.017	1	44.04
	居民消费	0.021	0.540	0.021	1.225	99.91
	投资	0.091	2.359	0.089	5.226	97.59
	社会融资规模	0.242	6.260	0.023	1.323	9.31
时期二	产出	0.046	1	0.017	1	36.24
	居民消费	0.030	0.642	0.020	1.212	68.37
	投资	0.098	2.117	0.090	5.345	91.48
	社会融资规模	0.183	3.941	0.019	1.112	10.22

注：Kydland – Prescott（简称K–P）方差比是把模拟经济计算的各宏观经济变量的标准差与实际经济所对应的宏观经济变量的标准差之比。

从波动的幅度来看，社会融资规模的标准差最大，两期分别为 0.242 和 0.183，分别为达到同期产出波动的 6.260 倍和 3.941 倍；投资波动幅度位居第二，两期分别为 0.091 和 0.098；居民消费的波动幅度最小，两期分别为 0.021 和 0.030。从 K – P 方差比的结果可以看到，模拟经济能较好地刻画实际经济各经济变量的波动，其中，居民消费的 K – P 方差比两期分别为 99.91% 和 68.37%，对 2002—2008 年的解释力度较好；投资的 K – P 方差比两期分别为 97.59% 和 91.488%，能刻画投资 90% 以上的波动情况；产出的 K – P 方差比两期分别为 44.04% 和 36.24%，能解释实际产出 30% ~50% 的波动；而社会融资规模的 K – P 方差比两期仅为 9.31% 和 10.22%，模拟经济的社会融资规模的波动幅度大幅小于实际经济波动幅度。综合来看，模拟经济对实际经济基本给出了较好的预测。

（二）方差分解

方差分解可以分析模型当中由外生冲击造成的宏观经济变量的波动程度。表 4 – 11 给出了模拟经济中技术冲击 ε_{At}、投资冲击 ε_{Zt}、财政政策冲击 ε_{Gt} 和货币政策冲击 ε_{Rt} 解释实际产出、居民消费和投资的无条件方差比例。

表 4 – 11　　　　　　　　　　　方差分解

经济变量		技术冲击	投资冲击	财政政策冲击	货币政策冲击
时期一	产出	7.85%	20.97%	0.17%	71.01%
	居民消费	11.73%	13.89%	0.17%	74.21%
	投资	2.32%	60.41%	0.04%	37.24%
时期二	产出	7.83%	16.73%	0.15%	75.28%
	居民消费	11.03%	12.65%	0.16%	76.15%
	投资	2.56%	55.67%	0.04%	41.73%

从方差分解的结果可见，本文模型的经济波动主要由投资冲击和货币政策冲击（货币供给）所主导。其中，2002—2008 年的产出波动中，投资冲击和货币政策冲击分别能够解释 20.97% 和 71.01%；2009—2014 年的产出波动中，投资冲击和货币政策冲击分别能够解释 16.73% 和 75.28%。2002—2008 年的投资波动中，投资冲击和货币政策冲击分别能够解释 60.41% 和 37.24%；2009—2014 年的投资波动中，投资冲击和货币政策冲击分别能够解释 55.67% 和 41.73%。2002—2008 年的居民消费波动中，投资冲击和货币政策冲击分别能够解释 13.89% 和 74.21%；2009—2014 年的居民消费波动中，投资冲击和货币政策冲击分别能够解释 12.65% 和 76.15%。投资和货币政策两项冲击基本可以解释三项经济变量 90% 左右的波动。技术冲击和财政政策冲击在三项经济变量波动中的贡献度均较小。

（三）脉冲分析

图 4 - 18、图 4 - 19 分别显示主要宏观经济变量对财政政策冲击和货币政策冲击的响应情境。

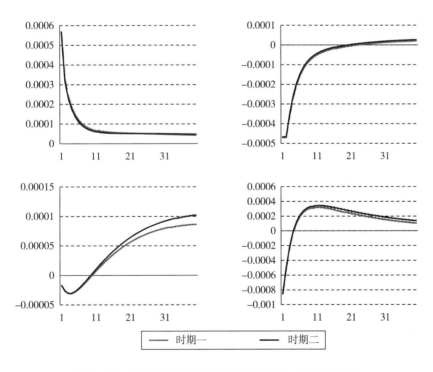

图 4 - 18 主要宏观经济变量对财政政策冲击的响应分析

从图 4 - 18 中，我们可以发现，财政政策冲击将产出推离稳态水平，产出在期初上升后逐渐向稳态靠近。财政政策冲击在期初对居民消费和投资均产生"挤出"效应，随后，投资约在第 5 期出现"挤入"效应，居民消费则是在第 20 期左右出现"挤入"效应。图 4 - 19 显示，货币政策冲击在产出推离稳态水平后，产出在第 2 期由负转正，随后向稳态靠近。投资也是在第 2 期达到最大值，随后逐渐回归稳态。无论是在哪种冲

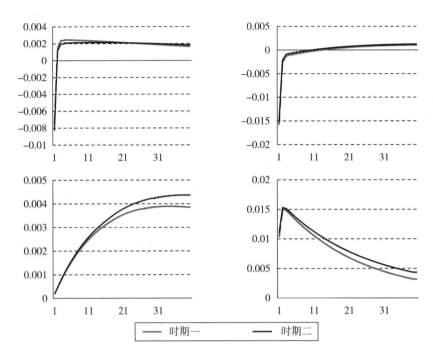

图 4 - 19　主要宏观经济变量对货币政策冲击的响应分析

击下，资产负债率上升后的时期二，各变量对稳态水平的偏离程度更大，回归稳态的时间更长。

从以上冲击的脉冲图来看，经济长期高负债运行似乎会使积极的财政政策和货币政策对产出的正面冲击具有更好的长期效应。但我国当前的实际情况却是大量的国有企业产能过剩和中小民营企业长期面临融资难、成本高的窘境。近年来中国经济增速连降台阶，并非是信用供给不足的问题（新增社会融资总量和人民币贷款屡创新高）。对金融机构而言，一方面是国家隐性信用担保下过剩产能行业和地方融资平台旺盛的信贷需求；另一方面，在转型背景下高度不确定的经济运行环境使得银行因资产质量之忧而谢绝对中小企业信用扩张。由于货币政策机制传导不畅之困，即使央行花样放水希望降低实体经济融资成本，然而，银行的风险偏好上升导致信贷市场出现"逃往质量"效应——银行将信贷资产大举配置于兼顾收益和所谓"安全"特征的地方平台和国企，而中小企业却普遍反映融资难、融资贵等问题。货币宽松为何无法有效传导至实体经济？为解释这一问题，我们将对实证结果进行更深一步的制度原因探析。

4.7.5　检验结果的深层制度原因

从上述 DSGE 模型的检验结果来看，我国金融加速器效应在 2010 年以后有所增强，但货币政策的资产负债表传导渠道仍然算不上通畅。金融加速器效应增强有部分原因是由于负债率上涨导致信贷市场更加看重企业财务指标造成的，还有更大一部分原因没有得到很好的解释。为解读该问题，我们从深层次制度原因出发提出了如下假说。

　　BGG 模型中假设所有企业是同质的，但由于我国信贷市场具有明显的二元化特征，因此我们对同质性的假设进行修正。假设批发商在信贷市场融资，其贷款利率随财务指标变动的浮动比例具有两类效应：一类部门的贷款利率对财务指标的变动并不敏感，这表现为金融机构对其作出贷款决策时可能会考虑除财务指标外的其他因素（如国家的隐性信用担保），我们将这类部门称为公部门；另一类部门，其贷款利率对财务指标变动非常敏感，与金融加速器效应中外部融资风险溢价与资产负债率的假设相一致，资产负债率越高，外部融资风险溢价会加速上升，我们将这类部门称为私部门。

　　令总外部融资风险溢价由公部门和私部门各自的风险溢价加权平均而来，权重分别为 ϖ 和 $1 - \varpi$。设公部门的外部融资风险溢价为 $s_{pub}(\cdot)$，私部门的外部融资风险溢价为 $s_{pri}(\cdot)$，则

$$s(\cdot) = \varpi s_{pub}(\cdot) + (1 - \varpi)s_{pri}(\cdot) \tag{4 - 29}$$

我国外部融资风险溢价 $s(\cdot)$ 与资产权益率 $\dfrac{N}{P^k K}$ 的曲线相对于美国市场，凸度表现得更为明显，如图 4 - 20 所示。

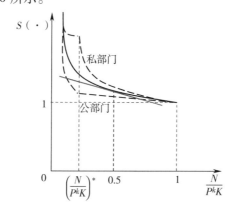

图 4 - 20　中国市场的外部融资风险溢价与资产权益率

　　当经济体稳态的资产负债率在政府隐性担保范围内波动时，若 $\dfrac{N}{P^k K}$ 自右向左逐渐向 $\left(\dfrac{N}{P^k K}\right)^*$ 靠近，则 $0 > s'_{pri}(\cdot) > s'(\cdot) > s'_{pub}(\cdot)$。这表明经济体在政府隐性担保范围内负债率逐渐攀升时，由于公部门的外部融资风险溢价对财务指标变动不敏感，外部融资利率低于市场平均水平，会产生超出实际投资需求的公部门资金需求。从另一个角度讲，中小企业不确定性加大使得银行因资产质量之忧而谢绝对中小企业信用扩张，银行的风险偏好上升导致信贷市场出现"逃往质量"效应——银行将信贷资产大举配置于兼顾收益和"安全"（背后是政府隐性担保的信用黏性泛滥）特征的地方平台和国企。若经济体长期高负债运行，则此时的公部门已然成为资金的"避风港"，而这个避风港会给经济带来两大不利影响。首先，公部门的产出占总产出的比重会上升，在现实中的表现就是政府融资平台、影子银行等的爆发性增长，最终导致的结果是产品市场的结构

性失衡，即公部门总产出严重过剩与私部门产出严重不足的畸形经济结构；其次，私部门可能面临双重困境：外部融资风险溢价攀升的直接负面影响，与公部门资金抽水的间接负面影响。这将导致私部门"小冲击、大波动"的金融加速器效应更加明显，私部门倒闭潮在负债率长期高位运行时不断涌现，进而私部门总产出大量萎缩，优质新兴产业也可能在此过程中被扼杀于摇篮之中。因此在这一区间里，当经济体长期高负债运行时，"两阶段二元金融加速器效应"在第一阶段的表现形式可以概括为：公部门对私部门投资资金的挤占，总产出的结构性失衡，私部门的产业困境和银行业风险偏好上升。

当经济波动突破临界点，资产负债率攀升至政府隐性担保无力承受的范围，即 $\frac{N}{P^k K}$ 越过 $\left(\frac{N}{P^k K}\right)^*$ 点向 0 靠近时，$s_{pub}(\cdot)$ 和 $s_{pri}(\cdot)$ 将迅速收敛至 $s(\cdot)$，且 $s'_{pri}(\cdot) < s'(\cdot) < s'_{pub}(\cdot) < 0$。这表明当负债率上升到一定程度，政府隐性担保被打破，或者说政府无力再为公部门提供隐性担保，此时公部门面临与私部门同样的信贷条件，导致公部门外部融资风险溢价迅速增加，信贷资金将迅速抽离回流至私部门。但如若私部门的优质产业已在此之前消失殆尽，那么资金的回流可能面临窘境，最终甚至导致系统性风险爆发。

由此可见，与美国市场不同，中国市场的外部融资风险溢价曲线凸向原点的特性更为明显，因此金融加速器效应的表现形式也就不同。当经济体长期高负债运行，会出现公部门对私部门投资资金的严重挤占，造成总产出结构性失衡、私部门产业困境和银行业风险偏好上升，为系统性风险爆发埋下隐患。

现阶段资金"逃往质量"效应导致的"国进民退"和结构性经济失衡愈发明显，与金融加速器效应增强后造成的"小冲击、大波动"相互交错，给宏观经济调控政策的决策机制带来了极大挑战。随着我国经济总体波动特征发生显著变化，货币政策传导机制也应作出相应调整。

4.8　主要结论

自 2012 年底以来，中国政府和"一行三会"等金融监管当局多次强调要"坚决守住不发生区域性、系统性金融风险的底线"。这一方面说明中国经济在多年的高速增长过程中积累了一定的系统性金融风险；另一方面反映中国政府和"一行三会"等监管当局开始正视系统性金融风险，并高度重视对系统性金融风险的防范。原中国人民银行货币政策委员会委员李稻葵（2012）认为"中国最大的系统性风险在银行"。该部分我们从经济新常态与经济下行、房地产价格泡沫、影子银行体系、地方政府性债务和人民币国际化与国际资本流动等中国未来一段时间内系统性风险可能的五个来源渠道阐述了中国系统性风险的生成机理。经济新常态与经济下行、房地产价格泡沫、影子银行体系、地方政府性债务等四个中国系统性风险的可能来源渠道是以国内视角来进行分析的：前三个部分主要着眼于国民经济的私人部门，"地方政府性债务"部分主要着眼于国民经济的公共部门。人民币国际化与国际资本流动是以国际的视角来进行分析的，即主要着眼于国民经济的对外部门。显然，中国系统性风险这五个可能的来源渠道并不是相互独立的，它们可能存在一定的相互作用。同时，这五个可能的来源渠道对中国系统性风险生成的贡献可能随着时间的不同而发生改变。此外，由二元信贷结构导致的我国独特的金融加速器效应，使得"小冲击、大波动"将可能成为我国下一阶段经济总体波动特征之一，单个冲击引爆系统性风险的概率正在上升。

5 我国区域性风险向系统性风险的转嫁机制研究

根据国际金融危机爆发过程和中国经济金融实际状况，国内发生系统性金融风险的过程可能并非仅由系统重要性金融机构经营失败引发，更主要的可能是由于系统重要性金融机构分支、地方金融机构、地方政府融资断裂、民间借贷危机、房地产泡沫破裂等原因引发区域性金融风险，然后金融风险在区域间传染冲击、膨胀，或外部冲击引发区域间金融市场共振、金融风险加剧，进而形成全国性的系统性金融风险。

本章在借鉴国际经验的基础上，对我国区域性风险传染路径进行深入的探索，并对区域性风险升级为系统性风险机制以及我国区域性风险向系统性风险转变的条件进行探讨。在此目标下，在第二节对相关的文献进行了综述；在第三节分析了区域性风险的传染渠道；在第四节研究了区域性风险向系统性风险的演化条件，归纳区域性风险向系统性风险转化的因素；在第五节对区域性风险向系统性风险演化进行定量分析；最后对本章进行总结。

5.1 引言

防范并化解金融风险是金融发展永恒的主题。如果金融风险不断累积、传染并扩散，就可能导致"多米诺骨牌效应"，从而相继爆发金融危机、经济危机甚至社会危机。从国际大环境看，20 世纪 90 年代以来，金融全球化发展进程加速，在金融全球化的浪潮中，金融危机也如影随形。2007 年下半年，美国次贷危机爆发，随着风险的传染和转移，逐步演化为金融危机，给世界经济造成了强烈的冲击，并演变成为自 20 世纪"大萧条"以来最为严重的国际金融危机。国际金融危机爆发以来，主要经济体都对金融监管机制进行了重大改革，主要做法是统筹监管重要机构和金融控股公司，尤其是对这些金融机构的审慎管理；统筹监管重要金融基础设施，包括重要的支付系统、清算机构、金融资产登记托管机构等，维护金融基础设施稳健高效运行；统筹负责金融业综合统计，通过金融业全覆盖的数据收集，加强和改善金融宏观调控，维护金融稳定。

从中国本土环境看，一方面，如今中国经济发展进入"新常态"，高增长的时代结束了，中国处于转型时期，经济结构、经济发展方式、经济发展动力正经历着巨大而深刻的变化。另一方面，金融业的创新和国际化的程度不断推进，我国金融的发展明显加快，金融机构体系多样化，产品结构体系复杂化，交易体系信息化，金融市场开放化。但与此同时，我们的监管部门缺乏建设多维度、多层次现代金融市场的理念、方法和经验。在这一背景下，区域性、系统性风险就会逐步暴露出来。近年来，在中国发生的几次危机已为金融从业者和监管者们敲响了警钟。

首先是 2011 年下半年温州中小企业的流动性危机。此危机的根源是"四万亿"刺激带来的信贷狂潮，温州中小企业普遍过度信贷、过度投资。2010 年房地产宏观调控后，收紧银根，中小企业流动性变差，导致了危机的爆发，中小企业流动性断裂。其次是 2013 年 6 月货币市场的"钱荒"，起因是银行借同业业务投放"非标"资产，非标增长大幅派生了 M2，扰乱了货币投放计划。银行间拆借利率超过 10%，峰值接近 30%，创造了中国货币史上的纪录。因此央行借货币市场波动之机，整顿了同业市场。时隔不到半年，2013 年底发生了失控的"债灾"，在经济基本面变化不大的情况下，十年期国债利率从 3.4% 飙升至 4.7%，债市"大熊"导致众多金融机构损失惨重。随后就是 2015 年 6 月发生的"股灾"。股市从 2014 年 6 月中旬左右开始启动，自 2000 点开始，到了 2015 年 6 月 12 日的高点 5178 点，一年左右的时间涨了 250%。然而由于金融监管缺乏对对冲工具的意识，加杠杆和撤杠杆的不合理使用，互联网融资工具的流行和互联网信息速度加快等原因累加，风险传染速度不断加快，踩踏事件发生，大家开始拼命逃窜。从 2015 年年中前后开始，股市连续大跌，短短四周内，上证指数大跌 35%，创业板指数下跌 43%，停牌公司超过上市公司总数的一半。

根据我国的实际情况，我们在此对区域性风险进行定义：凡是单一的、个别的、局部的金融机构、金融市场、金融业务、金融产品等出现的风险都应归为区域性风险。从目前来看，区域性金融风险主要表现在以下五个方面：

一是地方政府债务风险。虽然普遍认为我国政府（包括中央政府和地方政府）债务率水平与主要的经济体相比还不算高，总体风险处于可控范围，地方政府的负债也有相应的资产来对应，但地方政府债务仍存在较大的风险隐患。主要表现在：部分地方政府的债务负担较重，对土地出让收入依赖较强，个别地方也有一些违规融资、违规使用政府性债务资金的现象。当前有些地方政府债务规模较大，甚至已经大大超过了其偿债能力。二是房地产市场金融风险。房地产市场涉及面广，影响力大，其风险一旦暴露，将进一步蔓延到其他领域。房地产市场一端连接商业银行信贷资金，一端连接地方政府的土地出让金。房价的深度调整导致的最直接影响就是商业银行坏账率上升、抵押品的价值重估（降低）和房地产市场再投资增速放缓、地方政府土地出让金规模锐减、偿债能力下降。三是互联网金融风险。毫无疑问，互联网金融拥有明显的技术、市场、信息、客户和效率优势，特别是作为一种金融服务技术的创新、作为对大数据的挖掘和应用，在促进传统金融的改革与创新、更好地满足市场需求等方面发挥了巨大的作用。但是，第三方支付、网络借贷（P2P 等）、众筹等互联网金融在其发展过程中，由于自身运营不规范，再加上监管缺失，也出现了许多问题。比如，2014 年全国出现提现困难或倒闭的 P2P 平台达 275 家，与 2013 年 76 家问题平台相比大幅增加。四是影子银行金融风险。影子银行体系作为一种"靠隐藏风险赚钱的行业"，具有超短期、高杠杆负债、过度交易、期限错配等特征，从而使得流动性风险成倍放大，给整个金融体系带来极大的脆弱性。不仅如此，其破产隔离机制加大了对贷款机构盲目放贷的激励，使贷款机构的"逆向选择"与借款人的"道德风险"同时发生。此外，投资银行在设计金融产品时采取不合理的假设（如房价会持续上涨）、公司为了获得高额利润在治理结构上对所有者与管理者之间委托代理关系的扭曲、评级机构的虚假评级等，都存在值得密切关注的问题与风险。五是产能过剩行业的债务风险。2012 年以来，我国产能过剩问题凸显，无论是高耗能的电解铝、钢铁制造，还是属于新兴产业的光伏太阳能和风电，以及造船和钢铁业中的高端产品硅钢，均被公认为"过剩产能"。与之相应，一些行业和企业在去库存和去产能化的过程中出现了经营困难，部分企业甚至出现了资金链断裂，导致商业银行不良贷款率上升，这实际上是结构调整过程中相关企业的信贷和融资出现的风险。这种风险在某些省份、某些区域表现得非常突出。

本章旨在深入研究区域性风险向系统性风险的转嫁机制，为防范风险传染和升级提出针对性思路。从这一角度研究金融风险的内在机理，不但可以弥补现有研究文献的不足，而且能够解释、监测国内金融风险，做到防患于未然，解决实际问题。最关键的一点在于，这样可以将区域性和系统性金融风险纳入到同一框架之内，同时研究、阐明、防范两个不同层面的金融风险，比较恰当地契合了课题的主旨。

5.2　相关研究最新进展

Allen 和 Babus（2009）认为，金融机构之间的连接既有资产方的（通过持有同样的投资组合），也有负债方的（拥有同样的存款人）。Lane 和 Milesi – Ferretti（2007）指出，20 世纪 80 年代以来，金融全球化的发展伴随着金融关联性的快速增长，全球对外资产与负债的增长是全球 GDP 增长的六倍。因此，各国的金融机构、公司和主权资产和负债的管理日益全球化，导致国家之间的金融关联度日益上升。Minouiu 和 Reyes（2011）的研究指出，自 20 世纪 80 年代起，跨境银行网络的关联度越来越高。

在美国次贷危机中，雷曼兄弟的倒闭引发了风险的大规模传染，从而导致了全球金融危机的爆发。近年来，从网络视角研究风险的传染和转嫁机制是一个前沿的课题。2010 年底出台的《巴塞尔协议Ⅲ》中强调了宏观审慎监管，其中，跨行业维度的监管即是针对金融机构的关联性和风险的传染问题而提出的。

本节的结构安排如下：第一节介绍在金融网络结构风险传染关系的理论研究；第二节从现实情况介绍各国金融网络结构与金融风险转嫁的关系；第三节从金融机构和金融市场两个角度出发，介绍区域性风险向系统性风险转嫁机理分析的相关研究；第四节结合我国实际情况，介绍符合我国国情的区域性风险向系统性风险转嫁机制的相关研究；第五节总结未来的研究方向。

5.2.1　金融网络结构与风险传染关系的理论研究

目前，关于金融机构网络结构与系统性风险的关系，有两种观点：一种认为不完全的金融网络是系统不稳定的来源，因为个别机构过度暴露于少数金融机构；另一种则认为，关联性高的金融网络将导致系统脆弱，因为其为金融风险的传染提供了便捷的条件。

Allen 和 Gale（2000）基于银行间市场结构假设，研究了不同银行间市场结构的风险传染效应。存款人具备 D－D 流动性偏好的特征，银行通过相互持有存款（交叉债权）为存款人的流动性需求提供充分保险，即最优风险承担。然而，由存款交换形成的关联导致整个银行系统都增加了风险传染的危机。他们研究发现，关联性更好的金融机构更加稳健，因为在金融系统中，一家银行的损失将通过某些渠道使整个银行系统受到传染。而关联性差的金融机构，这种遭受传染危机的概率则低很多。Babus（2005）在 Allen 和 Gale（2000）的研究基础上，将银行间存款数量内生化，结果证明，不完全的网络结构可能导致银行间存款处于次优的水平，而完全网络结构则能确保银行间存款处于最小化风险传染的水平上。Babus（2006）用模型刻画了银行网络形成的过程，表明银行间的关联性为地域区域间的流动性冲击提供了一定的保险，与此同时，这种关联性也为风险传染提供了可能性。这两种力量相互制衡的结果构成了银行间建立连接的机制。因此，银行可以通过建立稳健的网络结构来防范地域区域间风险传染的危机，区域性危机几乎不会在均衡银行网络中传染。Freixas 等（2000）分析了货币—中心银行结构的传染效应。他们通过建立模型发现，银行间通过信用额度导致了相互链接，信用额度使银行能对冲区域性流动性冲击。

不同于以上对同质网络结构的分析，Miller（2006）对瑞士银行间市场进行了分析，他们的研究表明，同质和密集的银行间网络比稀疏的银行间网络更加稳健。虽然研究对象不同，但研究结论与 Allen 和 Gale（2000）是一致的。

Brusco 和 Castiglionesi（2007）构建了与 Allen 和 Gale（2000）类似的银行网络结构，然而却得出了相反的结论。他们发现，更强的银行间关联性将导致更大的风险传染性，因为银行间的关联性所提供的额外保险将导致银行的投资更加不谨慎，从而使道德风险上升，危害了银行系统的稳定性。

Acemoglu 等（2013）在环形金融网络和完全金融网络这两种基本规则网络的基础上，研究了金融网络结构与系统性风险的关系。他们的研究表明，金融传染具有相变的特征，当冲击小于某个门限值时，影响的金融机构比较少，银行间关联性增加会增强金融机构的稳定性。然而，当冲击超过门限值时，金融连接便成为冲击传播的渠道，从而导致系统更加脆弱。这一结论与 Haldane（2009）所提出的金融网络所具有的"稳健而脆弱"的特征是相辅相成的。

以上对金融网络结构间风险传染的理论研究对现实的风险转嫁与传染机制提供了一定的理论支撑，但与现实也存在一定的差异。理论模型常常基于一系列与现实不符的设定，而现实中的金融网络结构更加复杂，也存在更多的不确定性，这为后面基于现实所研究的风险转嫁和传染的研究提供了种种可能性。

5.2.2 各国金融网络结构与风险转嫁的关系研究

近年来，许多学者从现实情况出发，研究了各个国家金融网络结构与风险转嫁的关系。

Boss 等（2004）分析了奥地利银行间市场的网络结构，研究发现，该网络具有群落结构的特征，同一群落间的银行联系紧密，不同群落的银行间联系稀疏。这一特征反映了奥地利银行分布的特点。Inanka 等（2004）研究了日本的金融网络。他们发现，日本银行网络的累加度分布服从幂律分布，是具有自相似特征的无标度网络。Cont 等（2010）和 Moussa（2011）研究了巴西金融结构的特征，发现巴西不同金融机构之间的关联度和借贷规模具有很强的异质性。Iori（2008）揭示了意大利银行间隔夜市场是相对随机的网络结构，网络中的资金偏好借贷有限。Bech 和 Atalay（2010）的研究表明，美国联邦基金市场隔夜贷款的拓扑结构是稀疏的，具有小世界、异类匹配的特征。Miller（2006）发现，瑞士银行间市场的网络结构具有稀疏和高度集中的特征，两家大银行的交易头寸在银行间市场中占比很大，州银行和地区银行形成了清晰的子网络。Lubloy（2005）分析了匈牙利银行间市场的网络结构。他们发现，匈牙利银行间市场可被看做多个货币中心结构，60% 的银行间交易发生在 15 家最大的银行间，95% 的交易至少涉及 15 家最大银行之一。Degryse 和 Nguyen（2007）关于比利时银行的研究也有类似的发现，比利时银行系统中，四大银行占有银行业资产的 85%，35% 的银行间市场交易发生在四大银行之间，且 90% 的银行间市场交易至少涉及四大银行之一。Upper 和 Worms（2004）所揭示的德国银行间市场结构和货币中心结构类似，同时，德国银行间市场还可以被分为上、下两层结构，下层结构包括大多数储蓄银行和所有的合作银行，这一层银行通常只与自己总部以及吸收其他银行的存款产生关联；上层结构包括商业银行、储蓄银行及其他各类银行，处于上层结构的银行关联度更强。Toicanen（2009）研究了芬兰银行间市场，其和德国银行间市场类似，也具有层级结构，而且与 20 世纪 80 年代相比，市场结构更加集中。

综上所述，各国银行网络结构的特征并不相同，不仅具有复杂性，而且具有可变性，这与银行自身的业务发展、公司治理结构等多种因素有关。这也导致了区域性风险向系统性风险转嫁时，所依赖的渠道和架构在各国存在差异。

5.2.3　区域性风险向系统性风险转嫁的机理分析

由以上文献可知，学者们对各国金融机构的网络结构进行了梳理，这是研究区域性风险向系统性风险转嫁的基础。Gai 和 Kapadia（2010）建立了金融网络的传染模型，他们利用流行病学文献中关于疾病网络传播的分析技术来评价金融系统的脆弱性。他们的研究表明，银行的资本缓冲、关联度、破产银行资产对市场的流动性共同决定了金融系统的传染效应。

Haldane（2009）认为网络机构具有"刀刃"或临界点的特征，其相互之间的连接在一定程度上为网络中的金融机构提供了保险机制，超过这个范围后，风险的传播速度和金融系统的脆弱性就会增强。Nier（2007）则有相反的观点，他认为，银行间的连通度对风险传染的影响是非单调的，即在起初，连通度的小幅增加能增加传染效应，但超过某个门限值后，连通度的增加能改善银行系统吸收冲击的能力。而且，银行系统的集中度越高，发生系统性风险的可能性越大。

Gai 等（2011）通过对构建银行间借贷网络结构来分析金融链接的复杂性和集中度

如何导致系统性危机。他们区分了流动性危机的频率和程度，并通过两种典型的银行间网络结构——泊松分布网络和几何分布网络来进行仿真模拟，得出结论：银行间网络的复杂性上升（表现为银行间负债的比重加大）将加重流动性危机。提高网络中系统重要性银行的流动性资产的比例，比提高网络中所有银行的平均流动性资产比例，可以更加有效地抑制流动性危机的发生。只要将银行持有的流动性资产提高到一定比例，就不太可能发生流动性危机。此外，提高网络透明度能降低流动性危机的发生。

Georg（2011）研究了随机网络、无标度网络和小世界网络的稳健性，研究表明，银行间市场的"刀刃"特性取决于市场拓扑结构和连通度。连通度高的网络，冲击传播的速度更快，一旦达到临界点状态，其脆弱性更高。

不仅仅是从金融机构的角度，现有文献还从金融市场的角度对金融风险的传染机理进行了研究。Lagunoff 等（2001）建立了投资者具有直接风险敞口的传染模型。他们假设投资项目运营的必要条件是融资水平不低于某个下限值，因此任何投资者持有的资产组合的收益依赖于其他投资者的资产配置。初始状态中，任何两个投资者会通过共同的投资项目联结，形成链式网络以实现效用最大化，然而当他们预期到损失时会切断联结。投资者没有预期到传染损失可能性的情形中，某个投资项目的失败会导致持有项目头寸的这两个投资者遭受损失，因而投资者被迫调整投资组合。这引起网络中相邻的投资项目由于资金不足而失败，进而形成渐进性传染，直至达到新的稳定状态。在投资者预期到传染损失的情形中，所有的投资者同时转向安全资产，所有的投资项目同时出现危机，形成同时性传染。分散化投资不但会减小系统性风险事件发生的概率，而且能够增加某个项目失败而被传染的其他投资者数量。Naylor 等（2008）将关于复杂网络理论的最新研究成果应用于金融市场，提出了基于异质行为者的金融危机传染模型，主要研究了网络整体拓扑结构参数对于外汇市场传染的影响。他们将外汇市场设定为稀疏聚类网络，进而研究门限参数值、聚类内部和外部的联结程度等网络整体拓扑结构参数对于外汇市场危机传染的影响。通过仿真研究发现，聚类外部联结的模式和密度以及每个节点被赋予的行为规则是诱发传染最重要的因素：初始冲击发生在哪个聚类中，而不是这个聚类的性质特征明显影响传染效应；危机传染取决于聚类之间的外部联结而不是其内部联结。

国内也有一些文献是基于复杂网络视角来研究金融风险的传染的。一方面针对金融机构内部，常利用网络分析法如常见的最大熵方法（贾彦东，2011；肖璞，2012；范小云等，2012）、Copular、CoVaR（范小云等，2011）等多种方式从银行间的关联性、风险溢出效应，对其风险特征与系统重要性进行了识别。另一方面，从公共部门、金融机构、消费者与企业四大主体出发，考虑不同部门间的资产负债往来所导致的风险传染效应。由于企业间相互持有股权、债券，当市场波动时，企业资产价格及名义财富随市变化，若企业投资失败，将导致相关联企业投资收益损失，企业、政府两大部门贷款的展期都将导致银行贷款违约率增加（宫小琳、卞江，2010），而银行的短借长贷所造成的资产错配，又将引起消费者信心下降选择提前赎回，继而银行潜在流动性风险危机可能爆发（Diamond 和 Dibvig，1983）。为避免流动性危机的发生，银行通过银行间市场、金融市场进行同业拆借或金融部门间资金拆借（Allen 和 Gale，2000；Allen 和 Carletti，2006；马君潞、范小云，2007），使得风险在银行间等多市场分散。若该风险在各部门风险暴露临界值之内，则风险得以控制；反之，风险进一步扩散及加剧，最终引起系统性风险爆发。万阳松（2007）构建了双幂律银行网络结构模型以及宏观和微观主体相结合的银行风险传染定量分析框架，并分析了违约冲击和基于分摊初始冲击方式下，银行网络的宏观结构特征、微观结构特征、银行主体参数与银行风险传染效应之间的关系。侯明扬（2008）构建了基于双向选择的无标度权重银行网络，研究发现，银行网络的危机传染过程有明显的波动性，波动性强弱和传染轮数有关，也与银行规模有关。

5.2.4 我国区域性风险向系统性风险的转嫁研究

从我国区域性风险向系统性风险转嫁这一角度来研究风险传染的文献很少，但也有一些学者从相关的角度为我们提供了一些研究参考。包全永（2005）以最大熵方法构建了银行间市场的拆借矩阵，通过仿真模拟揭示了系统性风险的传染效应。李宗怡和李玉海（2005）采用矩阵法模拟中国银行同业风险暴露头寸分布情况，估计了中国银行体系的传染风险。马君潞等（2007）以中国银行的不完全数据，用矩阵法运算得到银行间双边拆借矩阵，然后对无金融安全网条件下的传染效应进行了估计。研究表明，中国同业拆借市场是以中国银行为中心、中国建设银行为次中心的网状结构，在单个银行破产引起的传染效应中，中国银行倒闭会带来很强的传染效应，中国建设银行破产引致的传染风险较小，且两家银行的传染效应受损失率的影响较大，而其他银行机构倒闭不会引起传染效应。如果多家银行同时破产会降低系统性危机发生的门槛，其传染效应会显著增大。总之，损失率的大小是决定传染是否发生及危害程度的一个重要变量。同时，中国银行是否倒闭是决定系统性银行危机是否发生的关键。李守伟等（2011）以中国 19 家银行的拆借数据，利用阈值法构建有向无环图银行网络，并比较银行网络面对随机性攻击和选择性攻击的稳定性差异。结果表明：随机性攻击下银行网络稳定性较高，选择性攻击下银行网络稳定性较低，并且两种攻击方式对银行网络影响的差异大小与阈值有关。受到数据可得性的约束，目前国内还没有基于真实完全的银行间双边拆借数据而构建的中国银行网络及其基础上的传染分析。

黄聪和贾彦东（2010）借鉴矩阵模型的思路构建中国金融网络的风险传递模型，并以单一时点压力测试的方式衡量金融网络稳定性，得到了银行网络的稳定条件，并利用银行间支付结算数据进行了网络模型实证，发现我国银行间网络表现出明显的重要节点与局部团状结构共存的结构特征，且网络稳定性表现出一定条件与范围内的均衡。中国人民银行在《中国金融稳定报告 2013》中以银行间支付结算信息为基础，构造我国的金融网络结构模型，动态刻画了金融网络的稳定状况、网络的结构变化以及银行间的流动性风险传递过程。鲍勤和孙艳霞（2014）基于不同的银行间市场网络结构假设，利用中国银行业数据，使用最大熵方法估计银行间资产负债关系，建立银行间市场网络以研究我国单个银行破产引发的金融风险的传染概率和影响程度，进而通过建立异质性银行的多主体仿真模型研究银行间市场结构和银行资产负债表结构对金融风险传染的影响。研究结果表明：相比于完全连接网络，中心边缘的层级网络将增大金融风险传染的范围和程度；此外，对于银行资产负债表结构而言，所有者权益占比提高将增强金融机构的抗风险能力，降低传染概率，而银行间资产和负债占比提高则会扩大金融风险传染的影响。

5.2.5　文献述评及未来的研究方向

2008 年次贷危机以来，关于金融危机的传染一直是学术界一个热点话题，综上所述，已有研究从理论、机理、传染渠道等方面都进行了研究。由此可见，网络模型是风险转嫁和传染机制的重要研究模型，也是对风险传染的重要解释渠道。陈国进和马长峰（2010）对未来的研究方向提出了五个方面的设想：第一，资产泡沫的网络理论。他们认为，网络模型有助于理解资产价格过度上涨背后相互加强的正反馈机制，因此金融网络可用于解释泡沫的形成机制。第二，异质网络模型。目前网络方法中，几乎都是假设节点通知，而异质节点的金融网络问题的研究则更加符合现实。第三，更加实际的网络仿真研究，即金融系统风险的仿真研究应该拓展到多个银行同时受到冲击的情形。第四，金融机构视角的网络模型。当前大部分研究者都着眼于系统稳定性，而金融机构应将对手放在一个相互关联的网络框架来进行考虑，同理，信用衍生品的定价中不应该仅仅考虑对手的风险，而应考虑对手所处的网络情况。第五，不完全网络模型。未预期流动性冲击导致了市场的不完全性，基于不完全市场的网络理论研究有待继续深入。

5.3　区域性风险向系统性风险的转嫁渠道分析

自 2008 年国际金融危机以来，"系统性风险"再度成为后危机时代学术界研究的主流，其中，风险的传染更同时引起公共部门、金融部门、实体经济部门等多方主体的关注。风险的传染发生在不同的市场、不同的主体，彼此通过市场网络、部门资产负债表等相联系而进行传递。现有研究大多从不同市场、金融机构间往来分析了信贷市场、国债市场、公司债市场、股票市场之间的关联度是否在金融危机时期会出现显著的关联，Longstaff（2010）发现冲击的发生会通过市场间的流动性使风险从一个市场传递到另一个市场。Dimitris 等（2011）利用多变量转换机制高斯柯普拉模型（Multivariate Regime – switching Gaussian Copula model）和非对称一般动态条件相关分析模型（the Asymmetric Generalized Dynamic Conditional Correlation，AG – DCC），根据美国、英国、中国、俄罗斯、印度等国家 1995—2006 年的相关数据，在金融市场数据非线性条件下，检验了不同国家金融市场的风险传染效应。相比国外所具有的较成熟的金融市场，我国作为银行主导型金融体系，由于金融市场尚不发达，因此，国内学者的研究一方面多针对商业银行系统内部，采用网络分析法如常见的最大熵方法（贾彦东，2011；肖璞，2012；范小云等，2012）、Copular、CoVaR（范小云等，2011）等多种方式从银行间的关联性、风险溢出特征，对风险与系统重要性进行了识别；另一方面，从公共部门、金融机构、消费者与企业四大主体出发，考虑不同部门间的资产负债往来所导致的风险传染效应。

　　由此可见，针对我国以银行为主导的金融结构，金融的不稳定所导致的金融风险传染已研究甚多，然而如何在当前化解这些潜在风险的爆发？当今中国最潜在风险是什么？风险的爆发又会给中国经济带来何种影响？这些问题都值得我们一一思考。根据国际金融危机的经验和中国经济的实际状况，现阶段我国学者们虽已集中性地从不同部门间资产负债表关联度考察了风险在部门间的传染，但却相对忽视了将风险源在系统内的重要性与资本的跨区域流动相结合分析其在风险传染路径中的显著作用。这是因为在如今新常态下，国内发生系统性金融风险的过程可能并非仅由系统重要性金融机构经营失败引发，更主要的可能是源于以国有银行为主导的银行金融系统中，银行兼具利润最大化和稳定市场信心的双重目标。长期以来，中国政府为实现稳定市场、就业等宏观经济目标，使得在国有银行占据银行间市场主要份额环境下，呈现出"信贷配给"。一方面，上游行业大型国有企业高负债、低投资收益的困境导致现阶段处于结构转型调整的中国正面临着亟待解决的产能过剩、企业高杠杆、银行不良资产等多重风险；另一方面，无法从银行金融中介获得资金支持的中小型企业因贷款难、贷款成本高等困境转向民间借贷等方式寻求支持，引发了"温州民间借贷危机"等区域性风险，使得风险不断膨胀，有可能在区域间传染，进而形成全国性的系统性风险。因此，我们有必要针对目前区域性风险如何向系统性风险的转嫁机制进行总结分析，以为当局政府如何进行风险防范提供针对性思路，且同时将区域性和系统性风险纳入统一框架之下，能比较恰当地契合国内实际情况。

　　风险"传染"一词最早可溯源于 1929 年的"大萧条"时期，在此期间整个金融系统和经济基本面接连不断地遭受负面冲击，Kambhu 等（2007）将这一系列连续发生的事件称为"contagion"，即"传染"。然而，现有文献仍未就准确定义冲击/金融/风险的"contagion""propagation""transmission"及"transfer"而达成共识，因此，多数情况下，这些词汇常常被不加区分地交替使用。而在对应的中文文献中，以上范畴又被笼统地译为"传染"或"传导"，从而更加模糊了相关概念的界定。现今，学术界主要采用世界银行从传染的表现所提出的广泛定义、限制性定义和严格定义三类。其中，广泛定义是针对于在整个国家所产生的全国性范围内的传染效应，而限制性定义强调除与任何形式的国际经济基本面或共同冲击相关联之外因素所导致的风险跨国扩散效应，最后一种严格定义则是指一国经济的整体联动性在危机时期有所显著增加的现象。

　　目前，研究区域性风险如何向系统性风险演化的文献非常鲜见，大部分主要集中于金融风险在不同国家或地区间的风险传染，即一国或地区发生系统性金融风险如何产生溢出效应和互扰效应，从而加剧全球系统性金融风险。相对于本课题将视野转向于国内，我们更加强调的"区域性"是从地理角度在一国内部而进行的一定范围内的土地的界划，尽管国际上的"区域性"不是本书提出的国内区域性金融风险概念，但对于我们分析一国区域性与系统性风险的转嫁机制，也同样具有重要参考意义。因此，我们梳理国内外文献，剖析了区域性风险向系统性风险转嫁的传染渠道。

5.3.1　资产价格渠道

　　由于全球一体化以及区域一体化的不断加强，金融工具的创新及普及，导致金融资产分散化，投资组合多样化，既具有分散系统性风险的优势同时也引起了不同经济主体间关联度的增大，使得风险传染的概率显著增加。Dornbusch 等（2000）、Kaminsky 等（2003）与 Forbes 和 Rigobon（2002）通常认为传染是指一个冲击或事件发生之后，不同国家的金融市场间因产品的趋同性表现出市场间关联度显著且短暂增加的现象。对这一现象的详细解释源自 Kiyotaki 和 Moore（2002）、Kaminsky 等（2003）所描述的，当一个市场受到负面冲击时，随着现代金融市场的关联度的增大，导致国家间经济依存度逐渐增高，一方面会通过市场资产证券价格的波动及现金流和抵押价值的变化，风险从高到低在不同经济依存度的国家间扩散，由此就自然地形成了不同金融市场间关联度显著且短暂增加的现象；另一方面，在一个或多个国家的金融波动可能会通过同类风险特征传染到其他国家金融市场，促使投资者重新平衡其投资组合进行风险管理和流动性管理（Francesco、Luca、Ranil，2004），那么，在危机国拥有资产头寸的投资者通常会减少危机国的金融资产以获取现有的资产收益（Goldfajn 和 Valde，1998；Kodres 和 Pritsker，2002），从而进一步加剧了该国风险的波动，强化了风险的传染。

Chiang 等（2007）运用 DDC 模型，采用 1996—2003 年九个亚洲国家金融市场的日股票收益率数据将亚洲金融危机分为两个阶段进行探讨，研究发现在第一阶段（1996—1998 年），九个国家之间金融市场的相关性有明确的增加（即传染效应），而在第二阶段（1999—2003 年）则出现了一个持续的高相关性特征，表明风险具有持续性。这说明负面冲击在最初时期对初始价值产生了损失，引起了不同金融市场波动的增加，之后一方面以金融资产共同风险暴露的方式传染至不同的金融市场，增大了各市场资产价格的波动，从而削减相应各市场的金融资产价值；另一方面，在导致金融市场波动率上升的同时以非线性的机制促动了系统性风险，进一步推高了系统性风险。Goldstein 和 Pauzner（2004）构建了同一投资者在不同市场上分散化投资模型，研究表明，投资者若在两个及以上市场采取分散投资组合，当其中所持某个市场债券遭受冲击时，投资者整体投资收益也会随之变化，从而投资者在其他市场上的行为发生改变，会导致危机传染的加剧。国内学者赵进文等（2013）在借鉴 Samarakoon 思想基础上，考虑交易时间的重叠问题，分析了金融危机的传染性。首先，他们针对次贷危机和欧债危机两个期间，分别考察了上海资本市场对全球其他 27 个资本市场的传染性。结果显示，次贷危机期间，上海资本市场对其他 27 个资本市场的传染性有着显著增强，相反在欧债危机期间，对欧美市场的传染性则显著减弱。其次，赵进文等（2013）又分析了危机期间上海资本市场的波动源自何处。实证研究表明，不同于欧债危机的风险主要来自风险发生源即欧洲市场，在次贷危机期间，上海资本市场还主要受周边地区市场以及滞后一期美洲市场的影响。而随着次贷危机的爆发，人们利用动态非线性方法将这一问题继续推进。越来越多的计量模型如非线性的 Copula 函数、Probit 模型、Markov 链及 Bayes 函数等模型陆续地被纳入到金融风险传染的研究中。Lalith P. S.（2011）通过设立金融股市场股指回报率的检验模型，检验了美国金融危机对市场发达国家和新兴市场国家的传染效应，得出传染效应具有显著的非对称性。由此可见，在运用更加复杂的计量方法基础之上，仍然可以验证风险通过金融市场的关联性相互传染的事实。

5.3.2 "真正的传染"渠道

所谓的"真正的传染",其实质是强调情绪传染和公众预期调整引起的风险扩散,Kaminsky 和 Reinhart (2000) 将与可观测到的宏观经济或基本面无关的,由心理恐慌、"羊群效应"等引起的传染称为"真正的传染"。当一国经济发生风险,如果金融危机国产生对投机冲击的恐慌,市场情绪急转或风险厌恶情绪增加,此时投资者冒险行为会加剧,通过信号放大、情绪影响等途径将导致经济基本面不尽如人意或金融脆弱性大的国家必然受其感染。因此,基于心理恐慌、信息不对称、"羊群效应"而产生的"真正的传染"是建立在投资者行为基础上的危机传染研究,该渠道强调了危机冲击对投资者心理预期和投资行为的影响。该理论认为,由于信息不对称的存在,理性投资者在遭受负面信息冲击的情况下会根据现有情况形成对未来经济走势的预期,从而选择调整其持有的资产组合,一旦所有的理性投资者拥有同一预期并进行相应调整时,则会导致市场上出现"羊群效应"。其中,最常见的表现形式是源于 1984 年 Diamond 和 Dibvig 所提出的 DD – Model 中因事件性的负面冲击所导致的投资者对银行信任的丧失,从而投资者选择提前取回在银行的存款,对银行流动性管理产生冲击,使得银行发生挤兑的现象。

Calvo 和 Mendoza (2000) 针对在不完全信息条件情况下,构建了投资者资产组合的均值方差模型,分析了当冲击发生投资者处理信息成本的改变对危机传染的影响。他们假定投资者在全球市场投资时,会根据各国信息收集成本与收益的权衡产生自我预期,选择自身资产组合的分散投资决策。这样,当市场遭受某类负面信息冲击时,若投资者资产投资组合越分散化,"羊群效应"波及范围越广,危机的传染性则越强。类似地,Yuan (2005) 在信息不对称条件下,构建了一个借贷约束理性预期均衡模型。在模型经济主体的设定中,Yuan 将市场上的投资者分为知情投资者和不知情投资者两类。其中,知情投资者能够获得交易前相关资产收益信息,不知情投资者则根据知情投资者交易信号产生预期判断从而采取相应投资策略。当资产价格因遭受某一负面冲击而下降,若资产价格中所包含的噪声越大,其有效信息成分则越低,不知情投资者就更难区分真实有效信息,信息获取难度加大,从而更易产生"羊群效应"。

5.3.3 贸易渠道

针对 20 世纪 90 年代至今共发生的三次大金融危机事件,李刚等 (2009) 利用空间统计分析方法对其传染路径进行了实证分析。结果表明:贸易关系是唯一在三次金融危机中都存在的传染路径。当一国发生金融危机时,该国的溢出效应会通过收入效应(总需求改变)和价格效应(货币贬值)使之与其有直接或间接贸易往来的另一国经常项目差额、M2 增长率以及失业率与本国具有趋同性,从而经济基本面发生恶化。因此,学者们常将一国金融危机的发生通过汇率大幅度贬值和国际收支经常账户往来使他国经济基本面受损的传染渠道称为贸易渠道。而 Gerlach 和 Smets (1995) 针对贸易渠道的传染机制进行了详细分析,主要体现在:一国金融危机的发生,导致该国货币急剧贬值,出口商品相对价格随之迅速下降,从而进口国可以以相对更低价格获得同等需求量商品，降低对国内的总需求，增大对国外产品的需求，使得本国央行外汇储备流失，最终破坏本国国际收支平衡。

然而部分学者针对 1994 年墨西哥金融危机和 1997 年东南亚金融危机，研究发现其实危机发生国之间的双边贸易量规模很小（Masson，1998；Baig 和 Goldfajn，1999）、贸易渠道可能更多的是通过第三方贸易进行传染。Mody 和 Taylor（2002）通过研究外汇市场压力指数的联动性，将第三方贸易作为解释原因之一，承认了贸易连接在解释危机传染方面的重要性。另外，Glick 和 Rose（1999），Kaminsky 和 Reinhart（2000）也从第三方市场视角出发，对间接贸易往来国家进行了探讨，他们肯定了间接贸易渠道在金融危机传染中的重要性，认为间接贸易渠道是危机传染的充分条件。

现今我国私人部门面临的两大风险一则是前述所提到的企业高杠杆所导致的产能过剩，另一则是房地产高库存。房地产市场涉及面广，影响力大，其风险一旦暴露，将进一步蔓延到其他领域。房地产市场一端连着商业银行信贷资金，另一端则连着地方政府的土地出让金，若该市场持续保持着低迷状态，最直接的影响就是抵押品价值随之下降、地方政府土地出让金规模锐减、房地产市场再投资增速减缓、企业偿债能力下降，最终导致商业银行不良贷款率逐步攀升，进一步推升了银行系统风险爆发的可能性。就此，王维安和贺聪（2005）则以我国房地产市场为样本，检验了跨区域房地产投资的风险产生和传导机制。通过模型构建与案例分析，证明了企业跨区域投资所导致的资本追逐效应，推动了资产价格的攀升和资产泡沫的形成，并形成了风险的传染渠道。同时，该研究进一步发现，房地产市场区域风险往往存在于经济欠发达地区，通过资本跨地区流动，使风险从经济发达地区向经济欠发达地区扩散。而该市场区域性风险形成的重要原因是源自企业、居民、政府的三方博弈所产生的结果。企业为追求利润最大化，出于理性选择轮番炒作资本流入地区土地价格，而落后地区的地方政府因具有强烈发展地方经济的动机，为达到吸引外资进入的目的，制定过激的土地开发政策，默认了该地区土地价格的上涨，使得居民因信息的不对称会高估对该地区房地产价格的升值预期，从而助长了该地区区域性风险的产生。因此，一旦房地产价格上涨到所能接受的最高程度，消费者会降低对房地产的效用评价，该市场的均衡价格又会随之下降，此市场的区域性风险开始释放并蔓延。苑德宇和宋小宁（2008）就利用 CD 检验统计量对我国各区域城市间房价泡沫的相关性进行检验，研究显示房价泡沫在区域间以及区域内城市间存在传染，其中以东部地区城市表现最为突出，而西部、北部地区城市间并不存在传染性。这主要是因为在东部地区与西部地区内城市间经济发展水平相似，这些城市的投资者或投机者很容易对经济形成相同或相似的预期；而在中南地区和北部地区中各城市间的经济发展水平以及经济结构差异很大，房地产投资者们无法根据相邻和不相邻的城市房地产价格作出准确的预期和判断，因此导致了结果的异质性。

5.3.4 资产负债表渠道

在金融危机时期，受外界冲击的影响，货币市场和资本市场的流动性将急剧恶化。在这种情况下，一个市场主体的脆弱性不仅仅来源于它对其他主体的直接风险敞口，也来源于它不能够在货币市场和资本市场展期的全部或部分资金（高国华、潘英丽，2012），此时市场投资者通常需要通过卖掉部分金融资产的方式以维持自身资产负债表的平衡，由此则引发了资产的一系列大规模减值效应，我们将此称为资产负债表渠道的风险传染。

由于该渠道强调系统内各地区主体之间通过实际业务资产负债表关联在存贷及支付体系上的相互联结（Brunnermeier 和 Pedersen，2009；Hermosillo，1996），因此，在以银行为主导（bank‑based）型金融系统的欧盟区，其银行间的跨区域风险传染（Árvai 等，2009；Arpa 等，2005；Backe 等，2006）是最主要的风险传染方式。研究发现，随着银行间股权的交叉持股，西欧国家与 CESE（中欧、东欧及东南欧）国家的关联度逐渐加深，大部分 CESE 国家的银行体系都高度依赖于西欧国家，其主要表现为直接依靠西欧国家的一些私营部门企业或通过西欧国家在 CESE 国家的当地银行分支得以推动 CESE 国家银行体系的发展，因此，银行间的高度关联与银行分支的广泛分布形成了庞大的区域性金融网络。若一旦双方中甲方遭受违约冲击，则会通过自身或第三方银行的资产负债往来及第三方与乙方的资产负债关联，将风险通过自身或第三方银行传染至乙方，通过"多米诺骨牌效应"，最终引起欧盟区系统性风险危机。由于我国大型银行受政府的隐性担保，因此，通过资产负债表关联而进行的风险传染更主要的表现形式是体现在各部门主体间的往来，而非银行间网络结构。方意和郑子文（2016）基于资产负债表的传染方法把资产价格的关联性作为金融风险传染的渠道，从影响经济主体的资产净值及抵押物价值两方面来分析其传染机制，运用金融网络模型刻画了银行的资产负债表传染。荀文均等（2016）则基于我国数据运用 CCA 模型实证分析了我国国民经济中的非金融企业部门的风险传染。源于企业、政府等部门债务杠杆的大幅攀升，当其中某一系统重要性部门或多部门因债台高筑出现违约且其成为风险源时，因为不同区域部门主体间资产负债表关联的存在，其违约所造成的冲击一方面从时间维度而言，随着企业债务杠杆率的提升，将在不同区域部门间实施杠杆转移并加速风险积累，使与之相关的国民经济部门诸如政府公共部门、银行部门、消费者部门等宏观金融风险加速积聚（宫晓琳、卞江，2010），导致向网络结构中其他节点输出风险的可能性增大；另一方面从截面维度来看，也将在由权益渠道和债务渠道共同结合所形成的网络结构内部带来连锁冲击，进而推高网络结构中其他区域主体的债务杠杆率和违约风险，并增大风险传染的可能性。宋凌峰和叶永刚（2011）通过实证研究也进一步发现了在区域金融风险构成中，企业部门和公共部门则是风险的两大主要来源。而我国如今私人部门的高负债对应的是当今经济的产能过剩现象，在产能过剩的背景下，金融部门、公共部门都面临两难抉择。产能过剩对应着企业投资低回报率，增大了企业违约风险，风险一旦形成并发生，将加重银行不良贷款率，若金融部门、公共部门继续提供支持则使得风险进一步在各部门间沉淀累积，加剧了经济的低效率运行，潜在系统性风险增大。中小企业作为当前关注的重点，由于其未来可实现收益的不确定性，其既具有高创新性以促进经济增长的潜力又具有高风险性引发经济不稳定的危机。因此，为解决中小企业"融资贵"的现象，中小企业常由于信息不对称的存在而采取互助担保的集群融资方式以建立集团而向银行申请贷款，但同时集群融资的存在，也导致了中小企业间相互依赖性的增强，若集群内某一成员发生违约，则会增大集群内其他成员违约风险概率。王筱萍和张晓红（2012）根据贷款违约和不违约两种状态应用信用组合风险理论分析了风险的传染损失。假定违约性作为一种随机事件，服从（0，1）的伯努利分布，集群整体风险与内部各成员违约率相关联，可以发现集群的整体风险传染损失由个体成员的违约风险损失波动和内部成员间贷款合作度而决定。可以说风险传染损失反映了个体的风险损失、集群网络复杂程度和系统内部主体间的相关性。

5.3.5　公共部门渠道

政府作为公共部门的最主要成员，目前面临的主要问题则是地方政府债务。由于地方政府债务负担的加重，其债务违约率的增大将降低政府的公信力度，从而对企业、消费者、银行等微观主体产生政治溢出效应，最终导致风险在区域内和区域间扩散。随着地方财政收入增长的趋缓，当前地方政府庞大的债务规模使其面临着巨大的偿债压力。当地方政府无法进行债务偿付时，一方面中央政府自 2014 年开始推行地方债置换，由省级地方政府发行长期地方政府债券，将所发行获得的募集资金用于归还平台融资所欠银行贷款，最终由金融机构被迫购买，导致商业银行资产端严重恶化，加剧了风险的爆发。另一方面，鼓励政府和社会资本合作，实施 PPP 项目投资，由于 PPP 项目的公共属性，不以营利性为目的，导致银行对国有企业贷款规模增大，因此，政府债务并未实质上减少，且同时导致银行贷款违约率增大，资产端也进一步恶化。因此，一旦地方政府信用度降低，地方政府作为公信力权威代表，该地区将出现政治溢出效应，不仅会削弱投资者信心，产生"羊群效应"，出现该地区资本外逃、企业撤离、无新资本入驻现象，还会造成该地区资金链断裂、经济下滑、失业率增加，并将其风险溢出到相邻关联度较高地区，导致区域性风险扩散，且进一步向系统性风险转嫁。

由于中国作为典型的转型过渡期国家，信贷资源配置、土地征用等权力皆掌握在政府手中，使得中国地方官员相比发达国家具有更大的政治影响力，导致以 GDP 为官员政绩考核的"晋升锦标赛"机制调动了政府官员发展地方经济的主动性，同时也强化了地方官员对当地企业发展的影响力。徐业坤等（2013）选取 2004—2011 年 3014 个民营上市公司为研究样本，实证结果表明在政治不确定时期，企业的投资支出会显著降低，同时政治关联的存在会在不确定时期进一步抑制企业的投资支出水平。这是因为诸如以领导人更替为代表的政治不确定性在更替过渡时期由于领导人偏好、能力等的异质性，会导致地方政策有所不同，从而对当地发展产生影响。一方面，政府官员因官员更替会有一段"空档期"，导致当地经济景气和投资环境遭受影响，从而企业投资支出下降；另一方面，官员的更替代表了政策的不确定性，在这种不确定情形下，企业会根据等待信息价值和延缓项目投资成本的权衡，选择推迟投资以更好地应对政治环境的变化。而政治关联的存在，会因地方官员自身利益的考量，在官员更替时期，新任官员会重新选择新兴的重点发展产业，且常有意识地避开前任官员重点支持领域，造成政治关联企业首当其冲遭受政策环境变化的影响（邓新明，2011；徐业坤等，2013）。因此，在当今企业、政府、银行等多部门的网络链接模式下，当政治出现不确定性时，政府会通过政治渠道将风险扩散到企业等部门，并进一步传染到其他地区。

5.4 我国区域性风险向系统性风险转嫁的条件分析

通过上述相关研究文献的梳理，我们可以发现目前在传染机理角度，由于我国国内债券市场尚不发达，且只具有单一的股票市场，不存在汇率变化的波动，因此，上述资产价格渠道的传递效应在谈及我国区域性风险传染性时并不存在较强的借鉴意义。根据我国银行主导型金融系统特点，新常态阶段下的我国经济增长放缓，长期以来所累积的风险逐渐暴露出来，主要表现为产能过剩、企业高杠杆、房地产投资和地方政府债务。因此，对现有文献针对于我国区域性风险传染的适用性大致可总结为"真正的传染"、跨区域投资、资产负债表关联、政治影响四条不同渠道。由于庞大的资产负债网络，银行作为企业资金支持的主要提供者，企业风险若产生，银行将收缩信贷，从而加剧企业流动性危机，导致企业资金紧张，大量企业被迫清算破产，同时使得银行负债端消费者的收益也随之遭受损失。这样来看，一则资本将出逃，过度的资本因银行间网络结构的存在会出逃到相关联的其他地区，又会导致短期内资本出逃进入的地区经济波动加剧，风险累积，潜在风险危机增大；二则此时若一国政府在面临系统性风险时，对其放任，则导致失业率增加，社会经济波动加大，最终影响该国经济发展。但若该国政府为银行的大量资产损失、不良贷款等提供最后救助，则又可能造成社会通货膨胀，从而影响到区域外，其他区域因此也将产生冒险行为，却未从根本上分散风险，只是推迟风险的爆发。

然而，这些现有文献却都存在一个共同的问题即在如何证明该传递机制的存在性时存在欠缺。宋凌峰和叶永刚（2011）在区域金融风险构成中，利用 SUR 方法估计证明企业部门和公共部门是风险的两大主要来源，并同时进一步向金融部门风险传递和累积，但由于区域性企业部门和公共部门在资产负债数据方面的限制，却导致无法证明并刻画不同区域部门间是如何通过资产负债表机制进行风险传染的。冯林等（2016）利用山东省 2008—2013 年时间长度为 6 年的县域不良贷款率数据，运用 ESDA 方法对区域性风险传染进行探讨，研究发现省内确实存在较强的风险传染效应，但此效应具有逐年递减的时变性特征。同时，也证明了金融风险水平的空间聚集效应，刻画出了山东省应重点防控的高风险区域，但仍然无法证明区域间究竟如何进行风险传递。王维安和贺聪（2005）虽然很好地基于房地产市场应用价格领导模型理论阐述并证明了区域间风险传染的跨区域投资机制，却也因区域数据的不可获取性，无法进一步应用实际经验数据证明。基于以上分析，我们可以发现，由于区域数据的高难度获取性，要想进一步运用实际数据证明区域性风险的传染机理具有一定的挑战性，但由于区域性风险通过跨区域间传染是潜在的爆发系统性风险的重要因素或途径，分析并抓住区域性风险间传染的本质，发现区域性风险传染的渠道，对于分析区域性风险是否能最终转化为系统性风险也同样具有重要意义。

在已分析区域性风险间的传染渠道基础上，我们可以发现风险的区域间传染是产生系统性风险的充分条件，那么在有了对区域间风险传染的认知，而区域性风险是否能转化为系统性风险呢？又需满足何种条件区域性风险才会最终转化为系统性风险呢？这些问题都仍待我们进一步研究分析。

5.4.1　区域间的网络关联程度

Acemoglu 等（2015）针对金融稳定，认为只要当影响金融机构的负面冲击的幅度足够小时，此时小冲击的到来将会因紧密的金融网络结构而分散风险，从而提高金融的稳定性。反之，若冲击的幅度增大，当超越了一个特定的临界点时，金融网络间的密集程度因增加了金融机构间的关联度，此时这种互联机制反而使得冲击在网络内快速传播蔓延，对金融的稳定性产生了波动，最终可能会导致一个更脆弱的金融体系，因此金融体系的网络结构对系统性风险的形成起着核心作用。Allen 等（2010）构建了一个两期模型，模型中假定每家银行由于内部资金不足都需要外部资金来投资于风险项目，投资者以债务合约的形式把资金借予银行。在此，Allen 等（2010）阐述了该模型所存在的两种网络结构：其一，集群式网络，在此网络中每个金融机构都拥有同样的投资组合、同时发生违约，如有六家银行，假定每三家银行绑定在一起组成两个集群，集群间彼此相互独立，每一集群里的三家银行都将拥有同质产品；而在非集群式网络中，银行彼此间不再具有同步性特征，违约的发生更加分散化，六家银行为一整体构成一个金融网络，每家银行只与相邻的两家银行进行项目互换投资。通过建立这两种网络结构，研究发现当银行的尽职调查成本取值在 $[P(1-P)3(1-\alpha)RL, P(1-P)2(1-\alpha)RL]$ 时，最优即最稳定的金融网络结构是取 $l=2$ 即每家银行保持与相邻两家银行有关联关系的非集群式网络结构，此时个体选择达到最优抉择即风险最优分散化程度。另外，Allen 和 Gale（2000）在一个比较密集的相互关联的金融网络中，还发现若某家陷入困境银行的损失能被更多的债权人所分担，那么这家单个银行因负面冲击所遭受的损失将会被分散化，因此会降低对金融系统内剩余银行的风险损失。而 Vivier – Lirimont（2006）对此则得出了相反的结论，当作为银行的关联银行或企业的数量增长时，一个系统崩溃的可能性也将会随之增加。Shaffer（1994）认为虽然多样化对每家银行单独而言具有好处，但是也由于导致银行间的投资相似性更多而使得更容易产生系统性风险。童牧和何奕（2012）则利用理论模型在假设金融系统中有 N 个参与者，每个支付者对应着支付网络中的 N 个节点的前提条件下，将各个节点和加权有向边的组合视为一个网络结构。总体而言，风险的传染与爆发最初来源于某一家银行，通过银行网络间的关联，第一家银行所遭受的冲击会传染到其他关联银行，即系统发出第 1 轮流动性冲击。当其他关联银行接收到第 1 轮冲击时，每家关联银行根据其遭受的冲击大小和承受能力大小以及从自身出发的网络结构，又会发出第 2 轮流动性冲击，与第 1 轮冲击的传染形式相同。银行间网络结构的连接使冲击在系统内不断传染至每个参与者发出的第 r 轮冲击也会在其余参与者之间扩散直至冲击幅度超过系统所能承受的幅度时，系统性风险最终爆发。其中，若将系统在特定风险场景下所遭受的各轮有效冲击加总计算出总的未结算金额比例则称为系统性风险指数。王占浩等（2016）在马君潞等（2007）、高国华和潘英丽（2012）的银行间风险传染研究基础上，构建了新的银行间风险传染模型，采用 2011 年四大国有银行、股份制商业银行、城市商业银行等全国 75 家主要银行年度数据，分别得出不同视角下的银行网络结构结论。就从某家银行倒闭所引发的其他关联银行倒闭数量而言，国有四大银行是主要传染源，其中工商银行位居首位，所引发的银行倒闭数高达 22 家，而就股份制商业银行的破产来看却未引起其他银行的连锁倒闭反应。另外，从银行损失网络结构来看，四大国有银行引发的损失显著高于其他股份制商业银行，同样的工商银行所引起的银行业损失最大且高达 2.8123 万亿元，总额占比达 75 家样本银行净资产总值的 53.44%，中国银行、农业银行紧跟其后。由于银行数据较易获取，结合我国银行主导型金融结构背景，曹源芳和蔡则祥（2013）为针对我国区域性风险向系统性风险演化机制中探究区域性风险的网络结构到底是如何交叉错杂，选择利用典型的上市城市商业银行的日收益数据替代对应的典型城市，利用 VaR 模型研究发现各样本区域间金融风险传染并非在长期保持双向影响机制。在风险较为集中的时期，各区域间的金融风险互为 Granger 因果关系，因此，各区域风险存在显著的交叉传染效应。而在非风险时期，北京是江苏、浙江两省区域风险的单向原因，江苏省则又是浙江省的单向原因，所以简而言之，浙江与北京、江苏两省皆未有显著的单向因果关系。

5.4.2　风险发生源的系统重要性

包全永（2005）主张传染效应是系统性风险的核心问题，那么在传染的基础上，某经济主体所遭受的冲击如何演变升级成系统性风险还取决于该主体在系统内部的重要性地位。肖璞等（2012）运用 CoVaR 方法量化了单个上市银行对银行整体系统的风险贡献率，研究发现在 q = 0.025 的分位数情况下，中国银行是在单个银行陷入困境的条件下对整个银行系统的系统性风险贡献率最大，与马君潞等（2007）发现中国银行业同业拆借市场的流动性网络结构以中国银行为中心的结论相呼应，而中国建设银行、中国工商银行紧随其后。而分别从银行的资产规模、单个银行的风险来看对整个银行体系的风险贡献率，结果大有不同。虽然工商银行的资产规模居全世界第一，但其系统性风险贡献率仍低于中国银行和中国建设银行，而浦发银行的单个风险是银行体系内部最高的，但由于浦发银行在银行金融网络中并非核心地位，其对整个银行体系的系统性风险贡献率却很小。范小云等（2012）利用 2007—2009 年的中国银行间市场数据进行模拟分析，从规模、关联性与中国系统重要性银行三重角度对中国系统重要性银行进行了甄别，且同时比较了每家银行的系统重要性程度大小及在评估系统重要性因素时所起的作用。研究发现，在所有的四大国有商业银行、股份制商业银行、邮政储蓄银行、政策性银行和规模较大的城市商业银行及农村商业银行中，2007 年到 2009 年三年间作为系统性风险的诱发因素导致全国平均银行破产数从大到小排名前五位的银行依次为中国银行、中国工商银行、中国农业银行、国家开发银行和浦东发展银行，若将国家开发银行和浦东发展银行排除在外后，则三年里作为系统性风险的诱发因素导致平均银行破产数最多的前五位银行分别变更为中国银行、中国工商银行、中国农业银行、华夏银行和交通银行，且范小云等（2012）同时研究发现造成平均系统性损失最多的前五家银行又是中国工商银行、中国银行、国家开发银行、中国农业银行和中国建设银行。贾彦东（2011）在考虑金融网络结构因素的基础上，将其新加入系统性风险的量化中，提出"系统风险曲线"，同时建立了"直接贡献"和"间接参与"两种不同类别评价金融机构的系统重要性的方法。其中，直接贡献指的是由于某银行违约所直接带来的银行整体系统损失率，是对系统性风险直接贡献的一种直接反映，用每一家银行违约造成的银行整体系统损失占网络交易总规模的比值量化；而间接参与则是强调的"外部效应"，指的是由于某机构的加入使得风险爆发的可能性在系统内部扩散并增加的效应，使用 Shapley Value 的方式刻画。贾彦东（2011）利用银行间市场的支付结算数据对其进行了估算，结果显示从直接损失来看，中国工商银行、中国建设银行、中国农业银行、中国银行和交通银行对系统的直接贡献是排名前五位，而从间接参与角度对系统风险的贡献仍然与直接贡献结果一致，按照取直接贡献与间接参与等权重计算之和为总的系统风险贡献，可以按序排列出每家银行的系统重要性程度，研究发现五大国有银行的系统重要性居银行整体系统前五位，中国工商银行位居首位。

5.5　我国区域性风险向系统性风险转嫁的实证检验

如前文所述，贾彦东（2011）提出的系统重要性的刻画是基于纳入金融网络结构因素范式下的讨论，考虑了该系统内每家机构对整个系统的直接影响与间接参与双重维度，与马君潞等（2007）的研究结果基本思想相一致，即系统内其他银行是否会受风险发生源银行的影响，主要取决于风险发生源银行在网络结构中的定位及其他银行与发生源银行的关联程度两个因素。此外，马君潞等（2007）还提出系统内其他银行是否会受风险传染的影响并最终爆发风险还取决于受传染银行的自身清偿能力大小，清偿能力越大则抵抗力越强，受传染影响越小。而银行的清偿能力又取决于银行的金融脆弱性，银行从事于短借长贷活动，短期融资活动具有展期风险，因此更容易出现系统性风险。虽然现有研究文献在衡量网络结构和系统重要性时都是从金融中介视角出发，这一部分源于金融中介数据的可获得性，另一部分源于 2008 年国际金融危机的爆发是金融的不稳定所导致的结果，但针对本课题区域性向系统性风险演化，我们的研究视点不再是传统的金融系统，而是一地理行政区域内的所有可能爆发的潜在风险，风险的来源不再是单一的金融机构，也包括非金融机构，所以如何衡量一区域内的区域性风险，如何衡量其对全国系统性风险的贡献率，区域性风险是否会升级为系统性风险，金融中介系统的现有研究都值得我们借鉴。综上所述，我们可以发现一区域内的风险是否会转化为全国系统性风险取决于以下三个因素：风险发生源区域在全国的核心定位、风险发生源区域与其他区域的网络关联程度、其他区域自身的风险抵抗能力大小。那么我国区域性风险会演化为系统性风险吗？可能性又会是多大？这些问题仍值得我们进一步思考。

由于区域性数据的高难度获取性，我们无法用定量的最大熵等方法进行估算，但是我们可以根据第三节区域性风险向系统性风险转化的条件，从区域的系统重要性及区域的自身基本面情况和区域间关联度三方面综合分析。

5.5.1　系统重要性的衡量

风险源的系统重要性地位及其资本的跨区域流动是推进区域性风险向区域外蔓延、向系统性风险演化的两大重要因素。抓住区域性风险向系统性风险演化的本质之首是系统重要性主体的跨区域资本自由流动，我们可否从区域的系统重要性地位出发，探究系统重要性区域间是否有跨区域资本往来，有待进一步考究。

对系统重要性的衡量，现有文献大部分集中研究系统重要性银行，主要分为网络分析法、风险组合模型法、压力测试以及情景分析法三大类（范小云等，2012）及由 IMF 所提出的宏观经济变量分析法。

第一，网络分析法。该方法一方面主要通过衡量机构间的相互关联性和集中度等统计指标（Newman 等，2006），另一方面通过计算金融机构倒闭对相关联的其他实体的溢出效应来衡量其系统重要性（Upper，2007）。由于第二种方法在定义系统重要性机构时更加客观地进行了描述，同时能模拟化潜在的系统性损失、风险传染范围及传染的过程，这不仅有利于监管部门在危机爆发前决定对哪些机构进行重点防控，且可以在危机发生时，选择适当的时机对不同机构进行干预和救助。但由于该分析法主要应用于分析银行等金融机构，基于其实际资产负债表数据，对于研究区域性风险传染由于缺乏资产负债数据其实用性较低。

第二，风险组合模型法。风险组合顾名思义是由衡量证券组合风险的方法发展而来，它将整个系统首先看成是各种金融机构的组合来衡量整体系统性风险。这种方法通过识别出组成系统的各机构的共同风险因素，当其中某一机构出现问题时可跟踪其传染路径并度量出单个金融机构对整个经济系统的风险贡献度（Chan‑Lau 和 Amadou，2007）。由于该方法强调采用公开的市场数据，对于金融市场尚不发达的国家来说数据获取具有一定的限制性。其次，风险组合法的有效性基于有效市场假说为重要前提，因此该方法在衡量我国区域性风险传染上具有限制性。

第三，压力测试与情景分析。郭红玉等（2012）指出只有当系统重要性金融机构在特定的市场条件下遭受冲击时，压力测试与情景分析才能评估出潜在的市场冲击。其强调了系统重要性金融机构的潜在状态条件特征，通过在假定市场冲击的条件下，评估出其宏观影响。该方法的不足之处在于，通常只能捕捉到市场对金融机构所产生的单一影响，而进行系统重要性主体判断的目的主要是有利于考察在危机爆发时，明确哪些重要性主体会成为系统性风险危机的诱发源，考察其对市场和宏观经济的影响。

第四，基于宏观经济变量分析。此方法在 2015 年发布的《中国金融稳定报告》中提到，系统重要性指标主要包括该市场或区域的活跃性、规模、关联性、可替代性和复杂性五大类共计 12 项指标，在计算银行金融机构的系统重要性时，按单个银行每项指标的得分（单位：基点）＝单个银行该项指标值/所有样本银行该项指标的加总值×10000 作为每项权重加权合计单个银行的系统重要性。刘吕科等（2012）基于传统的宏观经济变量，总结了现有文献测量系统性风险指标。

各国监管部门大多数都认为规模是划分系统重要性的最重要因素（IMF 等，2009），但是此次次贷危机的爆发及放大效应却都并非来源于规模最大的银行，而是因交易量最活跃同时与其他机构联系紧密的银行等金融机构。照此经验，根据上述总结与分析，本课题旨在讨论区域性风险传染及其演化机制，因此，基于宏观经济变量分析法在此最具有适用性。根据刘昌科（2012）、宋凌峰和叶永刚（2011）、《中国金融稳定报告》（2015）及《区域金融稳定报告》（2015），本课题将测度系统重要性各项指标描绘如下（见表 5 - 1）。

表 5 - 1　　　　　　　　　　基于宏观经济的系统重要性指标

变量	衡量内容	信号特征
地区生产总值	地方经济状况	说明该地区对整体经济的贡献
全社会固定资产投资	地方投资效应	说明该地区企业投资热情
社会消费品零售总额	地方消费需求	说明该地区内消费需求充足
出口总额	地方出口效益	说明该地区企业贸易规模
资产总额	银行业资产额度	描述了该地区银行业经营规模大小
营业网点数	金融机构营业网点数	描述了该地区金融服务程度
贷款余额	银行对非金融企业部门贷款	描述了金融业对该地区经济发展的资金支持力度
发展与民生指数	地方经济水平	描述了地方经济的发展及当地民众的满意度
人均可支配收入	地方人民生活水平	数值越高表明该地区人均生活水平越高
就业率	地方就业人数与总人口比值	比值越高表明该地区经济质量越高
总资产贡献率	利润总额与利息支出之和/平均资产	描述了企业全部资产的获利能力，是绩效业绩的集中体现

根据 Illing 和 Liu（2006）的思想，我们将表 5 - 1 中 11 个指标按照等权重方法可依次计算得到全国各区域在样本年限内的系统重要性程度大小（见表 5 - 2），为保持所有指标的统一性，时间区间取值为 2006—2013 年。

表 5 - 2　　　　　　　　　区域性系统重要性程度（前十位）

Panel A							
区域重要性		区域重要性		区域重要性		区域重要性	
2006 年	地区	2007 年	地区	2008 年	地区	2009 年	地区
0.0976	广东	0.0960	广东	0.0920	广东	0.0923	广东
0.0714	江苏	0.0722	江苏	0.0728	江苏	0.0726	江苏
0.0634	山东	0.0618	山东	0.0617	山东	0.0622	山东
0.0620	浙江	0.0610	浙江	0.0614	浙江	0.0611	浙江
0.0555	上海	0.0566	上海	0.0544	上海	0.0522	上海
0.0477	北京	0.0471	北京	0.0464	北京	0.0471	北京
0.0392	河南	0.0398	河南	0.0406	河南	0.0400	河南
0.0370	辽宁	0.0378	辽宁	0.0382	辽宁	0.0375	辽宁
0.0363	河北	0.0358	河北	0.0364	河北	0.0366	四川
0.0338	天津	0.0339	四川	0.0347	四川	0.0360	河北

续表

Panel B							
区域重要性		区域重要性		区域重要性		区域重要性	
2010 年	地区	2011 年	地区	2012 年	地区	2013 年	地区
0.0910	广东	0.0888	广东	0.0879	广东	0.0892	广东
0.0738	江苏	0.0727	江苏	0.0721	江苏	0.0725	江苏
0.0617	浙江	0.0615	浙江	0.0606	浙江	0.0600	山东
0.0611	山东	0.0604	山东	0.0601	山东	0.0599	浙江
0.0507	上海	0.0501	上海	0.0479	上海	0.0465	上海
0.0451	北京	0.0437	北京	0.0431	北京	0.0416	北京
0.0392	河南	0.0389	河南	0.0389	河南	0.0390	河南
0.0384	辽宁	0.0386	辽宁	0.0384	辽宁	0.0389	辽宁
0.0363	四川	0.0370	四川	0.0375	四川	0.0382	四川
0.0356	河北	0.0358	福建	0.0364	福建	0.0362	福建

根据表 5 - 2 所得，从 2006 年至 2013 年的 8 年时间段内，区域重要性程度波动甚微，且不随金融危机的发生而产生实质性改变（四川省、河北省除外）。广东、江苏、浙江、山东、上海、北京、河南、辽宁八省依次稳居前八位，四川省根据金融危机的发生则从危机前的第十位上升至危机后的第九位，而河北省却从危机前的第九位下降至危机后的第十位直至在 2011 年退出前十位被福建省所替代。

5.5.2　区域性风险基本面分析

根据我国的实际情况，现阶段我国区域性风险主要表现为地方政府债务、房地产泡沫、产能过剩、企业高杠杆、影子银行金融风险等形式。要想守住区域性风险不爆发，一方面我们需对现阶段各行政区域的风险暴露情况有大致了解，另一方面还需要分析各省份自身的风险抵抗能力大小，从而以加强重点地区金融风险防控。同理，根据刘吕科（2012）、宋凌峰和叶永刚（2011）、《中国金融稳定报告》（2015）及《区域金融稳定报告》（2015），本课题从该地区宏观经济风险（Acharya 等，2011）、金融部门（根据我国银行主导型金融结构背景，选择以银行为代表的金融中介部门）风险、非金融部门（公共部门和私有部门）风险三重维度将测度区域性风险各项指标描绘如下（见表 5 - 3）。

表 5 - 3　　　　　　　　基于宏观经济的区域性风险指标

变量	衡量内容	信号特征
地区宏观风险	地方经济波动状况	运用经季节调整后的实际季度 GDP 增长率标准差，滚动窗口 n = 3，波动越大说明该地区区域性风险越高
不良贷款率	银行部门的风险状况	过高的比例意味着较高的系统性风险
财政缺口率	公共部门的风险状况	通过财政支出超过财政收入部分占国内生产总值的比例来量化公共部门风险，比例越高意味着区域性风险越高
不良资产比率	企业部门的风险状况	比值越大，说明该地区企业区域性风险越高

将我国31个省份按表5-3所述四个指标以等权重方式加权计算，可得出各省份区域性风险指数，依照递减顺序，我们在表5-4中展示了排名前十位的统计结果。值得注意的是，由于不良资产比率只可获得2011年的数据，因此我们在2011年分别呈现了是否包括该指标的风险指数，而2006—2010年都是按地区宏观风险、不良贷款率和财政缺口率三个指标等权重计算。

表5-4　　　　区域性风险指数（前十位）

区域性风险		区域性风险		区域性风险		区域性风险		区域性风险		区域性风险		区域性风险（含不良）	
2006年	地区	2007年	地区	2008年	地区	2009年	地区	2010年	地区	2011年	地区	2012年	地区
0.0837	西藏	0.0929	西藏	0.0935	西藏	0.0897	西藏	0.1082	西藏	0.1004	西藏	0.0837	西藏
0.0491	广东	0.0458	青海	0.0529	四川	0.0444	四川	0.0571	青海	0.0549	青海	0.0491	广东
0.0472	青海	0.0457	广东	0.0435	广东	0.0438	青海	0.0425	江苏	0.0415	广东	0.0472	青海
0.0437	山东	0.0428	黑龙江	0.0412	青海	0.0429	广东	0.0422	广东	0.0409	江苏	0.0437	山东
0.0425	河南	0.0427	河南	0.0402	山东	0.0424	山东	0.0416	四川	0.0371	四川	0.0425	河南
0.0419	黑龙江	0.0394	山东	0.0379	江苏	0.0404	江苏	0.0390	山东	0.0361	山东	0.0419	黑龙江
0.0391	江苏	0.0377	吉林	0.0361	甘肃	0.0372	甘肃	0.0359	甘肃	0.0343	甘肃	0.0391	江苏
0.0384	吉林	0.0356	新疆	0.0352	黑龙江	0.0343	新疆	0.0343	湖南	0.0332	河南	0.0384	吉林
0.0367	新疆	0.0353	甘肃	0.0351	河南	0.0342	河南	0.0332	河南	0.0331	湖南	0.0367	新疆
0.0336	甘肃	0.0346	江苏	0.0346	吉林	0.0333	吉林	0.0315	辽宁	0.0326	辽宁	0.0336	甘肃

根据表5-4统计结果，我们发现各省份区域性风险指数在样本期间内呈现出如下特点：首先，就前5列（即2011年统计口径与2006—2010年相同时）统计结果分析可得，金融危机的发生未从本质上改变西藏、广东、青海、山东、河南、江苏、甘肃7个省份，其中，西藏的风险在所有省份中一直保持最高，广东、青海两大省份长期以来居前四位，山东省徘徊在第五位，甘肃省则长期在第七至第十位间波动；而2008年国际金融危机伊始，河南省的区域性风险性相较于2008年国际金融危机前总体上却有所下降，相反，江苏省的区域性风险则从2008年开始较之前呈上升趋势。

其次，综合前6列数据，黑龙江、吉林、四川三个省份发生了显著的变化。黑龙江省和吉林省分别在2008年和2009年国际金融危机区间内脱离了前十位，而相比较两种统计口径计算所得2011年结果，黑龙江省和吉林省在包含不良资产比率的统计口径里又重新回到了前十位，两者间的主要区别在于是否包含企业不良资产比率指标。鉴于此我们发现，之所以会出现此类情形，是源于2008年国际金融危机爆发后，中央政府采取的“四万亿”刺激计划，重点投向了基础设施建设，在短期内拉动了钢铁、水泥、机械等行业的需求增长，刺激了此类行业的繁荣并掩盖了其风险，而以黑龙江、吉林为代表的东北三省是典型的重工业基地，因此在紧接着的两年内两省份的区域性风险有所下降，但在随后的时期，由于前期“四万亿”计划的刺激，带来了产能的过剩现象，集中表现在企业的不良资产率随之增加，所以在2011年包含的不良资产比率统计口径里两省区域性风险重新回到了前十位，且在 2011 年黑龙江省和吉林省的区域性风险主要是由企业的不良资产率所引起的。

再次，我们将视点关注到四川省，可以发现四川省从 2008 年国际金融危机开始区域性风险猛增，上升到了前五位，尤其在 2008 年、2009 年国际金融危机期间快速增至全国区域性风险第二位，而在包含了企业不良资产比率的统计口径里，四川省在 2011 年区域性风险又退出了全国前十位。根据地区宏观风险、不良贷款率和财政缺口率三个统计指标，我们分别分析 2006—2011 年四川省区域性风险在全国的走势，如图 5 - 1 所示，在三类风险指标的全国总排名里，地区宏观风险的排名在 6 年的时间区间内波动平缓，而财政缺口率和不良贷款率从 2008 年国际金融危机开始，风险迅速上升，尤以不良贷款率为突出，四川省银行不良贷款率在 2008 年、2009 年金融区间在国内 31 个省份区域内属全国最高，可见不良贷款率的大幅上升是推高四川省风险的重要原因。

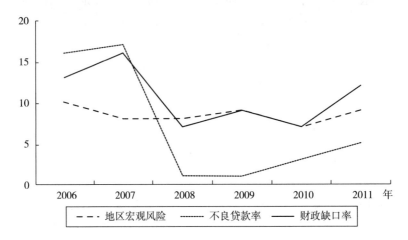

图 5 - 1　四川省三类风险指标在全国的总排名

那么，这些各省区域性风险最终是否会爆发呢？我们将 2006—2011 年各省经济增长实力情况统计如表 5 - 5 所示。

表 5 - 5　　　　　　　　　　　　区域性经济增长率

排名前十位	2006—2011 年	排名后十位	2006—2011 年
内蒙古	1.7969	河南	1.0978
宁夏	1.7888	新疆	1.0903
陕西	1.5401	河北	1.0587
青海	1.4805	西藏	1.0065
重庆	1.4675	山东	0.9947
湖南	1.4636	浙江	0.9800
天津	1.4400	黑龙江	0.9578
湖北	1.4361	广东	0.9286
安徽	1.4106	北京	0.9279
广西	1.3782	上海	0.7485

注：加粗的省份表示在表 5 - 4 排名前十位的区域性风险中同样出现过的省份。

随着经济的快速增长会稀释并掩盖早已经存在的诸多风险,一旦经济增长有所减缓,所积累的多重风险易逐渐暴露出来。因此,在表5-5区域风险排名后十位中的西藏、河南、新疆、山东、黑龙江和广东六个省份因样本期内实际经济(即实际GDP)增长的相对缓慢将更易爆发风险,而青海省虽然自身风险指数也相对较高,长期处于全国前三位,但由于其保持着较快的实际经济增长速度,可掩盖其所存在的风险,所以风险暴露概率将相对降低。

5.5.3 区域性关联

我国各省份之间经济发展与背景环境的巨大差异,使得我国区域经济结构不平衡特征十分明显。这种区域性的失衡一方面诱使系统性金融风险因素得以累积;另一方面,一旦系统性风险爆发,会使风险的区域传染呈现更复杂的特性。上任总理温家宝在不同场合强调提出要守住不发生系统性和区域性金融风险底线,而本届总理李克强也强调了要坚决守住不发生系统性、区域性金融风险的底线。这种系统性与区域性之间具有相辅相成的关系,一方面区域性的金融风险可以非常迅速地传染到其他地区,演变成整体系统性风险;另一方面,在一定的区域内(尤其是一省份范围内)的风险同样具备很明显的系统性特征(例如风险在一省份金融系统内的传染),因此对我国各省份之间风险因素的传染特性的研究,有助于深化我们对系统性金融风险的认识。

由于并没有一个官方统一的区域系统性金融风险的指标,本课题根据前文系统性金融风险的成因研究,并结合区域数据的可得性,将通过HP技术(参数值=100)计算出的经济周期的波动性作为系统性金融风险的代理变量。同时为了考察溢出效应的额外性以反映传染特性,本课题将全国的经济周期波动作为外生变量被引入模型中,构成VaRX模型。将各省份地区经济周期的波动性作为系统性金融风险的代理变量,根据Allen和Gale(2000)的观点,将额外的溢出效应(Excess Spillover Effects)定义为传染性,并引入控制变量来控制其他因素影响,使用包含外生变量的向量自回归模型(Vector auto - regressive Model with Exogenous Variables,VaRX)的广义脉冲响应函数(Generalized Impulse Response Functions,GIRF)的变化来考察各省份之间系统性金融风险的传染性,所有数据均来自CSMAR国泰安数据库。

(一)基于VaRX方法的传染性测量

主要使用包含外生变量的向量自回归(VaRX)模型进行分析,其来源模型为向量自回归模型(VaR)。该方法最早由Sims(1980)引入到经济分析中去。这种方法的主要特点是基于数据的统计特性进行建模,在VaR方法中,每一个内生变量对模型的全部内生变量的滞后值进行回归,从而估计全部内生变量之间的动态关系。该方法常用于分析随机扰动对变量系统的动态冲击。但是,对于本课题来说,模型中仅仅包括其他内生变量的滞后项,无法控制共同因素的影响。为此,本课题将外生变量引入到传统的向量自回归模型中去构成VaRX模型,从而控制共同因素的影响,分析额外的冲击溢出效应。

考虑到时间序列为年度数据,变量x1对x2的溢出效应在本课题中被定义为冲击变量 x1 对受冲击变量 x2 所产生的两期冲击效应之和，也就是说等价于两期的脉冲响应函数值之和。具体公式如下：

$$IR_{y_1 \to y_2} = \varphi_{y_1}^{y_2}(1) + \varphi_{y_1}^{y_2}(2) \qquad (5-1)$$

式中，$\varphi_{y_1}^{y_2}(1)$ 表示第 1 期脉冲响应函数值；$\varphi_{y_1}^{y_2}(2)$ 表示第 2 期脉冲响应函数值；IR 表示冲击变量 y1 对受冲击变量 y2 的影响，即 y1 对 y2 的溢出效应或 y2 对 y1 的吸收效应。各省份总的传染效应与吸收效应公式如下：

$$SE_{out, y_i} = \sum_{j=1, i \neq j}^{N} IR_{y_i \to y_j} \qquad (5-2)$$

$$SE_{in, * \to y_i} = \sum_{j=1, i \neq j}^{N} IR_{y_j \to y_i} \qquad (5-3)$$

（二）我国区域间系统性风险的传染效应分析

使用 VaRX 模型参照式（5-1）首先计算出各省份的风险传染效应和吸收效应程度，其次构建省份之间溢出效应矩阵，再者将各省份总的传染效应和吸收效应参照公式（5-2）、式（5-3）进行汇总（结果见表5-6）。从计算结果来看，在传染效应方面，我国东部较强、中部位于中间水平、西部较弱，主要体现在以北京、江苏、广东、浙江、湖南、福建、山东、四川、上海等为代表的省份具有较强的传染效应；而在吸收效应方面，省份的分布略显分散，并无明显规律，但可以发现主要以山西、黑龙江、新疆、青海、云南、河北等省份为代表，值得注意的是，传染效应较强的上述九个省份的吸收效应都相对较弱、处于后十五位。从区域间的风险传染和风险吸收情况来看，东部地区以及部分中部发达省份是风险传染源，而北部、中部、西部地区是主要的风险吸收源。由此可见，区域性风险存在明显的非对称传染效应特征，东部等经济发达的省份是主要的实施传染效应的地区，而经济发展较为落后、单一的省份则是主要的受传染省份，另外，还存在部分省份在一定区域内具有较强的交叉传染效应特点。

表 5-6　　　　　　　　　　　我国各省份之间总传染及吸收效应

省份	传染效应	吸收效应
北京市	101.1566	33.5843
江苏省	72.0723	23.3252
广东省	70.4565	29.2374
浙江省	68.7201	18.0022
湖南省	65.2551	24.9318
福建省	61.0400	17.7937
山东省	50.5401	22.6994
四川省	49.5871	20.4072
上海市	49.3153	17.0968
广西壮族自治区	48.1560	22.3098
河南省	44.4936	44.5520

续表

省份	传染效应	吸收效应
江西省	40.5351	31.5631
内蒙古自治区	35.4283	17.6461
海南省	34.7052	26.9625
陕西省	33.2783	48.0156
吉林省	31.3870	32.3801
宁夏回族自治区	30.6520	29.7169
河北省	30.1674	56.2540
天津市	30.1115	48.3826
安徽省	29.4279	38.2153
黑龙江省	28.4068	69.0529
湖北省	27.9023	39.2867
贵州省	27.7735	37.9316
重庆市	25.9074	32.2085
山西省	25.8874	151.1612
青海省	25.3724	64.1551
甘肃省	24.4860	44.4644
云南省	22.1588	63.6038
新疆维吾尔自治区	22.1081	64.3626
辽宁省	20.1969	41.4308
西藏自治区	18.8145	34.7660

进一步分析，我们可以发现在我国的经济发展中，存在着东部、中部、西部的天然分割。受到加入世界贸易组织以及邻近港口带来外贸经济的影响，东部整体经济水平遥遥领先于中西部地区，在中国经济格局中独领风骚。东部地区分为东三省、环渤海、黄三角、珠三角、上海及周边等几个区域，各区域均结合自身经济发展提出了有差别化的宏观经济政策，对带动省份及周边经济发展带来了独特的优势，同时也提高了对周边省份的经济风险传染能力。单个省份的经济波动通过人员流动、资本流动等形式向周边省份发生传染。在21世纪初，我国大力推动"西部大开发"战略，通过资源输出、基础设施建设、文化产业发展等策略推动西部地区经济的发展，使得西部各省份具有类似的经济结构和产业结构，这种经济结构内部发展不均衡，受到宏观经济周期的影响较大，在经济周期变化时西部地区的经济风险比较容易出现同步，因此表现为经济风险的传染性。中部省份面临类似的产业政策和经济结构，其主要通过产业结构调整、创新升级提高省份经济发展，因而也面临类似的经济传染特性。

5.6　主要结论

从 2008 年国际金融危机以来，重新审视金融的稳定性已成为监管当局的重要问题。然而，古典经济学派认为金融危机问题的本质是对经济危机问题的派生。虽然金融体系的不稳定会引发系统内部流动性不足，影响对实体经济的资金供给，但经济的不稳定会促使影响金融稳定的风险累积，诱发金融风险，因此经济的不稳定才是体制转轨国家的首要考虑问题（刘锡良和李镇华，2005）。在体制转轨国家中，政府因倾向于首要实现经济增长的目标，导致经济的快速增长稀释并掩盖了早已经存在的诸多风险，随着经济增长的减缓，所积累的产能过剩、企业高杠杆等多重风险逐渐暴露。在如今中国经济增长和结构调整的十字路口，要想实现经济的可持续增长，我们不应该再简单地把研究视点放在金融的稳定性上，这不仅是因为我国银行主导型金融结构背景下政府对银行的潜在担保，降低了银行危机发生的可能性，更是因为如今中国面临着更大的房地产泡沫、企业高杠杆等区域性风险，因此经济的稳定发展显得尤为重要。

本课题针对我国近年来地方金融快速发展中的风险隐患向系统性风险演化的问题，基于区域风险传染演化防范的视角，在借鉴国际经验的基础上，深入探索了我国区域风险传染路径，研究了区域传染升级为系统性风险机制问题以及我国区域性风险向系统性风险转变的可行性问题，进而为研究设计系统性和区域性风险防范制度提供具有价值的思路和方案，以实现促进地方金融发展和控制区域性风险传染的双重目标。研究发现，我国区域性风险传染的渠道主要分为"真正的传染"、跨区域投资、资产负债表关联、政治影响四条传染渠道，而区域性风险是否会演变为系统性风险，风险的传染途径只是其充分条件，要想真正转化为系统性风险还取决于风险爆发源区域的重要性地位、风险爆发源区域与相关区域的网络关联程度以及受冲击区域的自身风险抵抗能力大小。综合我国现有可获得区域性数据，结果显示我国区域性风险具有如下特点：（1）广东、江苏、北京、上海、浙江、山东、河南、四川等省份是我国区域重要性排名前十位的省份，同时这些省份又是传染效应强度排名前十位的省份。（2）广东、江苏、山东、河南、四川、青海、西藏、新疆、黑龙江等省份是我国区域性风险程度最大的前十个省份，其中，黑龙江、新疆、青海三个省份是风险吸收效应处于前十的省份，而广东、江苏、山东、河南、四川既是区域重要性前十位又是传染效应最大的典型省份。由此可见，我国区域性网络形成了南部以广东为中心，北部以北京、辽宁为中心，东部以江苏、上海、浙江、山东为中心，中部以河南为中心，西南部以四川为中心的网络结构特征，且每个子区域中心省份都是全国排名前十位的系统重要性区域。而我国西部如青海、新疆、西藏等省份由于经济较为落后、单一，是典型的区域性风险较为集中且风险吸收效应较强的省份。值得注意的是，广东、江苏、山东、四川、河南这五个省份由于既是区域网络中心和风险传染效应较强的省份，又是区域性风险相当集中易风险暴露的省份，一旦这五个省份区域性风险爆发，极易升级演化为范围更广的系统性风险。因此，监管当局应加强对这几个省份的重点风险防控，以防止这些省份的风险暴露。

在当前中国经济结构调整时期，我国之所以尚未真正爆发系统性风险，根据我国已出现过的区域性风险而言，一部分是因为区域性风险所爆发地区如海南房地产泡沫、鄂尔多斯"鬼城"风波并非网络中心，另一部分是由于我国银行业受政府担保，企业的高杠杆虽然会导致违约问题，但政府的保证不会在经济形势下行时期对投资者造成较大的信息冲击，加之如温州民间借贷事件爆发时，监管当局及时采取措施得当，从而防止了风险的进一步升级。因此，在如今转型时期，要想守住区域性风险不爆发，我国监管当局还应重点防控广东、江苏、山东、四川、河南这五个省份，一方面这是源于这五个省份是上述区域网络中心和风险传染效应较强的省份，另一方面这五个省份区域性风险暴露较大，若其区域性风险一旦爆发，极易迅速升级为范围更广的系统性风险。从这一视角出发，监测国内金融风险，做到防患于未然，既有利于经济的稳定，又可促进经济的可持续增长。

6 系统性金融风险测度：理论与实证

"如何量化和监测系统性金融风险及其金融机构的系统性金融风险贡献"等一系列问题在 2008 年国际金融危机爆发后逐渐成为国内外诸多学者和监管当局在系统性金融风险领域普遍关注的热点问题之一。系统性金融风险的识别和测度是宏观审慎监管的基础：它有利于金融监管者在系统性金融危机爆发前更好地监测金融体系的稳定状况，采取宏观审慎的预防性措施；有利于金融监管者在系统性金融危机事件爆发时及时采取相应的救助措施，以避免系统性金融危机事件的蔓延和传染；有利于金融监管者和研究者对系统性金融风险事件进行事后分析，以识别金融机构或金融系统潜在的缺陷、金融监管的漏洞及其急需进行改革和完善的领域和问题。Bisias 等（2012）综述了 31 种系统性金融风险的测度方法，并指出这些系统性金融风险测度方法和概念框架可能还处在婴儿阶段，尚需要进一步完善和发展，也需要得到宏观审慎监管实践的检验。

本章我们尝试利用 Copula 相依结构理论来扩展现有的系统性风险测度方法 CoVaR 方法，以得到适用于不同类型常参数和时变参数 Copula 相依结构函数的动态系统性风险测度。中国是以银行业为主导的金融体系，银行业的资产规模在整个金融体系中具有绝对支配地位。诸多研究文献（Achaya，2009；Billio 等，2010）表明，相比于证券和保险等金融机构而言，银行等存款类金融机构是最主要的系统重要性金融机构。因此，我们以上述理论扩展的 CoVaR 系统性风险测度方法实证测度了中国 14 家上市银行的系统性风险状况，并进行了相应的宏观审慎分析。章节安排如下：第一节是系统性金融风险测度的文献综述；第二节是 Copula 相依结构理论的介绍；第三节是系统性金融风险与系统性金融风险贡献测度的理论建模；第四节是基于中国上市商业银行的实证分析；第五节是中国银行业系统性金融风险的宏观审慎分析；第六节是主要结论。

6.1 引言

根据对国内外相关研究文献的梳理，我们认为，系统性金融风险测度与评估的研究方法主要有指标法、网络分析法和模型法三类，其中，模型法又可以分为结构模型法和简约模型法。

6.1.1 指标法

指标法是指利用单一指标或者多指标测度与评估系统性金融风险的方法。最具代表性的是 2011 年 11 月巴塞尔银行监管委员会（Basel Committee on Banking Supervision，BCBS）公布的《全球系统重要性银行：评估方法与附加资本吸收能力要求》提出以跨境业务程度、资产规模、关联性、可替代性以及复杂性等 5 个综合指标来识别和评价银行等金融机构的系统性风险及其系统重要性程度，进而确定全球系统重要性银行（Global Systemically Important Banks，GSIBs）。根据该指标评价方法，截至目前，中国银行和中国工商银行等国内外 30 家银行已入选金融稳定理事会（FSB）确定的全球系统重要性银行名单。刘春航和朱元倩（2011）根据系统性金融风险的冲击和传导路径，从宏观经济冲击、银行自身经营、传染和扩散三个维度构建了中国银行业的系统性金融风险度量框架。高国华（2013）在总结前人研究成果的基础上，根据中国银行业和宏观金融风险的实际情况，从宏观经济风险、借贷扩张风险、金融杠杆风险、资产价格泡沫风险与货币流动性风险等五个层面构建了中国宏观系统性风险的指标体系，并运用层次分析法给不同具体指标赋予相应权重值的方法来构造中国宏观系统性金融风险指标。陈雨露和马勇（2013）基于金融危机等基础理论和系统性金融风险形成的典型事实，从经济主体行为和市场动态过程的视角，运用社会融资总量、企业投资和杠杆及房地产价格等基本指标构造了中国的"金融失衡指数"。通过数据比对和实证分析，他们认为，该指数不仅能够衡量中国的系统性金融风险，而且能够为中国进行宏观审慎监管等实践提供有用的参考和决策信息。在金融部门评估计划（Financial Sector Assessment Program，FSAP）中，世界银行（BIS）和国际货币基金组织（IMF）基于资产负债表信息的指标法来构建其金融稳健指标（Financial Soundness Indicator，FSI）。高国华（2013）从宏观经济风险、货币流动性风险、信贷扩张风险、资产价格泡沫风险和金融杠杆风险等视角构建了多层次、多维度的宏观系统性风险度量指标框架。具体而言，该宏观系统性风险度量框架用宏观经济风险指标反映经济过热情况及实体经济风险的累积；用货币流动性风险指标衡量短期信贷市场的宽松或偏紧程度，反映了社会即期资金与中央银行资产负债表的扩张状况；用信贷扩张风险指标反映银行体系的信用创造水平；用资产泡沫风险指标反映房地产和资本市场泡沫的累积程度；用金融杠杆风险指标衡量实体经济各部门资产负债表的稳健性和债务清偿能力。许涤龙和陈双莲（2015）基于 CRITIC 赋权法构建了金融压力指数（Financial Stress Index，FSI），并从银行、房地产、股票市场和外部金融市场综合测度了中国面临的金融压力。

6.1.2 网络分析法

网络分析法是指基于金融机构间资产与负债的风险敞口等数据运用网络模型来测度和评估系统性金融风险的研究方法。纵观国内外学者关于系统性金融风险测度的相关研究，它们主要从银行系统（如马君潞等，2007；范小云等，2012；王晓枫等，2015；隋聪等，2016；Nier，2007；Mistrulli，2011）、支付结算系统（如贾彦东，2011；童牧和何奕，2012）、金融市场（如李建军和薛莹，2014）和宏观经济部门（如宫晓琳和卞江，2010；Castren 和 Kavonius，2009）等层面进行研究。据我们所知，Allen 和 Gale（2000）最早从网络结构的视角来研究和考察系统性金融风险。他们在网络结构模型的基础上，研究了网络结构中节点的关联度是如何影响金融机构的系统性金融风险的。通过研究，他们认为，在完全网络结构（Complete Network）情形下，由于融资被金融系统充分分散，一家金融机构的流动性冲击往往不大可能引致其他金融机构的倒闭，即金融机构能够从融资渠道的分散中受益；而在非完全网络情形下，由于融资没有被金融系统充分分散，冲击仅仅在有限的金融机构间分担，一家金融机构的流动性冲击往往会导致与之联系的其他金融机构的倒闭。他们进一步指出，金融网络是一个非完全网络，因而会爆发系统性金融风险。Gai 等（2011）得到的研究结论刚好与 Allen 和 Gale（2000）相反。他们利用数值模拟方法研究得到，在网络结构复杂程度非常高的情形下，因为相互关联的复杂程度低，所以系统内传染发生的频率就小；当系统的关联程度非常高时，传染非常容易发生；因而，当流动性冲击发生在连接度最广的金融机构时，传染就会在金融系统内蔓延，从而导致系统性金融风险的爆发。童牧和何奕（2012）利用中国大额支付系统的数据，运用数学建模和仿真模拟的方法建立了基于复杂金融网络的系统性金融风险演化模型，并比较了不同情景下不同流动性救助策略的绩效。隋聪等（2014）在对"银行破产""违约传染渠道"和"违约传染机制"合理建模的基础上，构建了度量银行系统性金融风险的完整研究框架，量化了银行违约的传染程度和银行业的系统性金融风险。同时，他们分析了现有研究中广泛使用的违约算法存在的问题并对其进行了修正。肖斌卿等（2014）基于行业间风险传染的两大诱因"债务网络"和"投资者行为"，建立了相应的网络结构模型，并测度了中国银行业和房地产业的传染性风险。王晓枫等（2015）利用复杂网络方法构造了银行同业间市场的拆借网络，根据真实的统计数据模拟了银行同业业务的资产负债情况，通过破产银行因同业负债无法偿还使关联银行资产受损和因同业资产的索回而使关联银行流动性趋紧的双向风险传染方式，刻画了银行风险传染的基本路径，并采用随机模拟法分析了具有无标度特征的复杂网络结构对银行风险传染效应的影响。该研究结果表明，银行间同业市场的风险具有扩散性特征。

6.1.3　结构模型法

所谓的结构模型法是指基于严格的理论假设和翔实的微观基础建立相应的结构模型来测度和评估系统性金融风险的方法。该方法通常利用资产负债表和市场价格等相关信息，运用联合违约概率或者组合信用风险等指标来对系统性金融风险进行测度和评估。具有代表性的该类研究主要有 Segoviano 和 Goodhart（2009）等学者提出的危机联合概率模型（Joint Probability of Distress，JPoD）、Gray 和 Jobst（2010；2013）等学者发展的系统性或有权益分析方法（Systemic Contingent Claims Analysis，SCCA）。危机联合概率模型（JPoD）由 Segoviano 和 Goodhart（2009）等学者首创，朱元倩和苗雨峰（2012）等国内学者对该模型进行了详细介绍。该方法对银行业系统性金融风险的测度和评估主要包括如下步骤：第一步，将整个银行系统看成是一个由系统内各银行构成的投资组合；第二步，针对该投资组合中的每个银行，分别计算其危机概率（Probability of Distress，PoD）；第三步，基于单个银行的危机概率，运用一致信息的多元密度优化方法（Consistent Information Multivariate Density Optimizing Method，CIMDO）计算整个银行系统的多元密度函数；第四步，利用上述多元密度函数估计整个银行系统的危机联合概率，以作为银行系统的稳健性测度指标。所谓的或有权益是指未来收益取决于其基础资产价值的权益。通常而言，只有在特定随机事件发生的情形下，与该权益相对应的未来收益才能获得。Merton（1974）率先将 Black 和 Scholes（1973）的期权定价理论应用于分析公司的资本结构。他们把股东权益和负债的定价当做基于公司资产价值的一项或有权益，从而开创了一种研究公司负债违约信用风险的全新方法。Gray 等（2007）在 Merton（1974）的基础上，进一步在资产负债表分析中引入期权定价理论，由此形成分析公司违约风险的新方法，即或有权益分析（Contingent Claims Analysis，CCA）方法。或有权益分析方法假设股权价值是一个以公司资产为标的、以公司债务为执行价格的隐含欧式看跌期权。在公司没有发生违约的情形下，公司权益所有者获得公司的剩余索取权。公司债务的市场价值是以公司资产为标的的隐含看跌期权。该方法最重要的三个基本原则是"负债价值基于资产""负债具有不同的优先级别"和"公司资产价值服从随机过程"。通过 CCA 方法，我们能够获得包括隐含资产波动率、杠杆率、违约距离、违约概率、风险中性的信用风险溢价等指标在内的一系列风险测度指标。Gray 和 Jobst（2010，2013）从多元的视角对或有权益分析方法进行了相应的扩展，提出了系统性或有权益分析方法（SCCA）。国内学者巴曙松等（2013）对该方法进行了详细的介绍。系统性或有权益分析方法将整个金融系统看作单个金融机构或有权益的组合。它在分析单个金融机构违约风险的基础上，通过考虑各金融机构预期损失分布的联合分布及其它们之间的相依结构来计算整个金融系统的总预期损失价值。该方法主要包括如下两个步骤：第一步，利用基于期权定价理论的 CCA 方法计算单个金融机构的预期损失；第二步，在估计各金融机构各自预期损失边缘分布的基础上，利用多元极值理论同时估计单个金融机构预期损失的相依结构（Dependence Structure）及其预期损失的联合分布，进而估计联合预期损失的尾部风险测度，以得到整个金融系统的预期总损失价值和政府对金融机构担保的或有负债价值。吴恒煜等（2013）利用该方法研究了国际金融危机后中国银行业的系统性金融风险。巴曙松等（2013）在总结 CCA 及 SCCA 方法具有"基于市场数据，具有前瞻性""关注风险而不是回报"及"风险传导过程清晰"等优点的基础上，进一步指出，该类或有权益分析模型具有"模型假设不够贴近现实""模型的稳健性仍有所欠缺"等局限性。范小云等（2013）采用 CCA 方法和有向无环图技术（Directed Acyclic Graphs，DAG）相结合，构建银行体系风险传染网络，对我国银行系统性风险进行测度以及对系统重要性银行进行鉴别。具体而言，先利用或有权益分析法构建可以用来测度金融部门系统性风险的指标——系统性违约距离和平均违约距离从时间维度上度量金融体系的系统性风险及其周期性特征；然后在横截面维度上，采用 DAG 技术以及基于 DAG 结果的预测方差分解考察各银行之间的风险外溢情况，并在此基础上提出了可以甄别单个金融机构系统重要性的指标——基于 DAG 的资产加权风险外溢性指标和基于预测方差分解的资产加权风险外溢性指标，以衡量哪些银行对其他银行的违约风险影响较大、传染风险较高，进而鉴别其系统重要性。李志辉等（2016）尝试在理论层面上阐明风险相依结构对系统性风险度量的重要性，并通过改进和优化 SCCA 技术，设计了基于风险相依结构的系统性风险监测指标 J – VaR。

6.1.4 简约模型法

简约模型法是指主要基于金融市场公开数据建立简式模型（Reduced – form Model）来测度和评估金融机构系统性金融风险的方法。基于简式模型法的系统性金融风险测度方法主要有条件在险价值（Conditional Value at Risk，CoVaR）、边际预期损失（Marginal Expected Shortfall，MES）、系统性金融风险指数 SRISK 和困境保费（Distressed Insurance Premium，DIP）等。基于简约模型的系统性金融风险的测度与评估方法主要具有如下优点：一是基于金融市场数据的方法具有时效性，可以从时间维度上及时反映金融部门系统性金融风险的变化情况（Huang 等，2009），有利于宏观审慎监管当局及时监控和管理风险；二是金融机构的资产价格变化往往反映了市场对其未来表现的预期，因而具有前瞻性（Duffie，2009）；三是由于金融市场数据公开易得，该类方法往往具有较强的可操作性和实用性。在国际金融危机后，基于金融市场数据的该类系统性金融风险与系统性金融风险贡献的测度方法得到了国内外诸多学者和监管当局的广泛青睐。白雪梅和石大龙（2014）应用该方法测度了中国公开上市的包含银行、保险、证券、信托等四类金融机构在内的 27 家金融机构在 2008—2013 年的系统性风险。他们发现，中国银行类金融机构对系统性金融风险的贡献最大，证券期货类金融机构的系统性金融风险贡献最小；国际金融危机期间的系统性金融风险明显高于其他时期。刘晓星等（2011）利用极值理论和 Copula 相依结构函数对 Adrian 和 Brunnermeier（2011）的 CoVaR 方法进行了扩展，构建了 EVT – Copula – CoVaR 模型，研究了美国股票市场对英国、法国、中国等股票市场的风险溢出效应。王妍和陈守东（2014）借鉴 Chernozhukov（2005）极端分位数回归的基本思想，测度了尾部极值分布下的系统性金融风险。沈悦等（2014）在 Adrian 和 Brunnermeier（2011）CoVaR 定义的基础上利用 GARCH – Copula – CoVaR 模型测度了中国金融业银行、保险、证券和信托四个子市场对金融业的系统性风险贡献程度以及各子市场之间的风险溢出程度。张蕊等（2015）基于 EVT – GARCH – CoVaR 模型，利用 2008—2013 年的股票市场数据，对极端市场条件下银行业、证券业和保险业内单个金融机构对中国金融体系系统性风险的贡献及其随时间变动的趋势进行了动态测算。赵进文和韦文彬（2012）利用该 MES 测度了中国银行业的系统性金融风险。张晓玫和毛亚琪（2014）利用该 LRMES 方法测度了中国上市商业银行的系统性金融风险。王广龙等（2014）对系统性风险指数（Systemic Risk Index，SRISK）方法进行了详细的介绍，分析了 SRISK 指数的优点和不足；基于我国与欧美银行业比较的视角提出了相应的政策建议。

综上所述，此次国际金融危机后，国内外学者对系统性金融风险与系统性金融风险贡献的测度与评估进行了大量的探索。指标法、网络分析法、结构模型法与简约模型法等测度和评估方法各有其优点和不足。正如 Bisias 等（2012）学者所言，系统性金融风险及其系统性金融风险贡献的测度和评估还处在探索阶段，尚需进一步完善和发展。它们不仅需要得到经济金融及统计等相关理论的验证，也需要宏观审慎监管等实践的检验和反馈。

该部分我们尝试利用 Copula 相依结构理论来扩展现有的系统性风险测度方法 Co-VaR 方法，以得到适用于不同类型常参数和时变参数 Copula 相依结构函数的动态系统性风险测度。中国是以银行业为主导的金融体系，银行业的资产规模在整个金融体系中具有绝对支配地位。诸多研究文献（Achaya，2009；Billio 等，2010）表明，相比于证券和保险等金融机构而言，银行等存款类金融机构是最主要的系统重要性金融机构。[①]因此，我们以上述理论扩展的 CoVaR 系统性风险测度方法实证测度了中国 14 家上市银行[②]的系统性风险状况，并进行了相应的宏观审慎分析。

6.2 Copula 相依结构理论

Copula 相依结构理论最早由 Sklar（1959）提出。他通过 Sklar 定理将 Copula 相依结构函数与多元分布函数联系起来，即通过 Copula 相依结构函数和边缘分布函数可以构造相应的多元分布函数。该理论早期的研究领域主要局限在统计学理论框架内。由于计算技术等方面的原因，Copula 相依结构理论的应用在早期进展非常缓慢。直到 20 世纪 90 年代后期，Copula 相依结构函数才开始应用于金融领域：Boyer（1999）认为，风险管理模型不能仅仅考虑变量之间的相关度，而应该考虑变量之间的相依结构（Dependence Structrue），并探讨了 Copula 相依结构理论在风险管理中的应用；Embrechts 等（1999）将 Copula 相依结构理论应用于金融风险管理领域，并研究了相依风险的在险价值 VaR。由此 Copula 相依结构理论开始在金融风险管理领域得到重视，并迅速发展。Nelsen（1999，2007）对 Copula 相依结构理论进行了系统介绍；Patton（2009，2012）对基于 Copula 为基础的金融时间序列模型及其在金融领域的应用进行了相应综述。国内学者张尧庭（2002）介绍了 Copula 相依结构函数在金融风险管理领域应用的可行性。韦艳华和张世英（2008）对 Copula 相依结构理论和方法进行了系统介绍，并对中国金融市场做了大量的应用研究。本节拟在借鉴 Nelsen（1999，2007）、韦艳华和张世英（2008）和 Patton（2009，2012）等国内外学者相关研究成果的基础上，对 Copula 相依结构函数的定义、基本性质、相关性测度、常用的二元 Copula 相依结构函数及其相关性测度与时变参数 Copula 相依结构函数等方面进行如下系统介绍，以为该章后续中国银行业动态系统性金融风险测度的理论建模和实证分析提供相应的铺垫和理论基础。

6.2.1 Copula 相依结构函数的定义与基本性质

所谓的 Copula 相依结构函数是指将联合分布函数与它们各自的边缘分布函数联系在一起的一类连接函数。Sklar（1959）最早提出 Copula 相依结构函数。直到 20 世纪 90

---

① 他们认为，银行等存款类金融机构资产独特的资产结构和中长期贷款的非流动性导致它们往往难以抵挡突然出现的大型损失，从而成为系统性风险的自然储水池；同时，在市场剧烈波动的时期，银行等存款类金融机构往往面临着更为严格的资本监管，为了满足监管要求，部分机构不得不进行资产抛售，这将进一步放大它们的损失。

② 由于中国农业银行和中国光大银行分别于国际金融危机之后的 2010 年 7 月 15 日和 2010 年 8 月 18 日上市交易；因而，该部分没有将中国农业银行和中国光大银行纳入实证分析的范围。

年代末 Copula 相依结构函数才开始应用于经济和金融领域（Patton，2012）。根据 Sklar 定理，如果 F 是 N 维联合分布函数，其各变量的边缘分布分别为 F_1，$\cdots$，F_N，则一定存在一个 Copula 相依结构函数 C：$[0,1]^N \to [0,1]$，使得

$$F(x_1,\cdots,x_n,\cdots,x_N) = C(F_1(x_1),\cdots,F_n(x_n),\cdots,F_N(x_N)) \qquad (6-1)$$

若 F_1，$\cdots$，F_N 连续，则 C 唯一确定；反之，若 F_1，$\cdots$，F_N 为一元边缘分布函数，则由式（6-1）表示的 N 维函数 F 是边缘分布 F_1，$\cdots$，F_N 的联合分布函数。假设 $F_1^{-1}(x_1)$，$\cdots$，$F_N^{-1}(x_N)$ 是各一元边缘分布函数的反函数，则对于 N 维空间的 $(x_1,\cdots,x_n,\cdots,x_N)$，存在唯一的 Copula 相依结构函数 C：$[0,1]^N \to [0,1]$，使得

$$C(u_1,\cdots,u_N) = F(F_1^{-1}(x_1),\cdots,F_N^{-1}(x_N))$$

由此可见，Copula 相依结构函数能够将多元联合分布函数分解成各个变量各自的边缘分布和连接各个变量边缘分布的 Copula 相依结构函数两部分。正如 Patton（2012）等学者所言，基于 Copula 相依结构函数的模型提供了多元分布建模极大的灵活性：它允许研究者将各变量的边缘分布建模与变量之间的 Copula 相依结构建模分开考虑。

我们在该研究中仅涉及二元 Copula 相依结构函数。假定 $u = F(x)$、$v = G(y)$ 表示连续的一元分布函数，则 u、v 均服从 $[0,1]$ 的均匀分布；所谓的二元 Copula 相依结构函数是指连接边缘 $F(x)$ 和 $G(y)$ 的连接函数 $C(u,v)$。根据 Nelsen（2007）、韦燕华和张世英（2008）等学者的介绍，该二元 Copula 相依结构函数 $C(u,v)$ 具有如下性质：

（1）$C(u,v)$ 的定义域是 I^2，即 $[0,1]^2$；

（2）$C(u,v)$ 是零基面和二维递增的；

（3）$C(u,0) = C(0,v) = 0$，即在一个变量取值为 0 的情形下，相应的 Copula 相依结构函数值恒为 0；

（4）对于任意变量 $u,v \in [0,1]$，满足 $C(u,1) = u$ 和 $C(1,v) = v$；

（5）对于定义域内的任意一点 (u,v)，$0 \leqslant C(u,v) \leqslant 1$。

6.2.2　基于 Copula 相依结构函数的相关性测度

考察两个变量相关性最简单、最直观的办法是考察它们的变化趋势是否一致：如果两个变量的变化趋势一致，则表明它们存在正相关；否则存在负相关。根据 Nelson（2007）、韦艳华和张世英（2008），如果对随机变量 x、y 进行严格的单调增变换，那么由 Copula 相依结构函数 $C(u,v)$ 导出的相关性测度不会发生改变。因此，基于 Copula 相依结构函数 $C(u,v)$ 的相关性测度反映的是随机变量 x、y 严格单调递增变换下的相关性，比其线性相关系数具有更为广泛的适用性。基于该章后续研究需要，该部分在 Nelson（2007）、韦艳华和张世英（2008）等学者成果的基础上，主要介绍基于 Copula 连接函数 $C(u,v)$ 如下三个常用的相关性测度：Kendall 秩相关系数 τ、Spearman 秩相关系数 ρ 和尾部相关系数 λ^U 与 λ^L。

（一）Kendall 秩相关系数 ρ

假设 (x_1,y_1) 和 (x_2,y_2) 表示两个独立同分布的随机向量，则它们的 Kendall 秩相关系数 τ 可以定义如下：

$$\tau \equiv P\big[(x_1 - x_2)(y_1 - y_2) > 0\big] - P\big[(x_1 - x_2)(y_1 - y_2) < 0\big]$$

$$= 2P\big[(x_1 - x_2)(y_1 - y_2) > 0\big] - 1$$

假设 $u = F(x)$ 和 $v = G(y)$，$u, v \in [0,1]$ 分别表示随机变量 x、y 的边缘分布，$C(u,v)$ 表示相应的 Copula 相依结构函数，则随机变量 x、y 的 Kendall 秩相关系数 τ 可以用该 Copula 相依结构函数 $C(u,v)$ 表示如下：

$$\tau = 4\iint\limits_{0\ 0}^{1\ 1} C(u,v)\,\mathrm{d}C(u,v) - 1$$

（二）Spearman 秩相关系数 ρ

假设 (x_1, y_1)、(x_2, y_2) 和 (x_3, y_3) 分别表示三个独立同分布的随机向量，则它们的 Spearman 秩相关系数 ρ 可以定义如下：

$$\rho \equiv 3\{P\big[(x_1 - x_2)(y_1 - y_3) > 0\big] - P\big[(x_1 - x_2)(y_1 - y_3) < 0\big]\}$$

假设 $u = F(x)$ 和 $v = G(y)$，$u, v \in [0,1]$ 分别表示随机变量 x、y 的边缘分布，$C(u,v)$ 表示相应的 Copula 相依结构函数，则随机变量 x、y 的 Spearman 秩相关系数 ρ 可以用该 Copula 相依结构函数 $C(u,v)$ 表示如下：

$$\rho = 12\iint\limits_{0\ 0}^{1\ 1} uv\,\mathrm{d}C(u,v) - 3 = 12\iint\limits_{0\ 0}^{1\ 1} C(u,v)\,\mathrm{d}uv - 3$$

经过简单的推导和证明，我们不难发现，Spearman 秩相关系数 ρ 等于 $F(x)$ 与 $G(y)$ 的线性相关系数。

（三）尾部相关系数 λ^U 与 λ^L

由于金融资产收益率序列往往呈现出"尖峰厚尾"的特性，尾部相关系数在金融风险管理中具有非常重要的应用：尾部相关系数反映的是单个变量或几个变量之间的尾部特征。对于金融资产收益率序列而言，对应的是金融资产价格波动中暴涨暴跌的极端事件。在金融分析中，投资组合 VaR 的计算、再保险的定价等诸多问题均涉及尾部相关性问题。正如韦艳华和张世英（2008）等诸多学者所言，简单利用线性相关系数或单纯利用尾部相关系数来描述变量的尾部相关性都是不充分的：线性相关系数只能度量变量间的线性相关系数；尾部相关系数也只能对变量间的尾部相关性进行简单而不是全面的刻画。Juri（2002）提出了尾部事件的 Copula 收敛理论。他认为 Copula 相依结构函数包含了变量间尾部相关的全面信息，因而可以利用它来描述变量间的尾部相依结构。

基于介绍尾部相关系数的需要，我们首先介绍分位数相关测度。假设 $u = F(x)$ 和 $v = G(y)$，$u, v \in [0,1]$ 分别表示两个连续随机变量 X 和 Y 的边缘分布函数，$C(u,v)$ 表示相应的 Copula 相依结构函数。

函数 $\overline{C}(u,v) \equiv P(U > u, V > v) = 1 - u - v + C(u,v)$，Copula 生存函数 $\hat{C}(u,v) \equiv u + v - 1 + C(1-u, 1-v)$。这两个函数的关系可以表述为 $\overline{C}(u,v) = \hat{C}(1-u, 1-v)$。随机变量 X 和 Y 的分位数相关性测度（Quantile - dependence measure）可以定义如下：

$$\lambda(q) \equiv P(U > q \mid V > q) = \overline{C}(q,q)/1 - q$$

在上述分位数相关性测度的基础上，我们进一步分别定义如下所示的上尾相关系数 λ^U 和下尾相关系数 λ^L：

$$\lambda^U \equiv \lim_{q \to 1} P[Y > G^{-1}(q) \mid X > F^{-1}(q)] = \lim_{q \to 1} \frac{\hat{C}(1-q, 1-q)}{1-q}$$

$$\lambda^L \equiv \lim_{q \to 0} P[Y < G^{-1}(q) \mid X < F^{-1}(q)] = \lim_{q \to 0} \frac{C(q, q)}{q}$$

如果上尾相关系数 λ^U 存在且在区间（0，1] 内，则随机变量 X 和 Y 上尾相关；如果下尾相关系数 λ^L 存在且在区间（0，1] 内，则随机变量 X 和 Y 下尾相关；如果上尾相关系数 λ^U 和下尾相关系数 λ^L 等于 0，则随机变量 X 和 Y 相互独立。

6.2.3　常用的二元 Copula 相依结构函数与相关性测度

按照 Copula 相依结构函数的性质，Copula 相依结构函数可以分为椭圆型 Copula 相依结构函数和阿基米德型 Copula 相依结构函数等类型。常用的椭圆型 Copula 相依结构函数主要有正态 Copula 相依结构函数和 Student's t Copula 相依结构函数。常用的阿基米德型 Copula 相依结构函数主要有 Gumbel Copula 相依结构函数、Clayton Copula 相依结构函数和 Frank Copula 相依结构函数等 Copula 相依结构函数。借鉴 Nelson（2007）、韦艳华和张世英（2008）和 Patton（2012）等学者的相关研究成果，该部分对常用的二元 Copula 相依结构函数及其相关性测度做如下介绍。

（一）二元正态 Copula 相依结构函数与相关性测度

二元正态 Copula 相依结构函数的密度函数 $c_N(u, v; \rho)$ 和分布函数 $C_N(u, v; \rho)$ 分别如下：

$$c_N(u, v; \rho) = \frac{1}{\sqrt{1-\rho^2}} \exp\left(-\frac{\Phi^{-1}(u)^2 + \Phi^{-1}(v)^2 - 2\rho\Phi^{-1}(u)\Phi^{-1}(v)}{2(1-\rho^2)}\right)$$

$$\exp\left(-\frac{\Phi^{-1}(u)^2 \cdot \Phi^{-1}(v)^2}{2}\right)$$

$$C_N(u, v; \rho) = \int_{-\infty}^{\Phi^{-1}(u)} \int_{-\infty}^{\Phi^{-1}(v)} \frac{1}{2\pi\sqrt{1-\rho^2}} \exp\left(\frac{-(r^2 + s^2 - 2\rho rs)}{2(1-\rho^2)}\right) dr ds$$

式中，$\Phi^{-1}(\cdot)$ 表示标准一元正态分布函数 $\Phi(\cdot)$ 的逆函数；参数 $\rho \in (-1, 1)$ 是 $\varphi^{-1}(u)$ 和 $\varphi^{-1}(v)$ 的线性相关系数。

二元正态 Copula 相依结构函数的相关性测度情况如下：Kendall 秩相关系数 $\tau = 2/\pi \arcsin\rho$；Spearman 秩相关系数 $\rho = 6/\pi \arcsin\rho$；上尾相关系数 $\lambda^U = 0$；下尾相关系数 $\lambda^L = 0$。

由于二元正态 Copula 相依结构函数能够较好地拟合样本数据，因而它常常被用来刻画变量之间的相关关系。但我们同时应该注意到，二元正态 Copula 相依结构函数具有对称性，因而无法利用它来捕捉变量之间的非对称相关关系。

（二）二元 Student's t Copula 相依结构函数与相关性测度

二元 Student's t Copula 相依结构函数的密度函数 $c_t(u, v; \rho, k)$ 和分布函数 $C_t(u, v; \rho,$

k）分别如下：

$$c_t(u,v;\rho,k) = \rho^{-1/2} \frac{\Gamma\left(\frac{k+2}{2}\right)\Gamma\left(\frac{k}{2}\right)}{\left[\Gamma\left(\frac{k+1}{2}\right)\right]^2} \frac{\left[1 + \frac{\varsigma_1^2 + \varsigma_2^2 - 2\rho\,\varsigma_1\varsigma_2}{k(1-\rho^2)}\right]^{-\frac{k+2}{2}}}{\prod_{i=1}^{2}\left(1 + \frac{\varsigma_i^2}{k}\right)^{-\frac{k+2}{2}}}$$

$$C_t(u,v;\rho,k) = \int_{-\infty}^{T_k^{-1}(u)}\int_{-m}^{T_k^{-1}(v)} \frac{1}{2\pi\sqrt{1-\rho^2}}\left[1 + \frac{s^2+t^2-2\rho st}{k(1-\rho)^2}\right]^{-\frac{k+2}{2}}\mathrm{d}s\mathrm{d}t$$

式中，$T_k^{-1}(\cdot)$ 表示一元 t 分布函数 $T_k(\cdot)$ 的逆函数，下标 k 表示相应的 t 分布函数的自由度；$\varsigma_1 = T_k^{-1}(u)$，$\varsigma_1 = T_k^{-1}(v)$；参数 $\rho \in (-1,1)$ 是 $T_k^{-1}(u)$ 和 $T_k^{-1}(v)$ 的线性相关系数。

二元 Student's t Copula 相依结构函数的相关性测度情况如下：Kendall 秩相关系数 $\tau = 2/\pi\arcsin\rho$；上尾相关系数 λ^U 和下尾相关系数 λ^L 可以表示为

$$\lambda^U = \lambda^L = 2 \times F_{Studt}(-\sqrt{(k+1)(\rho-1)/(\rho+1)},k+1)$$

二元 Student's t Copula 相依结构函数具有与二元正态 Copula 相依结构函数类似的对称性，因而它只能捕捉随机变量间对称的相依结构。但二元 Student's t Copula 相依结构函数刻画的对称相依结构具有厚尾相依的特征，即它能够刻画比二元正态 Copula 相依结构函数更强的尾部相依特征，因而能够更好地捕捉变量之间尾部相关性。

（三）二元 Gumbel Copula 相依结构函数与相关性测度

二元 Gumbel Copula 相依结构函数的密度函数 $c_G(u,v;\alpha)$ 和分布函数 $C_G(u,v;\alpha)$ 分别如下：

$$c_G(u,v;\alpha) = \frac{C_G(u,v;\alpha)(\ln u \cdot \ln v)^{\frac{1}{\alpha}-1}}{uv\left[(-\ln u)^{\frac{1}{\alpha}} + (-\ln v)^{\frac{1}{\alpha}}\right]^{2-\alpha}}\left\{\left[(-\ln u)^{\frac{1}{\alpha}} + (-\ln v)^{\frac{1}{\alpha}}\right]^{\alpha} + \frac{1}{\alpha} - 1\right\}$$

$$C_G(u,v;\alpha) = \exp\left(-\left[(-\ln u)^{\frac{1}{\alpha}} + (-\ln v)^{\frac{1}{\alpha}}\right]^{\alpha}\right)$$

式中，参数 $\alpha \in (0,1]$。当参数 α 趋向于 0 时，两个随机变量趋向于完全相关；当参数 $\alpha = 0$ 时，两个随机变量完全独立。

二元 Gumbel Copula 相依结构函数的相关性测度情况如下：Kendall 秩相关系数 $1 - \alpha$；上尾相关系数 $\lambda^U = 2 - 2^{\alpha}$；下尾相关系数 $\lambda^L = 0$。

二元 Gumbel Copula 相依结构函数的密度分布呈 J 形，即下尾低、上尾高。这表明二元 Gumbel Copula 相依结构函数具有非对称性。Gumbel Copula 相依结构函数对变量在上尾部分布上的变化非常敏感，能够有效捕捉到变量上尾相关的变化；但它对变量在下尾部分布的变化不敏感，往往难以捕捉变量下尾相关的变化。如果两个随机变量在分布的上尾部分具有更强的相依结构，则可以用 Gumbel Copula 相依结构函数来刻画。

（四）二元 Rot – Gumbel Copula 相依结构函数与相关性测度

二元 Rot – Gumbel Copula 相依结构函数的密度函数 $c_{RG}(u,v;\alpha)$ 和分布函数 $C_{RG}(u,v;\alpha)$ 分别如下：

$$c_{RG}(u,v;\alpha) = \frac{C_{RG}(1-u,1-v;\alpha)\left[\ln(1-u)\cdot\ln(1-v)\right]^{\frac{1}{\alpha}-1}}{(1-u)(1-v)\left\{\left[-\ln(1-u)\right]^{\frac{1}{\alpha}}+\left[-\ln(1-v)\right]^{\frac{1}{\alpha}}\right\}^{2\sigma}}$$
$$\left\{\left[(-\ln(1-u))^{\frac{1}{\alpha}}+(-\ln(1-v))^{\frac{1}{\alpha}}\right]^{\alpha}+\frac{1}{\alpha}-1\right\}$$

$$C_{RG}(u,v;\alpha) = \exp(-\{\left[(-\ln(1-u))\right]^{\frac{1}{\alpha}}+\left[-\ln(1-v)\right]^{\frac{1}{\alpha}})^{\alpha})$$

式中，参数 $\alpha \in (0,1]$。当参数 α 趋向于 0 时，两个随机变量趋向于完全相关；当参数 $\alpha = 1$ 时，两个随机变量完全独立。

二元 Rot – Gumbel Copula 相依结构函数的相关性测度情况如下：Kendall 秩相关系数 $1-\alpha$；上尾相关系数 $\lambda^U = 0$；下尾相关系数 $\lambda^L = 2 - 2^{\alpha}$。

二元 Rot – Gumbel Copula 相依结构函数的密度分布与二元 Gumbel Copula 相依结构函数刚好相反，呈 L 形，即下尾高、上尾低。这表明二元 Rot – Gumbel Copula 相依结构函数具有与二元 Gumbel Copula 相依结构函数刚好相反的对称性：Rot – Gumbel Copula 相依结构函数对变量在下尾部分布上的变化非常敏感，能够有效捕捉到变量下尾相关的变化；Rot – Gumbel Copula 相依结构函数对变量在上尾部分布的变化不敏感，往往难以捕捉变量下尾相关的变化。

（五）二元 Clayton Copula 相依结构函数与相关性测度

二元 Clayton Copula 相依结构函数的密度函数 $c_C(u,v;\theta)$ 和分布函数 $C_C(u,v;\theta)$ 分别如下：

$$c_C(u,v;\theta) = (1+\theta)(uv)^{-\theta-1}(u^{-\theta}+v^{-\theta}-1)^{-2-\theta^{-1}}$$
$$C_C(u,v;\theta) = (u^{-\theta}+v^{-\theta}-1)^{-1/\theta}$$

式中，参数 $\theta \in (0,\infty)$。当参数 θ 趋向于 0 时，两个随机变量趋向于相互独立；当参数 θ 趋向于 ∞ 时，两个随机变量趋向于完全相关。

二元 Clayton Copula 相依结构函数的相关性测度情况如下：Kendall 秩相关系数 $\tau = \theta/(\theta+2)$；上尾相关系数 $\lambda^U = 0$；下尾相关系数 $\lambda^L = 2^{-1/\theta}$。

二元 Clayton Copula 相依结构函数的密度分布与 Gumbel Copula 相依结构函数刚好相反，即下尾高、上尾低，呈现 L 形。这表明 Clayton Copula 相依结构函数同样具有非对称性。如果两个随机变量间的相依结构能够用 Clayton Copula 相依结构函数来刻画，那么意味着这两个随机变量在分布的下尾部具有更强的相关关系。

（六）二元 Rot – Clayton Copula 相依结构函数与相关性测度

二元 Rot – Clayton Copula 相依结构函数的密度函数 $c_{RC}(u,v;\theta)$ 和分布函数 $C_{RC}(u,v;\theta)$ 分别如下：

$$c_{RC}(u,v;\theta) = (1+\theta)\left[(1-u)(1-v)\right]^{-\theta-1}\left[(1-\pi)^{-\theta}+(1-v)^{-\theta}-1\right]^{-2-\theta^{-1}}$$
$$C_{RC}(u,v;\theta) = \left[(1-u)^{-\theta}+(1-v)^{-\theta}-1\right]^{-1/\theta}$$

式中，参数 $\theta \in (0,\infty)$。当参数 θ 趋向于 0 时，两个随机变量趋向于相互独立；当参数 θ 趋向于 ∞ 时，两个随机变量趋向于完全相关。

二元 Rot – Clayton Copula 相依结构函数的相关性测度情况如下：Kendall 秩相关系数

$\tau = \theta / (\theta + 2)$；上尾相关系数 $\lambda^U = 2^{-1/\theta}$；下尾相关系数 $\lambda^L = 0$。

二元 Rot – Clayton Copula 相依结构函数的密度分布与二元 Clayton Copula 相依结构函数刚好相反，呈现 J 形，即下尾低、上尾高。这表明二元 Rot – Clayton Copula 相依结构函数具有与 Clayton Copula 相依结构函数刚好相反的非对称性：Rot – Clayton Copula 相依结构函数对变量在上尾部分布上的变化非常敏感，能够有效捕捉变量上尾相关的变化；Rot – Clayton Copula 相依结构函数对变量下尾部分布的变化不敏感，往往不能捕捉变量下尾相关的变化。

（七）二元 Frank Copula 相依结构函数与相关性测度

二元 Frank Copula 相依结构函数的密度函数 $c_F(u,v;\lambda)$ 和分布函数 $C_F(u,v;\lambda)$ 分别如下：

$$c_F(u,v;\lambda) = \frac{-\lambda(e^{-\lambda} - 1)e^{-\lambda(u+v)}}{[(e^{-\lambda} - 1) + (e^{-\lambda u} - 1)(e^{-\lambda v} - 1)]^2}$$

$$C_F(u,v;\lambda) = -\frac{1}{\lambda}\ln\left(1 + \frac{(e^{-\lambda u} - 1)(e^{-\lambda v} - 1)}{e^{-\lambda} - 1}\right)$$

式中，参数 $\lambda \in (-\infty, \infty)$ 且 $\lambda \neq 0$。当参数 $\lambda < 0$ 时，两个随机变量负相关；当参数 $\lambda > 0$ 时，两个随机变量正相关；当参数 λ 趋向于 0 时，两个随机变量渐近独立。

二元 Frank Copula 相依结构函数的相关性测度情况如下：Kendall 秩相关系数 $\tau = 1 + \frac{4}{\lambda}[D_1(\lambda) - 1]$，其中，$D_k(\lambda) = \frac{k}{\lambda^k}\int_0^\lambda \frac{t^k}{e^t - 1}dt$；Spearman 秩相关系数 $\rho = 1 - \frac{12}{\lambda}[D_1(\lambda) - D_2(\lambda)]$；上尾相关系数 $\lambda^U = 0$；下尾相关系数 $\lambda^L = 0$。

二元 Frank Copula 相依结构函数的密度分布呈 U 形。这表明它具有对称性，因而不能捕捉随机变量间的非对称的相依结构。换句话说，二元 Frank Copula 相依结构函数只适用于刻画具有对称相依结构的两个随机变量之间的相关关系。二元 Frank Copula 相依结构函数的上尾相关系数和下尾相关系数均为 0，这表明二元 Frank Copula 相依结构函数对变量在上尾部分和下尾部分相关性的变化都不敏感，因而难以捕捉两个随机变量尾部相关的变化。同时，我们可以注意到，与只能刻画随机变量之间的非负相关关系的 Gumbel Copula 相依结构函数和 Clayton Copula 相依结构函数不同，二元 Frank Copula 相依结构函数还可以描述两个随机变量之间的负相关关系。

（八）二元 Plackett Copula 相依结构函数与相关性测度

二元 Plackett Copula 相依结构函数的密度函数 $c_P(u,v;\delta)$ 和分布函数 $C_P(u,v;\delta)$ 分别如下：

$$c_P(u,v;\delta) = \frac{\delta[1 + (\delta - 1)(u + v - 2uv)]}{\{[1 + (\delta - 1)(u + v)]^2 - 4\delta(\delta - 1)uv\}^{3/2}}$$

$$C_P(u,v;\delta) = \frac{1}{2}(\delta - 1)^{-1}\{1 + (\delta - 1)(u + v) - [(1 + (\delta - 1)(u + v))^2$$
$$- 4\delta(\delta - 1)uv]^{1/2}\}$$

式中，参数 $\delta \in [0, \infty)$ 且 $\delta \neq 1$。当参数 $\delta \in [0, 1)$ 时，两个随机变量之间存在负相关

关系；当参数 $\delta \in (1, \infty)$ 时，两个随机变量之间存在正相关关系。

二元 Plackett Copula 相依结构函数的相关性测度情况如下：Spearman 秩相关系数 $\rho = \dfrac{\delta^2 - 2\delta\log\delta - 1}{(\delta - 1)^2}$；上尾相关系数 $\lambda^U = 0$；下尾相关系数 $\lambda^L = 0$。

二元 Plackett Copula 相依结构函数的上尾相关系数和下尾相关系数均为 0，这表明二元 Plackett Copula 相依结构函数对变量在上尾部分和下尾部分相关性的变化都不敏感，因而难以捕捉两个随机变量尾部相关的变化。与二元 Frank Copula 相依结构函数相似，二元 Plackett Copula 相依结构函数不仅能够刻画随机变量之间的非负相关关系，而且能够刻画随机变量之间的负相关关系。

（九）二元 SJC Copula 相依结构函数与相关性测度

SJC Copula 是对称的 Joe – Clayton Copula（Symmetrized Joe – Clayton Copula）的简写。Joe（1997）提出 Joe – Clayton Copula 相依结构函数的概念，其相应的分布函数 $C_{JC}(u, v; \gamma, \kappa)$ 如下：

$$C_{JC}(u, v; \kappa, \gamma) = 1 - (1 - \{[1 - (1 - u)^\kappa]^{-\lambda} + [1 - (1 - v)^\kappa]^{-\lambda} - 1\}^{1/\lambda})^{1/\kappa}$$

式中，参数 $\gamma \in (0, \infty)$，参数 $\kappa \in [1, \infty)$。

二元 Joe – Clayton Copula 相依结构函数的下尾相关系数 $\lambda^L = 2^{-1/\gamma}$，上尾相关系数 $\lambda^U = 2 - 2^{1/\kappa}$。这表明二元 Joe – Clayton Copula 相依结构函数与前面介绍的 Gumbel Copula 与 Clayton Copula 等常用二元 Copula 相依结构函数不同，它可以同时描述两个随机变量的上尾相关性与下尾相关性。

当两个随机变量服从上尾相依系数与下尾相依系数相同的联合分布时，Joe – Clayton Copula 相依结构函数往往不能有效刻画。为了弥补上述缺陷，Patton（2006）提出了对称的 Joe – Clayton（Symmetrized Joe – Clayton，SJC）Copula 相依结构函数：

$$C_{SJC}(u, v; \kappa, \gamma) = \frac{C_{JC}(u, v; \kappa, \gamma) + C_{JC}(1 - u, 1 - v; \kappa, \gamma) + u + v - 1}{2}$$

正如 Patton（2006）等学者所言，SJC Copula 相依结构函数既能同时刻画上下尾相依性，又能同时处理对称的上下尾相依性和非对称的上下尾相依性。当 λ^U 与 λ^L 相等时，二元 SJC Copula 相依结构函数刻画了两个随机变量对称的上下尾相关关系。

6.2.4　时变参数 Copula 相依结构函数

根据 Copula 相依结构函数参数是否具有时变性，我们可以将 Copula 相依结构函数分为常参数 Copula 相依结构函数和时变参数 Copula 相依结构函数。诸多学者对时变参数 Copula 相依结构函数进行了大量的探索。关于时变参数 Copula 相依结构函数参数的时变模式，目前理论界比较公认的主要有 Patton（2012）等学者的研究。

Patton（2012）借鉴 Creal 等（2011）广义自回归得分（Generalized Autoregressive Score，GAS）模型的思想，将时变参数 Copula 相依结构函数的参数 δ_t 设置为该 Copula 相依结构函数参数的滞后一期 δ_{t-1} 和该 Copula 相依结构函数对数似然标准得分相关的标准得分的函数。为了将时变参数型 Copula 相依结构函数参数的取值范围限定在特定的范围内，该方法对 Copula 相依结构函数的参数采用了一个诸如 log、logistic、arc tan 等的严格递增变换。根据 Patton（2012）的研究成果，假设 f_t 表示被转换参数的动态演化方程，相应时变参数 Copula 相依结构函数参数的时变模式如下所示：

$$f_t = h(\delta_t) \Leftrightarrow \delta_t = h^{-1}(f_t)$$

其中，
$$f_{t+1} = \omega + \beta f_t + \alpha I_t^{-1/2} s_t$$

$$s_t \equiv \frac{\partial}{\partial \delta} \log C(u_t, v_t; \delta_t)$$

$$I_t \equiv E_{t-1}[s_t s'_t] = I(\delta_t)$$

因而，时变参数 Copula 相依结构函数参数的下一期的值是常数项、当前值和 Copula 相依结构函数最大似然得分 $I_t^{-1/2} s_t$ 的函数。

通过对 Copula 相依结构函数的定义、基本性质、相关性测度、建模与估计方法、常用的二元 Copula 相依结构函数及其相关性测度与时变参数 Copula 相依结构函数等方面内容的上述系统介绍，我们不难发现，Copula 相依结构函数具有如下优良的特性：一是由于 Copula 相依结构函数使得我们可以将多变量模型分解成随机变量的边缘分布与这些随机变量边缘分布的相依结构两部分分别进行研究，因而我们利用 Copula 相依结构函数进行多变量建模时，模型的参数估计往往更为简单。二是由于在实际应用中不限制边缘分布函数的选择，因而我们能够选取各种 Copula 相依结构函数和各种边缘分布来构造非常灵活的多元分布函数。三是在对变量进行严格单调递增变换的情况下，通过 Copula 相依结构函数所得到的一致性和相关性测度是不变的；更为重要的是，Copula 相依结构函数能够捕捉随机变量之间潜在的非线性、非对称以及尾部相关关系，因而，基于 Copula 相依结构函数的模型是非线性相依的模型，往往更能描述和刻画现实世界。

6.3 系统性金融风险与系统性金融风险贡献测度的理论建模

诸多研究表明，金融资产或者金融机构在市场行情下行或危机的阶段通常具有比正常状态更强的相关关系（Longin 和 Solnik，2001；Ang 和 Chen，2002），并且这种相关关系往往呈现非线性、非对称的特征（Mishkin，2011）。显然，传统的 Pearson 线性相关系数往往不能有效捕捉这种非线性、非对称的关系。据我们所知，除 Jiang（2012）和沈悦等（2014）少数文献外，关于系统性金融风险与系统性金融风险贡献测度的现有文献，如 Adrian 和 Brunnermeier（2011）、Girardi 和 Ergün（2013）和肖璞等（2012）等，尚没有充分地关注和解决这一问题。根据 Patton（2012）等学者的研究成果，Copula 相依结构函数能够捕捉随机变量之间潜在的非线性、非对称以及尾部相关关系。因而，该部分拟用第 6.2 节介绍的 Copula 相依结构理论来对 Adrian 和 Brunnermeier（2011）、Girardi 和 Ergün（2013）等学者现有的系统性金融风险 CoVaR 测度方法进行扩展，以得到适用于不同类型常参数与时变参数 Copula 相依结构函数的动态系统性金融风险与系统性金融风险贡献测度的理论模型，以捕捉银行等金融机构与银行业等金融系统潜在的非线性、非对称相依结构。

6.3.1　基于 CoVaR 的系统性金融风险与金融风险贡献的定义

给定金融机构（或金融系统）的收益率序列 R_t^i 和显著性水平 q，在险价值（Value at Risk）$VaR_{q,t}^i$ 被定义为收益率分布的 q 分位数，即 $pr(R_t^i \leqslant VaR_{q,t}^i) = q$。Adrian 和 Brunnermeier（2011）首创条件在险价值（CoVaR）的概念用于测度金融机构的系统性金融风险及其系统性金融风险贡献，他们将其定义为：当金融机构 i 处于危机状态（$R_t^i = VaR_{q,t}^i$）时，整个金融系统 s 的收益率 R_t^s 在 q 分位数下的在险价值 VaR，即

$$pr(R_t^s \leqslant CoVaR_{q,t}^{s|i} \mid R_t^i = VaR_{q,t}^i) = q$$

显然，条件在险价值 $CoVaR_{q,t}^{s|i}$ 旨在捕捉金融机构 i 在危机状态时对整个金融系统 s 的潜在风险溢出效应。

在该条件在险价值 $CoVaR_q^{s|i}$ 概念下，金融机构 i 对金融系统 s 的系统性金融风险贡献被定义为：危机状态下的条件在险价值 $CoVaR_{q,t}^{s|i}$ 与中位数状态下的条件在险价值 $CoVaR_{q,t}^{s|i^{median}}$ 之差，即

$$\Delta CoVaR_{q,t}^{s|i} = CoVaR_{q,t}^{s|i} - CoVaR_{q,t}^{s|i^{median}}$$

针对 Adrian 和 Brunnermeier（2011）CoVaR 方法存在的诸如"没有考虑更为严重的尾部风险情形""不满足对相依结构参数的一致性特征[①]"等缺陷，Girardi 和 Ergün（2013）对 Adrian 和 Brunnermeier（2011）的 CoVaR 方法进行了改进，将 $CoVaR_{q,t}^{s|i}$ 重新定义如下：

$$pr(R_t^s \leqslant CoVaR_{q,t}^{s|i} \mid R_t^i \leqslant VaR_{q,t}^i) = q \qquad (6-2)$$

在该研究中，我们采用的是 Girardi 和 Ergün（2013）改进后的 $CoVaR_{q,t}^{s|i}$ 的定义。正如 Girardi 和 Ergün（2013）所言，与 Adrian 和 Brunnermeier（2011）的定义相比，除 $R_t^i \leqslant VaR_{q,t}^i$ 对危机事件的刻画更为准确外，该 CoVaR 定义还具有如下优点：一是能够考虑金融机构 i 更为严重的尾部风险情形（即 $R_t^i \leqslant VaR_{q,t}^i$）的风险溢出效应；二是能够利用广泛使用的 Kupiec（1995）和 Christoffersen（1998）检验对 $R_t^i \leqslant VaR_{q,t}^i$ 情形下的系统性风险测度 $CoVaR_{q,t}^{s|i}$ 进行后验分析；三是它满足对相依结构参数的一致性特征（Mainik 和 Schaanning，2014；Bernard 等，2013）。

根据条件概率相关理论，我们可以将式（6-2）重新推导表述如下：

$$\frac{pr(R_t^s \leqslant CoVaR_{q,t}^{s|i}, R_t^i \leqslant VaR_{q,t}^i)}{pr(R_t^i \leqslant VaR_{q,t}^i)} = q$$

因而，

$$pr(R_t^s \leqslant CoVaR_{q,t}^{s|i}, R_t^i \leqslant VaR_{q,t}^i) = q^2 \qquad (6-3)$$

---

①　正如 Mainik 和 Schaanning（2012）等学者所言，Adrian 和 Brunnermeier（2011）所定义的条件在险价值 CoVaR 不满足对相依结构参数的一致性特征：当相依结构参数超过一定的阈值时，Adrian 和 Brunnermeier（2011）所定义的条件在险价值 CoVaR 反而呈现下降趋势。

6.3.2 基于 Copula 相依结构函数的理论建模

基于 Copula 相依结构函数的模型提供了多元分布建模极大的灵活性：它允许研究者将各变量的边缘分布建模与变量之间的 Copula 相依结构建模分开考虑。因而，我们采用 Copula 相依结构理论对如式（6−3）的 $CoVaR_{q,t}^{s|i}$ 进行建模，将金融机构 i 的收益率序列 R_t^i 和金融系统 s 的收益率序列 R_t^s 的边缘分布建模与它们边缘分布之间的相依结构分开进行考虑，以捕捉金融机构 i 和金融系统 s 之间潜在的非线性、非对称以及尾部相关关系。

我们采用如下两个步骤对基于 Copula 相依结构函数的如式（6−3）所示的 $CoVaR_{q,t}^{s|i}$ 模型进行相应建模：一是要对金融机构 i 的收益率序列 R_t^i 和金融系统 s 的收益率序列 R_t^s 的边缘分布进行恰当建模；二是要选择一个合适的 Copula 相依结构函数，使其能够很好地刻画金融机构 i 的收益率序列 R_t^i 和金融系统 s 的收益率序列 R_t^s 之间潜在的非线性、非对称尾部相依结构。

（一）金融机构与金融系统收益率序列的边缘分布建模

诸多研究表明，金融资产收益率分布通常具有"有偏"和"尖峰厚尾"等典型特征。就金融收益率序列波动率的典型特征而言，一是波动性聚类（Volatility Cluster），即金融收益率序列的波动率常常在一段时间内偏高，而另一段时间内偏低；二是均值回复，即金融收益率序列的波动率总在一定的范围内变化，而不会发散到无穷；三是杠杆效应，即金融收益率的波动率往往对价格大幅度上升和价格大幅度下降具有不同的反应。

为了准确刻画金融机构 i 的收益率序列 R_t^i 和金融系统 s 的收益率序列 R_t^s 边缘分布潜在的"有偏""尖峰厚尾"等典型特征和金融机构 i 的收益率序列 R_t^i 和金融系统 s 的收益率序列 R_t^s 波动率潜在的"波动性聚类""均值回复"和"杠杆效应"等典型特征，我们利用 AR（1）−GJR−GARCH（1，1，1）模型对金融机构和金融系统的收益率序列 $R_t^j(j = i,s)$ 进行如下建模：

$$R_t^j = u_t^j + \varepsilon_{j,t} = \alpha_0 + \alpha_1 R_{t-1}^j + z_t^j \sigma_{j,t}$$
$$\sigma_{j,t}^2 = \beta_0^j + \beta_1^j \varepsilon_{j,t-1}^2 + \beta_2^j d_{t-1} \varepsilon_{j,t-1}^2 + \beta_3^j \sigma_{j,t-1}^2 \qquad (6-4)$$

其中，z_t^j 是服从均值为 0、方差为 1 的分布的标准化残差序列，其分布类型可以是正态分布、t 分布、有偏 t 分布以及广义指数分布（Generalized Exponential Distribution，GED）等分布类型中的任意一种分布形式。在具体的操作中，我们可以根据金融机构和金融系统收益率序列 $R_t^j(j = i,s)$ 边缘分布的特征在这些正态分布、t 分布、有偏 t 分布以及 GED 等分布类型中进行合适的选择。

在标准化残差序列 z_t^j 的分布，进而金融机构和金融系统的收益率序列 $R_t^j(j = i,s)$ 分布给定的情况下，相应的在险价值 $VaR_{q,t}^j$ 可以用公式表示如下：

$$VaR_{q,t}^j = u_t^j + \sigma_{j,t} F_q^{-1}(z_t^j) \qquad (6-5)$$

（二）选择最优的 Copula 相依结构函数

为了用 Copula 相依结构函数来刻画金融机构 i 的收益率序列 R_t^i 和金融系统 s 的收益率序列 R_t^s 之间潜在的非线性、非对称尾部相依结构，我们首先对上述边缘分布建模中

的标准化残差序列 z_t^j 进行如下概率积分转换：$U_t^s = F_s(z_t^s)$，$V_t^i = F_i(z_t^j)$。

按照 Copula 相依结构函数的性质，Copula 相依结构函数可以分为椭圆型 Copula 相依结构函数和阿基米德型 Copula 相依结构函数等类型。常用的椭圆型 Copula 相依结构函数主要有正态 Copula 函数和 Student's t Copula 函数。常用的阿基米德型 Copula 相依结构函数主要有 Gumbel Copula 相依结构函数、Clayton Copula 相依结构函数、Frank Copula 相依结构函数等。根据 Copula 相依结构函数参数是否具有时变性，我们可以将 Copula 相依结构函数分为常参数 Copula 相依结构函数和时变参数 Copula 相依结构函数。

我们根据 Copula 相依结构函数与金融机构 i 的收益率序列 R_t^i 和金融系统 s 的收益率序列 R_t^s 的拟合情况及极大似然准则在上述 9 个常用的二元常参数 Copula 相依结构函数和 3 个常用的时变参数 Copula 相依结构函数中选择最优的 Copula 相依结构函数：它们不仅包括 Normal Copula、Clayton Copula、Rotated Clayton Copula、Plackett Copula、Frank Copula、Gumbel Copula、Rotated Gumbel Copula、Student's t Copula、Symmetrised Joe – Clayton（SJC）Copula 等 9 个常用的二元常参数 Copula 相依结构函数，而且包括时变参数 Normal Copula、时变参数 Rotated Gumbel Copula 和时变参数 SJC Copula（TV – SJC）等 3 个常用的二元时变参数 Copula 相依结构函数。

我们将这 9 个常用常参数 Copula 相依结构函数的参数、Spearman 秩相关系数、Kendall 秩相关系数 τ、上尾和下尾相关系数 λ^U 和 λ^L 的相关情况汇总如表 6 – 1 所示。

关于上述时变参数 Normal Copula、时变参数 Rotated Gumbel Copula 和时变参数 SJC Copula（TV – SJC）等 3 个常用的二元时变参数 Copula 相依结构函数时变参数的时变模式，我们遵循 Patton（2012）所采用的广义自回归得分（Generalized Autoregressive Score，GAS）模型，即这三个时变参数型 Copula 相依结构函数参数的下一期值是常数项、当前值和该 Copula 相依结构函数最大似然得分的函数。

表 6 – 1　　　　　　　　常见二元 Copula 相依结构函数的参数及其相关系数

	参数	参数范围	Spearman ρ	Kendall's τ	τ^L	τ^U
Normal	ρ	$(-1, 1)$	$6/\pi\arcsin\rho$	$2/\pi\arcsin\rho$	0	0
Student's t	ρ, k	$(-1, 1) \times (2, \infty)$	n. a.	$2/\pi\arcsin\rho$	$g_T(\rho, k)$	$g_t(\rho, k)$
Gumbel	α	$(0, 1]$	n. a.	$1 - \alpha$	0	$2 - 2^\alpha$
Rot – Gumbel	α	$(0, 1]$	n. a.	$1 - \alpha$	$2 - 2^\alpha$	0
Clayton	θ	$(0, \infty)$	n. a.	$\theta/(\theta + 2)$	$2^{-1/\theta}$	0
Rot – Clayton	θ	$(0, \infty)$	n. a.	$\theta/(\theta + 2)$	0	$2^{-1/\theta}$
Frank	λ	$(-\infty, 0) \cup (0, \infty)$	$g_{F,\rho}(\lambda)$	$g_{F,\tau}(\lambda)$	0	0
Plackett	δ	$[0, 1) \cup (1, \infty)$	$g_{P,\rho}(\delta)$	n. a.	0	0
SJC	γ, κ,	$(0, \infty) \times [1, \infty)$	n. a.	n. a.	τ^L	τ^U

注：① "n. a." 表示该相关系数没有显性的封闭表达式；②Student's t Copula 相依结构函数的上、下尾相关系数：$g_T(\rho, k) = 2 \times F_t(-\sqrt{(k+1)(\rho-1)/(\rho+1)}, k+1)$；③Frank Copula 相依结构函数的 Spearman 秩相关系数 ρ 和 Kendall 秩相关系数 τ 分别为：$g_{F,\rho}(\lambda) = 1 - 12(D_1(\lambda) - D_2(\lambda))/\lambda$ 和 $g_{F,\tau}(\lambda) = 1 - 4(1 - D_1(\lambda))/\lambda$，其中，$D_k(x) = kx^{-k}\int_0^x t^k(e^t - 1)^{-1}dt$；④Plackett Copula 相依结构函数的 Spearman 秩相关系数 ρ：$g_{P,\rho}(\delta) = (\delta^2 - 2\delta\ln\delta - 1)/(\delta - 1)^2$；⑤SJC Copula 相依结构函数的上尾和下尾相关系数 τ_L 和 τ_U 分别为：$\lambda^U = 2 - 2^{1/\kappa}$，$\lambda^L = 2^{-1/\gamma}$。

6.3.3 系统性金融风险与系统性金融风险贡献的测度

在上述金融机构 i 的收益率序列 R_t^i 和金融系统 s 的收益率序列 R_t^s 边缘分布建模和最优 Copula 相依结构函数选择的基础上，我们可以进一步推导和求解金融机构 i 的系统性金融风险与系统性金融风险贡献的表达式。

（一）金融机构 i 危机状态下的系统性金融风险 $CoVaR_{q,t}^{s|i}$

在上述金融机构 i 的收益率序列 R_t^i 和金融系统 s 的收益率序列 R_t^s 边缘分布建模和合适 Copula 相依结构函数选择的基础上，我们可以将式（6 - 3）推导和重新表述如下：

$$pr(\mu_t^s + \sigma_{s,t} z_t^s \leqslant CoVaR_{q,t}^{s|i}, \mu_t^i + \sigma_{i,t} z_t^i \leqslant \mu_t^i + \sigma_{i,t} F_q^{-1}(z_t^i)) = q^2$$

$$pr(z_t^s \leqslant (CoVaR_{q,t}^{s|i} - \mu_t^s)/\sigma_{s,t}, z_t^i \leqslant F_q^{-1}(z_t^i)) = q^2$$

$$pr(U_t^s \leqslant F_s((CoVaR_{q,t}^{s|i} - \mu_t^s)/\sigma_{s,t}), V_t^i \leqslant q) = q^2$$

$$C(F_s((CoVaR_{q,t}^{s|i} - \mu_t^s)/\sigma_{s,t}), q) = q^2$$

因此，金融机构 i 危机状态下的系统性金融风险 $CoVaR_{q,t}^{s|i}$，即当金融机构 i 处于危机状态（$R_t^i \leqslant VaR_{q,t}^i$）时，整个金融系统 s 的条件在险价值如式（6 - 6）所示：

$$CoVaR_{q,t}^{s|i} = \mu_t^s + \sigma_{s,t} F_s^{-1}(C_q^{-1}(q^2)) \tag{6 - 6}$$

（二）金融机构 i 基准状态下的系统性金融风险 $CoVaR_{q,t}^{s|i^{median}}$

为了测度金融机构 i 的系统性风险贡献，我们还需进一步测度当该金融机构处于基准状态，或者说正常状态时，整个金融系统 s 的条件在险价值，记为 $CoVaR_{q,t}^{s|i^{median}}$。我们借鉴 Adrian 和 Brunnermeier（2011）等学者的通常做法，采用金融机构 i 收益率 R_t^i 序列的中位数作为金融机构 i 的基准状态，以此求解金融系统 s 在基准状态下的条件在险价值。与金融机构 i 危机状态下的系统性金融风险 $CoVaR_{q,t}^{s|i}$ 的推导相似，我们能求得金融机构 i 基准状态下的系统性金融风险 $CoVaR_{q,t}^{s|i^{median}}$，即当金融机构 i 处于基准状态时，整个金融系统 s 的条件在险价值如式（6 - 7）所示：

$$CoVaR_{q,t}^{s|i^{median}} = \mu_t^s + \sigma_{s,t} F_s^{-1}(C_s^{-1}(0.5, 0.5q)) \tag{6 - 7}$$

（三）金融机构 i 的系统性金融风险贡献 $\Delta CoVaR_{q,t}^{s|i}$

遵循 Adrian 和 Brunnermeier（2011）等学者的通常做法，我们将金融机构 i 的系统性金融风险贡献定义金融机构 i 在危机状态下的系统性金融风险 $CoVaR_{q,t}^{s|i}$ 与其在基准状态或正常状态的系统性金融风险 $CoVaR_{q,t}^{s|i^{median}}$ 之差，用于测度金融机构 i 在时点 t 可能的风险事件对整个金融系统 s 潜在的风险溢出水平，其表达式[①]为

$$\Delta CoVaR_{q,t}^{s|i} = -(CoVaR_{q,t}^{s|i} - CoVaR_{q,t}^{s|i^{median}}) \tag{6 - 8}$$

为了便于比较，我们进一步对上述系统性金融风险贡献做相应的标准化处理，以剔除量纲的影响，即

$$\%\Delta CoVaR_{q,t}^{s|i} = 100 \times (CoVaR_{q,t}^{s|i} - CoVaR_{q,t}^{s|i^{median}})/CoVaR_{q,t}^{s|i^{median}} \tag{6 - 9}$$

---

① 为了阐述与读者理解的方便，我们在式（6 - 8）中添加"负号"，使系统性金融风险贡献 $\Delta CoVaR$ 呈现正数形式。

显然，系统性金融风险贡献 $\Delta CoVaR$ 和标准化系统性金融风险贡献% $\Delta CoVaR$ 将风险溢出效应和传统的 VaR 相结合，能够实时反映金融机构 i 可能的风险事件对整个金融系统 s 潜在的风险溢出水平。这对于关注整个金融系统稳定的宏观审慎监管当局具有非常重要的意义：它们能够以股市交易数据为基础实时监测出所有上市金融机构（银行、证券和保险等）系统性金融风险贡献的演化动态，并以此为依据采取相应具有时效性的宏观审慎监管措施。

同时，该动态系统性金融风险与系统性金融风险贡献测度框架也适用于考察在一个特定金融机构、金融市场和行业处于危机状态时，其他金融机构、金融市场和行业条件在险价值的动态演化特征，即该测度框架能够广泛应用于测度不同金融机构、不同金融市场及不同行业间的动态风险溢出效应。

6.4　基于中国上市商业银行的实证分析

该部分以中国上市商业银行作为研究对象，利用上市商业银行的股市收益率序列和银行业指数的收益率序列来实证考察中国银行业的系统性金融风险与系统性金融风险贡献。

6.4.1　数据来源

我们选择了包含中国银行、中国工商银行和中国建设银行等 4 家大型商业银行，平安银行[①]、招商银行和中信银行等 7 家股份制商业银行，北京银行、南京银行和宁波银行 3 家城市商业银行在内的 14 家中国上市商业银行[②]在 2007 年 10 月 8 日至 2013 年 12 月 31 日的每日股价数据作为研究样本。[③] 这 14 家上市商业银行的所有股价数据均来源于国泰安 CSMAR 数据库。从样本类型看，该样本中不仅包括国有大型商业银行和股份制商业银行，也包括城市商业银行；从规模和利润看，这 14 家上市商业银行的资产和利润总和约占中国银行业的80%。因而，该研究所选择的 14 家上市商业银行能够较好地代表中国银行业。同时，整个样本区间涵盖了 2008 年爆发的国际金融危机、欧债危机和 2013 年 6 月底的"钱荒"等典型系统性金融风险事件，由此能够有效评估我们在"4.2 系统性金融风险与系统性金融风险贡献测度的理论建模"部分构建的动态系统性金融风险与系统性金融风险贡献理论测度模型对中国银行业系统性金融风险及其系统性金融风险贡献的捕捉情况。

---

① 2012 年 1 月，平安银行的前身深圳发展银行收购平安保险集团旗下的深圳平安银行，并将深圳发展银行更名为新的平安银行，经组建正式对外营业。为了表述的方便，该研究统一使用"平安银行"的名称。

② 这 14 家中国上市商业银行分别是中国银行、中国工商银行、中国建设银行、交通银行、平安银行、上海浦东发展银行、招商银行、中国民生银行、华夏银行、兴业银行、中信银行、宁波银行、南京银行和北京银行。

③ 由于中国农业银行和中国光大银行分别于国际金融危机之后的 2010 年 7 月 15 日和 2010 年 8 月 18 日上市交易；相比于该研究采用的其他 14 家上市商业银行，中国农业银行和中国光大银行的样本量相对较少；出于比较和分析的需要，该研究没有将中国农业银行和中国光大银行纳入实证分析的范围。

我们选择申万银行指数来反映样本期间中国银行业整体的股价变化状况。申银万国行业股价系列指数根据申银万国行业分类标准，以在沪深证券交易所上市的 A 股自由流通市值为权重，采用派氏指数法编制而成，以反映不同行业平均股价的变化状况。申万银行指数以 1999 年 12 月 31 日作为基期，从 2000 年 1 月 4 日开始发布。它较为全面地包括了各个时期的中国银行业上市公司，因而能够较好地反映中国银行业整体的股价变化状况。[1] 申万银行指数数据来源于 RESSET 金融研究数据库。

6.4.2 描述统计与边缘分布建模

我们采用如下公式计算上述上市商业银行和银行业指数的日对数收益率：$R_t^j = 100 \times \ln(p_t^j / p_{t-1}^j)$，其中，$p_t^j$ 表示上市商业银行或申万银行指数 j 在第 t 期经调整的可比价格或价格指数。表 6 – 2 是 14 家上市商业银行和申万银行指数日对数收益率的描述统计。除中国银行和平安银行收益率序列的偏度系数在 5% 的显著性水平下明显异于 0（即"存在有偏"）外，银行指数和其他上市商业银行的日对数收益率序列的偏度系数均接近于正态分布对应的 0。银行指数和所有上市商业银行收益率序列的峰度系数均大于正态分布对应的 3，即具有"尖峰厚尾"等金融资产收益率分布的典型特征。Jarque – Bera 检验结果表明，在 1% 的显著性水平下所有收益率序列均显著异于正态分布。显然，这为我们在利用 AR（1）– GJR – GARCH（1，1，1）模型对上市商业银行收益率序列 R_t^i 和银行业收益率序列 R_t^s 边缘分布建模中标准化残差序列 $z_{j,t}(j = i, s)$ 的分布选择提供了重要的参考依据：除中国银行和平安银行两家银行的收益率序列的标准化残差序列采用有偏 t 分布外，其余所有上市商业银行的收益率序列与申万银行指数收益率序列的标准化残差序列均采用 t 分布。

表 6 – 2　　　　　　　　上市商业银行和银行指数收益率的描述统计

银行	样本数	均值	中位数	最大值	最小值	标准差	偏度	峰度	JB 检验
指数	1517	– 0.04	– 0.08	9.55	– 10.38	2.09	0.02	6.64 ***	0.00
中国银行	1501	– 0.04	0.00	9.68	– 9.62	1.62	0.38 ***	9.40 ***	0.00
工商银行	1497	– 0.02	0.00	9.98	– 10.58	1.73	0.09	9.89 ***	0.00
建设银行	1502	– 0.04	0.00	9.55	– 10.64	1.81	0.00	7.93 ***	0.00
交通银行	1501	– 0.06	0.00	9.61	– 10.33	2.15	– 0.06	6.64 ***	0.00
平安银行	1433	– 0.03	– 0.06	9.57	– 10.56	2.84	0.14 **	5.21 ***	0.00
浦发银行	1500	– 0.03	– 0.10	9.56	– 10.57	2.69	0.03	5.80 ***	0.00
招商银行	1494	– 0.05	– 0.07	9.53	– 10.54	2.46	– 0.02	5.99 ***	0.00
民生银行	1499	– 0.01	0.00	9.62	– 10.54	2.36	0.01	5.91 ***	0.00
华夏银行	1492	– 0.03	0.00	10.01	– 10.59	2.70	– 0.09	5.35 ***	0.00

---

[1]　关于申万银行指数等行业股价指数的详细信息可以参考申银万国股价系列指数编制说明书4.1及其最新版本。

银行	样本数	均值	中位数	最大值	最小值	标准差	偏度	峰度	JB 检验
兴业银行	1498	−0.04	−0.08	9.58	−10.56	2.77	−0.07	5.22***	0.00
中信银行	1498	−0.06	0.00	9.61	−10.45	2.31	−0.04	5.96***	0.00
宁波银行	1502	−0.05	0.00	9.60	−10.55	2.55	−0.06	5.39***	0.00
南京银行	1504	−0.03	0.00	9.59	−10.54	2.36	0.10	5.83***	0.00
北京银行	1501	−0.05	0.00	9.53	−10.55	2.38	−0.06	5.72***	0.00

注：①＊、＊＊、＊＊＊分别表示在 10%、5% 和 1% 的显著性水平显著；②最后一栏"JB 检验"报告的是 Jarque – Bera 检验的 P 值。

6.4.3　最优 Copula 相依结构函数的选择结果

在利用 AR（1）– GJR – GARCH（1，1，1）模型分别对各上市商业银行收益率序列 R_t^i 和银行业指数收益率序列 R_t^s 的边缘分布进行恰当建模后，我们首先对各收益率序列的标准化残差序列 $z_{j,t}(j=i,s)$ 进行相应的概率积分转换，然后根据极大似然准则在上述 9 个常参数 Copula 相依结构函数和 3 个时变参数 Copula 相依结构函数中选择最优的 Copula 相依结构函数。最优 Copula 相依结构函数的选择结果如表 6 – 3 所示。

表 6 – 3　　　上市商业银行与银行业指数收益率序列最优 Copula 相依结构函数的选择结果

银行	最优 Copula	参数估计值	Kendall τ	τ^U	τ^L
中国银行	Student's t	$\rho=0.838$；$k=6.393$	0.632	0.444	0.444
工商银行	Student's t	$\rho=0.889$；$k=6.872$	0.6975	0.5164	0.5164
建设银行	Student's t	$\rho=0.896$；$k=4.463$	0.708	0.606	0.606
平安银行	Plackett	$\delta=39.314$	n. a.	0	0
浦发银行	Plackett	$\delta=103.771$	n. a.	0	0
招商银行	SJC	$\gamma=0.443$；$\kappa=0.369$	n. a.	0.709	0.898
民生银行	Plackett	$\delta=75.725$	n. a.	0	0
华夏银行	Student's t	$\rho=0.900$；$\kappa=2.674$	0.713	0.685	0.685
兴业银行	Plackett	$\delta=84.076$	n. a.	0	0
中信银行	Student's t	$\rho=0.900$；$k=3.452$	0.713	0.651	0.651
交通银行	TV – SJC	—	n. a.	0.780	0.892
宁波银行	Student's t	$\rho=0.900$；$k=4.170$	0.713	0.623	0.623
南京银行	Student's t	$\rho=0.900$；$k=3.033$	0.713	0.669	0.669
北京银行	Student's t	$\rho=0.900$；$k=2.254$	0.713	0.705	0.705

注：①"n. a."表示在相应的 Copula 相依结构函数的 Kendall τ 秩相关系数没有显性的封闭表达式，故没有在估计结果中列示。②交通银行收益率序列与银行指数收益率序列的相依结构由时变参数 SJC Copula 相依结构函数来刻画，因而表中没有报告相应的参数估计结果；相应的上尾相关系数和下尾相关系数是其样本期间时变上尾相关系数和下尾相关系数的平均值。

中国银行、工商银行、建设银行、华夏银行、中信银行、宁波银行、南京银行和北京银行 8 家上市商业银行选择 Student's t Copula 相依结构函数；平安银行、上海浦东发展银行、民生银行和兴业银行 4 家上市商业银行选择 Plackett Copula 相依结构函数；招商银行选择 SJC Copula 相依结构函数；交通银行选择时变参数 SJC Copula 相依结构函数。这些最优的 Copula 相依结构函数都包含着正向相关关系，但具有不同类型的尾部相依结构特征：Student's t Copula 相依结构函数具有对称的尾部相关特征；Plackett Copula 相依结构函数具有零尾部相关特征；SJC Copula 相依结构函数具有非对称的尾部相关特征。这表明中国上市商业银行收益率序列和中国银行业收益率序列之间的相依结构，进而中国上市商业银行与中国银行业的相依结构具有多样化特征，可能难以用单一多元分布函数来进行恰当地统一刻画。招商银行和交通银行等银行的收益率序列与银行业指数的收益率序列的下尾相关系数（分别为 0.898 和 0.892）明显大于上尾相关系数（分别为 0.709 和 0.780），即这两家银行与银行业指数的收益率序列在行情下行阶段具有比行情上行阶段更强的相关性。这在一定程度上支持了 Longin 和 Solnik（2001）、Ang 和 Chen（2002）等学者的研究结论。关于最优 Copula 相依结构函数选择的上述研究结论在一定程度上支持了我们利用 Copula 相依结构理论来扩展 Adrian 和 Brunnermeier（2011）、Girardi 和 Ergün（2013）等学者现有系统性金融风险测度 CoVaR 方法的正确性。

6.4.4 系统性金融风险与系统性金融风险贡献测度结果的实证分析

在各上市商业银行收益率序列和银行指数收益率序列边缘分布建模及其各上市商业银行收益率序列边缘分布和银行指数收益率序列边缘分布之间最优 Copula 相依结构函数选择结果的基础上，我们在 5% 的显著性水平下计算了这 14 家上市商业银行在样本期间的在险价值 VaR、系统性金融风险 CoVaR、系统性金融风险贡献 $\Delta CoVaR$ 和标准化系统性金融风险贡献 $\% \Delta CoVaR$，相应的描述统计结果如表 6-4 和表 6-5 所示。

表 6-4 上市商业银行在险价值 VaR 与系统性金融风险 CoVaR 的描述统计

	VaR				CoVaR			
	均值	标准差	最大值	最小值	均值	标准差	最大值	最小值
中国银行	-2.154	1.074	-0.883	-7.339	-6.468	2.691	-2.965	-15.240
工商银行	-2.360	1.162	-1.016	-8.254	-6.611	2.748	-3.021	-15.606
建设银行	-2.545	1.179	-1.168	-7.638	-6.362	2.687	-2.910	-15.013
平安银行	-4.190	1.473	-1.896	-8.180	-6.088	2.559	-2.707	-14.118
浦发银行	-4.198	1.807	-1.837	-9.313	-6.178	2.576	-2.827	-14.371
招商银行	-3.871	1.592	-1.826	-9.297	-6.486	2.711	-2.958	-15.085
民生银行	-3.416	1.278	-1.653	-7.724	-6.054	2.541	-2.761	-14.182
华夏银行	-4.361	1.557	4.684	-9.375	-6.133	2.576	-2.830	-14.276
兴业银行	-4.235	1.527	-1.846	-8.592	-6.080	2.567	-2.752	-14.394

续表

	VaR				CoVaR			
	均值	标准差	最大值	最小值	均值	标准差	最大值	最小值
中信银行	-3.613	1.213	-1.877	-8.777	-6.401	2.699	-2.905	-15.138
交通银行	-3.181	1.390	-1.417	-7.842	-6.537	2.747	-2.984	-15.390
宁波银行	-3.945	1.148	-2.146	-7.475	-5.963	2.523	-2.705	-14.036
南京银行	-3.582	1.158	-1.794	-8.013	-6.063	2.539	-2.767	-14.297
北京银行	-3.554	1.276	-1.663	-8.458	-6.087	2.553	-2.783	-14.375

表 6-5　上市商业银行系统性金融风险贡献 $\Delta CoVaR$ 与 $\%\Delta CoVaR$ 的描述统计

	$\Delta CoVaR$				$\%\Delta CoVaR$			
	均值	标准差	最大值	最小值	均值	标准差	最大值	最小值
中国银行	2.519	1.055	5.895	1.145	63.695	0.602	65.855	61.307
工商银行	2.545	1.064	5.954	1.153	62.506	0.659	64.938	59.795
建设银行	2.345	0.996	5.515	1.064	58.290	0.380	59.579	56.857
平安银行	1.972	0.835	4.585	0.868	47.823	0.237	48.342	47.217
浦发银行	2.159	0.907	4.998	0.978	53.609	0.426	55.069	51.976
招商银行	2.445	1.029	5.664	1.106	60.418	0.455	61.973	58.684
民生银行	2.002	0.846	4.674	0.905	49.320	0.329	50.432	48.092
华夏银行	2.046	0.865	4.735	0.936	49.986	0.426	54.486	48.385
兴业银行	2.036	0.865	4.796	0.914	50.269	0.366	51.532	48.858
中信银行	2.386	1.012	5.616	1.074	59.311	0.439	60.817	57.627
交通银行	2.508	1.061	5.874	1.135	62.161	0.505	63.921	60.218
宁波银行	1.905	0.812	4.465	0.857	46.882	0.335	48.026	45.607
南京银行	2.048	0.863	4.804	0.927	50.944	0.380	52.279	49.474
北京银行	2.069	0.874	4.867	0.937	51.414	0.390	52.737	49.942

（一）系统性金融风险与系统性金融风险贡献的横截面维度分析

样本期间，这 14 家上市商业银行的系统性金融风险贡献 $\Delta CoVaR$ 的均值由高到低依次是工商银行、中国银行、交通银行、招商银行、中信银行、建设银行、浦发银行、北京银行、南京银行、华夏银行、兴业银行、民生银行、平安银行、宁波银行。如果以标准化系统性金融风险贡献 $\%\Delta CoVaR$ 的均值排序，这 14 家上市商业银行由高到低依次是中国银行、工商银行、交通银行、招商银行、中信银行、建设银行、浦发银行、北京银行、南京银行、兴业银行、华夏银行、民生银行、平安银行、宁波银行。通过比较，我们可以发现，除中国银行和工商银行、兴业银行和华夏银行[1]外，无论是按系统性金融风险贡献 $\Delta CoVaR$ 均值还是标准化系统性金融风险贡献% $\Delta CoVaR$ 均值排序，样本期间这 14 家上市商业银行的排序结果几乎没有差异。样本期间，工商银行、中国银行、交通银行、招商银行和中信银行 5 家上市商业银行是中国银行业系统性金融风险贡献或标准化系统性金融风险贡献最大的 5 家银行。其中，工商银行是样本期间系统性金融风险贡献最大的银行，而中国银行是样本期间标准化系统性金融风险贡献最大的银行。样本期间，这两家上市商业银行均被金融稳定理事会（FSB）确定为全球系统重要性银行（GSIBs）。这在一定程度上反映了我们构建的动态系统性金融风险和系统性金融风险贡献测度模型的准确性和应用价值。

同时，我们发现，样本期间这 14 家上市商业银行的在险价值 VaR 均值的排序与其系统性金融风险贡献均值排序并没有必然联系，甚至部分银行在这种排序标准中刚好相反。这与 Adrian 和 Brunnermeier（2011）、Girardi 和 Ergun（2013）等学者关于"金融机构的在险价值与系统性金融风险贡献在横截面上的关系并不明显"的研究结论具有一定的相似性。这表明，仅仅关注单个金融机构稳健的微观审慎监管并不足以保证整个金融体系的稳定，因而在进行微观审慎监管的同时，要注重银行等金融机构的宏观审慎监管，并将两者结合起来。

（二）系统性金融风险与系统性金融风险贡献的时间维度分析

基于空间的限制，该部分以工商银行和中国银行两个全球系统重要性银行为代表来分析上市商业银行系统性金融风险与系统性金融风险贡献在时间维度上的动态演化特征[2]，以验证我们构建的动态系统性金融风险与系统性金融风险贡献测度模型的适用性。

图 6-1 至图 6-3 分别是工商银行和中国银行在险价值 VaR、条件在险价值 $CoVaR$、系统性金融风险贡献 $\Delta CoVaR$ 和标准化系统性金融风险贡献% $\Delta CoVaR$ 的动态演化图，图中的阴影区域分别对应 2008 年国际金融危机爆发的标志性事件 2008 年 9 月 15 日雷曼兄弟破产和 2013 年中国银行业"钱荒"的标志性时点 6 月 20 日。我们发现，上述各风险测度指标在 2008 年国际金融危机爆发和 2013 年 6 月底中国"钱荒"事件等样本期间的国内外系统性金融风险事件的发生时点有明显的"突起"特征。由此可见，我们构建的动态系统金融风险及系统性金融风险贡献的测度模型能够有效捕捉重大风险事件期间各上市商业银行的潜在危机对整个银行业的影响。这在经验证据层面验证了该部分构建和扩展的动态系统性金融风险进而系统性金融风险贡献理论测度模型的准确性与应用价值。

在图 6-2 中，我们可以发现，以正值表示的代表性银行在险价值 VaR 和系统性金

---

① 按系统性风险贡献 $\Delta CoVaR$ 均值排序，工商银行和中国银行分别排名第 1 和第 2，华夏银行和兴业银行分别排名第 10 和第 11；而按标准化系统性风险贡献% $\Delta CoVaR$ 均值排序，中国银行和中国工商银行分别排名第 2 和第 1，华夏银行和兴业银行分别排名第 11 和第 10。

② 其他 12 家上市商业银行在险价值 VaR、条件在险价值 $CoVaR$、系统性金融风险贡献 $\Delta CoVaR$ 和标准化的系统性金融风险贡献% $\Delta CoVaR$ 的动态演化图与中国工商银行和中国银行相应风险测度的动态演化图相似。

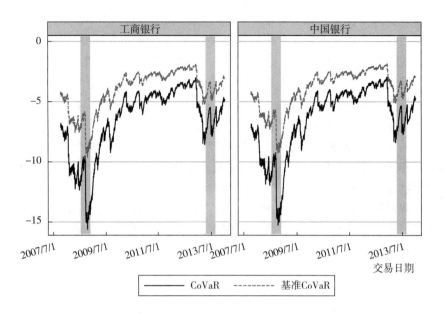

注：阴影区域分别对应 2008 年国际金融危机的爆发（2008.9.15）和 2013 年 6 月底中国"钱荒"事件（2013.6.20）。

图 6 – 1　代表性银行危机状态 CoVaR 与基准状态 CoVaR 的动态演化图

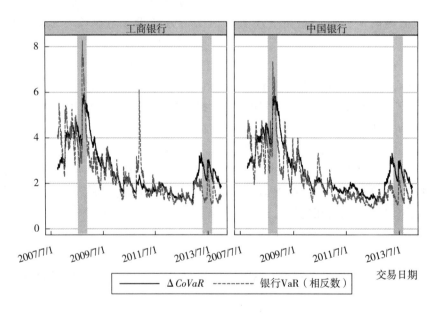

注：阴影区域分别对应 2008 年国际金融危机的爆发（2008.9.15）和 2013 年 6 月底中国"钱荒"事件（2013.6.20）。

图 6 – 2　代表性银行在险价值 VaR 与系统性金融风险贡献（$\Delta CoVaR$）的动态演化图

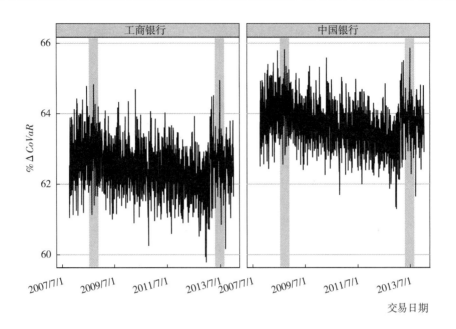

注：阴影区域分别对应 2008 年国际金融危机的爆发（2008.9.15）和 2013 年 6 月底中国 "钱荒"
事件（2013.6.20）。

图 6 - 3　代表性银行标准化系统性金融风险贡献（%$\Delta CoVaR$）的动态演化图

融风险贡献 $\Delta CoVaR$ 在时间序列上存在较强的相关关系。这与 Adrian 和 Brunnermeier
（2011）等诸多学者的研究结论具有相应的一致性。

6.5　中国银行业系统性金融风险的宏观审慎分析

6.5.1　中国上市商业银行系统性金融风险贡献的描述统计

我们首先考察中国上市商业银行系统性金融风险贡献的动态演化图。图 6 - 4 是工
商银行和中国银行系统性金融风险贡献的动态演化图[①]。我们发现，工商银行和中国银
行等 14 家中国上市商业银行在 2008 年国际金融危机和 2013 年 6 月中国 "钱荒" 等典
型系统性金融风险事件期间的系统性金融风险贡献要明显高于其他样本期间。

我们利用简单平均的方法将中国 14 家上市商业银行系统性金融风险贡献的日频率
测度结果转化为相应上市商业银行的年度系统性金融风险贡献。表 6 - 6 是这 14 家上市
商业银行年度系统性金融风险贡献 $\Delta CoVaR_{q,t}^{s\,|\,i}$ 在整个样本期间和分阶段样本期间的描
述统计结果。整个样本期间，中国 14 家上市商业银行的系统性金融风险贡献
$\Delta CoVaR_{q,t}^{s\,|\,i}$ 的均值为 2.191，标准差为 0.910。从分阶段样本看，2008—2009 年国际金

---

　　① 　其他 12 家上市商业银行系统性金融风险贡献 $\Delta CoVaR$ 的动态演化图与工商银行和中国银行系统性金融风险
贡献 $\Delta CoVaR$ 的动态演化图类似。

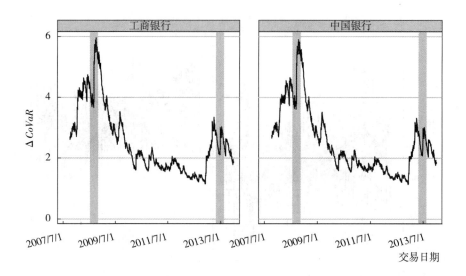

注：阴影区域分别对应 2008 年国际金融危机的爆发（2008.9.15）和 2013 年 6 月底中国"钱荒"事件（2013.6.20）。

图 6 - 4　代表性银行系统性金融风险贡献 $\Delta CoVaR$ 的动态演化图

融危机期间，中国 14 家上市商业银行系统性金融风险贡献 $\Delta CoVaR_{q,t}^{s|i}$ 的均值为 3.261，标准差为 0.692；2010—2012 年经济复苏阶段，中国 14 家上市商业银行系统性金融风险贡献的均值为 1.495，标准差为 0.256；2012 年以后，中国上市商业银行的系统性金融风险贡献的均值为 2.136，标准差为 0.229。根据上述分阶段样本的描述统计结果，我们可以得出如下两个结论：一是国际金融危机后，受"四万亿"经济刺激计划的影响，中国 14 家上市商业银行的系统性金融风险贡献逐渐下降；在经济复苏阶段，这 14 家上市商业银行的系统性金融风险贡献达到样本期间的最低点，并在 2012 年以后它们的系统性金融风险贡献逐渐开始反弹。二是在银行业系统性金融风险比较低的时期，这 14 家上市商业银行的系统性金融贡献的差异相对较小；而在银行业系统性金融风险比较高的时期，这 14 家上市商业银行的系统性金融风险贡献的差异相对较高，即比较发散。

表 6 - 6　　　中国 14 家上市商业银行系统性金融风险贡献的描述统计

样本区间	样本数	均值	标准差	最小值	最大值
2008—2013 年	84	2.191	0.910	1.065	4.418
2008—2009 年	28	3.261	0.692	2.314	4.418
2010—2012 年	42	1.495	0.256	1.065	1.997
2013 年	14	2.136	0.229	1.841	2.465

图 6 - 5 是工商银行和中国银行等 14 家上市商业银行的年度系统性金融风险贡献的动态演化图。这 14 家上市商业银行的系统性金融风险贡献呈现的 U 形特征及其样本线条之间间距的变化进一步验证了我们上述的两点结论。显然，这 14 家上市商业银行系

统性金融风险贡献动态演化的 U 形特征在一定程度上正确勾勒了样本期间中国银行业系统性金融风险的整体特征：受 2008 年国际金融危机的影响，中国银行业的系统性金融风险非常高，在整个样本期间居于高位状态；在"四万亿"经济刺激计划的影响下，中国银行业的系统性金融风险快速下降；随着经济的复苏，中国银行业的系统性金融风险达到样本期间的最低点，并在 2012 年后开始持续反弹。

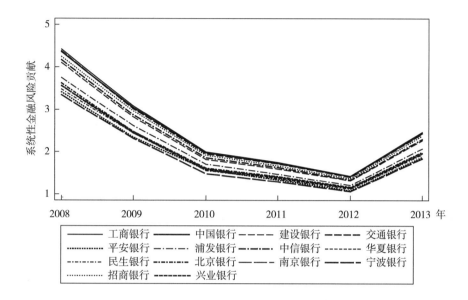

图 6 - 5　中国 14 家上市商业银行系统性金融风险贡献的动态演化图

根据中国银行业监督管理委员会的统计标准，这 14 家上市商业银行包括大型商业银行、股份制商业银行和城市商业银行三个类别①。表 6 - 7 是这 14 家上市商业银行系统性金融风险贡献按银行类别分类的描述统计结果。大型商业银行系统性金融风险贡献的均值是 2.456，标准差是 0.999；股份制商业银行系统性金融风险贡献的均值是 2.126，标准差是 0.879；城市商业银行系统性金融风险贡献的均值是 1.989，标准差是 0.822。显然，对这三类上市商业银行整体而言，大型商业银行的系统性金融风险贡献最大，这一类型内部不同上市商业银行之间的系统性金融风险贡献差异也最大；城市商业银行的系统性金融风险贡献与其贡献的内部差异最小；而股份制商业银行的系统性金融风险贡献与其贡献的内部差异居于大型商业银行和城市商业银行之间。这在一定程度上反映了这 14 家上市商业银行的系统性金融风险贡献与其银行规模存在着正向相关关系。这表明巴塞尔委员会和金融稳定理事会（FSB）等国际组织依据"规模"等因素来评估全球系统重要性银行的做法具有一定的合理性。

---

① 工商银行、中国银行、建设银行和交通银行 4 家上市商业银行属于大型商业银行；招商银行、平安银行、上海浦东发展银行、中信银行、华夏银行、兴业银行和民生银行 7 家上市商业银行属于股份制商业银行；北京银行、南京银行和宁波银行 3 家银行属于城市商业银行。

表 6 - 7　　　　中国 14 家上市商业银行系统性金融风险贡献的分类别描述统计

类别	观测值数	均值	标准差	最小值	最大值
大型商业银行	24	2.456	0.999	1.323	4.418
股份制商业银行	42	2.126	0.879	1.084	4.246
城市商业银行	18	1.989	0.822	1.065	3.62

图 6 -6、图 6 -7、图 6 -8 分别是大型商业银行、股份制商业银行和城市商业银行系统性金融风险贡献的动态演化图。显然关于整个银行业"系统性金融风险演化动态的 U 形特征"和"银行间系统性金融风险贡献的差异在整体处于高位时比较大，在整体处于低位时比较小"的结论在大型商业银行、股份制商业银行和城市商业银行这三个银行类型均分别成立。在大型上市商业银行中，工商银行的系统性金融风险贡献最大，建设银行的系统性金融风险贡献最小；在股份制上市商业银行中，招商银行的系统性金融风险贡献最大，平安银行的系统性金融风险贡献最小；在城市上市商业银行中，北京银行的系统性金融风险贡献最大，宁波银行的系统性金融风险贡献最小。

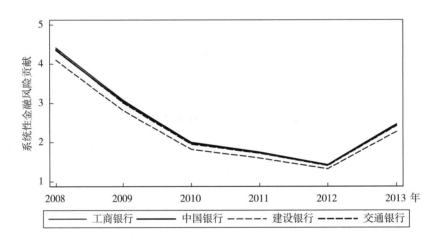

图 6 -6　中国大型上市商业银行系统性金融风险贡献的动态演化图

6.5.2　中国上市商业银行系统性金融风险贡献的动态排序

《巴塞尔协议Ⅲ》的资本监管部分，最能体现"宏观审慎监管"理念的是"系统性资本附加"和"逆周期资本缓冲"。关于"系统性资本附加"的计提方法，理论界和金融监管当局诸多学者进行了大量的探讨。巴塞尔委员会和金融稳定理事会（FSB）等国际组织以跨境业务程度、资产规模、关联性、可替代性和复杂性五个综合指标来确定全球系统重要性银行，并以此为标准对其实施 1% ~ 2.5% 的系统性资本附加的额外监管要求。2011 年底中国银行业监督管理委员会发布的《关于国内系统重要性银行的划分标准（征求意见稿）》规定，中国将采用"规模""不可替代性""关联度"和"复杂性"四个方面的指标，每个指标赋予 25% 的权重来评估国内系统重要性银行。中国银

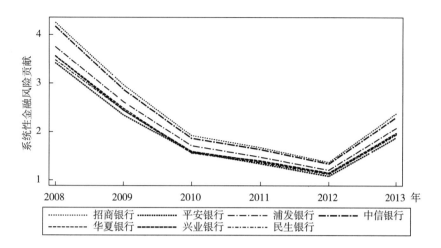

图 6-7 中国股份制上市商业银行系统性金融风险贡献的动态演化图

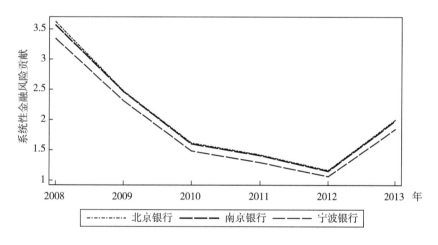

图 6-8 中国城市上市商业银行系统性金融风险贡献的动态演化图

行业监督管理委员会于 2014 年 1 月发布的《商业银行全球系统重要性评估指标披露指引》，要求上一年度被确认为全球系统重要性银行的商业银行或上一年年末调整后的表内外资产余额为 1.6 万亿元以上的商业银行披露全球系统重要性银行评估指标的相关信息。截至目前，中国尚未就国内系统重要性银行（Domestic Systemically Important Banks，D-SIBs）的识别和信息披露出台正式的相关文件。

表 6-8 是中国 14 家上市商业银行系统性金融风险贡献由高到低的年度动态排序结果。我们发现，2008—2013 年，工商银行始终是这 14 家上市商业银行中系统性金融风险贡献最大的银行；宁波银行始终是这 14 家上市商业银行中系统性金融风险贡献最小的银行；系统性金融风险贡献最大的 5 家银行始终是工商银行、中国银行、交通银行、

招商银行和中信银行；建设银行和上海浦东发展银行始终是系统性金融风险贡献排名第6和第7的银行；华夏银行、兴业银行、平安银行、民生银行、南京银行和北京银行的系统性金融风险贡献排序始终位于第8到13之间。显然，这14家中国上市商业银行基于第四章动态系统性金融风险贡献 $\Delta CoVaR$ 测度的年度动态排序结果具有高度的稳定性，其年度动态排序的结果也非常符合中国银行业的现实情况。这表明，该研究构建的金融机构动态系统性金融风险贡献的测度方法对中国银行业国内系统重要性银行的识别具有非常高的适用性。

表6-8　　　　中国14家上市商业银行系统性金融风险贡献的年度动态排序

序号	2008年	2009年	2010年	2011年	2012年	2013年
1	工商银行	工商银行	工商银行	工商银行	工商银行	工商银行
2	交通银行	中国银行	中国银行	中国银行	中国银行	中国银行
3	中国银行	交通银行	交通银行	交通银行	交通银行	交通银行
4	招商银行	招商银行	招商银行	招商银行	招商银行	招商银行
5	中信银行	中信银行	中信银行	中信银行	中信银行	中信银行
6	建设银行	建设银行	建设银行	建设银行	建设银行	建设银行
7	浦发银行	浦发银行	浦发银行	浦发银行	浦发银行	浦发银行
8	北京银行	华夏银行	北京银行	北京银行	北京银行	北京银行
9	南京银行	北京银行	南京银行	南京银行	华夏银行	南京银行
10	华夏银行	南京银行	兴业银行	华夏银行	南京银行	华夏银行
11	兴业银行	兴业银行	平安银行	兴业银行	兴业银行	兴业银行
12	民生银行	民生银行	华夏银行	民生银行	民生银行	民生银行
13	平安银行	平安银行	民生银行	平安银行	平安银行	平安银行
14	宁波银行	宁波银行	宁波银行	宁波银行	宁波银行	宁波银行

同时，我们发现，招商银行和中信银行是股份制商业银行中系统性金融风险贡献最大的两家银行，其系统性金融风险贡献均超过大型商业银行中的建设银行。北京银行和南京银行是城市商业银行中系统性金融风险贡献最大的两家银行，其系统性金融风险贡献均超过股份制商业银行中的兴业银行、平安银行和民生银行。这表明，银行等金融机构的系统性金融风险贡献与其资产规模并非简单的对应关系。当利用指标法来评估银行等金融机构的系统重要性或系统性金融风险贡献时，除了采用规模因素外，还需要考虑其他因素对银行等金融机构系统重要性或系统性金融风险贡献的影响。

6.5.3　中国上市商业银行系统性金融风险贡献的影响因素分析

该部分我们以中国14家上市商业银行在5%显著性水平下测度的系统性金融风险贡献的年度平均值作为被解释变量来考察中国上市商业银行系统性金融风险贡献的影响因素，以期为金融监管当局进行系统重要性银行识别等宏观审慎监管实践提供相应的经验证据和决策参考。

为了考察中国上市商业银行系统性金融风险贡献的影响因素，该研究拟从银行个体特征和宏观经济两个方面选择如下解释变量：

银行规模。诸多学者认为银行的规模与其系统性金融风险贡献存在较强的相关关系。[①] 一方面，规模较大的银行在通过业务多元化分散个体风险的同时，它的业务复杂性及其与其他金融机构的关联性也可能在提高，进而导致其系统性金融风险贡献的增加；另一方面，规模较大的银行可能由于受到"太大而不能倒"的隐性担保往往倾向于从事高风险的业务，进行高风险的资产配置，从而增加其系统性金融风险贡献。该研究拟采用银行总资产的对数来表示银行规模。

银行 VaR。诸多学者通过研究认为，自身风险较大的银行往往具有较高的系统性金融风险贡献。第四章上市商业银行在险价值 VaR 及其系统性金融风险贡献 $\Delta CoVaR$ 的动态演化图也在一定程度上证实了这一点。该研究利用第四章上市商业银行在 5% 显著性水平下自身的在险价值 VaR 测度结果的年度平均值来表示。

融资稳定性。稳定的融资来源可以在一定程度上降低银行对银行间同业拆借市场等货币市场的融资依赖性，从而降低银行等金融机构通过银行间同业拆借市场等货币市场对其他银行等金融机构的风险暴露和货币市场等批发融资市场冲击对银行等金融机构稳定性的影响。我们借鉴朱波和卢露（2014）等学者的做法，采用存款比率作为银行融资稳定性的衡量指标。所谓的存款比率是指银行所吸收的存款在其总负债中的比重。

资产结构。贷款比率是指银行发放的贷款在其总资产中的比重。它是衡量银行资产结构的常用指标，可以在一定程度上反映其业务复杂性的高低。一般而言，银行的贷款比率越高，其业务复杂性越低，其相应的系统性金融风险贡献就越低。负债权益比是衡量银行资产结构的另一指标，同时，它也是反映银行杠杆率的重要指标。通常而言，银行的负债权益比越高，其系统性金融风险贡献越大。

非利息收入占比。所谓的非利息收入占比是指银行非利息收入在营业收入中的比重。一般而言，它反映了银行参与非传统业务程度的高低。银行参与非传统业务的程度越高，其通过金融市场与其他银行等金融机构的关联程度就越高，系统性金融风险贡献就越大。Brunnermeier 等（2012）认为，非利息收入占比与银行的系统性金融风险贡献呈正相关关系。张晓玫和毛亚琪（2014）认为，非利息收入占比与银行系统性金融风险的关系具有阶段性特征：在非利息收入业务发展初期，由于非利息收入业务对宏观经济状况的依赖程度比较低，其往往能降低银行的系统性金融风险贡献；而随着非利息收入业务的发展，尤其是手续费和佣金收入业务比重较低的阶段，银行的非利息收入占比逐渐增大，其系统性金融风险贡献也随着增加。他们通过实证研究发现，非利息收入占比与中国银行业的系统性金融风险贡献呈负相关关系。

期限错配。一般而言，银行的系统性金融风险贡献与其期限错配程度成正比。该研究利用银行的存款负债与银行持有的库存现金之差与其负债的比率来衡量银行期限错配的程度。

[①] 前述的描述统计结果也在一定程度上支持了这一结论。

其他银行特征变量。除了上述银行个体特征变量外，我们还选取了银行市值与账面价值之比、不良贷款率、资产收益率和资本充足率四个变量作为相应的控制变量。银行的贷款质量常用不良贷款率来衡量。通常而言，银行贷款质量越高的银行，其系统性金融风险贡献越小。资产收益率是衡量银行盈利能力的重要指标。所谓的资本充足率是银行的资本对其加权风险资产的比值。它反映银行能以自有资本承担损失的能力。

GDP 增长率。诸多研究表明，宏观经济周期往往会影响银行等金融机构的系统性金融风险贡献。本章描述统计部分对中国 14 家上市商业银行系统性金融风险贡献 U 形特征的考察在一定程度上予以了印证。该研究拟采用 GDP 增长率来反映宏观经济周期的变化。

国房景气指数。正如第三章整体态势分析所言，中国银行业的系统性金融风险与房地产业的发展态势存在着密切的相关关系。因而，该研究拟用国房景气指数[①]来捕捉中国房地产业的发展态势对中国 14 家上市商业银行系统性金融风险贡献的影响。

市场流动性。正如第二章文献综述部分所言，流动性风险在银行系统性金融风险的生成过程中占据核心地位。通常而言，银行的流动性风险与市场流动性呈负相关关系：在市场流动性非常高的情形下，银行面临的流动性风险相对较小；在市场流动性趋紧的情形下，银行面临的流动性风险相对较大。基于数据的可得性，该研究拟采用上海银行间市场隔夜同业拆借利率与基准存款利率之差来衡量市场流动性，以捕捉其对中国 14 家上市商业银行系统性金融风险贡献的影响。

基于被解释变量与解释变量的上述分析，我们拟设定如下形式的面板数据模型来考察中国 14 家上市商业银行系统性金融风险贡献的影响因素：

$$\Delta CoVaR_{it} = c + VaR_{it} + asset_{it} + deposit_{it} + loan_{it} + de_{it} + nii_{it} + msmatch_{it}$$
$$+ mb_{it} + npl_{it} + roa_{it} + car_{it} + gdp_{it} + house_{it} + liquidity_{it}$$
$$+ gufen_i + chengshi_i + u_{it} \qquad (6-10)$$

式中，$u_{it} = \lambda_i + \varepsilon_{it}$，$\lambda_i$ 表示个体固定效应，用于捕捉各上市商业银行潜在的不可观测的异质性；其余变量的含义、计算方法及其系数的预期理论符号如表 6 – 9 所示。

表 6 – 9   变量的含义、计算方法与估计系数的预期符号

变量	含义	计算方法	预期符号
$\Delta CoVaR$	系统性金融风险贡献	年度平均值	—
VaR	银行在险价值	年度平均值	负
$asset$	银行规模	银行总资产的对数	正
$deposit$	存款比率	银行所吸收的存款在其总负债中的比重	负
$loan$	贷款比率	银行发放的贷款在其总资产中的比重	负

① 国房景气指数是"全国房地产开发业综合景气指数"的简称，是国家统计局在 1997 年研制并建立的一套针对房地产业发展变化趋势和变化程度的综合量化反映的指标体系。它是由 8 个分类指数合成的综合指数。国房景气指数以 100 为临界值，指数值高于 100 为景气区间，指数值低于 100 为不景气区间。

变量	含义	计算方法	预期符号
de	负债权益比	银行负债与所有者权益的比值	正
nii	非利息收入占比	非利息收入与总营业收入的比值	正/负
mismatch	期限错配	银行的存款负债与持有的库存现金之差与其负债的比值	正
mb	市账比	银行的股市市值与账面价值之比	负
npl	不良贷款率	不良贷款与总贷款的比值	正
roa	资本收益率	银行净利润与其资本的比值	负
car	资本充足率	银行的资本与其加权风险资产的比值	负
gdp	GDP 增长率	中宏数据库直接获得	负
house	国房景气指数	中宏数据库直接获得	负
liquidity	市场流动性	上海银行间同业拆借隔夜利率与基准利率之差的年度均值	正

14 家上市商业银行的系统性金融风险贡献 $\Delta CoVaR$ 及其在险价值 VaR 是根据第四章动态系统性金融风险测度的日度数据通过简单平均方法计算得到的。关于银行个体特征的其余变量，如资产规模、不良贷款率等相关银行财务和股市交易数据来源于国泰安 CSMAR 数据库。GDP 增长率、国房景气指数和基准利率等宏观经济变量来源于中宏数据库。上海银行间同业拆借利率来源于上海银行间同业拆放利率网站（http：//www. shibor. org/shibor/web/html/index. html）。所有变量的描述统计如表 6 - 10 所示。

表 6 - 10　　　　　系统性金融风险贡献影响因素分析的变量描述统计

变量	观测样本数	均值	标准差	最小值	最大值
$\Delta CoVaR$	84	2. 191	0. 910	1. 065	4. 418
VaR	84	- 3. 470	1. 412	- 7. 427	- 1. 199
asset	84	28. 328	1. 295	25. 263	30. 571
deposit	84	0. 762	0. 084	0. 577	0. 901
loan	84	0. 502	0. 066	0. 339	0. 624
de	84	16. 527	4. 097	7. 259	30. 399
nii	84	0. 170	0. 061	0. 070	0. 316
mismatch	84	0. 614	0. 077	0. 437	0. 764
mb	84	0. 075	0. 048	0. 003	0. 268
npl	84	0. 966	0. 420	0. 380	2. 650
roa	84	1. 148	0. 237	0. 150	1. 550
car	84	12. 329	2. 242	8. 580	24. 120
gdp	84	8. 985	1. 025	7. 650	10. 450
house	84	99. 823	3. 054	95. 409	104. 369
liquidity	84	- 0. 593	0. 669	- 1. 618	0. 324

　　我们首先同时利用固定效应模型和随机效应模型分别估计如式（6 - 10）所示的面板数据模型，参数估计结果分别如表6 - 11 中的"模型1"和"模型2"所示。我们使用豪斯曼检验（Hausman Test）来检验固定效应模型和随机效应模型的合适性。检验结果表明，我们不能拒绝"随机效应估计量是一致的"原假设，因而我们选择以"模型2"所示的随机效应模型为基础来进行后续实证分析。通过逐步剔除参数估计系数与理论预期相悖及其不显著的变量，我们最终得到如表6 - 11 "模型3"所示的随机效应模型的估计结果。我们发现，银行在险价值、资产规模、期限错配、不良贷款率等个体特征因素和GDP 增长率的宏观经济因素是影响中国上市商业银行系统性金融风险贡献的主要因素。具体而言，银行自身的在险价值越小，即银行自身的个体风险越大，其系统性金融风险贡献越大；银行的资产规模越大，其系统性金融风险贡献越大；银行资产的期限错配程度越高，其系统性金融风险贡献越大；银行的不良贷款率越高，其系统性金融风险贡献越大；银行的系统性金融风险贡献会随着经济增长率的增加而降低。

表6 - 11　　　　　　　　系统性金融风险贡献影响因素分析的估计结果

变量	模型1	模型2	模型3	模型4
$\Delta CoVaR_{-1}$	—	—	—	0. 234 *** (4. 66)
VaR	- 0. 362 *** (- 5. 79)	- 0. 331 *** (- 5. 70)	- 0. 471 *** (- 12. 34)	- 0. 319 *** (- 11. 83)
asset	- 1. 664 *** (- 4. 51)	0. 255 *** (4. 32)	0. 146 *** (3. 11)	0. 160 *** (4. 02)
deposit	- 3. 734 * (- 1. 67)	- 4. 568 ** (- 2. 30)		
loan	- 1. 956 (- 1. 28)	1. 886 ** (2. 06)		
de	- 0. 040 ** (- 2. 61)	- 0. 037 ** (- 2. 45)		
nii	- 1. 658 (- 1. 59)	- 0. 570 (- 0. 76)		
car	- 0. 067 *** (- 2. 70)	- 0. 033 (- 1. 34)		
mismatch	3. 341 * (1. 69)	4. 419 ** (2. 34)	2. 017 *** (3. 42)	0. 694 (1. 16)
mb	- 0. 219 (- 0. 14)	3. 727 *** (3. 04)		
npl	0. 838 *** (5. 20)	0. 889 *** (6. 46)	0. 979 *** (8. 96)	0. 542 ** (2. 24)

续表

变量	模型 1	模型 2	模型 3	模型 4
roa	−0.416* (−1.93)	0.168 (0.79)		
gdp	−0.498** (−2.10)	−0.976*** (−4.14)	−0.071* (−1.85)	−0.139*** (−5.37)
house	0.082 (1.08)	0.289*** (4.02)		
liquidity	0.323 (1.60)	−0.601*** (−4.03)		
常数项	47.851 (3.32)	−27.058*** (−5.05)	−5.109*** (−3.68)	−3.832*** (−3.76)
R^2	0.029	0.924	0.864	—

注：①***、**和*分别表示相应的估计系数在1%、5%和10%的显著性水平下显著；②括号中的数值表示与估计系数相对应的 *t* 值或 *z* 值。

为了检验上述上市商业银行系统性金融风险贡献影响因素分析结果的稳健性，我们进一步考虑相应的动态面板数据模型，即在"模型3"的基础上考虑上市商业银行上一期系统性金融风险贡献对当期系统性金融风险贡献的影响，具体的动态面板数据模型如式（6−10）所示：

$$\Delta CoVaR_{it} = c + \Delta CoVaR_{it-1} + VaR_{it} + asset_{it} + mismatch_{it} + npl_{it} + gdp_{it} + u_{it}$$

$$(6-10)$$

由于滞后因变量 $\Delta CoVaR_{it-1}$ 与误差项相关，普通最小二乘估计（OLS）、随机效应（RE）和固定效应（FE）估计等方法的参数估计结果往往是有偏的，因而我们采用 Arellano 和 Bover（1995）与 Blundell 和 Bond（1998）的系统 GMM 估计方法来估计上述动态面板数据模型。系统 GMM 估计方法能够通过一阶差分解决变量不稳定性问题，通过工具变量解决内生性问题，通过引入滞后因变量解决序列相关问题。式（6−10）动态面板数据模型的系统 GMM 估计结果如表 6−11 "模型4"所示。我们发现，除了"期限错配"外[①]，其余变量估计系数的符号和显著性均与"模型3"的估计结果大体一致。这在一定程度上表明，我们关于中国上市商业银行系统性金融风险贡献的影响因素的上述研究结论具有高度的稳健性。

6.6 主要结论

2008 年国际金融危机爆发后，"如何量化和监测系统性风险及其金融机构的系统性

---

① "期限错配"的估计系数虽然不显著，但其估计系数的符号与前述分析结果是一致的。

风险贡献"等一系列问题逐渐成为国内外诸多学者和监管当局普遍关注的热点问题。李稻葵等学者认为，中国最大的系统性金融风险在银行。该部分我们利用 Copula 相依结构理论来扩展现有的系统性风险测度方法 CoVaR 方法，以得到适用于不同类型常参数和时变参数 Copula 相依结构函数的动态系统性风险测度。显然，该动态系统性金融风险测度方法在金融风险管理和宏观审慎监管领域具有广泛的应用价值：它不仅能够以股市交易数据为基础实时测度出所有上市金融机构（银行、证券、保险等）的系统性金融风险动态，而且能够广泛应用于测度不同金融机构、不同金融市场间、不同行业之间的动态风险溢出；同时，它还能用于系统性金融风险的宏观审慎分析和宏观审慎监管等领域。利用该扩展的系统性风险与系统性风险贡献测度方法，我们实证测度了中国 14 家上市商业银行的动态系统性金融风险与系统性金融风险贡献，并进行了相应的宏观审慎分析。我们发现，这 14 家上市商业银行在 2008 年国际金融危机和 2013 年 6 月中国"钱荒"等典型系统性金融风险事件期间的系统性金融风险贡献要明显高于其他样本期间。中国银行业的动态系统性金融风险在 2008—2013 年的动态演化过程呈现 U 形特征。同时，该研究发现，这 14 家中国上市商业银行系统性金融风险贡献的年度动态排序结果具有高度的稳定性。银行在险价值、资产规模、期限错配、不良贷款率和 GDP 增速是影响中国上市商业银行系统性金融风险贡献的主要因素。

7 系统性和区域性金融风险的防范（I）：金融监管结构

金融业本质上是一个以风险为核心的行业，在现代市场化的金融体系中，金融风险是不可消除的。因此，在不能完全消除可能金融风险的情境下，政府和监管当局应该构建合理的金融风险防范制度，使其既能适应本国经济金融发展的需要，也能够减小监管重叠和监管真空，提高监管质量，同时，降低危机爆发的概率，在危机爆发时能最大限度地减小危机的负面影响。即构建的金融监管防范制度既能反映或助推金融市场功能的发挥，又能有效地防范和控制风险。

本文将金融风险的日常防范体系大致分为两个层次：一个是金融监管架构问题。金融体系异常复杂，监管任务又多样化，因此需要政府合理地厘清各项金融监管任务，对于每一项监管任务必须指定一个机构负责，并且每一个负责机构指定一个责任机构。二是金融监管工具问题。对于各个监管机构，需要配备相应的金融监管工具，以便其完成监管任务。我们将在第七章集中讨论金融监管架构问题，而在第八章重点分析金融监管工具问题。第七章的章节安排如下，在第一节简单回顾了金融风险的防范架构；第二节考察了不同金融监管架构下金融体系稳定的现实情况；第三节以存款人约束为例，研究了金融监管结构对市场约束的影响；第四节基于案例考察了区域性金融风险的防范；第五节是本章小结。

7.1 区域性与系统性风险防范架构

从监管主体来看，对系统性与区域性金融风险防范体系可以分为三个层级：第一个层级是金融机构内部风险防控机制、行业自律以及利益相关者对其风险行为的监督；第二个层级是官方金融审慎监管，因为金融市场存在信息不对称、外部性以及脆弱性，其本身不足以完全控制金融风险；第三个层级是存款保险制度、"最后贷款人"制度、危机救助制度等组成的金融安全网，一旦金融机构出现危机，这些安全网对风险的处置、隔离有利于整体金融稳定。

7.1.1 风险管理与金融机构自律

风险管理是金融学领域的基本问题，从金融功能观来看，金融系统的主要功能之一就是完成和实现对资金和风险进行有效分配的功能。风险管理的发展在 20 世纪 50 年代起开始发展，很大程度上得力于 70 年代衍生产品定价方面的成果。根据 BIS（The Bank for International Settlements，国际清算银行）的定义，风险管理的过程可以划分为四个环节：风险识别、风险度量、风险评级及报告、风险控制和管理。其理论成果十分丰富，难以进行简单的综述。由于我国金融体系的特点，银行的信贷风险防范对于我国系统性金融风险防范十分重要，因而本综述将重点放在金融机构自律的研究之上。

关于金融机构的自律涉及三方面的问题：一是一般企业和行业的自律问题；二是金融机构的特殊性问题；三是金融机构的自律问题。在一般企业的自律方面，Coase（1988）最早指出，自律的重要性在于能够以最低的交易成本实现市场的高效运作。因为金融机构的特殊性，其自律与一般企业的自律有所不同。Goodhart 等（1998）归纳了金融机构的特殊性，他指出这一特殊性可以分为系统性问题和消费者保护问题两个方面。由于全社会的清算、支付系统由银行运转，因而有很大的外部性；又因为银行间的联系远高于其他类型的企业，因而容易引起传染性的挤兑风潮；而非银行金融机构，则主要涉及消费者保护问题，所以金融机构的自律问题值得引起格外的重视。在此基础上，Goodhart 等（1998）指出，金融领域的自律与其他职业领域，如医疗领域、建筑领域的自律，存在鲜明的差别，因为在实践中，金融领域的自律不是一种最具有可持续性的结构。Klein（1974）和 Hayek（1978）认为，市场竞争的压力能够对银行构成纪律约束，行为的不自律将以失去市场份额为代价。Basel Committee（2003）将银行内部管理（自律）、市场约束、监管约束并列为维护银行业稳健的三大支柱。该专著开创性地提出，监管具有强化自律动机的作用，监管者应该通过设计激励相容机制来引导金融机构的行为；并且还指出了金融机构管理人员的个人利益以及报酬结构对其冒险倾向的影响，提出监管者要切实对金融机构中导致风险控制失败的内部管理层进行适当的制裁。该专著对本书在观点形成和研究方法上具有巨大的启示作用。

国内对金融机构自律的研究起步较晚，周建松（1996）最早研究了银行业自律问题，将自律机制分为单个银行的自律和银行同业自律。徐龙华（2001）考虑了我国的产权制度改革和稽核体制改革，从这一角度论述了人民银行监管、外部审计对改善银行自律机制的作用，认为在当前的产权机制下，仅仅依靠从股东到董事会再到高级管理层的治理不足以防范风险，因而必须引入外部监管。陈学彬（2003）建立了金融市场参与者与监管者之间的完全信息静态博弈模型，并在监管者类型信息不对称的前提下建立了不完全信息动态博弈模型，分别讨论了我国金融市场规范发展中违规获利的诱惑力与规则的强制力之间的博弈均衡、学习机制与示范效应的影响，提出规范的市场发展必须对违规者给予严厉的惩处，加大规则的强制力。潘英丽、袁宜（2003）对诱使金融机构自律的机制以及相关基础性制度作了初步的探讨。文中给出了金融机构自律的定义，指出金融机构的自律选择是其逐利动机的反映，而市场声誉机制和监管威慑机制是驱动金融机构行为选择的外部因素。周好文、陈璐（2004）研究了声誉机制与自律的关系，建立了监管者与银行之间的不完全信息动态博弈模型，指出建立可置信的惩罚机制对于机构自律十分重要。

然而，自律往往不足以防范金融风险，Nunez（2001）建立了委托人（自律型机构）对代理人的内部惩罚机制的数学模型，该模型描述了市场对自律型机构的声誉约束机制，其研究表明自律型机构（Self‑Regulatory Organizations）在声誉机制下，不具备主动监控产品质量、披露欺诈行为的动力；而在引入对自律型机构的外部监管后，其自律倾向将上升、欺诈倾向将下降、对控制产品质量的重视程度将提高。接下来总结关于系统性风险的金融监管研究。

7.1.2　通过外部监督防范系统性风险

金融风险防范的官方监管和金融安全网属于外部监管力量，在以往的研究中对此着墨颇多，在此不再赘述。在 2008 年国际金融危机以后，监管当局强化了系统性风险的监管要求，加强了宏观审慎监管，将宏观审慎监管与微观审慎监管有机结合。而宏观审慎监管的重要性被提到了前所未有的高度。

FSB、BIS 和 IMF（2011）将目前各国监管当局使用过的工具基本分为三类：抑制信贷过度扩张和资产价格泡沫的政策工具（如对特定行业的监管资本要求、贷款成数和债务收入比例进行逆周期调整）、降低杠杆和期限错配放大效应的政策工具（外币贷款限额和期限错配比例限制等）、降低金融体系内在关联性和负外部性的政策工具（针对金融机构共同风险暴露的监管措施等）。在此基础上，学术界和监管界从时间维度和跨业维度提出了新的宏观审慎工具。首先是时间维度的逆周期宏观审慎工具。包括《巴塞尔协议Ⅲ》提出的逆周期资本缓冲、留存资本缓冲以及杠杆率（Shin，2009，2010）；按预期损失计提拨备（Saurina，2007）；保证金和折扣比率等。当前，国际社会拟采用在经济周期上更稳定并考虑压力情形的证券融资与回购交易保证金和折扣比率，以缓解证券融资市场的顺周期性，降低去杠杆化带来的系统性影响（钟震，2012）。其次是跨业维度的系统重要性机构、市场和产品监管政策工具。主要包括提高系统重要性金融机构的损失吸收能力以降低其倒闭的可能性，完善系统重要性金融机构的处置和退出机制，以降低其倒闭带来的影响，强化对系统重要性金融机构的监管，加强金融市场基础设施建设，降低倒闭机构的风险传染等（IMF‐BIS‐FSB，2009）。巴塞尔银行监管委员会（BCBS，2010）还提出旨在降低单家机构风险敞口的相关规定和强化对场外衍生品的监管，主要包括对交易账户、衍生品交易、表外风险敞口、银行间敞口提出更高资本要求，推进场外衍生品交易的标准化，推动场外衍生品中央清算、交易所交易、向交易中心报告机制的建立，明确实施机构和时间表，确定需要持续监测并需实施额外措施的领域，强化对中央交易对手和其他金融市场基础设施的监督和管理。

国内的研究主要在国际组织的指引性文件基础上进行，重点关注监管的逆周期性和危机救助等问题。李文泓（2009）总结了资本监管规则的顺周期性以及缓解方法，特别总结了贷款损失拨备和公允价值计量的顺周期性和现有的逆周期措施，认为逆周期监管主要面临及时性、规则对相机抉择、国家间监管不平衡和监管协作四个方面的困难。李文泓和罗猛（2011）在巴塞尔委员会公布的《各国监管当局实施逆周期资本缓冲指引》框架下，实证分析了我国银行业应计提的逆周期资本缓冲状况，认为信贷/GDP 指标在我国有较好的适用性，是判断经济周期性波动和系统性风险累积的较好指标。冯科等（2012）从实证的角度研究了中国商业银行信贷的顺周期性，提出了包括动态资本监管、前瞻的贷款损失拨备、全周期信用评级等逆周期资本监管建议。在危机救助方面，周小川（2012）详细探讨了金融危机中关于救助问题的争论，认为在危机救助时，应首先考虑私人部门承担责任、参与救助；出现系统性危机时，公共部门应及时参与救助，政策的实施要注意保持中长期的动态均衡。杨柳勇和周强（2014）认为，存在"多而不倒"救助的隐性担保时，资本要求的提高可能扩大银行业的系统相关性，进而提高系统性风险隐患。

通过文献回顾可以发现，以往关于金融风险的防范在金融监管工具上的研究已经非常丰富，但在金融监管结构上则相对不足。因此，本章将把研究的重点放在监管体系和组织结构之上。

7.2　金融监管组织结构与金融体系的稳定

金融监管的客体是金融体系，无论什么样的金融监管架构安排都是为了金融机构稳健经营和金融体系健康稳定。现实中，各国不同的金融监管实践给实证分析研究提供了丰富的素材，这为全面考察不同金融监管结构与金融稳定间的关系提供了基础。为此，本节接下来首先回顾了相关文献，然后采用世界银行关于银行管制和监督的调研数据库①进行相关的实证分析②。

7.2.1　相关文献

根据已有相关文献，金融监管组织结构通常涉及两个方面：一是关于金融监管是应集中于一个超级监管机构，还是多个独立、平行的监管机构，即统一监管还是多边监管的问题；二是关于中央银行在金融监管中的角色问题。③这两方面也将是本章所讨论的金融监管组织结构的主要内容。

（一）金融监管机构集中度对金融体系的影响

目前，关于金融监管安排与金融稳定方面的实证文献还不多，表7-1总结了相关的文献。由于金融稳定的度量学界目前仍没有统一的方法，所以不同的学者采用了不同的金融稳定指标④，并且鉴于银行业在金融体系中的关键作用，大部分研究都集中于银行业上。尽管如此，回顾这些文献也有助于我们深入理解金融监管结构。

---

①　该数据库对全球银行的金融管制和监督做了四次全面的调研，分别是1999年、2003年、2007年以及2011年。该调研是以直接向官方监管机构进行一系列全面、具体的定性和定量的调研，不是个人对监管的评估。本章所采用的很多数据指标都是Barth等（2013）对这四次调研的整理和量化结果。另外，根据Oreški和Pavkoviç（2014）及笔者自己的收集整理，本章将世界银行金融监管结构的数据拓展到了2011年。

②　尽管当今金融体系中，银行业稳定是金融稳定的核心，但证券市场的稳定也至关重要。附表1给出了金融监管结构与股票市场简单的回归结果，从结果上看，监管结构对股票市场的波动没有显著的影响。

③　多边监管指不同的金融机构（金融功能或监管目标）由不同的监管机构监管，而统一监管则由一个监管机构负责。实践中有些国家将部分的机构合并监管，在实证分析时会考虑到这种情况，但在做一般理论分析时通常只考虑两个极端。另外，很多文献提及了"多头监管"，其是指一个金融机构被多个监管机构监管。

④　虽然学术界对金融稳定的度量做了大量的工作，但其度量方法仍然"模糊（fuzziness）"。详细的探讨可参阅Borio和Drehmann（2009）。

表 7-1　　　　　　　　　　　　金融监管安排对金融体系的影响

作者 （年份）	Doumpos 等 （2015）	Gaganis 等 （2013）	Masciandaro 等 （2013）	Barth 等 （2002）
样本数据	94 个国家 1756 家银行 （2000—2011 年）	78 个国家 3886 家银行 （2000—2006 年）	102 个国家 （2007—2009 年）	70 个国家 （1999 年）
计量方法	分层线性模型	面板模型	OLS	OLS，2SLS
因变量	银行稳健性 z – 得分	银行利润 效率（PBT）	GDP	银行稳健指标 CAMELS
因变量的度量	z =（ROA + EA）/ sd（ROA）	随机前沿技术	2008—2009 年 GDP 的平均增长率	财务比率
控制变量				
金融监管 机构集中度	SUI （1，2，3，4）	FSU （1，3，5，7）	FSHH （0 – 1）	二元变量 （0，1）
回归结果	+；与危机 的交互项 + ***	– ***	– **	C：+ **；A：+； M：成本 –，收入 +； E：ROA +，ROE +； L：– **
央行涉足 金融监管程度	CBFA （1，2，3，4）	CBFA （1，2，3，4）	CBSS （0 – 1）	二元变量 （0，1）
回归结果	+ *；与危机 的交互项 + **	– ***	r	C：–；A：+ **； M：成本 – *，收入 –； E：ROA +，ROE +； L：–
其他控制变量	历史金融危机， 人均产出， GDP 增长率等	央行独立性， 资本充足率， 真实 GDP 等	人口，政府 监管能力， 金融自由化等	人均产出，GDP 增长率，市场纪律， 监管强度等

注：（1）***、**、* 分别表示1%、5%、10%的显著性水平。（2）表中"+""–"表示控制变量的系数符号，而"r"表示系数符号不能确定。（3）CBFA、FSU 和 SUI 按照 Masciandaro（2009）的方法计算；FSHH 和 CBSS 按照 Hirschman 指数法计算；Barth 等（2002）采用了二元变量，其中集中度指标取值为 1 时表示银行被单一机构监管，央行涉足金融监管程度取 1 表示央行直接监管银行。（4）Barth 等（2002）借鉴银行运营质量评价体系 CAMELS 构建银行的稳健性和安全性指标，包括了五个方面的指标：资本充足率 C（用资本资产比度量）；资产质量 A（用不良贷款率 NPL 衡量）；管理质量 M（以非利息成本与资产比、非利息收入占总收入比度量）；盈利 E（用净资产收益 ROA、每股收益 ROE 衡量）；流动性 L。（5）Doumpos 等（2015）中的危机哑变量取值规则为：发生危机的年份取 1，否则取 0，而银行危机的数据来源于 Laeven 和 Valencia（2012）。

资料来源：根据文献整理而来。

最早的相关文献是 Barth 等（2002），他们以驼峰评级体系作为银行稳健性指标，发现银行被多个监管者共同监管的国家，其银行的资本充足率比单一监管国家低

2.43%，同时银行有较高的流动性风险。作者将原因归结于监管竞争导致的监管松弛，以及多边监管削弱了银行的公司治理。尽管 Barth 等（2002）没有找到银行监管结构在统计上对银行成本、利润没有显著的影响，但是 Barth 等（2003）却发现监管安排对银行的利润有微弱的影响[①]，即单一监管机构提高了银行的利润。早期的文献采用的方法较为简单，一些银行或者国家的特征并没有被考虑到，为此 Doumpos 等（2015）采用分层线性模型，同时控制国家和银行两个层面的特征。他们以银行稳健性（z 得分）为因变量，实证发现金融监管结构在正常时期对银行的稳健性没有显著的影响，但在危机期间，集中金融监管模式能够缓解危机对银行稳健性产生的负面影响。[②] 在区分了银行规模后发现这种缓解效应在大银行身上显著，而小银行不显著。

上述文献的结果说明集中监管优于多边或者多头监管，然而并非所有的文献都如此。Gaganis 等（2013）用随机前沿技术估算银行利润效率，发现随着金融监管集中度的提高，银行的效率变得更低，表明专业监管的机构对特定行业能够实施更专业的监管，进而对行业的创新和风险管理有着正面积极的影响。以 2008 年国际金融危机后宏观经济弹性为考察对象，Masciandaro 等（2013）发现金融监管集中度同经济弹性呈显著的负相关，表明金融集中监管不利于经济的复苏。

总体而言，已有的实证文献对金融监管是应该集中统一监管还是多边监管，至今还没有给出一个一致的结论。一个主要的原因便是不同研究者选取的视角不一样，进而被解释变量、控制变量以及计量方法上都存在差异，但是不同视角的研究给我们提供了全面了解金融监管安排影响的机会。另外，目前针对该问题的研究文献还比较少，很多方面有待深入的研究。

（二）央行涉足金融监管程度对金融体系的影响

已有的关于央行涉足金融监管程度对金融体系影响的文献也存在研究视角不一的问题，部分文献总结在了表 7-1 中。总的来说，文献可被划分为支持与反对央行兼顾金融监管两个方面，接下来我们将从这两个方面展开梳理。

一些早期文献提供了支持央行兼顾金融监管的证据。以 24 个国家 140 家问题银行的处理案例为对象，Goodhart 和 Schoenmaker（1995）用统计分析的方法对比发现，将货币政策与金融监管合并的国家在统计上呈现更少的银行失败案例，并且救助资金更多地源自于商业银行，少有央行直接给问题银行提供资金，而政府和存款保险是主要的政府救助资金提供者。Doumpos 等（2015）的研究也提供了支持证据，其发现央行涉足金融监管越深，银行越稳健，同时能缓解金融危机对银行稳健性产生的负面影响，并且央行越独立，效果越显著。此外，作者区分了大小银行后发现，小银行的稳健性依赖于央行是否兼顾金融监管以及央行的独立性，而大银行则不然。

相比于支持的证据，反对的证据则更多。Noia 和 Giorgio（1999）对 OECD 国家的

---

① 两篇文献关于银行监管结构的量化方法是一致的。之所以说微弱，是因为作者用其他可替代的数据检验时没有得到相同的结果。在没有先验的证据表明哪个数据更可靠以前，不能轻易地下定论。

② 回归结果中，危机项的系数为负且显著，表明危机对银行稳健性产生了负面的影响，而危机与金融监管集中度指标的交互项系数为正且显著，说明集中监管能缓解危机的负面影响。

银行监管体系做了考察，发现央行垄断银行监管的国家比央行不涉足银行监管或者央行只是诸多监管者中一个的国家表现出了更高的通货膨胀率且波动也更大。Barth 等（2002）发现央行涉足银行监管的国家其银行不良率上升约 4%，而 Barth 等（2003）又发现其对银行利润产生了负的影响。[①] Ioannidou（2005）发现美联储的货币政策影响了其银行监管行为，紧缩的货币政策往往伴随着银行监管的放松，但这并不影响货币监理署和联邦存款保险公司的监管。Gaganis 等（2013）发现随着央行负责的金融部门增加，银行效率是减小的。[②]

当然，也有一些中立的观点。譬如，Masciandaro 等（2013）发现央行涉足金融监管对经济弹性没有显著的影响。总的来看，已有的文献显示，央行涉足金融监管会使得银行产生道德风险行为，譬如更高的不良率或者更低的效率，但在危机期间其对银行的稳健经营却产生了正面的影响。[③]

7.2.2　金融监管结构与监管独立性

金融监管机构的独立性对金融稳定重不重要呢？答案是肯定的。从第三节的理论分析知道，独立的金融监管机构能够提供更专业的监管，并且在一定程度上能够克服政府监管政策"时间不一致"问题。另外，保持金融监管机构独立性，不仅有利于金融监管机构能充分参与到监管规则的制定之中，明晰其在监督的过程中自己的角色定位，更好地完成监管职责，还有助于其快速且灵活地应对金融全球一体化所带来的国内和国际市场变化。国际货币基金组织（IMF）和巴塞尔委员会（BCBS）都在其金融监管指导性文件中，明确提出金融监管独立性要求，并指出金融监管独立性是衡量和保障一国金融监管有效性和金融体系稳健性的重要内容。这也得到了一些实证研究的支持，譬如，马勇（2010）借助跨国/地区数据，从宏观层面考察金融监管独立性与金融体系稳定性的关系，发现金融监管独立性对金融体系的稳定性有统计上显著的积极影响。安辉、李竹薇、付丹雅（2013）也指出银行监管独立性使得监管机构在制定和实施审慎监管政策时有更大的操作空间，实证发现监管独立性对资产安全性和资源配置效率有正面影响，有利于提高整个银行体系的稳定性。

尽管金融监管独立性很重要，但其长期以来被学者所忽视。在主流的学者眼中，中央银行的独立性（CBI）是主要的、首位的，而金融监管机构的独立性则相对不重要（Masciandaro，2007；Quintyn 和 Taylor，2007）。因而，金融监管的独立性被中央银行

---

①　作者将央行涉足金融监管对银行利润的影响归结于央行涉足银行监管增加了监管者数量，即监管者数量影响了银行的利润。

②　作者将原因归结于两个方面：一是央行监管的部门增加后，其不得不将有限的资源配置到众多的金融机构上，没有以银行业发展的监管视角对银行实施特定的监管，银行监管质量下降；二是央行涉足金融监管致使其官僚权力膨胀，监管效率下降，尤其是在央行独立性较差的国家，其更可能被政府"俘获"。

③　换个角度来说，央行涉足金融监管好像提供了一个"隐性"的担保，该担保在正常时期加剧了金融机构的道德风险行为，而在危机时期却缓解了危机的负面影响，稳定了整个金融体系。

独立性的问题所掩盖①，相关的理论和实证研究都凤毛麟角。

　　回顾以往文献，可以发现目前尚无研究涉及金融监管组织结构与金融监管独立性。从第三章的理论分析可知，在不同监管组织结构下，政府对专业监管机构的控制力上存在差异，因而监管机构的独立性也可能存在差异。也就是说，金融监管组织结构与监管的独立性密切相关。譬如，如果单一的监管机构独揽金融监管权力，那么一旦出现金融动荡或者监管失败，其将无法推卸责任；自然地，金融监管当局会强烈地要求拥有足够的独立性以保障其职责在履行时不会受到其他监管机构或者政府的牵制和左右。但与此同时，政府出于对超级金融监管机构权力过于集中而遭受滥用问题的担心，也有限制监管机构独立性的冲动。因此，本节将利用世界银行金融监管结构数据和银行监管独立性数据，对金融监管结构与监管独立性的关系展开一个简单的实证研究。

　　本文选择的被解释变量，即监管机构独立性指标有三个：一是监督机构免受政府影响的程度（Ind – Political）。如果是诸如国会，或者议会等立法机构直接对监管机构负责，那么监管机构就享有较高的独立性，指标赋值为1，否则为0。② 二是执法的独立性（Ind – Bank）。该指标衡量了监管机构的员工是否对自己合规监管行为造成的银行损失承担个人责任，如果答案为否，那么监管机构拥有较高的独立性，赋值为1，否则为0。三是任职期限（Ind – Term）。如果监管机构主管的任职期限是有固定的期限，那么政治当局对其的影响就比较小，监管独立性就较大。在指标赋值中，对监管主管有固定任职期限并大于4年的，赋值为1，否则为0。③ 控制变量中，除了金融监管结构指标外，本文还包括了 Kaufmann 等（2010）的政治稳定指标、La Porta 等（2008）的法律渊源（legal traditions）④ 以及人均 GDP。

　　表7 – 2 给出了相应的回归结果。从结果上看，金融监管集中度对 Ind – Political 和 Ind – Bank 指标无显著的影响，而对监管机构任职期限 Ind – Term 有显著的负影响，即金融监管机构越集中，监管机构负责人的任职越不固定，或者任职期限小于4年，说明金融监管机构集中度越高，政府因对监管机构权力过度集中、会不受控制

---

　　① 主要原因可能在于：（1）金融体系过于复杂，对该体系的认识目前仍有诸多的争议，政府很难给金融监管机构放权；（2）政府出于特殊的目标，需要对金融体系加以控制，譬如对于转型期国家来说，政府对金融管制权的掌控不仅能够为经济的转型提供必要的金融资源，还可以为其提供一个稳定的金融环境；（3）政府将金融部门当作一个再分配的工具，通过其赚取"租金"。

　　② 在绝大多数国家，金融监管当局并不是完全独立于政府，而是其一个直属部门，或是代理监管部门。

　　③ Taylor 和 Quintyn（2002）在研究中将监管独立性分为四类：管制独立性（regulatory independence）、监督独立性（supervisory independence）、机构独立性（institutional independence）和预算独立性（budgetary independence）。其中，管制独立性指监管当局具有在法律规定的框架下，独立制定相关监管规则的权力；监督独立性指监管当局能够不受干扰地实施监管，包括现场和非现场检查，对违反规则的行为进行制裁；机构独立性指金融监管当局独立于财政部等政府机构，隶属于立法机构；预算独立性指监管机构的预算不被政府所约束。本文的三个指标中，第一个和第三个为机构独立性指标，第二个为监督独立性指标。

　　④ （1）原始政治稳定指标中，Kaufmann 等研究者在早期只计算了偶数年估值，因此我们用 1998 年的数据代替了 1999 年。（2）La Porta 等（2008）将一国的法律渊源划分为了五个大类：英美法（leg – uk）、法国法（leg – fr）、德国法（leg – fr）、斯堪的纳维亚法律（leg – sc）以及社会主义法（leg – so）。其中按照两分法，英美法就是普通法系（common law），而其他的法都为大陆法系（civil law）的分支。在我们的样本中，实际上只有四种法律传统，没有最后一种社会主义法律传统。在实证的过程中，以普通法系作为了基准组。

的担心而减少了监管机构主管的任职期限，或者采用无固定任职期限的聘任方式，以加强对监管机构的控制。不过，总指标的回归结果为正，表明整体上看，监管机构越集中，监管机构的独立性越强；对极端情况①进行的检验也证实了这一点，检验发现两组样本的监管独立性指标尽管在统计上无显著的差异，但统一模式下独立性指标的均值更大。CBFA 指标在回归中的系数都为正，并在总的独立性指标回归中在 5% 的水平下显著，表明中央银行涉足金融监管程度越深，金融监管的独立性越强。可能的原因是中央银行长期以来负责的货币政策拥有较高的独立性，当央行兼顾金融监管时，这种独立性并不能被削弱，因而金融监管也拥有了较高的独立性。为了检验这个结论，对 CBFA 指标用二元度量方法重新衡量②，结果如表 7 - 3 所示。从表 7 - 3 中可见，中央银行兼顾银行的监管会使得银行监管在法律上更独立于政府，并且整体来看，这种结果也成立。

表 7 - 2　　　　　　　　　金融监管结构与银行监管独立性

因变量	(1) Ind - Poli	(2) Ind - Bank	(3) Ind - Term	(4) S - Ind	(5) Ind - Poli	(6) Ind - Bank	(7) Ind - Term	(8) S - Ind
FAC	- 0.0105 (0.0200)	0.0165 (0.0166)	- 0.0320 * (0.0180)	0.0138 (0.0329)				
CBFA					0.0224 (0.0185)	0.00472 (0.0153)	0.00457 (0.0166)	0.0626 ** (0.0304)
Pol - Stab	- 0.0362 (0.0462)	0.0845 ** (0.0409)	0.192 *** (0.0428)	0.303 *** (0.0785)	- 0.0475 (0.0462)	0.0855 ** (0.0408)	0.182 *** (0.0430)	0.278 *** (0.0784)
GDP	0.0182 (0.0312)	0.0240 (0.0280)	- 0.0503 * (0.0279)	- 0.0470 (0.0529)	0.0169 (0.0304)	0.0305 (0.0276)	- 0.0591 ** (0.0278)	- 0.0371 (0.0532)
leg - fr	- 0.0411 (0.0696)	- 0.352 *** (0.0537)	0.0909 (0.0644)	- 0.365 *** (0.116)	- 0.0213 (0.0725)	- 0.350 *** (0.0554)	0.0973 (0.0650)	- 0.315 *** (0.117)
leg - ge	0.154 * (0.0859)	- 0.302 *** (0.0678)	- 0.117 (0.0823)	- 0.442 *** (0.159)	0.183 ** (0.0907)	- 0.289 *** (0.0719)	- 0.122 (0.0845)	- 0.341 ** (0.159)
leg - sc	- 0.0291 (0.139)	- 0.467 *** (0.125)	- 0.0560 (0.140)	- 0.802 *** (0.299)	0.000980 (0.141)	- 0.434 *** (0.128)	- 0.0934 (0.139)	- 0.645 ** (0.289)
constant	0.286 (0.277)	0.631 ** (0.251)	1.141 *** (0.255)	2.408 *** (0.481)	0.197 (0.287)	0.596 ** (0.262)	1.127 *** (0.265)	2.144 *** (0.504)
N	311	320	296	274	311	320	296	274
R^2	0.022	0.160	0.082	0.098	0.026	0.158	0.073	0.109

注：***、**、* 分别表示 1%、5%、10% 的显著水平。S - Ind 代表前三个独立性指标 Ind - Poli、Ind - Bank、Ind - Term 的加总。

---

① 两种极端情况指分业金融监管模式下和统一监管（譬如，金融服务局）模式。
② 二元指标 CBFA3 的赋值规则为：如果中央银行兼顾银行监管，赋值为 1，否则为 0。

表 7 – 3 中央银行与银行监管独立性：稳健性检验

因变量	(1) Ind – Poli	(2) Ind – Bank	(3) Ind – Term	(4) S – Ind
CBFA3	0.167 ***	0.0159	0.0523	0.218 *
	(0.0628)	(0.0573)	(0.0592)	(0.111)
Poli – Stab	− 0.0558	0.0860 **	0.179 ***	0.284 ***
	(0.0459)	(0.0408)	(0.0429)	(0.0782)
GDP	0.0353	0.0319	− 0.0538 *	− 0.0201
	(0.0312)	(0.0287)	(0.0282)	(0.0545)
leg – fr	0.0134	− 0.349 ***	0.111 *	− 0.288 **
	(0.0734)	(0.0569)	(0.0669)	(0.123)
leg – ge	0.221 **	− 0.289 ***	− 0.106	− 0.332 **
	(0.0906)	(0.0720)	(0.0848)	(0.161)
leg – sc	0.0585	− 0.434 ***	− 0.0680	− 0.631 **
	(0.137)	(0.129)	(0.142)	(0.293)
constant	− 0.0375	0.586 **	1.050 ***	2.008 ***
	(0.301)	(0.279)	(0.272)	(0.524)
N	311	320	296	274
R^2	0.044	0.158	0.075	0.109

注：*** 、** 、* 分别表示1%、5%、10% 的显著水平。S – Ind 代表前三个独立性指标 Ind – Poli、Ind – Bank、Ind – Term 的加总。

其他的解释变量中，政治和社会稳定指标对金融监管当局独立性有显著的正向影响，一国政治和社会越稳定，监管机构的监督独立性就越高，任职期限越固定、期限越长，这符合直觉。一些国家面临特殊的发展任务，需要集中力量调集金融资源，因此政府当局对金融监管权力的掌控就显得尤为重要，此时监管的独立性较低，这对发展中国家尤其如此。不过，实证结果并没有找到相应的证据，我们只是发现人均 GDP 越大，任职期限越不固定或者越短，独立性越差，但其他独立变量并没有相同的结果，加总的独立性指标也不显著。此外，从结果上看，不同的法律传统对监管独立性确实有显著的影响：相比于普通法系的国家，其他法系国家监管机构的独立性更差，尤其是监管的独立性；采用德国法律传统的国家，监管机构在法律上的独立性更好。[①]

7.2.3 金融监管结构与金融混业的限制

金融混业与金融稳定休戚相关。一些观点认为金融机构的混业经营有利于金融体系的稳定，譬如 Barth 等（2006）在反思当今银行监管时发现，限制银行经营活动会

---

① 采用不同金融监管组织结构的度量方法重复上述的研究，结果依然稳健。限于篇幅省略了相关的回归结果。

对银行业的稳定产生负面影响，增加了银行业的脆弱性；陈雨露和马勇（2008）对61个国家实证发现，混业经营程度对金融稳定性有显著的正向影响，一国对银行混业经营限制程度越大，该国发生系统性银行危机的可能性也越大，该国的金融体系也越不稳定。同时，也有不少的证据显示了混业经营的负面效应，譬如Wagner（2010）指出尽管混业经营降低了个体金融机构失败的风险，但增加了金融体系的风险，因为混业使金融机构间的业务变得同质，增加了风险传染的可能性。Ibragimov等（2011）认为对个体金融机构来说混业是最优的选择，但对整个社会来说可能是一个次优的选择；风险分布特性对混业选择至关重要，如果风险是厚尾型的，那么金融机构的多元化行为对社会来说是次优的。

尽管目前理论上对于混业经营在金融安全、金融风险传染、垄断竞争、经营效率等方面的讨论尚无定论（秦国楼，2003），但面对着经济金融全球化带来的竞争压力，各个金融机构都在努力通过金融创新等手段突破监管限制，向多元化的金融业务方向发展，并且游说监管当局和立法机构解禁金融业务间的限制。[①] 然而，2008年的国际金融危机给人们敲响了警钟，过度混业经营对金融稳定的负面影响也得到了新的认识。危机后，美国通过了《多德—弗兰克法案》，法案中的"沃尔克法则"关键内容直指金融混业对金融稳定的不良影响，提出要限制银行过度混业经营，包括限制自营交易、禁止银行拥有或者资助私募基金和对冲基金。总之，从理论和实践来看，过度的金融混业是不可取的。

由第三节的理论分析可知，单一金融监管机构拥有明确的监管任务和目标，能够避免监管真空和多监管机构架构下监管不协调的问题。因而，在金融混业情景下研究金融监管组织结构的选择时，学者们往往提出应转变金融分业背景下的机构型金融监管模式，采用统一的金融监管模式。[②] 倘若现实中决策者按照上述的逻辑来设计金融监管结构，那么可以预见到金融监管结构与业务准入和金融集团化的限制应该存在负相关关系。目前，尚无实证对此展开研究，因而接下来本文将从金融业务限制和金融集团化的限制[③]两个方面考察金融监管结构与金融混业限制之间的关系。

（一）业务准入

为了考察不同的金融监管安排下监管当局对银行从事其他业务的限制程度，本文将

---

① 金融机构努力采取多元化的战略除了为了提高竞争力以外，"大而不能倒"的道德风险问题也是一个不容忽视的因素。

② 提出金融监管一体化的依据在于，金融混业使得金融机构的业务多元化、复杂化，金融监管也随之变得复杂和困难，分业型（机构型）的监管模式很难协调各个独立的监管机构以及整体性地监管多元化的金融机构和金融集团。

③ 这是限制金融混业的两个方面。金融监管当局一方面可以通过限制单一金融机构的金融业务来限制金融混业；另一方面，还必须对金融机构通过集团化的方式，比如设立子公司等实施金融混业。目前很多国家只是对单一金融机构的业务采取限制，而对采用金融集团化方式的金融混业的限制则相对较弱。以美国为典型代表的市场导向型的模式是政府通过"外在防火墙"，即严格约束证券与银行活动来隔离风险，而以日德为代表的银行为主导的金融模式则通过严格管制银行与企业关系的"内在防火墙"机制管控风险。通过银行业的管制活动量化数据可以看到，德国的得分为5，而美国为8，美国对银行参与其他业务的限制要比德国严格，但在银企关系上，德国对企业持有银行或者银行持有企业处于允许级别，而美国则处于限制级别。

从银行在证券、保险、房地产三个方面的业务准入限制展开。世界银行在调研时，对业务限制的程度分为了渐趋严格的四个类别：（1）所有这些活动银行都可以参与；（2）所有这些活动银行都可以参与，但所有的或者部分活动只能在子公司中[①]；（3）部分活动银行可以参与；（4）无论银行还是子公司，都不可以参与这些活动[②]。为了量化分析，文中将这四个渐趋严格的限制依次赋值为1~4，同时为了从整体上考察，将对上述三个方面业务的限制进行简单的加总。在控制变量方面，除了金融监管结构指标外，还控制了人均GDP、金融集团限制程度[③]（OFCR）、一国银行集中度（BCA）、外国银行占比（FBR）、国有银行占比（GBR）以及法律传统等因素。[④]

　　表7-4给出了回归的结果。从表7-4中可见，FAC指标在回归中并不显著，表明对银行业务的限制并不会受到金融监管模式的影响，即我们并没有找到一国采用单一监管机构是源于金融混业的证据[⑤]。CBFA指标在模型（5）中显著的为负，表明中央银行涉足金融监管的程度越深，其对银行参与证券活动的限制就越严格，但在房地产和保险活动上并没有类似的发现[⑥]；采用二元指标度量CBFA3后（结果如表7-5所示），上述结果依然不变。其他控制变量中，OFCR指标在所有的回归中的系数都为正，并在1%的显著水平下显著，表明限制金融集团化和限制银行的业务是同时的，对金融集团限制越严格的国家对银行业务范围的限制也越严格。GDP的系数为负，并在大部分的回归中显著，表明人均GDP越高的国家对银行开展其他业务的限制越少，这与我们常常观察到发达国家对银行参与非银行业务的限制相对较少契合。BCA指标在模型（1）和模型（5）中的系数为正，并在5%的水平下显著，说明银行业越集中，监管当局对银行参与证券活动的限制就越严格；FBR指标同样在这两个模型中显著，系数为负，表明外国银行占的比重越高，监管当局对银行参与证券活动的限制就

---

　　① 在第四次调研中，还包括了以控股公司或者母公司的形式。

　　② 英国对银行在证券和房地产方面没有采取限制，值为1，在保险方面，也从完全限制变为了不限制，即第一次调研时得分为4，最近一次得分为1。这为金融混业的国家应采用统一的监管模式提供了佐证。美国在1999年允许部分证券活动银行可以参与，后来放松，经历了次贷危机后又限制了银行部分证券活动，四次调研得分依次为3、2、2、3。同样，在次贷危机后对银行参与房地产业务进行了严格的限制，限制级别由3提高到4。德国延续着全能银行制度，少有对银行业务活动的限制，对证券和房地产业务的得分都是1，近年来对银行参与保险业务加强了限制，从最初的1变为了3。

　　③ 个体金融机构业务的限制和金融集团的限制是限制混业经营的两个不同方面，一般来说，个体金融机构的业务多元化限制较为常见，而对金融集团的限制则相对宽松。在一些国家可能对两个方面都同时限制，而一些国家可能只限制某一方面，因此在回归中同时控制金融集团的限制程度以考察一下两者是否存在互相替代的关系。金融集团的限制程度相关的度量方法将在下一个小节详细介绍。

　　④ 除了法律传统数据来自La Porta等（2008）外，其他数据都来自世界银行，其中一些数据采用了Barth等（2013）对原始数据处理后的结果。一国银行集中度（BCA）指标用Bankscope中银行数据计算的前三位的银行占整个银行资产的比例。

　　⑤ 面对金融混业大趋势，学者们倡议一体化的金融监管模式，原因包括：（1）全能型的金融机构对各项金融业务会进行集中控制、风险评估和管理，其公司结构和内部联系十分错综复杂，使得建立在单一机构基础上的传统金融监管体制不可能得以有效实施；（2）金融创新使得各个金融业务、金融产品从功能上来说越来越一样，但区别地监管，这导致不公平的竞争，产生监管套利。倘若这一逻辑是摒弃分业监管模式的原因，那么我们应该就能预见FAC的实证系数为负。

　　⑥ 我们采用FAC2和CBFA2重复了上述的回归过程，结果依然稳健。

越宽松；而国有银行指标 GBR 在所有的回归中都不显著。从法律传统上看，采用法国法律传统的国家对银行参与保险活动的限制相比于英美法系国家严格；采用德国和法国法律传统的国家相比英美法系国家在银行参与证券活动上的限制相对宽松。

表 7 - 4 金融监管结构与金融业务限制

因变量	(1) secut	(2) insur	(3) real	(4) restrict	(5) secur	(6) insur	(7) real	(8) restrict
FAC	- 0.00652	0.0175	- 0.00483	0.00430				
	(0.0354)	(0.0393)	(0.0449)	(0.0771)				
CBFA					- 0.101 ***	0.0438	0.0310	- 0.0245
					(0.0252)	(0.0361)	(0.0401)	(0.0654)
OFCR	0.119 ***	0.0977 ***	0.232 ***	0.446 ***	0.117 ***	0.101 ***	0.232 ***	0.446 ***
	(0.0315)	(0.0295)	(0.0409)	(0.0679)	(0.0313)	(0.0294)	(0.0394)	(0.0661)
GDP	- 0.199 ***	- 0.0775	- 0.166 ***	- 0.448 ***	- 0.189 ***	- 0.0759	- 0.172 ***	- 0.443 ***
	(0.0448)	(0.0502)	(0.0587)	(0.109)	(0.0424)	(0.0482)	(0.0575)	(0.106)
BCA	0.612 **	0.335	- 0.530	0.436	0.651 **	0.318	- 0.542	0.446
	(0.266)	(0.325)	(0.365)	(0.661)	(0.265)	(0.330)	(0.363)	(0.662)
FBR	- 0.435 ***	- 0.0298	0.119	- 0.362	- 0.374 **	- 0.0560	0.100	- 0.347
	(0.166)	(0.202)	(0.231)	(0.397)	(0.166)	(0.201)	(0.232)	(0.401)
GBR	- 0.154	0.279	- 0.315	- 0.201	- 0.00542	0.188	- 0.347	- 0.175
	(0.315)	(0.311)	(0.426)	(0.701)	(0.310)	(0.298)	(0.425)	(0.713)
leg _ fr	- 0.174	0.329 ***	0.0522	0.207	- 0.227 *	0.352 ***	0.0685	0.194
	(0.126)	(0.123)	(0.159)	(0.259)	(0.125)	(0.127)	(0.158)	(0.260)
leg _ ge	- 0.0267	0.285 *	- 0.0667	0.187	- 0.157	0.350 **	- 0.0305	0.159
	(0.133)	(0.157)	(0.189)	(0.314)	(0.138)	(0.163)	(0.193)	(0.329)
leg _ sc	- 0.151	0.119	0.338	0.262	- 0.297	0.206	0.376	0.233
	(0.203)	(0.231)	(0.323)	(0.522)	(0.228)	(0.234)	(0.321)	(0.520)
constant	2.614 ***	2.179 ***	3.153 ***	8.021 ***	2.785 ***	2.074 ***	3.114 ***	8.050 ***
	(0.557)	(0.550)	(0.730)	(1.286)	(0.537)	(0.552)	(0.722)	(1.270)
N	226	227	228	227	226	227	228	227
R^2	0.236	0.106	0.227	0.300	0.274	0.112	0.229	0.301

注：(1) *** 、** 、* 分别表示1%、5%、10%的显著水平。(2) OFCR（Overall Financial Conglomerates Restrictiveness）指对金融集团的总体限制程度；BCA（Bank Concentration）指根据一国前五大银行资产计算的银行集中度；FOBR（Foreign - Owned Banks Rate）指按照资产计算的外国银行占比；GBR（Government - Owned Banks Rate）指按照资产计算的国有银行占比。restrict 代表对前面三个限制指标的加总。

表 7 – 5　　　　　　　　中央银行监管职能分离与银行业务准入：稳健性检验

	(1)	(2)	(3)	(4)
	secur	insur	real	restrict
CBFA3	− 0. 319 ***	0. 162	− 0. 0684	− 0. 217
	(0. 107)	(0. 117)	(0. 143)	(0. 255)
OFCR	0. 111 ***	0. 104 ***	0. 230 ***	0. 441 ***
	(0. 0313)	(0. 0294)	(0. 0403)	(0. 0670)
GDP	− 0. 221 ***	− 0. 0606	− 0. 173 ***	− 0. 459 ***
	(0. 0415)	(0. 0477)	(0. 0576)	(0. 104)
BCA	0. 683 **	0. 299	− 0. 515	0. 485
	(0. 271)	(0. 329)	(0. 368)	(0. 667)
FBR	− 0. 391 **	− 0. 0518	0. 128	− 0. 332
	(0. 165)	(0. 201)	(0. 234)	(0. 401)
GBR	0. 00810	0. 171	− 0. 274	− 0. 106
	(0. 310)	(0. 299)	(0. 424)	(0. 711)
Leg – fr	− 0. 257 **	0. 372 ***	0. 0338	0. 150
	(0. 130)	(0. 128)	(0. 163)	(0. 268)
Leg – ge	− 0. 157	0. 360 **	− 0. 0968	0. 104
	(0. 144)	(0. 162)	(0. 197)	(0. 330)
Leg – sc	− 0. 319	0. 226	0. 297	0. 157
	(0. 231)	(0. 234)	(0. 321)	(0. 535)
constant	3. 035 ***	1. 936 ***	3. 253 ***	8. 289 ***
	(0. 537)	(0. 562)	(0. 744)	(1. 281)
N	226	227	228	227
R^2	0. 265	0. 112	0. 228	0. 303

注：(1) ***、**、* 分别表示 1%、5%、10% 的显著水平。(2) OFCR（Overall Financial Conglomerates Restrictiveness）指对金融集团的总体限制程度；BCA（Bank Concentration）指根据一国前五大银行资产计算的银行集中度；FOBR（Foreign – Owned Banks Rate）指按照资产计算的外国银行占比；GBR（Government – Owned Banks Rate）指按照资产计算的国有银行占比。restrict 代表对前面三个非银行活动限制指标的简单加总。

（二）金融集团

面对政府对其他非银行活动的限制，银行往往通过采用金融集团化[①]的操作方式来突破规制限制，在集团层面实现多元化经营。同单一金融机构的混业经营相似，金融集团式的混业除了会面临单一业务金融机构所具有的一般风险外，还增加了一些特殊的风

[①] 金融集团化是指一家金融机构通过全资或者控股附属机构开展非主营金融业务所形成的集团。

险，譬如传染风险（王晔，2003）[1]，因而在金融集团为主导的市场中，要进行有效监管必须建立全国单一监管者（李曜，2003）。那么，实际操作中，是否按照这样的逻辑？接下来本文将作一个尝试。

选取了三个维度来衡量对金融集团的限制程度，它们分别是：（1）银行拥有非金融公司的限制（Bank Owning Nonfinancial Firms，BONF）；（2）非金融公司拥有银行的限制（Nonfinancial Firms Owning Banks，NFOB）；（3）非银行金融机构拥有银行的限制（Nonbank Financial Firms Owning Banks，NBFFOB）。世界银行调研时，对这三类限制分为依次趋于严格的四个限制级别：一是无限制级别，银行可以拥有100%的股权，或者非金融企业和非银行金融机构可以拥有100%的银行股权；二是允许级别，银行可以拥有非金融公司100%的股权，但受到银行股权资本的限制，或者非金融企业和非银行金融机构可以拥有100%的银行股权，但需要相关部门事前的授权和批准；三是限制级别，银行拥有的非金融公司股权少于100%，或者对非金融企业和非银行金融机构持有的银行股份有限制；四是禁止级别，银行不能拥有非金融企业的股权或者非金融企业和非银行金融机构不能持有银行股权[2]。其他的控制变量与前文在分析金融混业时一样。

表7-6给出了相关的回归结果。从表7-6中可见，FAC指标的系数为正，并在模型（1）、模型（3）中显著，表明金融监管机构集中度越高，对金融集团化的限制就越严格；需要进一步说明的是，严格的限制针对的是银行拥有非金融公司和非银行金融公司拥有银行，而非金融公司拥有银行并没受到金融监管安排的影响。从整体上来看（模型4），一国金融监管机构越集中，对金融集团的限制越严格，这间接地表明采用单一监管模式并非因为金融混业。CBFA指标在回归中并不显著，似乎说明中央银行是否涉足金融监管对金融集团是否受到限制没有太多的相关性，但在采用二元度量指标CBFA3后发现央行涉足银行监管会显著地削弱对银行持有非金融公司的限制（结果见表7-7）。其他变量中，restrict的系数显著为正，结合前文在分析业务准入时的结果，我们可以大胆地推测：一国往往会在业务准入和金融集团化方面同时进行限制，以便严格界定金融机构的业务，树立不同金融业务风险天然"防火墙"。GBR在模型（2）和模型（6）中系数为负，并在5%的水平下显著，说明国有银行占比越高的国家，其对非金融公司拥有银行的限制越弱；BCA和FBR在回归中都不显著。法律传统方面，相比于英美法系国家，采用德国法律传统的国家对金融集团的限制相对较弱，尤其是对非金融企业拥有银行和非银行金融机构拥有银行的限制；而传承自斯堪的纳维亚法律传统的国家削弱了对非银行金融机构拥有银行的限制。

---

① 集团内部错综复杂的业务关系和持股关系，使得市场可能因为某一项业务的失败而对所有集团业务的经营状况产生怀疑。

② 在第四次调研中，问卷对银行是否可以从事非金融活动（指除了那些辅助的企业银行业务，如IT公司、讨债公司等以外的其他活动）进行了细化。无限制级别是银行可以直接进行非金融活动；允许级别是非金融活动必须在子公司进行，或在另一个控股公司或母公司；限制级别是非金融活动可在子公司进行，或控股公司或母公司，但受到监管限制或需要批准；禁止级别是完全限制。

表 7 - 6　　　　　　　　　　金融监管结构与金融集团的限制程度

因变量	(1) BONF	(2) NFOB	(3) NBFFOB	(4) OFCR	(5) BONF	(6) NFOB	(7) NBFFOB	(8) OFCR
FAC	0. 101 ***	0. 0273	0. 0698 **	0. 208 ***				
	(0. 0374)	(0. 0302)	(0. 0306)	(0. 0740)				
CBFA					0. 0277	- 0. 0141	- 0. 0145	- 0. 00650
					(0. 0372)	(0. 0260)	(0. 0249)	(0. 0624)
restrict	0. 174 ***	0. 106 ***	0. 0958 ***	0. 399 ***	0. 179 ***	0. 106 ***	0. 100 ***	0. 413 ***
	(0. 0266)	(0. 0246)	(0. 0271)	(0. 0561)	(0. 0265)	(0. 0246)	(0. 0268)	(0. 0561)
GDP	- 0. 0530	- 0. 0131	- 0. 0334	- 0. 0467	- 0. 0178	- 0. 00198	- 0. 00250	0. 0391
	(0. 0458)	(0. 0459)	(0. 0518)	(0. 104)	(0. 0434)	(0. 0440)	(0. 0486)	(0. 0982)
BCA	0. 154	- 0. 0540	0. 319	0. 502	0. 150	- 0. 0427	0. 332	0. 526
	(0. 277)	(0. 272)	(0. 283)	(0. 652)	(0. 277)	(0. 274)	(0. 284)	(0. 659)
FBR	0. 0923	- 0. 221	- 0. 234	- 0. 197	0. 0756	- 0. 216	- 0. 225	- 0. 196
	(0. 175)	(0. 171)	(0. 171)	(0. 375)	(0. 179)	(0. 172)	(0. 174)	(0. 387)
GBR	0. 559 *	- 0. 633 **	- 0. 334	- 0. 130	0. 330	- 0. 669 **	- 0. 446	- 0. 520
	(0. 285)	(0. 310)	(0. 306)	(0. 706)	(0. 284)	(0. 314)	(0. 320)	(0. 730)
Leg – fr	0. 00788	- 0. 0647	- 0. 193	- 0. 179	0. 0326	- 0. 0692	- 0. 199	- 0. 179
	(0. 132)	(0. 132)	(0. 133)	(0. 288)	(0. 133)	(0. 130)	(0. 131)	(0. 286)
Leg – ge	- 0. 182	- 0. 246 *	- 0. 328 **	- 0. 798 ***	- 0. 0909	- 0. 247 *	- 0. 314 **	- 0. 708 **
	(0. 156)	(0. 139)	(0. 134)	(0. 303)	(0. 159)	(0. 144)	(0. 140)	(0. 321)
Leg – sc	- 0. 150	- 0. 347	- 0. 578 **	- 1. 049 *	0. 0271	- 0. 330	- 0. 513 **	- 0. 802
	(0. 262)	(0. 229)	(0. 241)	(0. 612)	(0. 262)	(0. 228)	(0. 243)	(0. 622)
constant	1. 327 **	1. 718 ***	1. 603 **	3. 731 ***	1. 154 **	1. 718 ***	1. 511 **	3. 416 ***
	(0. 533)	(0. 565)	(0. 637)	(1. 257)	(0. 546)	(0. 558)	(0. 611)	(1. 226)
N	236	237	229	227	236	237	229	227
R^2	0. 236	0. 142	0. 147	0. 270	0. 210	0. 140	0. 132	0. 245

注：(1) *** 、 ** 、 * 分别表示1% 、5% 、10% 的显著水平。(2) OFCR（Overall Financial Conglomerates Restrictiveness）指金融集团的总体限制程度，是 BONF、NFOB、NBFFOB 三个指标的简单加总；restrict 是对前面证券、保险、房地产三个非银行活动限制指标的简单加总。

表 7 - 7　　　　　　　　　　中央银行是否涉足银行监管与金融集团

	(1) BONF	(2) NFOB	(3) NBFFOB	(4) OFCR
CBFA3	- 0. 226 **	0. 0644	- 0. 0164	- 0. 201
	(0. 114)	(0. 101)	(0. 103)	(0. 232)
restrict	0. 174 ***	0. 108 ***	0. 100 ***	0. 409 ***
	(0. 0271)	(0. 0244)	(0. 0265)	(0. 0562)

续表

	（1）	（2）	（3）	（4）
	BONF	NFOB	NBFFOB	OFCR
GDP	− 0.0316	0.00148	− 0.00510	0.0247
	（0.0440）	（0.0442）	（0.0481）	（0.0969）
BCA	0.223	− 0.0669	0.330	0.569
	（0.279）	（0.272）	（0.285）	（0.661）
FBR	0.112	− 0.229	− 0.231	− 0.173
	（0.180）	（0.172）	（0.172）	（0.382）
GBR	0.463	− 0.714 **	− 0.457	− 0.433
	（0.285）	（0.311）	（0.316）	（0.722）
Leg − fr	− 0.0428	− 0.0446	− 0.195	− 0.227
	（0.139）	（0.132）	（0.130）	（0.285）
Leg − ge	− 0.212	− 0.205	− 0.302 **	− 0.777 **
	（0.167）	（0.145）	（0.139）	（0.319）
Leg − sc	− 0.131	− 0.276	− 0.500 **	− 0.892
	（0.263）	（0.237）	（0.246）	（0.618）
constant	1.522 ***	1.600 ***	1.506 **	3.676 ***
	（0.563）	（0.571）	（0.618）	（1.260）
N	236	237	229	227
R²	0.221	0.141	0.131	0.247

注：（1）***、**、* 分别表示 1%、5%、10% 的显著水平。（2）OFCR（Overall Financial Conglomerates Restrictiveness）指金融集团的总体限制程度，是 BONF、NFOB、NBFFOB 三个指标的简单加总；restrict 是对前面证券、保险、房地产三个非银行活动限制指标的简单加总。

7.2.4 金融监管结构与资本要求

资本要求作为巴塞尔协议的核心支柱之一，其一直是各国提高金融稳定的途径之一。区别于其他金融中介机构，银行有吸收存款的功能，这使得银行拥有高企的杠杆率。在银行股东资本一定的情况下，股东承担有限的责任，有动力去承担过度的风险，即存在严重的道德风险问题。因而，政府寄希望于实施银行资本监管能够削弱银行的这一道德风险，降低银行个体乃至整个银行体系的风险水平。另外，充足的资本准备可以使得银行面临非预期的损失时有足够的缓冲余地。可见，资本充足对银行的稳健经营，乃至金融体系稳定都非常重要。因此，本节考察了不同监管结构下，资本金要求和资本充足率两个方面是否存在显著的差异。

本文从两个方面度量了资本管制要求：一个是银行准入时的初始资本要求（Initial Capital Stringency，ICS），另一个是银行持续经营过程中的资本充足率要求（Overall Capital Stringency，OCS）。前一个指标衡量了初始投入资本要求的严格程度，包括了初始注资的形式、监管部门是否需要对资金进行核实等；后一个指标涵盖了计算资本充足率时风险权重要求、外汇和证券投资损失扣除要求、充足率是否按照市场变化等[①]。另外，为了从整体考察资本要求，引入资本管制指数（Capital Regulatory Index，CRI），其为上述两个指标的简单加总。同时，本书还引入了资本充足率[②]（Bank Capital to Total Asset，BCA），衡量了一国银行体系年度实际资本充足率状况。除了金融监管组织结构变量外，本书还引入了国家类型（country）、政治稳定（PS）、存款保险制度（DI）、银行集中度（BCA）等指标[③]。

回归结果如表 7 - 8 所示。从回归结果上看，FAC 指标在模型（1）和模型（3）中的系数为正，并至少在 10% 的水平下显著，而模型（2）不显著，说明金融监管机构越集中，对银行持续经营期间的资本要求越严格，并且从整体上来说资本管制也越严格，但对初始资本的要求没有显著的影响。但在模型（4）中，FAC 的系数为负，并且在 5% 的水平下显著，表明金融监管机构越集中的国家，其银行业实际资本充足率越低。看似矛盾的结果表明，一国金融监管机构越集中，资本管制的要求越严格，而出于对严格管制的信心，银行业实际的资本充足率相对较低；换句话讲，资本要求和实际资本充足率可能是质与量的关系，在实际实施过程中可以相互替代，而只对某一方面严格要求。CBFA 指标在资本管制指数（CRI）的回归中系数显著为负，说明央行涉足金融监管程度越深，整体上对资本要求就越宽松，但模型（8）的系数表明，银行业实际的资本充足率反而更高。这也证实了前面关于资本要求和实际资本充足率可能存在相互替代的关系。另外，本书还用 CBFA 二元指标进行了检验，结果如表 7 - 9 所示。结果强化了前面的分析，并且还发现中央银行兼顾银行监管时，其对银行存续期间的资本要求相对宽松，而对初始资本要求更严格，但从整体看来资本要求是相对宽松的。其他变量中，国家类型指标（country）在模型（1）和模型（5）中的系数为正，但在模型（2）和模型（6）中的系数为负，并都在 1% 的水平下显著，说明高收入国家对银行准入时的初始资本要求相对宽松，但在银行的持续经营过程中，对资本管制的要求则相对严格；从实际资本充足率上来看，指标的系数显著为负，表明高收入国家银行资本充足率水平较低。社会和政治稳定指数（PS）在模型（2）和模型（8）中系数显著为负，表明政治和社会越稳定，银行的资本充足率越低，这符合经济学直觉。存款保险制度指标（DI）在模型（2）和模型（6）中显著为负，说明全额保险会影响银行的初始资本要求，但对持续经营期间的资本要求并没有显著的影响。FBR 和 GBR 在模型（1）、模型（3）、模型（5）、模型（7）中系数为正，并至少在 5% 的水平下显著，说明从整体上

① （1）指标具体的涵盖问题可参阅世界银行的相关调研，或者 Barth 等（2013）相关的整理和说明。（2）两个指标的数值越大，表明资本管制越严。

② 该指标来自世界银行 GFDD 数据库，其原始数据来自国际货币基金组织（IMF）的全球金融稳定报告。

③ 国家类型 country 指标根据世界银行的数据，以人均收入为基准将国家分为低收入、中等收入和高收入三个类别，依次赋值 1、2、3。存款保险制度 DI 指标采用二元方法，如果对存款人提供了全额的存款保险，赋值为 1；需要说明的是该指标来自 Barth 等（2013）对世界银行的调研结果的整理，而不是实际存款保险制度，譬如我国的得分为 1。其他指标前面已有介绍，不再赘述。

看，外国银行占比和国有银行占比越高，对银行的资本管制要求越严格；另外，FBR 在模型（4）和模型（8）中显著为正，说明外资银行占比越高，实际资本充足率越高。法律传统方面，有德国法律传统的国家对资本管制要求相对英美法系国家宽松，而采用斯堪的纳维亚法律传统的国家在初始资本要求上较宽松[①]。

表 7-8　　　　金融监管结构与银行资本金要求

	(1)	(2)	(3)	(4)	(5)	(6)	(7)	(8)
	OCS	ICS	CRI	BCA	OCS	ICS	CRI	BCA
FAC	0.213 **	-0.0241	0.180 *	-0.323 **				
	(0.0971)	(0.0368)	(0.109)	(0.161)				
CBFA					-0.142	0.0110	-0.173 *	0.350 **
					(0.0903)	(0.0307)	(0.0963)	(0.156)
country	0.716 ***	-0.340 ***	0.443	-1.065 **	0.767 ***	-0.347 ***	0.487 *	-1.179 ***
	(0.234)	(0.0952)	(0.296)	(0.481)	(0.229)	(0.0953)	(0.291)	(0.432)
PS	-0.368 *	0.0700	-0.520 *	-0.778 **	-0.199	0.0585	-0.352	-1.075 ***
	(0.218)	(0.0887)	(0.276)	(0.350)	(0.224)	(0.0887)	(0.278)	(0.342)
DI	-0.272	-0.199 *	-0.540	0.0964	-0.148	-0.202 *	-0.440	0.0362
	(0.315)	(0.117)	(0.374)	(0.509)	(0.322)	(0.116)	(0.376)	(0.516)
BCA	-0.0902	0.0405	0.210	-0.370	-0.102	0.0402	0.289	-0.597
	(0.737)	(0.266)	(0.772)	(1.112)	(0.760)	(0.267)	(0.810)	(1.107)
FBR	1.449 ***	-0.141	1.703 ***	2.318 ***	1.439 ***	-0.136	1.714 ***	2.119 ***
	(0.497)	(0.187)	(0.576)	(0.779)	(0.500)	(0.186)	(0.569)	(0.749)
GBR	2.061 ***	-0.256	2.008 ***	-1.145	1.719 **	-0.221	1.788 **	-1.120
	(0.696)	(0.249)	(0.754)	(1.550)	(0.673)	(0.240)	(0.703)	(1.642)
Leg-fr	-0.259	-0.0360	-0.349	0.783	-0.334	-0.0330	-0.445	1.126 *
	(0.393)	(0.134)	(0.451)	(0.572)	(0.401)	(0.138)	(0.455)	(0.587)
Leg-ge	-1.139 ***	0.156	-1.129 **	0.961	-1.196 **	0.160	-1.265 **	1.557 **
	(0.433)	(0.177)	(0.500)	(0.682)	(0.459)	(0.190)	(0.517)	(0.778)
Leg-sc	-0.166	-0.759 ***	-1.038	1.056	-0.194	-0.774 ***	-1.241	1.481 *
	(0.684)	(0.283)	(0.753)	(0.806)	(0.733)	(0.296)	(0.807)	(0.872)
constant	1.744 *	3.147 ***	4.533 ***	11.06 ***	2.627 ***	3.069 ***	5.381 ***	9.488 ***
	(0.966)	(0.301)	(1.088)	(1.325)	(0.872)	(0.298)	(0.989)	(1.312)
N	136	237	135	199	136	237	135	199
R^2	0.157	0.138	0.121	0.250	0.143	0.137	0.124	0.261

注：***、**、* 分别表示1%、5%、10%的显著水平。

[①] 我们采用 FAC2 和 CBFA2 重复上述过程，结果不变。

表 7 - 9 央行分离银行监管与否和资本管制

	（1） OCS	（2） ICS	（3） CRI	（4） BCA
CBFA3	− 0. 803 **	0. 183 *	− 0. 748 *	1. 289 ***
	（0. 337）	（0. 111）	（0. 385）	（0. 462）
country	0. 669 ***	− 0. 333 ***	0. 396	− 1. 074 **
	（0. 232）	（0. 0936）	（0. 293）	（0. 437）
PS	− 0. 225	0. 0523	− 0. 396	− 0. 976 ***
	（0. 220）	（0. 0860）	（0. 275）	（0. 346）
DI	− 0. 297	− 0. 180	− 0. 576	0. 150
	（0. 320）	（0. 116）	（0. 377）	（0. 527）
BCA	0. 197	− 0. 0115	0. 503	− 0. 752
	（0. 780）	（0. 263）	（0. 841）	（1. 093）
FBR	1. 527 ***	− 0. 152	1. 778 ***	2. 153 ***
	（0. 495）	（0. 185）	（0. 575）	（0. 743）
GBR	2. 033 ***	− 0. 310	2. 026 ***	− 1. 241
	（0. 690）	（0. 242）	（0. 740）	（1. 634）
Leg – fr	− 0. 473	0. 0144	− 0. 553	1. 261 **
	（0. 407）	（0. 137）	（0. 461）	（0. 581）
Leg – ge	− 1. 339 ***	0. 231	− 1. 335 **	1. 576 **
	（0. 464）	（0. 181）	（0. 526）	（0. 747）
Leg – sc	− 0. 516	− 0. 666 **	− 1. 410 *	1. 640 *
	（0. 762）	（0. 296）	（0. 837）	（0. 870）
constant	2. 845 ***	2. 955 ***	5. 508 ***	9. 380 ***
	（0. 864）	（0. 294）	（0. 983）	（1. 324）
N	136	237	135	199
R^2	0. 166	0. 146	0. 132	0. 262

注： *** 、** 、* 分别表示 1% 、5% 、10% 的显著水平。

7.2.5　金融监管结构与银行不良率

银行资产（主要是贷款）质量是金融稳定的一个关键因素，资产质量的恶化可能演进为信贷危机，甚至引起整个金融体系的崩溃，爆发系统性的金融危机，2008 年爆发的美国次级贷款危机就是很好的例子。贷款风险的暴露并不意味着一定会发生危机，但会集中体现在不良贷款率的上升中，因此不良贷款的上升可能是危机爆发的前奏，不良贷款率是银行危机的一个良好指示指标。

当前，关于不良贷款影响因素的研究颇多，但少有文献涉及金融监管结构，本书将对此做一个尝试。本书被解释变量为银行业不良率（Ratio of Non - Performing Loans, RNPL）度量，这是来自 IMF 全球金融稳定报告的一个国家层面指标[①]。其他控制变量除了金融监管组织结构外，还包括：（1）宏观经济变量，通货膨胀率（inflation）、GDP 增长率（rgdp）、国家类别（country）、银行系统危机（crisis）、存款保险制度（DI）、市场结构（MvsS）；（2）银行行业因素，涵盖了银行集中度（BCA）、外资银行比例（FBR）以及国有银行比例（GBR）；（3）金融监管因素，包括了业务限制（restrict）、金融集团化限制（OFCR）以及资本要求三个指标[②]。

表 7 - 10 给出了回归结果。从结果上看，FAC 指标的系数为负，说明金融监管机构越集中，一国银行不良贷款率越低；其中在控制了宏观经济变量和行业变量的回归模型中，至少在 10% 的水平下显著。而当将金融监管因素加入回归后，指标变得不显著，但银行经营期间的资本要求 OCS 系数为负，并在 5% 的水平下显著。结合前文关于金融监管结构与资本要求的分析，可以得出金融监管机构越集中，一国对银行存续期间的资本要求也越严格，进而银行的道德风险减小，不良率越低，即 FAC 通过资本要求对银行的不良率产生了影响。在回归中并没有找到中央银行涉足金融监管越深、银行贷款率越高的显著证据，因为 CBFA 指标在回归中尽管系数都为正，但不显著；不过，在用二元指标 CBFA3 重新回归后发现，中央银行涉足银行监管会显著地增加银行不良率（结果见表 7 - 11），这与 Barth 等（2002）的发现一致。其他指标中，rgdp 和 country 在所有的回归模型中系数都为负，并且至少都在 5% 的水平下显著，表明一国 GDP 增长越快，人均收入水平越高，其银行的不良贷款率越小，这与 De Bock 和 Demyanets（2012）的结果一致。crisis 和 MvsS 指标在大部分的回归中显著为正，说明危机期间，以银行为主导的国家，其不良贷款率越高[③]。

表 7 - 10 　　　　　　　　　　　　金融监管结构与不良贷款率

	(1) banknpl	(2) banknpl	(3) banknpl	(4) banknpl	(5) banknpl	(6) banknpl	(7) banknpl	(8) banknpl	(9) banknpl	(10) banknpl
FAC	-0.720 ***	-0.773 *	-0.826	-0.864 *	-0.902					
	(0.272)	(0.405)	(0.539)	(0.442)	(0.551)					
CBFA						0.353	0.300	0.192	0.386	0.130
						(0.268)	(0.337)	(0.549)	(0.354)	(0.546)

---

① 银行的不良贷款指逾期 90 天以上的利息和本金。

② 很多的控制变量前文已经作了详细的介绍，不再赘述，这里对一些新的变量进行简洁的介绍。通货膨胀率（inflation）通过世界银行 GFDD 数据库中的 CPI 计算而来，CPI 以 2005 年为基期。市场结构（MvsS）指标是作者根据 Beck 和 Levine（2002）的界定使用 GFDD 的数据计算而来，用股票市值（Stock Market Capitalization）除以银行信贷（Bank Credit）得到市场化指数，根据指数的大小转换为二元指标 MvsS，如果市场化指数小于 1 则取值为 1，否则为 0，即 MvsS 等于 1 时代表该国是银行主导的金融体系。

③ 用 fac2 和 cbfa2 重复上述的回归，结果大部分一致。不同的是 fac2 指标在控制了金融监管变量后依然显著为负，虽然只是在 10% 的水平下，表明金融监管结构对银行不良率也产生了微弱的直接影响。

续表

	(1)	(2)	(3)	(4)	(5)	(6)	(7)	(8)	(9)	(10)
	banknpl	banknpl	banknpl	banknpl	banknpl	banknpl	banknpl	banknpl	banknpl	banknpl
inflation	0.875	−5.470	−6.283	−3.200	−5.279	2.122	−4.742	−6.172	−2.979	−5.067
	(5.101)	(6.190)	(8.245)	(5.074)	(7.897)	(4.999)	(5.938)	(8.017)	(4.912)	(7.694)
rgdp	−13.14***	−12.77**	−17.47**	−12.38**	−17.18**	−14.19***	−14.84***	−20.25**	−14.31**	−19.90**
	(4.639)	(5.013)	(8.172)	(5.134)	(8.306)	(4.742)	(5.321)	(8.518)	(5.490)	(8.609)
Country	−4.49***	−4.35***	−4.48***	−4.94***	−4.84***	−5.12***	−4.90***	−5.30***	−5.57***	−5.80***
	(0.732)	(0.897)	(1.342)	(0.861)	(1.365)	(0.763)	(0.990)	(1.476)	(0.954)	(1.530)
crisis	6.123***	6.412***	4.844*	5.763***	4.842*	5.917***	6.210***	4.757	5.663**	4.845
	(2.067)	(2.226)	(2.715)	(2.107)	(2.672)	(2.141)	(2.326)	(3.061)	(2.225)	(3.008)
MvsS	3.654***	3.440***	3.321*	3.923***	3.470*	3.436***	3.254***	3.455	3.565***	3.638
	(1.000)	(1.218)	(1.989)	(1.205)	(2.024)	(0.977)	(1.189)	(2.118)	(1.155)	(2.187)
DI	−1.470	−0.871	−0.452	−0.538	−0.712	−1.570	−1.063	−1.292	−0.618	−1.629
	(1.336)	(1.583)	(2.473)	(1.623)	(2.526)	(1.334)	(1.584)	(2.567)	(1.625)	(2.634)
BCA		2.339	4.385	2.983	4.429		1.281	3.925	1.932	4.043
		(3.135)	(5.578)	(3.143)	(5.532)		(3.133)	(5.749)	(3.141)	(5.688)
FBR		1.017	3.176	1.380	3.222		0.843	3.090	1.132	3.091
		(2.160)	(3.479)	(2.285)	(3.553)		(2.150)	(3.454)	(2.253)	(3.558)
GBR		1.760	4.332	1.700	3.775		2.733	5.630	2.704	5.128
		(3.435)	(4.737)	(3.501)	(4.901)		(3.309)	(4.591)	(3.398)	(4.790)
restrict			−0.824	−0.927**	−0.758			−0.743	−0.900**	−0.669
			(0.613)	(0.382)	(0.632)			(0.638)	(0.393)	(0.658)
OFCR			0.529	0.312	0.547			0.450	0.161	0.476
			(0.555)	(0.357)	(0.560)			(0.582)	(0.358)	(0.595)
OCS			−1.045**					−1.141**		
			(0.501)					(0.518)		
ICS				−0.0372					0.321	
				(0.762)					(0.720)	
CRI					−0.990*					−1.035*
					(0.518)					(0.532)
constant	18.07***	16.21***	21.70***	21.33***	24.07***	17.10***	15.82***	21.97***	20.78***	24.38***
	(2.119)	(3.333)	(5.806)	(3.781)	(6.038)	(2.117)	(3.225)	(5.905)	(3.805)	(6.217)
N	194	149	85	144	85	194	149	85	144	85
R^2	0.372	0.324	0.325	0.365	0.324	0.359	0.311	0.309	0.351	0.304

注：***、**、*分别表示1%、5%、10%的显著水平。

表 7 – 11 央行分离银行监管与否和不良贷款率

	（1） banknpl	（2） banknpl	（3） banknpl	（4） banknpl	（5） banknpl
CBFA3	3. 249 ***	3. 338 ***	3. 985 **	3. 427 ***	4. 016 **
	(0. 834)	(1. 108)	(1. 896)	(1. 132)	(1. 915)
inflation	2. 707	– 4. 098	– 7. 949	– 2. 176	– 7. 048
	(4. 830)	(5. 500)	(7. 229)	(4. 731)	(6. 944)
gdprate	– 14. 41 ***	– 14. 64 ***	– 21. 56 **	– 14. 36 ***	– 21. 40 **
	(4. 688)	(5. 242)	(8. 403)	(5. 432)	(8. 581)
Country	– 4. 661 ***	– 4. 425 ***	– 4. 328 ***	– 5. 121 ***	– 4. 744 ***
	(0. 719)	(0. 925)	(1. 326)	(0. 893)	(1. 372)
crisis	5. 663 ***	5. 897 **	4. 060	5. 323 **	4. 076
	(2. 090)	(2. 286)	(2. 967)	(2. 189)	(2. 922)
MvsS	3. 443 ***	3. 250 ***	2. 887	3. 591 ***	3. 011
	(0. 952)	(1. 142)	(1. 929)	(1. 098)	(1. 982)
DI	– 1. 080	– 0. 432	– 0. 137	– 0. 0956	– 0. 416
	(1. 276)	(1. 507)	(2. 255)	(1. 531)	(2. 341)
BCA		1. 237	2. 137	1. 675	2. 152
		(3. 075)	(5. 944)	(3. 079)	(5. 888)
FBR		0. 930	3. 017	1. 226	3. 009
		(2. 096)	(3. 334)	(2. 182)	(3. 411)
GBR		2. 002	4. 659	1. 799	4. 201
		(3. 309)	(4. 656)	(3. 429)	(4. 824)
restrict			– 0. 741	– 0. 853 **	– 0. 678
			(0. 614)	(0. 385)	(0. 634)
OFCR			0. 358	0. 175	0. 371
			(0. 513)	(0. 338)	(0. 524)
OCS			– 1. 009 **		
			(0. 485)		
ICS				– 0. 0110	
				(0. 707)	
CRI					– 0. 912 *
					(0. 505)
constant	14. 92 ***	13. 34 ***	19. 42 ***	19. 03 ***	21. 48 ***
	(1. 922)	(3. 005)	(5. 462)	(3. 680)	(5. 671)
N	194	149	85	144	85
R^2	0. 392	0. 344	0. 346	0. 383	0. 342

注：***、**、*分别表示1%、5%、10%的显著水平。

7.2.6　金融监管结构与银行业的稳定性

前面四节对金融监管结构与影响银行稳定的一些重要因素之间的关系进行了简单的实证分析，在本节将对监管结构与银行业稳定之间的联系展开研究。为了考察监管结构对银行稳定的影响，本节选取了两个方面的稳定指标：（1）衡量银行业破产概率的 z 得分（z－score）[①]，该指标都来自世界银行的 GFDD 数据库，为世界银行根据 Bankscope 数据库中银行层面数据加总得到的国家层面数据。（2）银行行业系统性危机（crisis），该指标为银行稳定的镜像，若爆发了危机则表明金融体系不稳定。

（一）银行业 z 得分

本文还控制了除金融监管结构外三个方面的指标：（1）宏观经济因素，包括通货膨胀率（inflation）、GDP 增长率（rgdp）、国家类别（country）、社会和政治稳定（PS）、银行系统危机（crisis）、存款保险（DI）以及市场结构（MvsS）；（2）银行行业因素，包括银行集中度（BCA）、外资银行比例（FBR）以及国有银行比例（GBR）；（3）金融监管因素，包括监管独立性指标（CRI）、业务限制（restrict）、金融集团化限制（OFCR）以及资本限制（CRI）。

表 7－12 给出了回归结果。从结果来看，在模型（1）～（3）中，FAC 的系数为负，并在 1% 的水平下显著，表明金融监管机构的集中化对银行稳定性有不良的影响，即监管机构集度越高，银行业的 z 得分越小，银行体系缓冲收益波动的缓冲越薄弱，违约的概率越大。[②] CBFA 的系数尽管为负，但都不显著，当采用二元指标 CBFA3 时，结果依然不显著[③]，说明中央银行是否涉足金融监管或者说央行是否兼顾银行的监管对银行业整体的违约概率无显著的影响。其他指标中，通货膨胀率（inflation）在所有模型中的系数都为负，并且都在 1% 的水平下显著，表明通货膨胀率高企的国家其银行业的违约概率越高，符合经济直觉。银行业特征指标中，银行集中度（BCA）的系数为负，并在 1% 的水平下显著，说明银行业集中度越高，银行体系违约概率越大，银行越不稳定。

表 7－12　　　　　　　　　　金融监管结构与银行 z 得分

	(1)	(2)	(3)	(4)	(5)	(6)
	bankzscore	bankzscore	bankzscore	bankzscore	bankzscore	bankzscore
FAC	−1.712***	−1.702***	−1.892***			
	(0.437)	(0.504)	(0.651)			

---

① 银行业 z 分数，它捕获了一个国家银行体系的违约概率，衡量了该国银行体系应对收益波动的缓冲能力。z 值越大，银行业破产的概率就越小，其稳定水平就越高。

② 在前面的分析中发现 FAC 通过资本要求对银行的不良率产生了正向的影响，即金融监管机构越集中，银行业的不良率越低，银行体系越稳健。可见，两个指标得出了不同的一个结果，但笔者更偏向于这里得出的结论，因为：（1）各国会计准则、税收等因素存在差异，不良率不具有严格的可比性，即每个国家对不良率的界定可能有非常大的差异（Bholat 等，2016）；（2）不良率是贷款当下的一种状态，并不是最终的结果，未来仍有可能回收。

③ 限于篇幅，这里没有给出相关的结果。

续表

	（1）	（2）	（3）	（4）	（5）	（6）
	bankzscore	bankzscore	bankzscore	bankzscore	bankzscore	bankzscore
CBFA				−0.373	−0.138	−0.462
				(0.390)	(0.402)	(0.577)
inflation	−37.10 ***	−38.95 ***	−36.97 ***	−35.88 ***	−38.79 ***	−35.97 ***
	(6.367)	(7.815)	(12.40)	(6.490)	(7.534)	(12.77)
rgdp	−6.008	−8.698	−21.96 *	−8.071	−12.87 *	−26.09 **
	(5.519)	(6.954)	(11.24)	(5.559)	(6.885)	(11.00)
Country	0.619	0.285	1.863	−1.098	−1.023	−0.282
	(1.173)	(1.496)	(2.904)	(1.121)	(1.460)	(2.916)
crisis	−1.645	−1.502	−5.213 *	−1.655	−1.803	−4.335
	(2.053)	(2.331)	(3.078)	(2.128)	(2.376)	(3.051)
MvsS	−4.069 ***	−4.581 **	−3.757	−4.265 ***	−4.948 ***	−3.010
	(1.538)	(1.812)	(3.331)	(1.575)	(1.801)	(3.519)
DI	1.696	3.691	2.395	1.392	3.250	0.512
	(1.738)	(2.233)	(3.358)	(1.789)	(2.281)	(3.479)
BCA		−13.94 ***	−16.80 ***		−15.95 ***	−16.44 ***
		(3.962)	(5.976)		(4.116)	(6.046)
FBR		7.852 **	−0.202		7.913 **	−0.0759
		(3.031)	(4.982)		(3.095)	(5.222)
GBR		1.672	−7.106		4.475	−3.844
		(4.847)	(8.797)		(4.893)	(9.302)
S – Ind			2.913 *			2.867 *
			(1.479)			(1.554)
restrict			−0.298			0.0110
			(1.017)			(1.013)
OFCR			1.126			0.980
			(1.009)			(1.022)
CRI			−0.905			−1.153
			(0.736)			(0.767)
Constant	22.79 ***	30.14 ***	31.60 **	23.82 ***	31.08 ***	33.10 **
	(3.173)	(4.844)	(12.35)	(3.376)	(5.193)	(13.17)
N	212	162	83	212	162	83
R^2	0.155	0.263	0.295	0.109	0.223	0.249

注：*** 、** 、* 分别表示1%、5%、10%的显著水平。

（二）银行业系统性危机

银行危机总是与产出和就业的大幅下降相伴，据 Reinhart 和 Rogoff（2009）对历史危机的统计分析发现，危机后失业率会上升7%，持续大约四年之久。因而，已有不少学者通过理论或实证的方法来寻找金融危机的决定因素，以便预防，譬如 Demirgüç –

Kunt 和 Detragiache（1998）指出宏观经济环境变差时更易爆发危机，尤其是当经济增长缓慢而通货膨胀高企时；Beck 等（2006）发现越集中的银行体系爆发危机的可能性越小。但少有文献对金融监管结构与银行危机的关系展开研究，在此本文将做一个尝试。

被解释变量为二元危机变量，爆发了银行业危机的年份赋值为 1，否则为 0；同时在回归中还控制宏观经济、行业以及监管三个方面的因素。表 7 - 13 给出了基于 probit 模型的回归结果。从表 7 - 13 中可知，当将宏观经济和行业因素加入控制变量时，FAC 的系数为正，并至少在 5% 的水平下显著，说明金融监管机构越集中，银行体系爆发危机的可能性越大。当将金融监管因素加入回归后，FAC 系数符号未变，但不显著；为了进一步分析，我们接着引入了业务准入限制与 FAC 的交互项，结果发现 FAC 和交互项显著。因此，总体来看，金融监管机构越集中，爆发银行危机的可能性越高，对银行活动的限制能够减小危机爆发的可能性，并且随着金融监管机构的越集中，业务准入限制对缓解银行危机的效果越明显。结果中并没有找到中央银行涉足金融监管程度与银行危机间显著的关系，因为回归中尽管 CBFA 系数也为正，但都不显著，即使用二元 CBFA3 进行回归，结果也不显著。

表 7 - 13　　　　　　　　　　金融监管结构与银行危机

	(1) crisis	(2) crisis	(3) crisis	(4) crisis	(5) crisis	(6) crisis	(7) crisis	(8) crisis
FAC	0.130 ** (0.0640)	0.209 *** (0.0797)	0.109 (0.0954)	0.759 ** (0.332)				
CBFA					0.0623 (0.0652)	0.0539 (0.0751)	0.139 (0.0929)	0.378 (0.348)
inflation	0.0572 (0.391)	-0.346 (0.452)	-0.992 (1.280)	-0.959 (0.611)	-0.0653 (0.385)	-0.405 (0.484)	-1.110 (1.393)	-1.109 (1.391)
rgdp	-1.843 * (0.973)	-2.382 ** (0.982)	-3.030 (2.114)	-3.491 * (2.076)	-1.752 ** (0.892)	-1.979 ** (0.867)	-2.831 (1.991)	-2.663 (2.014)
DI	-0.234 (0.227)	-0.139 (0.263)	-0.734 ** (0.353)	-0.982 ** (0.383)	-0.278 (0.224)	-0.143 (0.254)	-0.742 * (0.391)	-0.784 * (0.406)
BCA		-0.919 * (0.536)	0.133 (0.908)	0.139 (0.899)		-0.668 (0.560)	0.124 (0.953)	0.0244 (0.976)
FBR		-0.457 (0.394)	-0.718 (0.577)	-0.828 (0.607)		-0.385 (0.409)	-0.716 (0.578)	-0.756 (0.562)
GBR		0.398 (0.541)	0.114 (0.804)	-0.109 (0.826)		-0.104 (0.477)	-0.0967 (0.753)	-0.0990 (0.756)
restrict			-0.308 *** (0.0927)	-0.0312 (0.151)			-0.364 *** (0.101)	-0.257 (0.163)

续表

	(1) crisis	(2) crisis	(3) crisis	(4) crisis	(5) crisis	(6) crisis	(7) crisis	(8) crisis
交互项				−0.113**				−0.0398
				(0.0537)				(0.0529)
OFCR			0.0386	0.0867			0.0386	0.0326
			(0.0916)	(0.102)			(0.0951)	(0.0911)
CRI			−0.0570	−0.0637			−0.0684	−0.0798
			(0.0849)	(0.0850)			(0.0874)	(0.0911)
constant	−1.198***	−0.648	1.661	−0.0919	−1.003***	−0.365	2.019*	1.582
	(0.228)	(0.432)	(1.030)	(1.342)	(0.234)	(0.442)	(1.066)	(1.271)
N	246	189	105	105	246	189	105	105
pR²	0.052	0.095	0.245	0.275	0.034	0.049	0.255	0.259

注：（1）***、**、*分别表示1%、5%、10%的显著水平。（2）交互项为监管结构与业务准入限制 restrict 的交互项。

其他变量中，GDP 增长率和存款保险制度指标（DI）在所有回归中系数都为负，并在大多数的回归中显著，这表明一国经济增长越快，拥有显著的存款保险制度，其爆发银行业危机的可能性就越小。restrict 的系数为负，并且在1%的水平下显著，说明针对银行其他金融业务开展严格的限制能够显著地减小银行危机爆发的可能性。结果中 BCA 在只控制宏观经济和行业因素时显著为负，加入监管因素后符号变为正，但不显著，因而只找到了 Beck 等（2006）认为的银行越集中爆发危机的可能性越小的微弱证据[1]。

7.3 金融监管结构对市场约束的影响：以存款人约束为例

近年来，金融监管结构作为金融监管制度的重要组成部分，对其的调整和改革成为各国提高金融稳定的努力方向之一（Masciandaro 等，2013；Masciandaro 和 Quintyn，2015）。从1998年到2008年，60%的国家（68个国家）改革了金融监管（Masciandaro 和 Quintyn，2009）。1999年，只有13个国家采用统一的金融监管模式，其中10个是金融服务局（FSA）模式，3个由中央银行统一监管，而到了2010年则变为了31个，24个采用 FSA 模式，8个由央行监管；共有28个国家的中央银行在1999年不涉足金融监管，2010年变为了38个国家（Melecky 和 Podpiera，2013）[2]。在2008年国际金融危机

---

[1] 银行业越集中爆发危机的可能性越小的原因：（1）少数银行独享银行业利润，较高的收入提升了银行应对冲击的能力以及特许权的价值，减少了股东的过度风险行为；（2）少量的银行便于监管当局实施监管，控制银行业风险。另外，本文通过 FAC2 和 CBFA2 重新回归得出的结果依然没有变化。

[2] 该调研针对98个国家1999—2010年的金融监管安排，包括了40个高收入国家、34个中等收入国家和24个低收入国家。

以后，很多国家在反思金融危机时又都将目光聚焦在了金融监管安排上，并对各自的监管架构进行调整和改革。譬如，英国撤销了金融服务局FSA，采用了一个"双峰"式的监管模式：英格兰银行下设审慎监管局（FPC），负责微观审慎监管；设立独立的金融行为局（FCA），负责对消费者和投资者的保护。美国通过《多德—弗兰克法案》强化美联储宏观审慎职责。欧盟也在2010年通过《泛欧金融监管改革法》，旨在全面改革监管体系。

这使得我们提出这样一个问题：金融官方监管力量的重构是否会对包括存款人约束在内的市场约束产生影响呢？众所周知，市场约束是与政府部门的官方监管、资本充足率要求并列的当今金融监管体系三大支柱之一。最初巴塞尔协议引入市场约束的原因在于金融体系因金融混业和金融创新变得日益复杂，官方监管力有不逮，因此寄希望利益相关者也参与到银行的监督中来以补充官方监管的不足（Decamps等，2004）。然而，这种参与是以利益相关者自身的利益与金融机构的风险紧密相关为基础的，一旦官方的金融监管制度影响到了金融机构的风险承担行为，或者影响到利益相关者的风险暴露程度，那么市场参与者的监督激励势必会受到影响。一些文献已经证实了诸如存款保险制度、危机救助安排等金融制度安排会对存款人约束的有效性产生影响（Martinez Peria和Schmukler，2001；Demirgüç–Kunt和Huizinga，2004；Cubillas等，2012）。尽管官方金融监管力量的重构会影响银行效率和稳健性（Gaganis等，2013；Doumpos等，2015），进而可能会对存款人约束产生影响，但是，目前尚没有相关的文献对此展开研究。因此，本节试图收集包含银行和国家两个层面的跨国嵌套数据，采用分层线性模型来考察这种政府监管力量的结构安排对市场约束中的存款人约束的影响。这对于未来的金融监管改革如何兼顾和融合官方监管和市场约束有很重要的意义。

7.3.1　存款人约束

市场约束作为一种市场化的监督机制，是市场参与者因自身财富与金融机构风险休戚相关而对其风险行为所采取的一种自我保护行为（Ceuster和Masschelein，2003；Demirgüç–Kunt和Huizinga，2004；张强、佘桂荣，2006）。一般金融机构面临的市场约束包括股东约束和债权人约束[①]，而银行不同于一般的金融机构，它还面临着存款人产生的约束，并且相比股东和债权人，后者对银行的影响更大。

存款人对银行最直接的约束便是存款规模，其反映了存款人"用脚投票"的行为，即存款会流向风险更小或更安全稳健的银行。一般情况下，银行存款规模的变化同银行风险变量呈负向关系，与银行安全稳健性变量呈正相关关系。譬如，Goldberg和Hudgins（2002）考察了1984—1994年美国储蓄机构发现，在问题机构破产以前，其未保险

---

① 股东可以通过其占有的所有权所获得的投票权对机构风险选择行为进行限制（Laeven和Levine，2009），或者通过在股票市场里买卖股票，即"用脚投票"的方式影响股价从而约束机构行为（Distinguin等，2006；Baele等，2014），而债权人则通过债权价格进行约束（Krishnan等，2005；Imai，2007；Balasubramnian和Cyree，2013）。此外，能够提供市场约束力的还包括评级机构、会计师事务所等第三方，它们对金融机构的约束激励更多地依赖于法律和制度环境。

存款的比例下降了。Uchida 和 Satake（2009）发现日本的存款人趋向于将存款存放于效率较高的银行，拥有更多存款余额的银行更有效率。随着微观层面数据的可获得性，学者们对更细分的存款人行为展开了研究，Iyer 等（2013）用一家银行微观层面的存款人数据研究监管审计对存款的影响发现，在官方监管审计信息公布以前，未参加保险和与银行有贷款联系的存款人以及银行职员先回撤了存款。另外一个存款人对银行风险行为实施惩罚的途径便是对高风险的银行索取更高的存款利率。当银行基础恶化时，银行可以在一定的利率水平内通过提高利率水平来吸引未保险的存款；在给定提高的利率水平时，好银行能够吸引更多的存款（Martinez Peria 和 Schmukler，2002；Maechler 和 Mc-Dill，2006）。

很多人认为在低收入国家中，市场的作用很难发挥出来，市场约束不起作用，银行稳定需要更多地依赖于巴塞尔协议其他两大支柱：资本充足率和官方监管。其实不然，虽然发展中国家的金融体系单一，但是其官方监管和风险评估能力也比较差，因此需要市场参与者参与到金融监管之中（Caprio 和 Honohan，2004）。事实也的确如此，Bara-jas 等（2000）发现哥伦比亚的存款人趋向于将存款存放于基础条件好的银行，而银行在受到存款人"惩罚"后会采取措施提高基础条件，包括降低风险承担水平；Hasan 等（2013）也得出了中欧处于转型期的国家存在存款人约束的结论。同样，也有证据表明我国也存在存款人约束，虽然张正平、何广文（2005）采用早期的银行数据发现我国银行业的市场约束力非常微弱，银行的实际利息支出大多数情形下对其风险变化没有做出显著的反应，但是，Hou X 等（2016）用新近的银行面板数据却发现，我国银行的风险指标同存款的增长率呈负相关关系。

7.3.2 金融制度与存款人约束

存款人之所以有激励对银行实施监督，是因为自身的利益与银行的风险紧密联系，因此一旦金融制度影响到了银行风险承担水平，或者影响到存款人对银行风险的暴露程度，那么这些制度也必然会对存款人的激励产生影响，进而影响到存款人对银行风险的约束行为。

一个典型的例子便是存款保险制度。一方面，作为金融安全网的防线之一，存款保险制度的目的在于保护存款者的存款在银行破产时免受损失，或者在一定的范围内免受损失，防范银行挤兑，但是这同时也减少了存款人的风险暴露程度，削弱了存款人实施约束的激励。Demirgüç – Kunt 和 Huizinga（2004）对 30 个国家的存款制度进行了详细的考察发现，显性存款保险制度减少了储蓄者要求的存款利率，降低了市场约束对银行风险的作用。俄罗斯拥有特殊的存款保险制度安排，其对家庭存款全额保险，而对企业存款不保险，Karas 等（2013）对此进行了考察，其也发现保险安排削弱了被保险存款人对银行风险的敏感性，即使在危机时期也是如此。另一方面，存款保险可能引起银行道德风险行为增加，因为对于银行来说，存款保险制度相当于一个看跌期权[①]（Merton，

---

① 当银行面对资不抵债时，可以将银行资产卖给存款保险公司，这与看跌期权的功能相似。

1977)，当存款保险的溢价是固定的或者不能反映出银行的风险时，看跌期权的价值会随着银行的风险增加而增加，这使银行存在过度风险的激励，尤其是当银行存在问题时。在存款人风险暴露一定的情况下，银行因存款保险而产生的过度风险行为可能使存款人增强对其的约束，尤其是当存款保险未全面覆盖时。不过，证据却指向了相反的方向，譬如，Hadad 等（2011）发现印度尼西亚 1997 年亚洲金融危机前后，无论是全面保障计划（blanket guarantee scheme）还是有限保障（limited guarantee）都削弱了市场约束。

政府危机救助制度是另外一个讨论较多的制度。政府因问题金融机构"太大而不能倒""太关联而不能倒"等原因而采取各种救助措施，这会使存款人产生政府"隐性"担保的错觉，影响到存款人的约束。通常，政府会向市场传递不干预问题银行的信号，以防止可能出现的道德风险和削弱市场约束，但是这一事前不救助的政策很难实现，或者说不可信，因为一旦银行出现问题，当局就会发现救助成本比不救助的成本往往要小很多。所以危机救助后，存款人更加会认定政府无论如何都会救助问题银行，从而削弱对银行的约束。譬如，Cubillas 等（2012）发现，尽管存在国别差异，但是危机后市场纪律总体上是削弱的，并且在危机前强化了市场约束的国家更明显。不过，危机的发生也可能唤醒存款人的危机意识，从而强化对银行风险行为的约束，例如 Martinez Peria 和 Schmukler（2002）对阿根廷、智利、墨西哥三国进行研究后发现，危机后存款人对银行风险变得更加的敏感。

7.3.3　金融监管结构与存款人约束：理论分析

一般来说，金融监管结构涉及两个方面：一个是银行业、证券业、保险业这三个金融部门的审慎监管应集中于一个独立的监管机构，还是多个独立、平行的监管机构，即统一监管还是多边监管的问题；另一个则是中央银行是否兼顾金融监管的问题。当前，关于金融监管结构与市场约束的研究尚属空白，不过已有一些文献发现金融监管结构安排对于银行的效率、稳健性以及风险承担都有非常大的影响（Barth 等，2003；Carmichael 等，2004；Gaganis 等，2013；Doumpos 等，2015）。因而，接下来我们结合这方面的文献就金融监管结构与存款人约束间的关系展开理论分析。

（一）金融监管机构集中度与存款人约束

从经济直觉上来说，金融监管更多地涉及金融微观审慎监管，并不会直接对存款人的存款安全负责，因此金融监管机构的集中度对存款人的风险暴露并无直接的关系，即对存款人约束行为不会产生直接的影响。尽管如此，金融监管结构安排却可能通过影响监管质量、银行等金融机构的风险承担水平而对存款人约束产生间接的影响，即可能存在"金融监管集中度—监管质量—银行风险承担水平—存款人约束"的传导机制。

目前对哪一种监管安排能够对金融机构实施更有效的监管，保障金融机构的稳健性还没有统一的结论（Masciandaro，2009），每一种安排都存在各自的问题（吴风云、赵静梅，2002；Herring 和 Carmassi，2008；Masciandaro 和 Quintyn，2009）。从日常监管来看，统一监管能发挥监管的"规模经济"和"范围经济"，避免监管的疏漏与重叠，但容易导致官僚主义、形式主义以及被金融机构"捕获"；同时，在金融监管资源一定的情况下，集中的监管模式对某个行业的监管可能存在监管资源投入不足。而多边监管尽管能够为特定行业提供更专业的监管，但是监管却存在监管的"真空"与重叠。从危机的预防和处理来看，多边监管构架下，不同金融业务间形成了天然的"防火墙"，能够防止金融风险传递、扩散，而集中监管能够有效地进行信息的沟通，及时、准确地对危机进行处置，从而避免危机时期，各机构间相互推诿。

实证研究结果同理论分析一样也没一个定论。Barth 等（2002，2003）以驼峰评级体系作为银行稳健性指标，发现多头监管下的银行资本充足率比单一监管下的银行低 2.43%，同时具有较高的流动性风险，而单一监管则提高了银行的利润。Gaganis 等（2013）利用随机前沿技术估算银行利润效率则发现，随着金融监管集中度的提高，银行的效率变得更低。而 Doumpos 等（2015）以银行 z 得分为稳健性指标，得出金融监管集中度在日常时期对银行稳健性无显著的影响，但在危机时期能够缓解危机对银行稳健性产生的负面影响。

总的来看，已有的理论和实证显示，虽然结论不一，但是金融监管机构集中度安排确实对金融监管效率以及银行风险水平产生了影响，并且因时而异。由此，我们提出：

命题1：金融监管机构的集中度对存款人约束没有直接的影响，但会通过影响银行风险承担水平而间接地影响到存款人约束，并且该种影响在日常时期和危机时期有所差异。

（二）央行涉足金融监管程度与存款人约束

央行涉足金融监管可能会直接弱化存款人的约束。因为当央行兼顾金融监管时，央行由于面临声誉约束，并且货币政策需要一个相对稳定的金融体系，因而央行可能不会轻易地让银行面临偿付问题。这好似央行给存款人提供了一个"隐性"的存款保险，减小了存款人的风险暴露。同时，央行作为金融监管者，有助于央行及时了解金融体系运行状况，在遇到危机时能够实施更有效的危机管理。Goodhart 和 Schoenmaker（1995）以 24 个国家 140 家问题银行的处理案例为对象，用统计分析的方法对比发现，将货币政策与金融监管合并的国家在统计上表现出更少的银行失败案例。Doumpos 等（2015）也发现央行涉足金融监管程度越深，银行越稳健，同时还能缓解金融危机对银行稳健性产生的负面影响，并且央行越独立，效果越显著。因此危机期间，存款人可能因为央行兼顾金融监管而对银行的风险敏感度下降，弱化对其的约束。

但是，央行兼顾金融监管同时也可能削弱银行监管质量，因为：（1）央行同时负责货币政策和审慎监管职责时，其可能会在货币政策与审慎政策间作出权衡。Ioannidou（2005）就发现了美联储在实施紧缩的货币政策时，往往放松银行的监管。（2）央行负责监管的部门增加后，其不得不将有限的资源配置到众多的金融机构上，没有以银行业发展的监管视角对银行实施特定的监管，银行监管质量下降。因此，央行兼顾银行监管会导致银行不良率上升（Barth 等，2002）、利润下降（Barth 等，2003）、效率减小（Gaganis 等，2013）。（3）央行涉足金融监管致使其官僚权力膨胀，监管效率下降，尤其是在央行独立性较差的国家，其更可能被政府"俘获"（Gaganis 等，2013）。因此，存款人会加强对银行的约束。

通过上述的分析和梳理，我们提出：

命题2：央行涉足金融监管程度对存款人约束不但有直接的影响，而且会通过影响银行风险承担水平而间接地影响到存款人约束，并且该种间接的影响在日常时期和危机时期有所差异。

7.3.4 模型设定与样本选择

（一）计量模型

存款人对银行风险的反应不仅受到银行个体风险特征的影响，还会受到存款人所在的经济金融生活环境的影响。因此，影响存款人约束的因素具有层次性，如图7-1所示。正因为如此，本文选用了分层线性模型（HLM），同时在模型中控制银行个体特征和国家特征来进行接下来的相关研究。

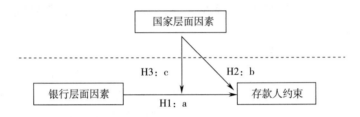

图7-1 影响存款人约束的因素

本文用该模型对三个问题展开了研究。问题H1：存款人是否对银行的风险因素做出反应，检验市场约束是否存在。问题H2：国家层面因素是否会直接影响到市场约束，尤其是金融监管结构是否对存款人约束产生了直接的影响。问题H3：国家层面的因素是否会通过影响银行层面的因素而间接地影响到存款人对银行风险行为的约束。具体模型如下[①]：

$$Interest_{ijt} \text{ or} \Delta Deposit_{ijt} = \beta_0 + \beta_1 X_{ijt-1} + \beta_2 Y_{jt-1} + \tau_j + \mu_{ij} + \varepsilon_{ijt}$$

该模型同时估计了固定效应和随机效应[②]。固定效应中，X_{ijt-1}代表银行滞后一期的个体特征变量，Y_{jt-1}代表国家滞后一期的特征变量。之所以滞后一期，是因为银行资产负债表以及宏观指标的公布存在滞后（Martinez Peria 和 Schmukler，2001；Demirgüç-Kunt 和 Huizinga，2004；Cubillas 等，2012）。随机效应中，τ_j和μ_{ij}是随机变量，它们使得截距$\beta_0 + \tau_j + \mu_{ij}$因银行和国家的不同而不同，$\varepsilon_{ijt}$则代表残差。

（二）样本选择及变量描述

我们收集了包括国家和银行两个层次的跨国嵌套数据，相关的变量定义及来源如表7-14所示。国家层面的数据来自多个渠道，金融监管结构的数据来自 Melecky 和 Podpiera（2013），银行危机数据来自 Laeven 和 Valencia（2012），存款保险制度数据来自

---

① 在实证中，我们是通过直接加入控制变量来考察存款人约束的存在性和金融监管机构安排对存款人约束的直接影响，而通过金融监管结构变量与银行风险代理变量的交叉项来实现对间接影响的考察。

② 本模型中的固定效应和随机效应不同于面板数据的定义，本模型的固定效应指控制变量的系数，而随机效应指随着个体而变化的截距。

Demirgüç–Kunt 等（2014），而通货膨胀率、GDP 增长率以及人均国民总收入数据则来自世界银行。本文对 98 个国家 1999—2010 年的相关数据进行了一一匹配，由于各个数据库的样本并不完全一致，一些国家存在数据缺失。

所有银行层面的数据都来自 BvD 数据库①。根据以往的文献，本书将存款规模变化和存款利率作为因变量，将不良贷款率、总资本充足率、总资产回报率以及流动资产比率四个指标作为银行风险的代理变量在模型中加以控制，另外还控制了银行的总资产和日常支出。按照控制变量数据的可获得性，本书收集了 93 个国家共 2090 家银行的数据②。为了减少奇异值对分析的影响，我们对银行层面的变量进行了 1% 的缩首缩尾处理，对除了金融监管结构、危机、存款保险变量外的其他控制变量都进行了滞后一期处理。附表 1 中给出了相关变量按国家给出的均值。

表 7 – 14　　　　　　　　　　变量的选择以及数据来源

	变量名称	符号	变量定义	数据来源
被解释变量	利率	Interest	Interest Expense on Customer Deposits / Average Customer Deposits	BvD 数据库
	存款	Deposit	Total Customer Deposits	
国家层面指标	金融监管一体化指标	FAC	根据 Masciandaro（2007），Masciandaro 和 Quintyn（2009）的定义计算	Melecky 和 Podpiera（2013）
	央行涉足金融监管指标	CBFA		
	银行危机指标	Crisis	发生银行危机的年份取 1，否则为 0	Laeven 和 Valencia（2012）
	存款保险制度	DGS	有显性存款保险制度取 1，否则为 0	Demirgüç–Kunt 等（2014）
	GDP 增长率	Growth		WB 数据库
	通货膨胀率	Inflation	consumer price index	
	人均国民总收入	GNI		
银行层面指标	不良贷款率	NPL	Impaired Loans / Gross Loans	BvD 数据库
	总资本充足率	Capital	Total Capital Ratio	
	平均总资产回报率	ROAA	Return On Average Asset	
	流动性	LA	Liquid Assets / Deposit & Short Funding	
	日常支出	Over	Overheads，取对数	
	总资产	Asset	Total Assets，取对数	

① 样本中的银行仅限于商业银行，不包括合资银行、互助银行、投资银行等。
② 其中美国有 570 家。事实上，BvD 数据库中美国银行共有 6162 家，但这些银行大部分是区域性的小银行，我们只将总资产规模在 10 亿元以上的 570 家银行加入到样本中。

7.3.5 存款人约束有效性的实证分析

在检验存款人约束的选择渠道有效性之前，首先，我们利用"空模型"[①] 考察了存款变化的群间差异，结果见表 7 - 15 中的模型（1）。从该模型发现，存款变化因国家和银行而异，对于同属于一个国家的银行而言，存款规模变化有很强的相似性和关联性；相反，不同国家的银行则存在较大的差异性。这并不是说同属一国的银行无差异，恰恰相反，同属一国的银行也有很大的不同[②]。因而，在研究存款规模变化的相关问题时，国家和银行两个层次的因素都不可忽视。

表 7 - 15   有效性分析：存款选择途径

因变量	（1） Δdeposit	（2） Δdeposit	（3） Δdeposit	（4） Δdeposit	（5） Δdeposit
NPL		− 22.51 *** （5.463）			
Capital			19.00 *** （3.933）		
ROAA				24.44 * （13.85）	
LA					5.826 *** （1.192）
Over		33.00 ** （12.87）	22.33 * （13.18）	26.46 ** （10.51）	22.51 ** （9.930）
Asset		614.9 *** （26.99）	655.6 *** （26.44）	526.4 *** （23.82）	528.5 *** （23.86）
Crisis		− 789.7 *** （52.15）	− 849.4 *** （53.75）	− 689.7 *** （43.36）	− 695.8 *** （43.27）
DGS		− 219.2 （165.6）	− 86.30 （168.3）	− 75.76 （127.4）	− 58.92 （125.1）
Inflation		13.32 *** （4.669）	9.813 * （5.449）	10.06 *** （3.566）	6.680 * （3.420）

[①] 叫"空模型"的原因是该模型没有包含任何控制变量。根据 Raudenbush 和 Bryk（2002），"空模型"可表达为如下三个方程式：$Y = \beta_{0ij} + \varepsilon_{ijt}\ \varepsilon_{ijt} \sim N(0, \delta^2)$；$\beta_{0ij} = \beta_{00j} + \gamma_{ij}\ \gamma_{ij} \sim N(0, \delta_\gamma^2)$；$\beta_{00j} = \beta_{000} + \mu_j\ \mu_j \sim N(0, \delta_\mu^2)$。合并表达为：$Y = \beta_{000} + \mu_j + \gamma_{ij} + \varepsilon_{ijt}\ \varepsilon_{ijt} \sim N(0, \delta^2)$；$\gamma_{ij} \sim N(0, \delta_\gamma^2)$；$\mu_j \sim N(0, \delta_\mu^2)$。该模型可帮助我们初步了解因变量的群间特征。

[②] 为了节省篇幅，表 7 - 15 中并没有给出随机截距 μ_{ij} 和 τ_j 的方差和标准误，但在回归中这两项的方差在所有模型中都是显著异于零，即表明截距因银行、国家的不同而不同。

续表

因变量	(1) Δdeposit	(2) Δdeposit	(3) Δdeposit	(4) Δdeposit	(5) Δdeposit
Growth		− 33.05 *** (7.062)	− 22.45 *** (7.046)	− 21.41 *** (5.813)	− 19.99 *** (5.630)
GNI		321.6 ** (128.7)	457.9 *** (125.9)	335.3 *** (99.62)	373.7 *** (100.2)
Constant	1224.5 *** (197.4)	− 10635 *** (1132.8)	− 13090 *** (1112.7)	− 9770 *** (839.9)	− 10318 *** (853.0)
国家数	93	66	66	66	66
银行数	2020	1644	1466	1701	1697
N	16789	11312	11004	13984	13907
LR test − chi^2	7234 ***	1926 ***	1535 ***	2726 ***	2671 ***

注：①本文关注固定效应，为了节省篇幅，表 7 – 15 中没有给出随机成分结果。②LR test – chi^2 都显著，表明分层线性模型相对线性模型是更合适的。③ * 、 ** 、 *** 分别代表了 10% 、5% 、1% 的显著水平，括号中是标准误。

接着，为了检验市场约束是否起作用，将存款规模变化分别与银行的风险代理变量进行回归，如表 7 – 15 中模型（2） ~ （5）所示。从表 7 – 15 中可见，变量 NPL 的系数为负，并在 1% 的水平下显著，表明不良贷款率越高，银行的信贷风险越大，存款人会通过回撤存款以惩罚银行的高风险行为。变量 Capital 和 ROAA 的系数为正，并且至少在 10% 的水平下显著，说明资本越充足、盈利能力越强的银行越受到存款人的青睐，反之则不然。通常，流动性充足表明银行为应对存款人提现可随时变现的流动性资产充裕，银行的流动性风险较小，因此存款人更愿意将存款存放在该类银行，回归结果也证实了这一说法，流动性指标 LA 系数为正并显著。

在回归中，其他银行层面的变量和宏观变量大部分也显著。理论上，日常开支与存款变化的相关性具有不确定性：一方面，如果在服务质量一定的情景下，该指标越大说明银行的效率越低，存款人会回撤存款，该指标与存款变化的系数应为负；另一方面，如果这些支出是为了给客户提供更好的服务，那么指标与存款变化的相关性则为正。结果显示，Over 变量的系数为正，且显著，表明日常开支越大的银行其服务质量越好，能吸引存款，这与 Demirgüç – Kunt 和 Huizinga （2004），曹元涛、范小云（2008）的结论一致。Asset 的系数显著为正，表明银行规模越大越能吸引存款，曹元涛、范小云（2008）的结果也证实了这一点。DGS 的系数在所有模型中都不显著，表明存款保险制度对存款选择无显著的影响，这与 Demirgüç – Kunt 和 Huizinga （2004）得出的结论不一致①。此外，我们还控制了危机变量，Crisis 的系数为负，并在 1% 的水平下显著，说明危机期间，存款人会回撤自己的存款以避险，这符合经济直觉。宏观指标 Inflation 、

---

① 无显著的影响可能的原因是尽管一些国家不存在显性的存款保险制度，但实际上政府提供了"隐性"的担保，因此本文简单的 0 – 1 量化不能真实地刻画存款保险制度。

GNI、Growth 的系数显著，表明宏观经济环境会对存款人的存款选择产生影响。尽管上述变量不是本文关注的重点，但在后续的分析中我们仍加以控制。

市场约束发挥作用的另一条途径是存款利率。与存款选择途径一样，首先利用"空模型"，对存款利率的群间差异做了分析，如表 7 - 16 中模型（1）所示。同存款变化类似，存款利率也因银行和国家的不同而有所差异。

表 7 - 16　　　　　　　　　　　有效性分析：存款利率途径

因变量	（1）interest	（2）interest	（3）interest	（4）interest	（5）interest
NPL		-0.0749 ***			
		(0.0181)			
Capital			-0.0136		
			(0.0128)		
ROAA				-0.141 **	
				(0.0578)	
LA					0.00274
					(0.00499)
Over		0.00542	-0.226 ***	-0.0382	0.0216
		(0.0450)	(0.0407)	(0.0418)	(0.0388)
Asset		-0.371 ***	-0.0780	-0.331 ***	-0.247 ***
		(0.0965)	(0.0788)	(0.0889)	(0.0852)
Crisis		0.395	0.0470	0.652 ***	0.784 ***
		(0.255)	(0.246)	(0.249)	(0.245)
DGS		0.522	0.417	2.837 ***	2.414 ***
		(0.763)	(0.703)	(0.695)	(0.676)
Inflation		0.0934 ***	0.165 ***	0.0660 ***	0.0455 **
		(0.0297)	(0.0251)	(0.0215)	(0.0212)
Growth		0.0863 ***	0.0813 ***	0.132 ***	0.122 ***
		(0.0222)	(0.0201)	(0.0219)	(0.0209)
GNI		-1.601 ***	-2.796 ***	-0.920 **	-0.997 **
		(0.460)	(0.422)	(0.426)	(0.414)
Constant	5.005 ***	24.81 ***	32.22 ***	15.64 ***	14.98 ***
	(0.394)	(4.094)	(3.822)	(3.714)	(3.631)
国家数	93	65	65	65	65
银行数	1818	1446	1369	1507	1507
N	8699	5530	5415	6749	6735
LR test - chi^2	6504 ***	4155 ***	4449 ***	4434 ***	4317 ***

注：①本文关注固定效应，为了节省篇幅，表 7 - 16 中没有给出随机成分结果。②LR test - chi^2 都显著，表明分层线性模型相对线性模型是更合适的。③ * 、 ** 、 *** 分别代表了 10%、5%、1% 的显著水平，括号中是标准误。

模型（2）～（5）对存款利率与银行风险代理变量进行了回归。从结果中可见，银行不良贷款率（NPL）的系数为负，且在1%的水平下显著，这得出了一个与常识相悖的结果：一般来说，存款利率水平应与银行的风险呈正相关关系，即风险越大，存款人要求的风险补偿也越大，而我们的结果却显示不良率越高的银行支付给存款人的利息反而越小。结合前面关于存款变化的分析，这一现象似乎表明银行不良率上升后，存款人会回撤存款，但是银行不能通过提高存款利率来阻止存款的外流。根据 Demirgüç-Kunt 和 Huizinga（2004）的方法，在存款变化的回归中我们控制了存款利率后发现，存款利率的系数并不显著，这为此提供了佐证。这种不良率与存款利率负相关的可能原因是由于官方监管约束的存在，问题银行为了满足特殊的资本监管要求而同时减少其资产和负债，即银行不良率的上升，导致监管者对其实施特殊的资本监管要求，银行为此主动地降低利率来减少存款负债（Martinez Peria 和 Schmukler，2001）。其他风险指标中，ROAA 的系数为负，并在5%的水平下显著，表明银行的盈利能力越强，其向存款人支付的利息就越少，这与 Demirgüç-Kunt 和 Huizinga（2004），曹元涛、范小云（2008）的结论一样。Capital 的系数尽管不显著，但为负，这符合资本越充足的银行其风险较小，其支付的存款利息率也越少的经济直觉。LA 的系数为正，与 Demirgüç-Kunt 和 Huizinga（2004）的结果相反，但结果不显著。

同样，在回归中也控制了其他银行特征变量和宏观因素。Asset 的系数为负且在大部分的回归中显著，说明规模越大的资产质量普遍较好，其支付的存款利率越少，这与曹元涛、范小云（2008）得出的结论相反，可能原因是他们研究的是亚洲银行，而我们考察的范围更广。宏观变量的结果显示，通货膨胀率 Inflation 和 Growth 与存款利率呈正相关关系，与 GNI 呈负相关关系，表明通货膨胀率越高，经济增长越快，人均国民收入越低的国家存款人索取的存款利息越高，宏观经济影响着存款利率。尽管上述的变量不是关注的焦点，但在后续的分析中仍会加以控制。

通过市场约束存款选择途径和存款利率途径的分析结果可知，总的来看，存款人约束是存在的、有效的。

7.3.6 金融监管机构集中度（FAC）对约束的影响

为了研究金融监管结构对市场约束的影响，根据 Masciandaro（2006）、Masciandaro 和 Quintyn（2009）的方法，用 Melecky 和 Podpiera（2013）关于金融监管安排的调研数据构建了金融监管机构集中度指数（FAC）和央行涉足金融监管程度指数（CB-FA）[①]。同时，引入金融监管结构与风险代理变量的交互项 1 来检验金融监管结构安排是否会通过影响银行风险而间接地影响到存款人约束。另外，一些研究发现，危机时期存款人对银行风险的敏感性产生了变化（Martinez Peria 和 Schmukler，2001；Cubillas

---

① FAC（Financial Authorities Concentration Index）的赋值规则为：单一监管机构负责银、证、保三个部门的监管，赋值为5；如三个部门分别由三个独立的部门监管，赋值为1；其他的情况赋值为3。CBFA（Central Bank as Financial Authority Index）的赋值规则为：如果央行涉及了三个金融部门的监管，赋值为7；涉及两个则为5；一个则为3；央行不涉足金融监管则为1。

等，2012），故而为了研究危机时期监管安排对存款人约束的间接影响，引入了金融监管结构、风险代理变量与危机变量的交互项2。

　　表7-17给出了金融监管机构集中度与市场约束的回归结果。从表7-17中模型可见，在存款规模变化以及存款利率的回归中，FAC的系数都不显著，这契合了前文给出的判断，即金融监管结构本身并不直接影响存款人存款的风险暴露。

表7-17　　　　　　　　　　　　　　　FAC对市场约束的影响

因变量	(1) Δdeposit	(2) Δdeposit	(3) Δdeposit	(4) Δdeposit	(5) interest	(6) interest	(7) interest	(8) interest
NPL	3.908				-0.125***			
	(8.751)				(0.0288)			
Capital		25.11***				-0.0184		
		(6.577)				(0.0201)		
ROAA			72.09***				-0.249***	
			(24.28)				(0.0964)	
LA				4.324**				0.00510
				(1.949)				(0.00790)
FAC	-5.818	-10.67	14.77	-37.04	-0.181	0.0438	-0.208	-0.204
	(48.97)	(59.95)	(33.92)	(40.61)	(0.167)	(0.198)	(0.150)	(0.178)
交叉项1	-2.478	-3.990**	-43.13***	0.924	0.0268**	0.00493	0.0274	-0.000810
	(3.487)	(2.019)	(8.343)	(0.726)	(0.0114)	(0.00863)	(0.0415)	(0.00343)
交叉项2	-19.05***	6.329***	59.26***	-0.847*	-0.0136	-0.00616	0.0332	-0.00192
	(2.891)	(1.479)	(6.746)	(0.490)	(0.00975)	(0.00690)	(0.0367)	(0.00270)
Over	30.03**	20.56	31.81***	22.18**	0.00897	-0.225***	-0.0371	0.0225
	(12.84)	(13.18)	(10.51)	(9.932)	(0.0450)	(0.0408)	(0.0418)	(0.0389)
Asset	620.4***	656.7***	537.4***	528.2***	-0.369***	-0.0756	-0.329***	-0.242***
	(27.05)	(26.47)	(23.87)	(23.86)	(0.0965)	(0.0790)	(0.0889)	(0.0854)
Crisis	-590.4***	-1242.5***	-930.4***	-646.1***	0.612**	0.317	0.596**	0.905***
	(58.53)	(104.5)	(51.15)	(52.12)	(0.312)	(0.385)	(0.257)	(0.306)
DGS	-76.44	-99.61	-79.44	-58.25	0.432	0.430	2.794***	2.366***
	(167.0)	(169.0)	(127.5)	(125.4)	(0.764)	(0.704)	(0.694)	(0.673)
Inflation	15.85***	8.760	10.02***	6.983**	0.0950***	0.166***	0.0642***	0.0450**
	(4.666)	(5.459)	(3.559)	(3.425)	(0.0298)	(0.0252)	(0.0215)	(0.0212)
Growth	-42.57***	-23.20***	-25.08***	-20.67***	0.0834***	0.0825***	0.129***	0.119***
	(7.129)	(7.049)	(5.838)	(5.642)	(0.0223)	(0.0202)	(0.0220)	(0.0211)
GNI	246.8*	486.6***	315.1***	379.2***	-1.595***	-2.906***	-0.828*	-0.813*
	(133.2)	(131.5)	(103.8)	(103.6)	(0.477)	(0.437)	(0.439)	(0.425)

续表

因变量	(1) Δdeposit	(2) Δdeposit	(3) Δdeposit	(4) Δdeposit	(5) interest	(6) interest	(7) interest	(8) interest
Constant	−10163.5 ***	−13248.2 ***	−9694.0 ***	−10288.5 ***	25.21 ***	32.97 ***	15.39 ***	13.74 ***
	(1154.5)	(1142.9)	(862.2)	(870.2)	(4.166)	(3.896)	(3.768)	(3.666)
国家数	66	66	66	66	65	65	65	65
银行数	1644	1466	1701	1697	1446	1369	1507	1507
N	11312	11004	13984	13907	5530	5415	6749	6735
LR test − chi²	1943 ***	1548 ***	2758 ***	2659 ***	3818 ***	4179 ***	4102 ***	3985 ***

注：①交叉项1代表 FAC * risk，交叉项2代表 FAC * risk * Crisis，risk 指本文控制 NPL、Capital、ROAA、LA 四个银行风险代理变量。②本文关注固定效应，为了节省篇幅，表7-17中没有给出随机成分结果。③LR test − chi² 都显著，表明分层线性模型相对线性模型是更合适的。④ *、**、*** 分别代表了10%、5%、1%的显著水平，括号中是标准误。

从存款选择途径来看，结果显示 FAC 同银行风险代理变量 Capital 和 ROAA 的交互项系数为负，并且至少在5%的水平下显著，而风险变量本身系数符号仍为正并显著，这表明金融监管机构安排越集中，存款人对银行风险变得越敏感，存款人加强了对银行的约束。可能的原因是在正常时期，金融监管集中度越高意味着银行监管质量越差，因为各行业的监管目标之间存在冲突、不同金融业务间缺乏"防火墙"以及专业化银行监管的缺失。危机期间，存款人对银行风险的反应则更加的复杂。从回归结果看，FAC * Capital * Crisis 和 FAC * ROAA * Crisis 的系数显著为正，并且各自系数都大于交互项1的系数，说明危机期间，金融监管机构的集中安排削弱了存款人对银行资本充足率和盈利能力的敏感性，但 FAC * NPL * Crisis 和 FAC * LA * Crisis 的系数却显著为负，表明危机期间，随着金融监管机构集中度的增加，存款人对银行的不良率和流动性变得更加的敏感。这似乎相悖的结果可能要归结：存款人对集中的金融监管在危机期间处理和监管银行的资本充足率和盈利能力更有信心，因为集中的监管使得监管当局不能推诿责任，并且拥有更多的资源和工具来及时有效地处理危机，但金融监管本身并不涉及对问题银行的救助，或者流动性的提供，因此金融监管本身在危机期间对银行的不良率和流动性的处置能力有限。

从存款利率途径来看，金融监管集中度与 NPL 的交互项系数显著为正，而 NPL 本身的系数仍为负且显著，表明金融监管越集中，对问题银行实施特殊资本监管的力度可能存在削弱的情况。其他相关的银行风险代理变量的符号和显著程度虽然都没改变，但是相关的交互项1和交互项2也不显著，说明金融监管更多地涉及微观审慎，对存款利率并没有太大的直接影响力。

另外，我们对结果进行了稳健性检验。根据 Masciandaro（2009）、Melecky 和 Podpiera（2013）、Doumpos 等（2015）的方法，对银行和证券合并监管在量化时赋予了更高的值①，因为证券市场和银行市场是一国主要的两种融资方式，现实中两者合并监管的情况较多。回归结果见附表 2。从结果上看，重新量化后上述的结论不变，依然稳健。上述的分析结果支持了前文提出的命题 1。

7.3.7 央行涉足金融监管程度（CBFA）对市场约束的影响

表 7-18 给出了央行涉足金融监管程度对市场约束影响的回归结果。从表 7-18 中可见，CBFA 的系数多数为负，并在模型（1）和模型（8）中显著，表明央行涉足金融监管程度越深，银行支付的存款利率也越少，而存款人也越不愿意将资金存放于银行，这可能与央行偏向于低利率政策有关。②从存款选择途径上看，CBFA * NPL 和 NPL 系数符号相反，但都在 1% 的水平下显著，说明央行涉足金融监管越深，存款人对银行信贷风险的敏感性降低了；CBFA * NPL * Crisis 的系数显著为负，表明危机唤醒了存款人的风险意识，但是 CBFA * NPL * Crisis 和 CBFA * NPL 系数之和仍为正，表明危机期间敏感度提升有限，所以总体来看，央行涉足金融监管削弱了存款人对银行不良率的敏感性，并且涉足金融监管部门越多，这种削弱越强。从存款利率途径来看，CBFA * LA 和 CBFA * LA * Crisis 的系数都显著为正，与 LA 系数符号相反，表明央行涉足金融监管程度越深，存款人对银行的流动性风险变得越敏感。这与银行流动性资产越高，其风险越小，存款利率也应该越低的常识相悖，可能是因为央行作为金融监管者，其具有无限的流动性提供，因而银行持有较高的流动性资产向存款人传递了银行低效率的信号。此外，央行涉足金融监管对存款人与其他风险变量敏感性的影响都不显著。

表 7-18　　　　　　　　　　CBFA 对市场约束的影响

因变量	(1) Δdeposit	(2) Δdeposit	(3) Δdeposit	(4) Δdeposit	(5) interest	(6) interest	(7) interest	(8) interest
NPL	-43.01 ***				-0.0799 **			
	(10.30)				(0.0347)			
Capital		20.36 ***				-0.0526 *		
		(7.536)				(0.0272)		
ROAA			2.820				-0.142	
			(25.21)				(0.119)	
LA				5.664 **				-0.0205 *
				(2.485)				(0.0118)
CBFA	-159.6 ***	-39.07	-41.13	-39.62	0.0459	-0.325	-0.0339	-0.411 **
	(56.37)	(68.03)	(36.07)	(46.89)	(0.171)	(0.203)	(0.145)	(0.190)

----

① 重新量化的 FAC2 赋值规则为：如果单一监管机构负责银、证、保三个部门的监管，则赋值为 7；单一机构负责银行和证券，则赋值为 5；如果证券和保险或者保险和银行由一个机构监管，则赋值为 3；由三个独立的部门分别监管，则赋值为 1。

② 为了刺激经济，很多国家都对存款利率给予了上限，甚至实施零利率政策。

续表

因变量	（1） Δdeposit	（2） Δdeposit	（3） Δdeposit	（4） Δdeposit	（5） interest	（6） interest	（7） interest	（8） interest
交叉项 1	11.17 ***	− 0.872	1.258	0.00633	0.00407	0.0138	− 0.0499	0.00744 *
	(3.696)	(2.901)	(9.617)	(0.875)	(0.0119)	(0.00934)	(0.0423)	(0.00394)
交叉项 2	− 8.856 ***	1.497	33.57 ***	0.235	− 0.00845	0.0117	0.228 ***	0.00482 *
	(3.116)	(2.096)	(10.89)	(0.443)	(0.0121)	(0.00861)	(0.0488)	(0.00257)
Over	30.82 **	22.50 *	28.16 ***	22.43 **	0.00411	− 0.227 ***	− 0.0433	0.0167
	(12.87)	(13.18)	(10.52)	(9.933)	(0.0450)	(0.0407)	(0.0418)	(0.0389)
Asset	615.3 ***	655.8 ***	527.5 ***	528.4 ***	− 0.369 ***	− 0.0787	− 0.323 ***	− 0.242 ***
	(26.98)	(26.45)	(23.82)	(23.84)	(0.0965)	(0.0788)	(0.0888)	(0.0853)
Crisis	− 742.9 ***	− 878.6 ***	− 734.3 ***	− 705.9 ***	0.482 *	− 0.284	0.282	0.452
	(54.16)	(67.31)	(45.47)	(47.02)	(0.283)	(0.347)	(0.261)	(0.303)
DGS	− 194.6	− 71.63	− 54.20	− 54.34	0.547	0.462	2.797 ***	2.479 ***
	(166.1)	(169.6)	(127.6)	(125.0)	(0.765)	(0.704)	(0.695)	(0.676)
Inflation	14.36 ***	9.653 *	10.43 ***	6.615 *	0.0952 ***	0.164 ***	0.0661 ***	0.0467 **
	(4.698)	(5.466)	(3.572)	(3.425)	(0.0300)	(0.0252)	(0.0216)	(0.0213)
Growth	− 36.85 ***	− 22.48 ***	− 23.40 ***	− 20.10 ***	0.0839 ***	0.0854 ***	0.121 ***	0.122 ***
	(7.142)	(7.080)	(5.846)	(5.639)	(0.0226)	(0.0203)	(0.0220)	(0.0210)
GNI	310.4 **	449.8 ***	314.8 ***	373.1 ***	− 1.593 ***	− 2.878 ***	− 1.207 ***	− 1.136 ***
	(128.9)	(126.0)	(100.0)	(99.95)	(0.461)	(0.429)	(0.430)	(0.419)
Constant	− 10169.0 ***	− 12921.7 ***	− 9483.9 ***	− 10214.0 ***	24.56 ***	33.83 ***	18.60 ***	17.33 ***
	(1140.9)	(1119.1)	(847.3)	(855.8)	(4.133)	(3.927)	(3.772)	(3.726)
国家数	66	66	66	66	65	65	65	65
银行数	1644	1466	1701	1697	1446	1369	1507	1507
N	11312	11004	13984	13907	5530	5415	6749	6735
LR test − chi^2	1934 ***	1530 ***	2731 ***	2657 ***	4090 ***	4376 ***	4376 ***	4306 ***

注：①交叉项 1 代表 CBFA * risk，交叉项 2 代表 CBFA * risk * Crisis，risk 指本文控制 NPL、Capital、ROAA、LA 四个银行风险代理变量。②本文关注固定效应，为了节省篇幅，表 7 − 18 中没有给出随机成分结果。③LR test − chi^2 都显著，表明分层线性模型相对线性模型是更合适的。④ * 、** 、*** 分别代表了 10%、5%、1% 的显著水平，括号中是标准误。

同样，根据 Masciandaro（2009）、Melecky 和 Podpiera（2013）、Doumpos 等（2015）的方法，我们重新量化了央行涉足金融监管程度，得到指标 CBFA2[①]。相关的结果见附表 3。从结果上看，上述结论依然稳健。上述分析结果为命题 2 提供了支持。

---

① CBFA2 对央行涉足银行的监管给予了特殊的考虑，赋值规则为：央行不涉足金融监管则为 1；央行是唯一或者主要的银行监管者赋值为 2；如果央行涉足任意两个为 3；涉足三个金融部门的监管，则赋值为 4。

表 7 - 19　　金融监管结构（FAC）、市场约束与银行规模

	(1) Δdeposit 大银行	(2) Δdeposit 小银行	(3) Δdeposit 大银行	(4) Δdeposit 小银行	(5) Δdeposit 大银行	(6) Δdeposit 小银行	(7) Δdeposit 大银行	(8) Δdeposit 小银行	(9) interest 大银行	(10) interest 小银行	(11) interest 大银行	(12) interest 小银行	(13) interest 大银行	(14) interest 小银行	(15) interest 大银行	(16) interest 小银行
NPL	4.613 (19.02)	-5.802* (3.190)							-0.118*** (0.0405)	-0.104*** (0.0402)						
Capital			41.25** (16.05)	2.282 (1.798)							0.00548 (0.0357)	-0.0101 (0.0245)				
ROAA					113.2** (55.44)	19.19** (8.402)							-0.308** (0.128)	-0.0458 (0.140)		
LA							9.284** (4.468)	0.665 (0.636)							0.0117 (0.0104)	0.00444 (0.0113)
FAC	67.36 (90.70)	-20.60 (19.31)	137.7 (111.5)	20.55 (12.61)	104.7 (72.59)	6.402 (12.36)	46.58 (85.95)	2.520 (14.94)	-0.148 (0.199)	-0.352 (0.246)	-0.0274 (0.274)	0.285 (0.301)	-0.0355 (0.184)	-0.372* (0.224)	0.0552 (0.218)	-0.536** (0.258)
交叉项1	-5.371 (7.479)	4.070*** (1.307)	-10.56** (4.603)	-1.143** (0.565)	-74.67*** (19.39)	-11.30*** (2.906)	0.125 (1.633)	-0.267 (0.240)	0.0200 (0.0154)	0.0256 (0.0163)	0.00831 (0.0139)	0.000283 (0.0112)	0.0386 (0.0528)	-0.00946 (0.0620)	-0.00176 (0.00436)	-0.00213 (0.00508)
交叉项2	-24.11*** (6.306)	-11.50*** (1.143)	9.283*** (3.391)	2.573*** (0.574)	108.7*** (16.05)	20.55*** (2.610)	-2.151* (1.138)	0.260 (0.197)	-0.0111 (0.0128)	-0.00970 (0.0144)	-0.0187* (0.0100)	0.000798 (0.0929)	0.0255 (0.0473)	0.0288 (0.0540)	-0.00236 (0.00321)	-0.00185 (0.00441)

注：①交叉项1代表 FAC * risk，交叉项2代表 FAC * risk * Crisis，risk 指本文控制 NPL、Capital、ROAA、LA 四个银行风险代理变量。②为了简洁，表 7 - 19 中省略了随机成分结果以及 Over、Asset、Crisis、DGS、Inflation、Growth、GNI 的回归结果。③模型（4）未达到 stata 软件默认的收敛值，但不影响分析。④*、**、*** 分别代表了 10%、5%、1% 的显著水平，括号中是标准误。

表 7-20　金融监管结构（CBFA）、市场约束与银行规模

因变量	(1) Δdeposit 大银行	(2) Δdeposit 小银行	(3) Δdeposit 大银行	(4) Δdeposit 小银行	(5) Δdeposit 大银行	(6) Δdeposit 小银行	(7) Δdeposit 大银行	(8) Δdeposit 小银行	(9) interest 大银行	(10) interest 小银行	(11) interest 大银行	(12) interest 小银行	(13) interest 大银行	(14) interest 小银行	(15) interest 大银行	(16) interest 小银行
NPL	-78.41 *** (21.40)	-9.916 *** (3.826)							-0.0941 ** (0.0462)	-0.0687 (0.0502)						
Capital			15.09 (16.64)	0.144 (2.171)							-0.0218 (0.0451)	-0.103 *** (0.0348)				
ROAA					36.45 (59.56)	-0.891 (8.594)							-0.0636 (0.154)	-0.156 (0.175)		
LA							3.892 (5.546)	-0.264 (0.705)							0.00175 (0.0146)	-0.0415 ** (0.0180)
CBFA	-235.0 ** (99.33)	-32.78 (22.43)	-91.89 (127.5)	-20.68 (26.27)	-57.77 (76.90)	-15.17 (13.19)	-116.3 (98.60)	-25.21 (16.52)	-0.0182 (0.196)	0.150 (0.266)	-0.186 (0.277)	-0.692 ** (0.317)	0.0430 (0.170)	0.0227 (0.234)	-0.107 (0.230)	-0.605 ** (0.285)
交叉项1	19.30 ** (7.517)	2.084 (1.430)	1.475 (6.256)	0.161 (0.914)	-5.699 (22.62)	1.247 (3.426)	1.467 (1.907)	0.162 (0.262)	-0.00403 (0.0155)	0.00896 (0.0176)	0.00851 (0.0142)	0.0374 *** (0.0127)	-0.0769 (0.0548)	0.000380 (0.0633)	0.000801 (0.0487)	0.0133 ** (0.00593)
交叉项2	-10.72 * (6.394)	-2.720 ** (1.264)	-3.110 (4.782)	1.472 * (0.823)	48.49 *** (24.45)	15.69 *** (4.261)	0.305 (0.986)	0.215 (0.184)	0.0316 * (0.0162)	-0.0177 (0.0182)	0.00910 (0.0119)	0.00654 (0.0120)	0.103 * (0.0621)	0.294 *** (0.0730)	0.00289 (0.0299)	0.0112 *** (0.00418)

注：①交叉项1代表CBFA*risk，交叉项2代表CBFA*risk*Crisis，risk指本文控制NPL、Capital、ROAA、LA四个银行风险代理变量。②*、**、***分别代表了10%、5%、1%的显著水平，括号中是标准误。③为了简洁，表7-20中省略了随机成分结果以及Over、Asset、Crisis、DGS、Inflation、Growth、GNI的回归结果。

7.3.8 金融监管结构、存款人约束与银行规模

金融监管安排对不同规模银行的影响存在差异（Doumpos 等，2015）。为此，本书逐年逐个国家地将银行按照规模划分为大、小银行两类，进一步地对金融监管结构与存款约束关系做了分析。

表7－19 给出了金融监管集中度的相关结果。从存款选择途径来看，无论是在日常时期还是在危机时期，存款人对大银行和小银行的 Capital 和 ROAA 的敏感性没有差别，并且金融监管集中度对其的影响也没有差异。在不良率和流动性上，大银行和小银行的差异则较大，前面关于金融监管在危机时期对银行不良率和流动性的处理能力有限的结论适用于大银行，而小银行则略有差异。从结果上看，小银行组的 NPL 系数显著为负，交互项 FAC * NPL 显著为正，表明集中的金融监管削弱了存款人对小银行不良率的敏感度；金融监管结构安排对小银行的流动性方面似乎没有影响，因为回归中相关的变量和交叉性都不显著。从存款利率途径来看，除了存款人对大银行的盈利能力更为关注外，金融监管结构对存款人利率途径在大、小银行组中都没有显著的影响。

表7－20 给出了银行涉足金融监管程度的相关结果。从表7－20 中可见，央行涉足金融监管削弱了存款人对于大银行信贷风险的敏感性，小银行则不然，并且危机期间随着央行监管部门的增加，存款人增强了对小银行不良率的敏感性。另外，从存款利率途径上看，小银行组的交互项 CBFA * ROAA 和 CBFA * LA 都显著为正，说明随着央行涉足金融监管部门的增加，存款人对小银行的盈利能力和流动性的敏感度增加了。总的来看，随着央行涉足金融监管程度的加深，存款人削弱了对大银行的约束而加强了对小银行的约束，这从侧面反映了存款人存在"大而不能倒"的心理。

7.4 区域性风险防范：基于金融分权的多层次体系

一般而言，金融分权包括中央与地方的金融管理责任划分，即纵向分权；以及同一级别的不同部门之间的管理责任划分，即横向分权。因而金融分权与金融准入、许可、金融监管都直接相关。国际金融危机爆发后，系统性风险受到广泛关注，近年来，中国政府、人民银行和各监管机构均反复强调"守住不发生系统性、区域性风险的底线"（刘士余，2013）。区域性风险的概念与系统性风险关系密切，二者既非包含也非对立关系，但后者往往由前者发展扩散而至。从全球的视角来看，区域性风险（Regional Risk）通常指跨国的地理区域或贸易联盟的宏观经济和金融风险。而站在一国的视角，区域性风险通常是城市、省份级别的"地区性"金融风险，这也是国内多数相关研究的探讨范围。我国当前正处在经济结构调整转型的关键时期，区域性和系统性风险的隐患伴随着宏观经济的下行有进一步增加的趋势。虽然我国没有出现大规模的系统性风险，但部分地区出现了一些风险事件。目前国内对系统性风险有比较丰富的研究，但对区域性风险的相关研究较少。从二者的关系来看，区域性风险的防范不仅是地区经济稳定的需要，对于防范系统性风险也具有重要意义。我国已经出现的区域性风险事件在成

因上有什么共同点？如何设计制度有效预防区域性风险？风险爆发后如何妥善处置、降低损失，防止其扩散成为系统性风险？本节从三个案例入手，总结我国区域性风险的特征，以金融分权的视角探讨区域性风险防范，指出我国需要构建以金融分权为基础的区域性风险防范体系。这一体系应当包括市场主体自律和金融监管两个层次：第一是市场主体的自律，这是金融风险防范的基础，但仅靠自律远不能防范金融风险；第二是金融监管，包括金融活动的准入、许可，以及金融运行中的监管，金融适度分权的前提下划分中央和地方的监管和处置责任，明确地方上各监管部门的职责范围。

7.4.1 相关文献

首先要厘清区域性风险的概念。正如本书开篇指出的，区域性风险与系统性风险密不可分，虽然系统性风险以及与之相关的宏观审慎监管等问题的研究非常丰富（谢平和邹传伟，2010；刘吕科等，2012），但国际上涉及区域性风险的研究大多只是从不同角度研究系统性风险的区域特征。例如 Galesi 和 Sgherri（2009）、Kenourgios 和 Dimitriou（2015）、Kim 等（2004）、Seno – Alday（2015）、Garcia – Herrero 和 Wooldridge（2007）等的研究从金融风险的区域性传染、区域性风险分担、区域金融一体化等研究了区域性风险，并且没有严格区分系统性风险与区域性风险。这主要是因为国际上的研究针对较大的地理片区（东亚、西欧、拉美）或者某一贸易联盟（经合组织、欧盟），其跨国的特点使得区域性风险与系统性风险具有同质性。相对而言，国内的研究更重视区域性风险的局部性和地域特征，主要对其风险的来源和防范进行研究，例如王维安和贺聪（2005）、王铁英等（2012）、宋凌峰和叶永刚（2011）、刘海二和苗文龙（2014）、张晓明和于新林（2013）、邹积尧和隋英鹏（2000）、谭中明（2010）等从地方债务、房地产市场和地方性金融机构行为等方面归纳了我国区域性风险的来源并提出了风险防范建议。从国内外文献的对比来看，现有文献并没有给出区域性风险的明确定义，所探讨"区域"（region）的范畴也有所不同，在此根据上述文献做一简单划分：国际的区域性风险包括跨国的地理片区（东亚、西欧、拉美）或者某一贸易联盟（经合组织、欧盟）的宏观经济和金融风险，或称"国际区域性风险""全球区域性风险"，国际上区域性风险的研究多属于此类；国家的区域性风险指一国之内城市或地区级别的金融风险，以国内研究为主。本文的研究主要针对后者，即国家的区域性风险。

如上所述，系统性风险与区域性风险关系密切。前者的防范研究比较丰富，对于区域性风险防范具有借鉴意义。最具代表性的是 Mishkin（2001）提出的十二项金融改革措施。近年来，周慕冰（2015）、赖娟（2011）、彭建刚（2011）等国内学者结合中国系统性风险的特点提出了一些防范建议，其核心内容主要是推进金融改革和强化金融监管。在区域性风险防范方面，王铁英、靳辉与朱江（2012），张晓明和于新林（2013），高磊、张园（2013）等提出了一些防范系统性风险的建议。从系统性和区域性风险防范的现有研究来看，目前几乎没有关于区域性风险防范的理论阐述和实证研究。

受到地区统计数据公开程度低、时间维度小等问题的限制，区域性风险的计量经济学分析难以推进，因此现有文献往往缺乏实证支持。但案例分析作为另一类实证研究方法，对于研究区域性风险的防范和处置有重要意义。改革开放以来，我国社会经济发展迅速，难以避免地出现了区域发展不平衡、经济结构不合理等问题，部分地区出现了一些金融风波或称"风险事件"。比较典型的案例有 20 世纪末海南房地产泡沫危机、21世纪初鄂尔多斯出现的"鬼城"事件、2011 年温州民间借贷引发的企业主"跑路潮"等。国内对这些典型案例的研究十分丰富，较具代表性的有王春萌和谷人旭（2014）从"产城融合"的角度论述了鄂尔多斯康巴什新区"鬼城"风波的化解；张雪春等（2013）对温州民间借贷利率的研究等；除此之外，还有甘远志（2000）、吴鹤立（2003）、何君位、邢越（2000）等对海南房地产泡沫风波的研究；陈燕（2013）、郭文婧（2013）、史万森（2012）、周一童（2012）等对鄂尔多斯"鬼城"事件的研究以及吴国联（2011）、王闻丹（2011）、李火林（2011）等对温州企业主出逃事件的研究。这些研究主要针对事件的起因、经过，提出了一些中长期的化解路径和处置方案，但很少涉及风险爆发后的应对和处置，更没有上升到区域性风险和系统性风险的理论高度。事实上，这类风险事件爆发后，地方政府、企业和金融机构都采取了各种处置措施，并且没有引发大规模的系统性风险，其应对和处置经验十分宝贵，值得深入研究。

综上所述，区域性风险的研究在国际和国家层面有所区别，对国家层面的区域性风险积极应对可以防止风险扩散；因而区域性风险的防范和处置都是防范系统性风险的主要方面，但对此研究较少；已经出现的典型区域性风险案例是研究我国区域性风险防范和危机处置研究的良好素材。本节从典型案例出发，以金融分权的视角探讨我国区域性风险的防范及处置。

7.4.2　国内三例区域性风险事件

（一）海南房地产泡沫

1. 事件经过。20 世纪 80 年代末、90 年代初，我国海南省经历了空前的房地产市场泡沫。房地产热从 1988 年海南岛成立行政区开始启动，在 1992 年邓小平南方谈话后达到高潮，资产泡沫在 1995 年左右破灭并爆发区域性金融危机。泡沫破灭后，形成了大量"烂尾楼"、闲置土地和积压房产，商业银行的坏账一度超过 300 亿元。从危机爆发到积压房产基本处置完毕历时近十年，危机影响深远。

1988 年 8 月，海南岛从广东省脱离，成立省级行政区。早在 20 世纪 80 年代初，我国就开始探索住房商品化改革，并在 1980 年"全国城市规划会议"上提出征收土地使用费的设想。此后东部沿海省市相继试点城市土地使用费，我国的房地产市场进入了初步成长期。正是在此背景下，海南省作为全国唯一的省级经济特区，开始受到全国投资者的追捧。1992 年初，邓小平南方谈话和随后中央向全国传达的《学习邓小平同志重要讲话的通知》，提出加快住房制度改革步伐，全国房地产业迎来了极其有利的政治、经济环境。1992 年，海南全省房地产投资达 87 亿元，占固定资产总投资的一半，仅海口一地的房地产开发面积就达 800 万平方米，地价由 1991 年的十几万元每亩飙升至 600多万元每亩。在政策的支持和投资者的强烈预期下，金融资源大量流入海南，银行信贷迅速扩张。同年，海口市和三亚市的经济增长率分别达到了惊人的 83% 和 73.6%。海南房地产规模急剧膨胀，房价飙升。1988 年到 1993 年，海南商品房平均价格从 1350 元/平方米上涨到 7500 元/平方米①。严重的投机行为屡见不鲜，大量房地产公司并不修建房屋，而是在转卖土地从中获利。媒体将此比喻为"击鼓传花"，一些房屋甚至在设计图纸阶段，就已经被数次转卖。

房地产市场的大发展并非海南独有，1993 年上半年，宏观经济出现过热势头，针对全国出现的"四高"（高投资增长、高货币投放、高物价上涨和高贸易逆差）现象，1993 年 6 月 24 日，国务院发布《关于当前经济情况和加强宏观调控意见》，控制信贷总规模、限期收回违章拆借资金、削减基建投资、清理所有在建项目。而此时海南的房地产市场泡沫已经十分惊人，在政策紧缩的触发下，银根全面紧缩，房地产业遭受重创，房价急跌，开发商纷纷逃离或倒闭，银行的不良贷款率飙升。很多抵押项目其实并未形成实体工程，导致银行不良资产处置困难。

图 7 - 2 展示了 1987 年到 2005 年海南省的平均房价和 1990 年到 2005 年房地产固定资产投资完成额。商品房平均销售价格的变化最直接地反映了泡沫的产生、发展和破灭过程。从 1988 年海南建省到 1991 年，随着政策的出台和投资者大量涌入，固定资产投资开始增加，处于酝酿期，此时房价比较稳定、泡沫尚未形成。从 1992 年初，也就是邓小平南方谈话前后，海南的房地产销售价格开始飙升，风险不断积累。到 1993 年上半年，房价达到了约 7500 元/平方米的顶点。紧接着 1993 年下半年应对经济过热的"宏观调控意见"出台，房价开始下滑。从 1992 年初到 1995 年，是危机的发展期，房价急剧下跌，大量房地产企业、信托公司和农信社经营困难。第三阶段以 1995 年成立海南发展银行，地方政府介入处置为标准，房价继续下跌，固定资产投资规模急剧下降。1998 年，设立处置积压房地产试点，各种处置政策出台。到 2003 年，处置工作取得较大进展，房地产市场开始缓慢回升，进入恢复期。

2. 风险防范与处置。海南房地产泡沫事件的处置可以分为两个阶段：1994 年至 1998 年是海南省政府紧急处置和市场各方自发处置积压房地产阶段，成效并不理想。第二阶段的特点是中央政府介入，1998 年底，朱镕基视察海南，召开由建设部和各家银行行长参加的联席会议，中央政府介入，把海南作为全国处置积压房地产的试点省份。1999 年 6 月 24 日，国务院发布《处置海南省积压房地产试点方案》，出台了一系列措施。经过五年的努力，处置工作才基本完成。

（1）成立海南发展银行。在危机爆发之前，海南的信托投资公司由于大量资金积压在房地产上，已经出现了经营困难。1995 年 8 月，海南省政府合并原海南省五家信托投资公司成立海南发展银行，以解决信托投资公司的经营困难问题。并于 1997 年底将 28 家经营存在困难的信用社并入海南发展银行。并入海南发展银行之前，各信用社高息揽储，而并入后海南发展银行规定只保证原信用社存款的本金和合法利息。其结果是大量储户开始提款，进而演化为挤兑风波。1998 年 6 月 21 日，央行宣布关闭海南发展银行，由工商银行托管其资产负债。应当说海南发展银行的成立是省政府对即将爆发

① 数据来源：中国房地产市场年鉴 1996。

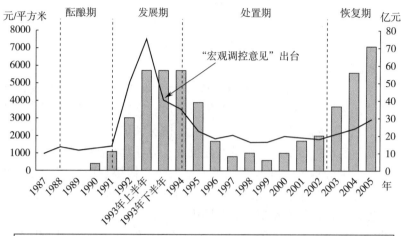

图7－2　危机发展过程的 GDP 刻画

的风险的积极应对，但由于处理方式不当和客观条件所限而没有取得成效。

（2）政府参与协调明确产权、解决债务纠纷。1999年6月24日，国务院发布《处置海南省积压房地产试点方案》，明确原则上通过仲裁或司法程序解决债务纠纷，政府有关部门予以协助。规定国有独资商业银行依法追索企业拖欠的房地产贷款，企业可以用积压房地产（按现值）和其他资产抵债。对于未办理登记手续的房产，行政机关公告催促登记，在规定期限内未登记的由当地房管局代管。

（3）分类处置积压商品房。将所有权属于国有独资商业银行和房地产公司的普通住宅转化为经济适用房，向中低收入和拆迁居民销售；对在海南省购买积压公寓和别墅等商品房的本省和外省市居民和单位，给予优惠待遇。

（4）核发"换地权益书"，回收处置闲置土地。1999年，国土资源部提出以"换地权益书"作为消化闲置土地的政策工具。市县以上人民政府按回收土地的现值向原使用权所有者发放"换地权益书"，并回收土地；权益书的价值随土地市场数值而变动；持有"权益书"者可以在签发政府管辖范围内换取等值的土地，多份"换地权益书"可以累加使用，合计换地；"换地权益书"可以转让，并可以用于银行抵押贷款。在危机时期，流动性紧张，市场各方恐慌情绪严重，土地的交换和流转难以通过货币媒介实现。即使通过货币实现交换，在危机环境下资产也会很快被转移到其他领域，从而加重土地和房地产市场的流动性问题。"换地权益书"充当了交换的媒介，有助于实现土地的交换，缓解市场的"冻结"现象。"换地权益书"实施后取得了一定效果，截至2007年底，海口市共清理出闲置土地1110宗，其中以核发"换地权益书"回收239宗，面积25000.82亩，占总回收面积的30%（胡存智、宫玉泉，2010）。

（5）剥离不良资产，处理银行损失。国有独资商业银行（包括其在全国各地设立的分支机构）将1998年12月31日前在海南省发放的房地产贷款和直接投资房地产所形成的不良资产与其正常信贷业务资金剥离，分别设账，单独管理。并由海南省人民政府负责，组建海南联合资产管理公司，专门负责承接管理和处置国有独资商业银行协议移交的积压房地产，并向国有独资商业银行偿还资金。国有独资商业银行以自办企业和其他形式直接投资于海南省房地产的，其损失计入损益，由各国有独资商业银行按国家有关规定处理。贷款呆坏账损失，从1999年起按财政部规定的程序逐年予以核销。

（6）中央财政专项补助。对转为经济适用住房项目的产权所有者返还土地出让金，并由中央财政给予专项补助4亿元用于支付。

（7）国有商业银行资金支持。国有独资商业银行以及国务院有关部门对海口、三亚、琼山等城市改善基础设施、进行旧城改造和完善小区配套等，在资金方面给予支持。

（8）其他政策措施。根据《处置海南省积压房地产试点方案》，其他政策措施包括清理整顿房地产开发企业和物业管理公司、人民法院加大房地产案件的审理执行力度、减免或缓交诉讼费、对认定为积压房地产的项目免征各种行政和事业性收费、鼓励科研院所和高等院校在海南建立研究点①。

3. 评述。从房地产大发展到危机形成和爆发，发生在20世纪90年代的海南房地产泡沫事件是一例典型的市场经济下的区域性风险。其发生有特定的历史原因，银行、政府对市场经济建设缺乏经验加之投资者的冒进行为共同酝酿了危机。

回顾风险处置过程，最初的处置主体为地方政府，具体措施是成立政策性处置机构（海南发展银行）。但由于没有足够的配套政策，处置效果不佳；到1998年，处置进入第二阶段，中央政府介入，一方面给予政策和资金支持，另一方面地方政府负责牵头实施并出台配套政策支持，包括中央财政补贴、经国务院批准成立海南联合资产管理公司以及地方政府处置积压房产的一系列措施。中央政府介入后，危机情绪基本得到平息，维持了社会的稳定，但积压房产的处置过程依然漫长，遇到很多困难，包括中央财政专项补助资金不足、外省法院查封不能尽快处置等问题。经过五年的处置，到2003年11月，处置工作取得较大进展，盘活闲置建设用地、销售和出租积压商品房分别占处置总量的88%和54.4%。75%的停缓建工程申报了处置方案，其中恢复建设和作其他处理的面积占42%。金融秩序开始好转。截至2006年10月，海南省累计处置闲置建设用地23353.87公顷，占闲置总量的98.17%，处置积压商品房444.82万平方米，占积压总量的97.6%（吴鹤立，2003）。

图7-3显示了1978年至2003年海南省建筑、房地产和金融行业的GDP与关键处置措施节点。1990年后，房地产和建筑行业迅速增长，并在1994年左右达到高峰，随后危机爆发，建筑和房地产业产值下降，金融业增速放缓，在1996年进入低谷。随着处置逐渐介入，GDP开始恢复，到2001年左右房地产和建筑两个行业基本恢复到危机前水平。危机从酝酿到爆发仅仅不到五年，而应对危机和处置遗留问题的过程长达近十年。直到2006年，处置工作才基本结束。危机的受损主体主要是国有商业银行和个人

---

① 《国务院人事厅关于印发海南省人民政府、建设部、财政部、国土资源部、人民银行处置海南省积压房地产试点方案的通知》，中华人民共和国国务院令第62号。

投资者，而在漫长的处置过程中，国有资产损失巨大。由于当时金融体系关联性较低，除银行外其他金融机构风险的传染性有限，加之国有商业银行实力雄厚，虽然损失惨重，但并没有倒闭和挤兑的风险，因而本次危机并没有转化为系统性的风险。但危机爆发之迅速、影响之深远、损失之巨大为我国历史上所罕见，留给政策制定者、金融机构和投资者教训深刻，其处置过程和措施也成为以后应对区域性风险事件的参考。

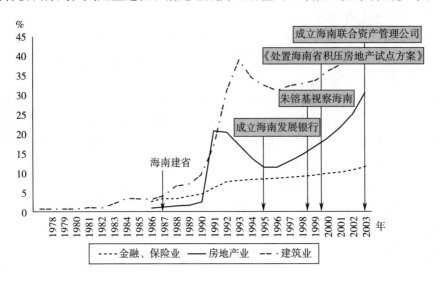

图 7 - 3　主要事件及处置措施时点

（二）温州老板"跑路潮"

1. 事件经过。2011 年，浙江省温州市出现了比较严重的民间借贷危机，出现企业主失踪、出逃等现象，当年 3 月至 10 月，温州老板失踪的企业多达 80 多家。到 2011 年末，出险企业达 200 多家。一时间，借贷纠纷猛增，暴力讨债、企业主自杀等恶性事件频发，一度引起恐慌。小企业资金链纷纷断裂，企业主的"跑路潮"开始上演，民间借贷风险集中爆发。事件受到国家层面的重视，温家宝于 2011 年 10 月赴温州调研。2012 年 3 月，国务院常务会议决定设立温州市金融综合改革试验区。

改革开放以来，温州的民营经济发展迅速，得力于其重商传统和地域性的企业家精神，温州快速适应市场经济的发展，在"小商品、大市场"的发展模式下，以皮鞋、眼镜、服装等为代表的轻工业品闻名全国，一度被誉为"温州模式"。2012 年初，不完全统计的温州市工商企业超过 20 万家，实际登记注册的规模还在此之上，其中民营企业占到九成以上①。对于大部分小微企业，民间借贷一直是其主要融资方式。人民银行温州市中心支行于 2011 年发布的《温州民间借贷市场报告》显示，温州民间借贷规模高达 1100 亿元，据当地业内人士估计，在 2011 年风波之前，温州民间借贷规模更是超过这一数目。从改革开放一直到 21 世纪初，温州民间金融发展比较稳定，资金主要用于企业周转和小规模投资，建立于熟人社会关系之上的民间借贷风险较小。但随着经济

①　数据来源："悉知企业数据报告 2012 年第四季度"，http：//www.xizhi.com/pdf/201204/330300.pdf。

的发展，企业规模逐渐扩大，资金需求上升，从过去的数十、数百万元到千万元甚至上亿元。此时传统的熟人间借贷已经无法满足企业的资金需求，民间借贷开始逐渐从熟人借款走向生人借款、从小规模"一对一"借贷走向大规模"一对多"借贷，并夹杂大量复杂的担保关系。与传统"一对一"的熟人借贷不同，新的民间借贷形式主要有四类：第一类形式是个人作为"中介"，联系借贷双方，或者通过关系向亲戚朋友借款，再放贷给他人，当地常称为"银背"；第二类是通过关系向银行借款，再以更高的利率借给其他人，这种形式的放贷中间人涉及银行职员、政府官员、大型企业的老板；第三类是传统"呈会"的变种，由"庄家"联系多个企业或个人"会员"，各会员轮流充当借款人向其他参与者借款，这一形式脱离了传统的熟人关系，极易发展为集资诈骗；第四类则是企业以内部集资的形式向股东或员工借款。温州民间借贷涉及面广、方式复杂多变，一旦脱离熟人关系，信息不对称程度极高，加之其手续不完备、法律程序不规范，为日后的纠纷埋下了隐患。随着全国经济的发展，温州的服装、鞋业等传统轻工业的竞争优势逐渐丧失，企业利润下降。同时，为应对全球金融风暴的"四万亿"计划推出后，温州一度出现大量流动性过剩，催生了企业投资和银行信贷的盲目扩张。在2010年左右，房地产市场出现的下滑直接导致了温州部分企业资金链断裂。图7-4和图7-5显示了2002年到2014年温州房地产市场和企业数量：2008年到2009年房地产市场销售猛增，价格随之上涨；到2010年销售量回落，房地产企业开始出现资金周转困难。随后风险从房地产市场扩散，大量企业经营困难。在上述不稳定的借款关系之下，一些极端讨债行为开始出现，进而企业主"出逃"风波愈演愈烈。2011年至2012年，随着企业主出逃事件的爆发，温州规模以上工业企业数量出现了断崖式下跌。

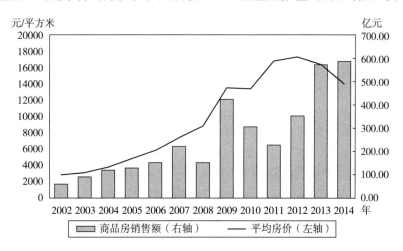

图7-4 温州房地产市场

可以说温州民间借贷危机的根本原因在于现代商业的金融需求与传统民间借贷的不匹配，而产业结构转型滞后导致的企业利润下降、特殊时期的流动性过剩和宏观经济下行是其直接导火索。此外，非常规讨债行为（暴力催款）使得企业债务问题表现出企业主出逃、自杀等恶性事件。在公检法的严厉打击下，上述恶性事件很快得到控制，但

图 7 - 5　温州市规模以上工业企业数量

民间借贷的债务违约风险并没有化解。实际上，在 2011 年"跑路"风波平息后更大范围的债务问题暴露出来，债务纠纷从民间借贷转移到商业银行和其他金融机构的贷款。从借款纠纷案件的数量上来看，2011 年温州市全市法院收案数约 1400 件，而到 2014 年超过 9200 件①。这与近年宏观经济的持续下行和全国性的高负债有关，并非温州一地的问题。就民间借贷而言，温州民间借贷危机略显片面。熟人借贷关系之突破、传统制造业竞争优势之丧失、特殊时期宽松政策之作用等多方面因素共同导致了温州民间借贷危机的爆发。温州民间借贷危机折射出的是熟人借贷与生人经济的矛盾，更是金融与实体经济发展问题。所谓"老板跑路"只不过是由此引发的企业债务问题的特殊表现形式。时隔五年，老板"跑路潮"虽然已经退去，但深层次的债务问题不断暴露。如果说从民间借贷危机可以窥见温州实体经济发展中的结构性问题，那么从温州当前的企业债务纠纷和银行不良贷款攀升中则应当看到全国性的经济结构与企业发展问题。不论是民间借贷还是金融机构的债务性融资，其风险是长期存在的，监管者需要做的是正确引导、控制风险，而非消除之。换言之，危机时期的处置必须快速而果断，但长期中的改革和制度建设需要更加慎重，下文将详细论述。

　　2. 风险防范与处置。民间借贷风险爆发后，温州以地方政府为主，联合人民银行、商业银行和其他私人部门采取了一系列处置措施，其中很多措施构成了后续温州金融改革试点的重要组成部分。2011 年 10 月，温州金融改革综合试验区总体方案上报；2011年 11 月，温州市人民政府发布《关于进一步加快温州地方金融业创新发展的意见》；2012 年 3 月，国务院批准设立温州金融改革综合试验区，提出了十二项主要任务。温州金融改革是民间借贷危机处置的继续和延伸，二者是短期与长期的关系，处置措施与改革有时方案难分彼此。在此，重点归纳针对危机事件，具有"处置"色彩的具体措

---

①　数据来源：温州法院网司法统计信息公开．http：//www．wzfy．gov．cn/。

施而暂时忽略长期的制度建设和鼓励性规定①。

（1）联合多部门成立紧急领导小组。民间借贷风波爆发后，温州市政府组织，由金融办牵头，联合人民银行、法院、公安等部门成立紧急领导小组，集中处理债务纠纷、协调处置担保链等问题。民间债务纠纷的处置难点在于复杂的债务链和债权债务主体不清晰。往往出现一个企业的债务既有企业为主体又有企业主个人为主体，甚至企业主的亲属为借款人，债权人可能是个人也可能是企业。同时往往带有复杂的担保关系，涉及多个担保人，担保资产却很少甚至没有。在诉讼中，处理连环担保难度极大。此时政府介入帮助协调各方，抽调金融办、人民银行、银监局、法院等部门人员集中办公解决复杂的债务问题，有助于加强各方沟通、提高效率。领导小组后转变为常设机构"处置办"，继续协调处置金融机构贷款纠纷。

（2）打击暴力讨债、高利贷等非法行为。2011年9月26日，温州市中级人民法院、温州市检察院、温州市公安局联合发布《关于严厉打击暴力讨债等违法犯罪行为依法维护企业正常生产和金融秩序稳定的通告》，明确坚决打击暴力讨债、非法拘禁、非法集资、恶意欠薪、哄抢企业财物等六类违法行为。

（3）引导舆论，防止恐慌。"跑路"现象受到舆论和预期的影响，并存在从众效应。一方面打击谣言，对捏造事实、通过网络等媒介故意散布传播有关企业倒闭出逃等虚假消息，或者故意散布谣言，扰乱公共秩序的，一律给予治安处罚，构成犯罪的，依法追究刑事责任。另一方面通过正面宣传，降低风险预期起到防止危机扩大化的作用。例如，宣传温州信泰光学有限公司董事长"眼镜大王"胡福林出走后返回并积极面对债务问题的典型事例。鼓励其他企业主面对现实，接受破产重整，通过法律途径解决企业债务问题。

（4）畅通司法途径。一方面，鼓励债务企业进入司法程序通过正当途径解决问题；另一方面，法院设置专门破产庭，处理破产案件，提高了办案效率。以引爆2011年温州民间借贷危机的信泰集团为例。从2012年10月12日，信泰集团5家关联企业以资不抵债、不能清偿到期债务为由，申请破产重整，到合并重整成功，用时仅8个月。

（5）民营企业联合与行业自救。民间资本投资服务中心成立于2010年，是浙江民营投资企业联合会、温州经济师协会、温州市企业家协会共同发起组建的民营机构。危机出现后，中心于2011年10月成立总额2亿元的"紧急企业重组救市基金"，旨在对陷入债务危机的企业提供资金帮助。以资金注入、股权投资、收购重组等方式，帮助陷入困境的优质企业渡过难关，协助政府化解债务风险。此外，一些民营企业自发联合成立财务管理公司，为符合条件的企业提供转贷资金，并与银行协商借新还旧。

（6）民间资本管理公司试点。2011年11月，温州市人民政府发布《关于进一步加快温州地方金融业创新发展的意见》，第一项附录就是"关于开展民间资本管理公司试点工作的指导意见"。根据指导意见，民间资本管理公司是以发起方式设立的股份有限公司，可以从事定向和集合资金的管理，对公司设立县辖范围内的其他经济组织及其项

---

① 温州金融改革实施细则参见《浙江省温州市金融综合改革试验区总体方案》（银发〔2012〕188号）。

目进行投资，也可以在一定资本金比例内（公司资本净额的20%）从事短期债务性投资。在危机时期，民间资本急剧收缩，银行放款也趋于谨慎，很多原本正常经营的企业受到波及。民间资本管理公司可以为企业提供"过桥"，也可以进行项目投资，缓解企业资金压力。到2014年11月，温州的民间资本管理公司向实体企业累计提供了14.6亿元的短期债务性资金①。

（7）成立民间借贷登记服务中心。民间借贷登记服务中心试点的设想在2011年11月温州市人民政府发布的《关于进一步加快温州地方金融业创新发展的意见》附件5中首次公开提及。经过半年的酝酿，2012年4月，作为温州金融改革的重要措施之一，温州市民间借贷登记服务中心成立。中心为民间借贷行为提供登记服务和合同指引，登记记录可以作为债务纠纷的优先级证据，也是同类债务合约签订的参考；同时小贷公司和其他融资服务企业入住登记中心，提供服务。民间借贷登记服务中心为温州提供了民间借贷从传统熟人关系走向规范化的契约模式的平台。中心成立后，登记规模从最初的几亿元逐年增加，截至2015年12月底，温州市民间借贷累计备案达20672笔、287亿元。

（8）出台《温州市民间融资管理条例》。2013年11月22日，浙江省第十二届人民代表大会常务委员会第六次会议通过全国首部地方金融法规：《温州市民间融资管理条例》（以下简称《条例》）。该《条例》明确了民间融资的监管主体为"市人民政府和辖区内县级人民政府地方金融管理部门"；民间融资的服务主体包括三类：民间资金管理企业、民间融资信息服务企业和民间融资公共服务企业；规定借贷单笔三百万元以上、借款余额一千万元以上、向三十人以上特定对象，三者满足其一的借贷强制备案。

（9）编制发布"温州指数"。温州民间融资利率综合指数（简称温州指数）是温州金融改革的重要组成部分，由温州市政府主办，温州金融办与温州大学金融研究院合作具体负责采集信息、指数计算、发布，于2013年1月开始"按日发行"。指数反映了民间融资不同主体、不同融资产品的利率情况，作为监管、研究、债务纠纷等的重要参考。目前指数的采集已经覆盖到全国46个城市，价格信息更加全面。

3. 评述。温州民间借贷风险的处置可以分为紧急措施和后续改革两个层面。危机爆发后，地方政府和私人部门迅速地采取了紧急处置行动，其特点是反应迅速、实施果断，但没有系统性也基本不涉及制度建设。上述第（1）至（5）条措施属于此类。紧急措施对于维护市场稳定、缓解恐慌情绪有显著的作用。2011年，企业主出逃和自杀的事件从第二季度开始爆发，10月到11月达到高潮。在2012年初，局势基本得到控制，一些出逃或失联的企业主陆续返回，社会恐慌情绪得到缓解。除此之外，民间借贷危机爆发后不久，温州金融改革随即推行，其中与民间借贷危机直接相关的措施主要包括上述第（6）至（10）条。由于企业债务问题已经超出了金融的范畴，而涉及整个温州，乃至全国的民营经济和产业结构问题，评述温州金改为时尚早，但目前这些措施在提供金融运行信息、规范借贷行为、协调银企关系上取得了一些成绩。例如危机后成立

---

①　孙芙蓉，高翔著. 中国金融改革之温州解法［M］. 北京：中国金融出版社，2015：49.

的处置办，负责协调各方处置企业债务问题，到 2015 年共协调处置 1200 多家风险企业，由于债务和担保关系，因此受益的企业超过 3000 家。

从图 7 - 6 可以看到，危机爆发前，温州民间借贷综合利率在 25% 左右①，由于民间借贷利率的统计存在不完全性，真实的民间借贷利率很可能高于这一水平。有研究指出，2010 年下半年温州民间个人对个人借款利率超过 45%。危机爆发后，利率波动剧烈，随着金融改革的推进，民间借贷利率有所下降，到 2013 年左右趋于稳定。综上所述，紧急处置措施和后续的改革对危机都起到了积极作用，前者在危机时期有效控制了恶性事件，缓解了恐慌情绪；而后续的金融改革在提示民间借贷风险、缓解银企信息不对称等方面发挥了作用。

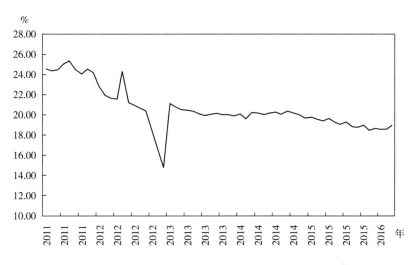

图 7 - 6 温州民间借贷综合利率

（三）鄂尔多斯"鬼城"风波与民间借贷危机

1. 事件经过。改革开放以来，鄂尔多斯市以其资源优势，抓住改革和国家能源战略西移的机会，实现了经济的飞跃，从贫困地区一跃成为内蒙古经济新兴城市，2008 年被列为改革开放 30 年来的 18 个典型地区之一。2009 年开始，有关康巴什新区成为"鬼城"的媒体报道陆续出现；在 2011 年房地产市场遇冷和 2012 年矿产资源价格大幅度下跌的双重打击下，大量企业经营困难、资金链断裂，并出现民间借贷危机，更有企业主自杀等恶性事件爆发。相比海南和温州的危机事件，鄂尔多斯的金融风波成因更加复杂，房地产市场下滑、资源价格下跌和长期存在的民间借贷问题同时爆发，相互作用。

与有着重商传统的温州不同，鄂尔多斯的民间金融主要是随着经济快速增长和民间资本的积聚在近十多年活跃起来，受到的关注也不及温州。民间资本最初主要投资于煤炭行业，2000 年后，在全国房地产热的大背景下，大量闲置资金逐渐集中投资于房地

---

① 数据来自中国人民银行温州市中心支行。

产业。到 2011 年底，民间借贷的规模大体在 280 亿元，其主要风险也在于房地产行业。"鬼城"一说的核心是事件爆发后房屋空置最严重、"烂尾楼"最集中的康巴什新区。2003 年 6 月，为解决东胜区交通拥挤、水资源欠缺等问题，鄂尔多斯市政府在市一届人民代表大会第四次会议上审议通过市政府驻地迁址决议。2004 年 5 月，新区正式全面开工建设。市政府驻地于 2006 年 7 月 31 日正式迁址康巴什新区。市委、市政府设想把新区建设成为鄂尔多斯市新的政治、经济、文化科教中心。然而康巴什地区并没有如政府预期的一样繁荣发展。大规模的城市建设没有足够的产业支撑，也缺乏外来人口定居，新区建成后空置率较高，2008 年美国《时代周刊》就刊登文章《康巴什：一座空城》。但在全国房地产投资热的大背景下，鄂尔多斯的房地产建设依然没有回落。2009 年和 2010 年，房地产开发面积进一步增加。2011 年，全国房地产调控力度加大，鄂尔多斯的房地产市场也开始迅速降温，当年房地产竣工面积同比下滑 56.5%。2012 年，在建工程中约有 75% 处于停工或半停工状态，鄂尔多斯市出现大量"烂尾楼"。到 2013 年 9 月，康巴什地区常住人口约 10 万人，存量住宅面积超过 1000 万平方米，空置率在九成以上。同时，资源价格的下跌对鄂尔多斯的经济造成了严重打击。2012 年初开始，环渤海（5500 大卡）动力煤价格跌幅达 22.7%。对于鄂尔多斯这样典型的资源型城市，资源价格的不断下滑导致原有的产业竞争优势不复存在，截至 2013 年 9 月，鄂尔多斯全市 306 座煤矿中三分之二受市场影响处于停产或半停产状态，煤炭产业日趋衰落。房地产业和矿业同时受挫，企业流动性紧张。过去十余年的经济发展，使得鄂尔多斯民间资本充裕、民间借贷较为活跃，此时大量以民间借贷支撑的企业难以支付高额利息，导致了民间借贷危机的爆发。2011 年 4 月到 2012 年 9 月，房地产和矿产开发企业资金链断裂、企业主自杀身亡等事件层出；大量工程由于资金链断裂而无法继续施工，楼盘成交量和房价急剧下跌；鄂尔多斯出现区域性金融危机。

2. 风险防范与处置。鄂尔多斯的金融危机表现在房地产市场和民间借贷两方面，二者相互影响。因此，处置措施也包括整顿规范民间金融行为和处置房地产两方面。2010 年 10 月，民间借贷的一些问题已经暴露出来，鄂尔多斯市人民政府办公厅发布《关于印发全市规范整顿民间借贷活动实施方案的通知》（鄂府办发〔2010〕122 号）。随着房地产市场的下滑，2012 年 2 月下发《鄂尔多斯市人民政府关于加强房地产市场调控促进房地产业持续健康发展的意见》（鄂府发〔2012〕13 号），消化库存房地产、限制开发规模、处置问题企业。

（1）成立规范整顿民间借贷工作领导小组。2010 年 10 月，成立全市规范整顿民间借贷工作领导小组，由市长担任组长，成员单位包括市委宣传部、市委政法委、市公安局、市法院、市财政局、市金融办、人民银行鄂尔多斯市中心支行、鄂尔多斯银监分局、市工商局、市商务局、市法制办等单位。领导小组办公室负责全市规范整顿民间借贷活动的日常工作；协调各成员单位制订全市规范整顿民间借贷工作实施方案；定期组织召开会议，通报工作进展情况，研究解决工作中遇到的新情况、新问题；定期对各旗区、各有关部门规范整顿工作进行检查指导，汇总分析工作情况，提出具体的对策和建议。

（2）打击非法民间金融活动。市委政法委负责督促、指导和协调全市政法部门规范整顿民间借贷活动的各项具体工作。市公安局负责维护社会秩序，防止因民间借贷纠纷出现群体性事件；依法查处非法集资、非法吸收公众存款等违法犯罪案件；加强对网络内容的侦查和引导，及时封堵和删除网络上有关该市民间借贷问题的不实报道，澄清事实，会同有关部门对外统一发布信息；组织制订全市非法金融案件处置预案；设立非法集资、非法吸收公众存款案件群众举报中心，对举报案件进行及时侦破。市中级人民法院负责依法审理涉及民间借贷案件，对涉及非法集资、非法吸收公众存款的案件及时移交公安机关查处；依法扣押、冻结、追缴赃款赃物和违法所得，并按规定程序返还受害人，尽量将案件造成的不良后果降到最低程度；在办案过程中如发现债务人在资金管理中存在漏洞和隐患的，要及时向有关部门提出司法建议。

（3）舆论引导。针对民间借贷问题，2010年10月，鄂尔多斯市委宣传部牵头组织全市规范整顿民间借贷活动的宣传工作，会同有关部门定期通报典型案件和全市民间借贷规范整顿工作进展情况，提高信息透明度；以正确的舆论引导群众理性认识民间借贷，防止错误舆论引起民众恐慌。2011年底，面对大量关于"鬼城"的报道，康巴什新区党工委书记石燕杰和分管经济工作的副市长李世镕在接受采访时对康巴什新区的入住情况、鄂尔多斯经济的运行情况和民间借贷的风险等问题作出了回应，指出"鬼城"一说不准确，经济崩盘一说更加没有依据。

（4）规范民间金融。2011年成立的鄂尔多斯民间资本服务中心，是内蒙古自治区首家民间资本服务机构，主要为中小企业投融资提供服务，为民间资本提供交易市场，为民间资本健康持续发展提供广阔的空间。截至2015年6月底，共计发布借贷信息232条，包括放款信息102条、金额14281万元；借款信息130条，借款金额58623万元；撮合成交26笔，成交金额4054万元。2012年6月5日，鄂尔多斯市人民政府公布《鄂尔多斯市规范民间借贷暂行办法》，明确借贷双方约定利率超过中国人民银行同期贷款4倍部分不予保护，并要求借贷双方提供合同文本和摘要到民间借贷登记服务中心备案。

（5）成立房地产市场调控协调领导小组。2012年2月，成立房地产市场调控协调领导小组，领导小组下设综合协调、土地清理和项目推进三个办公室。综合协调办公室具体负责处理领导小组的日常事务，传达和落实领导小组的安排部署，协调领导小组下设各工作机构的工作，督促检查各工作机构工作进度和工作质量，总结各阶段工作的进展情况等；土地清理办公室设在市国土资源局，办公室主任由温建华兼任，具体负责房地产开发项目土地审批手续的办理、完善，并协助市住房和城乡建设委员会、房产事业管理局做好参与中心城区旧城改造房地产企业的资质等级审核把关；项目推进办公室设在市住房和城乡建设委员会，办公室主任由闫凤鸣兼任，具体负责推进各类已开工房地产项目的开工建设、工程监管和竣工验收等。

（6）协调银企关系，缓解企业流动性。鄂尔多斯市政府2011年下发了《关于稳定金融秩序促进房地产业健康发展的意见》（鄂府发〔2011〕88号），鼓励商业银行支持暂时出现资金周转困难的房地产开发企业。政府帮助协调银企关系，减少银行抽资、压贷。

（7）处置库存房地产。2011 年，鄂尔多斯市政府斥资回购存量房地产项目用作保障性住房建设。2012 年，《鄂尔多斯市人民政府关于加强房地产市场调控促进房地产业持续健康发展的意见》发布，提出六点措施：①鼓励引导团体性购房需求。通过降低销售价格、减免税费等措施，组织引导入驻我市的国有大型企业、重大项目建设单位为本单位职工团购商品住房，购买职工公寓、集体宿舍或者办公用房；②继续组织开展回购商品房作为保障性住房房源；③暂停审批城市中心区的福利性住房建设；④加大按揭贷款的支持力度；⑤引导房地产开发企业采取合理降价、优惠促销、自助式按揭贷款、分期付款、以房抵顶借款等措施促进商品房销售；⑥暂停审批东胜区新建商品房土地供应、暂停新建商品房开发项目，控制中心城区新建商品房开发规模。

（8）推进房地产企业及开发项目整合重组。鼓励房地产企业通过收购、注资、合并等方式增强实力、抵御风险。确实资不抵债的房地产开发企业，通过司法程序解决。

（9）加强政府服务。简化房地产项目审批程序、缩短审批时限；建立房地产开发企业信用档案体系以及失信行为联合惩戒机制；加大税费减免支持力度，对缴税确实存在困难的房地产开发企业，可由税务部门按有关程序审批后延期缓缴。对符合清算条件的房地产开发企业，及时进行土地增值税清算，该退税的尽快办理退税手续。进一步加大对物业管理的补贴支持力度，继续加大对老旧小区的改造力度，对中心城区所有已建成投入使用的小区，2012 年、2013 年按照每平方米每月 0.50 元进行补贴，补贴资金由市、旗区两级财政按 5:5 承担。

（10）其他措施。2013 年 8 月至 9 月，两个调研组造访鄂尔多斯，调研组由全国政协及国务院政策研究室成员组成，调研目的在于解决鄂尔多斯楼市困局。调研组指出，应该由政府出台综合性办法，积极消化存量房，推进房地产业健康发展。处置措施可以概括为"引资"和"引人"：一方面，加大招商引资力度，大规模引进非煤产业项目；另一方面，酝酿通过组织机关单位干部职工、大中院校和市属中小学学生、引进工业项目的产业工人、生态移民等搬迁到新区办公，实现人口迁移。

3. 评述。从 2009 年新区的高空置率受到媒体关注，到 2010 年左右民间借贷风险逐步显现，再到 2011 年房地产市场遇冷和 2012 年资源价格下跌，鄂尔多斯出现的区域性金融风险在三到四年间逐渐暴露。从整顿民间借贷来看，鄂尔多斯采取的措施与温州对民间借贷的处置有很多相似之处，在宣传教育、提示民间金融风险、规范契约行为等方面起到了积极的作用。但对房地产市场风险的处置措施效果不明显，一方面，初期对风险的重视不足，虽然新区的高空置率早在 2009 年就有媒体关注并报道，但 2011 年底鄂尔多斯市有关部门在接受《法制日报》记者采访时，对房地产市场的判断是"鄂尔多斯市城市发展总体规划和人口增长趋势，预计到 2015 年中心区人口将达到 115 万人，新增人口 48.2 万人左右，根据鄂尔多斯市经济发展情况和历年来购房需求测算，保守估计还需要住房 11 万套左右"。市金融办认为虽然少数房地产企业现金流减少，资金严重短缺，但是对地区金融业及整个地区不会造成较大的冲击，房地产业出现大面积资金链断裂的风险性不大。[①] 因此，政府对初期风险的把控不足，加之私人部门的短期逐利性，房地产投资规模在 2009 年至 2011 年初只增不减，导致了危机爆发时处置难度增加。另一方面，鄂尔多斯房地产市场出现的高空置率问题根源在于城市建设脱离了产业发展，难以在短期内解决问题。

（四）案例小结

上述区域性金融风险地域纵贯南北，时间前后间隔 20 余年，三者的区域经济发展情况、产业结构、宏观背景不尽相同，但在风险来源和危机形成的过程等方面又有很多共同点，是我国经济发展中一些典型问题的集中体现。

从风险爆发的时间及其相应的宏观经济背景来看，海南不同于温州和鄂尔多斯。海南房地产泡沫爆发时间在 20 世纪 90 年代初，其风险形成和爆发有着鲜明的时代特征。在当时政策驱动下，全国性的"投资热"和海南省初建带来的政策优惠导致了近乎疯狂的投资炒作，也成为危机爆发的直接原因。相比海南，温州和鄂尔多斯风险爆发时间都在 2011 年前后，此时我国社会经济经过改革开放 30 余年的发展取得了质的飞跃。温州和鄂尔多斯的发展分别得力于轻工业的先发优势和资源优势，二者同为改革开放 30 余年来经济发展领先全国的典型城市。虽然时间有先后，但三者在危机来临之前都是利好政策的受益者，有利的政策和宽松的货币环境为资产价格的飙升提供了基础。

从风险来源来看，上述主要案例涉及三点：房地产市场泡沫、政府行为（干预经济或城市建设）和民间借贷风险。首先，房地产市场方面，上述案例有相同之处：海南一例中房地产市场泡沫是危机爆发的核心；而温州和鄂尔多斯的金融风险中，房地产市场受调控下滑是风险爆发的直接导火索。其次，政府行为上，三者有所不同，海南房地产泡沫和鄂尔多斯的房地产困局中，政府行为起着直接的推动作用。海南的房地产泡沫很大程度上源自于全国范围的"房改"和海南建省初期过于宽松的政策环境；鄂尔多斯的房地产困局很大程度上是脱离产业发展而盲目建设新区所致；但温州的民间借贷危机与政府行为没有直接联系。虽然有观点认为温州民间借贷的乱象根源在于受政府干预的正规金融机构难以为民营经济提供足够的金融服务，但就政府直接干预经济而言，温州的民间借贷危机与海南和鄂尔多斯有着很大差异。最后，民间金融的风险方面：海南房地产泡沫破裂时，我国社会经济发展程度较低，民间资本匮乏，企业的债务融资主要来源于国有商业银行，因而危机爆发后直接表现为银行的高不良率；而鄂尔多斯和温州是改革开放后经济高速发展的典型，民间资本充足，民间金融比较活跃，当危机到来、资产价格下跌、企业资金链断裂时，民间金融最先受到冲击，随着时间推移风险才逐渐向银行等金融机构蔓延。温州和鄂尔多斯表现出更复杂的债务链和风险传递过程。

虽然存在以上差异，但仔细分析之下，不难发现我国区域性金融风险的生成和爆发有着相似的逻辑：最初有利的政策环境带来大量的投资和高速增长，部分行业成为热门；由于信息不对称和国有银行委托代理机制的扭曲，以房地产为代表的热门行业、具有高抵押值的企业和国有背景的大型企业自然成为商业银行信贷的首选；其间民间资本

---

① 鄂尔多斯市政府信息公开. http://xxgk. ordos. gov. cn/information/ordos _ xxw27/msg10264135240. html。

也不断加入，追逐利益；随后，金融资源的集中很快形成相对单一的产业结构，并推动资产价格上升（例如房地产价格、民间借贷利率）；民间金融中最初的生产性融资逐渐演变为投机行为甚至庞氏融资；当外部冲击到来时，资产价格下跌，交易量迅速下降，整个经济的债务链开始断裂，危机接踵而至。上述现象并非只存在于爆发危机的地区。房地产泡沫和政府不适当地干预经济是过去十年中我国各地区普遍存在的问题，民间金融的兴起以及随之而来的非法集资、互联网金融诈骗等现象是不断积累的民间资本寻找出口的迹象。温州和鄂尔多斯的经济发展走在全国前列，其五年前暴露出的民间金融问题已经开始在全国范围内呈现。近年，全国范围内出现的企业逃废债和银行不良率上升等问题是我国经济结构性问题的延续和未来更大范围内危机的隐患。国内很多地区和城市都面临产业结构调整和经济发展问题，虽然没有表现为集中爆发的危机事件，但并不意味着没有风险。例如资源枯竭城市发展转型不足而面临衰退的东北、资源开发利用不力而发展缓慢的攀枝花市。因此，上述三个案例不仅是我国区域性金融风险的典型，更是诸多全国性问题的缩影和前车之鉴。虽然我国区域性风险涉及多方面问题，但从商业银行的信贷决策到民间金融的监管难题，其内在的逻辑均与金融分权模糊有关，如何推动金融适度分权，建立激励相容的监管权责机制是区域性风险防范和处置的核心问题。下文在金融分权和激励理论的框架下探讨我国区域性与系统性风险防范。

7.4.3　区域性与系统性风险防范：基于金融分权的多层次体系

（一）市场主体自律

不论金融风险的来源如何，最终都将体现为各类债务无法清偿、机构倒闭。因而金融市场主体的审慎经营始终是风险防范的基础。在我国的区域性金融风险防范上，最主要的两类主体是商业银行和各类民间资本。

首先，以商业银行为主的正规金融机构是区域性风险防范之首要。从上一部分所述案例不难看出，大量银行信贷投入房地产行业是危机初期的共同特征，当前我国部分地区商业银行的高不良率是区域性金融风险在银行业的直接体现。从资产结构来看，钢铁、煤炭等过剩产能行业是不良资产集中的领域；而房地产行业的下迁概率很高，且所占比例较大；此外，还有相当部分以信托贷款、委托贷款、同业业务等形式投入房地产、过剩产能行业的资金并未体现在不良资产中。这一现状与我国商业银行的信贷决策体系有关：一方面，由于信贷市场固有的信息不对称，商业银行在审贷过程中普遍重视第二还款来源（抵押品）而轻视企业未来发展，重资产的大型制造业企业以及有土地和房屋作为抵押的房地产行业容易获得贷款；另一方面，国有商业银行决策层受到行政体系制约，企业的委托代理关系被扭曲，信贷决策很大程度上是对政治而非对企业利益负责，对国有企业的信贷可以避免决策者的政治风险，因而商业银行对国有企业的信贷偏好根深蒂固。因此，优化审贷标准、避免过度重视第二还款来源、加强贷后管理、改善国有商业银行公司治理、推广可持续金融理念等都是提升金融机构自身防控风险能力的可行措施。

其次，日益活跃的民间金融活动是我国区域性风险防范的难点。民间金融活动的特点是规范性差、随意性强、参与者风险防范意识弱。因而，帮助民间金融活动提高风险控制能力将有利于区域性风险的防范。上述案例中，温州市民间借贷登记服务中心就是帮助民间金融活动加强风险控制的实例，其基本思路是免费提供信息服务、借贷双方自愿登记，在发生纠纷时以登记作为优先证据。这一措施的本质是提供服务而非金融监管，能够促进民间资本自觉控制风险。此外，普及金融知识、加强法制宣传、鼓励行业和协会自律等手段都将有助于防控民间金融风险。

（二）金融监管

微观主体的自律和内部控制固然重要，但不足以保证系统和区域的金融稳定。因此，金融监管对于防范金融风险十分重要。从商业银行和民间金融两方面来看，我国的金融分权和金融监管将会发现，前者主导的信贷资源配置与中央和地方的财政分权清晰和金融分权模糊，及纵向金融分权问题有关；而后者更多涉及地方不同部门间的横向金融分权。

改革开放以来，我国发展市场经济的目标逐步确立。随着财政分权，地方政府行为自主性增强。地方政府在财政压力和政绩需求驱动下，有发展地方经济的强烈动机。随着地方竞争的加剧，过度投资、人为干预产业发展等现象普遍存在，地方财政风险的金融货币化解依赖暴露无遗。在财政分权清晰和金融分权模糊并存之下，地方政府只有发展经济的积极性而缺乏防控地方风险的积极性。积极上马项目、攀比财政支出、争夺金融资源的现象普遍存在。在这样特定的分权和前述商业银行的信贷决策特点下，商业银行的最优选择正符合地方政府发展经济的目标。但这一发展模式具有短期性，金融资源大量集中于部分领域将带来产业结构单一、生产能力过剩、资产泡沫产生等问题，上述海南和鄂尔多斯的房地产市场风险均是如此。地方政府能够对商业银行信贷产生影响，但又不对其监管负直接责任，这一权责的不对等不利于城市商业银行和全国性商业银行地方分支的风险控制，因此财政分权应当对应金融的适度分权。

银行系统的风险积累与纵向的财政分权和金融分权的不匹配有关，而民间金融风险的监管不力则是横向分权不清晰的直接结果。近年新出现的各类金融活动，诸如P2P、众筹、网络理财、各类私募基金，其金融活动可能涉及多个传统金融领域，经营主体则可能并非传统金融机构，因而具有隐蔽性，难以被传统的监管机构所规范。以上述温州民间借贷风波一案为例，民间借贷本身并非违法活动，也不受监管。但当前民间借贷的形式已经突破了传统的熟人借贷，借助网络、类金融中介机构等迅速发展，规模不断增加。然而在传统的监管体系中并没有对口的监管机构，部分借贷行为逐渐演化为非法集资和诈骗。但当前民间金融活动已经远不止借贷，各类非法集资和金融诈骗案件在全国其他地区也开始激增。而当前地方金融监管的现状是：主要机构包括人民银行地方分支行、政府金融办公室、银监局、证监局和保监局；对于非传统金融活动的监管大多由金融办承担，但是金融的横向分权不清晰下，金融办一方面缺乏明确的职能授权；另一方面没有足够的人力物力监管众多的民间金融活动，一些金融活动的监管和执法活动需要多部门联合，增加执法成本，容易产生监管空白。在当前不良资产高企、民间借贷纠纷频发的情况下，很多地区成立了处置办、处非（打非）办等机构负责风险处置和协调工作，起到了一定作用，但对于风险爆发前的防范作用甚微。

完善的金融监管应当包括多层次、多维度的管理，在纵向划分各级政府和机构的权力，在横向明确各部门的职责范围。从金融分权的视角解读并改善我国对民间金融机构的监管，其核心是处理激励问题。第一，在纵向分权上，中央与地方的财政分权解决了地方政府发展经济的激励，但没有给予地方政府控制金融风险的激励，因而适度的金融分权在于适度下放监管权力；第二，在横向分权上，要设计激励相容的监管手段，还要考虑监管职责的划分以强化对监管机构本身的激励。地方监管者实际上是地区全体人民的代理人，其职责是预防金融风险。但多个代理人并存且权责界定不清晰，意味着没有人承担监管不力的后果，由于监管需要付出努力和成本，因而多个监管者的最佳选择就是相互推诿，尽可能推卸责任，其结果是形成监管空白，不利于风险预防。因而明确各部门监管权责，对新型金融活动坚持以法律关系实质确定监管部门将有利于形成对监管部门的责任约束，激励监管行为。

7.5　主要结论

本章首先借助世界银行的调研数据，对金融监管组织结构与金融稳定间的关系进行了全面的分析，研究发现：（1）因对监管机构权力过度集中而不受控制的担心，政府减少了监管机构主管的任职期限，或者采用无固定任职期限的聘任方式；中央银行涉足金融监管程度越深，金融监管机构的独立性越强。（2）对银行业务的限制并不会受到金融监管模式的影响；中央银行涉足金融监管的程度越深，其对银行参与证券活动的限制就越严格，但在房地产和保险活动上并没有类似的发现。金融监管机构集中度越高，对金融集团化的限制就越严格，尤其是银行拥有非金融公司和非银行金融公司拥有银行；央行涉足银行监管会显著地削弱了对银行持有非金融公司的限制。（3）金融监管机构越集中，对银行持续经营期间的资本要求越严格，并且从整体上来说资本管制也越严格，但对初始资本的要求没有显著的影响，而银行业实际资本充足率越低；央行涉足金融监管程度越深，整体上对资本要求就越宽松，但银行业实际的资本充足率反而更高；中央银行兼顾银行监管时，其对银行存续期间的资本要求相对宽松，而对初始资本要求更严格，但从整体看来资本要求是相对宽松的。（4）FAC通过资本要求对银行的不良率产生了影响；中央银行涉足银行监管会显著地增加银行不良率。（5）金融监管机构越集中，爆发银行危机的可能性越高，对银行活动的限制能够减小危机爆发的可能性，并且随着金融监管机构的越集中，业务准入限制对缓解银行危机的效果越明显；中央银行涉足金融监管程度与银行危机间无显著的关系。

其次，通过跨国嵌套数据，利用分层线性模型，以存款人约束为例考察了官方金融监管结构对市场约束的影响。研究发现：（1）存款人确实会通过存款选择途径和存款利率途径来约束银行的风险行为。（2）金融监管机构越集中，存款人出于对监管质量的担心，加强了对银行资本充足率和盈利能力的约束，不过危机期间约束反而削弱了。（3）央行涉足金融监管削弱了存款人对银行不良率的敏感性，并且涉足金融监管部门越多，这种削弱越强。（4）金融监管结构安排对存款人约束的影响因银行规模而异。集中的金融监管削弱了存款人对小银行不良率的敏感度；随着央行涉足金融监管程度越深，存款人加强了对小银行资本充足率和流动性的约束，而削弱了对大银行不良率的约束。总的来看，金融监管机构安排对存款人约束产生了较大的影响，并且该种影响因时因银行规模的不同而有所差异。

最后，结合海南房地产泡沫、2009 年鄂尔多斯"鬼城"风波和温州民间借贷危机三个国内典型区域性风险事件，从金融分权的视角探讨了我国区域性风险防范体系的构建。主要结论如下：（1）我国区域性风险的生成和爆发有着类似的逻辑：前期，在政策刺激下，以银行信贷为主的金融资源快速集中于热门行业（主要包括房地产业和以重化工业为主的大型和国有企业），推动这些行业迅速发展；期间伴随着民间资本的加入，相当部分随后转化为庞氏融资；随之，房地产泡沫增加、生产能力过剩、企业和政府债务攀升；整个金融体系的风险随之上升；当债务无法维持或外部冲击到来时，资产价格急剧下滑、大量企业倒闭、企业主出逃、非法集资和诈骗案件频发，区域性风险爆发。（2）全面的系统性和区域性金融风险防范体系应当包括市场主体自律和金融监管两个层次。（3）在市场主体自律方面，提升银行业自身风险防范能力的关键是优化信贷决策体制，包括避免过度依赖第二还款来源、加强贷后管理、改善国有金融机构公司治理、推广可持续金融理念等。而提升民间金融的风险防范能力可以依靠普及金融知识、加强法制宣传、鼓励行业和协会自律，以及提供相关公共服务等。（4）在金融监管方面，适度下放金融权力，明确中央与地方的金融监管职责将有利于加强对地方金融机构的监管，修正地方政府追求经济增长而忽视金融风险的倾向；明晰横向金融分权，确定部门监管范围，是完善民间金融活动监管的核心问题。

附表

表 1　　　　　　　　　　　　　变量的概述性统计

Country	Interest	Deposit	Asset	Capital	ROAA	Over	NPL	LA	Inflation	Growth	GNI
Albania	3.79	63.48	12.65	18.10	1.32	2.44	5.39	49.06	2.66	6.13	8.78
Algeria	1.13	137.40	13.20	21.38	1.90	2.66	3.45	70.20	3.54	3.53	9.26
Argentina	7.41	57.51	13.53	19.75	0.87	7.69	11.43	31.15	—	2.51	—
Armenia	5.18	16.33	11.13	32.05	1.55	4.96	3.68	51.52	3.86	7.97	8.46
Australia	5.67	2436.47	16.87	12.21	0.70	2.30	1.48	20.58	3.04	3.19	10.42
Austria	7.17	2893.72	17.22	14.44	0.65	1.69	2.98	37.38	1.94	1.75	10.48
Azerbaijan	7.87	54.86	12.03	20.40	2.11	5.03	8.79	42.39	—	15.95	8.83
Belarus	10.16	151.27	12.53	28.46	1.79	8.14	6.01	39.58	—	7.35	9.21
Belgium	2.38	8801.61	18.83	13.60	0.24	1.09	3.19	45.53	2.28	1.69	10.49
Bolivia	3.30	22.26	12.32	11.95	0.75	5.96	13.64	16.77	4.93	3.46	8.29
Bosnia	2.88	46.47	12.12	22.09	0.81	5.38	7.14	53.80	3.57	4.67	8.80
Botswana	6.72	93.97	13.16	19.14	3.40	3.05	2.85	23.64	8.88	4.25	9.19
Brazil	25.49	262.48	13.28	23.75	2.17	6.93	7.95	51.80	6.48	3.20	9.23
Bulgaria	3.53	145.13	13.10	15.86	1.48	4.05	3.69	43.72	6.46	4.04	9.21
Canada	3.73	114.85	13.39	20.82	0.63	3.80	1.79	31.41	2.13	2.38	10.41
Chile	4.09	778.88	14.70	17.76	0.91	3.63	1.99	35.30	—	2.58	9.57
China	2.43	3982.66	16.03	13.63	0.78	1.16	4.15	27.07	—	10.58	8.61
Colombia	5.67	509.51	14.24	12.57	1.14	9.33	4.56	24.09	6.47	3.62	8.98
Costa Rica	7.71	85.52	12.97	14.05	2.01	4.25	3.33	11.63	10.78	4.31	9.14
Croatia	4.17	170.73	13.00	17.52	0.81	4.17	7.36	45.47	3.28	2.61	9.62
Cuba	3.31	136.23	13.98	23.85	3.41	0.49	4.00	71.81	—	5.67	9.37
Cyprus	4.05	1009.20	14.52	14.48	1.12	3.24	8.88	39.63	2.65	3.51	10.10
Czech	4.48	925.34	15.17	15.96	0.99	2.02	5.41	45.15	2.82	3.38	9.94
Denmark	3.52	418.72	13.72	14.42	1.28	3.20	1.91	24.74	2.09	0.98	10.44
Dominican	9.93	72.78	12.61	15.14	2.47	8.25	3.11	33.92	11.40	4.96	8.95
Ecuador	2.61	81.13	12.21	18.35	1.21	7.25	7.34	36.89	18.21	3.91	8.85
Egypt	4.59	431.04	14.75	13.86	0.64	1.57	19.28	41.65	7.28	5.02	8.89
El Salvador	2.68	55.26	13.53	15.92	0.77	3.61	5.03	26.55	3.55	2.05	8.71
Finland	2.45	1593.65	17.09	13.58	0.76	1.39	0.98	46.90	1.63	0.88	10.49
France	2.62	1236.78	14.91	12.35	0.55	3.25	5.58	39.23	1.62	1.39	10.35

续表

Country	Interest	Deposit	Asset	Capital	ROAA	Over	NPL	LA	Inflation	Growth	GNI
Georgia	5. 34	31. 81	11. 86	26. 67	1. 80	7. 28	7. 23	44. 91	6. 91	5. 49	8. 33
Germany	2. 78	5272. 01	17. 72	12. 20	0. 44	1. 79	3. 93	40. 62	1. 56	0. 85	10. 39
Greece	3. 86	4782. 85	17. 22	11. 53	0. 55	2. 49	6. 36	19. 76	2. 99	1. 66	10. 22
Guatemala	4. 21	79. 81	12. 32	16. 24	1. 54	5. 86	6. 17	22. 65	6. 88	3. 44	8. 60
Honduras	4. 58	24. 33	11. 98	12. 75	1. 54	5. 16	5. 27	19. 97	8. 19	3. 88	8. 12
Hong Kong	2. 24	3179. 13	16. 84	15. 22	1. 10	1. 14	1. 06	30. 90	1. 47	4. 79	10. 62
Hungary	5. 53	691. 65	15. 76	12. 25	1. 27	3. 47	5. 07	24. 98	6. 21	2. 18	9. 67
Iceland	13. 38	3022. 65	15. 91	12. 80	2. 40	1. 88	1. 24	55. 25	5. 98	4. 34	10. 40
India	6. 28	1703. 31	15. 32	13. 98	1. 08	2. 35	4. 96	12. 65	5. 67	7. 18	7. 92
Indonesia	5. 27	369. 28	13. 65	23. 23	1. 57	3. 15	6. 89	41. 88	9. 40	4. 77	8. 61
Ireland	3. 25	4534. 60	17. 88	11. 19	0. 01	1. 17	4. 65	35. 84	2. 20	2. 21	10. 52
Israel	3. 22	951. 85	16. 10	11. 60	0. 48	2. 48	6. 81	21. 25	2. 30	3. 62	10. 10
Italy	2. 75	960. 65	16. 01	10. 80	0. 70	2. 55	5. 29	34. 52	2. 03	− 0. 36	10. 39
Jamaica	4. 90	25. 79	14. 04	20. 24	2. 48	4. 68	3. 58	23. 85	11. 84	0. 85	8. 90
Japan	0. 26	1631. 67	16. 84	10. 45	0. 02	1. 32	5. 97	8. 43	− 0. 26	0. 45	10. 31
Jordan	3. 91	441. 30	14. 73	19. 69	1. 24	2. 26	9. 69	50. 34	3. 57	6. 23	8. 98
Kazakhstan	6. 55	232. 45	13. 35	21. 84	2. 06	5. 03	6. 82	45. 58	9. 24	7. 77	9. 37
Korea	2. 78	7094. 27	18. 37	13. 39	—	—	1. 71	11. 30	2. 76	0. 71	10. 25
Latvia	3. 49	108. 25	13. 58	15. 37	1. 18	3. 27	6. 83	42. 77	6. 75	4. 35	9. 57
Lebanon	4. 44	327. 72	13. 93	22. 16	0. 74	1. 79	14. 71	40. 16	1. 19	4. 66	9. 30
Lithuania	3. 85	177. 32	13. 52	14. 97	0. 45	3. 68	4. 29	30. 73	3. 08	4. 33	9. 50
Luxembourg	3. 86	475. 87	15. 80	18. 11	0. 69	2. 31	1. 83	53. 57	2. 24	2. 77	10. 92
Macedonia	3. 82	26. 43	11. 79	29. 99	1. 61	5. 24	6. 75	45. 32	2. 66	3. 15	8. 96
Malaysia	1. 19	− 73. 28	13. 94	14. 90	1. 79	1. 00	7. 65	53. 53	2. 03	4. 24	9. 61
Malta	4. 25	213. 10	14. 69	16. 70	0. 91	1. 64	6. 25	35. 63	2. 47	2. 05	9. 94
Mauritius	4. 93	98. 88	12. 97	16. 96	1. 34	2. 04	3. 17	29. 03	6. 09	4. 11	9. 34
Mexico	3. 76	584. 15	14. 69	18. 40	0. 98	4. 82	3. 39	41. 38	5. 91	1. 84	9. 37
Moldova	6. 89	19. 52	11. 44	30. 00	3. 80	5. 87	4. 21	41. 99	12. 64	3. 58	8. 04
Montcncgro	4. 25	86. 27	13. 29	13. 72	1. 05	3. 27	10. 88	31. 31	5. 15	4. 35	9. 33
Morocco	4. 74	887. 34	16. 10	10. 41	0. 99	1. 82	6. 26	27. 54	2. 08	4. 53	8. 54
Namibia	6. 68	106. 02	13. 96	14. 67	2. 03	4. 35	2. 45	13. 44	6. 36	4. 24	8. 88
Netherlands	5. 12	885. 20	15. 95	15. 46	0. 67	1. 63	2. 12	37. 40	1. 69	1. 49	10. 61

续表

Country	Interest	Deposit	Asset	Capital	ROAA	Over	NPL	LA	Inflation	Growth	GNI
New Zealand	5.57	1581.49	17.35	10.96	0.84	1.44	0.47	12.47	2.89	1.23	10.21
Nicaragua	3.69	39.15	12.83	16.25	2.12	5.18	3.72	25.69	8.47	2.59	8.06
Norway	3.69	2549.18	15.80	12.47	0.40	1.61	1.48	11.34	1.99	1.67	10.81
Pakistan	7.81	39.00	13.51	24.19	0.01	3.08	9.05	24.16	9.72	4.48	8.22
Panama	5.89	146.13	12.96	17.16	1.10	2.95	2.78	26.94	3.07	6.87	9.31
Peru	3.62	275.22	13.99	11.83	1.42	5.59	4.81	26.18	2.79	4.67	8.73
Philippines	2.80	813.77	15.27	17.18	0.97	3.19	10.08	29.31	5.39	4.72	8.68
Poland	4.35	786.79	15.13	13.57	1.20	3.33	6.48	24.10	3.10	4.42	9.62
Portugal	7.09	1149.68	15.42	11.65	0.67	2.34	3.30	40.10	2.08	0.60	10.05
Romania	6.31	252.31	13.86	21.30	1.33	5.81	4.62	49.14	16.08	4.27	9.16
Russian	13.69	427.64	13.20	21.05	1.53	5.48	2.84	48.30	14.84	4.93	9.43
Saudi Arabia	2.03	1768	16.66	17.82	2.29	1.47	4.04	34.03	1.78	4.62	10.41
Serbia	7.85	44.88	12.01	38.68	1.06	8.10	8.40	70.05	17.31	4.57	9.09
Singapore	1.77	11945	18.58	15.57	1.13	1.03	2.94	29.26	1.91	5.68	10.92
Slovakia	2.07	225.39	14.14	17.72	0.67	2.95	6.56	42.12	5.31	4.31	9.70
Slovenia	3.76	214.32	14.52	15.07	1.09	2.58	6.15	30.22	4.79	3.07	10.03
South Africa	6.38	4628.43	16.07	16.68	1.59	4.74	2.79	25.43	6.48	3.47	9.27
Spain	3.81	2485.65	17.40	12.50	0.89	1.55	1.58	31.64	2.64	1.82	10.31
Sweden	2.00	1635.30	14.50	15.00	1.05	3.45	2.74	19.58	1.43	1.74	10.50
Switzerland	2.10	235.82	13.02	16.98	0.91	3.19	3.20	33.31	0.94	1.96	10.64
Thailand	2.47	1005.45	15.87	15.49	0.69	2.37	13.30	14.83	2.28	4.29	9.13
Trinidad	2.65	189.81	14.27	19.21	2.59	3.60	3.14	34.55	5.56	6.77	9.85
Tunisia	2.93	79.54	13.29	21.92	0.65	2.77	11.62	46.22	3.43	4.61	8.97
Turkey	8.42	1448.51	15.73	20.17	1.93	3.96	5.10	35.29	15.80	3.18	9.42
UAE	3.20	1202.09	15.09	20.47	2.58	1.42	6.56	37.41	6.69	4.67	11.28
USA	1.37	414.36	14.13	13.92	1.08	3.05	1.12	8.49	1.80	1.97	10.40
Uk	4.80	1246.08	14.78	18.58	0.63	2.18	4.05	52.55	2.53	1.62	10.69
Ukraine	9.58	187.68	13.52	15.53	0.58	5.18	8.16	23.92	14.26	3.25	8.70
Uruguay	0.96	103.83	12.87	15.38	−0.10	6.17	4.36	62.70	8.60	2.37	9.34
Venezuela	6.53	332.29	13.78	20.38	3.22	7.71	5.29	33.29	27.08	2.94	9.43
Vietnam	8.80	446.59	13.65	14.53	1.48	1.46	2.16	47.15	8.18	6.47	8.02

注：总资产为取对数后的值，存款单位为百万美元，NPL、Interest、Capital、ROAA、Over、LA 的单位为百分数。

表2　　　　　　　　　　　　　　FAC2对市场约束的影响的稳健性检验

因变量	(1) Δdeposit	(2) Δdeposit	(3) Δdeposit	(4) Δdeposit	(5) interest	(6) interest	(7) interest	(8) interest
NPL	1.076 (7.977)				−0.120*** (0.0264)			
Capital		24.24*** (6.062)				−0.0173 (0.0182)		
ROAA			58.58*** (22.20)				−0.257*** (0.0867)	
LA				4.806*** (1.786)				0.00320 (0.00710)
FAC2	−10.72 (34.51)	−3.893 (40.10)	4.944 (23.95)	−27.48 (27.96)	−0.128 (0.112)	0.0318 (0.131)	−0.155 (0.101)	−0.175 (0.118)
交叉项1	−1.144 (2.372)	−2.626* (1.341)	−28.10*** (5.504)	0.533 (0.477)	0.0197** (0.00778)	0.00377 (0.00562)	0.0328 (0.0283)	0.000628 (0.00225)
交叉项2	−14.22*** (2.096)	4.088*** (1.033)	41.58*** (4.787)	−0.605* (0.339)	−0.0111 (0.00702)	−0.00522 (0.00474)	0.00847 (0.0268)	−0.00272 (0.00186)

注：①交叉项1代表FAC2 * risk，交叉项2代表FAC2 * risk * Crisis，risk指本文控制的NPL、Capital、ROAA、LA四个银行风险代理变量。②为了简洁，表2中省略了随机成分结果以及Over、Asset、Crisis、DGS、Inflation、Growth、GNI的回归结果。③*、**、***分别代表了10%、5%、1%的显著水平，括号中是标准误。

表3　　　　　　　　　　　　　　CBFA2对市场约束的影响的稳健性检验

因变量	(1) Δdeposit	(2) Δdeposit	(3) Δdeposit	(4) Δdeposit	(5) interest	(6) interest	(7) interest	(8) interest
NPL	−49.72*** (13.39)				−0.0808* (0.0452)			
Capital		19.83* (10.15)				−0.0724** (0.0361)		
ROAA			−16.78 (33.50)				−0.200 (0.160)	
LA				5.567* (3.266)				−0.0293* (0.0154)
CBFA2	−314.4*** (112.9)	−82.88 (136.1)	−83.15 (71.96)	−80.14 (93.73)	0.0889 (0.342)	−0.679* (0.408)	−0.112 (0.289)	−0.827** (0.381)
交叉项1	21.70*** (7.200)	−1.501 (5.801)	5.839 (18.80)	0.0660 (1.740)	0.00629 (0.0234)	0.0298 (0.0188)	−0.0500 (0.0845)	0.0150* (0.00784)
交叉项2	−17.97*** (4.827)	5.607 (3.415)	73.39*** (16.12)	0.323 (0.718)	−0.0113 (0.0190)	0.0225 (0.0144)	0.342*** (0.0718)	0.00983** (0.00418)

注：①交叉项1代表CBFA2 * risk，交叉项2代表CBFA2 * risk * Crisis，risk指本文控制NPL、Capital、ROAA、LA四个银行风险代理变量。②*、**、***分别代表了10%、5%、1%的显著水平，括号中是标准误。③为了简洁，表3中省略了随机成分结果以及Over、Asset、Crisis、DGS、Inflation、Growth、GNI的回归结果。

8 系统性和区域性金融风险的防范（Ⅱ）：监管工具

防范区域性与系统性金融风险除了需要合理设置金融监管机构架构外，还需要给监管机构配备相应的金融监管工具，以便其处置可能的金融风险隐患，稳定金融体系。2008 年国际金融危机以前，对于金融风险的防控在货币政策专注于物价稳定、经济增长的情境下，以资本充足要求、市场准入监管、现场检查等监管工具组成的微观审慎监管为主。然而，次贷危机后人们发现物价稳定并不能保证金融的稳定，个体金融机构的稳定也不能保证整体金融的稳定。在货币政策专注于物价调控、微观审慎局限于个体金融机构稳定的情境下，金融体系的整体稳定必须寻求新的工具来保证金融的稳定。以杠杆率、核心融资比率、逆周期资本缓冲等为主要工具的宏观审慎监管得到了重视，被用来防范可能的系统性金融风险。本章将主要考察宏观审慎中的资本监管，章节安排如下：在第一节对宏观审慎主要的监管工具和我国的实践进行了扼要的梳理；在第二节分析了逆周期资本缓冲作用机制，并做了实证检验；在第三节基于截面维度检验了宏观审慎资本监管实施的效果；在第四节对本章进行了小结。

8.1 引言

在 2008 年国际金融危机前，金融监管主要以微观审慎监管为主，通过监管单个机构的合规性把控其风险，以防范单个机构破产为主要目标，以维护存款人和投资者利益，进而维护金融体系的稳定。但在危机后，人们发现以往对于清偿能力和流动性的监管并不能有效维护金融稳定，微观审慎为主的监管政策和措施并不能有效抑制和化解系统性金融风险。2008 年发生的国际金融危机促使人们重新思考宏观调控和金融监管政策。防范区域性和系统性金融风险成为金融监管改革的一个重要目标。在此背景下，宏观审慎政策的概念和理论被国际社会广泛接受并逐步得到实施运用，加强宏观审慎管理和微观审慎管理成为国际监管的共识。宏观审慎政策成为防范系统性和区域性风险的主要手段。① 2010 年，英国政府出台了《2010 年金融服务法》，维护金融稳定成为英国金融服务管理局的目标；美国也签署了《多德—弗兰克法案》。同年，《巴塞尔协议Ⅲ》批准并发布。《巴塞尔协议Ⅲ》将微观审慎和宏观审慎相结合。

---

① 区域性风险与系统性风险并不是两个完全没有交集的概念，其生成和演化机制相似。从区域性和系统性风险的特征来看，两者均强调金融风险"某一特定区域"内具有普遍性和传染性。当前宏观审慎监管权力主要集中在中央，作为系统性金融风险防范的工具。因此，本章以资本监管防范系统性风险为主要研究对象。

针对系统性风险，《巴塞尔协议Ⅲ》提出了诸多监管手段，如对资本管理提出了更为严厉的要求，并引进了譬如逆周期资本缓冲、系统重要性资本附加（Systemic Capital Requirement）、流动性资本要求等新的监管工具。欧美等国家也根据自身的实际情况，构建了宏观审慎管理体系。我国在 2008 年国际金融危机后，监管部门对我国系统性金融风险进行了相关研究，并着手建立符合我国实际情况的宏观审慎管理体系，以防范系统性风险。中国人民银行在 2011 年将差别存款准备金动态调整制度视为重要的宏观审慎政策工具加以引入，综合考虑各金融机构的系统重要性和稳健性状况，建立了准备金动态调整的激励机制，引导金融机构稳健合理投放信贷。银监会在 2012 年颁布了《商业银行资本管理办法（试行）》，并于 2013 年开始实施。在《商业银行资本管理办法（试行）》中明确规定了逆周期资本缓冲，并已开始尝试实施资本留存和系统重要性资本附加工具。

8.1.1 宏观审慎监管工具

（一）宏观审慎监管概念

宏观审慎管理的定义繁多，但从大多数定义来看，其主要目标是针对系统性风险。Stijn Claessens（2014）认为，原则上宏观审慎管理政策的产生是由于在微观审慎监管和货币政策有效进行的情况下，各种金融摩擦和市场不完美而导致的外部性和市场失败。他们认为宏观审慎管理不能防止未来的金融危机，它的目标是减少危机发生的可能性和影响程度。2011 年 2 月，金融稳定理事会（FSB）、国际货币基金组织（IMF）和国际清算银行（BIS）在《宏观审慎政策工具和框架》中认为，宏观审慎政策为运用宏观审慎工具防范系统性风险，进而抑制其可能对实体经济造成的冲击，并导致金融服务范围的混乱。2010年《中国金融稳定报告》认为宏观审慎管理为了防范金融体系内部相互关联可能导致风险传递，并考虑跨经济周期金融体系的稳健程度变化。周小川（2011）表示，宏观审慎政策框架是维护金融稳定，主要特征是建立更强的、体现逆周期的政策体系。

在关于宏观审慎的文献中，有的文献强调宏观审慎监管或者宏观审慎管理（Macroprudential Regulation），有的文献强调宏观审慎政策（Macroprudential Policy）。宏观审慎监管，强调的是标准和要求以及考虑如何进行制度安排和实施，促使被监管者达到监管要求，强调的是宏观审慎工具的执行。宏观审慎政策的内容则更为宽泛，强调的是根据宏观金融形势，宏观审慎当局运用宏观审慎工具对于整体金融的调控。José Viñals（2011）认为宏观审慎政策包括目标、分析范围（作为一个整体考虑的金融体系以及其与实体经济的相互作用关系）、一系列工具和机构体系。在机构体系方面，应当确定宏观审慎当局的任务和目标，并有充分的权力收集信息、建立报告和监管周期、校准工具等。中央银行在宏观审慎政策制定中应发挥突出的作用。李波（2016）认为宏观审慎政策框架包含了政策目标、评估、工具、实施、传导、治理架构等，其内涵要远大于所谓的"宏观审慎监管"。钟震（2012）认为宏观审慎政策研究文献可归为三类：一是宏观审慎分析，即识别与评估系统性风险；二是宏观审慎监管，即政策工具与监管维度；三是宏观审慎监管组织框架，即治理机制与国际合作。强调宏观审慎的宏观经济管理职

能、强调与其他宏观政策相配的文献中，大多采用宏观审慎政策进行论述的较多，如
Margarita Rubioa 和 José A. Carrasco – Gallego（2014）检验了宏观审慎和货币政策对于
经济周期、社会福利和金融稳定的影响。Caterina Mendicino 和 Maria Teresa Punzi
（2014）评估了货币政策和宏观审慎政策在缓解由于经常账户赤字和金融脆弱性相互作
用导致的顺周期性的作用。但一些文献也存在着宏观审慎政策与宏观审慎监管两者的混
用。如 Pierre – Richard Agénor 和 Luiz A. Pereira da Silva（2014）运用动态宏观模型分析
银行主导的金融体系中货币政策和宏观审慎政策相互效应时，采用宏观审慎监管代替了
宏观审慎政策。Sami Alpanda 等（2014）采用 DSGE 模型分析金融冲击和宏观审慎政策
的效果，用宏观审慎监管代替了宏观审慎政策。我国一些文献如廖岷等（2014）把宏
观审慎监管理解为宏观审慎政策。本章主要研究的是宏观审慎工具的作用机制与效果检
验，强调工具实施及其效果，并未考虑到依据宏观金融形势实施宏观审慎工具的情形，
也未涉及宏观审慎组织制度设计以及宏观审慎当局与中央银行关系，对于宏观审慎政策
中的框架、分析、制度设计与货币政策相互配合等方面的内容并未涉及，而仅从工具执
行效果的视角讨论问题。因此，本章所讨论的内容属于范围更窄的宏观审慎监管，其属
于宏观审慎政策的一部分。

（二）宏观审慎监管工具

张健华和贾彦东（2012）认为从操作层面来看，大部分研究主张从时间维度和截
面维度对宏观审慎政策目标进行说明。Borio（2010）认为区分时间维度和截面维度对
于管理系统性风险十分重要。因此，宏观审慎政策工具一般分为两类：一是针对时间维
度顺周期性提出的逆周期监管政策；二是针对截面维度中金融机构传染性、共同风险暴
露以及系统重要性金融机构等情况而提出的监管政策。时间维度，强调的是随着时间推
移，整个金融体系风险上升，即强调系统性风险中普遍性生成机制而导致系统性风险上
升；截面维度，强调的是单个机构或者几个机构受到冲击后传染给金融体系其他机构的
状态，即强调系统性风险中传染性生成机制。因此，从时间维度来看，系统性风险生成
机制主要是金融体系的顺周期性，在时间维度上防范系统性风险就是抑制顺周期性或者
降低顺周期性给金融体系所带来的冲击。从截面维度看，系统性风险的生成机制主要是
由于系统重要性机构与金融体系其他机构具有较高资产负债表关联，其危机导致冲击在
金融体系内传染，并由于信息传染造成更大的冲击。因此，防范系统性风险的主要手段
是提高系统重要性机构的稳定性与限制其传染和扩大机制。虽然宏观审慎工具种类和数
量繁多，但资本监管仍然在宏观审慎框架中扮演重要角色。如国际金融危机后，所讨论
的逆周期资本缓冲、储备资本以及针对系统重要性机构的资本附加和流动性附加均属于
宏观审慎的内容。在讨论宏观审慎资本监管防范系统性风险当中，当其作为工具被监管
部门而使用，如通过逆周期资本缓冲和资本留存从银行业整体上提高银行的弹性和稳定
性，从而在整体上防范系统性风险。当其只针对部分银行，如系统重要性机构，则是基
于此类系统重要性机构在金融体系中处于非常重要的地位，通过提高此类机构的损失吸
收能力，抑制其道德风险，降低系统重要性机构危机发生概率，防范系统性风险。宏观
审慎工具从政策工具防范目的出发主要分为以下几类：

1. 抑制金融机构顺周期的工具。主要包括：（1）逆周期工具，包括逆周期资本缓冲、动态拨备、杠杆率等。在经济上行期间，银行贷款和利润增加时，提高商业银行拨备，为将来可能发生的损失提供必要的缓冲，减轻经济收缩时借款人违约增加而拨备不足对银行的冲击。在经济下行期间，银行可以从前期积累的动态拨备中释放部分以覆盖损失，减少收缩信贷。

2. 对系统重要性金融机构的监管。国际金融危机后，对于系统重要性金融机构的监管，主要是增强其吸收损失的能力，如增加系统重要性机构的资本附加；系统重要性银行的流动性覆盖率提出额外的监管标准；建设系统重要性金融机构的自救安排（Bail – in）机制；削弱其规模扩张的冲动。美国在危机后出台的《多德—弗兰克法案》建立了新的系统风险监管框架，将所有具有系统重要性的金融机构纳入了美联储的监管范围，并加以实施更加严厉的资本充足率以及其他的审慎管理。

3. 限制和规范高风险金融业务，加强自营业务管理。针对金融机构过度承担风险等问题，主要国家和地区均提出以"业务隔离"为核心的银行业改革方向（中国金融稳定报告 2014，中国人民银行）。美国《多德—弗兰克法案》加强场外衍生品市场的透明度，要求主要金融衍生品交易必须通过交易所进行；银行必须将信用违约掉期（CDS）及农产品、股票、能源、金属等高风险衍生产品剥离到特定的子公司（但自身可保留利率、外汇以及金银的掉期业务）；对从事衍生品交易的公司实施特别的资本比例、保证金、交易记录和职业操守等监管要求。此外，为防止金融机构通过证券化产品转移风险，要求其在贷款证券化时，在资产负债表上保留至少 5% 的风险资产，从而将证券化资产发行者的利益和投资者利益绑定。

4. 薪酬制度改革。美国《多德—弗兰克法案》要求董事会下的薪酬委员会完全由独立人事组成，一旦发现薪酬制度导致金融机构过度追求高风险业务，允许美联储强行中止金融机构不恰当的薪酬方案。

5. 防范金融体系传染性的政策工具。（1）防范系统流动性风险。《巴塞尔协议Ⅲ》提出关于流动性风险的指标——流动性覆盖比率（LCR）要求：优质流动性资产/未来 30 日的资金净流出量≥100%。优质流动性资产储备包括现金、央行准备金、国债和政府机构债券。净稳定融资比率（NSFR）要求：可用的稳定资金/业务所需的稳定资金≥100%。布伦纳迈尔等人（Brunnermeier 等）（2009）提出两个办法控制系统流动性风险：设立盯住融资（Mark – to – funding）会计制度、明确的流动性风险资本缓冲。（2）提高业务的透明度。2013 年 6 月，BCBS 发布《修订后的杠杆率和披露要求（征求意见稿）》，明确对会计并表和监管并表范围内以及范围外的投资、衍生品和抵押品以及证券融资交易风险敞口的计算方法，并要求银行必须公开披露其杠杆率信息，包括会计资产和杠杆率风险敞口的对比信息、主要杠杆率指标的分解分析等。

6. 防范金融机构共同风险暴露。（1）实施资本管制。对跨境资本交易征收托宾税或外币借款限制（Foreign Currency Lending Limits）。（2）对某类信贷投向进行定向调控。宏观审慎管理中针对借款者的工具，如贷款价值比（LTV）和债务收入比（DTI）或者信贷增长限制（Limits on Credit Growth）可针对某一类信贷实施管理如房地产市场。

表 8 – 1   宏观审慎监管工具

工具	逆周期资本缓冲、动态拨备	杠杆率限制	系统重要性资本附加	限制和规范高风险金融业务	薪酬制度改革	流动性覆盖比率（LCR）净稳定融资比率（NSFR）要求、流动性风险资本缓冲	加强对冲基金和私募基金此类金融机构的监管	对跨境资本交易征收托宾税或外币借款限制	贷款价值比（LTV）和债务收入比（DTI）
目的	抑制顺周期性		对系统重要性金融机构的监管	针对金融机构过度承担风险等问题		防范金融体系传染性		防范金融机构共同风险暴露	
特点	根据经济形势，计提和释放	不具有风险敏感性的特点	针对系统重要性机构规模、复杂度与系统相关度	通过业务隔离降低风险，加强场外衍生品的监管	抑制银行家过度投机行为	抑制流动性风险内在所存在系统性特点	加强对高风险业务的信息披露和限制	实施资本管制	对某类信贷投向进行定向调控

8.1.2 宏观审慎资本监管工具

虽然宏观审慎政策工具种类繁多，但资本监管仍然处于金融监管的核心。本章从时间和截面维度，研究宏观审慎资本监管防范系统性风险的作用机制和效果以及其可能带来的非预期效应，有助于更进一步完善我国宏观审慎政策制度，提高我国防范系统性风险的能力。

我国 2013 年开始实施的《商业银行资本管理办法（试行）》明确提出了我国银行业的监管资本要求。表 8 – 2 说明了我国监管资本的层次和最低要求。我国《商业银行资本管理办法（试行）》所规定的核心一级资本充足率为 5%，高于《巴塞尔协议Ⅲ》所规定的核心一级资本充足率 0.5%。此外，银监会还可在第二支柱框架下，针对部分风险组合或者根据监管检查结果，针对单家银行提出特定资本要求。

表 8 – 2   《商业银行资本管理办法（试行）》资本要求

	核心一级资本	一级资本	总资本
最低资本要求	5%	6%	8%
储备资本要求	2.5%		
逆周期资本要求	0 ~ 2.5%		
国内系统重要性银行附加资本	1%		

宏观审慎资本监管则是依据宏观审慎的要求，以防范系统性风险的目的为出发点设立并实施的资本监管。中国银监会课题组（2010）也认为最低资本要求是侧重于微观层面

的风险，维护单个银行的清偿能力；而商业银行针对系统性风险计提超额资本和附加资本是监管部门基于宏观审慎原则而提出的资本监管，其目标为提高银行系统有效应对系统性负面冲击的能力。我国《商业银行资本管理办法（试行）》提出的多层次资本监管要求，除最低资本要求外，其他层次资本要求主要是基于宏观审慎管理要求而设立的，是为了应对金融系统性风险而定的，属于系统性资本要求的范畴（张强和张宝，2011），也可称为宏观审慎资本要求。按照时间维度和截面维度区分，可以把系统性资本要求划分为基于抑制随时间变化导致的风险积累对银行负面冲击而设立的储备资本、逆周期资本缓冲和针对金融体系中特定机构而设立的系统重要性资本附加。本章将研究的重点主要放在系统性资本监管方面，即基于防范我国银行业系统性风险而设定的资本监管，即储备资本（资本留存）要求、逆周期资本缓冲要求以及系统重要性资本附加要求等。

8.1.3　基于防范系统性风险的宏观审慎资本监管工具

（一）资本留存

资本留存是要求银行持有超过最低资本充足率的超额资本。资本留存保证银行在压力时期银行损失增加情况下避免违反最低资本要求，由核心一级资本构成。资本留存可提高银行在经济下行时期的恢复能力。从监管措施来看，相对于最低资本充足率要求的监管措施和强度而言，如果银行未能达到资本留存要求，监管部门主要措施为限制银行利润分配，并要求银行通过利润增加资本。故虽然资本留存作为逆周期框架的一部分，作用机制在于最低资本充足率要求之上，要求银行充分利用其利润进一步补充资本。特别是在危机期间，由于市场失灵，导致银行分红和发放奖金以及回购股份存在"囚徒困境"，导致银行难以利用利润补充资本。从资本留存目的来看，其更多在于消除市场失灵带来的扭曲。《巴塞尔协议Ⅲ》提出的 2.5% 资本留存缓冲，主要是确保银行机构在正常时期积累资本缓冲，作为压力时期的补充。BCBS（2010b，2010c）指出政府对危机银行进行注资寄希望于其恢复贷款供给，对经济提供支持，但一些银行在得到支持后满足最低资本要求的同时对股东和管理层继续发放高额股息和薪酬分配。而这是由于集体行为所导致的市场失灵。因为如果减少此类分配，则会被市场认为银行出现问题。在巴塞尔第一支柱下设定资本留存缓冲，监管部门可以限制银行发放红利和高额薪酬。陈颖等（2011）认为其实质是为了缓解银行的道德风险。由于"大而不能倒"，银行存在着较为强烈的道德风险，从而促使银行过度承担风险、追求利润。

表 8 - 3　　　　　　　　　　　　　银行最低资本留存标准

资本缓冲/资本留存区间	最低资本留存比例（盈余分配比例）
［<25%］	［100%］
［25% ~50%］	［80%］
［50% ~75%］	［60%］
［75% ~100%］	［40%］
［>100%］	［0%］

资料来源：BCBS，2010c. Countercyclical Capital Buffer Proposal，Issued for Comment by 10 September.

根据我国《商业银行资本管理办法（试行）》规定，对第三类商业银行即商业银行没有满足资本留存要求、附加资本要求和第二支柱资本要求，监管部门主要采取的措施是限制分红和股权投资、控制银行风险资产增长等。

（二）逆周期资本缓冲

BCBS（2010c）中指出银行信贷过快增长后的下滑会给银行体系带来巨大的损失，从而造成银行体系的混乱。而这又会加速经济的下行，并进一步对银行造成冲击。在这种机制下，更为突出了银行在信贷过快时期提高资本的重要性。引入逆周期资本要求是宏观审慎管理框架中一项核心内容。BCBS（2010a）建议采用信贷和 GDP 比值与其长期趋势差值（GAP）作为计提逆周期资本缓冲的指标。具体而言，逆周期资本缓冲计提额度实际为一分段函数，当 GAP 小于 2% 的情况下，不需要计提逆周期资本缓冲；当 GAP 处于 2%～10%，计提额度按照 GAP 提高 1%，计提额度上升 0.3125；当 GAP 超过了 10%，则按照 2.5% 计提逆周期资本缓冲。巴塞尔委员会认为逆周期资本缓冲的计提应该有一定灵活性，其目标应着眼于保护银行业，而不是调控经济或者资产价格。从逆周期资本操作来看，逆周期资本缓冲的计提和释放存在非常大的难度，需要监管部门准确判断。

$$CCB_{i,t} = \begin{cases} 0 & GAP_t < 2\% \\ 0.3125(GAP_t - 2\%) & 2\% \leqslant GAP_t < 10\% \\ 2.5\% & GAP_t \geqslant 10\% \end{cases}$$

BCBS（2010c）表示，逆周期资本缓冲是在资本留存之上增加的资本缓冲，其有效延伸了资本留存限制利润分配的作用区间。假设银行核心一级资本充足率为 4%，而资本留存设定为 2%。此时资本留存作用区间为 4%～6%。在拥有 6.5% 的核心一级资本充足率情况下，银行不在资本留存作用区间内，不会受到盈余分配限制。如果此时监管部门增加逆周期资本缓冲 2%，这将导致资本留存作用区间变为 4%～8%。此时银行 6.5% 的核心一级资本充足率则会受到监管部门盈余分配限制。

（三）杠杆率监管

杠杆率为银行一级资本与表内资产、表外风险敞口和衍生品总风险暴露的比值。实施杠杆率监管的目的在于抑制机构过度高杠杆。杠杆率监管作为资本充足率监管的补充工具，《巴塞尔协议Ⅲ》对其的监管标准为 3%，并设定了较长的过渡期。2011 年，银监会发布了《商业银行杠杆率管理办法》，规定商业银行并表和未并表的杠杆率均不能低于 4%。我国监管部门认为我国大部分银行能够满足 4% 的监管要求，如果杠杆率设置过低，不能够起到有效约束作用。

杠杆率有其优点和缺陷。在银行监管中，杠杆率比资产充足率有着更早运用。在 1988 年巴塞尔协议后，资本充足率由于具备更多风险信息，能够更加全面反映资产的状况，避免由于资产风险差异对商业银行产生的反向激励，资本充足率取代了杠杆率成为银行监管的主要工具。但杠杆率的优点也非常明显。由于不具备敏感性，直接规定了银行股东应承担的风险，有利于降低道德风险。长期以来，美国监管当局杠杆率指标由于不适用投资银行等非银行金融机构，对这类非银行机构的高杠杆没有起到约束作用，而金融机构的高杠杆蕴含着巨大的风险，在 2008 年国际金融危机中进一步加剧了危机的扩大。与之相反，加拿大监管当局在 20 世纪 80 年代就设定了杠杆率上限，建立了较为完善的杠杆率监管体系，有效抑制了危机在加拿大金融体系的传染。Patrick Slovik（2011）认为基于风险加权资产更为严格的资本要求的目的在于提升银行体系吸收损失的能力，同样会增加银行绕过监管框架的激励。杠杆率监管可以促使银行活动与它们的经济功能和最大化资本分配相匹配。

（四）或有资本

或有资本实质上是一种债权，其能够促使银行在受到冲击情况下，自动转化为资本，而不需要使用额外资金就能够迅速提升其损失吸收能力。或有资本已经被巴塞尔委员会认为是补充资本的重要渠道。或有资本使得这类投资者在机构发生危机后，成为风险的共担者，一定程度上也加强了机构的外部约束。国际上，如英国劳埃德集团（Lloyds Banking Group）、荷兰拉博银行（Rabobank）以及瑞士信贷（Credit Suisse）均发行了或有资本作为资本补充工具。但其也存在着操作上的困难，如触发条件如何设定的问题。DirkSchoenmaker（2015）认为在危机前，次级债被广泛地推行是因为其具有纪律功能。当银行有高风险时，就必须付高利息的次级债券。这些次级债会促使银行降低银行风险以减少利息支付。但实际运转情况并没有那么有效。或有资本可能也会出现类似的情形。Chan 和 Van Wijnbergen（2014）认为当或有资本被转换以满足资本要求情形下，会提高银行挤兑的风险，因为此时被市场认为是银行资本质量大幅下降的信号，并传染到其他持有类似资产的银行。这是信息传染形式之一，或有资本导致微观审慎和宏观审慎目标冲突。

（五）系统重要性和流动性资本附加

针对此次危机中系统重要性机构对整个金融体系的冲击和放大效应，监管部门提出了系统性资本附加，即在资本充足率基础上，基于系统重要性机构对整个金融体系风险的贡献度，提出额外的资本要求。2011 年，金融稳定理事会在发布《金融机构有效处置机制的核心要素》的同时，发布了第一批全球系统重要性银行名单，并要求其对应增加资本要求。

Elisabetta Gualandri 等（2009）认为由于信贷风险、市场风险和流动性风险更加的紧密，不论是风险管理以及监管应该重新思考偿债能力和流动性的关联。即使是资本充足的银行也可能遇到流动性问题，流动性要求应该被视为偿债能力的一个补充。本次危机的教训使得流动性风险再一次成为一个中心议题。金融创新使得信用风险通过金融市场被转移到最终投资者。信贷风险、市场风险和流动性风险更加的紧密。不论是风险管理以及监管应该重新思考偿债能力和流动性的关联。一方面，健全的流动性风险管理有助于减少破产问题的可能性。另一方面，特别是在恶劣的市场环境下，银行获得流动性的能力可能取决于它的资本充足情况。金融创新的启示是金融体系平滑功能越来越依靠金融工具持有的投资组合即使在有压力的市场情况下，也可以交易（或者新的证券也可以发行）。Brunnermeier 等（2009）提出两个办法控制系统流动性风险：（1）设立盯住融资（Mark - to - Funding）会计制度。即对资产的价值和管理，不是根据持有人的意图。如果采用短期借款支持持有人的长期资产，那么资产定价需采用市场价值，如果由十年期债券支持的长期资产，资产可根据未来十年的平均价格由第三方进行估值。（2）明确的流动性风险资本缓冲。即金融机构如果市场流动性低和期限匹配严重的资产应该持有更高的资本缓冲。Diane Pierret（2015）认为在设计流动性和资本要求时不应该把它们区别对待，融资流动性风险的宏观审慎管理应该结合流动性资产要求和资本要求。从我国实际情况来看，银监会已经明确建立逆周期资本缓冲机制，而系统重要性资本附加和资本留存在我国已经开始实施。这部分宏观审慎资本监管将在我国发挥非常重要的作用。或有资本虽然有许多讨论，但由于具有鲜明的优缺点，实践中运用得较少。流动性资本附加虽被学术界所提出，但《巴塞尔协议Ⅲ》对于系统流动性的管理主要通过流动性覆盖率和净稳定资金比率两个指标进行监管，杠杆率监管为资本监管的补充工具。考虑到以上实际情况，本章重点考察宏观审慎资本监管工具是逆周期资本监管、留存资本和系统重要性资本附加等。

8.1.4 我国宏观审慎资本监管的实践

从 2010 年开始，人民银行逆周期宏观审慎政策的目标是限制信贷过快增长、降低通胀，具体做法就是监控并考核动态差别存款准备金率指标（王华庆，2014）。动态差别准备金率将信贷投放与银行资本和稳健性指标进行挂钩，根据测算，要求信贷增长过快的机构持有更多的存款准备金，激励机构维持其稳健性。中国银监会副主席王兆星（2010）明确提出构建我国最低资本要求和宏观审慎资本要求的整体资本监管的框架。为了应对信贷过快增长所带来的风险，中国银监会发布了《关于加强当前重点风险防范工作的通知》（银监发〔2010〕98 号）。① 《2010 年大型银行监管工作意见》（银监发〔2010〕15 号）要求资本充足率保持在 11.5% 水平上。中国人民银行在《2012 年第三季度货币政策执行报告》中指出 "研究提出加强系统重要性金融机构监管的政策措施"，进一步防范系统性风险，增强金融体系稳定性。2011 年，《中国银监会关于中国银行业实施新监管标准的指导意见》（银监发〔2011〕44 号，以下简称《指导意见》）提出强化资本监管，并对资本充足率要求进行了重新划分，引入了逆周期资本监管和系统重要性资本附加。新监管要求规定了过渡期安排，最终要求系统重要性银行和其他银行资本充足率达到 11.5% 和 10.5%。此外，《指导意见》对系统重要性银行提出了更为审慎的监管框架和监管措施。2013 年，我国开始施行新的《商业银行资本管理办法（试行）》，要求银行在 2018 年底之前达到更加严格的资本充足率要求。我国《商业银行资本管理办法（试行）》中强调，银监会有权在第二支柱框架下提出更为审慎的资本要求，确保资本充分覆盖风险②。李青川（2014）认为由于我国关于资本扣减项比《巴塞尔协议Ⅲ》更为严格，并且《巴塞尔协议Ⅲ》新增对无形资产和递延税资产等扣减

---

① 银监发〔2010〕98 号要求贷款损失准备金占贷款余额比例原则上不应低于 2.5%，贷款损失准备金占不良贷款比例不低于 150%，两者按孰高要求执行。

② （1）银监会根据风险判断，针对部分资产组合提出特定资本要求；（2）银监会根据监督检查结果，针对单家银行提出的特定资本要求。

项对我国影响有限，《巴塞尔协议Ⅲ》对我国银行核心一级资本影响并不大。反而由于我国银行发行的次级债券不符合《巴塞尔协议Ⅲ》要求，导致我国银行缺乏合格二级资本，我国资本充足率主要依靠核心一级资本支持。我国《商业银行资本管理办法（试行）》还明确了我国银行开展资产证券化一级场外衍生品等复杂交易性业务的资本监管规则。此外，为了规范我国发展迅猛的同业业务，《商业银行资本管理办法（试行）》对同业业务的风险权重进行了调整，由之前的原始期限三个月以内的同业资产风险权重为0、三个月以上的风险权重为20%统一调整为25%。我国在2013年出台的《中国银监会关于规范商业银行理财业务投资运作有关问题的通知》（银监发〔2013〕8号）要求商业银行理财非标资产占总资产比例不超过25%；2014年发布了《关于规范金融机构同业业务的通知》（银发〔2014〕127号）和《中国银监会办公厅关于规范商业银行同业业务治理的通知》（银监办发〔2014〕140号）等文件，对银行理财资金、银行资产证券化和同业业务的管理和运行进行了严格规范和限制。

表8-4　　　　　银监会为稳妥推进《商业银行资本管理办法》实施对资本
充足率要求制定过渡期

银行类别	项目	2013 年底	2014 年底	2015 年底	2016 年底	2017 年底	2018 年底
系统重要性银行	核心一级资本充足率	6.5%	6.9%	7.3%	7.7%	8.1%	8.5%
	一级资本充足率	7.5%	7.9%	8.3%	8.7%	9.1%	9.5%
	资本充足率	9.5%	9.9%	10.3%	10.7%	11.1%	11.5%
其他银行	核心一级资本充足率	5.5%	5.9%	6.3%	6.7%	7.1%	7.5%
	一级资本充足率	6.5%	6.9%	7.3%	7.7%	8.1%	8.5%
	资本充足率	8.5%	8.9%	9.3%	9.7%	10.1%	10.5%

资料来源：银监发〔2012〕57号文件。

　　从现阶段来看，我国宏观审慎资本监管的大体框架已见雏形，但仍然需要进一步完善操作机制和细则。如系统重要性机构的评价、识别以及对于系统重要性资本附加的实施方案和规则；逆周期资本缓冲的触发机制和监管部门相机决策如何配合等问题还需要进一步讨论和完善。中国银监会副主席王兆星（2015）认为需要加快两个宏观审慎监管专项工具的制度建设，并加强宏观审慎管理与其他政策的衔接和配合，更大程度地发挥防范系统性风险的作用。银监会早在2011年6月就发布了《商业银行杠杆率管理办法》，规定杠杆率不得低于4%，并于2012年1月起开始实施。我国杠杆率标准高于国际3%的标准。我国规定的杠杆率为一级资本与一级资本扣减项之差与调整后的表内外资产余额的比值。监管部门对于达不到杠杆率要求的机构采取包括补充一级资本、控制表内外资产增长速度、降低表内外资产规模等方式纠正。如逾期未改正，监管部门将采取停办部分业务、限制分配红利和其他收入等更为严厉的措施。2015 年 1 月 30 日，银监会对披露要求、衍生产品和交易资产余额计算进行了修订，发布《商业银行杠杆率管理办法（修订）》，并于 2015 年 4 月 1 日开始实施。2016 年，中国人民银行把现有的差别准备金动态调整和合意贷款管理机制"升级"为"宏观审慎评估体系"。加强逆周期调节，进一步理顺信用派生过程，在加强对银行资产、负债的监管下，推动银行表外转表内。我国监管部门根据《巴塞尔协议Ⅲ》和宏观审慎管理等国际经验，提出了符合我国实际情况的宏观审慎资本监管要求。但从目前来看，我国逆周期资本缓冲框架还没有进一步细化，系统重要性机构的评估、确认和资本附加细则也有待进一步完善。

8.2　逆周期资本缓冲作用机制与实证检验

金融体系顺周期性是 2008 年国际金融危机造成严重损失的重要原因。加强金融体系顺周期管理，实施逆周期金融监管成为金融监管的共识。逆周期管理是防范系统性风险的重要组成部分。在《巴塞尔协议Ⅲ》框架中，逆周期资本缓冲和资本留存是逆周期监管框架的重要组成部分。本节内容主要包括以下两个方面：一是探讨逆周期资本缓冲的作用机制；二是基于逆周期资本缓冲在我国尚未实施的现实情况，但逆周期资本缓冲实施导致监管压力必然增大这一事实，通过考察监管压力与银行资本缓冲和信贷扩张的关系，以检验我国逆周期资本缓冲政策实施的有效性，检验其是否能够成为防范系统性风险的有效监管政策。2010 年 9 月，《巴塞尔协议Ⅲ》推出了区间范围为 0 ~ 2.5% 的逆周期资本缓冲作为宏观审慎管理工具之一，意图进一步提升商业银行的稳定性，防范系统性风险。虽然我国逆周期资本缓冲计提和运用细则尚未公布，但我国在 2011 年出台的《中国银行业实施新监管标准指导意见》（银监发〔2011〕44 号）和 2012 年出台的《商业银行资本管理办法（试行）》中均提出了逆周期资本缓冲工具。逆周期资本缓冲作为防范系统性风险的宏观审慎工具得到了社会各界的认可，引起了广泛的讨论。已有许多文献对资本缓冲周期性以及其对商业银行资产负债的影响进行了深入研究，并在逆周期资本的框架设计、运行机制等方面也进行了深入的研究（李文弘，2009；杨柳等，2012；陈忠阳和刘志洋，2014）。但由于现阶段我国逆周期资本缓冲机制的构建还处在探索完善的阶段，时间序列方面的数据较为缺乏，故讨论我国逆周期资本缓冲实施有效性的文献以及实证研究并不多。邹传伟（2013）对资本监管顺周期性条件进行了总结。一是风险权重随着经济上行而下降、经济下行而上升；二是对于风险权重上升时候，银行选择收缩信贷的方式而不是补充资本的方式满足最低资本监管要求；三是企业在银行信贷紧缩后只能减少投资，产出降低。根据巴塞尔委员会的设定，逆周期资本缓冲的主要目标是在信贷周期处于上升区间时，宏观审慎部门计提资本缓冲。当信贷周期处于下行区间时，可给予释放缓冲资本，从而吸收损失，防止银行体系因监管资本要求而造成信贷紧缩。对于逆周期资本缓冲实施增加银行经营成本，从而抑制信贷是逆周期资本缓冲实施的附加效应。因此，本节主要是通过实证研究我国逆周期资本缓冲实施是否能够提高商业银行吸收损失的能力，与此同时兼备抑制信贷过度扩张的"副作用"。

8.2.1 逆周期资本缓冲防范银行系统性风险作用机制

逆周期资本监管针对的是《巴塞尔协议 II》资本监管的顺周期（邹传伟，2013）。逆周期资本缓冲的目的是非常明确的，设定和实施逆周期资本缓冲是为了防范由于资本监管所导致的顺周期性，确保银行有一个缓冲的资本保护它应对未来潜在损失。从逆周期资本缓冲的目的来看，逆周期资本缓冲机制主要是通过资本的增加增强银行体系稳定性，达到维护银行稳定、防范系统性风险的目的。故逆周期资本缓冲的作用机制在于：在经济繁荣时期，在包括资本监管等各类顺周期因素影响下，资本监管对信贷约束降低，银行信贷过度扩张，积累系统性风险；在繁荣时期计提逆周期资本缓冲，提高资本要求，以应对未来可能出现的损失。此外，由于在经济繁荣时期，银行资本的筹集成本较低，更加有利于银行补充资本。与此同时计提逆周期资本缓冲增加银行信贷的成本，也可在一定程度上抑制信贷过快增长。《巴塞尔协议 III》所提出的逆周期资本缓冲的实施有着清晰的逻辑，即经济周期处于上升阶段，资本监管顺周期性导致信贷扩大，进而又作用于经济上涨。逆周期资本缓冲在经济周期上升期实施，能够提高商业银行吸收损失的能力。而当经济处于下行期时释放，抑制资本监管对信贷的约束作用。从逆周期资本缓冲的作用机制来看，逆周期资本缓冲不是消除资本监管的顺周期性效应，而是在于信贷过度增长过程中更多地积累资本，达到抑制资本监管顺周期性可能产生的危害，从而防范系统性风险发生。当然，逆周期资本缓冲机制产生效果需要一定的条件。邹传伟（2013）通过 1980—2010 年全球企业违约率数据，运用数值模拟的方法发现《巴塞尔协议 III》逆周期资本缓冲可以降低银行破产概率并能够消除一部分顺周期影响，逆周期资本缓冲对不同机制产生的顺周期存在差异，其对由于企业信用机制产生信贷顺周期性有效性较高，对资产价格引发信贷顺周期性效果有限。而 Hanson 等（2010）认为，随时间变化的资本要求可以使得银行在负面冲击情况下降低其资本缓冲并且持续经营以减少紧缩资产的压力。但随时间变化的资本要求遭遇的挑战是在糟糕时期，监管资本要求常常不是一个紧约束。

与一般资本缓冲的持有动机不同，逆周期资本缓冲并不由其根据自身经营状况计提，而是由宏观审慎管理部门从全局出发自上而下进行设置而计提的。从持有资本缓冲作用角度来分析一般资本缓冲与逆周期资本缓冲，其主要区别就在于逆周期资本缓冲为监管部门在特定时期强制计提，从而导致商业银行面临的资本要求增加，强制计提的逆周期资本缓冲不能用于预防违反最低资本要求监管，防范其受到惩罚。因此，逆周期资本缓冲降低了商业银行资本充足率与监管要求之间的距离，提高了其可能违反资本要求的概率，增加其所受到的监管压力。同样，逆周期资本的实施增加了商业银行资本要求，故逆周期资本缓冲不能作为用于为未来投资而持有的资本缓冲。[①] 逆周期资本缓冲的有效性最终需要计提的逆周期资本缓冲对商业银行调整自身资本缓冲和风险资产配置

[①] 由于影响我国商业银行投资的因素非常多，故本章验证逆周期资本缓冲有效性主要通过考察监管压力渠道，而未考察因逆周期资本缓冲计提而导致为未来投资而持有的资本缓冲下降的影响渠道。

行为产生显著影响，从而在宏观上达到防范系统性风险的目的。假设商业银行主要是基于减少信息不对称，降低融资成本、吸收损失、避免特许权价值丧失等目的而持有 3% 的资本缓冲，而并非为防范违反最低资本要求的目标而持有资本缓冲。实施 1% 的逆周期资本缓冲将改变商业银行资本缓冲的结构，但并未对商业银行持有资本缓冲的目的产生影响，商业银行没有动力改变自身的资产缓冲。在这种情况下，计提逆周期资本缓冲对提升商业银行的弹性、进一步抑制信贷增长则不会产生影响。如果我们假设银行持有 3% 的资本缓冲的目的完全是出于防范违反最低资本要求监管的目的，避免自身受到惩罚。监管部门实施 1% 的逆周期资本缓冲将进一步减小商业银行资本充足率与最低资本监管要求之间的区间距离，增加了违反资本要求监管的概率，商业银行面临更大的资本监管压力。在这种情况下，计提逆周期资本缓冲可能会促使商业银行调整资本缓冲，以缓解自身所受到的资本监管压力。

8.2.2　实证研究设计

由于在信贷高成长阶段，违约率往往会下降，进而导致银行资本的顺周期问题。逆周期资本缓冲旨在提高额外的资本，加强银行在面对潜在贷款损失的恢复能力。与此同时，额外的资本增加意味着商业银行贷款更为昂贵，从而降低信贷增速（Christoph Basten 和 Catherine Koch，2014）。为了检验我国商业银行逆周期缓冲的有效性，我们可以设定资本缓冲—监管压力模型，检验商业银行所承受的监管压力是否会促使增加资本缓冲，从而进一步增加银行体系吸收损失的能力；为了检验我国商业银行逆周期资本缓冲是否兼具抑制贷款扩张的"正面副作用"，设定贷款—监管压力模型，检验在监管压力作用下，商业银行信贷增长是否受到显著影响。

（一）监管压力的衡量

参照以往文献，我们采用绝对缓冲带指标设置虚拟变量衡量商业银行所承受的监管压力（江曙霞和任婕茹，2009；Ediz 等，1998；Nada Mora 和 Andrew Logan，2010）。绝对缓冲带指标指的是商业银行去除监管部门最低资本要求和样本期内商业银行资本充足率标准差后的数值。如果绝对缓冲带指标数值小于零，则说明商业银行正在承受监管压力，我们设定监管压力虚拟变量（P）为 1。否则，设定监管压力虚拟变量（P）等于 0。如果商业银行实际资本充足率和最低资本要求的距离在 0 ~ 2%，则表示商业银行受到的监管压力为预警压力；如果商业银行资本充足率与最低资本要求的距离小于 0，则认为商业银行面临着惩罚压力（Rime，2001；朱建武，2006；王擎和吴玮，2012）。为此，本章分别设定预警压力（WP）和惩罚压力（PP）两个虚拟变量用于本章模型的稳健性检验。

（二）资本缓冲—监管压力模型

根据前文的理论分析可知，商业银行如按监管部门要求计提逆周期资本缓冲后，其所受到的监管压力将增大。商业银行逆周期资本缓冲的有效性的基础之一就是逆周期资本缓冲能够增加商业银行的资本缓冲，从而增加自身对损失的吸收能力。如果商业银行所受到的监管压力的增加会导致商业银行资本缓冲的增加，也就说明逆周期资本缓冲的计提能够提高资本缓冲，提高银行稳健性。为此，本章借鉴了 M. Tabak 等（2011）与 Nada Mora 和 Andrew Logan（2010）等文献的研究方法，设定了以下面板数据模型：

$$\Delta BUF_{i,t} = a_i + \beta_1 P_{i,t-1} + \beta_2 CON_{i,t} + \beta_3 \lambda_t + \varepsilon_{i,t} \qquad (8-1)$$

为避免可能存在的内生性问题，模型的解释变量均滞后一期。$\Delta BUF_{i,t} = BUF_{i,t} - BUF_{i,t-1}$ 表示商业银行 i 在 t 时期资本缓冲的变动，P 为监管压力变量，是本章关注的重点。CON 为一组控制变量。由银行持有资本缓冲目的可知，影响商业银行最优资本缓冲的因素除了监管压力外，还包括信息不对称下的融资成本因素、投资成本、自身经营情况等。我们用资本收益率（ROE）控制商业银行资本成本可能对资本缓冲的影响；采用不良贷款比率（NPL）控制商业银行信贷风险；采用贷款损失准备（LLR）控制商业银行吸收损失能力对资本缓冲变动的影响；采用商业银行利息支出（EXP）控制商业银行风险溢价变化可能对资本缓冲变化的影响；采用银行资产的对数值（TA）控制规模因素对资本缓冲变动的影响。从银行自身经营环境来看，商业银行市场力量（MP）越大，竞争压力越小，声誉越高，信息不对称程度会下降，我们认为商业银行的市场力量可能也会影响到资本缓冲的变动。故本章采用市场力量（MP）指标控制商业银行与市场信息不对称可能对资本缓冲造成的影响。根据以往文献，我们采用银行市场结构即各银行总资产与银行业总资产之比平方（MP）衡量各个银行的市场力量（Williams, B., 2007；Nguyen, 2012；刘莉亚等，2014；张庆君和何德旭，2013）。

（三）贷款—监管压力模型

由于资本缓冲的变动并不一定是由于实施逆周期资本缓冲所引起，故通常文献讨论资本缓冲与信贷的关系无法说明实施逆周期资本要求对于信贷是否产生影响。因此，本章对监管研究和信贷增长的关系进行研究，考察逆周期资本缓冲实施是否具有抑制信贷增长的"正面副作用"。参照 M. Tabak 等（2011）与 Nada Mora 和 Andrew Logan（2010）等文献，构建了以下基本模型检验逆周期资本缓冲能否抑制信贷膨胀。

$$\Delta LOAN_{i,t} = \alpha_i + \beta_1 P_{i,t-1} + \beta_2 CON_{i,t} + \beta_3 \lambda_t + \varepsilon_{i,t} \qquad (8-2)$$

为了避免可能存在的内生性问题，所有的解释变量均滞后一期。$\Delta LOAN_{i,t}$ 表示商业银行 i 在 t 时期贷款增速；CON 为一组控制变量。我们用 TA、ROE、NPL、MP、LLR、IL、LDR 分别控制商业银行规模、资本成本、信贷风险、自身经营环境、市场力量、损失吸收能力、利息收入以及存贷比等因素可能对商业银行信贷增速产生的影响。

8.2.3 实证结果及分析

（一）样本筛选和基本统计量

本章商业银行数据来自 Bankscope 数据库和各商业银行年报，银行业总资产规模数据来自银监会《银行业监管统计指标季度情况表》。样本区间为 2003—2014 年，共 104 家商业银行[①]。

---

① 包括工行、农行、中行、建行、交行 5 家大型商业银行，股份制银行 12 家，城市商业银行和农商银行 87 家。

表 8 – 5 描述性统计

符号	定义	观测值	平均值	标准差	最小值	最大值
TCR	银行资本充足率(%)	743	12.48	3.86	– 15.72	62.62
BUF	银行资本缓冲(%)	743	4.48	3.86	– 23.72	54.62
TA	银行资产规模对数值	749	18.72	1.77	14.43	23.75
ROE	资本收益率(%)	751	17.46	8.21	– 27.92	83.46
NPL	不良贷款率(%)	754	1.9	2.77	0	24.24
$\Delta LOAN$	贷款增长率	642	0.19	0.13	– 0.11	1.99
IL	净利息收入贷款比(%)	715	5.32	1.90	0.13	18.01
LLR	贷款损失准备(%)	748	2.83	1.55	0.05	22.02
MP	银行市场力量(单个银行资产规模／银行业总资产规模)	749	1.05	2.93	0.00	17.23
EXP	利息支出/存款（%）	740	2.23	0.88	0.17	6.98
LDR	贷存比（%）	748	54.04	11.38	19.40	89.42

（二）资本缓冲—监管压力模型检验结果分析

在模型估计中，本章采用 Winsorize 方法对贷款增速和资本缓冲变量进行1%分位及99%分位的缩尾处理，以消除异常值对模型估计的影响。根据豪斯曼检验，拒绝随机效应模型。故方程（8-1）实证回归分析选取固定效应模型进行估计检验。表8-6为资本缓冲—监管压力模型的估计检验结果。模型（2）和模型（4）在控制了银行规模和不良贷款率的基础上，加入了资本收益率（ROE）、贷款损失准备（LLR）、总利息支出比率变动（EXP）以及表示商业银行市场力量指标（MP）可能对商业银行资本缓冲变动的影响因素。从表8-6模型（1）～模型（4）中监管变量的估计系数可以看出，监管压力与资本缓冲的变动表现出很强的敏感性，监管压力导致商业银行资本缓冲增长。加入其他可能对资本缓冲变动的影响因素后，监管压力和惩罚压力变量的系数虽然出现了下降，但系数显著性并未受到任何影响。从模型（3）和模型（4）结果可以看出，惩罚压力与预警压力相比较，对商业银行资本缓冲变动的影响更大。本章实证的结果表明，逆周期资本缓冲的实施过程中，还应该考虑到资本缓冲大小对逆周期资本缓冲实施效力的影响。当商业银行资本充足率接近最低资本要求，实施逆周期资本缓冲时，商业银行承受监管压力较大，对提高资本缓冲有较强的正向作用。如果监管部门仅根据信贷/GDP指标实施逆周期资本缓冲，但商业银行资本充足率距离最低监管要求较远，由于监管压力较低，商业银行增加资本缓冲压力也会降低，从而可能达不到实施逆周期监管政策所预期的效果。

表 8-6　　　　　　　　　　　资本缓冲—监管压力模型估计结果

解释变量	模型（1）	模型（2）	模型（3）	模型（4）
$P_{i,t-1}$	4.344 *** (5.319)	4.026 *** (4.308)		
$WP_{i,t-1}$			1.955 *** (3.307)	2.108 *** (3.048)
$PP_{i,t-1}$			3.126 *** (6.221)	2.237 *** (4.259)
$ROE_{i,t-1}$		0.049 ** (2.524)		0.083 *** (3.597)
$LLR_{i,t-1}$		-0.467 ** (-2.054)		-0.453 * (-1.978)
$MP_{i,t-1}$		-0.306 (-0.010)		-8.925 (-0.280)
$EXP_{i,t-1}$		16.320 (0.529)		22.987 (0.701)
$TA_{i,t-1}$	2.118 (1.505)	2.133 (1.318)	4.009 ** (2.076)	0.548 (0.329)
$NPL_{i,t-1}$	0.193 (1.650)	0.403 *** (3.096)	-0.005 (-0.173)	0.060 (0.937)
R^2	0.317	0.344	0.198	0.258

注：①被解释变量为 $\Delta BUF_{i,t}$；②***、**、*分别代表在1%、5%和10%的置信水平下显著；③括号内为稳健性标准差调整后的 t 值；④数据采用小数点后三位四舍五入；⑤所有模型均控制时间效应。

本章进一步分两个子样本进行回归分析，检验分组情况下，监管压力对资本缓冲的影响。由表 8-7 结果可见，除城市和农村商业银行预警压力不显著外，其他结果与表 8-6 中的检验结果相一致。

表 8-7　　　　　　　　资本缓冲—监管压力模型分样本估计结果

解释变量	大型和股份制商业银行		城市和农村商业银行	
	模型（1）	模型（2）	模型（3）	模型（4）
$P_{i,t-1}$	4.613 *** (3.910)		3.274 *** (3.547)	
$WP_{i,t-1}$		1.813 * (1.920)		1.332 (1.497)
$PP_{i,t-1}$		2.109 ** (2.428)		2.405 *** (4.254)

续表

解释变量	大型和股份制商业银行		城市和农村商业银行	
	模型（1）	模型（2）	模型（3）	模型（4）
$ROE_{i,t-1}$	−0.022 （−0.869）	0.021 （0.760）	0.064 * （1.817）	0.084 ** （2.335）
$LLR_{i,t-1}$	0.085 （0.359）	−0.123 （−0.356）	−0.544 * （−1.869）	−0.523 * （−1.802）
$MP_{i,t-1}$	−7.574 ** （−2.194）	−10.616 * （−1.906）	46.380 （0.442）	155.459 （1.510）
$EXP_{i,t-1}$	165.930 * （1.862）	186.673 （1.455）	3.430 （0.109）	7.629 （0.236）
$TA_{i,t-1}$	6.446 *** （3.218）	7.245 ** （2.395）	−0.538 （−0.462）	−0.644 （−0.553）
$NPL_{i,t-1}$	−0.346 （−1.346）	0.065 （0.202）	0.460 *** （2.980）	0.396 *** （3.503）
R^2	0.666	0.566	0.274	0.224

注：①被解释变量为 $\Delta BUF_{i,t}$；②***、**、*分别代表在1%、5%和10%的置信水平下显著；③括号内为稳健性标准差调整后的 t 值；④数据采用小数点后三位四舍五入；⑤所有模型均控制时间效应。

（三）贷款—监管压力模型检验结果分析

表8-8给出了贷款—监管压力模型的估计结果。根据豪斯曼检验，拒绝随机效应模型，故式（8-2）模型的实证回归分析选取固定效应模型进行估计检验。由表8-8可见，资本缓冲的变动虽然与信贷增速存在负向关系，但并不显著。表8-8中模型（1）和模型（2）中监管压力指标（P）对商业银行贷款增速的影响均不显著；模型（3）和模型（4）中的预警压力（WP）以及惩罚压力（PP）对商业银行信贷增速也未表现出显著性。由此可见，监管压力对我国商业银行信贷增速并没有抑制作用。我国商业银行信贷扩张主要受其规模和存贷比的影响。

表8-8　　　　　　　　　　　贷款增长—监管压力模型

解释变量	模型（1）	模型（2）	模型（3）	模型（4）
$P_{i,t-1}$	−0.017 （−1.102）	−0.010 （−0.631）		
$WP_{i,t-1}$			−0.004 （−0.268）	−0.004 （−0.295）
$PP_{i,t-1}$			−0.002 （−0.131）	0.005 （0.328）
$ROE_{i,t-1}$		−0.001 ** （−2.491）		−0.001 *** （−2.751）

解释变量	模型（1）	模型（2）	模型（3）	模型（4）
$LLR_{i,t-1}$		-0.006^{*} (-1.820)		-0.006 (-1.612)
$MP_{i,t-1}$		-0.001 (-0.001)		-0.012 (-0.015)
$IL_{i,t-1}$	1.303^{***} (2.832)	1.506^{***} (3.239)	1.374^{***} (3.071)	1.532^{***} (3.439)
$TA_{i,t-1}$	-0.288^{***} (-5.510)	-0.290^{***} (-5.401)	-0.292^{***} (-5.762)	-0.291^{***} (-5.551)
$NPL_{i,t-1}$	-0.003^{**} (-2.306)	-0.002 (-0.941)	-0.004^{**} (-2.187)	-0.003 (-0.977)
$LDP_{i,t-1}$	-0.633^{***} (-4.485)	-0.649^{***} (-4.684)	-0.642^{***} (-4.615)	-0.654^{***} (-4.816)
R^2	0.529	0.54`	0.527	0.540

注：①被解释变量为 $\Delta LOAN_{i,t}$；② *** 、 ** 、 * 分别代表在1%、5%和10%的置信水平下显著；③括号内为稳健性标准差调整后的 t 值；④数据采用小数点后三位四舍五入；⑤所有模型均控制时间效应。

从分样本来看，我们发现在大型和股份制银行样本中，资本缓冲的变动与信贷增长存在非常显著的负相关关系。资本缓冲变动越大，商业银行信贷增速越慢。这表明国有银行和股份制商业银行信贷受到资本缓冲变动的显著性抑制。但由于资本缓冲的变动并不总是由逆周期资本缓冲的实施而变动，并不能由资本缓冲变动与信贷增长之间显著负相关性而得出逆周期资本缓冲对信贷的影响。从实证角度来看，资本缓冲对信贷增长影响如果是由于监管压力原因，那么在模型中控制了监管压力，则资本缓冲变动对信贷增长的影响幅度会下降。表8-9模型（2）和模型（3）检验了在加入监管压力因素后，国有及股份制商业银行资本缓冲变动对信贷增速的影响。从检验结果来看，资本缓冲变动的显著性和系数并未受到影响。这也表明，监管压力并不是资本缓冲变动对信贷增速具有显著性影响的原因。本章还采用 WP 和 PP 指标作为稳健性分析，检验结果同样显示 WP 和 PP 作为控制变量加入模型后，资本缓冲变动对信贷增速的影响并未发生改变。由此可见，国有银行和股份制银行的资本缓冲变动对信贷扩张虽存在显著的负相关性，但监管压力对商业银行信贷的影响并不显著。由此可见，国有及股份制银行实施逆周期资本缓冲对其信贷扩张并没有显著性的抑制作用。与国有及股份制商业银行类似，城市商业银行和农村商业银行信贷行为主要受到贷存比和银行规模等因素的影响，但其资本缓冲变动对信贷增速并未表现出显著性影响。由表8-9的模型（5）和模型（6）可见，监管压力（P）系数在加入其他控制变量后，由5%水平下显著也转变为不显著。综合以上结果分析，从总体来看，本章认为监管压力对我国商业银行信贷增速的影响并不显著，逆周期资本缓冲抑制信贷过度扩张这一"正面副作用"在我国效果可能并不明显。

表 8 - 9　　　　　　　　　　　贷款—监管压力分样本模型

解释变量	大型及股份制商业银行			城市和农村商业银行		
	模型（1）	模型（2）	模型（3）	模型（4）	模型（5）	模型（6）
$\Delta BUF_{i,t-1}$	-0.004 **		-0.004 ***	-0.001		-0.001
	（-2.816）		（-2.329）	（-0.256）		（-0.304）
$P_{i,t-1}$		-0.027	-0.023		-0.017	0.002
		（-1.257）	（-1.023）		（-1.026）	（0.108）
$POE_{i,t-1}$			0.001			-0.002 *
			（1.228）			（-1.797）
$LLR_{i,t-1}$			-0.014			-0.016 ***
			（-1.036）			（-2.264）
$MP_{i,t-1}$			-1.899 **			-20.853
			（-2.482）			（-0.732）
$IL_{i,t-1}$	0.909	1.067	1.268	0.546	1.333 **	0.828
	（1.227）	（0.754）	（1.178）	（0.956）	（2.568）	（1.625）
$TA_{i,t-1}$	-0.294 ***	-0.326 ***	-0.291 ***	-0.305 ***	-0.264 ***	-0.304 ***
	（-7.352）	（-10.477）	（-7.369）	（-5.309）	（-3.458）	（-4.650）
$NPL_{i,t-1}$	0.036 *	-0.001	0.051 ***	-0.007 **	-0.005 **	-0.003
	（2.010）	（-0.831）	（3.276）	（-2.201）	（-2.097）	（-1.212）
$LDR_{i,t-1}$	-0.383 **	-0.496 ***	-0.419 **	-0.918 ***	-0.680 ***	-0.917 ***
	（-2.463）	（-4.225）	（-2.735）	（-4.475）	（-3.716）	（-4.787）
R^2	0.819	0.842	0.831	0.433	0.448	0.458

注：①被解释变量为 $\Delta LOAN_{i,t}$；②***、**、*分别代表在1%、5%和10%的置信水平下显著；③括号内为稳健性标准差调整后的 t 值；④数据采用小数点后三位四舍五入；⑤所有模型均控制时间效应。

2010 年，中国银监会对大型银行资本充足率要求为 11.5%[①]，2012 年公布的《商业银行资本管理办法（试行）》尽管明确了大型银行和中小银行 11.5% 和 10.5% 的最低资本要求，但与 2010 年监管政策并无变化（金鹏辉等，2014）。故为了稳健起见，本章在考虑了 2010 年监管资本政策变化后重新计算了监管压力以及银行资本缓冲，并对模型进行估计和检验。由于篇幅所限，本章没有列出重新计算监管压力以及银行资本缓冲后的模型实证回归和检验结果，其结果与本章上文所列模型回归结果并无明显变化。

8.3　基于截面维度宏观审慎资本监管实施效果检验

从截面维度来看，防范系统性风险的主要目的是防范风险在机构和不同市场中的传染，从而防止造成普遍性的冲击和风险的扩大。防范系统重要性机构风险是从截面维度防范系统性风险的核心内容。限制系统重要性机构的高风险业务和风险暴露限制等措施是从限制系统性风险的传染渠道抑制系统性风险。从系统重要性机构的特征来看，其具

————————————

① 见《2010 年大型银行监管工作意见》（银监发〔2010〕15 号）。

有巨大的负外部性和道德风险，在金融体系中处于核心地位，易导致风险在金融系统中传播和扩大。特别是美国雷曼兄弟公司和美国国际集团向人们展示了单个机构在金融市场中如何触发传染效应和共同冲击并影响到金融体系甚至整个经济的情形。因此，防范系统重要性机构过度风险承担，提高系统重要性银行稳健性，防止其破产本身就是防范系统性风险的重要一环。从《巴塞尔协议Ⅲ》可以看出，系统重要性银行是其政策施加的重要载体。宏观审慎资本监管针对系统重要性银行实施资本附加，其作用机制就在于促使系统重要性银行内部化成本，降低道德风险，降低系统重要性银行破产概率。但宏观审慎资本监管的实施可能产生非预期效应。

8.3.1　宏观审慎资本监管防范系统重要性银行风险机制

加强系统重要性银行的监管的目的本质上就是为了防范系统性风险。由于系统重要性机构所具备的特征，系统重要性机构的倒闭本身就意味着整个银行体系可能出现系统性风险。因此，防范系统重要性机构的倒闭，增加其损失吸收能力就是防范系统性风险的一部分。微观审慎监管的目的是保持银行稳健，而宏观审慎对系统重要性银行监管的目的在于维护整个金融体系的稳定，故其考虑的是银行对金融体系的影响而施加的监管。从系统重要性机构的风险特征能够看出，对其的监管目标则是减少由于"大而不倒"产生的道德风险以及降低负外部性。系统重要性机构存在"大而不倒"的问题，而"大而不倒"对机构造成了扭曲激励，其中包括了风险过度承担、银行规模扩大以及范围的低效率扩张等，通过合理的制度、对银行规模的限制和资本约束，能够降低这一成本（Morrison，2011）。监管部门通过监管措施促使机构负外部性内部化，或者控制负外部性的总量达到监管目的。IMF 在 2010 年的《全球金融稳定报告》中指出，考虑到监管部门对于系统重要性机构更加宽容，有必要采取如设立额外风险资本、征收系统性风险税以及限制高风险业务等更为直接的方式对系统重要性机构进行监管。对于系统重要性银行的监管措施主要包括事前、事中和事后几个方面。从事前来看，主要是限制其高风险业务；事中主要是加强资本监管；事后则是强化对系统重要性机构的处置机制建设。从目前来看，对于系统重要性机构的监管，主要是建立宏观审慎管理的激励惩戒机制，促进机构更为审慎。主要包括以下几个方面：一是减小系统重要性机构的倒闭。从宏观审慎角度来看，通过降低系统重要性机构的道德风险，提高系统重要性机构损失吸收能力，降低系统重要性机构倒闭概率，从系统重要性机构这个源头上降低风险在金融体系的传染和扩大。二是维护市场竞争的公平。监管部门对于降低倒闭概率和维护市场竞争公平可以采用资本监管的手段，包括提高资本要求和系统性资本附加。三是降低系统重要性机构的负外部性和传染性。这方面主要通过限制措施等手段达成，如分拆大型银行、限制大型银行业务等方法进行防范。四是建立系统重要性机构的自我救助体系。国际上已经对系统重要性监管达成共识，对系统重要性金融机构实施资本附加要求。2010 年 10 月 20 日，金融稳定理事会（FSB）发布《降低系统重要性机构道德风险的政策：建议和时间表》。该报告对 SIFI 进行了定义，对系统重要性机构监管提出了政策建议。金融稳定理事会提出的基本框架主要包括：（1）减少系统重要性机构倒闭的概率和冲击，提高系统重要性机构抗风险能力，主要通过附加资本要求、附加流动性要求等；（2）提高应对系统重要性银行的危机救助机制；（3）强化金融基础设施建设等。我国已经对系统重要性银行计提了系统重要性资本附加 1%（中国银监会，2011）。2011 年 5 月，我国颁布的《中国银监会关于中国银行业实施新监管标准的指导意见》对提高系统重要性银行监管的有效性作出了规划。2014 年 1 月 8 日，银监会发布了《商业银行全球系统重要性评估指标披露指引》，增加系统重要性银行信息披露的规定，要求符合一定条件的商业银行从 2014 年起披露全球系统重要性评估指标，以提高系统重要性机构的透明度。

（一）提高吸收损失能力，降低破产概率

资本是抵御损失和银行破产一道非常重要的缓冲。银行的股东只是承担有限责任，所以银行有从事高风险业务活动的冲动。资本可以促使股东、存款人和其他债权人利益相容（Berger 等，1995；Keeley 和 Furlong，1990）。Kevin（2009）认为巴塞尔协议以及新资本协议的主要宗旨即是确保银行拥有足够的资本金，吸收预期损失，维持银行的清偿能力。因此，实施系统重要性资本附加的机制在于：在金融体系中，系统重要性机构具有较强的传染性和负外部性，其倒闭很可能带来金融体系的连锁反应。提高系统重要性机构的生存能力能够避免因为其倒闭而导致风险的传染和扩大。从银行的负债和所有者权益端来看，在识别出系统重要性银行的基础上，对系统重要性银行实施系统性资本监管提高系统重要性银行资本充足率，提高其吸收损失的能力，维护系统重要性银行的稳定，可以达到防范系统性风险的目的，保持金融稳定。《巴塞尔协议Ⅲ》在国际金融体系遭受此次金融危机冲击后，对资本提出了更高的要求就是例证。张强和张宝（2011）认为，资本天然上具有提高风险行为的成本、增加机构吸收损失的能力和内部化社会成本的功能而成为解决 SIFIs 问题的重要工具；同时较高的资本缓冲也可降低系统重要性机构倒闭给金融体系造成的冲击，有利于破产处置。基于系统重要性的资本监管维护系统重要性银行的稳定性也就维护了整个金融体系的稳定，减小由于系统重要性银行发生危机给金融体系造成的巨大冲击。

（二）提高经营成本，限制系统重要性银行不公平竞争

系统重要性银行由于具有"大而不倒"的特性，市场参与者对此类机构具有更高的评级，从而降低了这些机构的经营成本如更低的融资成本和融资便利等，市场约束能力更低，这导致了这些机构在市场中因为具有特殊地位而获得竞争力，抑制了其他机构的发展。这样的正向反馈循环可能导致系统重要性银行在市场中变得更为强势，其风险也在其中不断聚集。由于资本相比债务融资成本更高，大型机构资本附加意味着更高的筹资成本。此外，大型机构在债务融资方面具有更为明显的优势，资本附加意味着大型机构运用此优势能力下降。Farouk Soussa（2000）发现系统重要性金融机构在发行债券方面于中小金融机构而言，存在巨大的利息优势。Dirk Schoenmaker（2015）认为系统重要性资本附加在于降低"大而不倒"所带来的补贴。因此，通过实施系统重要性资本附加防范系统性风险的机制在于：当银行接近最低资本要求时，银行资本收益率能够满足股东所要的收益；当系统重要性银行被要求增加资本附加时，其资本利用效率降

低，增加银行风险承担活动的成本，这会导致银行的运营成本上升，减少了系统重要性银行由于其系统重要性而产生的竞争优势。此外，资本附加也可能会给大型机构带来额外的管理和运营成本。通过增加系统重要性银行的经营成本，有助于降低机构由于系统重要性而增加的竞争力，提高整个金融体系的公平性。

（三）抑制系统重要性银行过度承担风险

监管资本是监管者视角要求银行持有的资本，经济资本是银行管理者视角对银行应持有资本的判断而定。但由于监管资本在较长时间内是不变的，而经济资本在不断变化中，因此易导致监管套利。当监管资本没有向经济资本趋同，可能导致银行有着监管套利的冲动。当提高股东承担损失能力，内部化成本，金融机构在考虑自身经济资本过程中，考虑到系统性风险，经济资本能够与监管资本趋同，从而能够达到较好效果，降低监管套利和风险承担冲动。当系统重要性银行被要求更高的资本要求时，银行配置风险资产过程中，银行股东承担更多的风险损失，而通过杠杆配置资产的比例会下降，这有利于银行股东承担更多的风险和成本内部化，银行投资失败会导致其自身损失越大，实现了风险共担，银行经营会越谨慎，降低道德风险。宏观审慎政策通过宏观审慎工具促使机构的成本内部化，抑制系统性风险过度承担（BIS，2009；Brunnermeier 等，2009；Bank of England，2009）。巴曙松等（2012）认为资本附加能够增加成本，达到内部化成本目的，减少高风险投资行为。Céline Gauthier 等（2011）认为一个内部化银行外部性的方法是施加资本附加。S. Battiston 等（2015）发现资本对网络中的系统性风险的边际贡献的影响是相当大的，支持在宏观审慎管理中采用资本监管。Hellman 等（2000）利用模型论述了资本监管提供特许权，促使银行有激励投资安全的项目。从系统重要性资本附加来看，如果能够准确识别机构的系统重要性，利用 Hellman 等（2000）模型，可以应用于说明资本附加的激励作用。假设银行可以投资于两种项目：一种是系统性风险较低的项目，产出为 G，成功的概率为 P_G；一种是系统性风险较高的项目，产出为 B，成功的概率为 P_B。假设 $P_G G > P_B B$ 和 $B > G$。银行融资来自存款和资本，存款利率为 R。为了抑制系统性风险，监管部门对于项目 B 施加系统重要性资本附加 k，资本成本为 β。为简化起见，假设银行最低资本要求为 0。假设资本成本足够高，满足 $\beta > P_G > G$。银行偏好利润更高的项目，故银行投资系统性风险较低的 G 项目满足以下方程：

$$P_G(G - R) \geqslant P_B[B(1 + k) - R] - k\beta \tag{8-3}$$

简化后得到

$$R \leqslant \frac{P_G G - P_B B + k(\beta - P_B B)}{P_G - P_B} \tag{8-4}$$

从式（8-4）可见，由于 $k(\beta - P_B B) > 0$，相较于未计提系统重要性资本附加情形，系统重要性资本附加实施提高了银行实施系统性风险较低 G 项目的激励。

8.3.2　资本监管防范银行系统性风险的非预期效应

在上一节中探讨了系统重要性资本附加防范系统性风险的机制。但与此同时，资本监管的实施也可能带来非预期效应，从而达不到预期目标，反而可能增加银行的系统性风险。如资本监管与银行经济资本存在差异而产生套利；银行通过影子银行规避资本监管；宏观审慎资本监管的实施对银行带来的不确定性等问题均有可能导致银行实施宏观审慎资本监管后产生非预期效应。

（一）监管套利导致系统性风险增大

监管套利的主要方式为银行在配置资产过程中，银行把资产向风险权重低、收益较高的资产倾斜，从而降低资本消耗。由于风险的不确定性，在一般情形下，银行可能会倾向于收益较高而其风险权重较低的资产。David Jones（2000）认为通过资产证券化等途径可以实现监管资本套利，从而促使资本监管的难度非常大。沈庆劼（2010）指出监管资本和经济资本存在差异，监管套利不可避免。从美国金融危机来看，当银行行为具有短视性和过度风险承担情况下，繁荣时期的次级债产品在银行看来就具备了收益高、风险低的特点，从而导致银行购买大量此类资产。但随着衰退期的到来，此类资产风险逐步增大，对银行造成重大损失。当资本监管要求上升情况下，从银行资产方来看，银行可能通过增加风险系数较小的资产，降低风险系数较大的资产达到资本监管要求。但在实践中，以往被认为风险系数较小的资产的系统性风险并不意味着较小。如同业业务，商业银行同业资产相较于信贷资产，其消耗的资本较少，但其相对于贷款而言，其在金融体系的关联性更大，其所具备的系统性风险未必会比贷款的系统性风险低。Paola Bongini（2015）认为对系统重要性机构增加资本要求的建议是否能够促使风险加权资本标准加强不利的系统性冲击，鼓励银行调整业务到资本消耗较小的业务引起了巨大的争论。资本要求在金融体系在抑制过度风险承担时可能不一定成功（Admati 等，2011；Elliott 和 Litan，2011；Slovik，2011；Shull，2012）。Slovik，P.（2011）认为基于风险加权资产的资本监管创新旨在规避监管要求，并将银行重点转移出他们的核心经济职能。更为严格的资本监管有可能加剧这一扭曲。Patrick Slovik（2011）认为资本监管的预期收益被夸大了，因为其存在非预期后果。巴塞尔协议首次引进基于风险加权资产的资本要求时，也未预料到系统重要性银行风险加权资产占总资产的比重会持续下降。系统重要性银行一直在减少计算监管资本的基础。在1992 年实施巴塞尔协议时，风险加权资产占银行总资产的 70%，这也说明银行监管资本的计算是基于大部分的银行风险暴露。而随着时间的推移，加权资产占总资产的比率逐步下降，在危机时，这一比率下降到 35%。这也表明在危机前存在两种可能：一是系统重要性银行的风险只有前几十年的一半；二是基于风险加权资产的监管框架忽略了系统重要性银行一大块风险。而从 2008 年国际金融危机前所未有的规模来看，第二种可能性更高。

（二）影子银行体系（业务）削弱资本监管的有效性

资本监管的衡量需要计算风险加权资产，而银行通过调整风险加权资产或者将风险加权资产移出表外可以规避资本监管。早前，银信合作成为我国商业银行规避监管的主要手段，2009 年末，中国银监会陆续出台了一系列文件，包括银行不得使用募集的理财资金直接购买信贷资产、控制融资类银信合作比例等。随着我国银行监管政策逐步实施，简单的银信合作在我国现已经不常见，影子银行业务在实际操作过程中表现的形式越来越复杂，但其基本思路却并无二致。如通道类的银行理财产品、购买本行信托贷款类银信合作理财产品、购买其他银行存量信贷资产的银信合作产品、商业银行同业业务等。以下我们着重分析同业业务对资本监管的影响。《中国金融稳定报告（2014）》中指出，2009 年到 2013 年的五年中，同业资产增长了 246%，为银行总资产增长率的 1.79 倍，为银行贷款增长率的 1.73 倍；同业负债增长了 236%，为银行负债增长率的 1.74 倍，为银行存款增长率的 1.87 倍。兴业银行在 2012 年半年报显示，其同业资产比例为 39.6%，高出其贷款规模。《中国金融稳定报告（2014）》中也提到同业业务快速增长，潜在风险应予关注。同业业务规避监管、不规范发展和不透明以及其导致的银行资产负债期限错配等问题会削弱金融监管以及央行货币政策调控的效果，甚至引发系统性风险。由此可见，同业业务作为我国影子银行体系很重要的一部分，已经引起了社会和金融管理部门的重视。同业业务的发展很大程度上也是商业银行规避监管资本要求、拨备成本、绕开存贷比的结果。我们以较为典型的银行信托受益权业务为例。把同业业务划分为两类：一是非自营类同业业务，一般以银行理财产品资金对接同业资产的同业业务；二是自营类同业业务，银行自营资金对接同业资产的同业业务。

（1）理财资金对接信托受益权。假设银行 A 有某企业客户 B 需要融资 1000 元。首先，信托公司设立单一信托计划，募集资金给企业 B，而信托公司募集的资金来源于过桥企业 C。银行 A 通过理财产品募集资金从过桥企业 C 中购买过桥企业 C 的信托受益权。

表 8–10 商业银行 A 的变化过程

资产		负债和所有者权益	
贷款		个人客户存款	−1000
自有资金		过桥企业 C 存款	+1000
代理业务资产	+1000	代理业务负债	+1000
总计	+1000	总计	+1000

（2）以银行自营资金对接信托受益权。假设银行 A 有某企业客户 B 需要融资 1000 元。首先，信托公司设立单一信托计划，募集资金给企业 B，而信托公司募集的资金来源于过桥企业 C。过桥银行 D 通过理财产品募集资金从过桥企业 C 中购买过桥企业 C 的信托受益权。银行 A 以自营资金购买银行 D 的理财产品。

表 8–11 过桥银行 D 的变化过程

资产		负债和所有者权益	
贷款		同业存款	−1000
自有资金		过桥企业 C 存款	+1000
代理业务资产	+1000	代理业务负债	+1000
总计	+1000	总计	+1000

表 8 – 12　　　　　　　　　　　　商业银行 A 的变化过程

资产	负债和所有者权益
存放同业　–1000	同业存款
应收账款类投资　　+1000	企业存款
总计　　　+0	总计　　　　+0

由此可见，银行资产负债表变化这一过程并没有创造货币。但由于资金的转移，产生了债权债务关系，创造了信用。银行存款的转移发生了信用关系，并创造了代理业务资产和代理业务负债。因此可以认为，同业渠道本身并不能派生货币，而是通过存款的转移创造债权债务关系，创造社会信用。在实际操作中，不断出现的过桥银行和过桥企业导致信托受益权在企业及商业银行间的不断的易手，主要是为了满足监管要求或者规避监管政策以及腾换自有资金。不论多么复杂的同业业务操作模式，可以发现银行同业业务最终使得企业得到资金，扩大了信用总量。从商业银行方面看，企业所得到的融资并不是通过贷款获得，而是商业银行的自有资金或理财资金通过信托公司发放给融资企业。由此可见，银行同业业务对银行监管的影响主要体现在：（1）规避商业银行贷款规模；（2）规避当时我国存贷比限制；（3）减少拨备和资本充足率消耗等。这些因素可以有效释放商业银行货币创造能力。对于自营类同业业务，商业银行通过自有资金购买买入返售、信托受益权等同业资产，融资方得到的资金来源于商业银行的同业存款。自营类同业业务导致银行的同业存款下降，企业存款增加，扩大社会信用。如果市场的流动性较为充裕，商业银行可通过吸收同业存款，投资于同业业务。但此类同业业务受到来自银行自有资金及存款准备金的制约。非自营类同业业务则是通过银行理财产品吸收个人存款，投资于同业资产，融资方的资金来源于个人存款。从这点看，银行间市场的资金供给情况并不会对非自营类同业业务产生约束作用。

（三）系统重要性机构道德风险进一步增大

当机构被监管当局认定为系统重要性机构后，监管部门对机构施加系统性资本监管具有非常强烈的信号作用，这类机构更有可能获得政府的救助，隐含着政府会救助这些机构的非保险负债。系统重要性银行自身、存款人和市场均会更进一步确认这类机构"太大而不能倒"，对于系统重要性机构的资本监管可能导致此类机构更大的道德风险，从而会刺激系统重要性银行进一步过度承担风险，反而增加其脆弱性。成为系统重要性机构虽然会产生成本，但同时成为系统重要性机构也同样具有吸引力，如享受政府隐性担保。当银行被施加系统重要性资本要求后，其监管部门能实施的模糊性救助也随之消失。模糊性救助在于监管部门对危机中救助的银行是有选择的，救助对象并不确定，从而可以破除市场对于银行救助的预期，银行也可能在发生危机后得不到救助，在一定程度上消除银行的道德风险。从这一点来看，系统重要性资本附加能够进一步加强市场对其"大而不倒"的预期。5.1.2 节借鉴了哈维尔·弗雷克斯和让·夏尔·罗歇（2014）两期静态模型，说明银行道德风险问题。本节进行了简单拓展以说明模糊性救助对银行承担风险的影响。假设存在政府救助的模糊性。假设政府的模糊性是基于银行经营风险情况而定，当政府救助银行的概率为 P，银行经营的项目成功率越高，政府救助的概率越大，即 $\dfrac{\mathrm{d}p}{\mathrm{d}\theta}>0$。此时，银行股东的预期利润为

$$\prod \overset{def}{=} E(\hat{V}) - E = (\theta X - L) + P(1-\theta)D \tag{8-5}$$

在净现值（$\theta X - L$）相同项目情形下，对式（8-5）的 θ 求导，得

$$\frac{\mathrm{d}\prod}{\mathrm{d}\theta} \overset{def}{=} -PD + (1-\theta)D\frac{\mathrm{d}p}{\mathrm{d}\theta} \tag{8-6}$$

因此，当银行选择 θ 最小或者风险最高项目时候，未必能得到最高的预期利润。政府救助概率随着 θ 变小而降低，还需要考虑政府救助的概率。政府救助的模糊性能够一定程度抑制银行过度承担风险冲动。当系统重要性资本附加实施，对于大型银行而言，意味着 $P=1$，从而导致银行更为激励选择 θ 最小或风险最高的项目，加剧银行过度风险承担。同时，从模型中也可得出，政府实施资本附加，导致政府担保从模糊性变为确定性，增加了银行预期利润，提高银行价值，从而加剧大型银行不公平竞争。Hasan Doluca 等（2010）认为金融机构有很强激励成为系统性机构。机构越大，传染性越高，在危机中被救助的可能性越高。这导致系统重要性越大，风险溢价越低，融资成本直接与系统性关联。对于个体机构而言，成为系统重要性具有很大的优势。与此同时，监管部门的监管会降低市场和消费者忽视系统重要性机构的风险承担，抑制监管者试图降低道德风险的努力。市场也会给予系统重要性机构更低的成本，削弱市场约束力，反而增加竞争的不公平性。中国银监会课题组（2010）认为当监管当局识别并对机构实施了系统重要性的监管，这也就承认了机构系统重要性，政府的隐性担保作用可能因此而增强。在这样的情况下，银行可能继续过度承担风险，市场参与者对这样的信息也有不同的解读。Sebastian C. Moenninghoff 等（2015）认为银行被正式指定为全球系统重要性银行（不可避免）会导致非预期效应。他们实证发现银行被正式指定为全球系统重要性银行本身具有一定的抵消的积极影响。Michal Skořepa 和 Jakub Seidler（2014）认为发挥监管部门在系统重要性资本缓冲中与公众沟通的作用。监管部门应该努力解释实施一个非零的系统重要性资本缓冲并不能被市场解释为银行"大而不倒"的信号，而一旦其陷入困境就需要公共救助。

从我国实际情况来看，我国政府对银行一直存在着隐性担保政策。我国对银行的隐性担保不仅仅针对大型银行，而是全部银行。20 世纪 90 年代，海南发展银行由于政策性兼并当地债务较高的信用社，造成挤兑风波。中国人民银行因此提供了 40 亿元再贷款，1998 年 6 月，海南发展银行由工商银行托管。为了处置我国信用社资不抵债、不良资产和历年挂账亏损等问题，央行在 2005 年全面开展向信用社定向发行、用于置换其不良贷款和历年挂账亏损的专项债券。专项债券的期限为 2 年，利率 1.89%。到期日，央行根据所规定的资本充足率、不良贷款率等条件给予专项债券的兑付。政府隐性担保对于我国银行体系和社会的稳定发展发挥了重要的作用，为国家经济发展打下了较好的基础。政府信誉成为我国银行最为核心的资本。但由于隐性担保存在着较高的道德风险，政府付出的成本较大。近年来，随着我国利率市场化和存款保险制度的推进，我国以往对银行体系的隐性担保机制将逐步转变为显性担保机制。2015 年，我国颁布了

《存款保险条例》，考虑了机构风险状况，采取风险差别费率，以降低银行过度风险承担。同时，随着银监会发布《关于鼓励和引导民间资本进入银行业的实施意见》，民营银行在我国出现破冰，2014年7月，银监会批准了深圳前海微众银行、温州民商银行、天津金城银行三家民营银行筹建。而大众对于民营银行的认识和风险状况以及信任程度还存在不确定性。我国政府对银行破产清算的容忍度也会逐步升高。政府信用担保维护银行稳健的作用将逐步被资本和市场所取代。在此背景下，系统重要性资本附加的实施标志着政府仅仅对于此类大型银行提供信用担保，对其"太大而不能倒"明确认定，标志着政府会救助这些机构的非保险负债，如同业存款和理财资金。相对于其他中小银行而言，大型银行因此获得更高的价值，大型银行在我国金融体系的地位可能因此而更为突出。因此，相较于以往，政府对于银行均给予救助的情况相比，随着存款保险制度、民营银行的破冰和系统重要性资本附加的实施，我国大型银行由于系统重要性资本附加而具有政府给予更高级别的信用保证，并在金融体系中更加具有重要性，从而加剧大型银行的道德风险，并导致不公平竞争加剧。

（四）银行经营成本的非预期影响

Rashmi Harimohan 和 Benjamin Nelson（2012）认为宏观审慎资本政策的目的在于促使金融体系更富有弹性，减少金融危机的可能性和严重程度。但在实施宏观审慎资本政策过程中，可能会对信贷条件和经济增长产生影响。宏观审慎资本政策对信贷条件的影响取决于银行调整它们资产负债表的方式。比如资本要求增加导致融资成本上升，银行可能会倾向于要求更高的利率而减少借出款项。相反，如果银行资本充足率的信心较低，并推动银行资金成本，资本要求的增加可能会增加系统性信心，从而导致总体资金成本下降，并支持贷款增加。中国银监会课题组（2010）认为提高过度风险承担行为成本虽然具有理论可行性，但是金融机构在实际操作中通过各种途径规避成本，会导致资本附加有效性大幅下降。

（五）资本监管的不确定性带来非预期影响

资本监管可能对银行经营行为造成不确定性。一方面，资本监管政策可能导致系统重要性银行破产概率下降，故风险溢价下降，资金成本下降，但与此同时，随着资本监管加剧，系统重要性机构要比其他银行付出更多的成本应对监管。另一方面，在银行因为资本附加而成本上升情况下，导致资本回报率下降。系统重要性银行在激励考核机制下，冒险经营，承担更高的风险，规避监管。从这点可以看出，资本监管实施的成功需要对资本监管实施后银行成本与风险纳入考虑。

同时，资本监管实施也存在不确定性。Paola Bongini（2015）认为"大而不倒"政策在任何国家还没有形式化明确。从我国来看，系统重要性资本附加也暂定为1%。一旦机构被划为系统重要性机构，那么其不仅要面对额外的监管措施，在未来也有可能面临更多的监管。这样的不确定性有可能导致机构尽自己的能力逃避监管。比如系统重要性银行的股东要求更高的回报，通过更大的风险和业务不透明提高银行资本回报率；债务人可能要求更高的利息或者投资其他行业。这些不确定性可能会抵消系统重要性机构在未来危机中由于资金供给者受到保护而导致的借款成本降低的趋向。我国目前对工、农、中、建、交五家大型商业银行计提了 1% 的资本附加，至于是否还会有股份制银行列入其中还未明确。我国五大行需要考虑系统重要性资本附加，而且股份制银行可能也需对系统重要性资本附加加以考虑。

（六）资本监管操作机制削弱资本监管的有效性

有的学者认为可采用银行系统性风险暴露与资本附加相匹配，这样不仅可以提高损失吸收能力，而且提高了此类经济活动风险加权资产，增加了银行经营成本。有的学者认为资本附加应该与系统重要性机构的关联性或系统重要性程度相关（Jorge A. Chan - Lau，2010）。Céline Gauthier 等（2011）将根据测度的系统重要性对机构进行资本附加。Michal Skořepa 和 Jakub Seidler（2014）讨论了基于银行系统重要性而匹配资本附加的问题，并实际应用捷克银行估计了系统重要性资本附加。这类方法强调资本附加与银行系统重要性相挂钩，但操作难度较大，监管部门可能难以准确度量银行的系统重要性程度。故从实践来看，国际上采用根据指标法确定系统重要性，并根据不同的系统重要性进行分组，不同组类规定了不同的资本附加，即不同组别适应不同的资本附加。我国目前对资本附加的操作也是先认定系统重要性机构，再对其附加系统性资本附加。目前我国对系统重要性银行的资本附加为 1%。这种操作的优点是可操作性强，但同样也存在着一些弊端：一是资本附加可能没有和银行的系统重要性匹配。二是指标法所评估的银行系统重要性可能存在套利。Nikola Tarashev 等（2010）采用 Shapley 值法对机构的系统重要性进行分配，他们认为机构之间的系统重要性比率会大于机构之间规模的比率。因此在宏观审慎管理中，针对系统重要性惩罚措施的力度需要大于机构规模增加幅度。在美国次贷危机前，银行对于次级债的风险不高，监管部门同样没有意识到问题的严重性。如果在评估银行系统重要性过程中，银行认为复杂度对其而言收益较高，在指标法评估体系中，增加银行的复杂度而减少其他维度的系统重要性，到达监管套利的目的。中国银监会课题组（2010）认为建立额外资本要求与识别系统性影响机构之间的关系是资本附加的难点之一。Sebastian C. Moenninghoff 等（2015）则提出额外资本要求应当针对整体大型银行还是单个银行、额外资本要求是为了防止危机发生还是内部化社会成本等问题。此外，巴曙松（2012）认为不同的监管政策会产生叠加效果，导致整体出现监管过度或者不足的局面，其中较为明显的是资本充足率和杠杆率。由于杠杆率和资本充足率均以一级资本计算，对我国银行业而言，杠杆率指标和资产充足率可能存在固定关系而导致其中一个指标失去效力。而许友传等（2011）提出贷款损失准备金管理和资本监管两者具体边际是什么的问题。如果资本给定，当监管部门对银行贷款损失准备要求是偏高的，这本质上就是把资本抵御风险调整到贷款损失准备。

8.3.3 截面维度宏观审慎资本监管实施效果检验

虽然在危机后，各国监管部门提出并实践各类工具以防范系统性金融风险，但其效果却仍然有待检验（王兆星，2014）。Schäfer, A. 等（2015）采用事件研究法检验了美国《多德—弗兰克法案》、英国维克斯报告（Vickers Report）提出的改革，德国关于银行救助法案以及瑞士对系统重要性银行的资本附加等监管措施对银行的影响。他们发现这些改革措施均能够显著影响银行权益价值和信贷违约利差。Sebastian C. Moenninghoff（2015）首次检验了新的监管措施对全球系统重要性银行带来的非预期效应。本章针对宏观审慎资本监管运行机制以及可能带来的非预期效应，运用我国银行的数据进行实证研究。资本留存虽然作为逆周期资本管理框架的一部分，但其主要作用在于防范市场失灵，确保银行能够有效增加资本缓冲的措施。因此本章对资本留存也进行分析和检验。具体而言，本章主要通过以下几个方面对宏观审慎资本监管的实践效果（预期效应和非预期效应）进行考察：（1）考察宏观审慎资本监管是否能够提高银行的弹性，增强银行的稳健性，即宏观审慎资本监管是否能够提高银行资本充足率；（2）考察宏观审慎资本监管是否能够抑制银行承担系统性风险；（3）系统重要性资本监管是否能够降低大型银行的竞争力；（4）系统重要性资本监管是否会引起银行系统重要性维度之间的权衡。在实证模型中，本章考虑到系统重要性资本附加的实施可能会部分替代银行资本充足率的作用并导致资本充足率对银行影响发生改变的情况，因此采用了系统重要性资本附加指标与资本充足率的交互项进行实证检验和分析。从本章实证结果来看，宏观审慎资本监管通过降低同业贷款、削弱大型银行盈利能力和市场力量等渠道降低银行系统重要性，但由于实施系统重要性资本附加作为强烈信号，消除了政府救助的模糊性，从而削弱了政策实施的有效性。

8.3.4 数据筛选和基本统计量

本节列出了本章模型的主要数据的描述性统计。GDP 数据来源于国家统计局；MES和 $\Delta COVaR$ 数据由作者根据市场数据计算而得，为 2008—2013 年数据；银行市场力量数据根据 Bankscope 数据库和银监会统计数据计算而得；其他数据来自 Bankscope 数据库，缺漏值通过各商业银行年报补充，少量缺失数据采用平均值补齐。样本区间为2003—2014 年，共 104 家商业银行的样本数据。其中大型商业银行 5 家，即我国工、农、中、建、交五家大型银行，股份制商业银行 12 家，城市商业银行和农商银行87 家。

表 8 – 13 描述性统计

符号	定义	观测值	平均值	标准差	最小值	最大值
TCR	银行资本充足率（%）	743	12.48	3.86	-15.72	62.62
$NETBUF$	其他资本缓冲（%）	743	2.838	2.726	-23.72	54.62
GDP	国内生产总值增长率（%）	754	9.42	3.74	7.3	14.2
TA	银行资产规模对数值	749	18.72	1.77	14.43	23.75
ROE	资本收益率（%）	751	17.46	8.21	-27.92	83.46
NPL	不良贷款率（%）	754	1.9	2.77	0	24.24
$\Delta LOAN$	贷款增长率	642	0.19	0.13	-0.11	1.99
$LOAN$	贷款占总资产比重	746	0.48	0.09	0.15	0.71
PRO	银行利润占总资产比重（%）	746	1.03	0.41	-0.42	2.88

符号	定义	观测值	平均值	标准差	最小值	最大值
ETA	股东权益/总资产（％）	740	6.58	2.92	-13.71	41.96
ΔCOVaR	银行系统性风险贡献度（％）	84	2.695	0.939	4.970	1.348
MES	边际期望损失（％）	84	3.626	1.477	7.629	0.969
NIM	净利息收益率（％）	741	3.388	1.120	0.83	10.05
MP	银行市场力量	749	1.05	2.93	0.00	17.23
LIQ	流动资产占存款和短期资金比重（％）	740	26.253	11.682	5.86	130.16
DFBTA	同业借款占总资产比重	730	0.118	0.100	0.000	0.424
LFBTA	同业贷款占总资产比重	740	0.161	0.096	0.001	0.701
INTERBANK	同业与银行规模权衡	740	1.422	0.986	0.003	6.968
SERURITIES	证券投资与银行规模权衡	739	0.904	0.417	0.025	2.449

注：①NETBUF 为资本充足率与最低资本要求和宏观审慎要求资本缓冲的差值。②INTERBANK 为银行同业贷款在总同业贷款比重与银行资产占银行总资产比重；SERURITIES 为银行证券投资在总投资证券比重与银行资产占银行总资产比重。

8.3.5 宏观审慎资本监管与资本充足率关系检验

（一）模型设定

根据宏观审慎资本监管的目的，检验资本附加是否导致银行资本充足率增加，从而在一定程度提高银行损失吸收能力，提高银行的稳定性。参考以往文献，本章设定以下面板模型检验资本监管对银行资本充足率的影响。

$$TCP_{i,t} = \alpha_i + \beta_1 TCR_{i,t-1} + \beta_2 CS_{i,t} + \beta_3 CON_{i,t} + \varepsilon_{i,t} \qquad (8-7)$$

关于资本监管指标的设置，由于在 2010 年，我国银监会实际上已经提高了商业银行资本要求，故本章参照金鹏辉等（2014），以 2010 年为分界设置监管政策变量。本章采用监管政策冲击（虚拟变量）作为衡量资本附加的变量（CS）。2010 年，银监会提高了商业银行的资本留存并对五家大型银行实行了 1% 系统重要性资本附加，因此本章分别采用资本留存（CC）和系统重要性资本附加（SCS）的虚拟变量指标检验资本监管实施后是否导致了商业银行的资本充足率上升，从而提高银行吸收损失能力，达到防范系统性风险的目的。TCR 为银行资本充足率，CC 和 SCS 为宏观审慎资本监管指标。在模型中，本章引入了控制变量，主要包括银行特征变量以及经济增长率控制宏观经济的影响。在此，本章把逆周期资本框架中的资本留存作为考察对象的原因在于，根据本章在防范系统性风险资本工具的分析，资本留存虽然作为逆周期资本管理的一部分，但其主要作用在于防范市场失灵，确保银行能够有效增加资本缓冲的措施。

为了便于理解以及进一步检验宏观审慎资本监管实施的效果，本章把银行的资本充足率分为三部分：一是最低监管要求；二是基于宏观审慎要求的资本缓冲；三是其他资本缓冲。如果宏观审慎资本监管的实施从模型（8-9）和模型（8-10）的斜率方面对其他资本缓冲产生显著影响，那么可以认为商业银行已经将宏观审慎资本监管的实施作为其资本管理目标之一，实施宏观审慎资本监管有利于银行稳健性。巴塞尔协议认为资本附加应该列为银行资本缓冲而不是最低资本要求。当银行拥有 2% 其他资本缓冲和 1% 基于系统性风险所计提的资本附加情况下，本章认为银行 2% 的其他资本缓冲可能会考虑到系统性风险因素。由于资本附加的目的是基于防范系统性风险，而随着系统性风险的变化，监管部门可能因此而调整这类资本附加。从我国监管实践来看，我国对大型银行的系统重要性资本附加也是暂定为 1%。故资本附加受到监管部门以及商业银行系统重要性因素的影响。假设银行拥有 2% 的其他资本缓冲和 1% 为系统性资本附加（在不考虑资本留存的情况下），银行认为自身在经营过程中造成系统性风险增加，监管部门可能会进一步计提基于系统性风险的资本附加，则可能进一步增加资本缓冲以便应对系统重要性资本附加的增加。银行系统性风险继续增加，银行需要考虑到监管部门可能继续实施资本附加，从而增加自身的资本缓冲。故本章利用杠杆率、贷款增长率与宏观审慎资本缓冲的交互项，考察银行系统性风险承担的内部化。本章从以下几个方面考虑采用杠杆率和贷款增长率作为模型中银行系统性风险承担的程度。对于杠杆率而言，首先，杠杆率越高意味着银行自有资金越低，其道德风险越高。其次，杠杆率由于没有风险敏感性，可以检验银行是否将没有风险敏感性的杠杆率纳入其自身资本调整行为当中，抑制资本套利。李文泓（2009）认为高杠杆是系统性风险累积的一个重要指标，而且高杠杆率也是系统性风险爆发的重要原因。在检验宏观审慎工具有效性中，Bin Wang 和 Tao Sun（2013）采用单个银行信贷扩张作为银行系统性风险的替代变量，并用此指标来检验主要宏观审慎管理工具的有效性。Arregui 等（2013）认为信贷被广泛认为是一个重要的关注系统性风险监测的变量。本章认为银行贷款增长率虽然已被微观审慎所关注，但基于以下几点将其纳入系统性风险承担的变量：一是贷款增长率过快意味着银行自身风险的增加，银行信贷过快增加会导致宏观上系统性风险累积；二是银行特别是大型银行贷款增加必然会对宏观经济产生巨大的影响；三是本章考察的则是银行在资本缓冲调整当中，在贷款增长风险已经影响银行资本缓冲的基础上，银行是否将贷款增长过快风险作为其系统性风险从而纳入其宏观审慎资本缓冲的考量。因此，本章采用系统性资本附加指标与银行贷款增长率交互项、系统性资本附加指标与杠杆率的交互加入模型，考察资本附加实施后，银行是否会将此项政策所引起系统性风险纳入其自身的风险调整中去。

$$NETBUF_{i,t} = \alpha_i + \beta_1 NETBUF_{i,t-1} + \beta_2 CS_{i,t} + \beta_3 CON_{i,t} + \varepsilon_{i,t} \tag{8-8}$$

$$NETBUF_{i,t} = \alpha_i + \beta_1 NETBUF_{i,t-1} + \beta_2 CS + \beta_3 CS_{i,t} \times \Delta LOAN_{i,t} + \beta_4 CON_{i,t} + \varepsilon_{i,t} \tag{8-9}$$

$$NETBUF_{i,t} = \alpha_i + \beta_1 NETBUF_{i,t} + \beta_2 CS + \beta_3 CS_{,it} \times ETA_{i,t} + \beta_4 CON_{i,t} + \varepsilon_{i,t} \tag{8-10}$$

（二）实证结果分析

从表 8-14 的实证结果来看，本章发现：第一，资本留存和系统重要性资本附加对提高银行资本充足率没有显著影响，这反映了宏观审慎资本监管对模型的截距没有产生显著影响。这可能是由于在出台资本留存和系统重要性资本附加时期，我国银行资本缓冲已经处于较高水平，基本能够满足监管要求，故宏观审慎资本监管的实施没有对银行资本充足率产生显著的影响。2010 年底，我国商业银行核心资本充足率为 10.1%，资本充足率为 12.2%。按照银监会关于《商业银行资本管理办法（试行）》实施过渡期的资本充足率监管要求，绝大多数商业银行已经达标。第二，资本留存和系统重要性资本附加对于银行的约束并没有最低资本要求严格，监管部门主要措施是限制盈余分配和控制风险资产增长。

表 8－14   宏观审慎资本监管与资产充足率关系检验

解释变量	模型（1）	模型（2）	模型（3）
$TCR_{i,t-1}$	0.289 *** (10.281)	0.292 *** (9.211)	0.188 *** (3.382)
CC	0.449 (1.316)	0.461 (1.413)	－0.175 （－0.455）
SCS	－0.259 （－0.952）	0.244 (0.686)	0.397 (0.705)
GDP_t	－0.095 （－1.211）	－0.146 * （－1.924）	－0.006 （－0.078）
$TA_{i,t}$	－0.392 （－0.855）	－1.122 ** （－2.417）	－1.336 *** （－2.704）
$ROE_{i,t}$	－0.033 * （－1.763）	－0.0049 *** （－2.599）	－0.258 *** （－5.399）
$NPL_{i,t}$	－0.389 *** （－5.070）	－0.422 *** （－4.835）	－0.451 *** （－4.647）
$\Delta LOAN_{i,t}$		－3.129 ** （－2.376）	－1.760 （－1.244）
$LOAN_{i,t}$		－5.843 ** （－2.015）	－10.964 *** （－2.972）
$PRO_{i,t}$			5.354 *** (5.017)
AR（2）	0.764	0.890	0.963
Sargan	1.00	1.00	1.00

注：①解释变量为银行资本充足率（TCR）；②***、**、*分别代表在1%、5%和10%的置信水平下显著；③括号内为稳健性标准差调整后的 t 值；④数据采用小数点后三位四舍五入。

从表 8－15 中的模型（1）来看，在实施资本留存和系统性资本附加后，资本留存政策促使银行其他资本缓冲下降。由于宏观审慎资本缓冲的实施会挤压其他资本缓冲，造成其他资本缓冲的下降。同时，资本留存和系统性资本附加能够满足银行对于一般资本缓冲的需求，故导致其他资本缓冲出现下降趋势。为了进一步分析宏观审慎资本监管对模型斜率的影响，本章在模型中加入了宏观审慎资本监管指标与其他变量的交互项。从表 8 - 15 中模型（2）可以发现，在加入了宏观审慎资本监管与贷款增长率的交互项后，在资本留存的实施情况下，银行贷款增长会促使银行增长其他资本缓冲，以备监管部门未来对其实施的基于宏观审慎资本缓冲要求。而对我国大型银行而言，在实施系统性资本附加后，其并没有考虑贷款过度扩张所带来的系统性风险，反而加剧银行风险承担，进一步降低了大型银行的资本缓冲。从这点来看，系统重要性资本附加没有促使其将贷款增长所带来的系统性风险作为其日常经营行为需要考虑的因素或者后果，反而加剧了其道德风险，提高了银行的风险承担水平。从表 8 - 15 中模型（3）来看，对大型银行而言，系统重要性资本附加的实施、杠杆率提高（ETA 下降）促使银行降低其他资本缓冲。从这点来看，系统性资本附加同样未把杠杆率所带来的系统性风险作为其日常经营行为需要考虑的因素或者后果。随着杠杆率提高、系统重要性资本缓冲的实施，其他资本缓冲负向影响更为强烈。表 8 - 15 模型（3）的结果反映出，大型银行对于自身贷款增长和杠杆率的升高，并没有随着系统重要性资本缓冲的实施而发生经营策略和风险态度的转向，反而增加了其降低其他资本缓冲的意愿。对于系统性资本附加和资本留存的实施，监管部门需要更为明确评估银行的系统性风险，并将其及时传达给银行，促使其把基于宏观审慎的资本要求纳入银行经营风险的目标函数当中，进一步内部化成本。与此同时，应采取措施进一步降低由于实施系统重要性资本附加而导致银行道德风险的升高。

表 8 - 15　　　　　　　　　　宏观审慎资本监管与其他资本缓冲关系检验

解释变量	模型（1）	模型（2）	模型（3）
$NETBUF_{i,t-1}$	0.108 *** (3.283)	0.127 *** (4.348)	0.103 *** (3.055)
CC	- 2.474 *** (- 8.696)	- 3.691 *** (- 8.089)	- 1.523 ** (- 2.170)
SCS	- 0.205 (0.508)	0.994 (1.258)	- 4.169 ** (- 2.166)
$CC \times \Delta LOAN_{i,t}$		6.279 *** (3.826)	
$SCS \times \Delta LOAN_{i,t}$		- 10.303 * (- 1.896)	
$CC \times ETA_{i,t}$			- 0.145 (- 1.423)
$SCS \times ETA_{i,t}$			0.581 ** (2.016)

续表

解释变量	模型（1）	模型（2）	模型（3）
GDP_t	-0.095 （-0.508）	-0.112* （-1.785）	-0.088 （-1.321）
$TA_{i,t}$	-1.149*** （-2.592）	-0.965** （-2.540）	-1.173*** （-2.717）
$ROE_{i,t}$	0.117*** （3.786）	0.126*** （3.980）	0.112*** （3.628）
$NPL_{i,t}$	-0.401*** （-3.870）	-0.417*** （-4.045）	-0.402*** （-3.814）
$\Delta LOAN_{i,t}$	-0.292 （-0.217）	-3.636*** （-2.737）	-0.408 （-0.315）
$LOAN_{i,t}$	-13.734*** （4.904）	-9.310*** （-3.215）	-13.638*** （-5.246）
$PRO_{i,t}$	-2.008*** （-2.862）	-2.343*** （-3.488）	-1.925*** （-2.816）
$ETA_{i,t}$	1.285*** （13.757）	1.328*** （14.217）	1.342*** （12.149）
AR（2）	0.782	0.483	0.829
Sargan	1.000	1.000	1.000

注：①*NETBUF*为其他资本缓冲（资本充足率与资本留存和系统性资本附加后的净值）；②***、**、*分别代表在1%、5%和10%的置信水平下显著；③括号内为稳健性标准差调整后的t值；④数据采用小数点后三位四舍五入。

8.3.6　宏观审慎资本监管与系统性风险承担关系检验

风险承担（Risk Taking）指的是银行经营业务所承受的风险的大小。许多文献讨论的银行风险承担通常指的是单个银行风险承担。本章讨论的重点是防范系统性风险，故本章认为系统性风险承担可以认为是银行经营过程中所承担的系统性风险大小。在选择风险承担的变量上，实证文献常用的有Z值、风险资产占比、不良贷款率和预期违约频率等衡量银行的风险承担。如Shrieves 和 Dahl（1992）、Jacques 和 Nigro（1997）、Jacques 和 Aggarwal（1998）等用风险加权资产占总资产比重衡量银行风险，其指标可反映出银行当期的风险选择，但是其有效的前提是风险权重能够正确反映不同类型资产的风险水平。国内方面，江曙霞和陈玉婵（2012）采用风险加权资产占总资产比率、刘生福和李成（2014）采用不良贷款率、张雪兰和何德旭（2012）采用Z值等作为银行风险承担的指标。牛晓健和裘翔（2013）选取反映市场信息的预期违约率（EDF）作为商业银行风险的测度指标，采用2004年到2011年的季度数据检验风险承担渠道在中国的有效性。徐明东和陈学彬（2012）采用Z值和净贷款/总资产作为银行风险的测度指标。他们发现扩张性货币政策对大银行风险承担的影响更小，未发现隐性保险效果存在的证据。他们实证发现资本比率提高、紧缩性政策对银行风险承担抑制作用会削弱。金鹏辉等（2014）采用银行业贷款审批条件指数作为银行过度风险承担代理变量。刘生福和李成（2014）在研究货币政策与银行风险承担中，将工、农、中、建、交五家银行作为系统性重要银行，发现系统重要性银行的风险水平高于一般银行。从本章的分析来看，即便随着资本监管提高了银行资本充足率水平，但伴随着监管套利、道德风险增大等因素的影响，宏观审慎资本监管可能导致银行对系统性风险承担增加。因此，本章研究宏观审慎资本监管的实施是否会显著改变银行系统性风险的承担，检验实施政策效果。

关于银行系统性风险承担指标的选取，本章主要采用以下几个变量：（1）银行杠杆率。首先，杠杆率越高意味着银行自有资金越低，道德风险越高。其次，杠杆率由于没有风险敏感性，是检验银行资本套利的有效工具。并且从我国实证来看，银行杠杆率越高，其基于市场法所衡量的系统重要性越高（范小云等，2011）。（2）银行同业资产。银行同业资产数据作为衡量银行系统的重要性指标，主要是基于两个考虑：一是其所占的资产权重低，银行可能通过这种方式实现资本套利；二是由于同业资产相比于贷款而言，在金融体系中具有较高的关联性，因此，同业资产可能成为银行冲击传染的重要途径之一。（3）基于市场法所衡量的银行系统重要性。银行的系统重要性，即银行在系统性风险中的贡献度。该指标能够从市场的角度衡量单个银行在金融市场中所贡献的风险。

（一）模型设定

本节模型设定的目的是考察宏观审慎资本监管与银行系统性风险承担的关系。根据资本监管在防范系统性风险可能导致非预期效应，本节检验宏观审慎资本监管是否会导致监管套利，即银行将配置更多的具有系统性风险的资产，而这可能导致银行体系更大的系统性风险。资本充足率在市场中具有维持银行信心、降低信息不对称的作用。资本充足率的高低也是衡量银行对于自身风险态度的指标之一。系统重要性资本附加的实施对银行而言，同样也意味着政府对银行的更高级别的担保，从而可能加剧道德风险。因此，系统重要性资本附加的实施一方面可能会替代银行资本充足率的作用，另一方面会导致资本充足率对银行影响发生改变。因此，为了进一步研究系统重要性资本附加的效果，本节在模型中增加了系统重要性资本监管与银行资本充足率的交互项，考察在实施系统重要性资本附加时，是否会强化银行道德风险，改变资本充足率对银行承担系统性风险的态度。为了研究宏观审慎资本监管实施对银行资本缓冲与系统性风险承担之间关系的影响，本节设定以下模型：

$$RISK_{i,t} = \alpha_i + \beta_1 CS_{i,t} + \beta_2 CON_{i,t} + \varepsilon_{i,t} \tag{8-11}$$

$$RISK_{i,t} = \alpha_i + \beta_1 CS_{i,t} + \beta_2 CS_{i,t} \times TCR_{i,t} + \beta_3 CON_{i,t} + \varepsilon_{i,t} \tag{8-12}$$

（二）实证结果分析

根据豪斯曼检验判断，固定效应模型更适合模型。从表8—16中模型（1）实证结果来看，资本充足率越高，银行的杠杆水平越低；不良贷款率越高，杠杆率越低；实施资本留存和实施系统性资本附加对银行的杠杆率没有显著的影响。在表 8 – 16 模型（2）加入了资本留存与银行利润交互项以及系统重要性资本附加与银行利润的交互项后发现，资本留存与银行利润的交互项均显著影响到银行的杠杆率。从表 8 – 16 模型（2）的估计系数来看，资本留存与其杠杆率正相关（与 ETA 负相关），这表明资本留存的实施，对我国银行而言，提高了银行的杠杆率；资本留存与银行利润交互项与杠杆率负相关，则表明资本留存通过银行利润降低了杠杆率。在表 8 – 16 模型（3）中发现，系统重要性资本附加与资本充足率的交互项与其杠杆率呈正相关关系，资本充足率和系统重要性资本附加对银行杠杆率存在相互削弱（Compensating）的关系。这表明银行在系统重要性资本附加实施和资本充足率的保护下，银行也更愿意承担高杠杆率。从模型的实证结果本章可以推断，系统重要性资本附加的实施对我国大型银行杠杆率有着多重影响：一方面，如果仅从表 8 – 16 模型（3）的 SCS 的估计系数和检验来看，系统重要性资本缓冲的实施与银行杠杆率负相关（与 ETA 正相关）。但另一方面，系统重要性资本附加对杠杆率提高的抑制作用会随着资本充足的上升而削弱。银行在系统重要性资本附加情况下，资本充足率会显著提高杠杆率。在系统重要性资本缓冲实施情况下，银行资本充足率的提高对银行而言意味着有更多的空间提高杠杆率水平。由表 8 – 16 模型（2）和模型（3）可见，系统重要性资本附加防范银行杠杆率的有效性由于银行系统重要性资本附加和资本充足率之间的相互削弱关系而表现得并不显著。

表 8 – 16　　　　　宏观审慎资本监管与系统性风险承担（ETA）模型

解释变量	模型（1）	模型（2）	模型（3）
CC	0. 178 （1. 017）	− 1. 064 *** （− 2. 891）	− 1. 073 *** （− 2. 924）
SCS	0. 073 （0. 216）	1. 852 （1. 063）	4. 570 ** （2. 218）
$TCR_{i,t}$	0. 397 *** （8. 603）	0. 447 *** （12. 938）	0. 448 *** （12. 926）
$CC \times PRO_{i,t}$		1. 334 *** （4. 823）	1. 335 *** （4. 846）
$SCS \times PRO_{i,t}$		− 1. 867 （− 1. 368）	− 0. 739 （− 0. 569）
$SCS \times TCR_{i,t}$			− 0. 309 ** （− 2. 283）
GDP_t	− 0. 010 （− 0. 257）	− 0. 042 （− 0. 951）	− 0. 044 （− 0. 995）
$TA_{i,t}$	0. 319 （1. 349）	0. 522 ** （2. 008）	0. 528 （2. 020）
$ROE_{i,t}$	− 0. 111 *** （− 3. 301）	− 0. 046 *** （− 4. 008）	− 0. 046 *** （− 4. 077）

续表

解释变量	模型（1）	模型（2）	模型（3）
$NPL_{i,t}$	0. 124 ** (2. 137)	0. 111 * (1. 814)	0. 112 * (1. 833)
$\Delta LOAN_{i,t}$	− 0. 289 (− 0. 321)	− 0. 472 (− 0. 621)	− 0. 485 (− 0. 641)
$LOAN_{i,t}$	6. 437 *** (3. 508)	7. 825 *** (4. 326)	7. 881 *** (4. 342)
$PRO_{i,t}$	2. 278 *** (3. 641)		
R^2	0. 742	0. 714	0. 716

注：①解释变量为银行资本与总资产比重（ETA）；②*** 、** 、* 分别代表在 1%、5% 和 10% 的置信水平下显著；③括号内为稳健性标准差调整后的 t 值；④数据采用小数点后三位四舍五入。

表 8 – 17 的检验结果反映的是我们从 MES 和 $\Delta COVaR$ 方面验证了宏观审慎资本监管的效果。从表 8 – 17 的模型（1）来看，资本留存的实施能够降低银行的 MES 和 CoVaR，能够抑制银行的系统性风险，但系统重要性资本附加没有表现出显著性。在表 8 – 17 模型（2）中，加入了杠杆率指标，系统重要性资本附加未表现出显著性。在模型（3）中，本章加入了系统重要性资本附加与资本充足率的交互项，这种情况下，系统重要性资本附加与资本充足率的交互项和系统重要性呈正相关。在上一节表 8 – 16 模型（3）中发现系统重要性资本附加与资本充足率的交互项会提高杠杆率，意味着银行在实施系统重要性资本附加后，资本充足率会增加银行系统性风险。表 8 – 17 的模型（3）表明，市场参与者能够反映出大型银行在实施系统重要性资本附加后，资本充足率上升意味着系统性风险更高的情形。从市场约束的视角来看，我们在对大型银行的资本监管中，应该将纳入市场信息所反映的银行系统重要性与银行的自身信息相结合，提高评判银行系统重要性的准确性。

表 8 – 17　　　　　宏观审慎资本监管与市场法衡量系统重要性（MES）

解释变量	模型（1）	模型（2）	模型（3）
CC	− 0. 040 *** (− 5. 821)	− 0. 039 *** (− 5. 697)	− 0. 041 *** (− 5. 583)
SCS	0. 002 (0. 765)	0. 002 (1. 019)	− 0. 036 ** (− 2. 583)
$TCR_{i,t}$	0. 000 (0. 378)	0. 000 (0. 613)	0. 000 (0. 057)
$ETA_{i,t}$		− 0. 001 (− 0. 754)	

续表

解释变量	模型（1）	模型（2）	模型（3）
$SCS \times TCR_{i,t}$			0.003 ** （2.599）
GDP_t	0.006 *** （5.188）	0.006 *** （5.291）	0.007 *** （5.139）
$TA_{i,t}$	0.010 （1.146）	0.009 （1.121）	0.011 （1.212）
$ROE_{i,t}$	0.001 * （2.157）	0.000 （1.530）	0.001 * （1.861）
$NPL_{i,t}$	−0.003 （−0.919）	−0.002 （−0.783）	−0.003 （−0.932）
$\Delta LOAN_{i,t}$	−0.009 （−1.524）	−0.007 （−1.422）	−0.010 （−1.699）
$LOAN_{i,t}$	0.010 （0.372）	0.009 （0.359）	0.006 （0.199）
$PRO_{i,t}$	−0.004 （−0.844）	−0.001 （−0.157）	−0.003 （−0.473）
R^2	0.950	0.950	0.953

注：①被解释变量为 MES；② *** 、 ** 、 * 分别代表在1%、5%和10%的置信水平下显著；③括号内为稳健性标准差调整后的 t 值；④数据采用小数点后三位四舍五入。

表8－18　　　宏观审慎资本监管与市场法衡量系统重要性（$\Delta COVaR$）

解释变量	模型（1）	模型（2）	模型（3）
CC	−0.027 *** （−8.091）	−0.027 *** （−8.369）	−0.027 *** （−7.850）
SCS	−0.001 （−0.408）	−0.001 （−0.328）	−0.021 ** （2.202）
$TCR_{i,t}$	0.000 （0.215）	0.000 （0.410）	−0.000 （−0.013）
$ETA_{i,t}$		−0.000 （−0.602）	
$SCS \times TCR_{i,t}$			0.002 ** （2.090）
CDP_t	0.006 *** （5.188）	0.006 *** （5.291）	0.007 *** （5.139）
$TA_{i,t}$	0.010 ** （2.257）	0.010 ** （2.272）	0.010 * （2.329）

解释变量	模型（1）	模型（2）	模型（3）
$ROE_{i,t}$	0.000 ** (2.804)	0.000 ** (2.345)	0.000 ** (2.422)
$NPL_{i,t}$	0.002 (1.145)	0.002 (1.347)	0.002 (1.077)
$\Delta LOAN_{i,t}$	-0.002 (-0.622)	-0.001 (-0.327)	-0.003 (-0.766)
$LOAN_{i,t}$	0.015 (0.943)	0.015 (0.975)	0.013 (0.771)
$PRO_{i,t}$	-0.001 (-0.412)	0.000 (0.116)	-0.000 (-0.116)
R^2	0.959	0.959	0.961

注：①被解释变量为 $\Delta COVaR$；②***、**、* 分别代表在 1%、5% 和 10% 的置信水平下显著；③括号内为稳健性标准差调整后的 t 值；④数据采用小数点后三位四舍五入。

在表 8 - 19 中，本章采用同业贷款衡量银行的同业业务作为银行系统性风险承担变量。同业贷款（Loans and Advances to Banks）包括存放同业、拆出资金和买入返售金融资产。从表 8 - 19 来看，银行资本充足率越高，银行同业贷款越低。这表明，银行资产充足率越高，其经营同业贷款的动力越低。随着宏观审慎资本监管的实施，银行的同业业务显著下降。这表明，总体来看，我国宏观审慎监管的实施没有引起同业贷款显著增加，并且在一定程度上降低了银行的系统性风险。更进一步分析，在表 8 - 19 模型（2）中，本章加入系统重要性资本附加指标与资本充足率的交互项，可以发现其能够提高银行的同业资产。这表明，在实施宏观审慎资本监管情况下，银行资本充足率会增加银行同业资产，银行在系统重要性资本附加实施后，资本充足率会弱化系统重要性附加对于其对关联度较高的同业资产的抑制。资本充足率和系统重要性资本附加之间存在相互削弱现象。

表 8 - 19　　　　　　　　　宏观审慎资本监管与银行同业业务

解释变量	模型（1）	模型（2）
$DFBTA_{i,t}$	0.129 ** (2.121)	0.131 ** (2.148)
CC	-0.089 ** (-2.564)	-0.092 *** (-2.634)
SCS	-0.023 * (-1.888)	-0.276 *** (3.607)
$TCR_{i,t}$	-0.001 * (-1.808)	-0.001 * (-1.836)

解释变量	模型（1）	模型（2）
$SCS \times TCR_{i,t}$		0.019 *** (3.402)
CDP_t	−0.002 (−0.344)	−0.002 (−0.365)
$ROE_{i,t}$	0.000 (0.758)	0.000 (0.809)
$NPL_{i,t}$	−0.001 (−0.450)	−0.001 (−0.456)
$LOAN_{i,t}$	−0.251 *** (−2.762)	−0.258 (−2.797)
$LIQ_{i,t}$	0.005 *** (14.507)	0.005 *** (14.297)
$NIM_{i,t}$	−0.012 ** (−2.165)	−0.012 ** (−2.149)
R^2	0.604	0.606

注：①解释变量为同业贷款占总资产比重；② *** 、** 、* 分别代表在 1%、5% 和 10% 的置信水平下显著；③；括号内为稳健性标准差调整后的 t 值；④数据采用小数点后三位四舍五入。

8.3.7　宏观审慎资本监管削弱大型银行不公平竞争检验

（一）模型设定

宏观审慎资本监管的机制之一在于资本附加通过提高银行经营成本减少系统重要性银行的不公平竞争。为了检验系统重要性资本附加对我国大型银行经营的影响，本节设定以下模型，检验系统重要性资本附加是否能够显著影响银行的净息差。

$$NIM_{i,t} = \alpha_1 + \beta_1 SCS_{i,t} + \beta_1 CON_{i,t} + \varepsilon_{i,t} \qquad (8-13)$$

净息差（NIM）为利息收入与利息支出的差额和生息资产的比重，衡量的是银行生息资产盈利能力。

$$MP_{i,t} = \alpha_1 + \beta_1 SCS_{i,t} + \beta_1 CON_{i,t} + \varepsilon_{i,t} \qquad (8-14)$$

考虑到我国银行业的竞争主要表现在规模竞争和市场份额竞争（徐明东和陈学彬，2012），本章采用银行资产与银行业总资产之比衡量银行的市场力量（Williams，B.，2007；Nguyen，2012；刘莉亚等，2014），检验系统重要性资本附加对银行市场力量的影响程度。

（二）实证结果分析

从表 8-20 的实证检验结果来看，总体而言，系统重要性资本附加对于我国大型银行的盈利能力有显著的负面影响，系统重要性资本附加导致了银行净息差显著下降。从交互项来看，系统重要性资本附加的实施，削弱了银行规模对银行净息差的负向影响。

与此同时，表 8 - 20 模型（3）表明，系统重要性资本附加的实施降低了资本充足率对银行净息差的正向影响。这表明系统重要性资本附加的实施，作为一种强烈的信号，一定程度上替代了资本充足率对银行产生的正面效应，如维护银行清偿能力和信心的作用。这也从侧面反映出系统重要性资本附加能够给予银行更大的信用保证。表 8 - 20 模型（3）也表明，系统重要性资本附加的实施显著削弱了银行规模对银行盈利能力的抑制。

表 8 - 20　　　　　　　　　　　宏观审慎资本监管与银行净息差

解释变量	模型（1）	模型（2）	模型（3）
SCS	- 0. 397 *** （ - 3. 103）	- 0. 344 *** （ - 2. 649）	- 4. 628 ** （ - 2. 126）
$SCS \times TCR_{i,t}$			- 0. 091 * （ - 1. 185）
$SCS \times TA_{i,t}$			0. 237 ** （2. 153）
$TCR_{i,t}$		0. 023 *** （3. 076）	0. 024 *** （3. 088）
$TA_{i,t}$	- 0. 581 *** （ - 4. 393）	- 0. 581 *** （ - 3. 760）	- 0. 516 *** （ - 3. 715）
GDP_t	0. 095 * （1. 963）	0. 076 （1. 315）	0. 078 （1. 341）
$NPL_{i,t}$	- 0. 004 （ - 0. 304）	0. 011 （0. 651）	0. 011 （0. 690）
$CTIR_{i,t}$	- 0. 019 *** （ - 4. 884）	0. 021 *** （ - 5. 942）	- 0. 021 *** （ - 5. 543）
R^2	0. 338	0. 347	0. 348

注：①解释变量为银行净息差；② *** 、 ** 、 * 分别代表在1%、5%和10%的置信水平下显著；③括号内为稳健性标准差调整后的 t 值；④数据采用小数点后三位四舍五入。

由表 8 - 21 实证结果可见，总体而言，系统性资本附加能够显著降低五大银行的市场力量，对于维护银行公平性有促进作用。从表 8 - 20 模型（3）可见，规模越大、资本充足率越高，系统重要性资本附加对银行市场力量抑制作用越大。

表 8 - 21　　　　　　　　　　　宏观审慎资本监管与银行市场力量

解释变量	模型（1）	模型（2）	模型（3）
SCS	- 0. 017 *** （ - 3. 336）	- 0. 016 *** （ - 3. 529）	0. 557 *** （6. 577）
$SCS \times TCR_{i,t}$			- 0. 002 ** （ - 2. 157）

续表

解释变量	模型（1）	模型（2）	模型（3）
$SCS \times TA_{i,t}$			-0.024 *** （-6.833）
$\Delta LOAN_{i,t}$		-0.002 （-1.290）	-0.002 （-1.429）
$TCR_{i,t}$		0.000 （0.824）	0.000 （1.355）
$TA_{i,t}$	0.002 ** （2.567）	0.003 *** （2.811）	0.002 *** （3.211）
GDP_t	-0.002 （-1.334）	0.001 ** （2.313）	0.000 ** （2.299）
$CTIR_{i,t}$	0.000 （0.083）	0.000 （0.324）	0.000 （0.681）
$NPL_{i,t}$	0.000 （0.342）	0.000 （0.917）	0.000 （1.484）
R^2	0.501	0.537	0.789

注：①解释变量为银行市场力量；②*** 、** 、* 分别代表在1%、5%和10%的置信水平下显著；③括号内为稳健性标准差调整后的 t 值；④数据采用小数点后三位四舍五入。

8.3.8 银行系统重要性维度之间的权衡效应检验

从防范系统性风险的角度来看，系统重要性资本附加也有可能促进其他维度的系统重要性的增加，如复杂度和关联度等。根据中国银监会关于系统重要性评估的方法，银行系统重要性主要包括规模、可替代性、关联度和复杂性，并且四个方面具有等额权重。系统重要性附加资本按照系统性风险贡献度而计提相应的资本附加。在现阶段，我国对大型银行的系统重要性资本附加暂定为1%。但对于银行而言，由于规模系统性和关联度以及复杂性和可替代性所带来的系统重要性对于银行所带来的收益和成本是存在差异的。当监管部门将其纳入系统重要性机构并施加资本附加时，对大型银行而言，由于其规模十分巨大，规模在整个银行体系所占据的系统重要性较高，而基于关联度、复杂度方面的系统重要性可能并不比其他银行高。毛奉君（2011）认为目前认定系统重要性机构的标准仍然侧重于规模维度，而对于关联度、替代程度和业务同质度等指标还需要深入研究。数据来看，兴业银行在2012年的同业资产占其总资产的36%，其在关联度的系统重要性甚至高于部分大型银行。对于系统重要性资本附加的实施，大型银行为了维持自身的系统重要性不再升高，可能增加其在关联度或者复杂度方面的系统重要性，而降低在规模方面的重要性，以弥补由于资本附加而带来的负面影响。

（一）模型设定

为了检验宏观审慎资本监管实施对银行系统重要性的权衡，本章设定以下模型：

$$INTERBANK_{i,t} = \alpha_i + \beta_1 SCS_{i,t} + \beta_2 CON_{I,T} + \varepsilon_{i,t} \qquad (8-15)$$

$$SECURITIES_{i,t} = \alpha_i + \beta_1 SCS_{i,t} + \beta_2 CON_{i,t} + \varepsilon_{i,t} \qquad (8-16)$$

规模方面，本章采用银行资产规模占总资产规模比重（asset）衡量。关联度方面，本章采用同业贷款占总同业贷款比重和同业借款占总同业借款比重之和（interbank）加以衡量。同业贷款（Loans and Advances to Banks）包括存放同业、拆出资金和买入返售金融资产；银行同业借款（Deposits from Banks）包括同业存放和卖出回购金融资产和拆入资金。复杂性方面，我们采用银行投资证券占总投资证券比重衡量（securities）。其主要包括以公允价值计量且其变动计入当期损益的金融资产（本行持有的直接指定为以公允价值计量且其变动计入当期损益的金融负债）、可供出售金融资产、长期股权投资、持有至到期投资、应收账款类投资。国内关于可替代性指标选取方面，国内学者（巴曙松和高江健，2012；周强和杨柳勇，2014）认为银行提供的主要是信贷服务，采用企业贷款及垫款和个人贷款及垫款作为衡量银行可替代性指标。由于其指标与规模指标具有较高的相关度，本章没有将可替代性指标纳入模型进行分析和检验。为了更好地衡量银行对于其自身所具有的系统重要性的权衡，本章采用银行同业贷款占总同业贷款比重与银行资产占银行总资产比重（INTERBANK）、银行证券投资占总投资证券比重与银行资产占银行总资产比重（SECURITIES）衡量银行系统重要性之间的权衡。虽然在2013年，银监会把银行同业资产风险由以往原始期限三个月以内同业资产风险权重0、三个月以上风险权重20%调整为25%，提高了同业资产的风险权重。但由于同业资产相比贷款，具有更低的资本消耗，同时其具有更高的系统性和流动性，同业业务成为我国银行调整资产负债结构、减少资本占用、增加经营收益的重要经营业务。

$$INTERBANK_{i,t} = \left(\frac{interbank_{i,t}}{\sum_i interbank_{i,t}} \right) \Big/ \left(\frac{asset_{i,t}}{\sum_i asset_{i,t}} \right) \qquad (8-17)$$

$$SECURITES_{i,t} = \left(\frac{securities_{i,t}}{\sum_i securities_{i,t}} \right) \Big/ \left(\frac{asset_{i,t}}{\sum_i asset_{i,t}} \right) \qquad (8-18)$$

如 INTERBANK 提高时，说明银行在系统重要性的权衡过程中，相对而言提高了自身关联度的系统重要性，而相对降低了自身规模的系统重要性。SECURITIES 提高时，说明银行在系统重要性的权衡过程中，相对而言提高了关于复杂程度方面的系统重要性，而相对降低了自身规模的系统重要性。为了进一步分析资本附加实施，是否改变资本充足率对银行系统重要性维度调整的影响，我们在模型中加入了交互项。

（二）实证结果分析

由表 8-22 模型（1）可见，系统重要性资本附加对银行的系统重要性关联度与规模维度之间权衡没有显著的影响；由表 8-22 模型（3）可见，系统重要性资本附加对银行的复杂度与规模维度之间的权衡存在显著的影响。系统重要性资本附加会促使大型银行降低复杂度而相对提高规模。由表 8-21 模型（2）和模型（4）可见，从系统重要性指标与资本充足率交互项来看，发现系统重要性资本附加呈现显著负相关，这表明资本附加的实施，降低了银行在关联度方面的系统性风险贡献度，而资本充足率却弱化了资本附加与银行关联度之间的（INTERBANK）的负相关性。从模型（3）和模型（4）来看，系统重要性资本附加的实施能够显著降低银行的复杂度（SECURITIES），而且其降低的主要渠道是通过资本充足率的影响。从以上检验可以看到，系统重要性资本附加的实施对于不同的系统重要性维度有着不同的影响。在实施系统重要性附加后，银行资本充足率会大幅度弱化系统重要性资本附加对银行关联度的抑制；银行资本充足率会显著降低银行复杂度。由于权重相同，银行系统重要性的调整很可能为银行套利行为。特别是在不同时期，经济金融环境存在差异，银行系统重要性各个维度对系统性风险的影响可能也存在差异。监管部门需要关注到实施系统重要性附加后，银行系统重要性之间维度的调整对于整体银行系统重要性的影响。

表 8 - 22　　　　　　　　　系统重要性资本附加与银行系统重要性的权衡

解释变量	模型（1）	模型（2）	模型（3）	模型（4）
SCS	- 0. 252 （- 1. 442）	- 3. 329 *** （- 2. 971）	- 0. 289 *** （- 4. 357）	0. 385 （1. 214）
$SCS \times TCR_{i,t}$		0. 234 *** （2. 694）		- 0. 051 ** （- 2. 247）
$TCR_{i,t}$	- 0. 007 （0. 730）	- 0. 007 （- 0. 717）	0. 013 *** （3. 976）	0. 013 *** （3. 950）
$TA_{i,t}$	1. 698 *** （7. 869）	1. 713 *** （7. 904）	0. 382 *** （3. 557）	0. 377 *** （3. 496）
GDP_t	- 0. 723 *** （- 5. 249）	- 0. 726 *** （- 5. 226）	- 0. 056 ** （- 2. 116）	- 0. 055 ** （- 2. 056）
$ROE_{i,t}$	0. 003 （0. 402）	0. 003 （0. 449）	0. 001 （0. 496）	0. 001 （0. 446）
$NPL_{i,t}$	- 0. 050 * （- 1. 921）	- 0. 050 * （- 1. 928）	- 0. 008 （- 1. 089）	- 0. 008 （- 1. 075）
$LIQ_{i,t}$	0. 074 *** （15. 055）	0. 074 *** （15. 190）	- 0. 018 *** （- 9. 762）	- 0. 017 *** （- 9. 610）
$NIM_{i,t}$	- 0. 247 *** （- 2. 901）	- 0. 247 *** （- 2. 903）	- 0. 073 *** （- 3. 424）	- 0. 073 *** （- 3. 413）
R^2	0. 661	0. 662	0. 477	0. 478

注：①模型（1）和模型（2）解释变量为 INTERBANK，模型（3）和模型（4）解释变量为 SECURITIES；②*** 、** 、* 分别代表在1%、5%和10%的置信水平下显著；③括号内为稳健性标准差调整后的 t 值；④数据采用小数点后三位四舍五入。

8. 4　主要结论

本章从资本监管防范系统性风险的时间维度和截面维度视角，研究分析了宏观审慎资本监管防范系统性风险的作用机制、实践效果以及存在的问题。本章主要包括以下几个部分：（1）梳理了宏观审慎工具。（2）分析了逆周期资本缓冲作用机制，利用监管压力指标检验逆周期资本缓冲实施的有效性。（3）重点分析了宏观审慎资本监管防范银行系统性风险的作用机制以及实施宏观审慎资本监管可能带来的非预期效应。（4）针对宏观审慎资本监管的目的和机制，构建检验宏观审慎资本监管效果的计量模型，考察了其对银行损失吸收能力、系统性风险承担、削弱不公平竞争、系统重要性权衡等因素的影响。在模型中，利用资本充足率和系统重要性资本附加的交互项检验系统重要性资本附加实施给银行带来的道德风险问题。

　　本章发现逆周期资本缓冲的实施能够有效提高银行资本缓冲，从而在整体上提高银行业的稳定性。但面对不同监管压力的情况下，逆周期资本缓冲实施的效果存在差异。此外，逆周期资本缓冲的实施并未对银行信贷产生显著影响。从本章对宏观审慎资本监管防范系统性风险所产生的非预期效应分析，在隐性存款担保转向显性存款保险和我国政府对银行破产容忍度上升的背景下，对我国大型银行实施宏观审慎资本监管可能意味着更高的政府救助保证和更为有利的竞争地位。从本章对资本留存和系统重要性资本附加的检验和分析来看，我国商业银行贷款增长过程中，考虑到了资本留存对银行的限制作用，从而抑制了贷款增长降低资本缓冲的作用。资本留存的实施降低了银行在金融市场所反映的系统性风险承担。对系统重要性资本附加而言，本章发现系统重要性资本附加的实施对银行存在多重影响。从本章的实证检验来看，宏观审慎资本附加能够起到防范系统重要性机构风险的作用。但本章也发现了系统重要性资本附加的实施对于其提高银行风险承担的证据。这表明，虽然系统重要性资本附加整体上具有一定效力，但资本充足率和系统重要性资本附加的相互削弱效应意味着实施系统重要性资本附加，资本充足率会进一步增大银行的系统性风险，从而削弱了系统重要性资本附加的有效性。

9 危机救助机制设计研究

系统性和区域性金融风险的防范不仅涉及金融机构和金融市场日常运营的微观审慎监管，以及从整个金融系统稳定角度开展的宏观审慎监管，还涉及危机爆发时的危机救助。金融危机救助的理论渊源可追溯至凯恩斯学派的政府干预理论。20 世纪 30 年代的"大萧条"打破了人们对市场万能的信仰，"凯恩斯主义"和"罗斯福新政"从理论和实践两个方面为现代国家干预主义的诞生奠定了坚实的基础。面对全球频发的金融危机，加大危机救助研究显得尤为重要。我国当前的经济金融环境暗藏危机，其中区域性金融风险表现突出，并且有可能单个升级或多处引爆为系统性金融危机。为减轻金融危机带来的巨大负外部性和遏制其传染性，补充完善我国金融危机救助机制，明晰各利益主体危机救助责任和义务，加强金融安全意识和危机应对能力，对有效应对金融危机影响具有重要的现实意义。为此，本章围绕着分层救助机制展开了系统的研究，第一节交代了以往国内外危机救助的实践；第二节对银行业危机救助机制的理论基础展开了分析；第三节在金融分权视角下构建了全国危机救助机制；第四节分析了区域性金融风险的救助机制问题，进行了有关地方政府和问题银行在危机救助前逆向选择的实证检验；第五节为本章小结。

9.1 引言

自 1348 年意大利巴尔迪银行和佩鲁齐银行倒闭，金融危机开始成为经济发展中挥之不去的梦魇。几百年来，大大小小的金融危机从未停息，2007 年美国次贷危机引发的全球金融危机更是自"大萧条"以来最为严重的金融危机。经过长达十年的复苏期，全球经济结构仍未得到根本改善，低增长、低通胀、低利率环境使得发达经济体去杠杆进展缓慢，且许多新兴经济体企业杠杆率不降反升，全球金融脆弱性进一步加剧。加上各国货币政策博弈、贸易保护主义等反全球化思潮抬头，全球经济抵御意外风险的能力进一步降低。当然，十年努力也取得了一定成果，美国在逐渐恢复元气的过程中金融监管"防火墙"变得更为有效，金融体系也更加稳健；2010 年出台的《巴塞尔协议Ⅲ》把流动性监管提到与资本监管同等重要的地位，对"金融创新过度"监管也进行了针对性改革；以加强国际经济货币政策经常性对话，利于全球金融货币体系稳定为初衷设立的 G20 峰会，从 2008 年华盛顿峰会的危机应对机制探讨，进展到 2016 年杭州峰会的预防和长效治理机制探讨，加强了全球经济治理的对话和磋商。

次贷危机的阴影尚未散去，我国国内金融市场又接连动荡。从 A 股危机到汇改风云，频频出现的市场"黑天鹅"，让本已悬着房地产泡沫、地方政府过度负债等多把利剑，正处于结构调整艰难转型期的国内经济不断经受挑战。特别是，2015年那场始料未及的大股灾，上证指数在短短三周时间下跌30%，政府的一系列表现暴露出我国应对金融危机经验严重不足。从各金融监管部门相互推诿，到逐渐出台救市政策，市场不仅未能止跌，反而开始显现出流动性危机征兆：人民币汇率、大宗商品、中概股等几乎所有与中国相关的投资标的全面下跌，市场情绪几乎崩溃。经中央高层紧急磋商和决策拍板，政府开始调动一切资源强力救市，救助行动最终从单个金融监管部门局部强撑演变为部委联合、央地统筹的全面行动，甚至公安部、网信办等强势部门也参与其中。2016年12月的中央经济工作会议指出，要深入研究并积极稳妥推进金融监管体制改革。本书认为，加强金融危机应对机制研究，探讨救助主体间合理的权力配置方案，是救助效用充分实现的前提。

基于金融分权视角研究我国银行业危机救助的机制设计非常必要。商业银行是我国金融体系的核心，在建设和完善我国银行业体系的过程中，加强银行业危机应对机制的研究不仅需要深入学习国外先进经验，还需结合我国实际情况注重中央与地方事权和财权的匹配。

首先，从金融分权角度思考我国银行业危机救助的机制设计，需汲取国外先进经验，为我国银行业危机救助提供操作层面的工具借鉴。西方国家在经历多次金融危机之后，逐渐形成各主体间救助权力分工配合、相互协调的危机救助体系。例如，美国的危机救助体系由美联储、联邦存款保险公司和财政部为救助主体，美联储负责救助"缺乏流动性"的问题银行，并在贷款担保、还款期限、最高额度、贷款利率、改善经营管理等方面附加一系列条件，以遏制问题银行道德风险；联邦存款保险公司负责处置"缺乏清偿性"的问题银行，处置过程中兼顾成本最小化和不发生系统性风险两大原则；财政部在衡量系统性风险爆发概率的基础上灵活抉择，利用多样化的救助手段和广泛的资金来源，以整个社会的综合效应为最终目标，并在成本可回收原则约束下开展救助。在次贷危机中，美国还从货币政策、市场操作工具、最后贷款人职能以及国际合作方面进行了一系列突破和创新。

其次，我国大国经济体制决定了危机应对机制需从金融分权视角来进行拓展。在过去十年间以城商行为代表的地方性小型商业银行迅速发展，已经成为金融体系中重要的组成部分。且与联邦制国家地方政府拥有独立的行政、司法和财税权力不同，我国地方政府面临事权与财权分配的诸多不匹配。地方性小型商业银行的发展往往有助于地方经济增长，改善地方政府财政状况和融资能力，但一旦出了问题则面临救助主体不明确的现象，或者中央政府越位救助与问题银行道德风险（缺乏自救）。因此，有必要从理论研究和机制设计层面去解决问题金融机构如何自救以及地方政府应该扮演什么角色，逐步让金融机构和地方政府相应的救助责任归位。

9.1.1 我国银行业危机救助的表现形式

本书将金融危机区分为全国性银行业危机和区域性银行业危机，前文提到，金融监管权包括市场准入、日常监管和危机救助，而本书的研究对象是与地方金融控制权、地方金融发展权相对应的金融监管权中对危机救助责任的划分，那么，我国金融危机救助中存在着哪些问题呢？

我国危机救助中存在两大突出问题：一是中央政府越位救助，问题银行因道德风险而缺乏自救；二是地方政府救助缺位，事前因监管不一致和监管过度宽容致使区域金融风险积聚，事后又呈现显著的救助负外部性道德风险。

本书致力于研究如何将激励相容的机制引入救助责任分担，以使得救助方案涵盖关键主体承担相应责任等内容，为经济增长提供一个更稳定的制度框架。首先，中央政府繁重的危机救助负担，应更多地和危机传染风险相关联，在救助层面做到有所区分，并逐步规范市场预期对于中央政府隐性担保范围的认知。其次，私人部门和地方政府应逐步增加危机救助责任分担。地方政府在享受了金融发展权、金融控制权给地方经济带来的利益之后，应加大危机救助责任分担，并利用反向机制规范地方政府的债务纪律（特别是区域基础设施建设和房地产投资建设）；丰富私人部门责任分担的方法和手段，例如原始债权人通过债务扣减和债务延期放弃债权（尽量做到逐年扣减和以投资收益为上限，以防危机中的恐慌）。

（一）全国性银行危机与中央政府越位救助

严重的金融危机在市场化国家屡见不鲜，但在我国，由于中央政府强有力的信用背书以及政府在经济运行中重要的市场地位，许多金融风险汹涌而来，又匆匆淡化出我们的视野。全国性大范围的金融危机将严重混乱经济金融领域，银行业危机、货币危机、外债危机等同时或相继发生。历史上，这类危机往往发生在金融经济、金融系统、金融资产比较繁荣的市场化国家和地区以及赤字和外债较为严重的国家。全国性大范围的金融危机极具破坏力，在价值重构的过程中可能导致全部或大部分金融指标（短期利率、资产价格、商业破产数、金融机构倒闭数）急剧、短暂和超周期变化。结果可能导致市场定价功能随流动性匮乏而短期丧失，市场风险偏好随过度反应的恐慌情绪而陡然下降，市场资源配置效率随大量异常交易而大幅降低等。然而，金融风险仅靠政府信用背书和行政控制是不能根本消除的，甚至还会越积越多、越积越大，最终给政府带来沉重的债务负担，酝酿出更大的全面爆发之势。Corsetti 等（1999）就认为，政府对国内银行负债的隐性担保会导致国内银行借贷政策中的逆向选择问题，这使得国内银行的不良贷款增加，因而引发新一轮金融危机。

对于我国来讲，重大风险隐患可能的来源之一就是中央政府越位救助导致的逆向选择问题。首先，银行类金融机构的负债受到政府隐性担保。例如对存款人的刚性兑付，尽管随着存款保险制度建立，刚性兑付将逐渐被打破，但改变存款人预期还有待时日。不仅对于存款这类传统的负债业务未能打破刚性兑付，就连一些表外、中间业务，如银行发行、承销或代销的理财产品，也需要进行刚性兑付。追根溯源，很多问题银行的出现正是政府过度干预和不重视市场规则的结果，而政府越位救助将导致救助标准倾向于过度宽松，最终形成问题银行对中央银行救助的"倒逼"机制。其次，银行类金融机构的资产业务也部分受到政府隐性担保影响，特别是对公部门贷款。所谓公部门就是国企和地方政府等机构，对其贷款若发生坏账最容易"说得清楚"且最容易被最后贷款人冲销。这也是为什么经济遭遇负面冲击时，我国银行业"逃往质量"效应如此明显的原因之一。政府行政力量过多涉入市场领域，容易导致经济资源无效配置，并从银行资产业务层面上助长逆向选择滋生。显然，当银行资金投放大量流向资金利用效率偏低的过剩产能和资金周期较长的基建项目时，银行坏账和期限错配的流动性风险更易发生。

由此可见，中央政府越位救助导致信用背书作为危机救助频频使用的手段，将引发倒逼机制造成过度救助，和宏观政策制定面临严重信息不对称（层次划分易造成"一刀切"）。特别地，影响力越大的金融机构将产生越严重的道德风险（不自救），而当道德风险愈演愈烈时，新一轮金融危机便开始酝酿发酵。应该看到，中央政府越位救助和问题银行缺乏自救的背后，地方政府串谋与包庇等行为异常重要。历史上，国有银行剥离不良资产就大量存在地方政府的影子。

（二）区域性银行危机与地方政府救助缺位

区域性金融危机是某个经济区域内部金融产业所面对的金融风险。作为幅员辽阔的大国经济，地方政府债务、地方产业结构、区域房地产等所导致的金融危机不可能在全国范围内同步爆发。但区域性金融危机的危害仍不容忽视，造成较大影响的区域性金融危机有 20 世纪 80 年代末 90 年代初的海南房地产泡沫、2011 年的温州"跑路潮"和鄂尔多斯"鬼城"风波、2014 年成都担保业地震等。

当区域性金融危机爆发时，地方政府极少为其错误市场干预行为负责，往往是将救助责任转嫁给中央政府，或任由市场波动放任危机蔓延。朱文生（2012）认为，地方政府金融监管的问题在于：重复监管和监管盲区并存；责权不对等；缺乏约束地方政府信用过度的制度安排；隐性干预大于显性管理等。阎庆民（2012）就完善地方金融监管责任提出了具体建议，包括重新划分中央和地方的监管权责使其基本对称；规范地方金融管理机构设置；建立地方风险监测、预警机制和危机处置预案，增进地方政府与中央金融管理部门的协调配合等。地方政府普遍寻求中央政府兜底，演变成中央政府必须尽职尽责救助地方金融机构，和地方人民银行、监管机构额外付出人力物力被动行使地方政府救助职责。

从我国金融分权历史变迁来看，地方政府在推进区域经济发展过程中，对各类金融资源进行了积极的竞争和抢夺，而与之相对应的危机救助义务却明显缺位。一方面，地方政府从金融发展权角度，对全国性银行通过直接行政干预、影响银行决策、逃废银行债务等方式争夺金融资源，缓解预算约束（巴曙松等，2005），全然不顾对银行债权的保护；另一方面，从金融控制权角度，地方政府通过积极控股地方金融机构，扶持地方金融机构发展并争夺金融资源。风险暴露前，地方政府助力利益关联的地方金融机构迅速扩张，风险暴露后，地方政府通过地方发债（地方政府没有破产机制）、转售予央企等方式，将救助责任转嫁给中央政府。而对于利益关联不明显的地方金融机构或地方金融市场，地方政府普遍采取出事前放任发展、出事后逃避责任的态度。

由此可见，地方政府要么完全推卸危机救助责任，要么滥用中央政府信用过度救助关联金融机构。地方政府道德风险不仅是导致信贷资源严重失衡的重要原因，更易诱发政府危机救助的效率浪费，因此，对地方政府行为规范化和制度化的意义很大，本书将尝试从该问题出发对危机救助的金融分权机制设计展开研究。

综上所述，我国危机救助中的问题集中表现在两个方面，即中央政府越位救助和地方政府救助缺位。首先，除"大而不能倒"以外，金融机构因中央政府越位救助而缺乏自救；其次，地方政府的监管不一致和监管过度宽容（Burns，1974）也表现在危机救助方面。中央政府作为最终风险承担者，与问题银行和地方政府三者之间存在着潜在冲突，当问题银行在扭曲激励措施下产生逆向选择，地方政府为控制权、发展权进行金融竞争时，最优金融分权需要在三者间进行有效权衡。本文的总体思路就是让金融机构和地方政府相应的救助责任归位。

9.1.2 国外危机救助的历史经验教训

当金融危机全面爆发时，政府的救助行动能否取得成功取决于两个关键因素：一是对道德风险的掌控；二是对传染风险的遏制。前者失控表现为政府救助范围过大，救助力度过大，救助时机过早，救助方法过度等，造成金融机构滋生政府依赖，甚至利用各种手段倒逼政府救助，最终道德风险可能导致政府救助成本过高，救助效果甚微，救助措施退出受阻等；后者失控表现为政府救助范围过小，救助力度不足，救助时机过晚，救助方法欠佳等，造成金融危机向其他地区、其他市场蔓延扩散，甚至最终导致严重的经济危机，对传染风险不能有效防控其后果也将进一步增加政府的救助成本，并可能对整个经济的福利水平造成巨大影响。本节将集中围绕历史危机救助的经验教训，研究探讨政府的救助行动如何在应对两大风险的过程中做到协调统一，并为下文的机制设计视角勾勒出初步框架。同时，为提高研究问题的针对性，本文的研究范围仅限于对金融危机的探讨，不涉及影响更为广泛的经济危机。

表 9 - 1　　　　　　　　　　危机救助的历史经验教训

事件	道德风险	传染风险	经验总结
美国"大萧条"	在金融危机出现端倪的时候，美联储不但不实施宽松货币政策，反而提高基准利率实行紧缩的货币政策；不但没将大量流入的黄金储备货币化，反而将黄金储备流入转化为货币存量的负增长。	1933 年危机全面爆发，美国银行体系全面瘫痪，破产银行数量高达49%，金融体系失去自我修正能力。	政府主导型的金融结构重建和金融制度改革，高效立法：《紧急银行法》《格拉斯—斯蒂格尔法》（实施分业经营；建立存款保险制度）。
美国储贷危机	储贷协会期限错配严重，1980—1982年，大量储贷协会严重亏损，政府将此错误地归因为单一的资产结构，拟采取自由化的解决方案。政府政策的改变刺激了储贷协会迅速扩张，大肆进行高风险投资。1986 年以后，第二次大规模的储蓄金融危机爆发。政府未能改进政府救助方式，道德风险愈演愈烈。由于 FSLIC 保险基金的大量流失，FSLIC 不得不延迟关闭，放松监管，或低价出售。1987 年，FSLIC 资金迅速枯竭。	破产的储贷银行越来越多，1988 年期间就有 250 家破产。	在认识到前期政策弊端之后，美国于 1989 年通过大规模救市 FIRREA 法案，对存款保险及其监管功能也进行了改组。对问题资产采用分类分步处置原则：优质资产出售给银行等；符合一定条件的次优资产出售给"两房"；劣质资产通过证券化增信后出售给投资人。抵押物在市场回暖后再出售。

续表

事件	道德风险	传染风险	经验总结
日本金融危机	政府不愿直面危机，采用拖延和掩盖的方式应对银行坏账。由于缺乏政府直接干预扭转市场信心，单单寄希望于经济回暖化解危机的做法，致使银行坏账长时间不能得到解决。	政府应对危机极度迟缓，救助政策难产，8 年后才有大规模的救市政策出台。	危机持续时间之长，危机救助成本之大，救助成本占 GDP 的比重堪称历次金融危机之首。
北欧银行危机	1. 瑞典。先尽量迫使银行减记坏账，让私人部门承担成本，再财政购入银行资产，以保护纳税人利益。 2. 芬兰。金融管制开放，并且采用固定汇率，导致银行危机和货币危机同时爆发。	1. 瑞典。政府的快速反应，为市场传递了积极有效的信号，有利于市场信心的树立。 2. 芬兰。银行是芬兰金融体系的重要角色，因此危机时政府大规模注资，被注资银行高达整体银行数量的一半。	1. 瑞典。对"好银行"，采取提供担保、注资、银行国有化、银行合并等；对"坏银行"集中处置不良资产。 2. 芬兰。芬兰政府直接注资介入的方式，明确且迅速，有效遏制了危机的传染风险，并发挥了政府的信号传递作用。
英国巴林银行危机	1995 年 2 月，巴林银行由操作风险引发危机。由于欺诈行为限于巴林银行内部，并且风险暴露尚不明确，因此英格兰银行决定暂不进行政府直接救助。但英格兰银行采取了其他措施挽救巴林银行，如积极联络寻找买家。	2 月 26 日，巴林银行正式破产，消息传出后，全球金融市场为之震动。考虑到传染风险影响，英格兰银行立刻宣布对市场提供充分的流动性支持，以稳定市场信心。	严控救助标准：一是巴林银行是否为系统重要性机构？二是巴林银行面临的是流动性危机还是清偿性危机，是否已资不抵债？
韩国金融危机	预判机构类型后分类处理。最差一级的机构，采取关闭、合并以及出售给外国资本；次之的，采取合并、国有化及购买/托管等方式；对可继续营运但资本比率不足的机构，一部分通过财政注资充实资本充足率，一部分采用合并、增资、引进外资等方式改善营运质量。	贴现收购、非现金支付为不良资产快速剥离提供了有力支持，同时政策伸缩空间和盈利空间也大为提升。	规模更大，系统更复杂，政策更综合的"北欧模式"亚洲版。成功救助的关键：一是正确的不良资产处置战略；二是同步实施协调一致的综合性改革措施。
美国次贷危机	包括"裸卖空"在内的过度金融创新是次贷危机愈演愈烈的罪魁祸首。对冲基金和离岸基金在市场恐慌时巨量做空雷曼兄弟、贝尔斯登等股票，使其股价暴跌。	经济陷入全面衰退，失业率一度攀升至 10%；危机还蔓延至全球。雷曼兄弟倒闭以后，市场恐慌情绪达到高潮，加大了危机救助的难度和成本。	金融危机爆发后，美联储不管在降息频率还是降息幅度上都作出了史无前例的举措；通过各种信贷创新机制向金融机构提供流动性支持；创新定量宽松政策。"金融大部制"改革，确保任何金融机构破产不会威胁整个金融体系。

Goodhart 和 Huang（1999）认为，从动态和跨期角度来看，由于各种概率不确定，

最后贷款人救助应综合权衡道德风险和传染风险。从历史经验来看，金融危机全面爆发并不是一蹴而就，特别地，由于我国属于大国经济且金融体系并不是非常发达，金融危机首先一定是在某个机构或市场中集中暴露，再通过相应的传导机制蔓延开来。本书并不将危机的传染机制作为研究重点，而仅仅从外部性角度，将危机救助分为两个阶段，即传染风险发生前和传染风险发生后。前者主要指问题金融机构或问题金融市场的内部金融指标产生急剧和超周期的变化时期；后者主要指危机持续发酵，导致市场信心逆转，进而诱发其他机构和市场爆发风险的传染时期。

　　图9-1表明，危机时期道德风险会随着政府救助行动的开展而逐渐增加，但是随着政府救助措施的退出，道德风险将逐渐回归长期均衡水平；然而传染风险在危机时期的增长呈指数型上升趋势。可见，政府对传染风险的救助收益趋向于无穷大。因此，危机救助中政府"最后贷款人"职责应在传染风险发生后发挥作用，在这之前应更多通过释放市场流动性的方式，让私人部门承担救助成本。

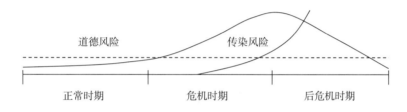

图9-1　危机前后道德风险与传染风险的变化趋势

9.1.3　相关文献

　　危机救助的传统理论为"最后贷款人"理论，我国危机救助与金融分权背景密切相关，同时机制设计中有关合谋的理论及应用对于理解我国隐性金融分权下的政府危机救助非常重要，因此我们将文献集中在四个主要方面：一是"最后贷款人"理论；二是金融分权；三是机制设计与合谋；四是危机救助机制设计的其他相关研究。

　　（一）"最后贷款人"理论

　　Giannini（2001）阐述了中央银行在危机救助中的核心作用，他认为中央银行是货币市场和支付体系的核心，具有独特的号召力，因而在危机中往往成为危机救助的组织者而不是独自承担救助责任。实际上，为了维护经济稳定，财政部门同样具有很大的危机救助积极性。Bernanke（2009）认为，货币政策应对经济萧条的有效性一般要比财政政策差，次贷危机爆发之后，包括美国总统、财政部长、美联储主席等在内的美国政府官员都在各种场合用"国家信誉向市场担保"，以稳定市场信心，促进金融向更加稳定的方向发展。在实际救助过程中，通常是中央银行与财政部门的紧密配合。中国人民银行济南分行调查统计处课题组（2013）观察了美国次贷危机之后的救助方案，发现救助带来一定效果的同时也存在多方面的负面效应，比如巨额财政刺激计划导致财政赤字大幅提升进而引发债务危机担忧，非常规货币政策导致流动性陷阱。他们认为危机救助中财政部门与中央银行应该分工合作，央行发挥其流动性创造的优势可以直接向问题金融机构实施股权投资、财政部门发挥其剥离和处置不良资产方面的优势可以对问题金融机构实施债权救助，二者的合作可以获取低成本、高效率等方面的好处。随着金融创新和金融全球化的发展，金融危机救助的国际合作变得更加重要，危机救助主体也得到扩展。亚洲金融危机的救助中，国际金融机构充当了救助主体，国际货币基金组织发挥了主导作用。Daniel Cohen 和 Richard Portes（2006）提出的解决主权债务问题的一个政策干预机制，即 IMF 的"第一贷款人"职能。金融创新及全球化使得金融危机的救助不仅仅需要解决过去的金融机构期限错配问题，而且货币错配也成为惯常的问题。在次贷危机发生之后，美国货币市场之外的海外金融市场中美元资金流动性匮乏，美联储与包括发展中国家在内的系统重要性央行进行了货币互换以提供流动性。通过外汇掉期市场，货币互换在流动性支撑方面起到了重要作用。货币互换成为国家银行临时外汇短缺的永久性解决渠道（Titze M.，2016）。此外，私人部门也是危机救助主体的重要成员之一。典型的有希腊债务问题解决过程中的私人债权人计划、20 世纪解决南美洲国家债务问题的"布雷迪计划"以及美国对冲基金长期资本管理公司的处置方案等（周小川，2012）。

救助时效上，Chang 和 Velasco（2000）、Radelet 和 Saches（1998）等认为，政府及时的救助对防止严重的危机发生至关重要。毛菁和王玉（2012）认为投资者的逃离引发了金融危机，而投资者的逃离主要源于其对市场预期的不确定，因此他们认为中央银行的救助应该在大量投资者对未来不确定预期增加时实施。周小川（2012）认为，特别应对系统性危机，政府应该及时参与救助，避免金融危机的蔓延。由于政府和问题金融机构之间往往存在明显的信息不对称（Giovannini 和 Spaventa，2008），因此，政府对问题金融机构的救助往往不是一蹴而就的。Hoggarth 等（2004）指出，政府一般多次反复注资来救助陷入困境的大型金融机构，直到其走出困境。Fukao（2009）发现日本 20 世纪的金融危机救助与美国次贷危机的救助措施是相似的，主要都是对问题金融机构进行多次注资。刘锡良、周轶海（2011）认为危机救助应先切断可能产生的连锁反应，事后再对问题机构进行惩罚，不能要求所有条件完全成熟后再实施救助；且救助应该分批次分时间进行，这样可以提高整体救助时机的准确性。

危机救助是为了帮助困境中的金融体系恢复正常秩序以继续发挥金融功能。Hoshi和 Kashyap（2008）研究表明，TARP 救助方案面临的挑战是如何有序处理因救助而持有的不良资产。Eichengreen 等（2003）认为，后危机时期，问题金融机构和问题资产已充分暴露，此时政府政策的重点是清理问题资产、恢复市场信心和市场功能。Chang（2005）认为，政府干预与以市场为基础的金融重建并不矛盾，而是一个促进因素，金融重建反而更加需要政府的支持，及时地、持续地实施一系列的改革政策，并配合出台针对不同问题和行业的政策措施。国内学者张远军和陈庆海（2013）阐述了危机救助的短期性以及金融体系长期制度变革的重要性。

然而，对于"最后贷款人"的分析还有另外一个视角，那就是道德风险。Bernanke（1995）认为，危机的破坏性极大，及时的救援将大幅降低财政负担、挽救产出损失；然而政府全然不顾市场环境急于出手，可能导致道德风险失控的局面，因此，救助的时效性必须兼顾对道德风险的考量。Igan 等（2011）发现，次贷危机前忙于游说工作的金融机构倾向于承担更大信贷风险。而且，对整个金融体系的稳定而言，大银行的倒闭对金融系统安全的威胁更加严重，其更容易得到"最后贷款人"的援助，因而，大银行的道德风险行为更加明显（Mishkin，2001）。但在实践中，Goodhart 等（2005）认为，"最后贷款人"制度带来的道德风险只是经济学家们担心的事，决策者们并不关心道德风险。周小川（2012）认为，自雷曼兄弟破产引发全球性金融危机之后，人们似乎不再敢因为防范道德风险而让问题金融机构自生自灭。林欣（2012）阐述了"建设性模糊"面临的挑战，特别是市场压力、利益集团的力量使其规避道德风险行为的效力大打折扣。从国内实践来看，大多问题金融机构都得到了援助，包括部分非法集资"蚁力神"，但也有没救的典型，如亚洲金融危机期间的广国投（周小川，2012）。具体操作上，Falko 和 Marcel（2003）认为"最后贷款人"对金融市场和金融机构的救助都是有益的，特别地，在银行主导的金融体系中直接干预要优于市场化的间接干预，而流动性严重短缺时直接向银行提供援助产生作用更加直接，考虑"最后贷款人"所需要的信息成本直接干预也是最优的策略。刘锡良和周轶海（2011）认为，危机中的困难银行很难从市场上获取流动性，因而必要时需要直接向机构提供援助；而对市场的救助需要对其细分，并向最需要流动性的市场有针对性地提供援助。

　　惩戒式救助机制是有效地防范道德风险举措，也是政府作为"最后贷款人"成功应对危机的关键。然而，Giannini（2001）通过对银行危机时期"最后贷款人"的利率执行历程研究，发现惩罚性利率救助措施几乎没有被"最后贷款人"实施或执行，反而是以低于市场利率的优惠利率水平执行贷款，甚至很少执行抵押贷款。Acharya 和 Yorulmazer（2007）也认为，契约的不完美和保持银行家激励的需求致使央行不能确保"最后贷款人"贷款的全部偿付，更别说施加惩罚。次贷危机的救助过程中，尽管有个别机构的救助以较高利率为代价，但是整个救助过程中的利率显著下降，这是典型的对惩戒性利率原则的违背（林欣，2012）。

　　对于救助过程中政府道德风险问题，Duchin 和 Sosyura（2009）发现，TARP 计划中救助对象的确定掺杂了政治因素的作用，地区内的国会议员、地区内的联邦储备银行决策层成员、政治人物竞选资金来源、金融从业人员在当地就业人口所占比重等因素影响着区域内银行是否被选为救助对象。Faccio 等（2006）的全球样本数据也支持政治联系能带来更高概率政府救助的观点。Duchin 和 Sosyura（2012）发现，与国会或联邦储备系统有政治联系的企业拥有更大概率获得 2008 年"不良资产处置计划"的救助资金。Dam 和 Koetter（2012）从德国数据也发现该国银行的风险承担与政治关系导致救助预期的变化相关。Kostovetsky（2015）从政府救助角度出发，证实了寻租激励金融机构承担额外风险。Schinasi 和 Teixeira（2006）研究了"最后贷款人"功能的实现问题，他们发现，一是依赖于详细的事先安排；二是联邦监管模式；三是信息交换和在现行运行制度结构下对政策措施进行协调。而 Appelbaum 等（2008）认为政府应该多关注经营较差的银行，因为这有利于避免银行倒闭的"多米诺骨牌效应"。

　　国内研究"最后贷款人"的政府道德风险大多与地方政府相关。汤凌宵（2005）

认为我国存在隐性而非正式的"最后贷款人"制度。许国平和陆磊（2001）认为，中央、地方和金融机构之间的不完全合同以及由此产生的道德风险，使得我国 20 世纪 90 年代的金融改革陷入高成本、低效果的境地。慕刘伟、曾志耕和张勤（2001）认为，我国政府道德风险主要表现为宽容监管，特别是地方金融监管当局受地方利益驱使，往往放松对金融机构的监管，甚至放任自由。许国和陆嘉（2001）指出，中国的不完全合同和道德风险不是源于信息不对称，而是起因于权责不对称。袁赞礼（2014）也认为委托代理关系的存在导致责权不对称情况并没有从根本上得到解决，导致了中央与地方机制失衡的问题。

（二）金融分权

Allen 等（2005）提出，按照西方标准，中国的法律制度和金融系统并不发达，却是经济增长最快的国家之一，这显然有悖于 LLSV 以及许多经济学家提出的"法律、金融与增长关联"。丁骋骋、傅勇（2012）给出的解释是，中央与地方在财政金融体制上的设计，可以对改革开放以来的宏观绩效特别是 20 世纪 90 年代中期以来经济周期的平稳化趋势给出有力解释。但殷剑峰（2013）在对我国财政金融体制改革"顶层设计"进行思考的基础上，提出金融隐性分权正在导致经济增长的不可持续性，且这种体制缺陷正在形成系统性金融风险隐患。刘海二、苗文龙（2014）也认为，可以从宏观（金融分权）、中观（金融市场）和微观（金融机构）三个维度来分析我国区域性、系统性风险的生成与演化机理。何德旭、苗文龙（2016）通过建立中央—地方两级政府的差异性目标函数，求解各级政府的最优选择与财政政策、金融政策取向，分析财政分权和金融分权的内在逻辑，得到金融显性集权、隐性分权与财政分权的不匹配引发多种财政、金融风险的结论。王俊和洪正（2016）从中央与地方的金融监管权力划分以及政府与市场在金融资源配置中发挥作用的范围与方式划分两个方面来界定金融分权的内涵，他们还从地方金融发展权、地方金融监管权、市场金融参与权几个方面来进一步界定金融分权概念的外延。

我国传统的分权视角主要集中在财政分权，政府与市场的关系也主要从该角度展开。周飞舟（2006）认为，财政分权给予地方政府更多的经济行为自主性，即地方政府为服务于地方经济，争取更多的财政资源，分权引发的竞争机制有利于整个经济体系的运作效率与资源配置。周黎安（2004，2007）就认为，地方官员之间"GDP"之争背后的"晋升"锦标赛，是政府激励与增长的"真实激励周期"。Tsui 和 Wang（2004）、Chen 和 Li（2005）通过实证研究，证实了"晋升锦标赛"式地方经济增长的激励机制有效性。

（三）机制设计与合谋

机制设计理论是最近二十年微观经济领域中发展最快的一个分支，通过构造特定的博弈形式使得博弈的解最接近社会目标。在 Antoine Faure – Grimaud、Jean – Jacques Laffont 和 David Martimort（2003）的研究中，合谋被分为两类：代理人之间与代理人、监督者之间的合谋。传统的代理人合谋，是高、低效率代理人面对共同的委托人对效率与信息租金的权衡条件，在混同均衡状况下对委托人的联盟；具有现代特征的代理人与监管者合谋，则构成了另一种信息优势效率的"代理"监管者，即将监管者也视为一个更为高效的"代理者"，代理人与监管者之间在激励不足时结成联盟。

对第一类合谋的研究主要采用组织间合谋的方法。从早期的静态研究（Chamberlin，1929；Stigle，1964；Orr 和 HacAvorv，1965；Stigler，1968），到引入博弈论后的动态研究（Friedman，1971；Kreps 等，1982；Abreu，1986；Benson 和 Greenhut，1990；Rotemberg 和 Saloner，1994；Mathewson 和 Winter，1998），再到新领域当中的运用，如拍卖理论（Hendricks 和 Porter，1989）、决策过程（Anna Zarkada - fraser 和 Martin Skitmore，2000）等，可以看到这一领域的合谋研究蔚为大观。

对于第二类合谋的研究，以拉丰和梯若尔开创性研究为代表，通过运用博弈论和不完全契约理论将合谋理论引入了组织内研究。这类研究范式，是以委托人、代理人与监管者（P－A－S）之间的层级结构为研究框架。效率与信息租金的一般博弈在代理人与委托人之间展开，而后逐步在无合谋的基准模型中分析不完全信息条件下的合谋行为的发生与防范机制。Antoine、Laffont 和 Martimort（1998）认为，监管者与代理人之间有可能存在剩余不对称信息，监管的有效性得以体现；另外，在不同组织形式（集权或分权[①]）之间存在着等价原理。Baliga 和 Sjostrom（1998）在道德风险框架下，通过分析有限责任保护的、可合谋的委派问题，得出了与拉丰相类似的"等价原理"。Celik（2001）重新检验了"等价原理"，认为是否能超出双重的框架，并保持另外一些假定条件固定不变是关键。

防范合谋，总是通过激励、监管者的监管来实现，Tirole（1986，1992）提出了通过监管者的激励、减少合谋收益与增加合谋成本的硬信息成本加以实现。Antoine、Laffont 和 Martimort（2000）则从合谋的交易成本和组织设计进行了论证，指出合谋的交易成本在经济环境与代理人风险偏好程度的影响下，属于股份依赖型。Antoine、Laffont 和 Martimort（2003）从"软信息"条件深化了预防合谋的基准机制，提出了授权实施更为严格的准入条件。陈志俊和邱敬渊（2003）以及 Ishiguro（2004）则通过对歧视的分类，也即显示信号传递机制视角，深化了防范代理人合谋机制。Kroszner 和 Strahan（2001）对 1991 年美国联邦存款保险公司修正法案的改革过程进行分析，得到如下结论：一是有助于提高社会福利水平的监管措施由于受到利益集团的阻挠而无法实施；二是各利益集团的竞争有利于好的监管措施被采纳。

Poitevin（2000）利用激励理论讨论了组织的分权安排，组织中的下级比上级更具备信息优势，决策权力的下放能够提高决策的准确性，但是这又会以控制权的分散为代价，因而最优分权安排取决于上下级的信息交流成本和控制权损失之间的权衡。Mookherjee（2006）综述了机制设计与分权理论，如果只考虑信息不对称因素，那么集权将弱占优于分权；但如果考虑信息交流成本、承诺不可信和再谈判、合谋等问题时，分权占优于集权。Scott（1977）认为，在美国"双线多头"监管模式下，联邦政府和

---

① 集权组织下，委托人同时与监管者和代理人签订合同并交流信息，监管者向代理人提供一个"要么同意、要么走人"的子合同，监管者相对委托人而言拥有更多的代理人信息类型的信息；分权组织下，委托人仅与监管者签订合同并授权其与代理人签订合同，委托人不直接与代理人交流。

州政府均有监管权力，由于州监管者在信息方面的优势使其监管决策准确性更高，但监管部门的分块化可能产生协调和信息问题，产生监管不一致和监管过度宽容等风险（Burns，1974）。Agarwal 等（2012）对上述效应进行了实证检验，结论表明，联邦监管更加严厉，各州之间的监管严厉程度不一，而且监管的不一致妨碍了监管的有效性。Barth 等（2008）、Wagster（2007）的研究表明，存款保险制度或国家担保滋生了银行等金融机构的风险转嫁激励。Cook（2004）研究表明，对内控机制完善的商业银行而言，政府干预负向影响银行绩效；对内控机制不够完善的储蓄银行而言，结果恰好相反。Agoraki 等（2009）研究表明，银行监管与市场约束结合才能有效抑制银行的风险承担激励。

国内研究方面，周振超（2009）认为，作为中央集权的国家，我国地方政府的所有权力都来自中央政府的让渡和授予。但现实中，地方政府有着与中央不相一致的自身利益。李金珊、叶托（2010）认为，地方政府虽然在台面上高举政策执行应遵循原则性与灵活性的有机结合，却在实际的政策执行过程中大幅倾向于灵活性。李军杰和钟君（2004）认为，中央政府为地方政府制定的激励和约束机制仅限于 GDP、就业率以及社会稳定等片面的考核指标，这给地方政府留下了采取短期行为和机会主义行为的广阔空间。目前，地方政府行为的积极性和主动性主要来源于政治集权下的财政激励和晋升激励，前者决定了地方政府的自主性空间有多大，而后者隐含的激励机制可以限制地方政府的行为选择。Blanchard 和 Hleifer（2000）对比中国与俄罗斯两国财政分权背景下地方政府不同的经济表现，进而认为政治集权下的经济分权加强了地方政府的激励和约束，促进了竞争。但陶然等（2009，2010）认为当前模式不具可持续性，应该进一步发掘地方官员的深层次激励与经济增长之间的关系。许友传（2009）发现我国隐性担保制度弱化了银行信息披露的约束功能，进而弱化了市场对银行风险承担的约束。蒲勇健和宋军（2004）运用博弈论分析方法，论证发现当前股份制银行实行的当期剩余索取权激励机制存在的缺陷影响了银行委托人的利益。刘华芳和党兴华（2005）剖析了银行的线性激励契约，由于管理者的有限责任，线性激励契约促使银行管理者的过度冒险行为，进而使得银行的预期收益与风险水平呈倒 U 形的二次关系。

（四）危机救助机制设计的其他相关研究

机制设计理论被广泛应用于金融领域，但是运用于危机救助的机制设计方面还不够成熟。现有关于危机救助机制的研究大多只是讨论了救助主体、救助对象以及救助方式的选择，其中严格运用机制设计理论进行讨论的研究较少。

由于欧洲经济体的特殊性，近几年部分国内外文献对欧洲的危机救助机制进行了研究，但大多局限于规范性讨论，利用机制设计理论对其进行理论推演的研究较少。国内学者陈静（2013）讨论了欧洲债务危机救助机制，其经历了最初的临时性单项救助计划和欧洲金融稳定基金，并发展到现在的欧洲稳定机制，而机制本身的内容主要包含了 EMS 资本金来源、主要救助方式的规定。焦莉莉等（2013）对欧盟危机救助机制安排进行了梳理和总结。李良雄（2015）讨论了金融危机救助的惩罚制度建设。国外文献 Steinbach A.（2016）讨论了欧洲"最后贷款人"角色在欧洲央行和国家央行之间的分配、欧洲国家危机救助的成本分担等问题。Drechsler I. 等（2016）对欧洲金融机构获取最后贷款人的贷款进行了实证研究，发现弱资本化银行用风险性的抵押品贷款更多，而且弱资本化银行用"最后贷款人"的贷款购买诸如困境中的主权债务等风险资产，这使得风险资产从强资本化银行向弱资本化银行重新配置，这些发现无法用经典的"最后贷款人"理论解释。

也有少量文献利用契约理论研究危机救助的相关问题，对保持金融稳定的制度架构进行了探索。Repullo（2000）最先在不完全合同（Dewatripont 等，1994）框架下研究"最后贷款人"的最优配置。Ponce（2010）通过引入无条件支持原则对 Repullo（2000）的框架进行了扩展，介绍了无条件支持原则即不论困境中的银行偿付能力怎样均向其提供紧急贷款，其中的次优配置是仅在遭受大的冲击时才适用无条件支持原则，而中央银行在小的冲击时扮演"最后贷款人"。Ponce J. 和 Rennert M.（2015）在一个系统性和非系统性银行共存的框架内继续讨论最优的"最后贷款人"配置，他们认为，系统性银行的失败会伤及非系统性银行而不是相反，当流动性短缺足够大即在危机时期，中央银行无条件提供流动性援助是社会最优的，而系统性银行的存在为中央银行成为面临广泛流动性短缺的非系统性银行的"最后贷款人"提供了一个理由。他们还考虑了其他可选方案（比如存款保险公司），发现其他方案并不能够进一步改进无条件支持和中央银行援助两种情况下所能达到的"最后贷款人"最优配置。

（五）文献评述

首先，我们发现以往研究金融危机的文献中，研究我国危机救助机制设计的文献不多见。在仅有的研究文献中，多以政府救助典型案例为出发点，或基于对不同政治体制、经济水平和社会发展的机制的分析比较；或按照"历史经验总结—当前实践运用—当前新问题引发反思"的逻辑顺序对比总结危机救助机制设计的套路；或将我国地方政府应对危机的机制构建作为研究对象；或以政府面向危机决策时的信息管理机制为研究对象。虽然国内外对于危机救助的研究较为丰富，但针对救助机制的研究较少，且尚没有从道德风险角度分析我国政府危机救助中的机制设计问题的文献。

其次，金融分权的理论研究较多，实证和操作层面的研究较少。通过对已有文献的综述，政府与市场关系、"最后贷款人"等理论从多个层面阐述了政府适度干预的政策主张。但是，对我国而言何为适度？中华人民共和国成立以来，中央和地方有过多次"放权—收权"的循环，由于我国的金融业还未完全走出通过牺牲自己（金融压抑）来承担某些财政功能的范畴（周立，2005），如何适度引入市场原则将是我们研究的重点。此外，在梳理与道德风险相关的文献之后发现，理论研究侧重于单独对道德风险的讨论，实证研究侧重于对传染风险的讨论。鲜有文献在整体框架下从政府危机救助机制设计的角度对两方面进行综合探讨，仅有的讨论也局限于国际比较和对地方政府行为问题的关注。本书拟在同一框架下讨论政府救助的角色分配和权力分配等问题，对整个危机管理过程中的机制设计进行系统性的梳理，并落脚于危机救助的操作层面。

方法论上，机制设计运用于政治经济学大多从微观角度，如政府采购等为研究出发点，将其用于危机救助的尝试很少。我国历次救助行动中"国进民退"的特征仍十分明显，尽管国际危机治理方面有很多操作层面的经验教训值得我们总结借鉴，但针对国内具体情况，很多创新仍无法扎根。对于中国金融监管体制改革的探讨，需要在深入研究我国金融业发展历史和背景下，对体制基本特征、运行机制、现有模式、优势劣势等问题进行详细分析后，得出具有可行性的具体方案。

一切危机都是源于根本矛盾的集中爆发，导火索只是必然中的偶然。尽管不同国家有不同的政府与市场关系模式，尽管不同国家面对的是不同原因导致的危机，有外部冲击导致的货币危机，有金融机构坏账导致的银行危机，也有资本市场波动引致的国际收支危机。但在应对金融危机时却无一例外地强化了政府的力量。我国政府在危机救助中，不仅要拯救市场、承担化解危机的直接责任，还要修正自身越位（中央政府）与缺位（地方政府）的问题。前者需要政府培养和提高公民的危机管理意识，合理引导和利用民间社会组织的力量参与危机的处理，并采取一切可能措施恢复经济平稳健康增长；后者需要政府重视危机管理中决策系统和管理协调部门的建设，完善政府危机管理的法律体系和市场独立运行的法律体系。而这其中对道德风险和传染风险的考量直接影响危机的进一步发展。如果全然不顾道德风险因素，采取不恰当的措施，那么前两次储贷危机的结果就是很好的教训；如果不考虑传染风险的影响，耽误救助的最佳时机，那么日本长达20多年的经济低迷，美国次贷危机在雷曼兄弟倒闭后的危害性放大就是最好的教训。因此，从国际历史经验中可以看出，我国在积极应对危机的过程中，对道德风险和传染风险这两大因素必须有所防范。

政府失灵与市场失灵更迭交替、相互博弈，导致危机出现。中国在向市场经济转型的过程中，尚未形成完善的市场体系，然而依靠政府的力量去培育、完善市场机制的方式，无法回避如何清楚界定政府与市场边界的问题。一旦金融危机爆发，单不说政府越位与政府失灵是否为危机的直接原因，就连救助决策是否能作出社会福利最大化的选择都难以保证，政府决策者的私人利益、政府决策缺乏惩处机制、有限理性的存在、不完全契约的存在……可能最终导致危机救助的失败。如何设计危机救助机制，使得社会福利与对政府管理机构的激励密切关联，是本书关心的重点。本书将在我国现有的监管框

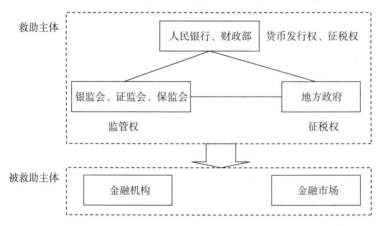

图9-2　我国金融危机救助的体制关系

架下（见图9-2），探讨完善危机救助体制的机制设计方案。通过在纯粹的经济分析框架下搭建一个可供对比的参照系，本书的分析可以在面临利益冲突时进行分析使用。需要说明的是，虽然在设计政策规则时为政府管理机构设置了适当激励，使其在激励约束条件下选择使社会福利最大化的政策，但是，要使得该框架具有更广泛的使用价值，还要在一般框架下考虑政府管理机构的自由裁定权，和在激励机制的原理上尽量利用可实现手段做到对政府决策者的惩奖分明，例如影响决策者私人利益的升迁机制、激励约束下不同政府部门之间的制衡关系等。

9.2　理论分析：危机救助与金融分权

Roubini（1999）和Rebello（1999，2000，2001）认为，银行脆弱性与政府隐性担保将导致金融危机。首先，银行的贷款发放是自愿的，当其获知借款人会得到政府援助时（直接或间接），它们当然乐意发放贷款，这是对扭曲激励措施的正常反应，上述银行的反应机制称为"问题机构道德风险"；其次，地方政府由于政治"锦标赛"等原因对企业借款采取纵容态度，导致企业在松懈的信贷规制下积累了实质性的隐性债务称为"地方政府道德风险"。目前，问题机构和地方政府的责任与义务并未对等，在危机发生时两者都试图将危机救助成本转嫁给中央政府，本书试图尝试将两者的救助义务进行归位。为简化分析，模型没有考虑债务人道德风险，如国有企业或僵尸企业等，因为本书研究的重点是事后的危机救助过程，更偏向于对政府应对机制的讨论。

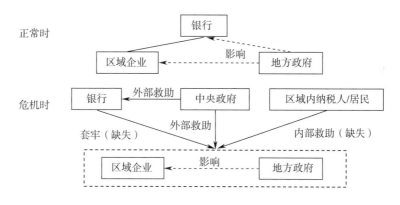

图9-3　市场规则下的救助职责分担

本书理论模型将借鉴Laffont（1999）的经典模型。该模型探寻了当组织中的合谋对激励机制造成的扭曲导致经济组织效率低下时，如何将防合谋的机制纳入激励相容目标。在本书试图研究的主要问题当中，两类合谋行为表现明显：一是问题金融机构与地方政府形成合谋共同体，套取政府救助租金；二是地方政府为协助区域内企业逃废银行债务或为推卸危机救助职责时，俘获监管机构。从防范问题金融机构和地方政府俘获的角度思考危机救助，有利于中央政府合理决策，有利于监督机制发挥效果，对构建我国危机救助激励相容机制具有显著的现实意义（见图9-4）。

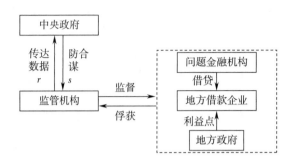

图9-4　俘获与防合谋

Laffont（1999）的模型建立在政府采购的背景框架下，本书将其置换于危机救助的情景分析当中，并在之后加入了对危机传染风险救助成本的考虑。首先，问题金融机构逆向选择模型建立了危机救助前期流动性释放的基本框架。从信号显示激励机制出发，考虑问题金融机构逆向选择和其与监管部门的合谋风险，研究使得预期社会总福利最大的经济分析框架。此时暂未考虑危机的传染风险，但初步探讨了引入地方政府监督的好处；其次，问题金融机构道德风险模型将传染风险纳入分析框架中，探讨了适度分权的标准；最后，地方政府道德风险模型进一步对地方政府的决策负外部性进行了讨论，进一步细化了在市场化机制中，如何界定地方政府参与危机救助决策的适度分权标准。

9.2.1　危机前期：金融机构道德风险（俘获地方政府）

问题银行道德风险不仅局限于"大而不能倒"的概念之中，还包括隐性担保导致的银行在面临危机时过于依赖政府救助，导致其在危机时期不积极寻求更为市场化的私人部门救助方式，反而选择与债务人共谋赖账、骗取中央银行紧急贷款等道德风险行为。本书的模型中着重研究了问题银行通过俘获监管机构或地方政府增大自身效用函数的情形，并探讨了中央政府的相应应对机制。模型采用Laffont（1999）的基本分析框架，变量含义的转换如下：

表9-2　　　　　　　　　　　理论模型的参考模板

变量	Laffont模型	本文模型	变量	Laffont模型	本文模型
q	公共品的产量	问题银行摆脱流动性困境需支付的净债务	θ	提供公共品企业的边际成本	问题银行的危机自救能力
t	政府对企业的公共品购买支出	政府给予问题银行的流动性支持	U_f	企业的效用函数	被救助金融机构的效用函数
$S（q）$	消费者消费公共品的效用函数	被救助金融机构摆脱危机带给政府的正效用	U_g	政府的福利函数	政府（主要指中央政府）的福利函数
W	全社会的福利函数	全社会的福利函数	U_s	监督者的效用函数	监督者（监管机构和地方政府）的效用函数
Laffont模型的背景框架	政府公共品采购		本文模型的背景框架	金融危机救助	

（一）基本概念界定

1. 界定问题金融机构。被救助金融机构没有公开自身的危机自救能力，危机自救能力越强则风险管理能力越强，越容易摆脱危机，反之亦然。

在市场化规则前提下，假设一家问题金融机构摆脱流动性困境需支付 q 单位的净债务，若拒绝支付则债务链断裂，危机蔓延。问题金融机构的危机自救能力表示为 $\theta = \bar{\theta} - \theta_1 - \theta_2$，$\theta_1$ 和 θ_2 是两个二进制随机变量，取值域为 $\{0, \Delta\theta\}$，取值概率为 $\{1 - v, v\}$，不同变量的取值相互独立，概率分布是公共知识。这两个随机变量可以看做被救助金融机构偿付能力的提高，可以是实现了的，也可以是即将实现的。

记 $\hat{\theta} \equiv \bar{\theta} - \Delta\theta$，$\underline{\theta} \equiv \bar{\theta} - 2\Delta\theta$。则 $\{\underline{\theta}, \hat{\theta}, \bar{\theta}\}$ 的概率分布为

$$p(\underline{\theta}) = v^2 \tag{9-1}$$

$$p(\hat{\theta}) = 2v(1 - v) \tag{9-2}$$

$$p(\bar{\theta}) = (1 - v)^2 \tag{9-3}$$

政府在危机初期，对问题金融机构的自救能力进行预判，通过对市场释放流动性使得问题金融机构获得流动性支持 t，则被救助金融机构进行正常债务支付的参与约束为

$$U_f \equiv t - \theta q \geq 0 \tag{9-4}$$

2. 界定救助主体。政府对于被救助金融机构摆脱危机的正效用为 $S(q)$，该函数满足 $S \geq 0$，$S'' < 0$，其资金成本为 $(1 + \lambda) > 1$。因此政府的福利函数为

$$U_g \equiv S(q) - (1 + \lambda)t \tag{9-5}$$

3. 界定监督者。监管机构是中央政府的监督者之一，此外中央政府还可以引入具有其他监督信息的主体，如地方政府（后文将纳入分析框架）。监督者可以有 ξ 的概率观察到一个可证实的信号 $\sigma = 0$；有 $1 - \xi$ 的概率什么也观察不到，即 $\sigma = \phi$。

监督者传达的数据为 r。假定监督者没有初始财富，对监督者的激励来自对其的转移支付 $s \geq 0$，该转移支付不一定是货币性收入，也可以是伴随权力产生的政治升迁等好处。由于非货币性收入也能增加效用，因此这种情形也符合市场规则的假设。

$$U_s \equiv s \tag{9-6}$$

（二）完全信息条件

1. 界定无监督者时的全社会福利函数。此时，全社会的福利函数不包含监督者，本书界定为

$$\begin{aligned} W &\equiv U_f + U_g \\ &= t - \theta q + S(q) - (1 + \lambda)t \\ &= S(q) - \theta q - \lambda t \\ &= S(q) - (1 + \lambda)\theta q - \lambda U_f \end{aligned} \tag{9-7}$$

2. 激励相容约束与理性参与约束。由于单交叉条件得到满足[①]意味着局部激励约束

[①] 被救助金融机构的效用函数 $U_f(t,q,\theta) = t - \theta q$ 满足单交叉条件，由 Mirrlees（1971）知 $\frac{\partial}{\partial\theta}\left[\frac{\partial U_f/\partial q}{\partial U_f/\partial t}\right]$ 的正负号恒定。

必然得出总体激励约束，因此只需考虑向上的激励相容约束和低危机自救能力类型的个体理性参与约束。

根据显示原理，设计一组激励相容契约 $(q, \underline{t})$、$(\hat{q}, \hat{t})$ 和 $(\bar{q}, \bar{t})$，满足的激励相容条件是

$$\underline{t} - \underline{\theta}\underline{q} \geqslant \hat{t} - \underline{\theta}\hat{q} \tag{9-8}$$

$$\hat{t} - \hat{\theta}\hat{q} \geqslant \bar{t} - \hat{\theta}\bar{q} \tag{9-9}$$

即

$$\underline{U}_f \geqslant \hat{U}_f + \Delta\theta\hat{q} \tag{9-10}$$

$$\hat{U}_f \geqslant \bar{U}_f + \Delta\theta\bar{q} \tag{9-11}$$

理性参与约束为

$$\bar{U}_f \geqslant 0 \tag{9-12}$$

根据式（9-10）、式（9-11）、式（9-12）可以得到最优解 $\bar{U}_f = 0, \hat{U}_f = \Delta\theta\bar{q}, \underline{U}_f = \Delta\theta(\bar{q} + \hat{q})$；危机自救能力较强的被救助金融机构可以通过伪装为危机自救能力较弱的金融机构，迫使中央政府对市场注入更多的流动性援助，来获取额外租金。

3. 目标函数求解。目标函数是预期社会总福利最大化，即

$$\max_{\underline{q}, \hat{q}, \bar{q}} \left\{ \begin{array}{l} v^2[S(\underline{q}) - (1+\lambda)\underline{\theta}\underline{q} - \lambda\underline{U}_f] \\ + 2v(1-v)[S(\hat{q}) - (1+\lambda)\hat{\theta}\hat{q} - \lambda\hat{U}_f] \\ + (1-v)^2[S(\bar{q}) - (1+\lambda)\bar{\theta}\bar{q} - \lambda\bar{U}_f] \end{array} \right\} \tag{9-13}$$

将激励相容约束和理性参与约束 $\bar{U}_f = 0, \hat{U}_f = \Delta\theta\bar{q}, \underline{U}_f = \Delta\theta(\bar{q} + \hat{q})$ 代入式（9-13）得

$$\max_{\underline{q}, \hat{q}, \bar{q}} \left\{ \begin{array}{l} v^2[S(\underline{q}) - (1+\lambda)\underline{\theta}\underline{q} - \lambda\Delta\theta(\bar{q} + \hat{q}) \\ + 2v(1-v)[S(\hat{q}) - (1+\lambda)\hat{\theta}\hat{q} - \lambda\Delta\theta\bar{q}] \\ + (1-v)^2[S(\bar{q}) - (1+\lambda)\bar{\theta}\bar{q}) \end{array} \right\} \tag{9-14}$$

一阶条件为

$$S'(\underline{q}) = (1+\lambda)\underline{\theta} \tag{9-15}$$

$$S'(\hat{q}) = (1+\lambda)\hat{\theta} + \frac{v}{2(1-v)}\lambda\Delta\theta \tag{9-16}$$

$$S'(\bar{q}) = (1+\lambda)\bar{\theta} + \frac{v(2-v)}{(1-v)^2}\lambda\Delta\theta \tag{9-17}$$

将上述结果用图9-5表示，危机自救能力为 $\underline{\theta}$ 的金融机构，其参与约束对应 $\underline{U}_f = 0$，即 $\underline{t} - \underline{\theta}\underline{q} = 0$ 的无差异曲线；同理，危机自救能力为 $\hat{\theta}$ 的金融机构，其参与约束对应 $\hat{U}_f = 0$，即 $\hat{t} - \hat{\theta}\hat{q} = 0$ 的无差异曲线；危机自救能力为 $\bar{\theta}$ 的金融机构，其参与约束对应 $\hat{U}_f = 0$，即 $t -$

$\bar{\theta}q = 0$ 的无差异曲线。三类金融机构的参与约束分别用过原点的三条实线表示。激励约束对应的无差异曲线用虚线表示，其中，越靠近左上方的无差异曲线效用越高，因为在同样的流动性困境下，问题金融机构总是希望得到更多的政府流动性援助。

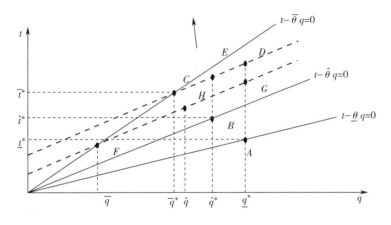

图 9 - 5　激励相容契约

当市场是完全信息时，最优契约为 $(\underline{t}^*, q^*)$、$(\hat{t}^*, \hat{q}^*)$、$(\bar{t}^*, \bar{q}^*)$，分别对应图 9 - 5 中的 A 点、B 点和 C 点。当市场在不完全信息条件下，三种类型的金融机构都会伪装为低危机自救能力机构以获取效用更高的 C 点，因此，(A, B, C) 是激励不相容的组合。

(D, E, C) 是激励相容的组合，通过向边际影响系数为 $\underline{\theta}$ 的金融机构进行 DA 的转移支付，向边际影响系数为 $\hat{\theta}$ 的金融机构进行 EB 的转移支付，可以使其的效用水平达到与 C 点相同的效用水平。但这会留给边际影响系数为 $\underline{\theta}$ 的金融机构一个等于 $\Delta\theta$ $(\bar{q}^* + \hat{q}^*)$ 的租金（发生的概率为 v^2），留给边际影响系数为 $\hat{\theta}$ 的金融机构一个等于 $\Delta\theta$ $\bar{q}^*$ 的租金 [发生的概率为 $2v$ $(1 - v)$]，整个社会将损失 $[v^2\lambda\Delta\theta(\bar{q}^* + \hat{q}^*) + 2v(1 - v)\lambda\Delta\theta\bar{q}^*]$。此时，预期社会总福利为

$$v^2[S(q^*) - (1 + \lambda)\underline{\theta}q^* - \lambda\Delta\theta(\bar{q}^* + \hat{q}^*)] + 2v(1 - v)$$

$$[S(\hat{q}^*) - (1 + \lambda)\hat{\theta}\hat{q}^* - \lambda\Delta\theta\bar{q}^*] + (1 - v)^2[S(\bar{q}^*) - (1 + \lambda)\bar{\theta}\bar{q}^*] \quad (9 - 18)$$

式 (9 - 15)、式 (9 - 16)、式 (9 - 17) 的结果可以提供一个更好的激励相容组合 (G, H, F)。通过对危机自救能力为 $\bar{\theta}$ 和 $\hat{\theta}$ 的金融机构进行向下扭曲（从 $\bar{q}^*$ 减少至 $\bar{q}$，从 $\hat{q}^*$ 减少至 $\hat{q}$），将信息租金减少至 $\Delta\theta(\bar{q} + \hat{q})$ 和 $\Delta\theta\bar{q}$ 的水平，整个社会的损失也相应减少到 $[v^2\lambda\Delta\theta(\bar{q} + \hat{q}) + 2v(1 - v)\lambda\Delta\theta\bar{q}]$。此时，预期社会总福利为

$$v^2[S(q^*) - (1 + \lambda)\underline{\theta}\underline{q}^* - \lambda\Delta\theta(\bar{q} + \hat{q})] + 2v(1 - v)[S(\hat{q}) - (1 + \lambda)\hat{\theta}\hat{q} - \lambda\Delta\theta\bar{q}]$$

$$+ (1 - v)^2[S(\bar{q}) - (1 + \lambda)\bar{\theta}\bar{q}] \quad (9 - 19)$$

（三）不完全信息，引入监管机构

首先，考虑只有监管机构一个监督者时的情形。假设监管机构不需要激励就可以真实传达数据，即 $r = \sigma$。此时，中央政府能得到完全信息，所得到的结果与监督结构相互独立。

1. 界定有监督者时的全社会福利函数。

如图 9-6 所示，界定全社会的福利函数为

$$
\begin{aligned}
W &\equiv U_f + U_g + U_s \\
&= t - \theta q + S(q) - (1 + \lambda)(t + s) + s \\
&= S(q) - \theta q - \lambda t - \lambda s \\
&= S(q) - (1 + \lambda)\theta q - \lambda U_f - \lambda s
\end{aligned}
\qquad (9-20)
$$

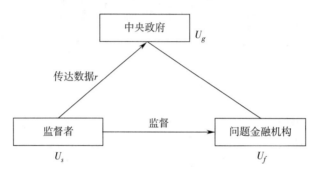

图 9-6　全社会福利函数

2. 目标函数分类讨论。

（1）没有观察到任何信号。此时 $\sigma_1 = \phi$，$\sigma_2 = \phi$，这种情况发生的概率为 $(1 - v\xi)^2$，$\{\underline{\theta}, \hat{\theta}, \overline{\theta}\}$ 发生的条件概率分别为

$$
P_0(\underline{\theta}) = \frac{v^2(1 - \xi)^2}{(1 - v\xi)^2}
\qquad (9-21)
$$

$$
P_0(\hat{\theta}) = \frac{2v(1 - \xi)(1 - v)}{(1 - v\xi)^2}
\qquad (9-22)
$$

$$
P_0(\overline{\theta}) = \frac{(1 - v)^2}{(1 - v\xi)^2}
\qquad (9-23)
$$

令没有观察到任何信号时的预期社会福利水平为 $W_0(\hat{q_0}, \overline{q_0})$，用 $\underline{U}_f^0$、$\hat{U}_f^0$、$\overline{U}_f^0$ 分别代表问题金融机构危机自救能力为 $\underline{\theta}$、$\hat{\theta}$、$\overline{\theta}$ 时的效用水平，则

$$
\begin{aligned}
W_0(\hat{q_0}, \overline{q_0}) = &P_0(\underline{\theta})\left[S(\underline{q_0}) - (1 + \lambda)\underline{\theta}q_0 - \lambda \underline{U}_f^o\right] \\
&+ P_0(\hat{\theta})\left[S(\hat{q_0}) - (1 + \lambda)\hat{\theta}\hat{q_0} - \lambda\hat{U}_f^0\right] \\
&+ P_0(\overline{\theta})\left[S(\overline{q_0}) - (1 + \lambda)\overline{\theta}\overline{q_0} - \lambda\overline{U}_f^0\right]
\end{aligned}
\qquad (9-24)
$$

（2）观察到一个信号。此时 $\sigma_1 = \Delta\theta$，$\sigma_2 = \phi$，或者 $\sigma_1 - = \phi$，$\sigma_2 = \Delta\theta$，这种情

况发生的概率为 $2v\xi(1 - v\xi)$，$\{\underline{\theta}, \hat{\theta}\}$ 发生的条件概率分别为

$$P_1(\underline{\theta}) = \frac{2v\xi v(1 - \xi)}{2v\xi(1 - v\xi)} = \frac{v(1 - \xi)}{1 - v\xi} \tag{9 - 25}$$

$$P_1(\hat{\theta}) = \frac{1 - v}{1 - v\xi} \tag{9 - 26}$$

令观察到一个信号时的预期社会福利水平为 $W_1(\hat{q}_1)$，用 $\underline{U}_f^1$、$\hat{U}_f^1$ 分别代表问题金融机构危机自救能力为 $\underline{\theta}$、$\hat{\theta}$ 时的效用水平，则

$$W_1(\hat{q}_1) = p_1(\underline{\theta})[S(q_1) - (1 + \lambda)\underline{\theta}q_1 - \lambda\underline{U}_f^1]$$
$$+ P_1(\hat{\theta})[S(\hat{q}_1) - (1 + \lambda)\hat{\theta}\hat{q}_1 - \lambda\hat{U}_f^1] \tag{9 - 27}$$

（3）观察到两个信号。此时 $\sigma_1 = \Delta\theta$，$\sigma_2 = \Delta\theta$，这种情况发生的概率为 $v^2\xi^2$。

令观察到两个信号时的预期社会福利水平为 W_2，用 $\underline{U}_f^2$ 代表问题金融机构危机自救能力为 $\underline{\theta}$ 时的效用水平，则

$$W_2 = S(q_2) - (1 + \lambda)\underline{\theta}q_2 - \lambda\underline{U}_f^2 \tag{9 - 28}$$

（4）加总。加入监管机构，且无合谋的情况下，预期社会总福利为

$$W = (1 - v\xi)^2 W_0(\hat{q}_0, \bar{q}_0) + 2v\xi(1 - v\xi)W_1(\hat{q}_1) + v^2\xi^2 W_2 \tag{9 - 29}$$

此时中央政府提供的契约变为 $\{t(\sigma_1, \sigma_2, \theta), q(\sigma_1, \sigma_2, \theta), s(\sigma_1, \sigma_2)\}$，分别表示问题金融机构收到的政府流动性援助、问题金融机构的待偿付债务和对监管机构的转移支付，其中，(σ_1, σ_2) 是监督者观察到的可验证信号，θ 表示问题金融机构危机自救能力的类型。

3. 激励约束与参与约束。当观察到两个可证实的信号 $\sigma_i = \Delta\theta,(i = 1,2)$ 时，中央政府会抽掉问题金融机构全部的租金，即 $\underline{U}_f^2 = 0$，且满足一阶条件 $S'(q_2) = (1 + \lambda)\underline{\theta}$。

当只观察到一个信号或没有观察到任何信号时，只需考虑向上的激励相容约束和低危机自救能力的个体理性参与约束。

向上激励相容约束为

$$\underline{t}_0 - \underline{\theta}q_0 \geq \hat{t}_0 - \underline{\theta}\hat{q}_0 \tag{9 - 30}$$

$$\hat{t}_0 - \hat{\theta}\hat{q}_0 \geq \bar{t}_0 - \hat{\theta}\bar{q}_0 \tag{9 - 31}$$

和

$$\underline{t} - \underline{\theta}q_1 \geq \hat{t}_1 - \underline{\theta}\hat{q}_1 \tag{9 - 32}$$

即

$$\underline{U}_f^0 \geq \hat{U}_f^0 + \Delta\theta\hat{q}_0 \tag{9 - 33}$$

$$\hat{U}_f^0 \geq \bar{U}_f^0 + \Delta\theta\bar{q}_0 \tag{9 - 34}$$

和

$$\underline{U}_f^1 \geqslant \hat{U}_f^1 + \Delta\theta\hat{q}_1 \tag{9-35}$$

理性参与约束为

$$\overline{U}_f^0 \geqslant 0 \tag{9-36}$$

和

$$\hat{U}_f^1 \geqslant 0 \tag{9-37}$$

根据式 (9-33)、式 (9-34)、式 (9-36) 可以得到最优解 $\overline{U}_f^0 = 0$，$\hat{U}_f^0 = \Delta\theta\,\overline{q}_0$，$\underline{U}_f^0 = \Delta\theta(\overline{q}_0 + \hat{q}_0)$；根据式 (9-35)、式 (9-37) 可以得到最优解 $\overline{U}_f^1 = 0$ 和 $\underline{U}_f^1 = \Delta\theta\hat{q}_1$。同样，危机自救能力较强的问题金融机构可以通过伪装为危机自救能力较弱的金融机构，来获取额外租金。

4. 目标函数求解。将上述结果代入加总后的预期社会总福利函数式 (9-29) 中，得

$$W = (1 - v\xi)^2 \left\{ \begin{array}{l} P_0(\underline{\theta})[S(\underline{q}_0) - (1+\lambda)\underline{\theta}\underline{q}_0 - \lambda\Delta\theta(\overline{q}_0 + \hat{q}_0)] \\ + P_0(\hat{\theta})[S(\hat{q}_0) - (1+\lambda)\hat{\theta}\hat{q}_0 - \lambda\Delta\theta\,\overline{q}_0] \\ + P_0(\overline{\theta})[S(\overline{q}_0) - (1+\lambda)\overline{\theta}\overline{q}_0 \end{array} \right\}$$

$$+ 2v\xi(1 - v\xi) \left\{ \begin{array}{l} P_1(\underline{\theta})[S(\underline{q}_1) - (1+\lambda)\underline{\theta}\underline{q}_1 - \lambda\Delta\theta\hat{q}_1] \\ + p_1(\hat{\theta})[S(\hat{q}_1) - (1+\lambda)\hat{\theta}\hat{q}_1] \\ + v^2\xi^2[S(\underline{q}_2) - (1+\lambda)\underline{\theta}\underline{q}_2] \end{array} \right\} \tag{9-38}$$

求解一阶条件得

$$S'(\underline{q}_0) = S'(\underline{q}_1) = S'(\underline{q}_2) = (1+\lambda)\underline{\theta} \tag{9-39}$$

$$S'(\hat{q}_0) = (1+\lambda)\hat{\theta} + \lambda\frac{P_0(\underline{\theta})}{P_0(\hat{\theta})}\Delta\theta \tag{9-40}$$

$$S'(\overline{q}_0) = (1+\lambda)\overline{\theta} + \lambda\frac{P_0(\underline{\theta}) + P_0(\hat{\theta})}{P_0(\overline{\theta})}\Delta\theta \tag{9-41}$$

$$S'(\hat{q}_1) = (1+\lambda)\hat{\theta} + \lambda\frac{P_0(\underline{\theta})}{P_0(\hat{\theta})}\Delta\theta \tag{9-42}$$

同样，该机制设计对高危机自救能力的问题金融机构不会造成任何扭曲效应，但对于危机自救能力越弱的金融机构产生的向下扭曲效应越强，即中等危机自救能力和低危机自救能力的金融机构存在债务缺口 $\hat{q}_0^* - \hat{q}_0$、$\overline{q}_0^* - \overline{q}_0$、$\hat{q}_1^* - \hat{q}_1$，且 $\overline{q}_0^* - \overline{q}_0 > \hat{q}_1^* - \hat{q}_1 >$

$\hat{q_0}^* - \hat{q_0}$，如图 9 - 7 所示①。

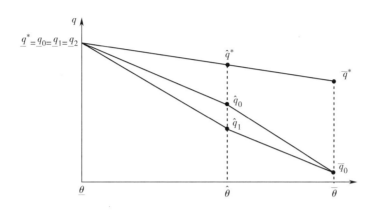

图 9 - 7　债务缺口

如果该债务缺口难以找到适当的成本承担人，而大规模危机爆发会给政府带来一个无限大的负效用，那么政府将选择对所有问题金融机构多支付一个租金（$\hat{q_0}^* - \hat{q_0}$），以避免危机的爆发，并在待偿还债务全部得以清偿的条件下实现预期社会总福利最大；如果债务违约造成的危机传染仅会对政府造成一个有限的负效用，那么政府将在该负效用范围内对问题金融机构进行超额租金支付，这样的结果是好机构存活、坏机构破产，并在待偿还债务部分得以清偿的条件下实现预期社会总福利最大。对债务缺口导致的传染风险将在下文的修正模型进行详细讨论。

（四）问题金融机构俘获监管机构

1. 防范合谋约束条件。假设在没有防范激励时，监管机构将与问题金融机构进行合谋。现实中，该俘获行为可能并不由问题金融机构直接施加，而是由地方政府予以施加，如地方政府利用对地方资源的行政支配权俘获地方监管机构分支。地方政府的利益出发点往往不是问题金融机构，而是问题金融机构的客户——地方借款企业（见图 9 - 5），这里简化分析框架，将背后复杂的利益关系隐去。1998 年，人民银行设置大区分行的本意，也是想通过央行一级分行的按经济区域设置，摆脱地方政府对银行的干预，将人权、事权上收，实行垂直化管理②。

---

①　易得：

$$S'(\hat{q_0}) = (1 + \lambda)\hat{\theta} + \lambda \frac{v(1 - \xi)}{2(1 - v)}\Delta\theta$$

$$S'(\bar{q_0}) = (1 + \lambda)\bar{\theta} + \lambda \left[\frac{v^2(1 - \xi)^2}{(1 - v)^2} + \frac{2v(1 - \xi)}{(1 - v)}\right]\Delta\theta$$

$$S'(\hat{q_1}) = (1 + \lambda)\hat{\theta} + \lambda \frac{v(1 - \xi)}{1 - v}\Delta\theta$$

第二项越大，与最优解的债务缺口越大。

②　由于改革存在的诸多疏漏导致并未成功，大区分行不得已又慢慢将收上来的权力下放给地方，目前基本上只剩下商业银行高级管理人员的任职审批职能等。

当监管机构观察到可证实的信号 $\theta_i = \Delta\theta, i\epsilon\{1,2\}$ 或 $\theta_1 = \theta_2 = \Delta\theta$ 后，可以通过向问题金融机构提出隐瞒信号的要约，分享问题金融机构的预期租金。问题金融机构愿意支付给监督者的最高贿赂是其预期租金，假设监管机构仅需获得 $s(\sigma_1,\sigma_2)$ 的转移支付就不会与问题金融机构进行合谋，(σ_1,σ_2) 代表着监管机构获取的信息。令 s_2、s_1 和 s_0 分别表示监管机构向中央政府报告 2 个、1 个和 0 个可验证信息时所获得的转移支付，假设 $s_0 = 0$，那么对监管机构的转移支付满足如下防合谋约束条件：

$$s_2 - s_1 \geq k\underline{U}_f^1 \tag{9-43}$$

$$s_2 - s_0 \geq k\underline{U}_f^0 \tag{9-44}$$

$$s_1 - s_0 \geq k\min\{\underline{U}_f^0 - \underline{U}_f^1, \hat{U}_f^0\} \tag{9-45}$$

其中，$0 \leq k \leq 1$。

式（9-43）表明，由于高危机自救能力的金融机构在被揭露了一个可证实信号之后，可获得的最大租金为 $\underline{U}_f^1$。监管机构担心被发现以及在谈判过程中会产生无效率的讨价还价，最终使得对监管机构的超额转移支付仅需大于 $k\underline{U}_f^1$，那么当监督者发现两个可证实信号时，一定不会隐瞒任何一个。

式（9-44）表明，由于高危机自救能力的金融机构在未被证实任何信号之时，可获得的最大租金为 $\underline{U}_f^0$，同样由于监督者担心被发现以及在谈判过程中会产生无效率的讨价还价，最终使得对监督者的超额转移支付仅需大于 $k\underline{U}_f^0$，那么当监管机构发现两个可证实信号时，一定不会全部隐瞒。即监管机构在得到 $(\sigma_1 = \Delta\theta, \sigma_2 = \Delta\theta)$ 时，不会报告出 $(\sigma_1 = \phi, \sigma_2 = \phi)$。由于 $\underline{U}_f^0 > \underline{U}_f^1$，式（9-43）实际上是式（9-44）的放松条件。

式（9-45）表明，当问题金融机构为高危机自救能力时，不被揭露信号和被揭露一个信号的租金差为 $\underline{U}_f^0 - \underline{U}_f^1$；当问题金融机构为中等自救能力时，不被揭露信号的租金为 $\hat{U}_f^0$。由于监管机构并不确定问题金融机构属于哪一种类型，最终使得对监管机构的超额转移支付仅需大于上述两者中最小值的 k 倍，则监管机构仅发现一个可证实信号时一定不会隐瞒。由于 $\underline{U}_f^0 - \underline{U}_f^1 = \Delta\theta(\bar{q}_0 + \hat{q}_0 - \hat{q}_1)$，$\hat{U}_f^0 = \Delta\theta\bar{q}_0$，从上文的分析中可知 $\hat{q}_0 - \hat{q}_1 > 0$，因此 $\min\{\underline{U}_f^0 - \underline{U}_f^1, \hat{U}_f^0\} = \hat{U}_f^0$。

综上所述，防范合谋的约束条件变为

$$s_2 \geq k\underline{U}_f^0 \tag{9-46}$$

$$s_1 \geq k\hat{U}_f^0 \tag{9-47}$$

2. 目标函数求解。对监管机构进行转移支付的预期社会成本为 $\lambda[v^2\xi^2 s_2 + 2v\xi(1-v\xi)s_1]$，则预期社会总福利为

$$W = (1-v\xi)^2 W_0(\hat{q}_0, \bar{q}_0) + 2v\xi(1-v\xi)W_1(\hat{q}_1) + v^2\xi^2 W_2$$
$$\qquad - \lambda[v^2\xi_2 s_2 + 2v\xi(1-v\xi)s_1] \tag{9-48}$$

在上文激励相容约束、理性参与约束和防合谋约束条件下，上式变为

$$W = (1 - v\xi)^2 \left\{ \begin{array}{l} P_0(\underline{\theta})\left[S(\underline{q_0}) - (1 + \lambda)\underline{\theta}\underline{q_0} - \lambda\Delta\theta(\overline{q_0} + \hat{q_0}) \right] \\ + P_0(\hat{\theta})\left[S(\hat{q_0}) - (1 + \lambda)\hat{\theta}\hat{q_0} - \lambda\Delta\theta\overline{q_0} \right] \\ + P_0(\overline{\theta})\left[S(\overline{q_0}) - (1 + \lambda)\overline{\theta}\overline{q_0} \right] \end{array} \right\}$$

$$+ 2v\xi(1 - v\xi) \left\{ \begin{array}{l} P_1(\underline{\theta})\left[S(\underline{q_1}) - (1 + \lambda)\underline{\theta}\underline{q_1} - \lambda\Delta\theta\hat{q_1} \right] \\ + P_1(\hat{\theta})\left[S(\hat{q_1}) - (1 + \lambda)\hat{\theta}\hat{q_1} \right] \end{array} \right\}$$

$$+ v^2\xi^2\left[S(q_2) - (1 + \lambda)\underline{\theta}q_2 \right]$$

$$- \lambda\left[v^2\xi^2 k\Delta\theta(\overline{q_0} + \hat{q_0}) + 2v\xi(1 - v\xi)k\Delta\theta\overline{q_0} \right] \qquad (9-49)$$

一阶条件为

$$S'(\underline{q_0^{one}}) = S'(\underline{q_1^{one}}) = S'(q_2^{one}) = (1 + \lambda)\underline{\theta} \qquad (9-50)$$

$$S'(\hat{q_0^{one}}) = (1 + \lambda)\hat{\theta} + \lambda\left[\frac{P_0(\underline{\theta})}{P_0(\hat{\theta})} + \frac{kv^2\xi^2}{(1 - v\xi)^2 P_0(\hat{\theta})} \right]\Delta\theta \qquad (9-51)$$

$$S'(\overline{q_0^{one}}) = (1 + \lambda)\overline{\theta} + \lambda\left[\frac{P_0(\underline{\theta}) + (\hat{\theta})}{P_0(\overline{\theta})} + \frac{kv\xi(2 - v\xi)}{(1 - v\xi)^2 P_0(\overline{\theta})} \right]\Delta\theta \qquad (9-52)$$

$$S'(\hat{q_1^{one}}) = (1 + \lambda)\hat{\theta} + \lambda\frac{P_1(\underline{\theta})}{P_1(\hat{\theta})}\Delta\theta \qquad (9-53)$$

对比上述主要结论和无合谋的结果式（9-39）~式（9-42），可以发现发生改变的仅有式（9-51）和式（9-52），即在信息完全不对称的情况下，防范合谋约束使得中等效应和低效应（即危机自救能力更低）金融机构的向下扭曲效应变大，债务缺口变大；在适度的信息不对称情况下，由于式（9-53）与式（9-42）相等，这与防范合谋约束条件式（9-43）没有发挥作用有关，可见防范合谋也不会对 $\hat{q_1}$ 产生扭曲作用。容易发现，如果危机爆发会给中央政府带来一个无限大的负效用，那么，当中央政府对所有问题金融机构都多付出一个防传染风险的救助成本时，租金成本将变大，下文的修正模型中将探讨对预期社会总福利的影响。

（五）引入地方政府（分权）

假设监督者变为两个——监管机构和地方政府，且每个监督者分别负责一个信号。两个监督者分别可能得到可证实信号 σ_1 和 σ_2，但它们并不知道对方获得怎样的信息。

1. 防范合谋约束条件。假设当监督者一获得可证实信号 $\sigma_1 = \Delta\theta$ 时，它选择合谋所得到的租金分为三种情况：

（1）被救助金融机构的类型为 $\underline{\theta}$，且监督者二获得可证实信号 $\sigma_2 = \Delta\theta$ 并上报中央政府。该种情况发生的概率为 $v\xi$，能得到的最大租金为 $\underline{U_f^1} = \Delta\theta\hat{q_1}$。

（2）被救助金融机构的类型为 $\underline{\theta}$，但监督者二并未获得任何信号。该种情况发生的概率为 $v(1 - \xi)$，能得到的最大租金为 $\underline{U_f^0} - \underline{U_f^1} = \Delta\theta(\overline{q_0} + \hat{q_0} - \hat{q_1})$。

（3）被救助金融机构的类型为 $\hat{\theta}$，且监督者二不能获得任何信号。该种情况发生的概率为 $(1-v)$，能得到的最大租金为 $\hat{U}_f^0 = \Delta\theta\bar{q}_0$。

想要杜绝监督者一合谋，则对其的转移支付应满足

$$s_1 \geqslant k\min\{\underline{U}_f^1, U_f^0 - \underline{U}_f^1, \hat{U}_f^0\} \qquad (9-54)$$

由于 $\hat{q}_0 > \hat{q}_1 > \bar{q}_0$，因此，式（9-54）可简化为

$$s_1 > k\Delta\theta\bar{q}_0 \qquad (9-55)$$

同理，当监督者二获得可证实信号 $\sigma_2 = \Delta\theta$ 时，为避免其合谋也应满足式（9-55）要求。因此，对两个监督者总的预期转移支付成本为 $2v\xi\lambda k\Delta\theta\bar{q}_0$。

2. 目标函数求解。此时，预期社会总福利为

$$W = (1-v\xi)^2 W_0(\hat{q}_0, \bar{q}_0) + 2v\xi(1-v\xi)W_1(\hat{q}_1) + v^2\xi^2 W_2 - 2v\xi\lambda k\Delta\theta\bar{q}_0$$

$$= (1-v\xi)^2 \left\{ \begin{array}{l} P_0(\underline{\theta})[S(\underline{q}_0) - (1+\lambda)\underline{\theta}\underline{q}_0 - \lambda\Delta\theta(\bar{q}_0 + \hat{q}_0)] \\ + P_0(\hat{\theta})[S(\hat{q}_0) - (1+\lambda)\hat{\theta}\hat{q}_0 - \lambda\Delta\theta\bar{q}_0] \\ + P_0(\bar{\theta})[S(\bar{q}_0) - (1+\lambda)\bar{\theta}\bar{q}_0 \end{array} \right\}$$

$$+ 2v\xi(1-v\xi) \left\{ \begin{array}{l} P_1(\underline{\theta})[S(\underline{q}_1) - (1+\lambda)\underline{\theta}\underline{q}_1 - \lambda\Delta\theta\hat{q}_1] \\ + p_1(\hat{\theta})[S(\hat{q}_1) - (1+\lambda)\hat{\theta}\hat{q}_1] \end{array} \right\}$$

$$+ v^2\xi^2[S(\underline{q}_2) - (1+\lambda)\underline{\theta}\underline{q}_2] - 2v\xi\lambda k\Delta\theta\bar{q}_0 \qquad (9-56)$$

一阶条件为

$$S'(\underline{q}_0^{two}) = S'(\underline{q}_1^{two}) = S'(\underline{q}_2^{two}) = (1+\lambda)\underline{\theta} \qquad (9-57)$$

$$S'(\hat{q}_0^{two}) = (1+\lambda)\hat{\theta} + \lambda\frac{P_0(\underline{\theta})}{P_0(\hat{\theta})}\Delta\theta \qquad (9-58)$$

$$S'(\bar{q}_0^{two}) = (1+\lambda)\bar{\theta} + \lambda\left[\frac{P_0(\underline{\theta}) + (\hat{\theta})}{P_0(\bar{\theta})} + \frac{2kv\xi}{(1-v\xi)^2 P_0(\bar{\theta})}\right]\Delta\theta \qquad (9-59)$$

$$S'(\hat{q}_1^{two}) = (1+\lambda)\hat{\theta} + \lambda\frac{P_1(\underline{\theta})}{P_1(\hat{\theta})}\Delta\theta \qquad (9-60)$$

对比上述结果和无合谋、一个监督者且有合谋的结果，可以发现式（9-58）与无合谋的情况相同，式（9-59）进一步变大，比一个监督者且有合谋的结果更大，式（9-57）和式（9-60）在三种情况下均未发生改变。这说明，两个监督者对 $\hat{q}_0$ 和 $\hat{q}_1$（即中等危机自救能力的金融机构）产生扭曲作用很小（等于无监督者的情况），但对于 $\bar{q}_0$（即低危机自救能力的金融机构）产生的向下扭曲效应会变得更大。总的来讲，两个监督者虽然节约了对中等危机自救能力金融机构的租金支付，但导致低危机自救能

力金融机构的债务缺口变大,其中,完全信息不对称的汇总情况如图9-8所示。对预期社会总福利的影响将在下文进行分析。

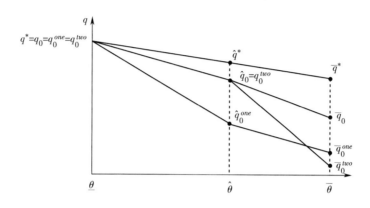

图9-8 完全信息不对称的债务缺口

(六) 分权的前提条件

分权是否会增加防范合谋的社会成本呢?由之前的分析可知,当仅有一个监督者时,防范合谋的社会成本为

$$\lambda k v \xi \left[v \xi \underline{U}^0_f + 2(1 - v\xi) \min \{ \underline{U}^0_f - \underline{U}^1_f, \hat{U}^0_f \} \right] \tag{9-61}$$

当有两个监督者时,防范合谋的社会成本变为

$$2\lambda k v \xi \min \{ \underline{U}^1_f, \underline{U}^0_f - \underline{U}^1_f, \hat{U}^0_f \}$$

$$= \lambda k v \xi \left[2v\xi \min \{ \underline{U}^1_f, \underline{U}^0_f - \underline{U}^1_f, \hat{U}^0_f \} + 2(1 - v\xi) \min \{ \underline{U}^1_f, \underline{U}^0_f - \underline{U}^1_f, \hat{U}^0_f \} \right] \tag{9-62}$$

因为:

$$\min \{ \underline{U}^1_f, \underline{U}^0_f - \underline{U}^1_f, \hat{U}^0_f \} \leqslant \min \{ \underline{U}^0_f - \underline{U}^1_f, \hat{U}^0_f \} \tag{9-63}$$

$$2\min \{ \underline{U}^1_f, \underline{U}^0_f - \underline{U}^1_f, \hat{U}^0_f \} \leqslant 2\min \{ \underline{U}^1_f - \underline{U}^0_f, \underline{U}^1_f \}$$

$$\leqslant \{ \underline{U}^1_f + \underline{U}^0_f - \underline{U}^0_f \}$$

$$= \underline{U}^0_f \tag{9-64}$$

所以:

$$\lambda k v \xi \left[v \xi \underline{U}^0_f + 2(1 - v\xi) \min \{ \underline{U}^0_f - \underline{U}^1_f, \hat{U}^0_f \} \right] \geqslant 2\lambda k v \xi \min \{ \underline{U}^1_f, \underline{U}^0_f - \underline{U}^1_f, \hat{U}^0_f \}$$

$$\tag{9-65}$$

因此,从防范合谋的角度来看,权力的分离始终是更好的选择,因为防范合谋的社会成本将降低。

但是之前的讨论都建立在监督者审慎的原则之上,即如果提出一个会遭到拒绝的合谋要约会带来高昂的成本(如遭到问题金融机构公开谴责)。但如果改变约束条件,在条件概率下讨论该问题,结果将发生反转。

已知 $\underline{U}_f^0 - \underline{U}_f^1 > \underline{U}_f^1 > \hat{U}_f^0$。当 v（$1 - \xi$）（$\underline{U}_f^0 - \underline{U}_f^1$）$> \max \{v\xi \underline{U}_f^1, \hat{U}_f^0\}$ 时，或者说当 v 趋近于 1 且 ξ 趋近于 0 时，监督者始终会得到租金 $\underline{U}_f^0 - \underline{U}_f^1$。

由之前的分析可知，一个监督者时防范合谋的社会成本为

$$\lambda kv\xi[v\xi\underline{U}_f^0 + 2v(1 - \xi)(\underline{U}_f^0 - \underline{U}_f^1)] \qquad (9-66)$$

两个监督者时，当监督者之一获得可证实信号 $\sigma_1 = \Delta\theta$ 时，它选择合谋所得到的租金分为三种情况：（1）在 $v\xi$ 的概率下得到租金 $\underline{U}_f^1$；（2）在 v（$1 - \xi$）的概率下得到租金 $\underline{U}_f^0 - \underline{U}_f^1$；（3）在所有情况下都可以保证得到最低租金 $\hat{U}_f^0$。

由于两个监督者相互不知情，此时防范合谋的社会成本变为

$$\lambda kv\xi[2v\xi(\underline{U}_f^0 - \underline{U}_f^1) + 2v(1 - \xi)(\underline{U}_f^0 - \underline{U}_f^1)] \qquad (9-67)$$

因为 $\underline{U}_f^0 > 2\underline{U}_f^1$，因此在条件概率下，当 v 趋近于 1 且 ξ 趋近于 0 时，选择分权会增加防范合谋的社会成本。

综上所述，分权是否会增加防范合谋的社会成本，主要依赖于合谋要约遭到拒绝的成本是否高昂。这说明声誉机制的建立非常重要，如果提出合谋要约可能会被拒绝且带来高昂的成本，例如遭到公开谴责，那么在谨慎性原则下分权机制更好；如果没有相应的声誉机制，那么分权可能带来更坏的结果。

9.2.2　危机中后期：金融机构道德风险（俘获地方政府）

在上文的基础模型中，我们设定政府对于被救助金融机构摆脱危机的正效用为 S（q）。但由于信号显示过程中，危机自救能力越低的金融机构债务支付金额受到的向下扭曲①效应越大，这类问题机构在获取中央政府流动性援助 t 之后仍存在债务缺口，如果问题金融机构选择违约，则可能导致金融危机进一步传染。

传染风险是指因交易对手、关联机构、金融市场等发生波动或不利变化而对机构个体及整个银行体系造成直接或间接负面影响的风险。其传导渠道既可能是由特定金融机构违约风险暴露导致交易对手直接损失或金融市场资产价格剧烈波动而使得其他金融机构资产负债表受损，也可能是通过市场预期渠道或非理性心理恐慌渠道快速传染至整个金融体系。传染风险应是政府考虑是否开展"最后贷款人"救助的关键。尽管与单纯考虑传染风险相比，加入道德风险因素会弱化一部分政府救助的意愿，但这种影响很小。如果不担心危机的传染风险，政府的救助动机将被严格限制，进而不会产生太大的道德风险问题；但是，当其他机构和市场发出被传染的求救信号时，即使存在道德风险，传染风险仍是政府是否救助的主要考虑因素，政府救助也是合理和必要的。

在市场规则前提下，假设传染风险会给中央政府带来一个负效用 NS（q），要避免传染风险存在一个防传染成本（$1 + \lambda$）C（q），其中 C（q）$= \max\{\overline{q}^* - \overline{q}, \hat{q}^* - \hat{q}\}$，即各类问题机构中最大的债务缺口值。从之前的分析中容易发现最大的债务缺口通常是低危

---

① 在之前的分析中可以看到，危机自救能力高的高效率金融机构，其债务支付水平不会受到扭曲；而中等效率和低效率金融机构的债务支付水平都将受到向下的扭曲。

机自救能力金融机构的债务缺口①。为方便分析，我们假设最大的债务缺口始终取低危机自救能力金融机构的债务缺口值。

那么在危机初期，中央政府对市场注入流动性，进行了流动性援助支出 t 之后，是否能避免危机进一步传染取决于 $\min\{NS(q),(1+\lambda)C(q)\}$。全国性银行一旦违约导致的传染风险给中央政府带来的负效用为无穷大，而随着银行影响范围的缩小，给中央政府带来的负效用也随之减小。为方便分析，这里仅讨论最极端的情形，即 $NS(q) \rightarrow +\infty$ 时，此时中央政府一定会选择对所有债务缺口进行偿付，而不会选择承担传染风险导致的负效用。即 $\min\{NS(q),(1+\lambda)C(q)\} = (1+\lambda)C(q)$。因此中央政府的福利函数为

$$U_g \equiv S(q) - (1+\lambda)t - (1+\lambda)C(q) \qquad (9-68)$$

（一）完全信息条件（参照系）

无监督者的危机救助模型中，全社会的福利函数为

$$\begin{aligned}
W &\equiv U_f + U_g \\
&= t - \theta q + S(q) - (1+\lambda)t - (1+\lambda)C(q) \\
&= S(q) - \theta q - \lambda t - (1+\lambda)C(q) \\
&= S(q) - (1+\lambda)\theta q - \lambda U_f - (1+\lambda)C(q)
\end{aligned} \qquad (9-69)$$

因此，无监督者模型的目标函数是

$$\max_{\underline{q},\hat{q},\bar{q}}\left\{\begin{array}{l}
v^2[S(\underline{q}) - (1+\lambda)\underline{\theta q} - \lambda\underline{U_f} - (1+\lambda)(\bar{q}^* - \underline{q})] \\
+ 2v(1-v)[S(\hat{q}) - (1+\lambda)\hat{\theta}\hat{q} - \lambda\hat{U_f} - (1+\lambda)(\bar{q}^* - \hat{q})] \\
+ (1-v)^2[S(\bar{q}) - (1+\lambda)\bar{\theta q} - \lambda\bar{U_f} - (1+\lambda)(\bar{q}^* - \bar{q})]
\end{array}\right\} \qquad (9-70)$$

将激励相容约束和理性参与约束 $\bar{U}_f = 0$，$\hat{U}_f = \Delta\theta\bar{q}$，$\underline{U}_f = \Delta\theta(\bar{q} + \hat{q})$ 代入式（9-70）得

$$\max_{\underline{q},\hat{q},\bar{q}}\left\{\begin{array}{l}
v^2[S(\underline{q}) - (1+\lambda)\underline{\theta q} - \lambda\Delta\theta(\bar{q} + \hat{q}) - (1+\lambda)(\bar{q}^* - \underline{q})] \\
+ 2v(1-v)[S(\hat{q}) - (1+\lambda)\hat{\theta}\hat{q} - \lambda\Delta\theta\bar{q} - (1+\lambda)(\bar{q}^* - \hat{q})] \\
+ (1-v)^2[S(\bar{q}) - (1+\lambda)\bar{\theta q}) - (1+\lambda)(\bar{q}^* - \bar{q})]
\end{array}\right\} \qquad (9-71)$$

一阶条件为

$$S'(\underline{q}) = (1+\lambda)\underline{\theta} \qquad (9-72)$$

$$S'(\hat{q}) = (1+\lambda)\hat{\theta} + \frac{v\lambda\Delta\theta}{2(1-v)} \qquad (9-73)$$

① 无监督者时，$S'(q)$ 表达式中第二项由大到小分别是 $S'(\bar{q})$ 和 $S'(\hat{q})$（第二项越大表明债务缺口越大）；有一个监督者且无合谋时，$S'(q)$ 表达式中第二项由大到小分别是 $S(\bar{q}_0)$、$S(\hat{q}_1)$ 和 $S(\hat{q}_0)$；有两个监督者且有合谋时，$S'(q)$ 表达式中第二项由大到小分别是 $S(\bar{q}_0^{two})$、$S(\hat{q}_1^{two})$ 和 $S(\hat{q}_0^{two})$。但在一个监督者且有合谋时，不能判断 $S(\bar{q}_0^{one})$ 和 $S(\hat{q}_0^{two})$ 第二项的大小。

$$S'(\bar{q}) = (1 + \lambda)\bar{\theta} + \frac{v(2 - v)\lambda\Delta\theta - (1 + \lambda)}{(1 - v)^2} \qquad (9 - 74)$$

结果表明,由于预期中央政府将对传染风险进行遏制,扣除传染风险补贴前的社会总租金被削减 $[S'(\bar{q})$ 变小$]$,但是社会总福利需另外讨论。

(二) 不完全信息,引入监管机构

引入监管机构的危机救助模型中,全社会的福利函数为

$$\begin{aligned}
W &\equiv U_f + U_g + U_s \\
&= t - \theta q + S(q) - (1 + \lambda)(t + s) + s - (1 + \lambda)C(q) \\
&= S(q) - \theta q - \lambda t - \lambda s - (1 + \lambda)C(q) \\
&= S(q) - (1 + \lambda)\theta q - \lambda U_f - \lambda s - (1 + \lambda)C(q)
\end{aligned} \qquad (9 - 75)$$

在对目标函数进行分类讨论后,加总得到的表达式为

$$W = (1 - v\xi)^2 W_0(\hat{q}_0, \bar{q}_0) + 2v\xi(1 - v\xi)W_1(\hat{q}_1) + v^2\xi^2 W_2$$

$$= (1 - v\xi)^2 \left\{ \begin{array}{l} P_0(\underline{\theta})[S(q_0) - (1 + \lambda)\underline{\theta}q_0 - \lambda\underline{U}_f^0] \\ + P_0(\hat{\theta})[S(\hat{q}_0) - (1 + \lambda)\hat{\theta}\hat{q}_0 - \lambda\hat{U}_f^0] \\ + P_0(\bar{\theta})[S(\bar{q}_0) - (1 + \lambda)\bar{\theta}\bar{q}_0 - \lambda\bar{U}_f^0] \end{array} \right\}$$

$$+ 2v\xi(1 - v\xi) \left\{ \begin{array}{l} P_1(\underline{\theta})[S(q_1) - (1 + \lambda)\underline{\theta}q_1 - \lambda\underline{U}_f^1] \\ + P_1(\hat{\theta})[S(\hat{q}_1) - (1 + \lambda)\hat{\theta}\hat{q}_1 - \lambda\hat{U}_f^1] \end{array} \right\}$$

$$+ v^2\xi^2[S(q_2) - (1 + \lambda)\theta q_2 - \lambda\underline{U}_f^2] - (1 + \lambda)C(q) \qquad (9 - 76)$$

将激励相容约束和理性参与约束 $\bar{U}_f^0 = 0, \hat{U}_f^0 = \Delta\theta\,\bar{q}_0, \underline{U}_f^0 = \Delta\theta(\bar{q}_0 + \hat{q}_0), \hat{U}_f^1 = 0,$ $\underline{U}_f^1 = \Delta\theta\hat{q}_1$ 和防传染风险成本 $C(q) = \bar{q}^* - \bar{q}_0$ 代入式 (9 - 76) 得

$$W = (1 - v\xi)^2 \left\{ \begin{array}{l} P_0(\underline{\theta})[S(q_0) - (1 + \lambda)\underline{\theta}q_0 - \lambda\Delta\theta(\bar{q}_0 + \hat{q}_0)] \\ + P_0(\hat{\theta})[S(\hat{q}_0) - (1 + \lambda)\hat{\theta}\hat{q}_0 - \lambda\Delta\theta\bar{q}_0] \\ + P_0(\bar{\theta})[S(\bar{q}_0) - (1 + \lambda)\bar{\theta}\bar{q}_0] \end{array} \right\}$$

$$+ 2v\xi(1 - v\xi) \left\{ \begin{array}{l} P_1(\underline{\theta})[S(q_1) - (1 + \lambda)\underline{\theta}q_1 - \lambda\Delta\theta\hat{q}_1] \\ + P_1(\hat{\theta})[S(\hat{q}_1) - (1 + \lambda)\hat{\theta}\hat{q}_1] \end{array} \right\}$$

$$+ v^2\xi^2[S(q_2) - (1 + \lambda)\theta q_2] - (1 + \lambda)(\bar{q}^* - \bar{q}_0) \qquad (9 - 77)$$

通过对式 (9-77) 进行最优化后,求得一阶条件为

$$S'(q_0) = S'(q_1) = S'(q_2) = (1 + \lambda)\underline{\theta} \qquad (9 - 78)$$

$$S'(\hat{q}_0) = (1 + \lambda)\hat{\theta} + \frac{P_0(\underline{\theta})\lambda\Delta\theta}{P_0(\hat{\theta})} \qquad (9 - 79)$$

$$S'(\overline{q_0}) = (1 + \lambda)\overline{\theta} + \frac{[P_0(\underline{\theta}) + P_0(\hat{\theta})]\lambda\Delta\theta - (1 + \lambda)}{P_0(\overline{\theta})} \qquad (9-80)$$

$$S'(\hat{q_1}) = (1 + \lambda)\hat{\theta} + \frac{P_1(\underline{\theta})\lambda\Delta\theta}{P_1(\hat{\theta})} \qquad (9-81)$$

同样，由于预期中央政府将对传染风险进行遏制，扣除传染风险补贴前的社会总租金被削减 $[S'(\overline{q_0})$ 变小$]$，但是社会总福利需另外讨论。

（三）问题金融机构俘获监管机构

加入防合谋条件后，对监管机构进行转移支付的预期社会成本为 $\lambda[v^2\xi^2 s_2 + 2v\xi(1 - v\xi)s_1]$，则预期社会总福利为

$$W = (1 - v\xi)^2 W_0(\hat{q_0}, \overline{q_0}) + 2v\xi(1 - v\xi)W_1(\hat{q_1}) + v^2\xi^2 W_2$$
$$- \lambda[v^2\xi^2 s_2 + 2v\xi(1 - v\xi)s_1] - (1 + \lambda)C(q) \qquad (9-82)$$

将激励相容约束 $\hat{U_f^0} = \Delta\theta\overline{q_0}, \underline{U_f^0} = \Delta\theta(\overline{q_0} + \hat{q_0}), \underline{U_f^1} = \Delta\theta\hat{q_1}$；理性参与约束 $\overline{U_f^0} = 0$，$\hat{U_f^1} = 0$；防合谋约束条件 $s_2 = k\underline{U_f^0}, s_1 = k\hat{U_f^0}$ 和防传染风险成本 $C(q) = \overline{q}^* - \overline{q_0}$ 代入，式（9-82）变为

$$W = (1 - v\xi)^2 \left\{ \begin{array}{l} P_0(\underline{\theta})[S(\underline{q_0}) - (1 + \lambda)\underline{\theta}\underline{q_0} - \lambda\Delta\theta(\overline{q_0} + \hat{q_0})] \\ + P_0(\hat{\theta})[S(\hat{q_0}) - (1 + \lambda)\hat{\theta}\hat{q_0} - \lambda\Delta\theta\overline{q_0}] \\ + P_0(\overline{\theta})[S(\overline{q_0}) - (1 + \lambda)\overline{\theta}\overline{q_0}] \end{array} \right\}$$

$$+ 2v\xi(1 - v\xi) \left\{ \begin{array}{l} P_1(\underline{\theta})[S(\underline{q_1}) - (1 + \lambda)\underline{\theta}\underline{q_1} - \lambda\Delta\theta\hat{q_1}] \\ + P_1(\hat{\theta})[S(\hat{q_1}) - (1 + \lambda)\hat{\theta}\hat{q_1}] \end{array} \right\}$$

$$+ v^2\xi^2[S(\underline{q_2}) - (1 + \lambda)\underline{\theta}\underline{q_2}]$$

$$- \lambda[v^2\xi^2 k\Delta\theta(\overline{q_0} + \hat{q_0}) + 2v\xi(1 - v\xi)k\Delta\theta\overline{q_0}] - (1 + \lambda)(\overline{q}^* - \overline{q_0}) \qquad (9-83)$$

一阶条件为

$$S'(\underline{q_0^{one}}) = S'(\underline{q_1^{one}}) = S'(\underline{q_2^{one}}) = (1 + \lambda)\underline{\theta} \qquad (9-84)$$

$$S'(\hat{q_0^{one}}) = (1 + \lambda)\hat{\theta} + \lambda\left[\frac{P_0(\underline{\theta})}{P_0(\hat{\theta})} + \frac{kv^2\xi^2}{(1 - v\xi)^2 P_0(\hat{\theta})}\right]\Delta\theta \qquad (9-85)$$

$$S'(\overline{q_0^{one}}) = (1 + \lambda)\overline{\theta} + \lambda\left[\frac{P_0(\underline{\theta}) + (\hat{\theta})}{P_0(\overline{\theta})} + \frac{kv\xi(2 - v\xi)}{(1 - v\xi)^2 P_0(\overline{\theta})}\right]\Delta\theta - \frac{(1 + \lambda)}{(1 - v\xi)^2 P_0(\overline{\theta})}$$

$$(9-86)$$

$$S'(\hat{q_1^{one}}) = (1 + \lambda)\hat{\theta} + \lambda\frac{P_1(\underline{\theta})}{P_1(\hat{\theta})}\Delta\theta \qquad (9-87)$$

（四）引入地方政府（分权）

由之前的分析可知，当引入地方政府后，由于存在监管机构和地方政府两个监督者，总的预期转移支付成本为 $2v\xi\lambda k\Delta\theta\overline{q_0}$，因此，预期社会总福利为

$$W = (1 - v\xi)^2 W_0(\hat{q_0}, \overline{q_0}) + 2v\xi(1 - v\xi) W_1(\hat{q_1}) + v^2\xi^2 W_2 - 2v\xi\lambda k\Delta\theta\overline{q_0}$$

$$= (1 - v\xi)^2 \left\{ \begin{array}{l} P_0(\underline{\theta})[S(\underline{q_0}) - (1 + \lambda)\underline{\theta}\underline{q_0} - \lambda\Delta\theta(\overline{q_0} + \hat{q_0})] \\ + P_0(\hat{\theta})[S(\hat{q_0}) - (1 + \lambda)\hat{\theta}\hat{q_0} - \lambda\Delta\theta\overline{q_0}] \\ + P_0(\overline{\theta})[S(\overline{q_0}) - (1 + \lambda)\overline{\theta}\overline{q_0}] \end{array} \right\}$$

$$+ 2v\xi(1 - v\xi) \left\{ \begin{array}{l} P_1(\underline{\theta})[S(\underline{q_1}) - (1 + \lambda)\underline{\theta}\underline{q_1} - \lambda\Delta\theta\hat{q_1}] \\ + p_1(\hat{\theta})[S(\hat{q_1}) - (1 + \lambda)\hat{\theta}\hat{q_1}] \end{array} \right\}$$

$$+ v^2\xi^2[S(\underline{q_2}) - (1 + \lambda)\underline{\theta}\underline{q_2}] - 2v\xi\lambda k\Delta\theta\overline{q_0} - (1 + \lambda)(\overline{q^*} - \overline{q_0}) \quad (9-88)$$

一阶条件为

$$S'(q_0^{two}) = S'(q_1^{two}) = S'(q_2^{two}) = (1 + \lambda)\underline{\theta} \quad (9-89)$$

$$S'(\hat{q_0^{two}}) = (1 + \lambda)\hat{\theta} + \lambda \frac{P_0(\underline{\theta})}{P_0(\hat{\theta})}\Delta\theta \quad (9-90)$$

$$S'(\overline{q_0^{two}}) = (1 + \lambda)\overline{\theta} + \lambda\left[\frac{P_0(\underline{\theta}) + P_0(\hat{\theta})}{P_0(\overline{\theta})} + \frac{2kv\xi}{(1 - v\xi)^2 P_0(\overline{\theta})}\right]$$

$$\Delta\theta - \frac{(1 + \lambda)}{(1 - \lambda\xi)^2 P_0(\overline{\theta})} \quad (9-91)$$

$$S'(\hat{q_1^{two}}) = (1 + \lambda)\hat{\theta} + \lambda \frac{P_1(\underline{\theta})}{P_1(\hat{\theta})}\Delta\theta \quad (9-92)$$

（五）分权与集权的选择标准

对比上文中理论模型的各种结果，可以发现分权（加入地方政府）对中等效应的金融机构产生很小的扭曲作用（等于无监督者的情况），但对危机自救能力最差的金融机构产生更大的向下扭曲效应的主要结论仍然成立。通过对比中等效应金融机构债务缺口和低效应金融机构债务缺口，也仍然可以得到当 $v \geq \frac{1}{3 - 2\xi}$ 时集权更好；当监督技术越好，ξ 越趋近于 1 时分权更好。

但是由于在假设中加入了防传染风险成本，通过对比防范合谋和防范传染风险的社会总成本，可以发现，权力的分离不一定始终是更好的选择。

当仅有一个监督者时，防范合谋和防范传染风险的社会总成本为

$$\lambda kv\xi[v\xi\underline{U_f^0} + 2v(1 - \xi)\min\{\underline{U_f^0} - \underline{U_f^1}, \hat{U_f^0}\}] + (1 + \lambda)(\overline{q^*} - \overline{q_0^{one}}) \quad (9-93)$$

当有两个监督者（加入地方政府）时，防范合谋的社会成本变为

$$2\lambda k v \xi \min\{\underline{U_f^1}, \underline{U_f^0} - \underline{U_f^1}, \hat{\underline{U_f^0}}\} + (1 + \lambda)(\bar{q}^* - \bar{q}_0^{two}) \tag{9-94}$$

虽然对比第一项，前者比后者大，但是对比第二项，后者比前者大。这表明在分权与集权的选择标准中存在一个阈值。

进一步，假设当增加一个监督者时中等效应问题金融机构减少的租金等于低效应问题金融机构增加的租金，即 $v = \dfrac{1}{3 - 2\xi}$。此时，若分析对预期社会总福利的影响，只需对比两种情况下防范合谋的社会成本和防范传染风险的社会成本之和孰大孰小。

当传染风险会给中央政府带来一个无穷大的负效应时，最优策略是避免该传染风险，即偿还所有债务缺口；但是，由于最大的债务缺口为低效应问题金融机构在向下扭曲效应中产生的，因此，对所有类型的金融机构都将多偿付一个租金 $(\bar{q}_0^* - \bar{q}_0)$，其资金成本为 $(1 + \lambda) > 1$。在一个监督者和两个监督者两种情况下，当防范合谋的社会成本和危机救助的社会成本之和相等时：

$$\lambda v \xi k \Delta\theta [v\xi(\bar{q}_0^{one} + \hat{\bar{q}}_0^{one}) + 2(1 - v\xi)\bar{q}_0^{one}] + (1 + \lambda)(\bar{q}_0^* - \bar{q}_0^{one})$$
$$= 2v\xi\lambda k\Delta\theta \bar{q}_0^{two} + (1 + \lambda)(\bar{q}_0^* - \bar{q}_0^{two}) \tag{9-95}$$

$$\frac{\lambda}{1 + \lambda} v\xi k\Delta\theta \left(v\xi \frac{\hat{\bar{q}}_0^{one} - \bar{q}_0^{one}}{\bar{q}_0^{one} - \bar{q}_0^{two}} + 2\right) = 1 \tag{9-96}$$

在上文的假设前提下，等式左边小于 1 时，集权有利于防范合谋和防范传染风险两类成本的控制；等式左边大于 1 时，分权（加入地方政府监督）更有利。通过比较静态分析，容易看出在其他条件不变的情况下：

（1）救助资金成本 λ 越大，分权越有利；

（2）问题金融机构为高危机自救能力类型的概率 v 越大，分权越有利；

（3）地方政府监督技术 ξ 越好①，分权越有利；

（4）监督者被"俘获"的可能性越小（k 越大），分权越有利；

（5）问题金融机构的危机自救能力提升空间 $\Delta\theta$ 越大，分权越有利。

从上述分析可见，在市场规则前提下，地方政府在解决信息不对称方面具有优势，如控制实际救助成本、识别问题金融机构类型和识别问题金融机构自救能力提升空间等，但是前提是需提升地方政府的监督技术和降低地方政府被俘获的概率。

然而正如前文所提到的，现实当中地方政府本身可能就是俘获者，特别是在全国性银行的危机救助过程当中，若采取分权的决策模式，中央政府面临的防范合谋成本可能极高（如资产剥离中地方政府虚报不良）。

9.2.3　地方政府道德风险

改革开放 30 多年来，我国金融建设赶不上经济增长发展的步伐。在经济经历了高

---

① 如果地方政府和监管机构获取的信息截然不同或相关性很小，监管机构获取金融机构规范层面的信息，而地方政府补充给中央政府是除此之外的其他信息，这就相当于变相提高了监督技术，则分权将使得全社会福利水平提高。

增长时期之后，也面临着被跛脚金融拖慢后腿的情况。由于没能做好科学划分中央地方政府权力，地方政府发展经济的事权滋生出大量金融风险。地方政府从金融控制权和金融发展权出发，大肆利用中央政府隐性担保套取政治资本。不谈过剩的基建投入，不谈淘汰落后产能，不谈地方政府财政风险等，单从地方金融机构和金融市场来看，也能一眼看到地方政府在经济增长目标下积累的区域性金融风险，例如：城市商业银行盲目跨区域扩张；地方金融市场违规发展；非法民间借贷频频"跑路"等。作为最终风险承担者的中央政府与为发展进行金融竞争的地方政府之间存在着潜在冲突，最优金融分权需要在两者间进行有效的权衡。

地方政府效用函数也借鉴了 Laffont（1999）对于所有权问题的探讨思路，变量含义的转换如表9-3所示：

表9-3　　　　　　　　　　　　　　地方政府决策模型的参考模板

变量	Laffont 模型	本文模型	变量	Laffont 模型	本文模型
α	类型1消费者的比例	区域外地方政府效用占比	$1-\alpha$	类型2消费者的比例	该区域地方政府效用占比
β	类型2消费者的效用函数加权系数	该区域地方政府的效用函数加权系数	U_f	企业的效用函数（公有/私有）	被救助金融机构的效用函数
$S(q)$	消费者消费公共品的效用函数	被救助金融机构摆脱危机带给政府的正效用	U_g	政府的福利函数	政府（中央政府或地方政府）的福利函数
W	全社会的福利函数。假定1类消费者为大多数，公制时1类消费者必须将2类消费者的效用纳入考虑；私有制时1类消费者不关心2类消费者的效用	全社会的福利函数。剩余决策者为中央政府时，为$U_f + U_g$；剩余决策者为地方政府时，仅为该区域地方政府的福利函数	U_s	监督者的效用函数	监督者（监管机构）的效用函数
Laffont 模型的背景框架		政府公共品采购的产业政策	本文模型的背景框架		金融危机救助的地方政府道德风险

（一）地方政府决策模型

这里仅讨论地方政府享有较大决策权的区域危机救助情形。同样，在市场规则前提下，假设地方金融机构没有公开其危机自救成本，该成本可能与机构风险管理能力、民营控股比例①负相关。假设一家问题金融机构摆脱流动性困境需进行 q 单位的净支付，若拒绝支付则债务链条断裂，其危机自救成本为 $\vartheta \in \{\underline{\vartheta}, \overline{\vartheta}\}$，其中 $\vartheta = \underline{\vartheta}$ 的概率为 υ，$\vartheta = \overline{\vartheta}$ 的概率为 $1-\upsilon$，概率分布是公共知识。记 $\Delta\vartheta = \overline{\vartheta} - \underline{\vartheta}$。

---

①　如果地方金融机构是地方政府控股，那么，当其面临流动性困境时，地方政府会从自身利益角度为问题金融机构积极安排救助资金；如果地方金融机构是中央政府或国企控股，那么，问题金融机构的客户群体会相对稳定；但如果地方金融机构是民营控股，那么，当其面临流动性困境时，地方政府没有从金融控制权角度出发的救助动机，问题金融机构的客户群体也会迅速流失。

1. 界定区域与地方政府效用函数。按区域将政府效用函数分类：若某区域被救助金融机构摆脱危机，占比为 α 的区域外地方政府获得效用函数 $S(q)$，占比为 $(1-\alpha)$ 的该区域地方政府获得效用函数 $\beta S(q)$，其中 $\beta > 1$。因此，总的政府福利函数为

$$\alpha S(q) + (1-\alpha)\beta S(q) \tag{9-97}$$

2. 剩余决策者为中央政府（参照系）。若剩余决策者为中央政府，由于问题金融机构进行正常债务支付的参与约束为

$$U_f \equiv t - \vartheta_q \geqslant 0 \tag{9-98}$$

中央政府的福利函数为

$$\begin{aligned}
U_g^{cen} &\equiv \alpha[S(q) - (1+\lambda)t] + (1-\alpha)[\beta S(q) - (1+\lambda)t] \\
&= [\alpha + (1-\alpha)\beta]S(q) - (1+\lambda)^t
\end{aligned} \tag{9-99}$$

目标函数是上述两式相加的预期社会总福利最大化，即

$$\max_{\underline{q},\overline{q}} \left\{ \begin{array}{l} v\{[\alpha + (1-\alpha)\beta]S(\underline{q}) - (1+\lambda)\underline{t} + \underline{U}_f\} \\ + (1-v)\{[\alpha + (1-\alpha)\beta]S(\overline{q}) - (1+\lambda)\overline{t} + \overline{U}_f\} \end{array} \right\} \tag{9-100}$$

将激励相容约束和参与约束 $\overline{U}_f = 0$，$\underline{U}_f = \Delta\vartheta\overline{q}$，$\underline{t} = \underline{\vartheta}\underline{q} + \Delta\vartheta\overline{q}$，$\overline{t} = \overline{\vartheta}\overline{q}$ 代入式（9-100）得

$$\max_{\underline{q},\overline{q}} \left\{ \begin{array}{l} v\{[\alpha + (1-\alpha)\beta]S(\underline{q}) - (1+\lambda)\underline{\vartheta}\underline{q} - \lambda\Delta\vartheta\overline{q}\} \\ + (1-v)\{[\alpha + (1-\alpha)\beta]S(\overline{q}) - (1+\lambda)\overline{\vartheta}\overline{q}\} \end{array} \right\} \tag{9-101}$$

式（9-101）的一阶条件为

$$[\alpha + (1-\alpha)\beta]S'(\underline{q}^{cen}) = (1+\lambda)\underline{\vartheta} \tag{9-102}$$

$$[\alpha + (1-\alpha)\beta]S'(\overline{q}^{cen}) = (1+\lambda)\overline{\vartheta} + \frac{v}{1-v}\lambda\Delta\vartheta \tag{9-103}$$

3. 剩余决策者为地方政府（分权）。当剩余决策者为地方政府时，政府的福利函数仅为该区域地方政府的福利函数，即

$$U_g^{loc} \equiv (1-\alpha)[\beta S(q)] - (1+\lambda)t] \tag{9-104}$$

并且，地方政府考虑社会总福利时，不会考虑问题金融机构的效用函数。由于中央政府隐性担保的存在，地方政府将被救助金融机构的效用函数直接推卸至中央政府的考虑范围，自身并不将其纳入考虑范围。也就是说，地方政府只关心负面冲击对地方经济的影响，并不关心救助成本的大小，因为地方政府没有打算真实承担成本。即使地方政府给付了一定成本，也可以通过发行地方债务（显性或隐性的）将财政压力转嫁给中央政府。此外，地方政府还可以通过让央企买单、让民营企业买单的方式寻找成本承担者。

因此，地方政府的目标函数是

$$\max_{\underline{q},\overline{q}} \left\{ \begin{array}{l} v(1-\alpha)[\beta S(\underline{q}) - (1+\lambda)\underline{t}] \\ + (1-v)(1-\alpha)[\beta S(\overline{q}) - (1+\lambda)\overline{t}] \end{array} \right\} \tag{9-105}$$

将激励相容约束和参与约束解得的 $\underline{t} = \underline{\vartheta}\underline{q} + \Delta\vartheta\overline{q}$、$\overline{t} = \overline{\vartheta}\overline{q}$ 代入式（9-105）得

$$\max_{\underline{q},\overline{q}} \left\{ \begin{array}{l} v(1-\alpha)[\beta S(\underline{q}) - (1+\lambda)\underline{\vartheta}\underline{q} - (1+\lambda)\Delta\vartheta\overline{q}] \\ + (1-v)(1-\alpha)[\beta S(\overline{q}) - (1+\lambda)\overline{\vartheta}\overline{q}] \end{array} \right\} \tag{9-106}$$

式 (9 – 106) 的一阶条件为

$$\beta S'(q^{loc}) = (1 + \lambda) \vartheta \tag{9 – 107}$$

$$\beta S'(\overline{q}^{loc}) = (1 + \lambda) \overline{\vartheta} + \frac{v(1 + \lambda)}{1 - v}\Delta \vartheta \tag{9 – 108}$$

当 $\beta = 1$ 时，将式 (9 – 108) 与式 (9 – 103) 进行对比，可以发现，地方政府对高危机自救成本（低危机自救能力）金融机构的政府救助金额低于中央政府拥有剩余决策权时的政府救助[①]，导致债务缺口扩大。由于信息租金低估，地方政府会降低对高危机自救成本（低危机自救能力）机构的救助义务，强行将救助责任纳入中央政府隐性担保的保障范围之内。

当 $\beta > 1$ 时，地方政府效用函数存在放大倍数，会造成对低危机自救成本（高危机自救能力）机构的政府救助过多，这时会产生租金价值偏见。结合中国实际情况来看，该主要结论表明，由于中央政府存在隐性担保行为，地方政府从区域经济发展角度放大了这种隐性担保对低危机自救成本（高危机自救能力）区域金融机构的救助力度。地方政府放大中央隐性担保的方法，可能是加大地方政府财政负担、将救助责任转嫁给央企等，中央政府由此负担起沉重的财政风险，甚至可能诱发新一轮更大的经济金融危机。这一主要结论从某种角度上讲与现实非常相符。例如，对于与地方政府有股权联系的区域性银行，地方政府极力支持其扩张（城商行迅猛发展），即便是其暴露出风险管理漏洞，地方政府也将不惜一切代价展开"过度救助"；对于利益关联不是很明显的地方金融机构，地方政府则采取出事前放任发展、出事后逃避责任的态度。

4. 救助政策由谁制定？假设对问题金融机构进行流动性资助，其资金成本为 $(1 + \lambda)$ 不再是一个确定的值，而是方差为 $\mathrm{var}(\lambda)$ 的变量，且实际救助成本事后才会知晓。那么什么时候区域金融危机救助政策应由地方政府制定，什么时候又应该由中央政府根据对救助资金成本 λ 的预期颁布一项事前最优的救助准则呢？

由于对救助资金成本 λ 的假设发生改变，因此中央政府拥有剩余决策权时一阶条件变为

$$[\alpha + (1 - \alpha)\beta]S'(q^{cen}) = (1 + E\lambda) \vartheta \tag{9 – 109}$$

$$[\alpha + (1 - \alpha)\beta]S'(\overline{q}^{cen}) = (1 + E\lambda) \overline{\vartheta} + \frac{v}{1 - v}E\lambda\Delta \vartheta \tag{9 – 110}$$

容易发现：

(1) 当 $\beta > 1$，且 $\mathrm{var}(\lambda)$ 足够小时，地方政府决策的负外部性很大，实际救助成本的信息不对称性很小，中央政府颁布事前最优救助准则的机制优于地方政府制定区域金融危机救助政策的机制。因为相对于地方政府更好地控制救助资金成本 λ 的优势而言，中央政府始终如一地最大化社会总福利水平的优势更为明显[②]。中央政府颁布事前最优救助准则的方法有：建立分层存款保险，明确地方省级政府的监管和救助职责；将

---

① $\dfrac{v(1 + \lambda)}{1 - v}\Delta \vartheta > \dfrac{v\lambda\Delta \vartheta}{1 - v}$。

② $\alpha + (1 - \alpha)\beta = (1 - \beta)\alpha + \beta < \beta$，因此，中央政府为剩余决策者时，产生的租金价值偏见更小。

小机构的人事、经营决策等权力以某种方式汇集,明确交由地方省级政府负责,以减少市、县及以下级政府的行政性干预。

(2) 当 $\beta \rightarrow 1$,且 $\mathrm{var}(\lambda) > 0$ 时,地方政府决策的负外部性很小,实际救助成本的信息不对称性很大,地方政府制定区域金融危机救助政策的机制优于中央政府颁布事前最优救助准则的机制。当危机救助的资金成本不确定性很大时,中央政府无法很好地控制资金成本,而地方政府在此方面更有优势。即便地方政府在决策过程中有一定的效率浪费(前提是该效率浪费不会带来太大的利益冲突,这要求地方政府的效用放大倍数足够小),该机制也值得尝试。

(3) 当 $\beta > 1$,且 $\mathrm{var}(\lambda) > 0$ 时,地方政府决策的负外部性很大,实际救助成本的信息不对称也很大,此时地方政府制定区域金融危机救助政策的机制与中央政府颁布事前最优救助准则的机制各有优劣,需从金融适当分权的角度,寻找中央和地方激励相容的救助方案。

综上所述,如果基于金融控制权,地方政府将地方金融机构效用纳入决策分析总函数的可能性更大,因为地方金融机构危机自救成本(本模型以此来划分地方政府救助偏见)与地方控股比例正相关,例如地方政府会从自身利益角度为问题金融机构积极安排救助资金;如果基于金融发展权,地方政府效用函数仅会考虑自身而不会纳入其他主体,更易产生政府救助偏见,因为难以为地方政府承担救助责任找到合理合法依据。此时,中央政府事前颁布制度规则可以有力明晰地方政府的救助职责。该制度规则需明确责任承担的主体,如地方省级政府,并在将监管和救助的权力赋予省级政府的同时,最大限度地削弱市、县及县以下政府的相应权力。

(二) 防合谋的模型

我国地方政府虽然对区域金融机构的控制力、影响力很大,但由于没能做好科学划分中央、地方政府权力,尤其是没有很好地使权责相对等,地方政府发展经济的事权滋生出大量金融风险。该部分的研究内容是,在采用地方政府制定区域金融危机救助政策的机制时,引入监督者是否可以使救助偏见问题得到改善。

1. 引入监督者。为简化分析,假设地方政府的效用放大倍数 $\beta = 1$ 。中央政府同时引入监管者(如监管部门分支机构)对问题金融机构进行监管。该监督者可以有 ξ 的概率观察到一个可证实的信号 $\sigma = \underline{\vartheta}$ (当 $\vartheta = \underline{\vartheta}$ 时);有 $1 - \xi$ 的概率什么也观察不到,即 $\sigma = \phi$ 。

2. 地方政府俘获监督者。引入监督者(如监管部门分支机构)以后,地方政府会通过俘获监督者来保护区域的租金收入(债务缺口越大,租金收入越多)。俘获仅发生在低危机自救成本(高危机自救能力)机构被识别出来的时候,当监督者观察到可证实的信号 $\sigma = \underline{\vartheta}$ 后,可以通过向地方政府提出隐瞒信号的要约,分享高效率问题金融机构的预期租金 $\Delta \vartheta \overline{q}^{loc}$,其发生的概率为 $\upsilon \xi$,社会成本为 λ 。由于担心被发现或由于中间费用的产生,地方政府仅需支付 $k \Delta \vartheta \overline{q}^{loc}$ 就能将监管者俘获,其中 $0 \leqslant k \leqslant 1$ 。地方政府将享有剩余租金 $(1 - k) \Delta \vartheta \overline{q}^{loc}$,因此对全社会而言俘获的交易成本为 $\lambda \upsilon \xi (1 - k) \Delta \vartheta \overline{q}^{loc}$ 。

监督者被俘获后，中央政府将不能得到任何信息，全社会的福利水平为

$$v[S(q^{loc}) - (1 + \lambda) \underline{\vartheta} q^{loc} - \lambda \Delta \vartheta \overline{q}^{loc}] + (1 - v)[S(\overline{q}^{loc}) - (1 + \lambda) \overline{\vartheta} \overline{q}^{loc}]$$
$$- \lambda v \xi (1 - k) \Delta \vartheta \overline{q}^{loc} \tag{9-111}$$

其中：

$$S'(q^{loc}) = (1 + \lambda) \underline{\vartheta} \tag{9-112}$$

$$S^2(\overline{q}^{loc}) = (1 + \lambda) \overline{\vartheta} + \frac{v(1 + \lambda)}{1 - v} \Delta \vartheta \tag{9-113}$$

3. 中央政府的防合谋政策。如果由中央政府出台防合谋政策，那么同样只需向监督者支付 $\lambda v \xi k \Delta \vartheta \overline{q}^{loc}$ 就能防止其被俘获。此时，中央政府能在 $v \xi$ 概率下获得监督者观察到的可证实信号 $\sigma = \underline{\vartheta}$，并抽干这部分金融机构的租金，地方政府仅能在剩余 $(1 - v \xi)$ 的金融机构内寻求区域租金收入。

要求地方政府在中央防合谋政策下新的租金收入，需对下式进行求解：

$$\max_{\underline{q}, \overline{q}} \left\{ \begin{array}{l} v(1 - \xi)(1 - \alpha)[S(\overline{q}) - (1 + \lambda) \underline{\vartheta} q - (1 + \lambda) \Delta \vartheta \overline{q}] \\ + (1 - v(1 - \alpha)[S(\overline{q}) - (1 + \lambda) \overline{\vartheta} \overline{q}] - (1 - \alpha) \lambda v \xi k \Delta \vartheta \overline{q} \end{array} \right\} \tag{9-114}$$

式（9-114）的一阶条件为

$$S'(\tilde{q}^{loc}) = (1 + \lambda) \underline{\vartheta} \tag{9-115}$$

$$S'(\tilde{\overline{q}}^{loc}) = (1 + \lambda) \overline{\vartheta} + \frac{v(1 - \xi)(1 + \lambda) + \lambda v \xi k}{1 - v} \Delta \vartheta \tag{9-116}$$

因此，全社会的福利水平为

$$v \xi [S(q^{cen}) - (1 + \lambda) \underline{\vartheta} q^{cen}] + v(1 - \xi)[S(\tilde{q}^{loc}) - (1 + \lambda) \underline{\vartheta} \tilde{q}^{loc} - \lambda \Delta \vartheta \tilde{\overline{q}}^{loc}]$$
$$+ (1 - v)[S(\tilde{\overline{q}}^{loc}) - (1 + \lambda) \overline{\vartheta} \tilde{\overline{q}}^{loc}] - v \xi k \Delta \vartheta \tilde{\overline{q}}^{loc} \tag{9-117}$$

4. 对比全社会福利水平。对比地方政府"俘获"监督者后的全社会福利水平式（9-15），和中央政府设置防合谋政策后的全社会福利水平式（9-21），容易发现，$S(q^{cen}) = S(\tilde{q}^{loc}) = S(\overline{q}^{loc})$，$\overline{q}^{cen} = \tilde{q}^{loc} = \overline{q}^{loc}$。令 $V(q) \equiv S(q) - (1 + \lambda) \vartheta q$，则当式（9-118）成立时，引入监督者可以使地方政府制定区域金融危机救助政策的效率浪费得到改善。

$$\{[(1 - v) V \tilde{\overline{q}}(loc) - v(1 - \xi) \lambda \Delta \vartheta \tilde{\overline{q}}^{loc}] - [(1 - v) V(\overline{q}^{loc}) - v \lambda \Delta \vartheta \overline{q}^{loc}]\}$$
$$+ \lambda v \xi (1 - k) \Delta \vartheta \overline{q}^{loc} \geq v \xi k \Delta \vartheta \tilde{\overline{q}}^{loc} \tag{9-118}$$

即预期防合谋收益 + 地方政府俘获监督者的交易成本 ≥ 中央政府防合谋的成本。容易发现，k 越大，地方政府俘获监督者的交易成本越小，中央政府防合谋的成本越大，即使中央政府引入监督者，也越难改变地方政府的救助偏见。要改善这一问题，也可以通过建立声誉机制的方法。

9.3　全国性危机救助

上文通过划分问题金融机构的危机自救能力与危机的传染性风险，尝试寻找合理的

政府市场化操作基本框架，包括央行流动性释放标准、政府救助力度标准以及适度金融分权标准，并构建救助范围适度、救助力度适当、救助反应迅速、救助方法合理的我国银行业危机救助机制。本节将研究的重点放在全国性银行危机救助中，这类危机的救助主体是中央政府。

本书将救助成本分担主体分为两类：一是市场自救与互救，二是政府救助，两者有着显著区别但又丝丝相连，尤其是在政府主导的经济体制当中表现得更为明显。例如：市场自救与互救过程中可能存在政府的引导和干预；又如，政府救助可继续细分为在市场运行规律下调控经济基础变量的市场化政府救助和行政性手段为主的非市场化政府救助。为进一步明确两者的差别及界限，拟通过表9-4来对比不同的危机处理方式。

表9-4　　　　　　　　　　不同危机处理方式的差别与界限

危机处理方式	私人部门	政府部门	市场化操作	非市场化操作
自救与互救	典型由私人部门承担救助成本的危机处理方式	政府通过引导和干预促进危机化解，如政府的担保行为	主要涉及市场化操作。内部吸收损失（生前遗嘱、应急资本等）、降低运营成本，外加大短期资金筹措、寻求中长期资金援助（增加资本金、发行中长期债务、财务重组、引进战略投资方、寻求兼并收购等）	如行政指派的救助方式，可能在信息不对称条件下增大救助成本
存款保险制度	私人部门将依据较为固化的制度规则，通过缴纳保费参与到危机救助的成本分担之中	政府成本分担主要涉及事后偿付、事前维持存款保险基金运营和利用存款保险制度实施补充监管职能等方面	政府自由裁定权受限，对于机构"大而不能倒"、存款人挤兑、不能迅速关闭破产银行加大政府救助负担等问题，政府只能被动接受成本	基本能做到一视同仁的公平市场化原则，在引导银行业稳健经营的过程中，应积极发挥存款保险制度实施补充监管职能的作用
央行"最后贷款人"	政府部门直接介入危机救助之前，应尽量让私人部门承担应有的成本，如迫使问题机构尽量减记坏账	释放市场流动性需要支付成本，且过于宽松的货币政策还可能带来通货膨胀周期	央行统一购买具备某种标准的有毒资产属于市场化操作。救助资金多源化（包含私人部门资金）、定价市场化、信息透明化等措施更接近市场化操作，能减少市场扭曲，后期政策退出也更容易采用市场化操作方式	央行购买特定的有毒资产属于非市场化操作
财政增信		通过发债等方式筹措的救助资金需支付成本，过于宽松的财政政策也可能带来通货膨胀周期	总量型的财政政策更接近完全的市场化操作，后期政策退出也大都采用市场化操作	行业扶持政策更接近于非市场化操作，对问题机构资本注入时属于非市场化操作
资产管理公司处置		对资产管理公司的注资成本由政府支付	坏资产的处置方式倾向于市场化操作，如打包出售、增信出售、待市场回暖后出售等	对"大而不能倒"的金融机构进行行政指派式资产剥离

9.3.1　全国性危机救助的机制设计

图9-9显示，由于金融体系的外部性问题存在，全国性金融危机救助过程中的监管效率还存在一定的帕累托改进空间。现实经济社会中的信息不对称，引发了金融机构普遍的道德风险行为，造成救助式金融监管的低效率和社会福利的损失，典型表现即救助式监管套利。实际上，危机救助式监管套利是金融机构利用救助式监管规则漏洞，或形式合规的业务程序组合实现"额外"救助收益，造成监管机构"额外"经济救助成本的行为。而其背后，是中央政府隐性担保下对市场越位导致的问题金融机构的道德风险。

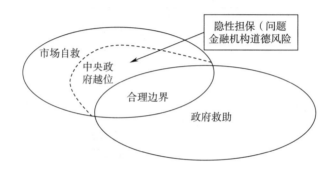

图9-9　全国性银行业危机救助中政府与市场的边界

全国性危机爆发后，政府救助无论采用市场化操作还是采用非市场化操作，集权相对于分权都明显利大于弊。首先，由于声誉机制不健全，给予地方政府一定监督权的条件并不成熟；其次，由于全国性银行的监管都由中央直属监管机构负责，地方政府识别问题银行类型和识别问题银行自救能力提升空间的优势不能发挥，且难以很好地帮助中央政府控制实际救助成本；最后，地方政府对于全国性银行的监督技术有限，还极有可能被俘获（例如历史上四大国有银行不良资产剥离时，就出现过地方政府虚报、谎报不良的情况）。

虽然都采取集权救助，但全国性危机还可细分为全国性银行危机、全国性非银行金融机构危机和全国性金融市场危机。其中，全国性银行分为两类——四家大型银行（工、农、中、建）与十四家股份制银行（交通银行、中国邮政储蓄银行、招商银行、浦发银行、中信银行、中国光大银行、华夏银行、中国民生银行、广发银行、兴业银行、平安银行、恒丰银行、浙商银行、渤海银行）；全国性非银行金融机构主要有证券、保险、基金、信托、融资租赁、财务公司等；全国性金融市场包括货币市场（同业拆借、债券回购等）、外汇市场、债券市场（银行间市场和交易所市场）、股票市场（沪深股市）、期货市场（商品期货和金融期货）、票据市场（票据承兑）、衍生品市场、黄金市场等。细分之后不同类别危机的救助机制也存在细微差别。

表 9 – 5　　　　　　　　　　　　全国性危机救助机制设计

救助方式		四家大型银行	十四家股份制银行	非银行金融机构	全国性金融市场
私人部门救助	自救	为防范"大而不能倒",对四家全球系统重要性银行有额外的附加资本要求,此外,应急资本、生前遗嘱等确保私人部门承担自救成本的措施也较为完善。	应急资本的设立主要针对系统性重要金融机构的道德风险,但在操作层面应覆盖所有受监管的金融机构。成本分担手段中罚金的执行好于薪酬追回。	建立健全资本补充机制,包括资本补充触发条件、资本补充工具和资本补充渠道等。	日常投资氛围浓厚、波动性大的市场,其传染性更低。若政府对自律性不强的市场降低救助概率,则有利于培育良好的市场投资氛围。
	互救	体量过大,互救方式并不适用。由于我国金融业对外开放程度不高,吸纳外部同业注资解决国内危机的做法也不适用。可从建立同业救助基金制度等尝试中寻求事前防范的相应手段。	1907 年的摩根集团成功承担过"最后贷款人"角色,对同行进行救助。可考虑大银行对中小问题银行的兼并收购。	危机时期正是兼并收购的好时机,可实现包括政府在内的多方共赢。	
	存款保险①	IADI 明确指出,有效处置机制对于各国存款保险体系非常关键,是其职能有效实施的保障。存款保险与处置机制相结合可以大幅降低风险处置成本,有利于提升公众信心,增强危机应对能力。美国联邦存款保险公司(FDIC)处置问题银行的方法:一是"收购与承接"等市场化方式;二是向健康金融机构提供贷款和担保,引导和促成其购买问题机构的资产和负债;三是对资产规模较大的问题银行采取"过桥银行"的方式,存款保险公司先短暂经营问题机构再择机售出;四是与财政部、美联储联合对系统重要性银行(如花旗银行)实施"经营中救助",用存款保险基金以优先股注资,按持股比例分担损失。	实行风险差别费率有利于促进公平竞争,强化市场约束,构建正向激励机制。一方面,保费与风险挂钩能促使投保机构审慎经营,降低其由于信息不对称而带来的逆向选择问题。另一方面,有助于缓解单一费率机制下,低风险投保机构为高风险投保机构承担损失的问题,避免"交叉补贴",实现保费征收的公平性。		

---

① 在过去,我国中央银行对金融机构的隐性担保,没有任何的法律或政策依据,也没有明示的承诺,是通过问题银行处置实践表现出来的。实践中采取对金融机构的注资、剥离不良资产以及兑付金融机构债务等多种方式。隐性担保导致全国性银行在面临危机时过于依赖政府救助,加大了金融机构道德风险(与债务人共谋赖账、骗取中央银行紧急贷款等寻租行为),导致其在危机时期不积极寻求更为市场化的私人部门救助方式。2015 年 5 月 1 日,我国对境内设立的商业银行、农村合作银行、农村信用合作社等吸收存款的银行业金融机构实施存款保险制度。

续表

救助方式		四家大型银行	十四家股份制银行	非银行金融机构	全国性金融市场
政府部门救助	被救助对象	工、农、中、建对于我国金融体系的系统重要性毋庸置疑，其破产倒闭会直接引起全系统的信任危机。一旦面临传染风险威胁，政府在趋于无穷大的负效用面前必定会选择不遗余力地削减其债务缺口，而不会因为道德风险的存在否定救助。	政府/私人股权占比存在差异，且股东结构中出现地方政府身影，中央政府、地方政府、私人部门都应参与市场化救助过程中的成本分担。传染风险爆发时，中央政府依据对传染风险的效用大小确定救助力度；地方政府成本分担，下文将从其事前逆向选择角度尝试分析。虽然系统重要性赶不上工、农、中、建，但全国性股份制商业银行的影响力也不容小觑。例如，在同业市场上，全国性股份制商业银行是最大的资金净融入方，一旦发生同业信用违约则传染范围较广。	美国银行收购美林、摩根大通收购贝尔斯登时，美联储都提供了大量的贷款。被救助对象需面临流动性危机，而非清偿性危机。	影响范围广、传染风险大的金融市场
	救助主体	中央政府：中国人民银行（如四大行股份制改革）、财政部（注资和清理不良资产）、资产管理公司①（不良资产接收）。四家大型银行分支机构不良资产的产生与地方政府密切相关，能否从金融发展权角度剥离地方政府的事前收益。	中国人民银行、财政部。人民银行虽负有救助职责，但实际扮演了全面负责的过度越位角色。有时央行救助并不是在金融危机的背景下进行的，而是经济体制与金融体制的改革工作，如2006年对光大银行的改革重组。	人民银行（通过对证券投资者保护基金进行再贷款、对问题证券公司进行汇金注资等方式）、财政部（"优先股"优于"政府债券置换不良"优于"直接注资"）。	汇金公司二级市场增持

① 随着政策性不良资产处置任务完成，四大 AMC 已进入商业化经营阶段，对不良资产筛选日渐增强。AMC 对不良资产的筛选标准提高，首先无法很好满足快速批量处置巨额不良资产要求；其次当前房地产市场价格走势可能不支持 AMC 走抵押物价值高、升值潜力大的老路。当前不良资产处置中的政府角色应如何定位值得思考。

救助方式		四家大型银行	十四家股份制银行	非银行金融机构	全国性金融市场
政府部门救助	救助时机	四家大型银行的传染风险影响力过大，政府及时干预可以使市场恢复正常的时间更短，救助有效性更高，并大幅降低财政负担、缓解产出大幅下挫。对四家大型银行的危机救助应先切断可能产生的连锁反应，事后再对问题机构进行惩罚，不能要求所有条件完全成熟。救助过程要综合采用多种流动性工具，通过细分救助对象和市场，分批次分时间不断试错，来提高整体救助时机的准确性。对四家大型银行的救助，可能需要政府多次反复注资，直到问题的解决。	坚持以传染风险是否显露为界，以抑制私人部门不承担自救成本的道德风险。当传染风险未显露之前，政府进行市场化操作，如央行通过常规货币政策向市场注入流动性，缓解问题银行的资金压力；在传染风险逐渐暴露后，政府考虑行介入，但在制订救助方案时，应充分考虑传染风险的大小，救助力度不应过大也不应过小。救助过程中，成本承受方和收益方可能出现不一致，加强沟通和协调，使权责尽可能对等，合理分配成本和收益是关键。	坚持在道德风险和传染风险之间权衡的原则。	当其他市场发出求救信号，即传染风险展现苗头之时，就是政府展开危机救助的时机。
	救助政策退出	①政府救助是否尽量保留了市场机制；②政府救助工具是否提前公布了退出时间窗口；③政府救助过程是否具有计划性和自律性；④政府救助政策退出是否注重配合与沟通；⑤政府救助政策退出是否受到次生灾害困扰，如资产价格泡沫、"国进民退"、政府负债率高企等。	次贷危机中，美联储在政策工具定价过程中尽可能让市场发挥作用，用良好的政策退出机制杜绝了救助过程中的道德风险隐患。市场定价机制的保证让活跃的市场参与者重塑信心，市场融资功能和市场流动性也因此逐渐恢复，救助工具得以实现自然退出。	成本收益权衡：短期与中长期、显性与隐性、不同利益集团等。尽量避免对市场的扭曲，并增强经济的内生机制。	引导投资者回归理性投资，提升自身投资管理能力。在市场恢复后逐步出售股份。

9.3.2 实证一：成本分担中如何考量银行业事前逆向选择

银行业事前的逆向选择行为源于政府的隐性担保。正常时期，银行的贷款发放是自愿的，当其获知借款人会得到政府援助时（直接或间接），它们当然乐意发放贷款，这是对扭曲激励措施的正常反应。本书尝试从微观数据中寻找银行业逆向选择行为的证据，并以此考量银行业在危机救助过程中的成本分担职责。可以预期，随着我国存款保险制度的建立和完善，将有利于削弱政府隐性担保，引导市场化机制逐渐发挥作用。由于存款保险成为制度规则之后，政府自由裁定权受限（隐性担保受限），私人部门也将依据较为固化的制度规则，通过缴纳保费参与到危机救助的成本分摊之中，因此，银行业的逆向选择行为可能会在隐性担保引发的信息不对称层面逐步得到遏制。由于我国正式实施存款保险制度的时间并不长，对这一猜测的检验是下一步的研究方向之一。

（一）研究背景

商业银行对企业贷款实际利率的定价，在基准利率不变的情况下会随着企业风险溢价水平不同而呈现同比例增减，即 $r_r = \theta r_b$，其中 r_r 表示真实的贷款利率，r_b 表示基准利率，θ 表示上浮比例。然而，企业风险溢价水平除了受到企业财务指标的影响外，还受到非财务指标等的影响。对于财务指标的讨论已经非常丰富，而我们关注的是商业银行对待非财务指标中的政治联系的态度。由于政治联系所代表的非财务指标并非实物，银行对其价值的估计也更困难，会随着经济环境的改变而发生改变。商业银行对非财务指标的考量或其信贷决策是否受存款保险制度建立的影响？对政治联系、经济冲击与商业银行信贷决策变化是否有逻辑一致性的解释？本书对基础的贷款激励机制进行拓展，分析了商业银行在经济冲击、政治联系下，信贷决策行为变化的理论，并选取某全国性股份制商业银行成都分行的贷款数据，拟对相关推论进行验证。

从政治联系与信贷决策的角度来看，Berglof 和 Bolton（2002）认为，转型经济中具有活力的新兴企业非常缺乏信用支持，大量的银行信贷被配置到生产效率低下的国有企业。Kiyotaki 和 Moore（1997）认为，对于融资渠道有限的企业，当资产价格下降，企业净价值更少且抵押物更少，这使得它们更难像以前那样借款。从经济冲击、政治联系与信贷决策三者的角度来看，新夫、宋玉（2014）实证发现，有政治联系的民营企业比无政治联系的民营企业具有更高的财务杠杆，能获得更长期且条件更优惠的银行贷款，且金融危机时期这种贷款效应更加显著。以上研究对于理解借款人控股经济成分因素对商业银行信贷决策的作用具有重要的意义。

我国政治联系对商业银行信贷决策的干扰尤为严重，虽然全国性股份制商业银行的自主信贷决策能力相对较强，但在经济下滑过程中商业银行"逃往质量"的信贷决策仍表现得十分明显。鉴于此，我们建立了综合考量政治联系和存款保险制度建立的制度干扰因素的信贷决策模型，并利用实证检验模型的解释力，以期找到经济冲击和政治联系如何影响全国性股份制商业银行的信贷决策的理论和现实基础。

本书与以往研究文献不同的地方在于，我们以全国性股份制商业银行信贷决策为研究对象，将政治联系和存款保险制度建立的制度干扰因素纳入模型当中，分析在政府隐性信用担保普遍存在向私人部门参与危机救助成本分摊的转变过程中，全国性股份制商业银行的信贷决策行为模式是否发生改变。在此基础上，还可以进一步分析该行为模式最终如何影响其盈利能力、信贷资金效率配置和由此对经济增长造成的影响。

（二）理论分析与推论

在 Tirole（2006）的模型基础上，本书进行了两点拓展。第一，在模型中加入了除实物抵押品 A_1 以外的隐性政治担保 A_2，将二元信贷市场纳入模型。第二，借鉴斯勒茨基替代效应的思想，对贷款实际利率与隐性政治担保之间的关系进行拓展，将两阶段信贷效应纳入模型。

1. 基础模型。考虑一个拥有政治联系的借款人，假设其为风险中性。在融资时拥

有抵押物 A_1 和隐性政治担保 A_2，需要向风险中性的救助主体贷款融资 I。假定借款人项目成功，产生收益 R，不成功则收益为 0。如果借款人努力，则项目成功的概率为 p_H；如果借款人偷懒，则项目成功的概率为 p_L，但同时可以获得私人利益 B。其中，$p_H > p_L$。由于银行不能观察到借款人的选择，因而面临借款人偷懒的风险。假定借款人选择努力是相对占优选项，即 $p_H R - \gamma I > 0 > p_L R - \gamma I + B$，其中 γ 是银行的资金成本。最优贷款合同是，若借款人项目成功则获得收益 R_d，若失败则损失 $-A_1$（有限责任）；相应地，若项目成功则银行获得收益 R_f，若失败则获得全部抵押物 $A_1 + A_2$（即有形抵押物和无形隐性担保）。在无监督者的情况下，满足借款人激励相容约束和有限责任约束以及银行参与约束，求解借款人的最优化激励合同：

$$\max_{R_d} \{ p_H R_d + (1 - p_H)(-A_1) \} \tag{9-119}$$

$$\text{s. t. } p_H R_d + (1 - p_H)(-A_1) \geqslant p_L R_d + (1 - p_L)(-A_1) + B \tag{9-120}$$

$$p_H R_f + (1 - p_H)(A_1 + A_2) \geqslant \gamma I \tag{9-121}$$

$$R = R_d + R_f \tag{9-122}$$

$$R_d \geqslant -A_1 \tag{9-123}$$

对上述规划问题的求解过程如下：

由式（9-120）得

$$R_d \geqslant -A_1 + \frac{B}{p_H - p_L} \tag{9-124}$$

将式（9-124）经式（9-122）再代入式（9-121）得

$$p_H \left(R + A_1 - \frac{B}{p_H - p_L} \right) + (1 - p_H)(A_1 + A_2) \geqslant \gamma I \tag{9-125}$$

整理得

$$R_f \geqslant \frac{\gamma I}{p_H} - \frac{A_1}{p_H} + \frac{B}{p_H - p_L} - \frac{(1 - p_H)A_2}{p_H} - R_d \tag{9-126}$$

由于 $R_f = I(1 + r_r)$，则实际贷款利率为

$$r_r \geqslant \frac{\gamma}{p_H} - \frac{A_1}{I p_H} + \frac{B}{I(p_H - p_L)} - \frac{(1 - p_H)A_2}{I p_H} - \frac{R_d}{I} - 1 \tag{9-127}$$

即实际贷款利率的定价公式为

$$\bar{r}_r = \frac{\gamma}{p_H} - \frac{A_1}{I p_H} + \frac{B}{I(p_H - p_L)} - \frac{(1 - p_H)A_2}{I p_H} - \frac{R_d}{I} - 1 \tag{9-128}$$

通过 $\bar{r}_r$ 分别对 I、A_1、B、A_2、R_d 求导，可以发现，在其他条件不变的情况下，企业融资的实际利率随着融资需求 I[①]、私人利益 B（道德风险）的提高而增加，随着实物抵押品价值 A_1、隐性政治担保 A_2 和企业项目收益 R_d 的提高而降低。

2. 修正模型。由于 A_2 不仅会直接影响 r_r，还可以通过 I、A_1、B 和 R_d 间接影响

---

① 证明如下：$\dfrac{\partial \bar{r}_r}{\partial I} = \dfrac{A_1}{I^2 p_H} - \dfrac{B}{I^2(p_H - p_L)} + \dfrac{(1 - p_H)A_2}{I^2 p_H} + \dfrac{R_d}{I^2} = \dfrac{1}{I^2}\left(\dfrac{A_1}{p_H} + \dfrac{1 - p_H}{p_H}A_2 + R_d - \dfrac{B}{p_H - p_L} \right)$。

r_r[①]。例如，政府隐性担保越大，获得的融资金额可能越大，需要的实物抵押品可能更少，企业的道德风险可能更大，企业项目收益可能受效率下降影响而变得更低。我们简单假设四个隐函数：$I(A_2)$、$A_1(A_2)$、$B(A_2)$ 和 $R_d(A_2)$，其中，$I'(A_2) > 0$，$A'_1(A_2) < 0$，$B'(A_2) > 0$，$R'_d(A_2) < 0$。由此可得

$$\frac{\partial \overline{r_r}}{\partial A_2} = \frac{-A'_1(A_2)p_H I(A_2) + A_1(A_2)p_H I'(A_2)}{[p_H I(A_2)]^2}$$

$$+ \frac{B'(A_2)(p_H - p_L)I(A_2) - B(A_2)(p_H - p_L)I'(A_2)}{[(p_H - p_L)I(A_2)]^2}$$

$$+ \frac{-(1 - p_H)p_H I(A_2) + (1 - p_H)A_2 p_H I'(A_2)}{[p_H I(A_2)]^2}$$

$$+ \frac{-R'_d(A_2)I(A_2) + R_d(A_2)I'(A_2)}{[I(A_2)]^2}$$

$$= \frac{I'(A_2)[A_1(A_2) + (1 - p_H)A_2 + p_H R_d(A_2)]}{p_H [I(A_2)]^2} + \frac{B'(A_2)}{(p_H - p_L)I(A_2)}$$

$$- \frac{A'_1(A_2) + p_H R'_d(A_2)}{p_H I(A_2)} - \frac{B(A_2)I'(A_2)}{(p_H - p_L)[I(A_2)]^2} - \frac{(1 - p_H)}{p_H I(A_2)}$$

$$(9-129)$$

可以看到式（9-129）中前两项大于0，后三项小于0。其中，前四项是间接效应，最后一项是直接效应。可见，在其他条件不变的情况下，当隐性政治担保 A_2 发生改变时，企业融资的实际利率是同向变化还是反向变化并不能确定。

由于直观上看来，研究对象还具有 $r_r = \theta r_b$ 的内生性关系，其中 r_b 表示基准利率，θ 表示上浮比例。诚然，由于利率水平的影响因素众多，即实际环境中，贷款实际利率 $r_r = \theta r_b + \varepsilon$，这表明贷款实际利率除了受基本的财务指标换算出的上浮比例影响之外，还会受到各种外生性因素 ε（如政策改变、宏观经济环境）以及本书所提及的贷款人政治关系等因素的影响。假设 r_b 不变，那么 $r_r(A_2, \theta)$ 在 A_2 增加时减小，在 θ 增加时变大。令 $\theta \equiv \theta(I, A_1, B, R_d)$，类似价格变动对商品需求量的影响，我们将政府隐性担保变动对实际贷款利率的影响也分解为斯勒茨基方程的替代效应和收入效应：

$$v(A_2, r_b, \theta) = \theta A_2^{-a} r_b^{a-1} \qquad (9-130)$$

$$e(A_2, r_b, u) = u A_2^a r_b^{1-a} \qquad (9-131)$$

$$r_r(A_2, r_b, \theta) = \frac{a\theta}{A_2} \qquad (9-132)$$

$$h(A_2, r_b, u) = a A_2^{a-1} r_b^{1-a} u \qquad (9-133)$$

因此，

---

① 因为有：$R_d \geqslant -A_1 + \dfrac{B}{p_H - p_L}$，则：$\dfrac{\partial r_r}{\partial I} \geqslant \dfrac{1}{I^2}\left(\dfrac{A_1}{p_H} + \dfrac{1 - p_H}{p_H}A_2 - A_1\right) = \dfrac{1}{I^2}\dfrac{1 - p_H}{p_H}(A_1 + A_2) > 0$。

$$\frac{\partial r_r(A_2, r_b, \theta)}{\partial A_2} = -\frac{a\theta}{A_2^2} \qquad (9-134)$$

$$\frac{\partial r_r(A_2, r_b, \theta)}{\partial \theta} = -\frac{a}{A_2} \qquad (9-135)$$

$$\frac{\partial h(A_{2-2}, r_b, u)}{\partial A_2} = a(a-1)A_2^{a-2}r_b^{1-a}u \qquad (9-136)$$

$$\frac{\partial h(A_2, r_b, v(A_2, r_b, \theta))}{\partial A_2} = a(a-1)A_2^{a-2}r_b^{1-a}\theta A_2^{-a}r_b^{a-1} = a(a-1)A_2^{-2}\theta \quad (9-137)$$

代入斯勒茨基方程得

$$\frac{\partial h}{\partial A_2} - \frac{\partial r_r}{\partial \theta} \times r_r = \frac{a(a-1)\theta}{A_2^2} - \frac{a}{A_2}\frac{a\theta}{A_2} = -\frac{-a\theta}{A_2^2} = \frac{\partial r_1}{\partial A_2} \qquad (9-138)$$

结合之前的分析，容易发现斯勒茨基方程将政府隐性担保变动引起的贷款实际利率变动，可以分解为两种独立的效应：替代效应和收入效应。基于此，我们提出如下推论。

推论1：若只考虑政府隐性担保导致的替代效应，那么当负面冲击来临时，具有政治联系的企业获得贷款的比例将上升。

推论2：若只考虑政府隐性担保导致的替代效应，那么当负面冲击来临时，相对于无政治联系的企业，具有政治联系的企业享有的贷款利率更为优惠。

推论3：若将存款保险制度建立的制度干扰因素导致的收入效应同时纳入考虑，那么推论2中具有政治联系的企业享有更为优惠贷款利率的主要结论将受到挑战。

如果推论1、推论2得到证实，而推论3不能得到验证，那么可大胆推测，我国商业银行的道德风险真实普遍存在，我们从深层次制度角度分析，可提出危机演进的两阶段假说。

（三）实证检验

1. 样本。本节数据来源于某全国性股份制商业银行成都分行。选取这个子样本的原因有两个：一是成都是国有企业占比较大且排名逐年上升的西部城市；二是全国性股份制商业银行的政策性贷款较少，自主信贷决策能力相对较强。因为相对于国有银行，全国性股份制商业银行几乎不承担对经济的救助义务；而相对于受地方政府控制的城市商业银行、农村商业银行、农村信用社等，地方政府对全国性股份制商业银行的信贷干扰较少。

本节获取的样本数据为全国性某股份制商业银行成都分行2006年至2015年7月底37778条业务数据，由于本书的研究重点在贷款业务，因此剔除表外和中间业务数据，以及表内业务的贴现、资金业务数据，剩余11855个有效贷款数据。

2. 方程设定和变量界定。为了检验前文中所提出的假设，我们将待检测回归方程设定为

$$\ln r_r = \alpha_1 + \beta_1 \ln r_b + \beta_2 govn + \sum \beta'_m x_m + \beta'_4 govn \times year + \varepsilon_1 \qquad (9-139)$$

$$\ln\theta = \alpha_2 + \beta_5 govn + \sum \beta'_m x_m + \beta'_6 govn \times year + \varepsilon_2 \qquad (9-140)$$

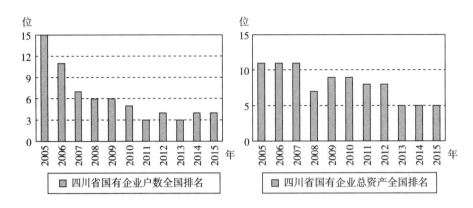

图 9 - 10　四川省国有企业户数与国有资产总量排名

其中，$\ln r_r$ 表示银行对企业实际贷款利率的对数，$\ln r_b$ 表示基准利率的对数，$\ln \theta$ 表示银行计算的贷款利率上浮比例的对数。$govn$ 代表政治联系，其代理指标分别为企业登记注册类型是否为国有企业（$govn_1$）、是否属于政府背景客户（$govn_2$）、所属集团是否为国有集团（$govn_3$）。x_m 表示其他控制变量，包括年份 $year$（共 10 年）、企业规模 $size$（5 种规模：大、中、小、微、未知）、企业信用等级 $credit$（共 16 个等级）、是否内部关联人 $relevance$、贷款投向 $industry$（共 20 个行业）、贷款性质 $type$（自营贷款、委托贷款或其他）、担保类型 $guaranty$（抵押、质押、保证、信用）、企业所在地区 $area$（城市或农村）、贷款期限 $maturity$（共 11 种分类），控制变量均为虚拟变量。

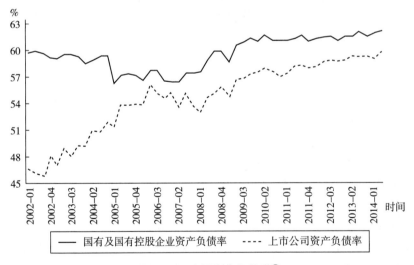

图 9 - 11　中国资产负债率①

----

① 国有及国有控股企业资产负债率数据来源于中经网统计数据库；上市公司负债率数据来源于 Wind 数据库（一级行业剔除金融业）。

govn × *year* 是由具有政府联系的虚拟变量和年份向量相乘得到的交叉变量构成的向量，用来分析是否为政府关联企业，存款保险制度建立前后对银行信贷决策的影响是否具有显著差异。我们关注次贷危机期间和2014年成都担保业地震两个危机冲击年份前后的数据。

3. 描述性统计特征。来看一下2002年以来我国资产负债率的情况（见图9-11）。由于中小企业的财务数据较难收集，这里我们只展示了国有及国有控股企业和上市公司的资产负债率数据。从图9-11中可见，上市公司的资产负债率在2002年以来经历了显著的攀升，2009年"四万亿"救市政策出台以后，平均负债率从之前的52%显著提升到58%。国有及国有控股企业的负债率始终高于上市公司，2004年对四大国有商业银行进行第二次不良资产剥离以后，二者基本保持同步的走势。

表9-6分别列出了主要变量的描述性统计特征。

表9-6 变量的描述性统计特征

		$\ln\theta$	$\ln r_b$	$\ln r_r$	样本量			$\ln\theta$	$\ln r_b$	$\ln r_r$	样本量
2006	均值	1.15	5.00	6.88	9	2011	均值	1.30	4.89	8.16	1596
	标准差	0.17	0.23	0.96			标准差	0.16	0.12	1.03	
2007	均值	0.89	5.32	5.68	985	2012	均值	1.31	4.86	7.90	1710
	标准差	0.14	0.18	1.06			标准差	0.16	0.07	0.99	
2008	均值	1.18	4.91	6.69	233	2013	均值	1.30	4.88	7.73	2003
	标准差	0.16	0.15	1.23			标准差	0.17	0.10	1.09	
2009	均值	1.24	4.91	6.74	841	2014	均值	1.40	4.87	7.30	2043
	标准差	0.14	0.15	0.80			标准差	0.15	0.09	0.85	
2010	均值	1.24	4.91	7.57	1208	2015	均值	1.28	4.95	7.27	1227
	标准差	0.15	0.15	1.06			标准差	0.33	0.14	1.43	

其中，浮动比例和实际利率为0的样本有30个，主要为贸易融资中信用证议付/代付，回归时将其剔除。

4. 结果与分析。首先对两个待检验方程中的第一个式子进行OLS回归检验，估计结果如表9-7所示。

表9-7 回归结果——方程一

$\ln r_r$	（1）	（2）	（3）	（4）
$govn_1$	-0.0302 ***			-0.0223 *
	(0.0106)			(0.0121)
$govn_2$		-0.0282 **		-0.0201
		(0.0121)		(0.0126)
$govn_3$			-0.0168 *	-0.00620
			(0.00889)	(0.00991)

续表

$\ln r_r$	(1)	(2)	(3)	(4)
$\ln r_b$	− 0. 322 ***	− 0. 314 ***	− 0. 322 ***	− 0. 318 ***
	(0. 102)	(0. 102)	(0. 102)	(0. 102)
_cons	2. 471 ***	2. 455 ***	2. 471 ***	2. 468 ***
	(0. 181)	(0. 181)	(0. 182)	(0. 182)
year	yes	yes	yes	yes
size	yes	yes	yes	yes
credit	yes	yes	yes	yes
relevance	yes	yes	yes	yes
industry	yes	yes	yes	yes
type	yes	yes	yes	yes
guaranty	yes	yes	yes	yes
area	yes	yes	yes	yes
maturity	yes	yes	yes	yes
N	11811	11811	11811	11811
R^2	0. 570	0. 570	0. 570	0. 570

注： *** 、** 和 * 分别表示 1%、5% 和 10% 的显著性水平，括号中的数字为标准误差。

第一组回归显示，在控制了 9 组控制变量后，企业登记注册类型为国有企业（ $govn_1 = 1$ ）在 1% 显著水平上与实际贷款利率的对数呈现负相关，下降幅度为 3%，即国有企业长期享有更为优惠的贷款利率，这与上文模型的推论相一致。第二组回归显示，在控制了 9 组控制变量后，拥有政府背景的客户，包括中央、省、市、县及以下政府部门，和政府部门所属融资平台（ $govn_2 = 1$ ），在 5% 显著水平上与实际贷款利率的对数呈现负相关，下降幅度为 3%，即拥有政府背景的客户长期享有更为优惠的贷款利率，支持本文的推论 2。第三组回归显示，在控制了 9 组控制变量后，所属集团为国有集团（ $govn_3 = 1$ ），在 10% 显著水平上与实际贷款利率的对数呈现负相关，下降幅度为 2%，即拥有国有集团背景的客户长期享有更为优惠的贷款利率，再一次论证了本书的推论。

其次回归检验待检验方程中的第二个式子，估计结果如表 9 - 8 所示。

表 9 - 8   回归结果——方程二

$\ln\theta$	(1)	(2)	(3)	(4)
$govn_1$	− 0. 0468 ***			− 0. 0508 ***
	(0. 0102)			(0. 0116)
$govn_2$		− 0. 0493 ***		− 0. 0395 ***
		(0. 0116)		(0. 0120)
$govn_3$			0. 00168	0. 0250 ***
			(0. 00853)	(0. 00950)

续表

$\ln\theta$	(1)	(2)	(3)	(4)
year	yes	yes	yes	yes
size	yes	yes	yes	yes
credit	yes	yes	yes	yes
relevance	yes	yes	yes	yes
industry	yes	yes	yes	yes
type	yes	yes	yes	yes
guaranty	yes	yes	yes	yes
area	yes	yes	yes	yes
maturity	yes	yes	yes	yes
_*cons*	0.0799	0.0773	0.0691	0.0754
	(0.0627)	(0.0627)	(0.0628)	(0.0627)
N	11811	11811	11811	11811
R^2	0.623	0.623	0.622	0.623

注：*** 、** 和 * 分别表示1%、5%和10%的显著性水平，括号中的数字为标准误差。

上述回归显示，在控制了9组控制变量后，企业登记注册类型为国有企业（$govn_1$ = 1），以及拥有政府背景的客户，包括中央、省、市、县及以下政府部门，和政府部门所属融资平台（$govn_2$ = 1），在1%显著水平上与贷款利率上浮比例的对数呈现负相关，下降幅度为5%，即这两类企业长期享有更为优惠的贷款利率，这与上文结论一致。

为了检验修正模型的主要结论，我们对年份与政治关联的交乘项进行了分析，结果如表9－9、表9－10、表9－11、表9－12所示。

上述回归结果显示，无论是回归方程一还是回归方程二，无论是企业登记注册类型是否为国有企业的代理指标一（$govn_1$），还是是否拥有政府背景客户的代理指标二（$govn_2$），政府关联的代理指标和年份向量相乘得到的交乘量都呈现出一个趋势，即在显著性水平上，符号由正变负。这表明，从次贷危机的负面冲击，到2014年成都担保地震的负面冲击，该全国性股份制银行"逃往质量"（the Flight to Quality）的效应表现得越来越明显。尽管有存款保险制度建立，约束了银行道德风险事件发生，但是银行对政府关联企业的信贷决策并未显著受其影响。理论分析认为存款保险制度建立后，危机救助从政府隐性信用担保全盘买单，向私人部门需通过存款保险制度参与到危机救助成本分摊中过渡，但目前的数据尚不能证实这一想法。

从贷款数占比和贷款金额占比中，也能发现这种"逃往质量"效应。由于金额较小的贷款业务中，个人贷款占比较高，因此此处仅选取贷款金额在5000万元人民币以上的贷款数据进行分析。

图9－12表明当次贷危机和成都担保业地震两个负面冲击来临时，具有政治联系的企业获得贷款的比例将出现明显上升。支持本书的推论1。

表9-9　包含交乘项的回归结果——代理变量一、方程一

$\ln r_r$	(1)	(2)	(3)	(4)	(5)	(6)	(7)	(8)	(9)	(10)
$gown_1$	-0.0302***	-0.0416***	-0.0347***	-0.0393***	-0.0275**	-0.0253**	-0.0242**	-0.0319***	-0.0272**	-0.0178*
	(0.0106)	(0.0108)	(0.0112)	(0.0111)	(0.0108)	(0.0115)	(0.0111)	(0.0112)	(0.0112)	(0.0108)
year07	-0.111***	-0.117***	-0.111***	-0.112***	-0.111***	-0.110***	-0.110***	-0.111***	-0.111***	-0.110***
	(0.0375)	(0.0375)	(0.0375)	(0.0375)	(0.0375)	(0.0375)	(0.0375)	(0.0375)	(0.0375)	(0.0374)
year08	-0.0922**	-0.0924**	-0.0953**	-0.0928**	-0.0922**	-0.0921**	-0.0921**	-0.0923**	-0.0922**	-0.0923**
	(0.0379)	(0.0378)	(0.0380)	(0.0379)	(0.0379)	(0.0379)	(0.0379)	(0.0379)	(0.0379)	(0.0378)
year09	-0.133***	-0.135***	-0.134***	-0.136***	-0.133***	-0.133***	-0.133***	-0.134***	-0.133***	-0.133***
	(0.0374)	(0.0373)	(0.0374)	(0.0374)	(0.0374)	(0.0374)	(0.0374)	(0.0374)	(0.0374)	(0.0373)
year10	-0.0700*	-0.0709*	-0.0703*	-0.0712*	-0.0693*	-0.0695*	-0.0694*	-0.0702*	-0.0697*	-0.0691*
	(0.0373)	(0.0373)	(0.0373)	(0.0373)	(0.0374)	(0.0374)	(0.0373)	(0.0374)	(0.0374)	(0.0373)
year11	0.0131	0.0122	0.0129	0.0120	0.0134	0.0140	0.0136	0.0129	0.0134	0.0139
	(0.0373)	(0.0373)	(0.0373)	(0.0373)	(0.0373)	(0.0373)	(0.0373)	(0.0373)	(0.0373)	(0.0373)
year12	-0.0189	-0.0198	-0.0192	-0.0201	-0.0186	-0.0184	-0.0178	-0.0191	-0.0186	-0.0180
	(0.0373)	(0.0373)	(0.0373)	(0.0373)	(0.0373)	(0.0373)	(0.0373)	(0.0373)	(0.0373)	(0.0373)
year13	-0.0450	-0.0459	-0.0453	-0.0462	-0.0447	-0.0445	-0.0444	-0.0453	-0.0447	-0.0442
	(0.0373)	(0.0373)	(0.0373)	(0.0373)	(0.0373)	(0.0373)	(0.0373)	(0.0373)	(0.0373)	(0.0372)
year14	-0.110***	-0.111***	-0.110***	-0.111***	-0.109***	-0.109***	-0.109***	-0.110***	-0.109***	-0.109***
	(0.0373)	(0.0373)	(0.0373)	(0.0373)	(0.0373)	(0.0373)	(0.0373)	(0.0373)	(0.0373)	(0.0372)
year15	-0.0844**	-0.0855**	-0.0846**	-0.0856**	-0.0840**	-0.0839**	-0.0838**	-0.0846**	-0.0840**	-0.0819**
	(0.0374)	(0.0373)	(0.0374)	(0.0374)	(0.0374)	(0.0374)	(0.0374)	(0.0374)	(0.0374)	(0.0373)

续表

lnr_r	(1)	(2)	(3)	(4)	(5)	(6)	(7)	(8)	(9)	(10)
$govn_1 * year07$		0.171*** (0.0347)								
$govn_1 * year08$			0.0357 (0.0282)							
$govn_1 * year09$				0.0694*** (0.0260)						
$govn_1 * year10$					−0.0551 (0.0407)					
$govn_1 * year11$						−0.0265 (0.0239)				
$govn_1 * year12$							−0.0488* (0.0278)			
$govn_1 * year13$								0.0120 (0.0264)		
$govn_1 * year14$									−0.0222 (0.0264)	
$govn_1 * year15$										−0.297*** (0.0468)
$size$	yes	yes	yes	yes	yes	yes	yes	yes	yes	yes
$credit$	yes	yes	yes	yes	yes	yes	yes	yes	yes	yes

续表

lnr_r	(1)	(2)	(3)	(4)	(5)	(6)	(7)	(8)	(9)	(10)
relevance	yes	yes	yes	yes	yes	yes	yes	yes	yes	yes
industry	yes	yes	yes	yes	yes	yes	yes	yes	yes	yes
type	yes	yes	yes	yes	yes	yes	yes	yes	yes	yes
guaranty	yes	yes	yes	yes	yes	yes	yes	yes	yes	yes
area	yes	yes	yes	yes	yes	yes	yes	yes	yes	yes
maturity	yes	yes	yes	yes	yes	yes	yes	yes	yes	yes
lnr_b	-0.322***	-0.319***	-0.322***	-0.319***	-0.324***	-0.321***	-0.315***	-0.322***	-0.324***	-0.324***
	(0.102)	(0.102)	(0.102)	(0.102)	(0.102)	(0.102)	(0.102)	(0.102)	(0.102)	(0.102)
_cons	2.471***	2.473***	2.472***	2.458***	2.472***	2.468***	2.459***	2.472***	2.474***	2.479***
	(0.181)	(0.181)	(0.181)	(0.181)	(0.181)	(0.181)	(0.182)	(0.181)	(0.181)	(0.181)
N	11811	11811	11811	11811	11811	11811	11811	11811	11811	11811
R^2	0.570	0.571	0.570	0.570	0.570	0.570	0.570	0.570	0.570	0.571

注：***、** 和 * 分别表示 1%、5% 和 10% 的显著性水平，括号中的数字为标准误差。

表 9 - 10　　包含交乘项的回归结果——代理变量二，方程一

$\ln r_r$	(1)	(2)	(3)	(4)	(5)	(6)	(7)	(8)	(9)	(10)
$gown_2$	-0.0282**	-0.0282**	-0.0265**	-0.0485***	-0.0274**	-0.0287**	-0.00789	-0.0289**	-0.0272**	-0.0251**
	(0.0121)	(0.0121)	(0.0122)	(0.0128)	(0.0122)	(0.0141)	(0.0139)	(0.0126)	(0.0129)	(0.0122)
$gown_2 * year07$		0								
		(.)								
$gown_2 * year08$			-0.0736							
			(0.0664)							
$gown_2 * year09$				0.145***						
				(0.0298)						
$gown_2 * year10$					-0.0524					
					(0.0802)					
$gown_2 * year11$						0.00191				
						(0.0256)				
$gown_2 * year12$							-0.0755***			
							(0.0254)			
$gown_2 * year13$								0.00729		
								(0.0357)		
$gown_2 * year14$									-0.00660	
									(0.0293)	
$gown_2 * year15$										-0.140*
										(0.0800)

续表

$\ln r$	(1)	(2)	(3)	(4)	(5)	(6)	(7)	(8)	(9)	(10)
year	yes	yes	yes	yes	yes	yes	yes	yes	yes	yes
size	yes	yes	yes	yes	yes	yes	yes	yes	yes	yes
credit	yes	yes	yes	yes	yes	yes	yes	yes	yes	yes
relevance	yes	yes	yes	yes	yes	yes	yes	yes	yes	yes
industry	yes	yes	yes	yes	yes	yes	yes	yes	yes	yes
type	yes	yes	yes	yes	yes	yes	yes	yes	yes	yes
guaranty	yes	yes	yes	yes	yes	yes	yes	yes	yes	yes
area	yes	yes	yes	yes	yes	yes	yes	yes	yes	yes
maturity	yes	yes	yes	yes	yes	yes	yes	yes	yes	yes
$\ln r_b$	−0.314***	−0.314***	−0.315***	−0.316***	−0.315***	−0.314***	−0.306***	−0.313***	−0.315***	−0.321***
	(0.102)	(0.102)	(0.102)	(0.102)	(0.102)	(0.102)	(0.102)	(0.102)	(0.102)	(0.102)
_cons	2.455***	2.455***	2.457***	2.439***	2.456***	2.455***	2.439***	2.455***	2.456***	2.467***
	(0.181)	(0.181)	(0.181)	(0.181)	(0.181)	(0.182)	(0.181)	(0.181)	(0.182)	(0.182)
N	11811	11811	11811	11811	11811	11811	11811	11811	11811	11811
R^2	0.570	0.570	0.570	0.571	0.570	0.570	0.570	0.570	0.570	0.570

注：***、**和*分别表示1%、5%和10%的显著性水平，括号中的数字为标准误差。

表 9-11　　包含交乘项的回归结果——代理变量一、方程二

$\ln\theta$	(1)	(2)	(3)	(4)	(5)	(6)	(7)	(8)	(9)	(10)
$govn_1$	-0.0468***	-0.0546***	-0.0485***	-0.0505***	-0.0470***	-0.0431***	-0.0423***	-0.0493***	-0.0375***	-0.0464***
	(0.0102)	(0.0104)	(0.0107)	(0.0107)	(0.0104)	(0.0110)	(0.0107)	(0.0108)	(0.0108)	(0.0104)
$govn_1 * year07$		0.118***								
		(0.0334)								
$govn_1 * year08$			0.0136							
			(0.0270)							
$govn_1 * year09$				0.0285						
				(0.0250)						
$govn_1 * year10$					0.00443					
					(0.0391)					
$govn_1 * year11$						-0.0200				
						(0.0230)				
$govn_1 * year12$							-0.0363			
							(0.0267)			
$govn_1 * year13$								0.0182		
								(0.0253)		
$govn_1 * year14$									-0.0674***	
									(0.0253)	
$govn_1 * year15$										-0.00847
										(0.0450)

续表

$\ln\theta$	(1)	(2)	(3)	(4)	(5)	(6)	(7)	(8)	(9)	(10)
year	yes	yes	yes	yes	yes	yes	yes	yes	yes	yes
size	yes	yes	yes	yes	yes	yes	yes	yes	yes	yes
credit	yes	yes	yes	yes	yes	yes	yes	yes	yes	yes
relevance	yes	yes	yes	yes	yes	yes	yes	yes	yes	yes
industry	yes	yes	yes	yes	yes	yes	yes	yes	yes	yes
type	yes	yes	yes	yes	yes	yes	yes	yes	yes	yes
guaranty	yes	yes	yes	yes	yes	yes	yes	yes	yes	yes
area	yes	yes	yes	yes	yes	yes	yes	yes	yes	yes
maturity	yes	yes	yes	yes	yes	yes	yes	yes	yes	yes
_cons	0.0799	0.0854	0.0805	0.0767	0.0800	0.0791	0.0794	0.0803	0.0774	0.0800
	(0.0627)	(0.0627)	(0.0627)	(0.0627)	(0.0627)	(0.0627)	(0.0627)	(0.0627)	(0.0627)	(0.0627)
N	11811	11811	11811	11811	11811	11811	11811	11811	11811	11811
R^2	0.623	0.623	0.623	0.623	0.623	0.623	0.623	0.623	0.623	0.623

注: ***、 ** 和 * 分别表示 1%、 5% 和 10% 的显著性水平，括号中的数字为标准误差。

表9-12　包含交乘项的回归结果——代理变量二、方程二

$\ln\theta$	(1)	(2)	(3)	(4)	(5)	(6)	(7)	(8)	(9)	(10)
$govn_2$	-0.0493***	-0.0493***	-0.0496***	-0.0580***	-0.0492***	-0.0658***	-0.0354***	-0.0520***	-0.0364***	-0.0488***
	(0.0116)	(0.0116)	(0.0117)	(0.0123)	(0.0117)	(0.0135)	(0.0133)	(0.0121)	(0.0123)	(0.0117)
$govn_2 * year07$		0								
		(.)								
$govn_2 * year08$			0.0150							
			(0.0637)							
$govn_2 * year09$				0.0622**						
				(0.0286)						
$govn_2 * year10$					-0.00928					
					(0.0770)					
$govn_2 * year11$						0.0584**				
						(0.0245)				
$govn_2 * year12$							-0.0515**			
							(0.0244)			
$govn_2 * year13$								0.0280		
								(0.0343)		
$govn_2 * year14$									-0.0859***	
									(0.0281)	
$govn_2 * year15$										-0.0211
										(0.0767)

续表

lnθ	(1)	(2)	(3)	(4)	(5)	(6)	(7)	(8)	(9)	(10)
year	yes	yes	yes	yes	yes	yes	yes	yes	yes	yes
size	yes	yes	yes	yes	yes	yes	yes	yes	yes	yes
credit	yes	yes	yes	yes	yes	yes	yes	yes	yes	yes
relevance	yes	yes	yes	yes	yes	yes	yes	yes	yes	yes
industry	yes	yes	yes	yes	yes	yes	yes	yes	yes	yes
type	yes	yes	yes	yes	yes	yes	yes	yes	yes	yes
guaranty	yes	yes	yes	yes	yes	yes	yes	yes	yes	yes
area	yes	yes	yes	yes	yes	yes	yes	yes	yes	yes
maturity	yes	yes	yes	yes	yes	yes	yes	yes	yes	yes
_cons	0.0773	0.0773	0.0774	0.0694	0.0773	0.0771	0.0748	0.0780	0.0732	0.0773
	(0.0627)	(0.0627)	(0.0627)	(0.0628)	(0.0627)	(0.0627)	(0.0627)	(0.0627)	(0.0627)	(0.0627)
N	11811	11811	11811	11811	11811	11811	11811	11811	11811	11811
R^2	0.623	0.623	0.623	0.623	0.623	0.623	0.623	0.623	0.623	0.623

注：***、**和*分别表示1%、5%和10%的显著性水平，括号中的数字为标准误差。

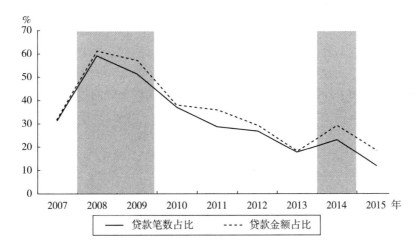

图9-12 政府关联型贷款占比

图9-13表明在所有时期，政府关联型贷款获得的平均金额都高于所有贷款的均值。金额差放大有三个时期，分别是2009年、2011年、2004—2005年，其中，2004—2005年的金额差放大趋势明显。由此可见，在负面冲击来临时，具有政治联系的企业获得贷款的平均金额也在上升。

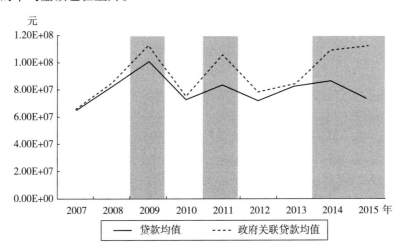

图9-13 政府关联型贷款的平均贷款金额

（四）小结

本节从上述实证检验结果中找到了银行在危机前逆向选择的证据，政治关联显著影响商业银行信贷决策。该证据表明，实际的危机救助中至少可以从银行逆向选择角度评估问题银行的成本分担。追责可以在危机过去后，并且国外经验表明以罚金的形式执行要好于薪酬追回。通过研读文献，我们从宏观层面也发现如下证据：

从金融加速器效应的原理来看，我国金融加速器效应理应比国外更加显著。一是我国企业融资结构以间接融资为主，与发达国家相比，股权融资占比相对较低。2002—

2013 年，我国非金融企业股票融资 3.3 万亿元，不足社会融资总量的 3% 。二是我国企业信息披露质量不高，存在大量的披露不真实、不充分、不及时等现象，借贷双方信息不对称程度更加严重。然而，从已有文献来看，我国金融加速器效应远不如国外，直接体现在金融加速器效应模型的关键参数外部融资溢价对资产负债率的弹性上。BGG 模型估计得到美国市场上外部融资溢价对资产负债率的弹性系数约为 0.05〔Christensen 等（2008）估计该参数值为 0.042；Bernanke 等（1999）设定该参数为 0.05；Meier 和 Muller（2006）估计该参数为 0.067〕；日本学者 Fukunaga（2002）和 Hitoshi 等（2005）估计出日本的该参数值分别为 0.05 和 0.038。国内学者对我国该参数的估计远低于 0.05，如刘斌（2008）估计出我国外部融资风险溢价对资产权益率的弹性仅为 0.0088（假设稳态时厂商内部融资所占比例为 0.2）；袁申国等（2011）在开放经济模型下估计该参数值为 0.01（假设当稳态时企业资产权益率为 0.42）；王立勇等（2012）估计了不同黏性条件下的金融加速器效应，发现在黏性价格、黏性信息和混合黏性条件下，我国该参数的取值分别为 0.0218、0.0265 和 0.0231（假设稳态时企业资产权益率为 0.42）；余雪飞等（2013）估计该参数值为 0.0267（假设稳态时企业资产权益率为 0.479）。从产出波动的角度来看，国内金融加速器效应显著低于国外，虽随着稳态负债率上升有所提高，但仍非常微弱。

　　解释之一是，BGG 模型中假设所有企业是同质的，但由于我国信贷市场具有明显的二元化特征。令总外部融资风险溢价由公部门和私部门各自的风险溢价加权平均而来，权重分别为 ϖ 和 $1-\varpi$。设公部门的外部融资风险溢价为 $s_{pub}(\cdot)$，私部门的外部融资风险溢价为 $s_{pri}(\cdot)$，则

$$s(\cdot) = \varpi s_{pub}(\cdot) + (1 - \varpi)s_{pri}(\cdot) \tag{9-141}$$

　　我国外部融资风险溢价 $s(\cdot)$ 与资产权益率的曲线相对于发达经济市场，凸度表现得更为明显，如图 9-14 所示。

　　当经济体稳态的资产负债率在政府隐性担保范围内波动时，若资产权益率自右向左逐渐向长期均衡值靠近，则 $0 > s'_{pri}(\cdot) > s'(\cdot) > s'_{pub}(\cdot)$。这表明经济体在政府隐性担保范围内负债率逐渐攀升时，由于公部门的外部融资风险溢价对财务指标变动不敏感，外部融资利率低于市场平均水平，会产生超出实际投资需求的公部门资金需求。从另一个角度讲，中小企业不确定性加大使得银行因资产质量之忧而谢绝对中小企业信用扩张，银行的风险偏好上升导致信贷市场出现"逃往质量"效应——银行将信贷资产大举配置于兼顾收益和"安全"（背后是政府隐性担保的信用黏性泛滥）特征的地方平台

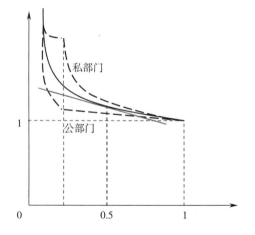

图 9-14　中国市场的外部融资风险溢价
与资产权益率

和国企。若经济体长期高负债运行，则此时的公部门已然成为资金的"避风港"，而这个避风港会给经济带来两大不利影响。首先，公部门的产出占总产出的比重会上升，在现实中的表现就是政府融资平台、影子银行等的爆发性增长，最终导致的结果是产品市场的结构性失衡，即公部门总产出严重过剩与私部门产出严重不足的畸形经济结构；其次，私部门可能面临双重困境：外部融资风险溢价攀升的直接负面影响，与公部门资金抽水的间接负面影响。这将导致私部门"小冲击、大波动"的金融加速器效应更加明显，私部门倒闭潮在负债率长期高位运行时不断涌现，进而私部门总产出大量萎缩，优质新兴产业也可能在此过程中被扼杀于摇篮之中。因此在这一区间里，当经济体长期高负债运行时，"两阶段二元金融加速器效应"在第一阶段的表现形式可以概括为：公部门对私部门投资资金的挤占，总产出的结构性失衡，私部门的产业困境和银行业风险偏好上升。

当经济波动突破临界点，资产负债率攀升至政府隐性担保无力承受的范围，即资产权益率越过长期均衡点向 0 靠近时，$s_{pub}(\cdot)$ 和 $s_{pri}(\cdot)$ 将迅速收敛至 $s(\cdot)$，且 $s'_{pri}(\cdot) < s'(\cdot) < s'_{pub}(\cdot) < 0$。这表明当负债率上升到一定程度，政府隐性担保被打破，或者说政府无力再为公部门提供隐性担保，此时公部门面临与私部门同样的信贷条件，导致公部门外部融资风险溢价迅速增加，信贷资金将迅速抽离回流至私部门。但如若私部门的优质产业已在此之前消失殆尽，那么资金的回流可能面临窘境，最终甚至导致系统性风险爆发。

由此可见，与发达经济市场不同，中国市场的外部融资风险溢价曲线凸向原点的特性更为明显，因此金融加速器效应的表现形式也就不同。

因此，无论从微观数据还是宏观数据中，我们均能发现商业银行在隐性担保下的逆向选择行为存在。通过测评归类各银行机构的逆向选择行为，无论是国有银行、股份制商业银行，还是城商行、农信社、农商行等，可以更有依据地制定问题银行的成本分担，使罚金制度的制定更加趋于合理。

9.3.3 实证二：成本分担中如何考量地方政府事前逆向选择

周小川（2004）认为，国有商业银行的不良贷款中仅有 20% 是由自身信贷经营不善造成的，此外，有 30% 是由中央和地方各级政府的干预所致；有 30% 是对国有企业的信贷支持所致；有 10% 是由国内法律环境不到位、法制观念薄弱以及某些地区执法力度较弱所致；有 10% 是由政府关停企业进行产业结构调整所致。何德旭（2011）认为，地方政府对金融的影响可分为显性管理与隐性干预两大类，前者指地方政府专设机构如金融办，负责地方金融资源的规划与研究、协调与沟通、服务与引导和监督与管理等四项职能；后者指地方政府凭借其行政权力和政治影响以及人事控制，间接影响金融机构的信贷决策和经营行为。那么，若全国性银行的区域分支机构爆发危机，地方政府的救助责任应如何考量？当问题金融机构与地方政府是合谋的共同体，则地方政府的道德风险在一定程度上也将表现为问题金融机构的道德风险。然而在现实中，地方政府并不会对这类危机承担相应的危机救助责任，更多的是倒逼中央政府救助。下文将试图从理论上探究地方政府的救助责任所在。

（一）理论分析框架

由于防范危机本身并不是目的，对危机的恐惧只能让我们故步自封。那么在应对全国性银行的区域分支机构流动性危机时应如何清晰地建立起各方的目标函数呢？如果罗列政府的全部目标函数，我们将看到在传统的政策目标之外，还有防范金融危机等目标，目标实在太多，更何况许多目标之间相互矛盾。那么是否能回到最基本的目标，并从中识别可能存在的市场失灵呢？

1. 标准化借方。分析的基本点归结为"借方"——区域内企业和地方政府，和"贷方"——全国性金融机构的关系。这里信贷安排的特殊之处在于地方政府这个关键角色，地方政府和区域内私人借方共同享有资金的控制权；地方政府对于全国性金融机构（以下简称银行）的回报具有重要影响，而银行和地方政府之间却没有合同关系。为确保资金安全，融资安排必须让投资者确信将来能收回贷款，这就需要对各种融资方式和治理制度在成本和收益之间进行平衡。私人借方给地方经济带来发展，但面对资金提供方银行来讲，地方政府有动机和相应手段对其进行不完全保护。针对私人借方，在危机前地方政府失去了应有的审慎；而当危机发生时，地方政府本能地回避用地方财政承担更多的救助责任，因而救助的重担最终落到中央政府身上。总的来看，银行的回报受到两类代理人的影响，如图9-15所示。

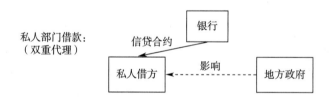

图9-15　双重代理

针对私人部门本身，当几家银行面对同一个借方时，每一个贷方都没有充分考虑其贷款合同对于其他贷方的影响，对私人部门过度放款的负外部性由此出现，如图9-16所示。

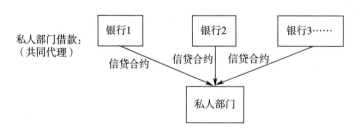

图9-16　共同代理

归总起来，全国性银行在某区域的信贷活动可能遭受双重代理和共同代理两方面因素影响，如图9-17所示。

如果监管机构（银监会）能作为代表银行利益的授权监督者，与地方政府签订合

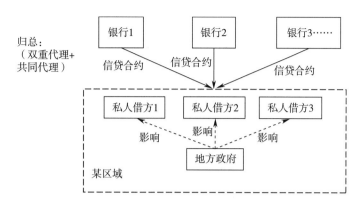

图 9 – 17　双重代理与共同代理

同，重新平衡双重代理和共同代理问题，地方政府的不审慎担保和转移危机救助责任的行为将得到遏制，并保证全国性银行的稳健经营。该分析框架同时考虑了区域内私人最优融资安排及地方政府的激励政策，为约束地方政府道德风险问题找到一个突破口。

2. 区域信贷配给模型。假设区域内某个项目需要投资 I，其净资产为 A，则还需向银行融资 $I - A$。其生产活动创造的总价值为 $R > 0$。在区域内部，银行面临的道德风险为：项目成功的概率为 p_H，此时区域内无私人收益；项目失败的概率为 p_L，此时区域内的私人收益为 B。B 可以解释为借款人的投资偏好与银行的利益不一致等。如果没有相应的激励，借款人可能投资于自己偏好的项目，漠视风险管理程序，敷衍本职工作而热衷于其他竞争性活动，照顾关联人的利益等。可见，区域内企业和地方政府组成的内部人享有隐性收益，必须给予其激励才能让它们守规矩。

为了得到生产活动所需的投资资金，借款人要使银行确信其投资能够在将来得到相应的回报，即银行更倾向于投资于预期可保证收益更大的地区。由于银行得到的收益 R_l 不可能是全部价值 R，假设银行为区域内信贷设置如下激励机制：若项目成功则区域内获得 R_b，若失败则获得 0（借款人的有限责任）。区域内部人的激励相容约束为

$$p_H R_b \geq p_L R_b + B \tag{9 - 142}$$

可见，在内部人的激励相容约束下，能够提供给银行的最大可保证收益为

$$p_H R_l = p_H(R - R_b) \leqslant p_H\left(R - \frac{B}{\Delta p}\right) \tag{9 - 143}$$

其中，$\Delta p \equiv p_H - p_L$。

事实上，提高对全国性银行的保护，可以让借款人从中获得更多收益。例如，如果一个地区加强对全国性银行的保护，如果市场是竞争性的，那么对该地区借款人所作出的更为可信的回报承诺将导致各家银行间展开更为激烈的竞争：银行将愿意以更低的利息投入更多的资金，且可能降低对抵押品的要求，承诺给予更多的流动性资本或更少的控制权。相反，如果该地区对全国性银行的保护不到位，其生产活动将面临更高的贷款利息和更苛刻的贷款条件。由此可见，在加强对全国性银行投资保护的这个过程当中，地方政府和全国性银行可以做到共赢。首先，在竞争的市场环境下，银行间的竞争消除

了对投资者保护所带来的收益，地方的经济发展将使地方政府成为加强对银行收益保护的直接受益人。其次，加强对投资者的保护可以让全国性银行在两个层面上间接受益：一是加强保护可以使银行现有的资产从过去的投资中受益；二是加强保护会激发新的投资，进而对储蓄的需求增加，进一步提高贷款的均衡回报率。

从上述模型分析中，我们可以得到如下推论：

推论 4：在其他条件相同的情况下，区域内部人享有的私人收益 B 越大，银行的预期可保证收益越小，银行越不倾向于发放贷款（或贷款利率越高）；

推论 5：在其他条件相同的情况下，Δp 越大，其中包含区域内部人努力程度的信息就越多，针对区域内部人努力程度的绩效考核就越准确，全国性银行得到的保护越多，银行的预期可保证收益越大，银行越倾向于发放贷款（或贷款利率越低）。

3. 地方政府私人收益的代理指标。一个不健全的制度环境对于区域内的企业是有利的（事后的，尽管不一定是事前的）。因为地方政府可以诱使区域内私人部门违约，或不履行对全国性银行的危机救助义务，它们在这方面的免责权大于普通借款人，因为缺乏广泛强制性的地方政府约束体制。

如果将区域内生产活动产出的商品分为两类：一类是仅能在区域内进行销售的商品，例如基础设施建设和房地产行业等主要在当地消费的产品；另一类是可以在更广泛的地区进行销售的商品。那么，显而易见，第一类商品的产出比重越高，区域内企业和地方政府所享有的"隐性收益"越大。因此，基础设施建设和房地产行业的数据成为我们感兴趣的指标之一。

虽然全国性银行在审核一个区域的贷款需求时，要鉴别区域私人收益的一个较好的办法就是观察总产出中"不可贸易产品"的比重，但是，在评判区域内部人是否通过区域经济控制权增大区域私人收益时，受诸多因素影响。例如，大城市的房地产需求更旺盛，房地产存货流动性更好，被看做是广泛意义上的可贸易产品，因此更利于充当债务抵押品，使得该地区总贷款能力上升。又如，致力于减少贫困差距的宏观政策又会迫使全国性银行给偏远地区以贷款扶贫优惠。因此，本书在实证的时候会将地区差异考虑在内。

4. 地方政府努力绩效考核的代理指标。界定一个区域内各经济主体（包括区域性金融机构）为满足流动性需求储备的全部流动性为内部流动性。当以下两个条件满足时，内部流动性能充分满足区域内的流动性需求：

（1）各个经济体所面临的冲击是独立的；

（2）内部流动性在区域内恰当分配。

前一个条件告诉我们，当面临区域性的共同冲击时，内部流动性不能应对流动性冲击。此时，如果区域内的共同冲击相对于全国而言是微不足道的，则该区域能从全国金融市场上获取全部所需流动性资本。因此，界定全国性银行能提供"外部流动性"。全国性银行所提供的"外部流动性"受到该区域抵押品的限制，因为地方政府未将全国性银行的利益内在化，全国性银行会规避由于对其保护不到位所导致的"外部流动性"资金被套牢的情形。

后一个条件告诉我们，区域内的金融环境良好，则资金的配置效率高，内部流动性更能满足区域内的流动性需求；而区域内金融环境差，则资金的配置效率低，内部流动性越不能满足区域内的流动性需求。

假设区域内的金融环境与对全国性银行的保护具有极大的正相关性，则我们用区域性金融机构的经营情况来作为地方政府对全国性银行的保护所做努力的绩效考核代理指标。由于城市商业银行、农村商业银行、农村合作银行、农村信用社、村镇银行等数据还受到银监会的监管，本节取仅受到地方政府监管的各省份小额贷款公司贷款余额数据进行分析。同样，在评判区域内部人努力程度的绩效考核是否准确时，也会受诸多因素影响，这里也将考虑地区因素。

（二）实证检验

1. 样本。本节选择某全国性股份制银行 2013 年 12 个省份的截面贷款数据，得到45533 个样本观测值，这些省份包括北京、上海、广东、浙江、江苏、四川、山东、天津、重庆、甘肃、陕西、辽宁。

2. 方程设定和变量界定。我们将待检测回归方程设定为

$$\ln r_r = \alpha_1 + \beta_1 \ln r_b + \beta_2 B + \beta_3 \Delta p + \sum \beta'_m x_m + \varepsilon_1 \qquad (9-144)$$

$$\ln \theta = \alpha_2 + \beta_4 B + \beta_5 \Delta p + \sum \beta'_m x_m + \varepsilon_2 \qquad (9-145)$$

式中，$\ln r_r$ 表示银行对企业实际贷款利率的对数；$\ln r_b$ 表示基准利率的对数；$\ln \theta$ 表示银行计算的贷款利率上浮比例的对数。B 代表地方政府私人收益，分别用宏观数据中当年该省份房地产开发完成额占 GDP 的比重；微观信贷数据中贷款投向、贷款会计科目、贷款业务品种、贷款客户所属行业中，基础设施建设和房地产作为代理指标。其中，B_0 代表宏观数据中，当年该省份房地产开发完成额占 GDP 的比重；$B_1 = 1$ 代表贷款投向基建和房地产，投向其他行业为 0；$B_2 = 1$ 代表贷款会计科目为房地产短/中期贷款、基础设施长期贷款、个人住房短期/中期/长期贷款，其他科目为 0；$B_3 = 1$ 代表贷款业务品种为房地产开发贷款、个人商业用房贷款、个人再交易住房贷款、个人住房贷款、基建项目贷款和物业贷款，其他科目为 0；$B_4 = 1$ 代表贷款客户所属行业为建筑和房地产行业，属于其他行业为 0。Δp 代表对地方政府努力程度的绩效考核，分别用当年当地小额贷款余额占 GDP 比重 Δp_1、当年当地小额贷款余额占 GDP 比重与过去三年均值的差额 Δp_2、上一年当地不良贷款率 Δp_3 作为代理指标。x_m 表示其他控制变量，包括行业 province（共 12 个省）、企业规模 size（5 种规模：大、中、小、微、未知）、担保方式 guaranty（4 种方式：抵押、质押、保证、信用）、贷款期限 maturity（11 种期限分类）、企业信用等级 credit（共 11 个等级），控制变量均为虚拟变量。

3. 描述性统计特征。表 9-13 分别列出了主要变量的描述性统计特征。

表 9-13 变量的描述性统计特征

变量	样本量	平均值	标准差	最小值	最大值
贷款金额	45533	3878127	13800000	8629.86	445000000
浮动比率	45533	1.25	0.15	0	3

续表

变量	样本量	平均值	标准差	最小值	最大值
基准年利率	45533	5.98	0.14	5.04	6.55
实际年利率	45533	7.47	0.93	0	18
$\ln\theta$	45493	0.22	0.11	-0.36	1.10
$\ln r_b$	45533	1.79	0.02	1.62	1.88
$\ln r_r$	45466	2.01	0.12	0.14	2.89

其中，浮动比例和实际利率为 0 的样本主要为银团贷款下参与贷款、信用证议付/代付和货到付款代付等，回归时将其剔除。

4. 结果与分析。实证检验的顺序是，首先从宏观数据，再从银行贷款的微观数据，对地方政府私人收益的五个代理变量分别对两个基本模型进行 OLS 回归检验，且加入主要控制变量；其次对地方政府努力程度的绩效考核的三个代理变量分别对两个基本模型进行 OLS 回归检验，且加入除省份以外的主要控制变量。

估计结果如表 9-14 所示。当年这些省份房地产开发完成额占 GDP 的比重每增加一个百分点，实际贷款利率的对数 $\ln r_r$ 或利率上浮比例的对数 $\ln\theta$ 将增加 5% 或 4%。该结果证明，在宏观数据层面上，上述推论 4 的结论得到证实，即在其他条件相同的情况下，区域内部人享有的私人收益 B 越大，银行的预期可保证收益越小，银行越不倾向于发放贷款（或贷款利率越高）。

表 9-14 地方政府私人收益（宏观）回归结果

	(1) $\ln r_r$	(2) $\ln\theta$
B_0	0.0510 **	0.0430 **
	(0.0225)	(0.0210)
size	yes	yes
guaranty	yes	yes
maturity	yes	yes
credit	yes	yes
_cons	1.896 ***	0.0898 ***
	(0.00714)	(0.00665)
N	45466	45493
R^2	0.269	0.260

注： *** 、** 和 * 分别表示 1%、5% 和 10% 的显著性水平，括号中的数字为标准误差。

表 9-15 和表 9-16 显示，无论从贷款投向、贷款会计科目、贷款业务品种、贷款客户所属行业哪个指标看，凡是涉及基础设施建设和房地产行业，银行对企业的实际贷款利率或者银行对企业制定的贷款利率上浮比例均会显著增加。即地方政府私人收益每增加一个百分点，实际贷款利率的对数 $\ln r_r$ 或利率上浮比例的对数 $\ln\theta$ 将增加 2% ~

8%。以上结论均支持本节的推论4。

表9-15 　　　　　地方政府私人收益（微观）——回归方程一

$\ln r_r$	(1)	(2)	(3)	(4)	(5)
B_1	0.0241***				0.0179***
	(0.00168)				(0.00192)
B_2		0.0806***			0.0285***
		(0.00625)			(0.00972)
B_3			0.0696***		0.0341***
			(0.00540)		(0.00828)
B_4				0.0414***	0.0105***
				(0.00330)	(0.00405)
province	yes	yes	yes	yes	yes
size	yes	yes	yes	yes	yes
guaranty	yes	yes	yes	yes	yes
maturity	yes	yes	yes	yes	yes
credity	yes	yes	yes	yes	yes
$\ln r_b$	1.759***	1.749***	1.743***	1.747***	1.738***
	(0.0438)	(0.0439)	(0.0439)	(0.0439)	(0.0438)
_cons	-1.302***	-1.288***	-1.284***	-1.286***	-1.278***
	(0.0796)	(0.0797)	(0.0797)	(0.0797)	(0.0796)
N	45466	45466	45466	45466	45466
R^2	0.304	0.304	0.304	0.304	0.306

注：***、**和*分别表示1%、5%和10%的显著性水平，括号中的数字为标准误差。

表9-16 　　　　　地方政府私人收益（微观）——回归方程二

$\ln\theta$	(1)	(2)	(3)	(4)	(5)
B_1	0.0230***				0.0176***
	(0.00160)				(0.00183)
B_2		0.0770***			0.0272***
		(0.00594)			(0.00917)
B_3			0.0666***		0.0343***
			(0.00508)		(0.00774)
B_4				0.0379***	0.00735*
				(0.00313)	(0.00385)
province	yes	yes	yes	yes	yes
size	yes	yes	yes	yes	yes
guaranty	yes	yes	yes	yes	yes

续表

$\ln\theta$	(1)	(2)	(3)	(4)	(5)
maturity	yes	yes	yes	yes	yes
credit	yes	yes	yes	yes	yes
_cons	0.0797 ***	0.0759 ***	0.0690 ***	0.0753 ***	0.0664 ***
	(0.00627)	(0.00631)	(0.00640)	(0.00632)	(0.00641)
N	45493	45493	45493	45493	45493
R^2	0.272	0.271	0.271	0.271	0.274

注: *** 、 ** 和 * 分别表示1%、5%和10%的显著性水平，括号中的数字为标准误差。

表 9 – 17 和表 9 – 18 的结果表明，当年当地小额贷款余额占 GDP 比重与过去三年均值的差额 Δp_2 越大，银行对企业的实际贷款利率或者银行对企业制定的贷款利率上浮比例均会显著增加；当年当地小额贷款余额占 GDP 比重 Δp_1 越大，银行对企业制定的贷款利率上浮比例均会显著增加；上一年当地不良贷款率 Δp_3 越小，银行对企业的实际贷款利率或者银行对企业制定的贷款利率上浮比例均会显著增加。以上结论均与本节的推论 5 相反，可见地方政府努力程度的绩效考核并没有被银行纳入贷款决策中。

表 9 – 17 地方政府努力程度的绩效考核——回归方程一

$\ln r_r$	(1)	(2)	(3)	(4)	(5)
Δp_1		0.0422			– 1.938 ***
		(0.0782)			(0.285)
Δp_2			2.168 ***		4.998 ***
			(0.198)		(0.421)
Δp_3				– 0.683 ***	1.548 ***
				(0.151)	(0.420)
size	yes	yes	yes	yes	yes
guaranty	yes	yes	yes	yes	yes
maturity	yes	yes	yes	yes	yes
credit	yes	yes	yes	yes	yes
$\ln r_b$	1.744 ***	1.743 ***	1.730 ***	1.748 ***	1.741 ***
	(0.0439)	(0.0439)	(0.0439)	(0.0439)	(0.0438)
_cons	– 1.255 ***	– 1.254 ***	– 1.244 ***	– 1.257 ***	– 1.264 ***
	(0.0797)	(0.0798)	(0.0796)	(0.0797)	(0.0796)
N	45466	45466	45466	45466	45466
R^2	0.293	0.293	0.295	0.294	0.297

注: *** 、 ** 和 * 分别表示1%、5%和10%的显著性水平，括号中的数字为标准误差。

表 9 – 18　　　　　　　　　地方政府努力程度的绩效考核——回归方程二

$\ln\theta$	(1)	(2)	(3)	(4)	(5)
Δp_1		0.198 ***			− 2.299 ***
		(0.0743)			(0.271)
Δp_2			2.492 ***		5.710 ***
			(0.188)		(0.401)
Δp_3				− 0.362 **	2.321 ***
				(0.143)	(0.399)
size	yes	yes	yes	yes	yes
guaranty	yes	yes	yes	yes	yes
maturity	yes	yes	yes	yes	yes
credit	yes	yes	yes	yes	yes
_cons	0.0965 ***	0.0931 ***	0.0797 ***	0.0998 ***	0.0767 ***
	(0.00577)	(0.00591)	(0.00590)	(0.00592)	(0.00607)
N	45493	45493	45493	45493	45493
R^2	0.260	0.260	0.263	0.260	0.265

注：***　、** 和 * 分别表示 1%、5% 和 10% 的显著性水平，括号中的数字为标准误差。

上述结论表明，银行并不关心地方政府是否努力营造良好的区域信贷环境，从一方面证明了上文所阐述的银行业道德风险。具体来讲，当一个地区信贷环境恶化时，银行在次年发放新增贷款时"逃向质量"的效用充分显现，新增信贷资产将大举配置于兼顾收益和所谓"安全"特征的地方平台和国企（利率更低），而中小企业将面临融资难、融资贵等问题。对金融机构而言，一方面是国家隐性信用担保下过剩产能行业和地方融资平台旺盛的信贷需求；另一方面，信贷环境恶化的不确定性经济环境，使得银行因资产质量之忧而谢绝对中小企业信用扩张。

5. 稳健性检验。上述地方政府私人收益的代理变量中，并没有详细区分房地产和基建行业，也没有区分企业贷款与个人贷款。进一步研究拟做出以下区分：（1）将贷款投向指标 B_1 细化为投向建筑行业[①] B_{11} 和投向房地产行业[②] B_{12}；（2）将贷款会计科目 B_2 细化为房地产短期贷款 B_{21}、房地产中期贷款 B_{22}、基础设施长期贷款 B_{23}、个人住房短期贷款 B_{24}、个人住房中期贷款 B_{25}、个人住房长期贷款 B_{26}；（3）将贷款业务品种 B_3 细化为房地产开发贷款 B_{31}、个人商业用房贷款 B_{32}、个人再交易住房贷款 B_{33}、个人住房贷款 B_{34}、基建项目贷款 B_{35} 和物业贷款 B_{36}；（4）将贷款客户所属行业 B_4 细化为建筑

---

①　包含：房屋建筑业、铁路工程建筑、公路工程建筑、市政道路工程建筑、其他道路/隧道和桥梁工程建筑、水源及供水设施工程建筑、河湖治理及防洪设施工程建筑、港口及航运设施工程建筑、工矿工程建筑、管道工程建筑、其他土木工程建筑、电气安装、管道和设备安装、其他建筑安装业、建筑装饰业、其他工程准备活动、提供施工设备服务、其他未列明建筑业。

②　包含：房地产开发经营、物业管理、房地产中介服务、自有房地产经营活动、其他房地产业。

行业 B_{41} 和房地产行业 B_{42}。结果如表 9 – 19 所示：

表 9 – 19　　　　　　　　　　回归结果——贷款投向

$\ln r_r$	(1)	(2)	$\ln\theta$	(3)	(4)
B_{11}	0.0241 ***			0.0230 ***	
	(0.00168)			(0.00160)	
B_{12}		0			0
		(.)			(.)
province	yes	yes		yes	yes
size	yes	yes		yes	yes
guaranty	yes	yes		yes	yes
maturity	yes	yes		yes	yes
credit	yes	yes		yes	yes
$\ln r_b$	1.759 ***	1.767 ***			
	(0.0438)	(0.0439)			
_cons	– 1.302 ***	– 1.309 ***		0.0797 ***	0.0864 ***
	(0.0796)	(0.0798)		(0.00627)	(0.00627)
N	45466	45466		45493	45493
R^2	0.304	0.301		0.272	0.269

注：*** 、** 和 * 分别表示 1%、5% 和 10% 的显著性水平，括号中的数字为标准误差。

表 9 – 19 显示，贷款投向为建筑行业的实际利率和利率上浮比例都会显著增加；贷款投向为房地产行业的变量被自动剔除，未能进入回归方程。

表 9 – 20、表 9 – 21 显示，贷款会计科目为房地产短期/中期贷款的，其实际利率和利率上浮比例都会显著增加；贷款会计科目为基础设施长期贷款的，其实际利率和利率上浮比例回归结果均不显著；贷款会计科目为个人短期/中期/长期住房贷款的，其实际利率和利率上浮比例都会显著下降。

表 9 – 20　　　　　　　　回归结果——贷款会计科目（方程一）

$\ln r_r$	(1)	(2)	(3)	(4)	(5)	(6)
B_{21}	0.106 ***					
	(0.0264)					
B_{22}		0.100 ***				
		(0.00664)				
B_{23}			– 0.0182			
			(0.104)			
B_{24}				– 0.116		
				(0.0721)		

$\ln r_r$	(1)	(2)	(3)	(4)	(5)	(6)
B_{25}					-0.249**	
					(0.102)	
B_{26}						-0.233***
						(0.0273)
province	yes	yes	yes	yes	yes	yes
size	yes	yes	yes	yes	yes	yes
guaranty	yes	yes	yes	yes	yes	yes
maturity	yes	yes	yes	yes	yes	yes
credit	yes	yes	yes	yes	yes	yes
$\ln r_b$	1.764***	1.747***	1.767***	1.767***	1.767***	1.766***
	(0.0439)	(0.0438)	(0.0439)	(0.0439)	(0.0439)	(0.0439)
_cons	-1.306***	-1.285***	-1.309***	-1.309***	-1.309***	-1.310***
	(0.0798)	(0.0796)	(0.0798)	(0.0798)	(0.0798)	(0.0798)
N	45466	45466	45466	45466	45466	45466
R^2	0.301	0.305	0.301	0.301	0.301	0.302

注：***、**和*分别表示1%、5%和10%的显著性水平，括号中的数字为标准误差。

表9－21　　　　　　　　回归结果——贷款会计科目（方程二）

$\ln\theta$	(1)	(2)	(3)	(4)	(5)	(6)
B_{21}	0.0709***					
	(0.0251)					
B_{22}		0.0976***				
		(0.00631)				
B_{23}			-0.00672			
			(0.0985)			
B_{24}				-0.119*		
				(0.0686)		
B_{25}					-0.227**	
					(0.0973)	
B_{26}						-0.212***
						(0.0257)
province	yes	yes	yes	yes	yes	yes
size	yes	yes	yes	yes	yes	yes
guaranty	yes	yes	yes	yes	yes	yes
maturity	yes	yes	yes	yes	yes	yes

$\ln\theta$	（1）	（2）	（3）	（4）	（5）	（6）
credit	yes	yes	yes	yes	yes	yes
_cons	0.0853 ***	0.0739 ***	0.0864 ***	0.0864 ***	0.0864 ***	0.0847 ***
	(0.00628)	(0.00630)	(0.00627)	(0.00627)	(0.00627)	(0.00627)
N	45493	45493	45493	45493	45493	45493
R^2	0.269	0.273	0.269	0.269	0.269	0.270

注：*** 、** 和 * 分别表示 1%、5% 和 10% 的显著性水平，括号中的数字为标准误差。

表 9 - 22、表 9 - 23 显示，贷款业务品种为房地产开发贷款、基建项目贷款和物业贷款的，其实际利率和利率上浮比例都会显著增加；贷款业务品种为个人再交易住房贷款的，其实际利率和利率上浮比例都会显著减少；贷款业务品种为个人商业用房贷款和个人住房贷款的，其实际利率和利率上浮比例回归结果均不显著。

表 9 - 22　　　　　　　　回归结果——贷款业务品种（方程一）

$\ln r_r$	（1）	（2）	（3）	（4）	（5）	（6）
B_{31}	0.102 ***					
	(0.00648)					
B_{32}		− 0.0580				
		(0.0364)				
B_{33}			− 0.147 ***			
			(0.0201)			
B_{34}				0.0186		
				(0.0198)		
B_{35}					0.0162 *	
					(0.00910)	
B_{36}						0.0282 *
						(0.0150)
province	yes	yes	yes	yes	yes	yes
size	yes	yes	yes	yes	yes	yes
guaranty	yes	yes	yes	yes	yes	yes
maturity	yes	yes	yes	yes	yes	yes
credit	yes	yes	yes	yes	yes	yes
$\ln r_b$	1.744 ***	1.767 ***	1.767 ***	1.767 ***	1.765 ***	1.767 ***
	(0.0438)	(0.0439)	(0.0439)	(0.0439)	(0.0439)	(0.0439)
_cons	− 1.282 ***	− 1.309 ***	− 1.310 ***	− 1.309 ***	− 1.307 ***	− 1.310 ***
	(0.0796)	(0.0798)	(0.0798)	(0.0798)	(0.0798)	(0.0798)
N	45466	45466	45466	45466	45466	45466
R^2	0.305	0.301	0.302	0.301	0.301	0.301

注：*** 、** 和 * 分别表示 1%、5% 和 10% 的显著性水平，括号中的数字为标准误差。

表 9 - 23 回归结果——贷款业务品种（方程二）

$\ln\theta$	(1)	(2)	(3)	(4)	(5)	(6)
B_{31}	0.0971 ***					
	(0.00616)					
B_{32}		-0.0376				
		(0.0344)				
B_{33}			-0.145 ***			
			(0.0191)			
B_{34}				0.0206		
				(0.0189)		
B_{35}					0.0128	
					(0.00865)	
B_{36}						0.0421 ***
						(0.0137)
province	yes	yes	yes	yes	yes	yes
size	yes	yes	yes	yes	yes	yes
guaranty	yes	yes	yes	yes	yes	yes
maturity	yes	yes	yes	yes	yes	yes
credit	yes	yes	yes	yes	yes	yes
_cons	0.0724 ***	0.0863 ***	0.0857 ***	0.0864 ***	0.0851 ***	0.0853 ***
	(0.00631)	(0.00627)	(0.00626)	(0.00627)	(0.00633)	(0.00628)
N	45493	45493	45493	45493	45493	45493
R^2	0.273	0.269	0.270	0.269	0.269	0.269

注：*** 、** 和 * 分别表示 1%、5% 和 10% 的显著性水平，括号中的数字为标准误差。

表 9 - 24 显示，贷款客户所属行业为建筑行业和房地产行业的，其实际利率和利率上浮比例都会显著增加。

表 9 - 24 回归结果——贷款客户所属行业

$\ln r_r$	(1)	(2)	$\ln\theta$	(3)	(4)
B_{41}	0.0235 ***			0.0197 ***	
	(0.00392)			(0.00373)	
B_{42}		0.0669 ***			0.0650 ***
		(0.00543)			(0.00515)
province	yes	yes		yes	yes
size	yes	yes		yes	yes
guaranty	yes	yes		yes	yes
maturity	yes	yes		yes	yes

$\ln r_r$	（1）	（2）	$\ln\theta$	（3）	（4）
credit	yes	yes		yes	yes
$\ln r_b$	1. 763 ***	1. 746 ***			
	（0. 0439）	（0. 0439）			
_ *cons*	− 1. 304 ***	− 1. 286 ***		0. 0851 ***	0. 0718 ***
	（0. 0798）	（0. 0797）		（0. 00627）	（0. 00636）
N	45466	45466		45493	45493
R^2	0. 302	0. 303		0. 269	0. 271

注：***、**和*分别表示1%、5%和10%的显著性水平，括号中的数字为标准误差。

综上所述，在区分企业和个人、房地产和基础设施建设之后，本节的实证结果并未发生改变，结论仍然显著支持本节的推论4。需要说明的是，全国股份制银行对基础设施建设贷款利率上浮的原因在于，这类客户的项目属于政策性优惠基建项目的配套项目或外包项目，如果是全国性大型银行或政策性银行的直接项目客户，贷款利率一般会趋于下浮。

（三）小结

从上文的实证分析中可以看到，虽然地方政府对于全国性银行的贷款回报具有重要影响，如影响贷款投向、资金运行效率等，但地方政府往往不会充分地内在化全国性银行的利益，导致地方政府道德风险出现。此外，银行在发放贷款时也不会将区域信贷环境纳入考虑，而更愿意依赖缺乏市场运行规则支撑的政府隐性担保，进一步印证了上文的银行业道德风险。

政府对于保持融资途径的关注可以在一定程度上将全国性银行的利益内生化，这种声誉机制可以在一定程度上消除地方政府针对全国性银行的道德风险。但衡量收益与成本时，如果降低拒绝偿付的概率会带来高昂成本的话，那么地方政府也会选择在边际上采取不充分的预防措施。

本文认为地方政府激励机制的设计应当引入一个全国性银行的授权监督者（如银监会的分支机构）。在双重代理问题上，授权监督者能够在区域内出现短期债务违约的情形时，削弱地方政府的控制权，以减少长期债务违约发生的概率；在共同代理问题上，授权监督者可以列出所有全国性银行与该地区发生的信贷往来，并在隐去具体银行名称等信息的基础上，对于该区域的过度借款行为进行公开透明化，并在过度借款发生之后加大对地方政府行为的限制（如央行的贷款证制度）。可见，在授权监督者审慎制定政策以保证全国性银行的投资者利益后，一个信息公开且有信誉的地区会获得数额更高、期限结构更好的投资。因此，授权监督者制度的引入可以帮助一个地区取得优质的外部贷款（区域内金融机构能提供之外的）。

9.4　区域性危机救助

近年来，我国各类区域性风险频现，区域性市场和机构面临流动性危机或清偿性危机的可能性正在不断上升。首先，当前我国地方金融体系正面临巨大挑战，危机四伏。房地产泡沫、地方债务困局、地方滥办金融乱象等，都如同悬在原本就不完善的地方金融体系头上的一把利剑。如何预防恐慌升级、防范区域性金融风险已成为当前热门话题。其次，在我国，由于政府强有力的信用背书以及政府在经济运行中重要的市场地位，使得行政干预色彩浓厚，而缺乏对道德风险的重视。改革开放近四十年来，我国金融行业的成长并不是一帆风顺，虽然许多金融风险汹涌而来，但又匆匆淡出我们的视野。中央政府对金融行业的隐性担保和兜底是金融风险未全面爆发的主要抑制力。然而，区域金融风险仅靠中央政府信用背书和行政控制是不能根本消除的，甚至还会越积越多、越积越大，酝酿出更大的全面爆发之势。

阎庆民（2012）认为，地方金融是指由地方政府管理或审批、并承担风险处置责任的金融机构。但是当前地方政府在金融发展权和金融控制权上的越位，与地方政府在危机救助上的缺位，造成市场规则无法摆脱道德风险的扭曲，积累了大量区域金融风险。因此本节从该切入点展开研究，探讨适合我国区域金融危机救助的机制设计，试图构建基于地方金融发展与风险防范权衡的地方金融监管体制，为同时满足地方寻求金融发展和中央关注风险防范提供激励相容的机制。

9.4.1　区域性危机救助的机制设计

当区域性银行爆发危机时，地方政府首先通过市场化操作的方式引导金融机构自救。随着危机的外部性逐渐显现，传染风险逐渐暴露，地方政府直接行使危机救助职责，防止危机的深化和扩散。制订的救助方案需让市场规则发挥一定的优胜劣汰作用。图 9 - 18 显示，区域性危机救助过程中政府与市场边界不清的问题仍然存在。地方金融监管机构普遍集协调、服务与监管职能于一身，甚至通过金融控股承担出资人的角色，其协调与服务职能的发挥受地方经济发展需要的牵制，首要目标变为争取金融资源、推动地方金融扩张、强化部门职能等，这与救助式金融监管目标存在一定冲突，造成地方政府危机救助角色严重缺位。而央行、中央财政等中央政府机构作为"最后贷款人"的主要角色，其越位行为更加助长了地方政府的道德风险。

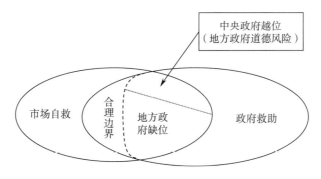

图 9 - 18　区域性银行业危机救助中政府与市场的边界

区域性爆发危机，地方政府不可避免成为政府救助主体之一，使得救助机制更倾向于分权决策，因此，如何防范地方政府在危机救助中的道德风险成为关注的重点问题之一。

首先，在危机显露出传染风险之前的政府市场化救助操作时间窗口内，应加强地方政府声誉机制的建设。由于目前不存在这样一个声誉机制，使得私人部门不敢贸然介入对区域性银行危机的救助中，只有同属国字辈的央企、资产管理公司等，在地方政府的牵线搭桥下敢于作出对问题区域银行的收购决策，例如中国石油收购经营困难的新疆克拉玛依市商业银行，长城资产收购官司缠身的德阳银行等。同时，监管机构为避免地方政府恶意承诺和私人部门参与救助后对于银行牌照的不规范运用，目前对问题区域银行收购者的资格审核也严格限定在国有机构之内。

其次，虽然区域性银行主要受监管机构监管，但地方政府在信息不对称条件下导致的事前逆向选择行为对其经营决策影响很大。要杜绝地方政府事后道德风险，让其在识别问题银行类型和识别问题银行自救能力提升空间方面发挥作用非常不易，因为信息不对称一直存在，地方政府和问题银行形成利益共同体的可能性也一直存在。若能相应增加地方政府危机救助的职责和成本分担，其可能会在帮助中央政府控制实际救助成本方面获得激励。

再次，地方政府对于区域性银行的监督技术有待提高。可通过建立分层存款保险制度，明确省级政府对区域性银行的监管和救助职责；可通过将小机构的人事、经营、决策等权力以某种方式汇集，明确省级政府的监管范围，例如农村信用社的省联社模式；可提前明确省级地方政府的救助义务，并配套建立危机救助时期的发债机制和担保机制；可进一步完善资产管理公司职责等。通过上述方面的一系列制度环境建设，省级政府在适度金融分权的框架下将更有动力获取区域性银行风险信息，加强监管的跟踪分析，合理权衡经济发展与风险防范，最终使得地方政府监督技术提高。

最后，通过监督机构防范地方政府道德风险的前提是建立防合谋机制，以杜绝地方政府"俘获"监督机构。该机制提早建立，将有利于防范地方政府通过各种手段将救助职责和救助成本推卸至中央。

综上所述，偏向于分权救助的区域性危机救助中有诸多需要关注的侧重点。表9-25将区域性危机细分为多个类别，探究不同情况下适度分权救助机制的侧重点。

表9-25　　　　　　　　　　区域性危机救助机制设计

救助方式	城商行、农商行	农信社	农合银行、村镇银行、民营银行	区域非银行机构	区域金融市场
私人部门救助	非市场化的互救方式：行政指令式。如海南发展银行的救助，不对称信息条件下产生严重的道德风险。趋于市场化的互救方式：国企兼并收购。中石油收购新疆克拉玛依市商业银行，成立昆仑银行；华润集团收购珠海市商业银行，成立珠海华润银行；华融资管收购株洲、湘潭、衡阳、岳阳市商业银行和邵阳市城市信用社，成立华融湘江银行；长城资管收购德阳银行；东方资管收购大连银行等。	政府主导的同业兼并，如省联社模式。	这类银行规模较小，不是地方政府金融发展权和金融控制权的核心利益所在，因此这类银行的危机救助成本分担者大多是私人部门。	规模较小，也不是地方政府金融发展权和金融控制权的核心利益所在，危机救助成本分担者同样是私人部门。	日常投资氛围浓厚、波动性大的市场，其传染性更低。若政府对自律性不强的市场降低救助概率，则有利于培育良好的市场投资氛围。

救助方式			城商行、农商行	农信社	农合银行、村镇银行、民营银行	区域非银行机构	区域金融市场
	救助对象		三原则：（1）私人部门的救助措施是否已到位；（2）传染风险的波及范围是否足够引起政府重视；（3）若政府在初步的救助后，发现机构属于清偿性危机，则应考虑是否让其破产。				泡沫严重且具传染性的市场。
政府部门救助	救助主体	中央政府/省政府	城商行、农商行队伍中有上市公司，有中央政府拥有股份的银行，对它们的救助需要中央政府与地方政府共同决策，剩余的其他银行主要由地方政府考虑救助方案——城商行、农商行很多被地方政府参股，且其对经济的支持与地方政府金融发展权和金融控制权密切相关。 金融分权角度：金融控制权上，由于在2013年前城商行跨区域发展进程中部分区域性银行的发展规模甚至比小型的全国性股份制商业银行更大，因此，对区域性银行业危机进行救助的责任主体涉及中央和地方两级政府的效用函数；金融发展权上，区域银行业的跨区域发展已经被叫停，区域银行业对区域经济发展的贡献和影响相对稳定，应积极探索加强地方政府在享有金融支持经济发展的红利后的救助职责。	目前正在运行的多种省联社模式，都强化了省级政府对于农信社的管理职责，弱化了市、县级政府的行政干预作用，这有利于积极带动地方政府对区域性银行危机的救助行为，提升地方政府主动进行救助成本分担的决心。			丰富金融市场层次和产品，健全多层次资本市场体系的前提是：中央政府颁布事前最优救助准则以遏制地方政府道德风险。需积极完善一些配套措施，如设立与市场资产规模相匹配的区域专项稳定基金等。
		地方政府	地方财政	利用自身财政决策权对区域性危机进行救助。 区域间协调机制——"北欧模式"。一旦发现跨区域的危机，将由中央层面建立一个协调机制（如危机处置小组），集中对问题银行财务状况和潜在传染风险的信息进行收集和分析，并负责向各个地方政府和中央政府决策机构汇报。汇报内容可以包括问题银行的偿付能力、传染性风险信息，最重要的是明确各地方政府间意见的分歧，目的是让每个地方政府都能了解情况，减少信息不对称，从而进行决策协调。			以小额贷款公司为代表的多数非存款类贷款人，面临法律规范缺位、法律地位不明的问题，特别是地方政府的监督管理职责也不甚明确。	

救助方式			城商行、农商行	农信社	农合银行、村镇银行、民营银行	区域非银行机构	区域金融市场
政府部门救助	救助主体	地方政府 地方资管	与国有四大资产管理公司不同之处在于，地方资产管理公司的处置范围仅限于本省。由于地方资产管理公司目标客户主要集中于中小银行，在传统的经营处置模式下还需积极进行模式创新。例如，利用地方政府信息优势，在购入不良资产后区好项目、好抵押品、引入专业社会投资人等方式，充分利用地方政府的资源，深化细化精化不良资产的处置，积极帮助地方政府剥离不良资产。				
		地方声誉机制	与温州债务危机相比，成都担保公司倒闭潮中地方政府更不愿承担危机救助责任。尽管危机与当地经济发展息息相关，但地方政府对远期的财政激励并不感兴趣——原因是地方官员任期周期较短；相反的是，温州地方政府在中央摆明重视态度之后积极行动，所做的工作不限于积极与关联银行进行债务再谈判、缓和债务链断裂的险情、组织人员理顺债务关系等——可能的原因是地方政府官员最为关心的升迁等政治利益被放入了激励之中。因此，可以将地方政府可能采取的救助措施作为声誉机制的相应指标，评分越高越是表明地方官员用心营造良好的区域信贷环境，其越有可能得到升迁的政治利益。				
		分层存款保险	（1）根据区域风险水平调整最低保费率，避免高效率、低风险银行补贴高风险、低效率银行，以及高效率、低风险地区补贴高风险、低效率地区等问题。 （2）加大存款保险机构对于区域性银行的事前监督，通过早期纠正和市场化处置等多种手段，发挥存款保险机制对金融体系"优胜劣汰"的促进作用。 （3）适当降低保障金额，增加存款人的监督动力。 （4）省联社未来的改革方向还可以向各省的存款保险公司过渡，在现有集中管理中小银行人、财、物的基础上，加强事前的监管功能，向建立健全我国分层的存款保险制度迈进。				
	救助时机		传染风险是政府考虑是否救助的关键。短期救助与中长期救助并存，资金救助与制度完善并存，救助工具趋于多元化，且需综合权衡短期与中长期、显性与隐性、不同利益集团之间的成本收益。				
	救助力度		从海南发展银行的救助经验中可见，区域性金融机构破产固然会给中央政府带来一定的负效用，但是中央政府不应全盘兜底，而应在自身效用函数范围内与地方政府共同展开救助。 如果中央银行和地方政府救助的总和仍然不能覆盖问题银行的债务缺口，那么可以考虑让其破产（"坏银行"）。但是，"坏银行"破产只有在合适的危机时间段才能实施，一般不用在危机的中期或者严重的时候，因为还需考虑市场信心的变化。毕竟政府救助主要就是为了恢复市场的信心。				稳定市场情绪为主，救助顺序为先小额再大额，先个人再机构。

在实际操作中，区域性银行危机救助应遵循如下步骤：第一步，私人部门削减债务缺口。私人部门可以通过自救或互救套牢债权人、所有权人，最大限度地防止问题银行道德风险，降低地方政府的财政压力。并且在互救过程中避免行政指派等非市场化的救助方式，积极向地方政府引导的市场化救助方式过渡。第二步，政府救助。区域性银行

危机中，地方政府具有不可推卸的救助义务。虽然中央政府对区域性银行危机的传染风险也具有一定的负效用，愿意支付一定救助成本，但该算作股权损益的中央政府仅应行使股东权利，该避免过度干预的中央政府应克制干预冲动。对于地方政府，应通过地方财政、地方资产管理公司等救助主体，和地方政府声誉机制、分层的存款保险制度等制度规则，积极承担起与金融分权中的危机救助职责。

9.4.2　实证三：测度系统重要性区域

由于不同区域的金融危机对系统性危机的冲击力度不同，本节拟参照系统重要性银行的测度方法，对 31 个省份的区域系统重要性进行排名，以此为系统重要性区域在系统性风险管理中的区域风险管理提供新的思路和架构。

本节将采用定性与定量相结合的方法展开研究。具体而言，首先通过专家打分法对各指标权重进行独立打分，在定性比较各评价指标相对重要性的基础上，进一步采用层次分析法（AHP），定量得到系统重要性区域综合测度体系各维度指标的确切权重，为系统重要性区域在系统性风险管理中的区域风险管理提供新的思路和架构。通过问卷调查法等成熟的心理研究方法，收集数据，继而对这些数据进行统计分析。研究中主要采用 AHP 层次分析。

（一）系统重要性区域的指标体系

1. 测度指标体系框架。巴塞尔银行监管委员会设计了一套定性与定量相结合的系统重要性银行评估方法，并于 2011 年公布了 G－SIBS 的计量方法和附加资本要求，提出了基于指标的确定方法，即以"规模、跨境活跃程度、关联度、可替代性和复杂性"五个指标对 G－SIBS 进行衡量，每个指标的相应权重为 20%，并在各个指标下设定了相应的子指标。其中"规模"包含"表内资产余额、表内负债余额、总收入、市值"等指标；"跨境活跃程度"包括"跨境要求权和负债"；"关联度"包含"金融机构互持资产负债、批发融资规模"等指标；"可替代性"包含"支付系统、托管量"等指标；"复杂性"包含"境外资产、业务、机构数量"等指标。

与 G－SIBS 划分标准相比，国内 D－SIBS 的划分去掉了"复杂性"这个指标，并将"可替代性"纳入"跨境活跃程度"中，各指标权重相应上调。基于模型的方法主要有 Co－VaR 法（Adrian 和 Brunnermeier，2008）和夏普利（Shapley）值法（Drehmann 和 Tarashev，2011）等。巴塞尔委员会认为指标法所选指标具有代表性，能够从不同侧面、多种维度来反映系统重要性银行所产生的负外部性及其重要性，而且比现有模型法使用起来简单、结果稳定。由于模型法对系统重要性的判定仅仅依赖少量的指标或市场变量，且未必能够将定性指标与定量指标结合，因此将 SIBs 的规模性、传染性与跨境活动性指标转化为系统重要性区域（SIDs）的测评指标，需要考虑全国省域的系统重要性区域的总量经济与风险特征。

2. 指标预处理。本节将通过建立的系统重要性区域评价指标（如图 9－19 所示），在 SIBs 国际标准的基础上，通过专家访谈与专家打分法实现基于 AHP 层次赋权基础上的指标重要性确定（巴曙松，2012）[1]，配合项目课题[2]中的专家评价而得出相对指标重要性。在获取了调查数据之后，需要进行整理，本部分采用 CI 与 RI 值对指标的一致性进行判断，通过了问卷一致性的变量数据有效性才能够作为进一步评价分析结论的有效论据。因此，将预处理过程呈现如表 9 - 26 至表 9 - 31 所示。

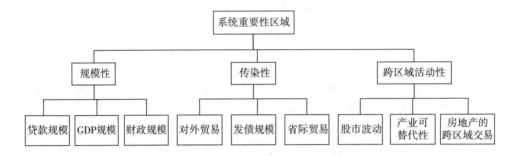

图 9 - 19   系统重要性区域的评价指标体系

表 9 - 26   系统重要性区域的评价指标体系评价权重调整

	指标	SIBs（FSB）	SIDs
系统重要性区域综合指标	规模	25%	30%
	传染性	50%	50%
	跨区域活动性	25%	20%

表 9 - 27   系统重要性区域的评价观测指标权重调整

	界面指标	观测指标	变量	G - SIBs	SIDs
系统重要性区域综合指标	规模	贷款	X1	25%	10%
		GDP	X2		15%
		财政	X3		5%
	传染性	省际贸易	X4	45%	12%
		发债规模	X5		15%
		对外贸易	X6		12%
	跨区域活动性	股市波动	X9	30%	13%
		房地产的跨区域交易	X7		10%
		产业可替代性	X8		8%

表 9 - 28   系统重要性区域目标层的相关性

	规模	传染性	跨区域活动性
规模	1	1.667	0.667
传染性	0.6	1	0.4
跨区域活动性	1.5	2.5	1

① 巴曙松，高江健. 基于指标法评估中国系统重要性银行［J］. 财经问题研究，2012（9）：48 - 56.
② 国家社科基金重大项目课题组：《防范系统性、区域性金融风险研究——基于金融适度分权的视角》。

表 9-29 系统重要性区域规模类指标的相关性

规模	贷款	GDP	财政
贷款	1.00	1.50	0.50
GDP	0.67	1.00	0.33
财政	2.00	3.00	1.00

表 9-30 系统重要性区域传染类指标的相关性

传染性	省际贸易	发债规模	对外贸易
省际贸易	1.00	1.25	1.08
发债规模	0.80	1.00	0.83
对外贸易	0.92	0.83	1.00

表 9-31 系统重要性区域跨区域活动性的相关性

跨区域活动性	产业可替代性	股市波动	房地产的跨区域交易
产业可替代性	1.00	0.80	1.20
股市波动	1.25	1.00	1.50
房地产的跨区域交易	0.83	0.67	1.00

3. 指标的一致性检验。获取了定性的指标之后，需要进行整理，本节采用前文中 CI 与 RI 值对问卷数据的一致性进行判断，通过了问卷一致性的变量数据有效性才能够作为进一步评价分析结论的有效论据。

从表 9-32 得出 AHP 的信度分析值，各个层次的指标内在关系通过了 RI 值达到了对社会问题 0.1 的可信一致性临界值，即通过了各级指标之间的内在一致性，可继续使用 AHP 权重对重要性区域进行测评。

表 9-32 系统重要性区域评价指标问卷化变量的一致性检验

	界面指标	观测指标	变量	RI 值
系统重要性区域综合指标	规模	贷款	X1	0.0016
		GDP	X2	
		财政	X3	
	传染性	省际贸易	X4	0.0069
		发债规模	X5	
		对外贸易	X6	
	跨区域活动性	产业可替代性	X7	0.00032
		股市波动	X8	
		房地产的跨区域交易	X9	
RI 值		0.0211		

4. AHP 层次权重分析。根据绪论中谈到的专家打分法以及 AHP 层次分析法，对电

商生态链减贫效应指标体系进行赋权处理。其中，专家打分法在进行指标之间的重要性调查问卷设置基础上，通过三轮专家打分并对其结果进行层次赋权，得到的权重结果如表 9 – 33 所示。

表 9 – 33　　　　　　　　　系统重要性区域评价指标的 AHP 权重值

界面指标	观测指标	变量	SIDs 主观	AHP 权重
规模	贷款	X1	10.00%	0.088017
	GDP	X2	15.00%	0.05858
	财政	X3	5%	0.176034
传染性	省际贸易	X4	12.00%	0.073741
	发债规模	X5	15.00%	0.058269
	对外贸易	X6	13.00%	0.061524
跨区域活动性	产业可替代性	X7	10%	0.156905
	股市波动	X8	8%	0.196131
	房地产的跨区域交易	X9	12%	0.130798

（二）系统重要性区域排名

根据上文系统重要性区域的测度体系，本部分将测度全国省域之间系统重要性，一方面测度全国省域之间系统重要性的排名；另一方面，从比较排名的角度测度不同省份作为系统重要性区域的发展空间。

表 9 – 34　　　　　　　　　系统重要性区域测评指标体系

	界面指标	观测指标	变量
系统重要性区域综合指标	规模	贷款	X1
		GDP	X2
		财政	X3
	传染性	省际贸易	X4
		发债规模	X5
		对外贸易	X6
	跨区域活动性	产业可替代性	X7
		股市波动	X8
		房地产的跨区域交易	X9

将基于 AHP 层次分析的系统重要性进一步深化，即将观测指标（准则层）对全国省域之间（测度层）进行赋权，对停留在测评指标体系权重基础上的实际测度效果进行检验。

区域之间贷款的相对重要性，使用 2014 年①各省份人民币贷款余额进行计算，数据

---

① 2015 年部分宏观数据缺失，故统一采用 2014 年数据。

来源于人民银行发布的地区社会融资规模统计表。区域之间 GDP 的相对重要性，使用 2014 年各省份地区生产总值进行计算，数据来源于国家统计局。区域之间财政的相对重要性，使用 2014 年各省份地方财政一般预算支出进行计算，数据来源于国家统计局。区域之间对外贸易的相对重要性，使用 2014 年各省份经营单位所在地进出口总额进行计算，数据来源于国家统计局。区域之间发债规模的相对重要性，使用 2014 年各省份地方财政国债还本付息支出进行计算，数据来源于国家统计局。区域之间省际贸易的相对重要性，使用 2014 年各省份货物和服务净流出进行计算，数据来源于国家统计局。区域之间股市波动的相对重要性，使用 2014 年各省份非金融企业境内股票融资进行计算，数据来源于人民银行发布的地区社会融资规模统计表。区域之间产业可替代性的相对重要性，使用 2014 年各省份第三产业增加值与第一、第二产业增加值之和的比值进行计算，数据来源于国家统计局。区域之间房地产跨区域交易的相对重要性，使用 2014 年各省份固定资产投资中利用外资进行计算，数据来源于国家统计局。另附上系统重要性区域的评价层对观测层相对权重的重要性，作为省域系统重要性区域评价指标体系 AHP 层次分析的量化分析基础。基于上文所建立的系统重要性区域 AHP 评价体系，导入 Matlab 之中进行运算，得到全国省域之间的系统重要性区域综合指数权重，并换算为 5 级得分标准，结果如表 9 – 35 所示。

表 9 – 35　　　　　　　　　　　　系统重要性区域综合指数

区域	SIDs 指数	标准化	排序	区域	SIDs 指数	标准化	排序
北京	0.014508	0.930468	5	湖北	0.033565	0.839134	25
天津	0.020091	0.903708	12	湖南	0.017886	0.914278	9
河北	0.020429	0.90209	13	广东	0.010375	0.950275	1
山西	0.023553	0.887117	19	广西	0.024622	0.881992	21
内蒙古	0.023621	0.886793	20	海南	0.041541	0.800907	28
辽宁	0.01653	0.920776	7	重庆	0.022399	0.89265	18
吉林	0.027799	0.866767	24	四川	0.018159	0.912969	10
黑龙江	0.020537	0.901574	14	贵州	0.021456	0.89717	17
上海	0.01184	0.943253	2	云南	0.018923	0.909306	11
江苏	0.011978	0.942592	3	西藏	0.121434	0.418006	30
浙江	0.014516	0.93043	6	陕西	0.020875	0.899952	15
安徽	0.025152	0.879454	22	甘肃	0.025554	0.877526	23
福建	0.02092	0.899736	16	青海	0.208651	0	31
江西	0.035927	0.827814	26	宁夏	0.059743	0.713671	29
山东	0.013568	0.934973	4	新疆	0.036505	0.825044	27
河南	0.017343	0.916879	8				

从表 9 – 35 中可以看出，系统重要性区域排名靠前的省份有广东、上海、江苏、山东、北京、浙江。不同区域的银行业危机对系统性危机的冲击力度显然不同，区域系统

重要性排名为系统重要性区域在系统性风险管理中的区域风险管理提供了新的思路和架构。

9.5 本章结论

由于问题金融机构逆向选择、问题金融机构道德风险和地方政府道德风险的存在，在危机发生时，银行和地方政府都试图将危机救助成本转移到中央政府，本章试图探寻了将救助义务进行市场化归位的激励相容机制。

针对问题金融机构的逆向选择，基础模型建立了危机前期央行释放流动性的基本框架。传染性风险爆发前，央行通过对问题金融机构的自救能力进行预判，确定市场流动性释放力度，以使得问题金融机构获得流动性支持摆脱危机。在这一过程中，危机自救能力强的金融机构能顺利消灭债务缺口，而危机自救能力弱的金融机构则无法完全削减债务缺口。在存在合谋的假设前提下，对比央行仅依靠监管机构监督（集权）和赋予地方政府一定监督权（分权）的两种情形，发现虽然两个监督者会陷入"囚徒困境"而拒绝分享信息，但是分权是否更优取决于声誉机制是否健全。

针对问题金融机构的道德风险，修正模型建立了将传染风险纳入分析框架中的政府救助框架。传染风险爆发后，中央政府在传染负效用范围内支付救助成本，建立"坏银行"破产机制。针对适度分权的标准，本章发现地方政府在解决信息不对称方面具有优势，如控制实际救助成本、识别问题金融机构类型和自救能力提升空间等，但是前提是需提升地方政府的监督技术和降低地方政府被"俘获"的概率。然而，地方政府本身可能就是"俘获者"，特别是在全国性银行的危机救助过程当中，若采取分权的决策模式，中央政府面临的防合谋成本可能极高（如资产剥离中地方政府虚报不良）。

针对地方政府道德风险，理论模型模拟了地方政府产生救助偏见的过程，并试图寻找解决方案。由于地方政府效用函数并不是以社会总福利最大化为目标，导致在危机救助过程中地方政府只关心负面冲击对地方经济的影响，而并不关心救助成本的大小，因为地方政府没有打算真实承担成本。由此产生的救助偏见导致在危机救助过程中，地方政府可能对部分区域金融机构超额救助，而对部分金融机构降低救助力度，甚至逃避救助责任。具体到金融分权上，当地方政府决策的负外部性很大、实际救助成本的信息不对称性很小时，中央政府颁布事前最优救助准则的机制更优。实际操作中，基于金融控制权角度的地方政府归责更易做到，而基于金融发展权角度的地方政府归责会非常难。这就需要中央政府事前颁布制度规则明晰地方政府的救助职责，如：建立分层存款保险，明确地方省级政府的监管和救助职责；将小机构的人事、经营决策等权力以某种方式汇集，明确交由地方省级政府负责，以减少市、县及以下级政府的行政性干预。此外，引入监督者改善地方政府救助偏见的前提，也需建立良好的声誉机制，使得地方政府俘获监督者的交易成本增大。

全国性银行业危机救助中，由于金融体系的外部性问题存在，全国性银行业危机救助过程中的监管效率还存在一定的帕累托改进空间。现实经济社会中的信息不对称，引发了银行业金融机构普遍的道德风险行为，造成银行业救助式金融监管的低效率和社会福利的损失，典型表现即救助式监管套利。实际上，银行业危机救助式监管套利，是银行业金融机构利用救助式监管规则漏洞，或形式合规的业务程序组合实现"额外"救助收益，造成监管机构"额外"经济救助成本的行为。而其背后，是中央政府隐性担保下对市场越位导致的问题金融机构的道德风险。

区域性银行业危机救助中，政府与市场边界不清的问题也仍然存在。地方金融监管机构普遍集协调、服务与监管职能于一身，甚至承担金融机构出资人职责，其发挥协调与服务职能主要服从于地方经济发展需要，以争取金融资源、推动地方金融扩张、强化部门职能为首要目标，这与银行业救助式金融监管目标存在一定冲突，造成地方政府危机救助角色严重缺位。而央行、中央财政等中央政府机构作为最后贷款人的主要角色，其越位监管行为更加助长了地方政府的道德风险。

具体到危机救助中，市场化的操作应遵循如下步骤：

第一步，私人部门削减债务缺口。私人部门可以通过自救、互救、存款保险制度等，使得债权人、所有权人首先成为危机救助的先行部队。这样可以最大限度地防止道德风险，也能将政府救助成本尽量降低。然而，实证结果表明，存款保险制度建立至今，私人部门的道德风险依然较大，并没有明显证据能支撑私人部门增加救助责任分担的绩效。对存款保险制度效应的进一步研究有待数据更新。

第二步，政府救助主体责任分配。若为系统性银行业危机，则中央政府主导；若为区域分支机构危机，应逐步强化地方政府的危机救助责任；若为区域性银行业危机，则地方政府具有不可推卸的救助义务。从实证结论可以看到，银行对于区域内私人收益增加的道德风险有所考量，提升了基础设施建设和房地产行业的实际利率；但是，银行并未对区域内信贷环境下降引起足够重视，这也与银行业道德风险相关——当区域内信贷环境变差时，银行就转向国有部门进行低利率放款。可考虑引入全国性银行的授权监督者，抑制地方政府道德风险，建立良性的区域信贷环境竞争激励，并要求地方政府通过地方财政、地方资产管理公司等救助主体，和地方政府声誉机制、分层的存款保险制度等制度规则，积极承担起金融分权中的危机救助职责。农信社改革的省联社模式通过对区域性中小银行进行聚合，可以实现事前监督的早期纠正和监管等功能，还能在个别中小银行突发危机时建立风险缓冲，发挥"优胜劣汰"的作用，本章认为省联社未来的发展方向可以向各省份的存款保险公司过渡。此外，本章还借鉴系统重要性银行的指标体系，建立了系统重要性区域的一套指标，并得到系统重要性区域排名。

总的来讲，本章提出了建立授权监督者和建立地方政府声誉机制的金融适度分权改革思路。区域经济发展与区域风险防范是事物的两面，地方政府在金融控制权驱使下寻求资本收益，在金融发展权驱使下寻求经济增长，但并未真正承担起危机救助的责任。由于权利与义务不对等，区域经济积累了大量的金融风险。从建立授权监督者角度，若考虑将地方政府的决策权放在相机抉择的条件之下，经济运行良好的时候放权，经济出现危机信号的时候集权，同时满足区域经济发展、金融创新和中央关注风险防范这两个层次的剩余决策权机制；从建立地方政府剩余机制角度，若将地方政府可能采取的救助措施（如与关联银行进行债务再谈判、缓和债务链断裂的险情、组织人员理顺债务关系等）作为声誉机制的相应指标，评分越高越表明地方官员用心营造良好的区域信贷环境，其越有可能得到升迁的政治利益，并淡化地方官员任期周期短带来的负效用，则地方政府应对区域性银行业危机的积极性将被有效调动。

10 结论与政策建议

当今，"市场存在缺陷，政府应干预经济金融"的金融监管理念已深入人心。各国政府都在围绕着经济金融发展的内在要求构建合理的金融监管体系，使其既能助推金融市场体系发挥作用，又能有效地控制和防范可能出现的金融风险。经历十几年经济的高增长后，我经济增速明显放缓，加之经济结构、产业结构的转型和金融监管制度的不完善，区域性和系统性风险不断积聚，并逐步暴露了出来，如金融领域普遍存在资源错配、寻租盛行、风险集聚，地方金融业态发展混乱等问题，"资金链断裂，老板跑路"的现象频发等。为此，本书结合我国特殊国情，借鉴国外相关研究，系统性地研究了我国区域性和系统性金融风险的防范问题。经过研究，本书有以下几个方面的结论和政策建议。

10.1 金融适度分权

面对着日益复杂的、脆弱的金融体系，需要政府参与到金融市场之中，提供金融监管服务以稳定金融体系。通常，政府是国会或者人民代表大会授命管理一国国家事务的机构，直接为选民负责，其施政受到广大民众偏好的制约。政府往往面临众多的社会目标和约束，需要权衡诸多维度的利益，这导致其在金融监管政策上存在着"时间不一致"和专注度不够问题。而专门的金融监管机构相对于政府不仅在技术上存在优势，而且专业金融监管机构受到同行的监督，其有更强烈的激励做好监管。即不同的问责机制导致了不同的激励，对于政府来说，激励其完成任务的是民众的支持；专业金融监管机构则是基于"职业生涯"的考虑，努力完成机构目标来获得同行专家和公众对其专业水平的认可。另外，在复杂任务面前，能力不确定性增加了代理机构的努力激励，削弱了政府的努力激励，即完成复杂的任务需要出众的能力，这使得复杂任务结果能够更好地反映出监管机构的能力水平，使其更加努力以提高在外部观察者心中的预期能力水平。上述原因，使得政府选择设立专业的金融监管机构组成监管体系来对金融实施监管，而不是自己亲身为之。

在中央层面的横向金融分权方面，政府需要考虑到监管任务之间的冲突与配合。本书基于委托代理理论，对多边结构、层级结构以及统一结构进行了考察，研究发现：（1）复杂监管任务最终结果的不确定性不仅减少了专业代理监管机构的努力水平，还削弱了政府作为委托人愿意提供的激励强度；（2）在多边监管的结构中，政府能够根据需要对不同的任务进行权衡和侧重，政府越在意的任务，其可以给予更大的激励强度，而专业代理监管机构也越努力；（3）在层级结构中，政府放弃对低层级监管机构的直接控制，这可使得高层级的监管机构更加努力，并使得两个机构在任务上的协同性更强，因为两者的激励纠缠在一起，好像两个机构同时在负责两个任务；（4）在统一结构中，政府尽管能够完全地将监管责任推脱给监管机构，但其会损失信息，不能衡量监管机构的努力绝对边际收益差，导致任何激励都会使监管机构内部对容易出成果的任务给予更多的努力，这不可避免地会导致一些复杂的任务得不到充分的重视，使得有效监管不足；（5）政府在选择金融监管结构时，如果偏好于控制力和信息方面，则趋向于采用多边结构，如果偏向于任务间的协调以及风险分担则趋向于层级结构。在金融监管架构设置中，另外一个非常重要，并且与金融监管结构选择紧密相关的问题便是厘清各项监管任务。明晰监管机构任务和目标能够提高机构的效率，但现实中目标往往具有模糊性，有时明确的目标也会是毫无意义的空话，譬如维护金融体系的稳定，对此目标的深思熟虑并不会给我们带来多大的启发。因而，厘清监管目标或者任务必须回到金融监管客体，即金融发展上来。金融发展同金融监管结构是动态相依的，在一定程度上，什么样的金融发展阶段决定了什么样的金融监管架构；在金融不断发展的背景下，金融监管架构理应相应地做出改变。

在纵向金融分权方面，我国金融改革一直以来强化了宏观调控式的金融集权，而较少地考虑如何调动下层的积极性，但近年来，中央政府出台了一系列的政策旨在强化地方政府在金融监管和风险处置上的责任。然而，学术界尚无对如何划分中央与地方的金融管理界限的理论研究，本书借鉴国外相关分权理论，粗略探讨了中央如何权衡信息、道德风险以及金融外部性之间的矛盾而设计出激励相容的金融管理制度的问题。研究发现，地方状态信息是促使中央政府选择金融分权的因素。现实中，各个地方间的状态不仅在同一时点存在差异，而且同一个地方在不同时点上其状态也具有时变性，中央政府及时、准确地甄别这些信息存在着巨大成本，因而下放对地方状态信息依赖度高的政策性金融权力不失为一种最优的选择。然而，地方政府的道德风险以及地方政府间的"以邻为壑"则使得中央政府偏向于金融集权的模式。总而言之，中央不得不根据国家具体的经济金融环境，在这两类因素上做出权衡，选择最佳的金融管理模式。另外，笔者认为在金融分权的情境下，政策性金融权力的下放并不是一个绝对的"放"与"不放"的问题，而是一个金融适度分权问题，即合理地将一系列的政策性金融权力配置给中央与地方政府，寻求最优金融分权结构，守住不发生区域性、系统性金融风险的底线。譬如，对地方信息依赖大且金融外部性小的政策决策权应下放给地方政府，如地方性金融机构的监管、救助；而对于外部性大且具有系统性影响的政策则应集中于中央，如货币的发行、跨区域银行的监管、系统性重要机构的监管等。这样不仅能充分发挥中央金融管理部门的指导、协调和监督作用，维护金融业改革发展战略，而且可以引导和调动地方政府的积极性，发挥好地方政府的作用，强化地方政府金融监管意识和责任。

10.2　区域性和系统性金融风险的生成

为了有效地防范可能的金融风险，政府必须弄清金融风险的生成机制以及对相关的金融风险进行精准的测度和评估。金融风险的识别和测度是金融风险防范的基础：它有利于金融监管者在金融危机爆发前更好地监测金融体系的稳定状况，采取预防性措施；有利于金融监管者在金融危机事件爆发时及时采取相应的救助措施，以避免金融危机事件的蔓延和传染；有利于金融监管者和研究者对金融风险事件进行事后分析，以识别金融机构或金融系统潜在的缺陷、金融监管的漏洞及其急需进行改革和完善的领域和问题。

现实中有不少的金融风险是区域性的，很多系统性的金融危机都是由区域性危机演化而成，特别是在经济空间较大的国家，金融风险往往首先表现为区域性风险。在我国政治集权、财政分权而金融分权模糊的特殊制度下，地方政府在金融争夺、融资扩张、区域金融发展过程中，产生了区域性的金融风险，尤其是在金融监管集权的背景下，地方政府更加重视经济增长而忽视了金融安全，埋下了金融安全隐患。为此，本书第三章基于地方政府的视角，着重研究了我国特殊制度下区域性金融风险的成因。研究发现：（1）地方政府重视经济增长而相对忽视金融效率与金融安全的行为选择是我国现阶段区域性金融风险生成的重要成因之一。地方政府的这一行为取向根源于我国以 GDP 为主要考核内容的官员治理制度及地方政府金融权责模糊的制度缺陷。（2）地方政府突破预算约束以发展经济的重要手段之一就是负债投资。地方政府债务的长期累积过程中，规模在快速增大，其中的期限错配、资产错配等问题更是导致部分债务按时偿还存在困难，金融机构面临共同的风险暴露，形成了区域性金融风险。实证发现，在经济竞赛中，地方政府竞争力对地方政府债务增长具有显著的正向作用，同样，地方金融资源状况对地方政府债务增长也具有显著的正向促进作用。（3）地方政府过度热衷于资金密集型的房地产业发展，推动房价连连高升，也因此累积了区域性金融风险。为了追求财政收入和房地产及其相关产业发展的增长效应，地方政府通过多种途径促进地方房地产业的发展，房地产泡沫越吹越大，部分地区尤其严重。实证表明，地方金融资源对地方房价上涨的正向促进作用明显，即地方金融资源越丰富，地方房价越高。同时，地方政府的土地财政政策也是地方房价上涨的重要促进因素，地方土地出让收入越多，地方房价越高，地方土地出让价格越高，地方房价越高。（4）从金融机构的角度来看，地方政府通过控股、参股或行政力量直接或间接地控制着金融机构，并通过直接或间接干预其经营决策来实现个人政治利益，但是长期风险收益原则的扭曲导致了金融机构风险的累积。具体来看，若地方政府通过控股权干预相关银行类金融机构，地方政府的决策取决于金融业务给地方政府带来的政治利益与股权利益之和，而这样的决策依据必然导致金融机构发生很多股权收益较低甚至为负的金融业务，而这会损害其他小股东的利益，而且金融机构损失可能导致存款者资金受损，甚至银行破产。在银行间市场业务关联的情况下，银行破产的损失还会向其他银行传染。而在我国实际情况中，地方政府的决策依据更多地倾向于其政治利益，而对股权利益的关心较少。因为随着任期满后的升迁，地方官员干预金融机构的不良后果留给了下一任，因而实际中的地方官员干预行为更加严重，产生的风险隐患更大。（5）为了更好动员地方民间资金服务于地方经济，地方政府近年来积极发展地方非正规金融，但是地方政府重发展而疏于监管导致了地方非正规金融风险事件频发，潜在风险隐患更不容忽视。

对于我国系统性金融风险的生成，本书从经济新常态与经济下行、房地产价格泡沫、影子银行体系、地方政府性债务和人民币国际化与国际资本流动等中国未来一段时间内系统性风险可能的五个来源渠道阐述了中国系统性风险的生成机理。经济新常态与经济下行、房地产价格泡沫、影子银行体系、地方政府性债务等四个中国系统性风险的可能来源渠道是以国内视角来进行分析的：前三个部分主要着眼于国民经济的私人部门，"地方政府性债务"部分主要着眼于国民经济的公共部门。人民币国际化与国际资本流动是以国际的视角来进行分析的，即主要着眼于国民经济的对外部门。显然，中国系统性风险这五个可能的来源渠道并不是相互独立的，它们可能存在一定的相互作用。同时，这五个可能的来源渠道对中国系统性风险生成的贡献可能随着时间的不同而发生改变。

然而，系统性金融风险的爆发可能并非仅由系统重要性金融机构经营失败引发，而是由系统重要性金融机构分支、地方金融机构、地方政府融资断裂、民间借贷危机、房地产泡沫破裂等引发的区域性金融风险演化而成。本书在借鉴国际经验的基础上，对我国区域风险传染路径进行了深入的探索，并对区域风险升级为系统性风险机制以及我国区域性风险向系统性风险转变的条件进行探讨。研究发现，我国区域性风险传染的渠道主要分为"真正的传染"、跨区域投资、资产负债表关联、政治影响四条传染渠道，而区域性风险是否会演变为系统性风险，风险的传染途径只是其充分条件，要想真正转化为系统性风险还取决于风险爆发源区域的重要性地位、风险爆发源区域与相关区域的网络关联程度以及受冲击区域的自身风险抵抗能力大小。综合我国现有可获得区域性数据，结果显示我国区域性风险具有如下特点：（1）广东、江苏、北京、上海、浙江、山东、河南、四川等省份是我国区域重要性排名前十的省份，同时这些省份又是传染效应强度排名前十的省份；（2）广东、江苏、山东、河南、四川、青海、西藏、新疆、黑龙江等省份是我国区域性风险程度最大的前十个省份，其中，黑龙江、新疆、青海三省是风险吸收效应处于前十的省份，而广东、江苏、山东、河南、四川既是区域重要性前十又是传染效应最大的典型省份。由此可见，我国区域性网络形成了南部以广东为中心，北部以北京、辽宁为中心，东部以江苏、上海、浙江、山东为中心，中部以河南为中心，西南部以四川为中心的网络结构特征，且每个子区域中心省份都是全国排名前十的系统重要性区域，而我国西部如青海、新疆、西藏等省份由于经济较为落后、单一，是典型的区域性风险较为集中且风险吸收效应较强的省份。值得注意的是，广东、江苏、山东、四川、河南这五个省份由于既是区域网络中心和风险传染效应较强的省份又是区域性风险相当集中且易风险暴露的省份，一旦这五个省份区域性风险爆发，极易升级演化为范围更广的系统性风险。

10.3　区域性、系统性金融风险的防范与救助

金融业本质上是一个以风险为核心的行业，在现代市场化的金融体系中，金融风险

是不可消除的。因此，在不能完全消除可能金融风险的情境下，政府和监管当局应该构建合理的金融风险防范制度，使其既能适应本国经济金融发展的需要，也能够减小监管重叠和监管真空，提高监管质量，同时，减小危机爆发的概率，在危机爆发时能最大限度地减小危机的负面影响。即构建的金融监管防范制度能反映或助推金融市场功能的发挥，又能有效地防范和控制风险。

10.3.1 银行、证券、保险三部门的微观审慎监管问题

本书理论分析认为，三部门的集中监管不仅会损失政府的控制力和信息，还会使得监管机构偏好于简单的任务，使得有效的监管不足。实证分析为此提供了佐证，笔者发现统一监管模式下，一国金融监管机构在统计上拥有更大的独立性。金融监管质量方面，Cihák 和 Podpiera（2008）发现一体化的金融监管对保险、证券市场等非银行金融机构的监管质量产生了显著的正向影响，而对银行监管无影响（监管质量指标采用的是国际货币基金组织和世界银行联合的以国际认可的银行、保险、证券核心标准量化），但本书却发现，金融监管机构的集中度对银行金融业务准入没有显著的影响，而对银行整体上的资本管制要求随着集中度的提高而趋于严格，尤其是银行持续经营期间的资本要求。这似乎表明统一的监管有利于提高银行监管的质量。不过深入分析发现，随着金融监管机构集中度的提高，银行业的 z 得分越小，银行体系缓冲收益波动的缓冲越薄弱，违约的概率越大，爆发银行危机的可能性越高；从市场约束视角的分析也得出了类似的结论，笔者发现金融监管机构越集中，存款人出于对监管质量的担心，加强了对银行资本充足率和盈利能力的约束，削弱了对小银行不良率的敏感度。

很多研究都认为金融监管一体化是为了适应金融混业经营，但本书并没有找到显著的证据。本书分析发现，对银行业务的限制并不会受到金融监管模式的影响；金融监管机构集中度越高，对金融集团化的限制就越严格，尤其是银行拥有非金融公司和非银行金融公司拥有银行方面的限制。另外，分析还发现，对银行活动的限制能够减小银行业爆发危机的可能性。当前，各国金融混业经营并不是直接单一金融机构从事多元金融业务，很多国家的混业经营实际上是以金融集团的形式，因此，上述分析结果间接表明采用单一监管模式并非因为金融混业。

此外，集中的金融监管确实会对危机的控制起到作用。本书分析发现，危机期间，存款人对银行的资本充足率和盈利能力敏感性削弱了，并且随着金融监管集中程度越大，这种削弱效应越强，间接表明集中的监管能够在危机期间给予市场参与者提供信心。这与 Doumpos 等（2015）指出金融监管架构能够缓解危机对银行产生的负面影响是一致的。

综合上述分析，笔者认为仅因为危机期间集中监管有利于危机的处理而采用统一监管架构是不充分的，因为危机的爆发毕竟是极端的事件，同时金融监管机构的集中增加了银行体系的不稳定性和爆发危机的可能性。因此，银行、证券、保险仍应该实施分业监管，但在危机期间可以设计特别处理机制，以及时、准确、有效地应对和解决危机爆发产生的不良影响。另外，对于单一金融机构仍应该严格限制其业务范围，实施"围

栅"原则；同时，为应对金融集团层面有效监管不足的问题，应设立新的宏观审慎监管机构专职负责。

10.3.2 中央银行在金融风险管理中的角色定位问题

中央银行制度发展至今，其核心职能便是发行货币并接受存款机构的法定准备金，进而通过货币工具稳定物价运行，为经济发展提供稳定的环境。本书前面的分析发现在通货膨胀高企、银行信贷在 GDP 中的比重大的国家，其央行涉足金融监管程度显著地要小，这也从侧面证实了中央银行首要职能是实施货币政策以稳定物价。不过，现实中，中央银行的目标并不这么明确，而是很模糊的，很多国家仍让中央银行负责整体金融的稳定，并深度参与到金融监管之中。实证分析发现，央行涉足金融监管削弱了存款人对银行不良率的敏感性，并且涉足金融监管部门越多，这种削弱越强。而且这种削弱效应存在于大银行，体现了存款人心中"大而不能倒"意识，这无疑加剧了银行体系的道德风险。中央银行兼顾银行监管尽管会增加银行监管的独立性，增强银行参与证券活动的限制，但也会使得对银行业的资本要求降低，并且显著地增加了银行业的不良率，同时并没有发现中央银行兼顾银行监管能够有效缓解银行业整体的违约概率，降低银行危机的显著证据。因而，笔者认为中央银行应专注货币政策，减少涉足具体的金融微观审慎监管，以防止道德风险。

这次金融危机暴露了以往微观审慎监管所忽视的金融顺周期性和系统性风险等宏观审慎监管问题，促使人们重新审视现有的监管架构。不同于微观审慎监管关注个体金融机构特质风险，认为只要个体金融机构能够保持健康则金融体系就能保持稳定，宏观审慎监管则强调金融体系整体的风险，从某种程度上也就是关注系统性风险。实际上，宏观审慎是微观审慎监管的延伸，两者是一个互补关系。当前，学术界就"宏观审慎监管的缺失导致了金融不稳定的发生"达成了共识，但宏观审慎监管研究尚处于探索阶段，其监管结构如何安排处于开放式的讨论过程中。IMF、FSB 和 BIS 在 2016 年给 G20 的报告中就总结出，当前宏观审慎监管没有一个"放之四海而皆准"的统一模式，不过普遍达成共识的是必须要有一个机构明确地负责宏观审慎监管。大部分国家趋向于将这一职能由中央银行兼顾，尤其是在一些中央银行已经负责微观审慎监管和政治独立性较低的国家（Masciandaro 和 Volpicella，2016）。这是因为，中央银行具有宏观经济信息的收集和判断能力，并且宏观审慎监管决策正是在对上述信息正确判断的基础上作出的，有监测宏观经济运行的优势，特别是在金融危机期间，由于不同金融监管主体之间协调困难而导致一系列问题。不过，这些国家所成立的机构大都是用来监测和预警系统性风险，对直接的监管渠道和工具并没有具体涉及。鉴于宏观审慎监管并不仅仅局限于金融体系，同时系统性风险的防范并不是某一单一机构的责任，需要监管部门、中央银行和财政部门等共同发挥作用。因此，关于宏观审慎监管我们主张政策的制定和实施相分离，审慎监管政策的制定主体不应该由中央银行全权负责，因为：（1）毕竟宏观审慎监管工具很多与微观审慎工具高度相似，譬如逆周期资本要求；（2）宏观审慎中一个重要工具便是逆周期工具，对于一个短周期来说，我们不主张过分的干预，因而逆周期中的周期应该是一个中长周期，相关的政策不会频繁变动，在日常时期只需按章执行即可；（3）对于系统性重要金融机构的监管可由中央银行和监管当局共同监督，但政策的制定也应放在更高层级的决策机构中。另外，危机期间的应急机制也应在危机期间授权宏观审慎政策委员会进行相机的抉择，减小危机的负面影响。故而，可设立一个以央行、监管机构为主导的宏观审慎政策委员会，制定相关的逆周期资本、杠杆水平、拨备要求、系统重要性金融机构资本要求等宏观审慎政策，而具体政策的监督执行则由专业的监管机构进行。这样的层级结构中，不需要政府再成立专门的协调机构进行协调与沟通，各个监管机构在任务间会更加的协调和密切，避免监管真空，同时也能对各个金融行业实施专业的监管。

10.3.3 宏观审慎资本监管

本书从资本监管防范系统性风险的时间维度和截面维度视角，研究分析了我国宏观审慎资本监管防范系统性风险的作用机制、实践效果以及存在的问题。研究发现：（1）整体而言我国大型银行和股份制银行具有逆周期性，而城市和农村商业银行资本缓冲与经济周期关系呈现显著负相关关系。（2）逆周期资本缓冲对不同驱动因素所导致的信贷顺周期的效果是存在差异的，因此，为了进一步分析银行资本缓冲周期性的内在形成机制，本书进行了更为深入的研究。实证研究发现，虽然繁荣时期，商业银行通过利润能够补充资本，但繁荣时期所带来的银行资本补充不足以弥补银行资本消耗，存在繁荣时期资本消耗与资本补充不足的矛盾；繁荣时期，大型银行和股份制银行的资本监管约束力下降。城市和农村商业银行虽然随着银行平均风险权重的提高会提高资本缓冲，但繁荣时期会显著地弱化资本缓冲的提高。（3）在研究逆周期资本缓冲有效性方面，本书发现逆周期资本缓冲的实施能够有效提高银行资本缓冲，从而在整体上提高银行业的稳定性。但面对不同的监管压力情况下，逆周期资本缓冲实施的效果存在差异。此外，逆周期资本缓冲的实施并未对银行信贷产生显著影响。故从实证结果来看，本书认为：繁荣时期，商业银行面临着利润补充不足和贷款消耗资本过高的矛盾。与此同时，由于繁荣时期大型银行和股份制银行的资本监管约束力下降，大型银行和股份制银行实施逆周期资本缓冲的迫切性高于城市和农村商业银行。在繁荣时期，城市和农村商业银行具有非常强烈的风险承担冲动，因此，针对此类银行的逆周期资本监管，不仅仅需要针对资本监管而实施逆周期资本缓冲，还应该关注繁荣时期城市和农村商业银行风险承担的冲动，并制定合理的逆周期措施，促使银行实现逆周期资本缓冲运行。

从本书对宏观审慎资本监管非预期效应的分析，在隐性存款担保转向显性存款保险和我国政府对银行破产容忍度上升的背景下，对我国大型银行实施宏观审慎资本监管可能意味着更高的政府救助保证和更为有利的竞争地位。从本书对资本留存和系统重要性资本附加的检验和分析来看，我国商业银行贷款增长过程中，考虑到了资本留存对银行的限制作用，从而抑制了贷款增长降低资本缓冲的作用。资本留存的实施降低了银行在金融市场所反映系统性风险承担。对系统重要性资本附加而言，本书发现系统重要性资本附加的实施对银行存在多重影响。系统重要性资本附加的实践效果往往由于道德风险加剧而显著削弱。具体来看，结论主要有以下几点：（1）系统重要性资本附加没有促使银行将贷款增长和杠杆率提高所带来的系统性风险作为其日常经营行为需要考虑的因素或者后果，反而可能加剧了其道德风险，造成银行资本缓冲下降。故从实证检验来看，对于系统重要性资本附加的实施，监管部门需要更为明确估计银行的系统性风险并将其及时传达给银行，促使其将基于宏观审慎的资本要求纳入银行经营风险的目标函数当中，进一步内部化成本。（2）总体而言，资本留存和系统重要性资本附加没有对银行的杠杆率产生显著的影响。但随着系统重要性资本附加的实施，银行资本充足率意味着能够承担更高的杠杆率，资本附加给银行带来了道德风险问题。（3）从市场法所度量的银行系统重要性来看，资本留存的实施能够降低银行的 MES 和，即能够抑制银行的系统性风险。资本充足率能够显著削弱系统重要性资本附加对 MES 和降低的效应。这也意味着，市场参与者能够反映出大型银行在实施系统重要性资本附加后，资本充足率削弱系统重要性资本附加对银行系统重要性的抑制作用。从市场约束的视角来看，在对大型银行的宏观审慎资本监管中，应该纳入市场信息所反映的银行系统重要性。（4）宏观审慎资本监管能够显著降低银行的同业贷款规模，但资本充足率能够显著削弱系统重要性资本附加对银行同业贷款降低的效应。这表明银行在系统重要性资本附加实施后，随着资本充足率的上升，银行会增加系统性风险资产的配置。（5）系统重要性资本附加能够显著降低大型银行的盈利能力和市场力量。但系统重要性资本附加的实施作为一种强烈的信号，一定程度上替代了资本充足率对银行产生的正面效应，如维护银行清偿能力和信心的作用。（6）系统重要性资本附加的实施会显著降低银行的复杂度而相对提高银行规模，但资本充足率却显著弱化了系统重要性资本附加与银行关联度（INTERBANK）的负相关性。从本书的实证检验来看，宏观审慎资本附加能够起到防范系统重要性机构风险的作用。但与此同时，本书也发现了系统重要性资本附加的实施对于其提高银行风险承担的证据。这表明，虽然系统重要性资本附加整体上具有一定效力，但资本充足率和系统重要性资本附加的相互削弱效应意味着，实施系统重要性资本附加，资本充足率会进一步增大银行的系统性风险。银行在实施系统重要性资本附加后，资本充足率会促使银行加强自身的系统性风险，系统重要性资本附加的实施造成大型银行更大的道德风险，从而削弱了系统重要性资本附加的有效性。

10.3.4　危机救助机制

随着我国改革进入攻坚期和深水区，改革红利已逐步兑现，经济步入中速增长期，过去经济快速增长滋生的各类问题持续发酵，经济结构调整难度不断加大，房地产市场、地方政府债务、外汇市场等风险暗流涌动，时刻考验着政府当局危机处置的能力。一旦任何一个上述风险爆发，且处置不合理，极可能伤及我国经济机体，包括商业、财政与金融等系统，导致我国落入"中等收入国家陷阱"及"两个百年"目标无法完成，因此，加强危机管理是各级政府必须面对的一项紧迫任务。本书正是从这个问题出发，选择银行业危机救助作为一个切入点，基于金融分权的视角寻找适应我国国情的最优机制设计，探讨如何提高我国政府银行业危机救助的成功率和有效性。

　　本书发现地方政府在解决信息不对称方面具有优势，如控制实际救助成本、识别问题银行类型和自救能力提升空间等，但是前提是需提升地方政府的监督技术和降低地方政府被俘获的概率。此外，由于地方政府效用函数并不是以社会总福利最大化为目标，导致在危机救助过程中地方政府只关心负面冲击对地方经济的影响，产生地方政府救助偏见。当地方政府决策的负外部性很大、实际救助成本的信息不对称性很小时，中央政府颁布事前最优救助准则的机制更优；当地方政府决策的负外部性很小、实际救助成本的信息不对称性很大时，地方政府制定区域金融危机救助政策的机制更优；当地方政府决策的负外部性很大、实际救助成本的信息不对称也很大时，地方政府制定区域金融危机救助政策的机制与中央政府颁布事前最优救助准则的机制各有优劣。

　　本书搭建了分层金融安全网和多主体风险分担机制的框架，认为针对全国性银行危机，应通过全国存款保险、中央银行救助（危机中的货币政策和"最后贷款人"制度）、中央财政救助和国际协作加以应对；针对区域性银行危机，应通过区域存款保险、中央银行救助（"最后贷款人"制度）和地方财政救助加以应对。其中，农信社改革模式可以向分层存款保险制度过渡，而对于地方政府和问题银行在危机前的逆向选择行为，可通过事后的金融危机责任费进行追责。

　　实证方面，本书首先选择某全国性股份制银行2013年12个省份的截面贷款数据对地方政府逆向选择进行了实证，结果表明银行对于区域内私人收益增加有所考量，提升了基础设施建设和房地产行业的实际利率，但并未对区域内信贷环境下降引起足够重视，这可能与银行业逆向选择相关——当区域内信贷环境变差时，银行就转向国有部门进行低利率放款。然后，本书选取全国性某股份制商业银行成都分行2006年至2015年7月底的贷款数据，通过实证研究发现，企业登记注册类型为国有企业、拥有政府背景的客户（包括中央、省、市、县及以下政府部门和政府部门所属融资平台）、所属集团为国有集团的客户长期享有更为优惠的贷款利率；从次贷危机的负面冲击，到2014年成都担保地震的负面冲击，该全国性股份制银行"逃往质量"的效应表现得越来越明显；贷款金额在5000万元人民币以上的贷款数据中，负面冲击导致具有政治联系的企业获得贷款的比例明显上升，且具有政治联系的企业获得贷款的平均金额也在上升。实证结论可作为地方政府归责、问题银行追责的依据，反馈至危机救助机制设计当中，构建出预防、应对、追责的银行危机管理多层次框架。

　　从危机管理角度来看，救助步骤应分为：第一步，政府预判问题银行的危机自救能力分布，尽可能精准释放市场流动性和带动银行积极自救，私人部门通过自行削减债务缺口摆脱危机（最大限度地防止道德风险，降低政府实际救助成本）。第二步，若传染风险爆发，中央财政与地方财政应积极开展处置不良资产、补充资本金等工作。政府救助力度需与政府对传染风险的效用相一致，不应过度救助或逃避责任。在分配地方政府危机救助决策权时，应权衡地方政府的优势（例如控制实际救助成本、识别问题银行类型及问题银行自救能力提升空间等）和地方政府的劣势（例如地方政府定位是否兼具"俘获者"的一面、被俘获的概率、监督技术以及决策的负外部性），分情况赋予地方政府救助决策权。第三步，在尊重市场内在逻辑的基础上，逐步安排救助措施退出，并修复危机前经济政策漏洞。

10.4　政策建议

我国正处于经济结构的转型期，守住不发生区域性、系统性金融风险的底线，稳定金融体系对于当前经济转型至关重要。2003 年以后，我国形成了"一行三会"的金融监管架构，在过去十多年中对稳定我国金融体系起到了举足轻重的作用。但随着近年来金融控股集团的蓬勃发展和 2008 年国际金融危机冲击后宏观审慎监管理念的兴起，很多学者和监管部门开始探讨我国金融监管架构未来的调整和改革路径。结合前文的分析，本书认为未来我国金融监管结构的改革必须在进一步厘清政府与市场的有效边界后，结合我国特定的经济基础、政治结构和制度框架等方面，构建效率性和稳定性相统一的金融监管框架。

首先，金融监管权力"范围"的确定。在西方市场经济发达的国家中，市场在金融资源的配置中起着主导作用，政府与市场的边界比较明确。政府在金融体系中更多地专注于通过金融监管间接地干预金融资源的配置，而通过利率、汇率、信贷分配等管制工具直接干预金融资源的配置较少。但我国国有金融机构一直在金融体系中占据着主导地位，金融资源控制权和监管权之间的界限仍然模糊，包括所有权控制、经营控制和人事控制等金融控制权力仍是政策性金融权力的一部分。其次，巩固"三会"的监管地位，不急于合并监管。理由如下：（1）从前文的分析来看，已实施统一监管模式的国家不仅没有提高监管效率，反而造成了金融体系的不稳定。不少国家开始探讨"围栏"原则，重新界定银行等金融机构的核心业务，建立天然的"隔离墙"。（2）我国的金融市场发展刚刚起步不久，实施严格的分业"隔离墙"有利于隔绝不利风险的传染，尤其是在监管部门监管能力不足的情境下。（3）各个行业内的监管还受到诸多的掣肘。譬如，我国债券市场当前面临着多头监管、多个市场的情境，并未形成统一市场的局面。最后，厘清人民银行在金融体系中的角色。中央银行仍应该将金融微观审慎监管分离，不应过多地涉足金融微观审慎监管，减小道德风险。不过，鉴于人民银行始终承担着"最后贷款人"和金融稳定的职责，其应在未来的宏观审慎监管中起着主导作用。

在宏观审慎方面，本书认为在逆周期资本缓冲机制中应该考虑到以下几个方面：（1）应考虑到我国不同类型银行在面对经济周期中表现出不同的周期性内在形成机制。本书实证结果表明，大型银行和股份制银行具有逆周期性，而城市和农村商业银行表现出顺周期性。因此，监管部门应该根据城市和农村商业银行周期性的特征，在繁荣时期制定更有针对性的逆周期监管工具，抑制其过度风险承担。（2）在逆周期资本缓冲实施中，应考虑到逆周期资本缓冲实施对银行监管压力的变化，如在逆周期资本缓冲达不到监管部门要求情况下的处罚措施以及银行资本缓冲水平等因素，提高逆周期资本缓冲实施的有效性。（3）我国逆周期资本缓冲并不能有效抑制信贷增长。因此，对于抑制信贷增长，监管部门应该采用其他诸如贷款价值比、债务收入比等措施限制信贷过快增长，而不能寄希望于逆周期资本缓冲工具。从截面维度来看，在系统重要性资本附加机制中,由于我国现阶段系统重要性资本附加为1%,监管部门还未公布系统重要性资本附加实施的细则和调整方案。故从实证检验来看,银行并没有将贷款增长率或者杠杆率纳入其日常系统性风险管理的范畴。因此本书建议:(1)我国应尽快制定系统重要性资本附加的实施细则和评估方法,促使银行将其系统重要性的变化纳入其日常资本缓冲调整的目标当中,提高银行的稳健性。(2)在实施系统重要性资本附加的同时,需要监管部门运用各类宏观审慎管理工具进行综合管控,如对大型银行的外部性进行总量限制等措施,安排危机救助和清算等措施,抑制大型银行道德风险。(3)监管部门在对银行实施系统重要性资本附加过程中,还需要对银行体系系统性风险的触发点进行有效的监控,并根据不同时期的情况,及时调整系统重要性指标的评价。

基于本书的分析,建议我国未来可以实施"一委、一行、二会"模式的金融监管框架,坚持分业监管体制的前提下,强化宏观审慎监管和监管机构之间的沟通协调。设立宏观审慎监管政策委员会以整个经济金融的稳健运行为职责,承担以下任务:(1)领导中央银行、金融专业监管机构的分工协作,加强不同监管机构、监管机构与国资监管机构之间的协调,并逐步巩固与完善协调机制,最终形成法律约束机制。这是我国现在实施的部际联席会议的升级版,主要在于防范化解金融风险、协调解决行业共性问题。(2)制定宏观审慎监管政策。在委员会的主导下,协同人民银行、各监管部门、财政部门等机构研判经济周期,制定宏观审慎监管政策,包括逆周期资本充足率、杠杆水平、动态拨备等,并授权相关专业监管机构贯彻实施。(3)辅助监管新兴金融市场和系统重要性金融机构。在新兴金融市场或者监管缺失地带可暂时让宏观审慎监管政策委员会对其实施监管和引导,待与相关监管机构深入研究和沟通协调后授权给专业监管机构监管。对系统重要性金融机构可不定期实施并表审查,也可授权专业监管机构对其整体的风险进行监督(譬如对于银行控股集团可授权银监部门对其集团整体的资本充足率进行监督审查)或者与专业金融监管机构一道对大型金融机构实施监管。(4)制定和实施危机应急机制。协同各个监管机构制定危机应急机制,并在危机时期触发应急机制,化解危机对经济金融的负面影响。

另外,回顾我国金融领域三十多年的改革,可以发现改革主线是沿着强化宏观调控的思路行事,而较少考虑如何调动下层的积极性。这种集权式的金融模式有利于调集有限的金融资源,发展缺乏比较优势的重工业,实现赶超发达国家的战略;同时,以政府"隐性担保"的方式保障了金融体系的稳定。在一定时期里,这种模式支持并推动了我国经济的发展,但随着经济市场化改革的深入,其诸多的弊端开始显现,如"保守有余,前瞻不足"、资源错配、寻租盛行、风险积聚等。近年来更是出现了一些令人担忧的现象:一是各地区可利用的金融资源(主要是资本)差异巨大,并成为地区间经济差距的主要因素;二是虽然资本对经济增长的贡献高达94%,但是工业资本的边际产出快速下降,从2003年的0.61降到了2012年的0.28,并且全要素贡献转为负值;三是为促进地方经济发展,缓解中小企业融资困难,各地大力兴办各种交易场所、小贷公司等地方金融机构,但由于监管缺失和监管容忍,这些地方金融业态发展混乱,"资金链断裂、老板跑路"的现象频发。因此,必须"界定中央与地方金融监管职责和风险处置责任""完善地方政府金融管理体制，强化地方政府对地方中小金融机构的风险处置责任"，合理地将一系列的政策性金融权力配置给中央与地方政府，强化分层监管，守住不发生区域性、系统性金融风险的底线。

本书研究认为，地方政府行为与部分区域性金融风险的生成有直接或间接的关系。因而防范和化解区域性金融风险，促进整体金融稳定，需要规制地方政府行为。而这需要从影响地方政府行为的激励约束机制即相应的制度背景着手。包括：

（1）对地方信息依赖大且金融外部性小的政策决策权应下放给地方政府，如地方性金融机构的监管、救助；而对于外部性大且具有系统性影响的政策则应集中于中央，如货币的发行、跨区域银行的监管、系统重要性机构的监管等。这样不仅能充分发挥中央金融管理部门的指导、协调和监督作用，维护金融业改革发展战略，而且可以引导和调动地方政府的积极性，发挥好地方政府的作用，强化地方政府金融监管意识和责任。

（2）从源头上防范区域性金融风险的生成，应注重官员晋升考核机制、中央与地方财政金融关系三个关联制度设计的协调与互补。我国以 GDP 为主要考核内容的晋升考核制度引发了地方官员在任期内的经济竞赛，加上我国财政分权明确、而地方金融权责模糊的制度背景，地方政府往往过度利用金融资源，以突破预算约束，追求短期内见效的高速经济增长，同时也留下了金融风险隐患。鉴于此，应该完善我国地方官员考核制度，一方面可以从考核内容上做一些调整，另一方面要硬化相应的约束条件，并将其放入考核体系。

（3）优化地方金融权力配置，落实地方金融管理职责。我国现阶段中央与地方金融显性集权和隐性分权为地方政府重视经济增长而相对忽视地方金融效率与金融安全的行为提供了制度性条件。规制地方政府在金融资源配置中的效率与安全考虑需要明确金融分权边界、落实其金融风险责任，使地方政府在金融资源配置中的权责利得到统一。

参 考 文 献

[1] 艾伦，盖尔．理解金融危机［M］．张健康，臧旭恒译．北京：中国人民大学出版社，2013.

[2] 安辉，李竹薇，付丹雅．基于银行体系稳健性的监管独立性研究［J］．数量经济研究，2013，4（2）：89－101.

[3] 巴曙松，沈长征．从金融结构角度探讨金融监管体制改革［J］．当代财经，2016（9）：43－51.

[4] 巴曙松，刘孝红，牛播坤．转型时期中国金融体系中的地方治理与银行改革的互动研究［J］．金融研究，2005（5）：25－37.

[5] 包全永．银行系统性风险的传染模型研究［J］．金融研究，2005（8）：72－84.

[6] 白钦先．20世纪金融监管理论与实践的回顾和展望［J］．金融论坛，2000，5（5）：8－15.

[7] 白雪梅，石大龙．中国金融体系的系统性风险度量［J］．国际金融研究，2014（6）：75－85.

[8] 皮建才．中国经济发展中的中央与地方政府边界研究——基于不完全契约理论的视角［J］．财经问题研究，2008（5）：23－27.

[9] 马君潞，范小云，曹元涛．中国银行间市场双边传染的风险估测及其系统性特征分析［J］．经济研究，2007（1）：68－78.

[10] 马勇，陈雨露．金融发展中的政府与市场关系："国家禀赋"与有效边界［J］．财贸经济，2014，35（3）：49－58.

[11] 马勇．基于金融稳定的货币政策框架：理论与实证分析［J］．国际金融研究，2013（11）：4－15.

[12] 马勇．监管独立性、金融稳定与金融效率［J］．国际金融研究，2010（11）：53－61.

[13] 马颖，陈波．中国分权化改革背景下经济体制改革、金融发展与经济增长［J］．发展经济学研究，2011（0）：43－55.

[14] 毛奉君．系统重要性金融机构监管问题研究［J］．国际金融研究，2011（9）：78－84.

[15] 慕刘伟，曾志耕，张勤．金融监管中的道德风险问题［J］．金融研究，2001（11）：121－124.

[16] 范小云，王道平，方意．我国金融机构的系统性风险贡献测度与监管——基于边际风险贡献与杠杆率的研究［J］．南开经济研究，2011（4）：3－20.

[17] 范小云，王道平，刘澜飚．规模、关联性与中国系统重要性银行的衡量［J］．金融研究，2012（11）：16－30.

[18] 方红生，张军．中国地方政府竞争、预算软约束与扩张偏向的财政行为［J］．经济研究，2009（12）：4－16.

[19] 方意，郑子文．系统性风险在银行间的传染路径研究——基于持有共同资产网络模型［J］．国际金融研究，2016（6）：61－72.

[20] 冯林，董红霞，郝建娇．基于ESDA的区域金融风险传染评价研究——山东县域数据的实证［J］．经济与管理评论，2016（1）：135－139.

[21] 傅勇，李良松．金融分权的逻辑：地方干预与中央集中的视角［J］．上海金融，2015（10）：47－53.

[22] 傅勇，张晏．中国式分权与财政支出结构偏向：为增长而竞争的代价［J］．管理世界，2007（3）：4-12.

[23] 弗雷德里克·米什金．应对金融危机：货币政策无能为力吗［J］．新金融，2009（6）：4-7.

[24] 董雨翀，万方．金融分权与地方经济增长［J］．金融与经济，2015（5）：12-17.

[25] 丁骋骋．中国金融改革的内在逻辑与外部绩效：1979—2009［J］．经济学家，2010（9）：62-70.

[26] 丁骋骋，傅勇．地方政府行为、财政—金融关联与中国宏观经济波动——基于中国式分权背景的分析［J］．经济社会体制比较，2012（6）：87-97.

[27] 戴金平，张成祥．我国渐进式金融改革：发展与修正［J］．南开学报：哲学社会科学版，2014（5）：49-57.

[28] 陶然，陆曦，苏福兵，汪晖．地区竞争格局演变下的中国转轨：财政激励和发展模式反思［J］．经济研究，2009（7）：21-33.

[29] 谭中明．区域金融风险预警系统的设计和综合度量［J］．软科学，2010，24（3）：69-74.

[30] 汤柳．当前制度条件下中央与地方金融管理权的边界确定［J］．上海金融，2011（7）：33-38.

[31] 汤小青．论我国中央银行货币政策和金融监管的制度选择［J］．金融研究，2001（10）：22-31.

[32] 蓝虹，穆争社．论完善地方金融管理的边界、组织架构及权责制衡机制［J］．上海金融，2014（2）：36-42.

[33] 廖岷，孙涛，丛阳．宏观审慎监管研究与实践［M］．北京：中国经济出版社，2014.

[34] 林毅夫，李志赟．中国的国有企业与金融体制改革［J］．经济学（季刊），2005，4（4）：913-936.

[35] 李桂花．新常态下的金融监管模式转型——制度和行为经济学的视角［J］．上海经济研究，2015（5）：19-25.

[36] 李曜．论金融集团主导下的金融监管组织体系设置［J］．财经研究，2003，29（4）：28-34.

[37] 李金珊，叶托．县域经济发展的激励结构及其代价——透视浙江县政扩权的新视角［J］．浙江大学学报（人文社会科学版），2010，40（3）：107-115.

[38] 李军杰，钟君．中国地方政府经济行为分析——基于公共选择视角［J］．中国工业经济，2004（4）：27-34.

[39] 李扬．完善金融的资源配置功能——十八届三中全会中的金融改革议题［J］．经济研究，2014（1）：8-11.

[40] 李维安，钱先航．地方官员治理与城市商业银行的信贷投放［J］．经济学季刊，2012（4）：1239-1260.

[41] 李永友，沈坤荣．辖区间竞争、策略性财政政策与FDI增长绩效的区域特征［J］．经济研究，2008（5）：58-69.

[42] 李仲飞，郑军，黄宇元．有限理性、异质预期与房价内生演化机制［J］．经济学（季刊），2015（1）：453-482.

[43] 李波，伍戈．影子银行的信用创造功能及其对货币政策的挑战［J］．金融研究，2011（12）：77-84.

[44] 李建军，薛莹．中国影子银行部门系统性风险的形成、影响与应对［J］．数量经济技术经济研究，2014（8）：117-130.

[45] 李文泓．关于宏观审慎监管框架下逆周期政策的探讨［J］．金融研究，2009（7）：7-24.

［46］陆晓明．中美影子银行系统比较分析和启示［J］．国际金融研究，2014（1）：55－63．

［47］吕勇斌，陈自雅．区域金融风险部门间传递的空间效应——2005—2012 年［J］．财政研究，2014（8）：46－48．

［48］吕祥勋，李源源．金融控制与金融安全的博弈：兼析地方政府投融资平台［J］．改革，2010（12）：36－41．

［49］吕健．政绩竞赛、经济转型与地方政府债务增长［J］．中国软科学，2014（8）：17－28．

［50］刘锡良，孙磊．我国政府对金融安全的影响和维护［J］．财经科学，2004（3）：1－5．

［51］刘锡良，周轶海．金融危机救助的十大问题初探［J］．金融发展研究，2011（4）：3－9．

［52］刘海二，苗文龙．区域性、系统性风险的生成与演化［J］．西南金融，2014（7）：8－11．

［53］刘吕科，张定胜，邹恒甫．金融系统性风险衡量研究最新进展述评［J］．金融研究，2012（11）：31－43．

［54］刘蓉，黄洪．我国地方政府债务风险的度量、评估与释放［J］．经济理论与经济管理，2012（1）：82－88．

［55］刘春航，朱元倩．银行业系统性风险度量框架的研究［J］．金融研究，2011（12）：85－99．

［56］刘夏，蒲勇健，陈斌．混业经营模式下的有效金融监管组织体系研究［J］．金融研究，2005（9）：96－104．

［57］刘生福，李成．货币政策调控、银行风险承担与宏观审慎管理［J］．南开经济研究，2014（5）：24－39．

［58］高国华．逆周期资本监管框架下的宏观系统性风险度量与风险识别研究［J］．国际金融研究，2013（3）：30－40．

［59］宫汝凯．财政不平衡和房价上涨：中国的证据［J］．金融研究，2015（4）：66－81．

［60］宫晓琳，卞江．中国宏观金融中的国民经济部门间传染机制［J］．经济研究，2010（7）：79－90．

［61］宫晓琳．宏观金融风险联动综合传染机制［J］．金融研究，2012（5）：56－69．

［62］苟文均，袁鹰，漆鑫．债务杠杆与系统性风险传染机制——基于 CCA 模型的分析［J］．金融研究，2016（3）：74－91．

［63］郭庆旺，贾俊雪．地方政府行为、投资冲动与宏观经济稳定［J］．管理世界，2006（5）：19－25．

［64］何德旭．注重防范区域金融风险［J］．中国金融，2015（5）：44－45．

［65］何德旭，苗文龙．财政分权是否影响金融分权——基于省际分权数据空间效应的比较分析［J］．经济研究，2016（2）：42－55．

［66］黄少安，陈斌开，刘姿彤．"租税替代"、财政收入与政府的房地产政策［J］．经济研究，2012（8）：93－106．

［67］江飞涛，耿强，吕大国等．地区竞争、体制扭曲与产能过剩的形成机理［J］．中国工业经济，2012（6）：44－56．

［68］姜建华，秦志宏．非均衡发展格局下的区域金融风险与宏观金融运行［J］．国际金融研究，1999（9）：44－50．

［69］金鹏辉，张翔，高峰．银行过度风险承担及货币政策与逆周期资本调节的配合［J］．经济研究，2014（6）：73－85．

［70］贾彦东．金融机构的系统重要性分析——金融网络中的系统性风险衡量与成本分担［J］．金融研究，2011（10）：17－33．

[71] 蒋海. 金融监管中的激励冲突与调整 [J]. 财经研究, 2004, 30 (1): 50-60.

[72] 钱先航, 曹廷求, 李维安. 晋升压力、官员任期与城市商业银行的贷款行为 [J]. 经济研究, 2011 (12): 72-85.

[73] 项卫星, 李宏瑾. 当前各国金融监管体制安排及其变革: 兼论金融监管体制安排的理论模式 [J]. 世界经济, 2004 (9): 68-76.

[74] 肖崎. 金融体系的变革与系统性风险的累积 [J], 国际金融研究, 2010 (8): 53-58.

[75] 肖璞, 刘轶, 杨苏梅. 相互关联性、风险溢出与系统重要性银行识别 [J]. 金融研究, 2012 (1): 96-106.

[76] 肖斌卿, 王粟旸, 周小超, 颜建晔. 债务网络、投资者行为与传染风险: 来自中国银行业与房地产业的研究发现 [J]. 管理科学学报, 2014 (11): 139-150.

[77] 徐现祥, 王贤彬, 舒元. 地方官员与经济增长——来自中国省长、省委书记交流的证据 [J]. 经济研究, 2007 (9): 18-31.

[78] 谢平, 邹传伟. 金融危机后有关金融监管改革的理论综述 [J]. 金融研究, 2010 (2): 1-17.

[79] 张杰. 中国金融制度的结构与变迁 [M]. 北京: 中国人民大学出版社, 2011.

[80] 张雪兰, 何德旭. 关于完善我国地方政府金融管理体制的思考 [J]. 财贸经济, 2011 (7): 38-47.

[81] 张雪春, 徐忠, 秦朵. 民间借贷利率与民间资本的出路: 温州案例 [J]. 金融研究, 2013 (3): 1-14.

[82] 张军. 分权与增长: 中国的故事 [J]. 经济学 (季刊), 2008, 7 (1): 21-52.

[83] 张健华, 贾彦东. 宏观审慎政策的理论与实践进展 [J]. 金融研究, 2012 (1): 20-35.

[84] 张文春, 王薇, 李洋. 集权与分权的抉择——改革开放 30 年中国财政体制的变迁 [J]. 经济理论与经济管理, 2008 (10): 42-49.

[85] 张国云. 地方融资平台: 小曲好唱口难开 [J]. 金融管理与研究, 2011 (1): 14-18.

[86] 张志元, 雷良海, 杨艺. 区域金融可持续发展的城市金融生态研究 [J]. 金融研究, 2006 (6): 159-169.

[87] 张翼. 我国地方政府金融管理实绩评价与对策研究 [J]. 地方财政研究, 2010 (1): 51-55.

[88] 张立洲. 论金融结构、金融监管与中国金融发展 [J]. 经济学动态, 2002 (7): 30.

[89] 周小川. 金融政策对金融危机的响应——宏观审慎政策框架的形成背景、内在逻辑和主要内容 [J]. 金融研究, 2011 (1): 1-14.

[90] 周小川. 金融危机中关于救助问题的争论 [J]. 金融研究, 2012 (9): 1-19.

[91] 周黎安. 晋升博弈中政府官员的激励与合作——兼论我国地方保护主义和重复建设问题长期存在的原因 [J]. 经济研究, 2004 (6): 33-40.

[92] 周黎安. 中国地方官员的晋升锦标赛模式研究 [J]. 经济研究, 2007 (7): 36-50.

[93] 周雪光. "逆向软预算约束": 一个政府行为的组织分析 [J]. 中国社会科学, 2005 (2): 132-143.

[94] 周飞舟. 分税制十年: 制度及其影响 [J]. 中国社会科学, 2006 (6): 100-115.

[95] 周立. 渐进转轨、国家能力与金融功能财政化 [J]. 财经研究, 2005, 31 (2): 26-37.

[96] 周慕冰. 关于做好新常态下银行监管工作的几点思考 [J]. 金融研究, 2015 (7): 13-23.

[97] 邹传伟. 对《巴塞尔资本协议Ⅲ》逆周期资本缓冲效果的实证分析 [J]. 金融研究, 2013 (5): 60-72.

[98] 钟海英. 我国地方金融管理体制改革研究 [J]. 南方金融, 2013 (2): 45-47.

［99］朱元倩，苗雨峰．关于系统性风险度量和预警的模型综述［J］．国际金融研究，2012（1）：79－88.

［100］朱英姿，许丹．官员晋升压力、金融市场化与房价增长［J］．金融研究，2013（1）：65－78.

［101］赵昌文．从攫取到共容：金融改革的逻辑［M］．北京：中信出版社，2015.

［102］赵振宗．中国东部区域金融风险研究［M］．北京：中国金融出版社，2014.

［103］赵静梅，吴风云．大部委制下金融监管的独立性与制衡机制［J］．宏观经济研究，2009（10）：56－63.

［104］赵静梅．美国金融监管结构的转型及对我国的启示［J］．国际金融研究，2007（12）：21－28.

［105］郑联盛，何德旭．美国金融危机与金融监管框架的反思［J］．经济社会体制比较，2009（3）：21－27.

［106］中国人民银行金融稳定分析小组．中国金融稳定报告（2015）［M］．北京：中国金融出版社，2015.

［107］中国人民银行济南分行调查统计处课题组．金融危机救助过程中财政部门和央行职责分工研究［J］．金融发展评论，2013（1）：106－128.

［108］陈雨露．金融发展中的政府与市场关系［J］．经济研究，2014（1）：16－19.

［109］陈雨露，马勇．中央银行的宏观监管职能：经济效果与影响因素分析［J］．财经研究，2012，38（5）：4－14.

［110］陈雨露，马勇．混业经营与金融体系稳定性：基于银行危机的全球实证分析［J］．经济理论与经济管理，2008（3）：6.

［111］陈邦强，傅蕴英，张宗益．金融市场化进程中的金融结构、政府行为、金融开放与经济增长间的影响研究［J］．金融研究，2007（10）：1－14.

［112］人民银行泰州市中心支行课题组．地方财政风险金融化——地方政府行为分析［J］．金融纵横，2002（4）：13－17.

［113］饶波，郑联盛，何德旭．金融监管改革与金融稳定：美国金融危机的反思［J］．财贸经济，2009（12）：22－30.

［114］曾康霖．金融改革的回顾与评析［J］．金融研究，2008（4）：2－8.

［115］崔光庆，王景武．中国区域金融差异与政府行为：理论与经验解释［J］．金融研究，2006（6）：79－89.

［116］财政部财科所．60年来中国财政发展历程与若干重要节点［J］．改革，2009（10）：17－34.

［117］曹元涛，范小云．银行监管力量重构损害了市场约束的效用吗——基于亚洲银行1991—2005年面板数据的研究［J］．经济学（季刊），2008，7（4）：1355－1372.

［118］孙国峰，贾君怡．中国影子银行界定及其规模测算——基于信用货币创造的视角［J］．中国社会科学，2015（11）：92－110.

［119］宋凌峰，叶永刚．中国区域金融风险部门间传递研究［J］．管理世界，2011（9）：172－173.

［120］杨帆，卢周来．中国的"特殊利益集团"如何影响地方政府决策——以房地产利益集团为例［J］．管理世界，2010（6）：65－73.

［121］杨赞，张欢，赵丽清．中国住房的双重属性：消费和投资的视角［J］．经济研究，2014（S1）：55－65.

［122］阎庆民．强化地方政府金融监管意识和责任［J］．中国金融，2012（6）：27.

［123］尹龙．金融创新理论的发展与金融监管体制演进［J］．金融研究，2005（3）：7－15.

［124］余明桂，回雅甫，潘红波．政治联系、寻租与地方政府财政补贴有效性［J］．经济研究，2010

（3）：65 – 77.

[125] 颜永嘉. 影子银行体系的微观机理和宏观效应——一个文献综述 ［J］. 国际金融研究, 2014
（7）：46 – 53.

[126] 王俊, 洪正. 央地分层金融管理体制构建研究——基于金融分权视角 ［J］. 贵州社会科学,
2016 （5）：133 – 138.

[127] 王俊, 洪正. 地方政府金融竞争与区域金融风险——基于博弈视角的理论分析 ［J］. 贵州社会
科学, 2015 （8）：115 – 120.

[128] 王春萌, 谷人旭. 康巴什新区实现"产城融合"的路径研究 ［J］. 中国人口·资源与环境,
2014, 2 （171）（S3）：287 – 290.

[129] 王磊, 彭兴韵. 中国危机管理货币政策的退出研究 ［J］. 经济学动态, 2010 （1）：36 – 42.

[130] 吴风云, 赵静梅. 统一监管与多边监管的悖论：金融监管组织结构理论初探 ［J］. 金融研究,
2002 （9）：80 – 87.

[131] Acharya, V. V. , L. H. Pedersen&T. Philippon, et al. Measuring Systemic Risk ［R］. 2010.

[132] Acharya, V. V. & T. Yorulmazer. Cash – in – the – market pricing and optimal resolution of bank fail-
ures ［J］. Bank of England Quarterly Bulletin, 2007, 47 （3）：417.

[133] Adrian, T. & M. Brunnermeier. CoVaR ［R］. Federal Reserve Bank of New York Staff
Reports, 2011.

[134] Adrian, T. &A. B. Ashcraft. Shadow banking：a review of the literature ［R］. Federal Reserve Bank of
New York Staff Report, 2012, No. 580.

[135] Adrian, T. , A. B. Ashcraft&N. Cetorelli. Shadow banking monitoring ［R］. Federal Reserve Bank of
New York Staff Report, 2013, No. 638.

[136] Agarwal, S. , D. Lucca, A. Seru & F. Trebbi. Inconsistent Regulators：Evidence From Banking
［J］. Quarterly Journal of Economics, 2014, 129 （2）：889 – 938.

[137] Agénor, P. R. & L. A. P. da Silva. Macroprudential regulation and the monetary transmission mecha-
nism ［J］. Journal of Financial Stability, 2014 （13）：44 – 63.

[138] Alesina, A. & G. Tabellini. Bureaucrats or politicians? Part I：a single policy task ［J］. The Ameri-
can Economic Review, 2007, 97 （1）：169 – 179.

[139] Allen, F. & D. Gale. Financial Contagion ［J］. Journal of Political Economy, 2000 （108）：1 – 33.

[140] Allen, F. , A. Babus&E. Carletti. Financial connections and systemic risk ［R］. National Bureau of
Economic Research, 2010, No. w16177.

[141] Alonso, R. &N. Matouschek. Optimal Delegation ［J］. The Review of Economic Studies, 2008, 75
（1）：259 – 293.

[142] Alpanda, S. , G. Cateau&C. Meh. A Policy Model to Analyze Macroprudential Regulations and Mone-
tary Policy ［J］. BIS Working Papers, 2014, No. 461.

[143] Árvai, Z. , K. Driessen& I. Otker – Robe. Regional financial interlinkages and financial contagion
Within Europe ［J］. Finance a uver – Czech Journal of Economics and Finance, 2009, 59 （6）：
522 – 540.

[144] Baele, L. , V. De Bruyckere &O. De – Jonghe. Do stock markets discipline US Bank Holding Compa-
nies：Just monitoring, or also influencing? ［J］. the North American Journal of Economics and Fi-
nance, 2014 （29）：124 – 145.

[145] Bagehot, W. Lombard Street：a Description of the Money Market ［M］. General Books, 2010：1.

［146］Balasubramnian, B. &K. B. Cyree. Has market discipline on banks improved after the Dodd – Frank Act? ［J］. Journal of Banking & Finance, 2014 (41): 155 – 166.

［147］Banulescu, G. D&E. I. Dumitrescu. Which are the SIFIs? A Component Expected Shortfall approach to systemic risk ［J］. Journal of Banking & Finance, 2015 (50): 575 – 588.

［148］Barth, J. R., D. E. Nolle& T. Phumiwasana, et al. A cross - country analysis of the bank supervisory framework and bank performance ［J］. Financial Markets, Institutions & Instruments, 2003, 12 (2): 67 – 120.

［149］Barth, J. R., G. Caprio&R. Levine. Bank Regulation and Supervision in 180 Countries from 1999 to 2011 ［J］. National Bureau of Economic Research Working Paper, 2013, No. 18733.

［150］Basel Committee on Banking Supervision. Review of the Pillar 3 disclosure requirements Consultative Document ［J］. 2015, http: //www. bis. org/bcbs/publ /d309. htm.

［151］Basel Committee on Banking Supervision. Global systemically important banks: assessment methodology and the additional loss absorbency requirement ［J］. Bank for international settlements, Basel, 2011.

［152］Battiston, S., G. diIasio, L. Infante&F. Pierobon. Capital and Contagion in Financial Networks ［J］. MPRA Working Paper, 2013, No. 52141.

［153］Bean, C. Central banking then and now ［J］. Sir Leslie Melville Lecture, Australian National University, Canberra, mimeo, 2011.

［154］Blanchard, O. & A. Shleifer. Federalism with and without political centralization: China versus Russia ［J］. IMF Economic Review, 2001, 48 (1): 171 – 179.

［155］Blanchard, O., G. Dell' Ariccia&P. Mauro. Rethinking macroeconomic policy ［J］. Journal of Money, Credit and Banking, 2010, 42 (S1): 199 – 215.

［156］Blinder, A. S. How central should the central bank be? ［J］. Journal of Economic Literature, 2010, 48 (1): 123 – 133.

［157］Bongini, P., L. Nieri&M. Pelagatti. The importance of being systemically important financial institutions ［J］. Journal of Banking & Finance, 2015 (50): 562 – 574.

［158］Borio, C. Implementing the macro – prudential approach to financial regulation and supervision ［J］. The Financial Crisis and the Regulation of Finance, 2011: 101 – 117.

［159］Boivin, J., T. Lane& C. Meh. Should Monetary Policy Be Used to Counteract Financial Imbalances? ［J］. Bank of Canada Review, 2010, Summer (2010): 23 – 36.

［160］Brownlees, C. T. &R. F. Engle. SRISK: A conditional capital shortfall index for systemic risk measurement ［R］. Department of Finance, New York University, 2015.

［161］Brunnermeier, M., A. Crocket, C. Goodhart&D. Avinash. Persaud. Hyun Shin., The Fundamental Principles of Financial Regulation ［R］, Geneva Reports on the World Economy, International Center for Monetary and Banking Studies, 2009.

［162］Calomiris, C. W. & C. M. Kahn. The Role of Demandable Debt in Structuring Optimal Bank Arrangements ［J］. American Economic Review, 1991, 81 (3): 497 – 513.

［163］Campbell, J. Y. &R. J. Shiller. Cointegration and Tests of Present Value Models ［J］. Journal of Political Economy, 1987 (95): 1062 – 1088.

［164］Carvalho, D. The Real Effects of Government – Owned Banks: Evidence from an Emerging Market ［J］. The Journal of Finance, 2014, 69 (2): 577 – 609.

［165］Carmichael, J., A. Fleming& D. Llewellyn. Aligning Financial Supervisory Structures with Country

Needs［M］. World Bank Publications, 2004.

［166］Caterina M. &M. T. Punzi. House Prices, Capital Inflows and Macroprudential Policy ［J］. Journal of Banking & Finance, 2014, (49): 337 - 355.

［167］Cecchetti, S. G. Crisis and responses: the Federal Reserve in the early stages of the financial crisis ［J］. The Journal of Economic Perspectives, 2009, 23 (1): 51 - 75.

［168］Céline, G., A. Lehar& M. Souissi. Macroprudential capital requirements and systemic risk ［J］, Journal of Financial Intermediation, 2012 (4): 594 - 618.

［169］Céline, G., T. Gravelle, X. Liu & M. Souissi. What Matters in Determining Capital Surcharges for Systemically Important Financial Institutions? ［R］. Bank of Canada Discussion Paper, 2011.

［170］Chien Mi W. China has the firepower to combat local government debt problems. Asiamoney ［serial online］. January 2012, 23 (1): 58.

［171］Chan, S. & Van Wijnbergen, S. Cocos, Contagion and Systemic Risk ［R］. Duisenberg school of finance – Tinbergen Institute Discussion Paper, TI 14 - 110/ DSF 79., 2014.

［172］Cihák, M. & R. Podpiera. Integrated financial supervision: Which model?, The North American Journal of Economics and Finance , 2008, 19 (2): 135 - 152.

［173］Claessens, S., E. Feijen&L. Laeven. Political connections and preferential access to finance: The role of campaign contributions ［J］. Journal of Financial Economics, 2008, 88 (3): 554 - 580.

［174］Claessens, S., S. R. Ghosh&R. Mihet. Macro – prudential policies to mitigate financial system vulnerabilities ［J］. Journal of International Money and Finance, 2013 (39): 153 - 185.

［175］Coase, R. The Problem of social cost ［J］. Journal of Law& Economics, 1960 (3): 1 - 44.

［176］Costello, G., P. Fraser, &N. Groenewold. Houseprices, Non – Fundamental Components and Inter – state Spillovers: he Australian Experience ［J］. Journal of Banking & Finance, 2011 (35): 653 - 669.

［177］Crockett, B. M., C. Goodhart, A. D. Persaud &H. Shin. the fundamental principles of financial regulation ［R］, international center for monetary and banking studies, Geneva report on the world economy, Switzerland, 2009.

［178］Cubillas, E., A. R. Fonseca& F. González. Banking crises and market discipline: International evidence ［J］. Journal of Banking & Finance, 2012, 36 (8): 2285 - 2298.

［179］Dalla Pellegrina, L., D. Masciandaro&R. V. Pansini. Do exchange rate regimes affect the role of central banks as banking supervisors? ［J］. European Journal of Law and Economics, 2014, 38 (2): 279 - 315.

［180］DallaPellegrina, L., D. Masciandaro& R. V. Pansini The central banker as prudential supervisor: Does independence matter? ［J］. Journal of Financial Stability, 2013, 9 (3): 415 - 427.

［181］Dam, L. & M. Koetter. Bank Bailouts and Moral Hazard: Evidence from Germany ［J］. Review of Financial Studies, 2012, 25 (8): 2343 - 2380.

［182］Demaestri, E. &F. Guerrero. Financial supervision: integrated or specialized? The case of Latin America and the Caribbean ［J］. Financial Markets, Institutions &Instruments, 2005, 14 (2): 43 - 106.

［183］Devereux, M. B. & J. Yetman. Leverage constraints and the international transmission of shocks ［J］. Journal of Money, Credit and Banking, 2010, 42 (S1): 71 - 105.

［184］Diamond, D. & P. Dybvig. Bank Runs, Liquidity, and Deposit insurance ［J］. Journal of Political Economy, 1983 (91): 401 - 419.

［185］ Dincer, N. N&B. Eichengreen. The architecture and governance of financial supervision: Sources and implications ［J］. International Finance, 2012, 15 (3): 309 – 325.

［186］ Dirk Schoenmaker. Regulatory Capital: Why is it different ［J］, Accounting & Business Research, 2015, 45 (4): 468 – 483.

［187］ Doumpos, M., C. Gaganis& F. Pasiouras. Central bank independence, financial supervision structure and bank soundness: An empirical analysis around the crisis ［J］. Journal of Banking & Finance, 2015 (61): S69 – S83.

［188］ Duffie, D., A. Eckner&G. Horel, et al. Frailty correlated default ［J］. The Journal of Finance, 2009, 64 (5): 2089 – 2123.

［189］ Eichengreen, B. & N. Dincer. Who Should Supervise? The Structure of Bank Supervision and the Performance of the Financial System ［J］. NBER Working Paper Series, 2011, No. 17401.

［190］ Farhi, E. &J. Tirole. Leverage and the central banker's put ［J］. The American Economic Review, 2009: 589 – 593.

［191］ Faccio, M., R. W. Masulis & J. J. McConnell. Politically connections and corporate bailouts ［J］. Journal of Finance, 2006, 61 (6): 2597 – 2635.

［192］ Feltham, G. A., C. Hofmann& R. J. Indjejikian. Performance Aggregation and Decentralized Contracting ［J］. The Accounting Review, 2015, 91 (1): 99 – 117.

［193］ Foarta, D. &T. Sugaya. Centralization versus separation of regulatory institutions, Seminarpapers, 2016, http://sticerd.lse.ac.uk/seminarpapers/pspe01112016.pdf.

［194］ Freixas, X., A. Martin&D. Skeie. Bank liquidity, interbank markets, and monetary policy ［J］. Review of Financial Studies, 2011, 24 (8): 2656 – 2692.

［195］ FSB, IMF& BIS. Macro Prudential Policy Tools and Frameworks: Update to G20 Finance Ministers and Central Bank Governors ［J］. Basel: FSB, IMF, and BIS, 2011, February.

［196］ Gaganis, C. &F. Pasiouras. Financial supervision regimes and bank efficiency: International evidence ［J］. Journal of Banking & Finance, 2013, 37 (12): 5463 – 5475.

［197］ Gai, P., A. Haldane& S. Kapadia. Complexity, concentration and contagion ［J］. Journal of Monetary Economics, 2011, 58 (5): 453 – 470.

［198］ Galati, G. & R. Moessner. Macroprudential policy – a literature review ［J］. Journal of Economic Surveys, 2013, 27 (5): 846 – 878.

［199］ Gale, D. & T. Yorulmazer. Liquidity hoarding ［J］. Theoretical Economics, 2013, 8 (2): 291 – 324.

［200］ Gambacorta, L. &G. V. Peter. Rescue packages and bank lending ［J］. Journal of Banking & Finance, 2011, 37 (2): 490 – 505.

［201］ Garicano, L. &R. M. Lastra. Towards a new architecture for financial stability: Seven principles ［J］. Journal of International Economic Law, 2010, 13 (3): 597 – 621.

［202］ Gennaioli, N., A. Shleifer, & R. Vishny. A model of shadow banking ［J］. Journal of Finance, 2013, 68 (4): 1331 – 1363.

［203］ Gennaioli, N., A. Shleifer, & R. Vishny. Neglected risks, financial innovation and financial fragility ［J］. Journal of Financial Economics, 2012, 104 (3): 452 – 468.

［204］ Girardi, G. &A. T. Ergün. Systemic risk measurement: Multivariate GARCH estimation of CoVaR ［J］. Journal of Banking & Finance, 2013, 37 (8): 3169 – 3180.

[205] Goodhart, C. A. E. The changing role of central banks [J]. Financial History Review, 2011, 18 (02): 135 – 154.

[206] Goodhart, C. & D. Schoenmaker. Should the functions of monetary policy and banking supervision be separated? [J]. Oxford Economic Papers, 1995, 47 (4): 539 – 560.

[207] Gray, D. F., R. C. Merton&Z. Bodie. New framework for measuring and managing macrofinancial risk and financial stability [R]. National Bureau of Economic Research, 2007.

[208] Gray, D. &A. Jobst. Systemic cca – a model approach to systemic risk [C] //Deutsche Bundesbank/ Technische Universität Dresden Conference: Beyond the Financial Crisis: Systemic Risk, Spillovers and Regulation, Dresden. 2010.

[209] Grewal, B., E. Cheng&B. Rasmussen. Local Government Debt In China: Implications For Reform. Public Finance & Management [serial online]. December 2015; 15 (4): 358 – 377. Available from: Business Source Premier, Ipswich, MA. Accessed April 5, 2016.

[210] Gualandri, E., A. Landi&V. Venturelli. Financial Crisis and New Dimensions of Liquidity Risk: Rethinking Prudential Regulation and Supervision [J]. Ssrn Electronic Journal, 2009, 7 (July): 24 – 42.

[211] Guess, G. M. &J. Ma. The Risks of Chinese Subnational Debt for Public Financial Management [J]. Public Administration & Development, 2015, 35 (2): 128 – 139.

[212] Hadad, M. D., A. Agusman& G. S. Monroe et al. Market discipline, financial crisis and regulatory changes: Evidence from Indonesian banks [J]. Journal of Banking & Finance, 2011, 35 (6): 1552 – 1562.

[213] Hanson, S. G. &S. Kashyap. A Macroprudential Approach to Financial Regulation [J]. The Journal of Economic Perspectives, 2010, 25 (1): 3 – 28.

[214] Hart, O. &L. Zingales. A New Capital Regulation For Large Financial Institutions [J]. Cepr Discussion Papers, 2009, 13 (2): 453 – 490.

[215] Hart, O. & L. Zingales. How to avoid a new financial crisis [R]. Working Paper, University of Chicago, 2009.

[216] Harimohan, R. &B. Nelson. How might macroprudential capital policy affect credit conditions? [J]. Ssrn Working Paper. 2014.

[217] Hasan, I., K. Jackowicz& O. Kowalewski, et al. Market discipline during crisis: Evidence from bank depositors in transition countries [J]. Journal of Banking & Finance, 2013, 37 (12): 5436 – 5451.

[218] Hellmann, T. F., K. Murdock & J. Stiglitz. Liberalisation, Moral Hazard in Banking, and Prudential regulation: Are Capital Requirements Enough? [J]. The American Economic Review, 2000, 90 (1): 147 – 165.

[219] Herring, R. J. &J. Carmassi. The Structure of Cross – Sector Financial Supervision [J]. Financial Markets, Institutions & Instruments, 2008, 17 (1): 51 – 76.

[220] Hou, X., Z. Gao& Q. Wang. Internet finance development and banking market discipline: Evidence from China [J]. Journal of Financial Stability, 2016, 22: 88 – 100.

[221] Hoshi, T. Financial regulation: Lessons from the recent financial crises [J]. Journal of Economic Literature, 2011, 49 (1): 120 – 128.

[222] Huang, X., H. Zhou&H. Zhu. A framework for assessing the systemic risk of major financial institutions [J]. Journal of Banking & Finance, 2009, 33 (11): 2036 – 2049.

[223] Hurwicz, L. On Informationally Decentralized Systems [J]. In: R. Rader and McGuire (ed.), Decision and Organization [C]. Amsterdam: North – Holland, 1972.

[224] Igan, D., P. Mishra & T. Tressel. A Fistful of Dollars: Lobbying and the Financial Crisis [J]. NBER Macroeconomics Annual, 2011, 26 (1): 195 – 230.

[225] Ibragimov, R., D. Jaffee&J. Walden. Diversification disasters [J]. Journal of Financial Economics, 2011, 99 (2): 333 – 348.

[226] International Monetary Fund, Financial Stability Board & Bank for International Settlements. Macroprudential policy tools and frameworks [J]. progress report to the G – 20 (Basel: October), 2011.

[227] Jia, C. The effect of ownership on the prudential behavior of banks – The case of China [J]. Ssrn Electronic Journal, 2009, 33 (1): 77 – 87.

[228] Jonesi, D. Emerging Problems With the Basel capital Aceord: Regulatory capita arbitrage and related issues [J]. Journal of Banking & Finance, 2000, 24 (1): 35 – 58.

[229] Jobst, A. A. & D. F. Gray. Systemic contingent claims analysis – estimating market – implied systemic risk [R]. IMF Working Paper, 2013.

[230] Jorge, A. Chan – Lau, . Regulatory Capital Charges for Too – Connected – to – Fail Institutions: A Practical Proposal [J]. Finance Markets Institutions & Instruments, 2010, 19 (5): 355 – 379.

[231] Kahn, C. M&J. A. C Santos. Allocating bank regulatory powers: Lender of last resort, deposit insurance and supervision [J]. European Economic Review, 2005, 49 (8): 2107 – 2136.

[232] Kenourgios, D. &D. Dimitriou. Contagion of the Global Financial Crisis and the real economy: A regional analysis [J]. Economic Modelling, 2015 (44): 283 – 293.

[233] Khashanah, K. Financial Regulation, Innovation Complexity, and Systemic Risk [C] //Systems Research Forum. World Scientific Publishing Company, 2011, 5 (01): 73 – 87.

[234] Khwaja, A. I. & A. Mian. Do Lenders Favor Politically Connected Firms? Rent Provision in an Emerging Financial Market [J]. Quarterly Journal of Economics, 2005, 120 (4): 1371 – 1411.

[235] Kollmann, R. & J. I. Veld. Fiscal Policy in a Financial Crisis: Standard Policy vs. Bank Rescue Measure [J]. American Economic Review, 2012, 102 (3): 77 – 81.

[236] Kostovetsky, L. Political capital and moral hazard [J]. Journal of Financial Economics, 2015, 116 (1): 144 – 159.

[237] Kremers, J.J.M., D. Schoenmaker&P. J. Wierts. Cross – sector supervision: which model? [J]. Brookings – Wharton Papers on Financial Services, 2003 (1): 225 – 243.

[238] La Porta, R., F. Lopez – de – Silanes& A. Shleifer. The economic consequences of legal origins [J]. Journal of economic literature, 2008, 46 (2): 285 – 332.

[239] Laeven, L. & Valencia. Systemic Banking Crises Database: An Update [J]. IMF Working Paper, 2012, no. 12/163.

[240] Laeven, L. & R. Levine. Bank governance, regulation and risk taking [J]. Journal of Financial Economics, 2009, 93 (2): 259 – 275.

[241] Laeven, L. & F. Valencia. Resolution of Banking Crises: The Good, the Bad, and the Ugly ⌊J⌋. Social Science Electronic Publishing, 2010, 170 (3): 415 – 441.

[242] Laffont, J.J. Incentives and Political Economy [M]. Oxford University Press, UK, 2000. 03.

[243] Lehar, A. Measuring systemic risk: A risk management approach [J]. Journal of Banking & Finance, 2005, 29 (10): 2577 – 2603.

[244] Longstaff, F. A. The subprime credit crisis and contagion in financial markets [J] . Journal of Financial Economics, 2010, 97 (3): 436 –450.

[245] Ma, J. Hidden fiscal risks in local China [J] . Australian Journal of Public Administration, 2013, 72 (3): 278 –292.

[246] Ma, J. , Z. Zhao& M. Niu. Budgeting for fiscal risks: the challenge for China [J] . Journal of Asian Public Policy, 2015, 8 (3): 1 –18.

[247] Masciandaro, D. Divide et impera: Financial supervision unification and central bank fragmentation effect [J] . European Journal of Political Economy, 2007, 23 (2): 285 –315.

[248] Masciandaro, D. Politicians and financial supervision unification outside the central bank: Why do they do it? [J] . Journal of Financial Stability, 2009, 5 (2): 124 –146.

[249] Masciandaro, D. &R. V. Pansini& M. Quintyn. The economic crisis: Did financial supervision matter? [J] . Journal of Financial Stability, 2013, 9 (4): 578 –596.

[250] Masciandaro, D. & D. Romelli. Central Bankers as Supervisors: Do Crises Matter? [J] . BAFFI CAREFIN Centre Research Paper, 2015, No. 2015 –4.

[251] Masciandaro, D. & M. Quintyn. The Governance of Financial Supervision: Recent Developments [J] . Journal of Economic Surveys, 2015, 30 (5): 982 –1005.

[252] Masciandaro, D. &A. Volpicella. Macro prudential governance and central banks: Facts and drivers. Journal of International Money and Finance, 2016 (61): 101 –119.

[253] Mehran, H. , A. D. Morrison& J. D. Shapiro. Corporate governance and banks: What have we learned from the financial crisis? [J] . FRB of New York Staff Report, 2011 (502) .

[254] Melecky, M. & A. M. Podpiera. Institutional structures of financial sector supervision, their drivers and historical benchmarks [J] . Journal of Financial Stability, 2013, 9 (3): 428 –444.

[255] Melecky, M. &A. M. Podpiera. Central Bank Design and Banking Supervision [J] . BAFFI CAREFIN Centre Research Paper, 2016, No. 2016 –30.

[256] Minsky, H. P. The modeling of financial instability: An introduction [J] . Modelling and Simulation, 1974, 5 (1): 267 –272.

[257] Mistrulli, P. E. Assessing financial contagion in the interbank market: Maximum entropy versus observed interbank lending patterns [J] . Journal of Banking & Finance, 2011, 35 (5): 1114 –1127.

[258] Moenninghoff, S. C. , S. Ongena& A. Wieandt. The perennial challenge to counter Too –Big –to –Fail in banking: Empirical evidence from the new international regulation dealing with Global Systemically Important Banks [J] . Journal of Banking & Finance, 2015, 61: 221 –236.

[259] Mookherjee, D. Decentralization, Hierarchies, and incentives: A Mechanism Design Perspective [J] . Journal of Economic Literature, 2006 (2): 367 –390.

[260] Morrison, A. Systemic Risks and the Too –big –to –fair Problem [J] . OxfordReview of Economic Policy, 2012 (3): 498 –516.

[261] Naughton, B. Understanding the Chinese stimulus package [J] . China Leadership Monitor, Accessed November 4, 2015, No. 28.

[262] Ong, L. H. State –led urbanization in China: Skyscrapers, land revenue and "concentrated villages" [J] . The China Quarterly, 2014 (217): 162 –179.

[263] Patro, D. K. &M. Qi&X. Sun. A simple indicator of systemic risk [J] . Journal of Financial Stability, 2013, 9 (1): 105 –116.

［264］ Patton, A. J. Copula methods for forecasting multivariate time series ［J］. Handbook of economic forecasting, 2012 (2): 899 – 960.

［265］ Pellegrina, L. & D. Masciandaro&R. Pansini. The central banker as prudential supervisor: Does independence matter? ［J］. Journal of Financial Stability, 2013, 9 (3): 415 – 427.

［266］ Pierret, D. Systemic risk and the solvency – liquidity nexus of banks ［J］. SSRN Working Paper, No. 2584130, 2015.

［267］ Ponce, J. Lender of last resort policy: What reforms are necessary? ［J］. Journal of Financial Intermediation, 2010, 19 (2): 188 – 206.

［268］ Ponce, J. & M. Rennert. Systemic banks and the lender of last resort ［J］. Journal of Banking and Finance, 2015 (50): 286 – 297.

［269］ Pozsar, Z., T. Adrian, A. B. Ashcraft& H. Boesky. Shadow banking ［R］. Federal Reserve Bank of New York Staff Report, 2010, No. 458.

［270］ Qian, Y. & G. Roland. Federalism and the soft budget constraint ［J］. American economic review, 1998, 88 (5): 1143 – 1162.

［271］ Ren, Y., C. Xiong& Y. Yuan. House price bubbles in China ［J］. China Economic Review, 2013, 23 (4): 786 – 800.

［272］ Reinhart, C. M. & K. S. Rogoff. This time is different: Eight centuries of financial folly ［M］. princeton university press, 2009.

［273］ Romelli, D. Regulatory reforms and central bank independence ［J］. Department of Economics, ESSEC Business School, mimeo, 2014.

［274］ Rubioa, M. &J. A. Carrasco – Gallego. Macroprudential and monetary policies: Implications for financial stability and welfare ［J］. Journal of Banking & Finance, 2014 (49): 326 – 336.

［275］ Senoalday, S. Regionalization and risk ［J］. Multinational Business Review, 2015, 23 (4): 355 – 373.

［276］ Schäfer, A., I. Schnabel&B. Weder di Mauro. Financial sector reform after thesubprime crisis: has anything happened. Review of Finance, Forthcoming, 2015.

［277］ Shin, H. S. Reflections on Northern Rock: the bank run that heralded the global financial crisis ［J］. The Journal of Economic Perspectives, 2009: 101 – 120.

［278］ Shleifer, A. & R. W. Vishny. Fire sales in finance and macroeconomics ［R］. National Bureau of Economic Research, 2010.

［279］ Skorepa, M. & J. Seidler. Capital buffers based on banks' domestic systemic importance: selected issues ［J］. Journal of Financial Economic Policy, 2015, 7 (3): 207 – 220.

［280］ Slovik, P. Systemically Important Banks and Capital Regulation Challenges ［J］, OECD Economics Department Working Papers, 2011, No. 916, OECD.

［281］ Spilimbergo, A., S. Symansky, O. Blanchard & C. Cottarelli. Fiscal Policy for the Crisis ［J］. CESifo Forum, 2009, 10 (2): 26 – 32.

［282］ Summers, F. Theoretical insularity and the crisis of psychoanalysis ［J］. Psychoanalytic Psychology, 2008, 25 (3): 413 – 424.

［283］ Tarashev, N., C. Borio&K. Tsatsaronis. Attributing systemic risk to individual institutions, BIS Working Papers 2010, No. 308.

［284］ Tabak, B. M., D. M. Fazio&D. O. Cajueiro. Systemically important banks and financial stability: The case of Latin America ［J］. Journal of Banking & Finance, 2013, 37 （10）: 3855 – 3866.

［285］ Tirole, J. The theory of corporate finance ［M］. Princeton University Press, 2006.

［286］ Titze, M. Federal Reserve Swap Lines – International Lender of the Last Resort ［J］. Acta Oeconomi-ca Pragensia, 2016 （4）: 3 – 24.

［287］ Tsai, K. S. The Political Economy of State Capitalism and Shadow Banking in China ［J］. Issues & Studies, 2015, 51 （1）: 55 – 97.

［288］ Turner, A. The Turner Review: A regulatory response to the global banking crisis ［M］. London: Fi-nancial Services Authority, 2009.

［289］ Upper, C. Simulation methods to assess the danger of contagion in interbank markets ［J］. Journal of Financial Stability, 2011, 7 （3）: 111 – 125.

［290］ Wall, L. D. & R. A. Eisenbeis. Financial regulatory structure and the resolution of conflicting goals ［J］. Journal of Financial Services Research, 1999, 16 （2 – 3）: 223 – 245.

［291］ Wagner, W. Diversification at financial institutions and systemic crises ［J］. Journal of Financial In-termediation, 2010, 19 （3）: 373 – 386.

［292］ Wang, Z, & Zhang, Q. Fundamentals in China's housing market. Brown University Working Paper, 2013.

［293］ Wong, C. Paying for urbanization in China: Challenges of municipal finance in the Twenty – First Cen-tury ［J］. in: R. Bahl, J. Lin and D. Wetzel （eds.）, Financing Metropolitan Governments in Develo-ping Countries, Cambridge, Mass. : Lincoln Institute of Land Policy, 2013, 273 – 308.

［294］ Wu, G. L. , Q. Feng& P. Li. Does local governments' budget deficit push up housing prices in China? ［J］. China Economic Review, 2014 （35）: 183 – 196.

［295］ Wu, J. , J. Gyourko&Y. Deng. Evaluating conditions in major Chinese housing markets ［J］. Nber Working Papers, 2012, 42 （3）: 531 – 543.

［296］ Wu, Q. , Y. Li&S. Yan. The incentives of China's urban land finance ［J］. Land Use Policy, 2015, 42: 432 – 442.

［297］ Wu, Y. , X. Li&G. C. S. Lin. Reproducing the city of the spectacle: Mega – events, local debts, and infrastructure – led urbanization in China ［J］. Cities, 2016 （53）: 51 – 60.

［298］ Xu, C. The fundamental institutions of China's reforms and development. Journal of Economic Litera-ture, 2011, 49 （4）, 1076 – 1151.

［299］ Xu, J. & X. Zhang. China's sovereign debt: A balance – sheet perspective ［J］. China Economic Re-view, 2014 （31）: 55 – 73.

［300］ Yingyi, Q. & G. Roland. Federalism and the soft budget constraint ［J］. American economic review, 1998, 88 （5）: 1143 – 1162.

［301］ Zhang, Y. S. &S. A. Barnett. Fiscal Vulnerabilities and Risks from Local Government Finance in China ［J］. IMF Working Papers, 2014, 14 （4）.